辽宁统计年鉴

2006

辽宁省统计局　编

中国统计出版社
China Statistics Press

(京)新登字 041 号

图书在版编目(CIP)数据

辽宁统计年鉴.2006/辽宁省统计局编.—北京:
中国统计出版社,2006.7
ISBN 7-5037-4892-3

Ⅰ.辽…
Ⅱ.辽…
Ⅲ.统计资料—辽宁省-2006—年鉴
Ⅳ.C832.31-54
中国版本图书馆 CIP 数据核字(2006)第 026183 号

辽宁统计年鉴—2006

作　　者/辽宁省统计局
责任编辑/蔡启新、王立群
E-mail/Yearbook@stats.gov.cn
责任校对/王海鹰
封面设计/庄庆芳
出版发行/中国统计出版社
通信地址/北京市西城区三里河月坛南街 75 号　中国统计出版社
邮　　编/100826
电　　话/(010)63376907
印　　刷/辽宁省统计局印刷厂
经　　销/新华书店
开　　本/880×1230 毫米 1/16
字　　数/145 万字
印　　张/37.125
印　　数/1500 册
版　　别/2006 年 8 月第 1 版
版　　次/2006 年 8 月第 1 次印刷
书　　号/ISBN 7-5037-4892-3/F·2239
定　　价/280.00 元

《辽宁统计年鉴》编委会和编辑出版人员

编　辑　委　员　会

主　　编　方晓林

副 主 编　张　晶　姜志悌　马艳竞　周尊安　赵荣超
刘景文　黄　锡　张兴武　胡亚军　郑　坚
孙武军

编辑委员　（以姓氏笔划为序）
丁红建　王洪奇　毛伟忠　李旭文　李献唐
李桂琴　李成钢　李继斌　陈惠丽　张振刚
杨万波　郜树威　徐　平　崔英奇　黄贵顺
景玉霞

编　辑　工　作　人　员

总 编 辑　姜志悌

副总编辑　王洪奇　乔智媛　王海鹰

编辑人员　于文宽　琚慧敏　刘俭峰

电　子　版　工　作　人　员

监　　制　方晓林

策　　划　张　晶　姜志悌　郑　坚

总体设计　毛伟忠　王洪奇

制　　作　李忠诚　王海鹰　王畅泳

编 者 说 明

一、《辽宁统计年鉴—2006》是一部信息高度密集的大型资料性年刊。本书收录了全省和各市、县、区 2005 年经济、社会、科技等方面的统计数据，以及重要年份和改革开放以来的主要统计数据。

二、全书分为二十三个部分，即：1. 行政区划和自然资源；2. 综合；3. 国民经济核算；4. 人口；5. 就业人员和职工工资；6. 固定资产投资；7. 能源；8. 财政；9. 物价；10. 人民生活；11. 城市建设；12. 环境保护；13. 农业；14. 工业；15. 建筑业；16. 运输和邮电；17. 国内贸易；18. 对外经济贸易；19. 旅游；20. 金融业；21. 教育、科技；22. 文化、体育、卫生；23. 其他社会活动。另附辽宁省与有关省市经济指标对比及各市、县、区主要经济指标。

三、《年鉴》中所使用的计量单位均采用国际统一标准计量单位。

四、《年鉴》中的资料大部分来自年度统计报表，一部分来自普查和抽样调查。全国分省资料来自国家统计局出版的有关统计资料。

五、《年鉴》中部分数据的合计数或相对数由于单位取舍不同产生的计算误差均未作机械调整。

六、《年鉴》中凡带续表的资料，如有注解均加在最后一张续表下面，请使用时注意。

七、《年鉴》表中的符号使用说明："…"表示数据不足本表最小单位数；"空格"表示该项统计指标数据不详或无该项数据；"#"表示其中的主要项。

目　　录

二十二、文化、体育、卫生

二十三、其他社会活动

附　　录

CONTENTS

CHAPTER 6 INVESTMENT IN FIXED ASSETS

CHAPTER 11 CONSTRUCTION OF CITIES

CHAPTER 12 ENVIRONMENT PROTECTION

CHAPTER 13 AGRICULTURE

CHAPTER 15 CONSTRUCTION

CHAPTER 16 TRANSPORT, POST AND TELECOMMUNICATION SERVICES

CHAPTER 17 DOMESTIC TRADE

CHAPTER 22 CULTURE, SPORTS AND PUBLIC HEALTH

CHAPTER 23 SOCIAL WELFARE AND OTHERS

APPENDIX

第一篇

行政区划和自然资源

1

XINGZHENG
QUHUA
HE
ZIRAN
ZIYUAN

1—1 行　政　区　划

（2005年）　　　　单位:个

地区	县级市	县	自治县	区	镇	乡	民族乡	街道
全省	**17**	**19**	**8**	**56**	**602**	**299**	**77**	**550**
沈阳	1	3		9	64	46	9	121
大连	3	1		6	54	16	5	85
鞍山	1	1	1	4	58	7		39
抚顺		1	2	4	24	21	2	36
本溪			2	4	28	9	2	23
丹东	2		1	3	60	2	2	24
锦州	2	2		3	48	24	9	34
营口	2			4	38	3		31
阜新		1	1	5	34	27	4	29
辽阳	1	1		5	29	5	2	24
盘锦		2		2	19	9	1	27
铁岭	2	3		2	51	25	13	14
朝阳	2	2	1	2	61	68	6	29
葫芦岛	1	2		3	34	37	22	34

1—2 县区一览表

地区	县(市)	区
沈阳	新民市、辽中县、康平县、法库县	和平、沈河、大东、皇姑、铁西、东陵、苏家屯、新城子、于洪
大连	瓦房店市、普兰店市、庄河市、长海县	中山、西岗、沙河口、甘井子、旅顺口、金州
鞍山	海城市、台安县、岫岩县(满)	铁东、铁西、立山、千山
抚顺	抚顺县、新宾县(满)、清原县(满)	新抚、东洲、望花、顺城
本溪	本溪县(满)、桓仁县(满)	平山、溪湖、明山、南芬
丹东	东港市、凤城市、宽甸县(满)	元宝、振兴、振安
锦州	凌海市、北宁市、义县、黑山县	古塔、凌河、太和
营口	大石桥市、盖州市	站前、西市、老边、鲅鱼圈
阜新	阜新县(蒙)、彰武县	海州、新邱、太平、细河、清河门
辽阳	辽阳县、灯塔市	白塔、文圣、宏伟、弓长岭、太子河
盘锦	盘山县、大洼县	双台子、兴隆台
铁岭	调兵山市、开原市、铁岭县、西丰县、昌图县	银州、清河
朝阳	北票市、凌源市、朝阳县、建平县、喀左县(蒙)	双塔、龙城
葫芦岛	兴城市、绥中县、建昌县	连山、南票、龙港

1—3 自 然 状 况 及 资 源

指 标	2005年	指 标	2005年
一、自 然 状 况		岛 屿 面 积	191.5平方公里
1.经 纬 度		海水养殖面积	449.3千公顷
东 经	118°53′～125°46′	滩 涂 面 积	95.8千公顷
北 纬	38°43′～43°26′	海 上 面 积	301.0千公顷
2.气 候		陆 基 面 积	52.5千公顷
平均降水量	730.2毫米	内陆水域养殖面积	167.2千公顷
平 均 气 温	8.7摄氏度	水 库 面 积	98.5千公顷
平均相对湿度	64%	池 塘 面 积	46.7千公顷
日 照 时 数	2 410小时	其 他 面 积	22.0千公顷
		四、水 资 源	
二、土 地 资 源		省内流域面积	14.55万平方公里
土地总面积	14.8万平方公里	#辽 河	6.53万平方公里
山 地	8.8万平方公里	鸭 绿 江	1.66万平方公里
平 地	4.8万平方公里	沿 海 诸 河	5.75万平方公里
其 他	1.2万平方公里	地 表 水:	
1.耕 地 面 积	409.1万公顷	河川径流量	336.28亿立方米
2.园 地 面 积	59.8万公顷	#辽 河	132.99亿立方米
3.林 地 面 积	569.0万公顷	鸭 绿 江	98.53亿立方米
4.牧草地面积	35.0万公顷	沿 海 诸 河	101.32亿立方米
5.其他农业用地	49.9万公顷	地 下 水:	
6.居民点和工矿用地面积	113.4万公顷	资 源 量	130.20亿立方米
7.交通用地面积	8.8万公顷	地表水与地下水之间重复计算量	86.34亿立方米
8.水利设施用地	14.8万公顷		
9.未利用地面积	138.2万公顷	水资源总量	377.17亿立方米
10.其 他 用 地	82.6万公顷		
		五、矿产资源基础储量	
三、海洋、水产资源		铁 矿	120.94亿吨
海岸线总长度	2 920公里	煤 炭	76.89亿吨
大陆岸线长度	2 292.4公里	铜 矿	20.08万吨
岛屿岸线长度	627.6公里	铅 矿	30.08万吨
大小岛屿个数	266个	锌 矿	77.21万吨
有人居住岛屿	30个	铝 土 矿	872.60万吨

1—4 主要城市平均气温

（2005年）　　　　单位:摄氏度

城　　市	1月	2月	3月	4月	5月	6月	7月	8月	9月	10月	11月	12月	年平均
沈　阳	-11.4	-10.9	0.4	11.3	16.1	22.0	24.9	24.1	19.1	11.1	2.7	-12.8	8.0
大　连	-3.8	-4.7	2.5	10.8	15.4	20.4	24.8	24.2	21.4	14.7	8.9	-3.8	10.9
鞍　山	-7.8	-8.2	2.0	12.7	17.1	22.9	25.8	24.9	20.8	13.2	5.5	-9.1	10.0
抚　顺	-14.2	-13.2	-1.3	10.0	14.6	20.8	23.9	22.4	17.0	9.0	0.5	-15.6	6.2
本　溪	-12.2	-11.2	-0.5	10.6	15.3	21.2	24.5	23.2	17.9	10.8	2.8	-12.4	7.5
丹　东	-7.3	-6.4	0.8	9.7	14.4	19.2	23.4	23.0	19.4	11.5	4.6	-8.2	8.7
锦　州	-7.0	-7.0	2.0	12.0	16.4	21.6	25.3	24.3	20.5	13.1	4.6	-7.7	9.8
营　口	-8.0	-7.8	1.8	11.9	16.7	22.6	26.0	24.7	20.4	12.7	5.0	-8.5	9.8
阜　新	-10.3	-10.0	0.2	11.1	16.0	21.7	24.8	23.4	18.6	10.8	1.2	-10.7	8.1
辽　阳	-9.9	-9.9	1.0	12.0	16.6	22.3	25.2	24.2	19.0	11.7	3.4	-11.3	8.7
盘　锦	-8.9	-8.4	0.8	10.8	15.9	22.0	25.4	24.1	19.8	12.4	3.9	-8.9	9.1
铁　岭	-11.7	-12.3	-0.4	10.8	15.7	21.4	23.9	23.2	18.2	10.7	2.2	-13.4	7.4
朝　阳	-8.1	-8.8	1.8	13.1	17.1	21.9	25.0	23.3	19.2	11.6	2.0	-9.1	9.1
葫芦岛	-6.8	-6.6	2.0	11.8	16.0	21.4	25.6	24.2	20.1	13.4	5.2	-7.0	9.9

1—5 主要城市平均相对湿度

(2005年)　　单位:%

城　　市	1月	2月	3月	4月	5月	6月	7月	8月	9月	10月	11月	12月	年平均
沈　阳	66	62	44	51	60	75	79	79	67	61	58	68	64
大　连	55	54	50	53	61	81	86	86	73	64	60	62	65
鞍　山	51	49	33	41	52	65	70	70	55	49	47	58	53
抚　顺	69	63	48	51	60	74	80	84	79	72	70	77	69
本　溪	70	65	47	50	62	76	80	81	72	63	65	74	67
丹　东	59	56	56	65	73	88	87	91	82	72	67	56	71
锦　州	48	41	35	45	57	76	76	76	63	52	43	38	54
营　口	63	55	44	53	60	72	73	77	67	65	61	58	62
阜　新	52	41	32	43	56	75	77	78	66	58	51	47	56
辽　阳	63	60	42	48	58	72	77	77	69	59	55	56	61
盘　锦	67	56	49	61	71	86	88	89	80	73	67	57	70
铁　岭	69	63	46	53	62	78	84	85	73	64	63	74	68
朝　阳	38	38	28	31	49	72	75	77	63	53	47	44	51
葫芦岛	51	46	39	47	61	83	84	86	75	62	51	45	61

1—6 主要城市降水量

(2005年)　　　　单位:毫米

城　市	1月	2月	3月	4月	5月	6月	7月	8月	9月	10月	11月	12月	全年
沈　阳	13.4	5.8	0.0	74.4	114.3	132.6	179.9	191.1	48.5	40.8	2.8	18.6	822.2
大　连	0.6	13.1	1.8	43.0	134.6	166.0	100.6	173.3	87.1	16.2	12.0	20.2	768.5
鞍　山	9.4	9.6	0.0	60.0	151.9	127.7	190.3	127.4	20.9	52.1	4.2	7.2	760.7
抚　顺	17.5	6.8	0.0	90.2	113.3	129.1	191.8	308.6	21.5	52.7	5.1	14.9	951.5
本　溪	9.9	7.4	0.1	100.8	119.9	139.1	203.1	202.4	25.5	69.7	8.0	5.8	891.7
丹　东	1.9	20.8	0.1	99.7	171.4	226.9	195.1	329.8	118.8	15.2	13.1	18.6	1211.4
锦　州	1.9	2.0	0.3	28.5	98.9	161.1	199.0	102.1	33.7	30.3	0.0	0.0	657.8
营　口	2.1	8.9	0.0	66.5	167.9	94.0	127.3	145.6	11.0	39.8	0.9	2.2	666.2
阜　新	2.8	1.1	0.0	39.3	68.5	171.3	65.4	140.8	28.0	19.0	0.4	0.7	537.3
辽　阳	8.5	6.2	0.0	54.8	121.2	113.2	185.6	135.6	60.8	56.9	4.1	3.8	750.7
盘　锦	6.9	1.2	0.0	49.2	99.7	133.2	69.6	226.1	13.0	36.3	1.6	0.1	636.9
铁　岭	10.1	5.4	0.0	57.7	82.4	92.2	192.7	211.2	21.7	65.2	6.0	8.7	753.3
朝　阳	1.5	2.8	0.6	26.8	95.9	108.1	84.8	114.1	24.3	14.1	0.0	0.1	473.1
葫芦岛	0.4	5.2	2.0	27.2	131.1	108.4	67.7	172.0	35.7	24.1	0.0	0.5	574.3

1—7 主要城市日照时数

(2005年)　　单位:小时

城　　市	1月	2月	3月	4月	5月	6月	7月	8月	9月	10月	11月	12月	全　年
沈　　阳	148.8	169.5	263.1	211.3	212.2	140.6	166.7	146.5	234.3	220.6	172.8	163.5	2 249.9
大　　连	228.2	198.2	269.6	245.7	286.6	246.9	204.4	218.6	235.7	253.4	195.8	166.6	2 749.7
鞍　　山	184.3	169.9	257.6	226.4	256.5	190.5	219.9	164.5	231.9	234.2	197.5	184.5	2 517.7
抚　　顺	185.0	182.7	267.6	223.3	223.6	154.6	138.3	154.5	241.5	227.7	179.2	148.2	2 326.2
本　　溪	195.5	206.5	299.7	253.6	249.1	158.9	129.7	131.4	230.2	249.4	203.9	173.7	2 481.6
丹　　东	193.6	190.2	251.6	203.8	257.8	107.2	111.0	124.9	200.4	222.7	190.9	200.9	2 255.0
锦　　州	194.9	202.1	266.7	232.2	257.8	164.1	168.1	184.2	215.9	223.4	169.8	205.2	2 484.4
营　　口	207.9	182.3	273.0	242.7	260.3	218.7	245.0	193.6	243.5	242.7	207.5	183.3	2 700.5
阜　　新	179.3	164.3	251.8	237.9	251.5	202.0	225.0	202.0	225.6	213.0	200.8	178.7	2 531.9
辽　　阳	152.2	156.3	226.3	196.5	218.6	165.8	156.6	105.4	220.9	219.3	170.3	157.6	2 145.8
盘　　锦	215.8	214.4	302.6	235.4	225.9	157.6	134.7	138.7	173.7	203.3	205.0	221.2	2 428.3
铁　　岭	202.8	224.9	294.4	245.4	270.8	201.4	181.7	196.9	266.3	258.1	226.4	214.4	2 783.5
朝　　阳	174.9	195.8	240.2	224.0	231.3	174.6	202.4	172.6	225.1	226.0	202.2	178.8	2 447.9
葫 芦 岛	189.3	190.6	264.6	232.0	264.1	184.5	191.0	158.2	167.7	227.7	179.6	188.9	2 438.2

主要统计指标解释

森林面积　指生长着乔木和竹林，郁闭度在0.3以上(不包括0.3)的林地面积，即有林地面积。它是反映森林资源总面积的重要指标。森林面积包括天然林面积和人工林面积。但不包括灌木林地和疏林面积。

森林覆盖率　通常是指森林面积占土地总面积之比，一般用百分数表示。但国家规定在计算森林覆盖率时，森林面积还包括灌木林面积、农田林网树占地面积以及四旁树木的覆盖面积。森林覆盖率，是反映一个国家或地区森林资源和绿化水平的重要指标。计算公式：

$$森林覆盖率(\%)=\frac{森林面积}{土地总面积}\times 100\%$$

本《年鉴》内所列森林覆盖率是按有林地面积计算的。

活立木总蓄积量　指全部土地上树木蓄积的总量。包括森林蓄积、疏林蓄积、散生木蓄积和四旁树蓄积。

森林蓄积量　指森林面积上生长着的林木树干材积总量。它是反映一个国家或地区森林资源总规模和水平的重要指标。

草地面积　指牧区或农区用于放牧牲畜或割草，植被盖度在5%以上的草原、草坡、草山等面积。包括天然的和人工种植或改良的草地面积。

草地面积　指牧区和农区用于放牧牲畜或割草，植被盖度在5%以上的草原、草坡、草山等面积。包括天然的和人工种植或改良的草地面积。

矿产保有储量　指探明的矿产储量(包括工业储量和远景储量)扣除已开采部分和地下损失量后的年底实有储量。它反映全省矿产资源的现状。

第二篇

综合

2

ZONGHE

2—1 全省法人、产业活动单位数

（2005年末） 单位：个

	法人单位数			产业活动单位数	
	合计	单产业法人单位	多产业法人单位	合计	多产业法人单位所属的产业活动单位数
总计	**229 983**	**218 116**	**11 867**	**286 804**	**68 688**
按行业分					
农、林、牧、渔业	1 484	1 439	45	2 663	1 224
采矿业	4 576	4 518	58	4 789	271
制造业	61 017	60 153	864	62 998	2 845
电力、燃气及水的生产和供应业	917	809	108	1 848	1 039
建筑业	9 251	8 989	262	10 386	1 397
交通运输、仓储和邮政业	5 442	5 215	227	8 145	2 930
信息传输、计算机服务和软件业	2 979	2 934	45	3 484	550
批发和零售业	48 958	47 159	1 799	59 879	12 720
住宿和餐饮业	4 636	4 408	228	5 695	1 287
金融业	1 952	1 099	853	9 209	8 110
房地产业	6 910	6 676	234	7 709	1 033
租赁和商务服务业	12 965	12 712	253	14 811	2 099
科学研究、技术服务和地质勘查业	7 167	6 978	189	8 470	1 492
水利、环境和公共设施管理业	2 179	2 091	88	2 611	520
居民服务和其他服务业	3 646	3 538	108	5 191	1 653
教育	9 449	8 060	1 389	19 238	11 178
卫生、社会保障和社会福利业	8 450	7 982	468	13 262	5 280
文化、体育和娱乐业	2 850	2 752	98	3 656	904
公共管理和社会组织	35 155	30 604	4 551	42 760	12 156
按登记注册类型分					
国有企业	47 878	42 951	4 927	79 557	36 606
集体企业	31 247	29 366	1 881	41 901	12 535
股份合作企业	5 916	5 730	186	6 456	726
国有联营企业	112	106	6	141	35
集体联营企业	306	304	2	361	57
国有与集体联营企业	96	93	3	108	15
其他联营企业	193	190	3	223	33
国有独资公司	436	379	57	692	313
其他有限责任公司	18 173	17 540	633	20 947	3 407
股份有限公司	2 540	2 306	234	5 860	3 554
私营独资企业	34 764	34 504	260	35 557	1 053
私营合伙企业	3 786	3 758	28	3 865	107
私营有限责任公司	49 063	48 347	716	51 168	2 821
私营股份有限公司	5 307	5 227	80	5 496	269
其他企业	21 370	18 679	2 691	25 043	6 364
合资经营企业（港或澳、台资）	1 171	1 142	29	1 224	82
合作经营企业（港或澳、台资）	103	102	1	109	7
港、澳、台商独资经营企业	539	526	13	593	67
港、澳、台商投资股份有限公司	59	58	1	84	26
中外合资经营企业	3 320	3 257	63	3 485	228
中外合作经营企业	364	352	12	399	47
外资企业	3 097	3 056	41	3 381	325
外商投资股份有限公司	143	143		154	11

2—2 平均每天主要社会经济活动

指　　标	单　位	2000年	2001年	2002年	2003年	2004年	2005年
一、全省每天创造财富							
地区生产总值(现价)	亿元	12.79	13.79	14.95	16.45	18.28	21.94
农业总产值	亿元	2.65	2.86	3.10	3.33	4.14	4.58
地区财政收入	亿元	2.55	2.90	3.02	3.33	3.82	4.59
地方预算内财政收入	亿元	0.81	1.02	1.10	1.22	1.45	1.85
布	万米	137	118	137	93	118	156
纸及纸板	万吨	0.15	0.17	0.14	0.16	0.20	0.23
卷　烟	箱	630	849	1 041	1 132	1 256	1 257
啤　酒	吨	4 101	3 951	3 756	4 093	4 257	5 058
原　煤	万吨	12.21	12.24	14.19	16.08	18.20	17.52
发 电 量	亿千瓦小时	1.77	1.81	1.99	2.29	2.40	2.48
原　油	万吨	3.84	3.79	3.70	3.65	3.52	3.45
钢	万吨	4.26	4.55	5.32	5.94	7.16	8.38
水　泥	万吨	5.36	5.73	5.88	6.39	6.84	7.34
二、全省每天消费量							
城乡居民消费总额	万元	51 161	54 848	58 670	59 508	64 246	74 547
每人平均消费额	元	12.30	13.12	13.96	14.13	15.24	17.67
三、其他经济活动量							
货物运输总量	万吨	229.05	225.47	229.13	235.33	251.27	267.80
旅客运输总量	万人	141.25	143.18	148.87	139.21	159.57	166.02
港口货物吞吐量	万吨	37.44	40.66	45.38	53.05	68.38	82.76
房屋建筑竣工面积	万平方米	14.25	15.12	17.29	19.04	21.37	22.40
#住　宅	万平方米	10.74	11.05	11.56	11.92	13.28	13.05
邮寄函件	万件	46.58	41.10	35.62	43.84	38.36	34.15
四、人口变动和婚姻							
出　生	人	1 204	801	854	707	753	899
死　亡	人	761	604	615	638	647	667
结　婚	对	747	696	644	687	796	704
离　婚	对	97	110	112	135	203	218

2—3 国民经济和社会

指标	单位	总量指标			
		1995年	2000年	2004年	2005年
人口与就业					
人口					
年底总人口	万人	4 034.0	4 135.3	4 172.8	4 189.2
农业人口	万人	2 238.5	2 233.1	2 176.3	2 159.5
非农业人口	万人	1 795.5	1 902.2	1 996.5	2 029.7
男性人口	万人	2 056.9	2 103.3	2 117.3	2 123.4
女性人口	万人	1 977.1	2 032.0	2 055.5	2 065.8
就业					
从业人员数	万人	2 027.8	2 052.0	2 097.3	2 120.3
#职工人数	万人	1 021.0	826.5	626.8	609.6
城镇登记失业人数	万人	30.4	40.8	68.2	60.4
宏观经济					
地区生产总值(现价)	**亿元**	**2 793.4**	**4 669.1**	**6 672.0**	**8 009.0**
第一产业	亿元	392.2	503.4	798.4	882.4
第二产业	亿元	1 390.0	2 344.4	3 061.6	3 953.3
第三产业	亿元	1 011.2	1 821.2	2 812.0	3 173.3
人均地区生产总值	元	6 880	11 177	15 835	18 983
固定资产投资					
全社会固定资产投资总额	亿元	885.0	1 267.7	3 000.1	4 234.1
#国有经济	亿元	584.4	649.4	928.2	1 245.5
集体经济	亿元	95.5	154.1	341.3	526.3
私营个体	亿元	49.5	149.1	589.7	819.8
财政					
地方财政一般预算收入	亿元	184.4	295.6	529.6	675.3
地方财政一般预算支出	亿元	273.8	518.1	931.4	1 204.4
物价总指数(上年=100)					
商品零售价格总指数	%	114.0	98.4	101.9	100.1
居民消费价格总指数	%	116.1	99.9	103.5	101.4
利用外资					
签订利用外资协议额	亿美元	46.7	55.6	86.6	110.2
实际外商直接投资额	亿美元	14.0	25.5	54.1	35.9
能源生产与消费(标准煤)					
能源生产总量	万吨	6 239.3	5 380.5	6 749.9	6 770.8
能源消费总量	万吨	9 381.8	9 877.2	12 454	13 952.4
产业					
农业					
耕地面积	千公顷	3 389.7	4 164.2	3 391.3	3 655.2
乡村从业人员	万人	903.0	966.0	1 083.8	1 113.5
农林牧渔业总产值(现价)	亿元	691.8	967.4	1 510.5	1 671.6

发展总量与速度指标

速度指标（%）					
指数(2005为以下各年)			平均增长速度		
1995年	2000年	2004年	1991年-1995年	1996年-2000年	2001年-2005年
103.8	101.3	100.4	0.6	0.5	0.3
96.5	96.7	99.2	-0.3	-0.1	-0.7
113.0	106.7	101.7	1.8	1.2	1.3
103.2	101.0	100.3	0.6	0.4	0.2
104.5	101.7	100.5	0.6	0.5	0.3
104.6	103.3	101.1	1.3	0.2	0.7
59.7	73.8	97.3	0.2	-4.1	-5.9
198.7	148.0	88.6	5.1	6.1	8.2
256.0	**169.6**	**112.3**	**10.2**	**8.6**	**11.2**
192.3	144.2	107.9	5.2	5.9	7.6
277.0	179.9	117.1	10.9	9.0	12.5
252.9	165.9	108.2	11.4	8.8	10.7
249.3	168.1	112.2	9.7	8.1	11.0
478.4	334.0	141.1	27.5	7.5	27.3
213.1	191.8	134.2	21.8	1.2	13.9
551.1	341.5	154.2	34.0	0.6	27.8
1 656.2	549.8	139.0	16.8	3.7	40.6
366.2	228.5	127.5	7.4	9.9	18.0
439.9	232.5	129.3	17.5	13.6	18.4
96.0	97.7	100.1	11.5	-0.3	-0.5
114.8	105.5	101.4	13.4	1.7	1.1
236.0	198.2	127.3	40.6	3.6	14.7
256.4	140.8	66.4	41.4	12.7	7.1
108.5	125.8	100.3	0.9	-2.9	4.7
148.7	141.3	112.0	5.5	1.0	7.2
107.8	87.8	107.8	-0.5	4.2	-2.6
123.3	115.3	102.7	0.8	1.4	2.9
202.5	143.4	107.5	8.9	7.1	7.5

2-3续表1

指　　标	单　位	总　量　指　标			
		1995年	2000年	2004年	2005年
主要农产品产量					
粮　食	万吨	1 423.5	1 140.0	1 720.0	1 745.8
棉　花	万吨	2.4	0.6	0.5	0.3
油　料	万吨	19.8	29.6	45.9	36.8
甜　菜	万吨	50.4	28.7	2.7	6.2
水　果	万吨	220.0	250.0	307.7	329.3
肉　类	万吨	222.4	236.1	316.5	346.1
水产品	万吨	197.9	338.5	402.5	425.3
工　业					
工业增加值(现价)	亿元		1 193.3	2 400.2	3 108.4
#国有及国有控股工业	亿元		817.2	1 404.1	1 659.7
主要工业产品产量					
布	亿米	5.8	5.0	4.3	5.7
机制纸及纸板	万吨	97.5	55.2	72.6	83.4
糖	万吨	3.8	2.1	3.8	1.1
家用电冰箱	万台	14.2	23.1	116.3	120.4
彩色电视机	万台	23.9	374.4	346.2	550.2
原　煤	万吨	5 626.4	4 454.9	6 641.9	6 395.0
原　油	万吨	1 552.7	1 401.1	1 283.2	1 261.0
发电量	亿千瓦小时	540.1	645.6	874.9	904.2
钢	万吨	1 335.9	1 553.8	2 612.8	3 059.1
成品钢材	万吨	1 074.2	1 443.2	2 657.9	3 235.9
水　泥	万吨	1 911.0	1 954.9	2 495.7	2 680.7
国有及限额以上非国有工业企业财务指标					
固定资产原价	亿元		5 372.8	7 543.1	8 202.5
固定资产净值年平均余额	亿元		3 449.1	4 558.1	4 848.7
利润总额	亿元		176.2	430.8	356.0
建筑业					
建筑业企业人数	万人	89.7	96.0	100.4	91.7
建筑业总产值	亿元	407.3	598.1	1 245.1	1 481.7
施工房屋面积	万平方米	5 188.2	6 334.9	8 805.6	10 224.9
竣工房屋面积	万平方米	2 318.6	3 547.9	4 751.2	5 111.1
交通运输					
货运量合计	万吨	88 465	83 604	91 652	97 748
铁　路	万吨	13 073	12 523	14 094	14 271
公　路	万吨	68 524	64 515	70 164	74 799
水　运	万吨	2 649	3 091	4 447	5 730
管　道	万吨	4 216	3 466	2 938	2 939
空　运	万吨	3.2	8.9	8.6	9.4

速	度	指	标（%）		
指	数(2005为以下各年)		平均增长速度		
1995年	2000年	2004年	1991年-1995年	1996年-2000年	2001年-2005年
122.6	153.1	101.5	-1.0	-4.3	8.9
12.5	50.0	60.0	11.4	-24.2	-12.9
185.9	124.3	80.2	2.5	8.4	4.5
12.3	21.6	229.6	0.2	-10.7	-26.4
149.7	131.7	107.0	14.6	2.6	5.7
155.6	146.6	109.4	19.7	1.2	7.9
214.9	125.6	105.7	13.0	11.3	4.7
	219.7	120.1			17.0
	178.3	108.8			12.3
98.3	114.0	132.6	-2.3	-2.9	2.7
85.5	151.1	114.9	4.7	-10.8	8.6
28.9	52.4	28.9	3.5	-11.2	-12.1
847.9	521.2	103.5	-2.8	10.2	39.1
2 302.1	147.0	158.9	-11.5	73.4	8.0
113.7	143.5	96.3	2.0	-4.6	7.5
81.2	90.0	98.3	2.6	-2.0	-2.1
167.4	140.1	103.3	4.4	3.6	7.0
229.0	196.9	117.1	1.9	3.1	14.5
301.2	224.2	121.7	2.7	6.1	17.5
140.3	137.1	107.4	11.8	0.5	6.5
	152.7	108.7			8.8
	140.6	106.4			7.0
	202.0	82.6			15.1
102.2	95.5	91.3	-1.6	1.4	-0.9
363.8	247.7	119.0	26.3	8.0	19.9
197.1	161.4	116.1	13.0	4.1	10.0
220.4	144.1	107.6	6.8	8.9	7.6
110.5	116.9	106.7	3.0	-1.1	3.2
109.2	114.0	101.3	-1.8	-0.9	2.6
109.2	115.9	106.6	4.1	-1.2	3.0
216.3	185.4	128.9	11.7	3.1	13.1
69.7	84.8	100.0	-0.8	-3.8	-3.2
293.8	105.6	109.3	24.6	24.6	1.1

2-3续表2

指标	单位	总量指标			
		1995年	2000年	2004年	2005年
客运量合计	万人	52 228	51 555	58 099	60 599
铁　　路	万人	13 928	10 174	9 591	9 503
公　　路	万人	37 591	40 385	47 370	49 917
水　　运	万人	533	616	637	650
空　　运	万人	176	380	501	529
沿海主要港口货物吞吐量	万吨	7 572	13 665	24 957	30 208
邮电通信业					
邮电业务总量	亿元	50.1	242.6	365.2	450.7
函　　件	亿件	2.4	1.7	1.4	1.3
报刊期发数	万份	698	415	352	339
国内商业					
社会消费品零售总额	亿元	1 122	1 847.6	2 642.8	2 999
对外贸易					
进出口总额	亿美元	109.9	190.2	344.4	410.1
进口额	亿美元	27.3	81.7	155.2	175.7
出口额	亿美元	82.6	108.5	189.2	234.4
国际旅游					
接待旅游人数	万人	26.4	61.2	108.1	130.2
旅游外汇收入	亿美元	1.9	3.8	6.1	7.4
金　　融					
金融机构各项存款	亿元	2 619.9	5 880.0	10 193.5	11 967.0
金融机构各项贷款	亿元	2 881.8	5 195.6	7 744.5	7 958.1
金融机构现金收入	亿元	4 385.6	14 891.5	27 201.7	29 915.5
金融机构现金支出	亿元	4 439.9	14 891.6	27 191.5	29 943.6
教育、科技、文化					
教　　育					
专任教师数					
普通高等学校	万人	2.3	2.8	4.1	4.4
中等学校	万人	17.5	16.9	17.5	17.5
小　　学	万人	19.9	18.6	16.7	16.4
在校学生数					
普通高等学校	万人	17.9	29.8	58.3	65.9
中等学校	万人	244.4	253.0	285.1	283.6
小　　学	万人	375.2	344.4	279.4	266.6
教育经费支出	亿元	44.0	76.1	138.7	163.0
科　　技					
科技活动人数	万人		16.5	16.6	18.6
研究与发展经费支出	亿元	16.6	41.7	106.9	125.3
技术市场成交额	亿元	22.9	34.8	75.3	86.5

速度指标（%）					
指数(2005为以下各年)			平均增长速度		
1995年	2000年	2004年	1991年－1995年	1996年－2000年	2001年－2005年
116.0	117.5	104.3	3.2	－0.3	3.3
68.2	93.4	99.1	－2.5	－6.1	－1.4
132.8	123.6	105.4	5.8	1.4	4.3
122.0	105.5	102.0	12.0	2.9	1.1
300.6	139.2	105.6	26.2	16.6	6.8
398.9	221.1	121.0	7.2	12.5	17.2
899.6	185.8	123.4	42.9	37.1	13.2
54.2	76.5	92.9	2.0	－6.7	－5.2
48.6	81.7	96.3	－9.9	－9.9	－4.0
267.3	162.3	113.5	21.7	10.5	10.2
373.2	215.6	119.1	11.7	11.6	16.6
643.6	215.1	113.2	30.9	24.5	16.5
283.8	216.0	123.9	8.0	5.6	16.7
493.2	212.7	120.4	18.3	18.3	16.3
389.5	194.7	121.3	22.1	14.9	14.3
456.8	203.5	117.4	24.8	17.5	15.3
276.2	153.2	102.8	20.4	12.5	8.9
682.1	200.9	110.0	35.1	27.7	15.0
674.4	201.1	110.1	34.0	27.4	15.0
191.3	157.1	107.3	－	4.0	9.5
100.0	103.6	100.0	0.8	－0.7	0.7
82.4	88.2	98.2	－1.3	－1.3	－2.5
368.2	221.1	113.0	7.8	10.7	17.2
116.0	112.1	99.5	2.5	0.7	2.3
71.1	77.4	95.4	－1.6	－1.7	－5.0
370.5	214.2	117.5	17.0	11.6	16.5
	112.7	112.0		0.1	2.4
754.8	300.5	117.2	9.8	4.8	24.6
377.7	248.6	114.9	24.7	8.7	20.0

2-3续表3

指标	单位	总量指标			
		1995年	2000年	2004年	2005年
家庭、生活、环境					
家　　庭					
家庭总户数	万户	1 224.0	1 315.3	1 380.2	1 400.2
城镇居民平均每户家庭人口	人	3.2	3.1	2.92	2.85
农村居民平均每户家庭人口	人	3.9	3.6	3.42	3.37
婚　　姻					
结婚数	万对	30.4	27.3	29.0	25.7
离婚数	万对	3.0	3.5	7.4	8.0
居　　住					
城市居民人均居住面积	平方米	7.3	8.9	20.9	22.0
农村居民人均住房面积	平方米	19.1	22.0	23.9	25.1
生　　活					
城镇居民人均可支配收入	元	3 691.4	5 357.8	8 007.6	9 107.6
农村居民人均纯收入	元	1 756.5	2 355.6	3 307.1	3 690.2
城乡储蓄存款余额	亿元	1 659.8	3 779.6	6 048.5	6 950.2
工资和福利					
工资总额	亿元	496.9	553.1	759.8	862.9
在岗职工平均工资	元	4 877	8 811	14 921	17 331
卫　　生					
医疗机构数	个	6 239	6 451	3 419	3 457
医　　生	万人	9.5	10	8	7.9
医疗床位数	万张	20.3	19.1	17.7	17.8
市政建设					
自来水供应量	亿吨	32.0	30.9	28.1	28.3
下水道长度	公里	7 357	8 354	9 308	10 519
城市煤气和天然气供气量	亿立方米	13.5	10.7	9.9	10.0
公共汽(电)车总数	辆	9 032	13 136	16 969	17 548
铺装道路长度	公里	8 465	9 249	10 407	10 556
绿地面积	公顷	51 268	61 432	71 797	74 583
环境、灾害					
污染治理项目本年完成投资额	万元	61 689	120 195	264 609	466 810
环境污染与破坏事故次数	起	115	94	19	26
环境污染直接经济损失	万元	201.0	130.4	579.4	46.3
环境污染事故赔罚款金额	万元	146.0	140.2	364.4	40.1
火灾发生数	起	5 009	14 836	27 416	25 478
火灾损失	万元	4 341	5 487	5 270	4 766
交通事故发生数	起	17 036	19 278	12 985	10 334
交通事故损失	万元	9 193	10 194	7 399	5 906

注:1.本表总量指标中的价值量指标除邮电业务总量指标外均按当年价格计算。

2.本表速度指标中,地区生产总值及三次产业、物价指数、农林牧渔业总产值、邮电业务总量指标均按可比价格计算。

3.2004年、2005年城市人均居住面积为人均建筑面积。

速度指标（%）					
指数(2005为以下各年)			平均增长速度		
1995年	2000年	2004年	1991年－1995年	1996年－2000年	2001年－2005年
114.4	106.5	101.4	1.7	1.4	1.3
89.1	91.9	97.6	－1.2	－0.6	－1.7
86.4	93.6	98.5	－1.9	－1.6	－1.3
84.5	94.1	88.6	－4.6	－2.1	－1.2
266.7	228.6	108.1	4.6	3.1	18.0
301.4	247.2	105.3	4.7	4.0	19.8
131.4	114.1	105.0	3.0	2.9	2.7
246.7	170.0	113.7	18.9	7.7	11.2
210.1	156.7	111.6	17.7	6.0	9.4
418.7	183.9	114.9	30.1	17.9	13.0
173.7	156.0	113.6	17.9	2.2	9.3
355.4	196.7	116.2	17.5	6.4	14.5
55.4	53.6	101.1	－4.5	0.7	－11.7
83.2	79.0	98.8	2.0	1.1	－4.6
87.7	93.2	100.6	0.6	－1.2	－1.4
88.4	91.6	100.7	1.6	－0.7	－1.7
143.0	125.9	113.0	6.9	2.6	4.7
74.1	93.5	101.0	－3.3	－4.5	－1.3
194.3	133.6	103.4	12.3	7.8	6.0
124.7	114.1	101.4	7.4	1.8	2.7
145.5	121.4	103.9	6.3	3.7	4.0
756.7	388.4	176.4	9.6	14.3	31.2
22.6	27.7	136.8	－5.9	－4.0	－22.7
23.0	35.5	8.0	–	－8.3	－18.7
27.5	28.6	11.0	－20.3	－0.8	－22.1
508.6	171.7	92.9	22.7	24.3	11.4
109.8	86.9	90.4	16.8	4.8	－2.8
60.7	53.6	79.6	9.6	2.5	－11.7
64.2	57.9	79.8	49.5	2.1	－10.3

2—4 国民经济主要比例关系

单位：%

指　　标	2000年	2001年	2002年	2003年	2004年	2005年
地区生产总值产业比例						
第一产业	10.8	10.8	10.8	10.3	12.0	11.0
第二产业	50.2	48.5	47.8	48.3	45.9	49.4
第三产业	39.0	40.7	41.4	41.4	42.1	39.6
就业人数产业比例						
第一产业	33.4	33.2	34.4	34.7	34.4	34.1
第二产业	31.7	30.2	28.7	28.2	28.0	28.1
第三产业	34.9	36.6	36.9	37.1	37.6	37.8
固定资产投资总额资金来源比例						
国家预算	5.7	7.9	6.7	4.3	3.8	4.1
国内贷款	19.9	18.6	17.4	17.9	13.0	12.2
利用外资	5.8	3.8	4.5	2.8	3.0	2.9
自　筹	54.2	55.3	57.8	62.5	67.1	69.3
其　他	14.4	14.4	13.6	12.5	13.1	11.5
农业总产值中五业比例						
农　业	47.9	48.1	47.7	40.9	40.5	38.3
林　业	2.0	2.1	2.5	3.2	2.7	2.7
牧　业	31.4	31.8	31.9	34.7	36.3	38.1
渔　业	18.7	18.0	17.9	18.4	18.0	18.3
农林牧渔服务业				2.8	2.5	2.6
工业总产值中轻重工业比例						
轻工业	18.7	18.1	19.9	16.7	16.5	16.5
重工业	81.3	81.9	80.1	83.3	83.5	83.5
货运周转总量比例						
铁　路	53.2	52.4	50.7	41.7	38.5	35.1
公　路	11.6	11.6	11.6	9.3	10.9	12.2
水　运	31.6	32.7	34.5	46.6	48.8	51.1
民　航	0.1	0.1	0.1	0.1	0.1	0.1
管　道	3.5	3.2	3.1	2.3	1.7	1.5
客运周转总量比例						
铁　路	58.8	58.1	58.1	56.3	55.9	56.7
公　路	29.9	29.7	29.7	30.1	29.4	31.2
水　运	2.0	1.5	1.5	1.3	1.3	1.2
民　航	9.3	10.7	10.7	12.3	13.4	10.9

2—5　按总人口平均的国民经济主要指标

指　　标	单　位	2000 年	2001 年	2002 年	2003 年	2004 年	2005 年
地区生产总值(现价)	元/人	11 177	12 015	13 000	14 270	15 835	18 983
农业总产值(现价)	元/人	2 348	2 525	2 728	2 922	3 625	3 998
固定资产投资总额	元/人	3 077	3 431	3 868	5 008	7 199	10 127
地方财政收入	元/人	718	895	963	1 073	1 271	1 615
地方财政支出	元/人	1 258	1 534	1 664	1 886	2 235	2 881
耕地面积	亩/人	1.5	1.5	1.4	1.3	1.2	1.3
粮食产量	公斤/人	276.7	336.7	363.8	355.1	412.7	417.6
油料产量	公斤/人	7.2	11.2	13.6	14.8	14.7	8.8
棉花产量	公斤/人	0.1	0.2	0.1	0.1	0.1	0.1
猪牛羊肉产量	公斤/人	38.0	40.8	44.0	47.8	52.0	57.0
水产品产量	公斤/人	82.2	84.7	90.3	91.9	91.7	101.7
水果产量	公斤/人	60.7	58.4	56.5	64.4	64.3	78.8
布产量	米/人	12.1	10.4	12.0	8.2	8.3	13.6
纸及纸板产量	公斤/人	13.4	15.2	12.5	14.2	14.2	19.9
卷烟产量	箱/千人	5.6	7.5	9.2	9.9	11.0	11.0
钢产量	公斤/人	377	401	468	522	521	732
煤产量	公斤/人	1 082	1 079	1 248	1 412	1 409	1 530
发电量	千瓦小时/人	1 567	1 599	1 747	2 013	2 009	2 162
原油产量	公斤/人	340	334	325	320	320	302
水泥产量	公斤/人	475	505	517	561	560	641
社会消费品零售总额	元/人	4 485	4 914	5 440	5 605	6 342	7 173
出口总额	美元/人	263.4	268.3	298.0	351.8	351.1	560.6
高等学校在校学生	人/万人	72.3	89.9	108.5	123.6	140.0	157.7
普通中学在校学生	人/万人	526.1	561.0	577.9	579.7	566.5	553.6
医院床位数	张/万人	41.8	40.9	41.8	41.4	42.4	42.5
卫生技术人员数	人/万人	55.3	54.8	46.0	50.7	45.1	49.9
#医　生	人/万人	24.4	24.5	19.6	18.8	19.2	21.8
城乡储蓄余额	元/人	9 140	9 961	11 226	12 909	14 495	16 591

注:2002 年及以后各年医生数为执业医师和执业助理医师。

主要统计指标解释

可比价格　指在不同时期的价值指标对比时,扣除了价格变动的因素,以确切反映物量的变化。按可比价格计算有两种方法:一种是直接用产品产量乘某一年的不变价格计算;另一种是用价格指数换算。

不变价格　指用同类产品的年平均价格作为固定价格,来计算各年产品价值。按不变价格计算的产品价值消除了价格变动因素,不同时期对比可以反映生产的发展速度。新中国成立后,随着工农业产品价格水平的变化,国家统计局先后五次制定了全国统一的工业产品不变价格和农业产品不变价格,从1949年到1957年使用1952年工(农)业产品不变价格,从1957年到1971年使用1957年不变价格,从1971年到1981年使用1970年不变价格,从1981年到1990年使用1980年不变价格,从1990年开始使用1990年不变价格。

平均每年增长速度　在我国计算平均增长速度有两种方法,一种是习惯上经常使用的"水平法",又称几何平均法,是以间隔期最后一年的水平同基期水平对比来计算平均每年增长(或下降)速度。另一种是"累计法",又称代数平均法或方程法,是以间隔期内各年水平的总和同基期水平对比来计算平均每年增长(或下降)速度。

在一般正常情况下,两种方法计算的平均每年增长速度比较接近,但在经济发展不平衡,出现大起大落时,两种方法计算的结果差别较大。

本《年鉴》内所列的平均每年增长速度均用"水平法"计算。从某年到某年平均增长速度的年份,均不包括基期年在内。如建国四十三年的平均增长速度是以 1949 年为基期计算的,则写为 1950—1992 年平均增长速度,余类推。

各个计划时期　表内所用各个"时期"代表的年份如下:恢复时期为1950年到1952年;第一个五年计划时期(简称一五时期)为1953年到1957年;第二个五年计划时期(简称二五时期)为1958年到1962年;第三个五年计划时期(简称三五时期)为1966年到1970年;第四个五年计划时期(简称四五时期)为1971年到1975年;第五个五年计划时期(简称五五时期)为1976年到1980年;第六个五年计划时期(简称六五时期)为1981年到1985年;第七个五年计划时期(简称七五时期)为1986年到1990年;第八个五年计划时期(简称八五时期)为1991到1995年;第九个五年计划时期(简称九五时期)为 1996 年到 2000 年。

企业(单位)登记注册类型　是以在工商行政管理机关登记注册的各类企业为划分对象,以工商行政管理部门对企业登记注册的类型为依据,将企业登记注册类型分为内资企业、港澳台商投资企业和外商投资企业三大类。内资企业包括国有企业、集体企业、股份合作企业、联营企业、有限责任公司、股份有限公司、私营公司和其他企业;港澳台商投资企业和外商投资企业分别包括合资经营企业、合作经营企业、独资经营企业和股份有限公司。对不在工商行政管理部门进行登记注册的行政机关、事业单位和社会团体,主要按其经费来源和管理方式进行划分。

国有企业　指企业全部资产归国家所有,并按《中华人民共和国企业法人登记管理条例》规定登记注册的非公司制的经济组织。不包括有限责任公司中的国有独资公司。

集体企业　指企业资产归集体所有,并按《中华人民共和国企业法人登记管理条例》规定登记注册的经济组织。

股份合作企业　指以合作制为基础,由企业职工共同出资入股,吸收一定比例的社会资产投资组建,实行自主经营,自负盈亏,共同劳动,民主管理,按劳分配与按股分红相结合的一种集体经济组织。

联营企业　指两个及两个以上相同或不同所有制性质的企业法人或事业单位法人,按自愿、平等、互利的原则,共同投资组成的经济组织。联营企业包括国有联营企业、集体联营企业、国有与集体联营企业和其他联营企业。

有限责任公司　指根据《中华人民共和国公司登记管理条例》规定登记注册,由两个以上、五十个以下的股东共同出资,每个股东以其所认缴的出资额对公司承担有限责任,公司以其全部资产对其债务承担责任的经济组织。有限责任公司包括国有独资公司以及其他有限责任公司。

(1)国有独资公司:指国家授权的投资机构或者国家授权的部门单独投资设立的有限责任公司。

(2)其他有限责任公司:指国有独资公司以外的有限责任公司。

股份有限公司　指根据《中华人民共和国公司登记管理条例》规定登记注册,其全部注册资本由等额股份构成并通过发行股票筹集资本,股东以其认购的股份对公司承担有限责任,公司以其全部资产对其债务承担责任的经济组织。

私营企业　指由自然人投资设立或由自然人控股,以雇佣劳动为基础的营利性经济组织。包括按照《公司法》、《合伙企业法》、《私营企业暂行条例》规定登记注册的私营有限责任公司、私营股份有限公司、私营合伙企业和私营独资企业。

(1)私营独资企业:指按《私营企业暂行条例》的规定,由一名自然人投资经营,以雇佣劳动为基础,投资者对企业债务承担无限责任的企业。

(2)私营合伙企业:指按《合伙企业法》或《私营企业暂行条例》的规定,由两个以上自然人按照协议共同投资、共同经营、共负盈亏,以雇佣劳动为基础,对债务承担无限责任的企业。

(3)私营有限责任公司:指按《公司法》、《私营企业暂行条例》的规定,由两个以上自然人投资或由单个自然人控股的有限责任公司。

(4)私营股份有限公司:指按《公司法》的规定,由五个以上自然人投资,或由单个自然人控股的股份有限公司。

其他内资企业　指上述企业之外的其他内资经济组织。

第三篇

国民经济核算

3

GUOMIN
JINGJI
HESUAN

—

3—1 生 产 总 值

单位:亿元

年 份	生产总值	第一产业	第二产业			第三产业	人均生产总值（元）
				工 业	建筑业		
1978	229.2	32.4	162.9	155.2	7.7	33.9	680
1979	245.0	40.7	166.4	158.0	8.4	37.9	717
1980	281.0	46.1	192.3	182.7	9.6	42.6	811
1981	288.6	49.1	187.5	174.0	13.5	51.9	823
1982	315.1	54.7	199.7	185.6	14.1	60.7	884
1983	364.0	72.2	219.7	202.2	17.5	72.1	1 012
1984	438.2	80.4	268.2	243.3	24.9	89.6	1 203
1985	518.6	74.9	328.1	299.2	28.9	115.6	1 413
1986	605.3	92.9	357.8	326.0	31.8	154.6	1 633
1987	719.1	109.5	417.0	375.6	41.4	192.6	1 917
1988	881.0	141.9	492.5	444.4	48.1	246.6	2 285
1989	1 003.8	141.9	545.1	492.6	52.5	316.9	2 574
1990	1 062.7	168.6	540.8	482.9	57.9	353.3	2 698
1991	1 200.1	180.8	590.1	526.8	63.3	429.2	3 027
1992	1 473.0	194.6	741.9	661.2	80.7	536.5	3 693
1993	2 010.8	260.8	1 039.3	920.6	118.8	710.8	5 015
1994	2 461.8	319.0	1 259.1	1 109.8	149.2	883.8	6 103
1995	2 793.4	392.2	1 390.0	1 233.4	156.6	1 011.2	6 880
1996	3 157.7	474.1	1 537.7	1 379.1	158.6	1 145.9	7 730
1997	3 582.5	474.4	1 743.9	1 567.6	176.3	1 364.2	8 725
1998	3 881.7	531.5	1 855.2	1 664.1	191.2	1 495.1	9 415
1999	4 171.7	520.8	2 001.5	1 795.7	205.8	1 649.4	10 086
2000	4 669.1	503.4	2 344.4	2 114.9	229.5	1 821.2	11 177
2001	5 033.1	544.4	2 440.6	2 190.1	250.4	2 048.1	12 015
2002	5 458.2	590.2	2 609.9	2 332.0	277.9	2 258.2	13 000
2003	6 002.5	615.8	2 898.9	2 556.8	342.1	2 487.9	14 270
2004	6 672.0	798.4	3 061.6	2 680.4	381.2	2 812.0	15 835
2005	8 009.0	882.4	3 953.3	3 489.6	463.7	3 173.3	18 983

注:2000年以后的人均生产总值按常住人口计算。

3—2 生产总值指数

(以上年为100)

单位:%

年份	生产总值	第一产业	第二产业			第三产业	人均生产总值
				工业	建筑业		
1978	110.7	96.9	115.4	116.6	92.6	103.4	109.3
1979	104.9	106.9	103.3	103.2	106.5	111.2	103.6
1980	109.2	103.8	110.0	110.0	109.4	109.9	107.6
1981	98.4	98.1	94.0	92.8	123.5	119.4	97.2
1982	105.3	106.6	102.5	101.8	113.5	113.8	103.7
1983	113.3	128.3	108.8	109.1	104.4	115.2	112.3
1984	116.8	105.0	119.5	120.1	109.3	119.5	115.4
1985	113.3	84.0	118.7	118.2	127.8	120.5	112.4
1986	108.3	111.7	103.5	103.1	109.6	120.5	107.2
1987	114.1	106.0	111.4	111.5	110.4	124.8	112.7
1988	111.7	106.9	111.7	111.5	114.9	113.7	108.7
1989	103.1	95.7	101.6	102.0	95.4	109.3	101.9
1990	100.9	114.5	97.0	96.6	104.0	104.8	100.1
1991	106.1	104.2	104.0	103.2	110.9	110.2	105.4
1992	112.1	104.2	113.6	114.7	104.4	113.6	111.4
1993	114.9	110.7	116.6	116.1	120.4	114.3	114.3
1994	111.2	102.1	113.8	128.1	109.3	111.1	111.2
1995	107.1	104.9	107.1	107.8	100.1	107.8	106.4
1996	108.6	112.6	107.8	108.6	99.1	108.4	107.9
1997	108.9	101.3	110.5	110.9	106.1	109.2	108.7
1998	108.3	113.0	107.6	107.6	108.2	107.9	107.9
1999	108.2	105.1	108.5	108.6	106.7	108.9	107.9
2000	108.9	98.4	110.7	110.8	109.3	109.6	108.6
2001	109.0	106.7	107.5	107.4	108.7	111.5	108.7
2002	110.2	108.4	109.8	109.8	110.3	111.3	110.0
2003	111.5	107.2	112.3	111.6	117.5	111.7	111.3
2004	112.8	107.9	116.0	115.2	121.3	110.7	112.6
2005	112.3	107.9	117.1	118.0	110.1	108.2	112.2

注:本表按可比价计算。2004年为快报数据。

3—3 生 产 总 值 指 数

（以1952年为100）

单位：%

年份	生产总值	第一产业	第二产业	工业	建筑业	第三产业	人均生产总值
1952	100.0	100.0	100.0	100.0	100.0	100.0	100.0
1957	212.8	113.8	297.2	293.7	327.8	174.9	171.9
1965	251.2	134.7	353.4	365.0	183.0	203.4	172.3
1970	382.9	168.5	588.5	616.3	201.4	260.9	237.3
1975	578.8	192.8	955.5	986.6	486.7	359.7	335.3
1978	665.8	173.9	1 178.8	1 248.7	378.1	380.1	373.7
1979	698.4	185.9	1 217.7	1 288.7	402.7	422.7	387.2
1980	762.7	193.0	1 339.5	1 417.5	440.5	464.5	416.6
1981	750.5	189.3	1 259.1	1 315.5	544.1	554.6	405.0
1982	790.3	201.8	1 290.6	1 339.2	617.5	631.2	419.9
1983	895.4	258.9	1 404.1	1 461.0	644.7	727.1	471.6
1984	1 045.8	271.8	1 677.9	1 754.7	704.6	868.9	544.2
1985	1 184.9	228.4	1 991.7	2 074.0	900.5	1 047.0	611.7
1986	1 283.2	255.1	2 061.4	2 138.3	987.0	1 261.6	655.7
1987	1 464.1	270.4	2 296.4	2 384.2	1 089.6	1 574.5	739.0
1988	1 635.4	289.0	2 565.1	2 658.4	1 252.0	1 790.2	803.3
1989	1 686.1	276.6	2 606.1	2 711.6	1 194.4	1 956.7	818.6
1990	1 701.3	316.7	2 528.0	2 619.4	1 242.2	2 050.6	819.4
1991	1 805.1	330.0	2 629.1	2 703.2	1 377.6	2 259.8	863.6
1992	2 023.5	343.9	2 986.6	3 100.6	1 438.2	2 567.1	962.1
1993	2 325.0	380.7	3 482.4	3 599.8	1 731.6	2 934.2	1 099.7
1994	2 585.4	388.7	3 963.0	4 611.3	1 892.6	3 259.9	1 222.9
1995	2 768.9	407.7	4 244.3	4 971.0	1 894.5	3 514.2	1 301.1
1996	3 007.2	459.1	4 575.4	5 398.5	1 877.4	3 809.4	1 403.9
1997	3 274.8	465.1	5 055.8	5 986.9	1 992.0	4 159.9	1 526.0
1998	3 546.7	525.6	5 440.1	6 442.0	2 155.3	4 488.5	1 646.6
1999	3 837.5	552.4	5 902.5	6 996.0	2 299.7	4 888.0	1 776.7
2000	4 179.0	543.6	6 534.1	7 751.5	2 513.6	5 357.2	1 929.5
2001	4 555.1	580.0	7 024.2	8 325.1	2 732.3	5 973.3	2 097.4
2002	5 019.7	628.7	7 712.6	9 141.0	3 013.7	6 648.3	2 307.1
2003	5 596.0	673.8	8 657.8	10 203.6	3 541.3	7 423.3	2 567.8
2004	6 312.0	726.9	10 041.4	11 757.9	4 294.1	8 214.6	2 891.3
2005	7 089.5	784.0	11 755.2	13 876.1	4 728.3	8 887.8	3 244.1

注：本表按可比价计算。

3—4 生产总值构成

单位：%

年份	生产总值	第一产业	第二产业	工业	建筑业	第三产业
1952	100	29.0	48.3			22.7
1953	100	23.3	49.5			27.2
1957	100	20.3	59.3			20.4
1965	100	19.6	60.7			19.7
1970	100	20.8	62.4			16.8
1975	100	18.1	66.9			15.0
1978	100	14.1	71.1	95.3	4.7	14.8
1979	100	16.6	67.9	94.9	5.1	15.5
1980	100	16.4	68.4	95.0	5.0	15.2
1981	100	17.0	65.0	92.8	7.2	18.0
1982	100	17.4	63.4	92.9	7.1	19.2
1983	100	19.9	60.3	92.1	7.9	19.8
1984	100	18.3	61.2	90.7	9.3	20.5
1985	100	14.4	63.3	91.2	8.8	22.3
1986	100	15.3	59.1	91.1	8.9	25.6
1987	100	15.2	58.0	90.1	9.9	26.8
1988	100	16.1	55.9	90.2	9.8	28.0
1989	100	14.1	54.3	90.4	9.6	31.6
1990	100	15.9	50.9	89.3	10.7	33.2
1991	100	15.1	49.2	89.3	10.7	35.7
1992	100	13.2	50.4	89.1	10.9	36.4
1993	100	13.0	51.7	88.6	11.4	35.3
1994	100	13.0	51.1	88.2	11.8	35.9
1995	100	14.0	49.8	88.7	11.3	36.2
1996	100	15.0	48.7	89.7	10.3	36.3
1997	100	13.2	48.7	89.9	10.1	38.1
1998	100	13.7	47.8	89.7	10.3	38.5
1999	100	12.5	48.0	89.7	10.3	39.5
2000	100	10.8	50.2	90.2	9.8	39.0
2001	100	10.8	48.5	89.7	10.3	40.7
2002	100	10.8	47.8	89.4	10.6	41.4
2003	100	10.3	48.3	88.2	11.8	41.4
2004	100	12.0	45.9	87.5	12.5	42.1
2005	100	11.0	49.4	88.3	11.7	39.6

注：1999年初进行了第三产业快速调查，本表中1997、1998年生产总值使用的是快速调查数，以前年度未进行调整。

3—5 第三产业增加值

单位:亿元

行业	2004年	2005年	2005年比上年增长%
总计	**2 811.95**	**3 173.32**	**8.2**
交通运输、仓储和邮政业	425.00	509.37	9.6
信息传输、计算机服务和软件业	286.50	186.84	-
批发和零售业	685.98	850.33	19.6
住宿和餐饮业	163.20	178.84	8.3
金融业	188.04	212.72	10.9
房地产业	203.10	243.99	15.4
租赁和商务服务业	64.86	75.30	11.0
科学研究、技术服务和地质勘查业	57.30	87.08	45.3
水利、环境和公共设施管理业	32.39	36.47	11.0
居民服务和其他服务业	190.89	212.56	6.5
教育	174.40	189.97	-3.3
卫生、社会保障和社会福利业	91.39	95.18	6.7
文化、体育和娱乐业	42.70	60.07	32.3
公共管理和社会组织	206.20	234.61	7.2

3—6 各 地 区 第 三

(2005

行业	沈阳市	大连市	鞍山市	抚顺市	本溪市	丹东市
总计	**10 515 178**	**9 728 388**	**4 019 282**	**1 495 379**	**1 180 496**	**1 392 995**
交通运输、仓储和邮政业	1 229 281	2 105 018	369 473	279 928	225 637	268 368
信息传输、计算机服务和软件业	560 871	569 181	147 894	77 073	54 492	98 075
批发和零售业	2 281 044	2 275 246	1 369 599	485 307	278 000	355 894
住宿和餐饮业	636 743	596 303	337 707	76 370	92 860	117 461
金融业	568 126	643 125	134 652	49 925	59 125	39 338
房地产业	1 067 249	675 810	148 110	85 512	62 585	100 931
租赁和商务服务业	561 801	519 177	324 195	19 101	11 304	49 596
科学研究、技术服务和地质勘查业	345 593	251 305	68 378	30 982	14 187	18 505
水利、环境和公共设施管理业	154 407	91 337	18 201	35 350	13 293	10 878
居民服务和其他服务业	327 616	622 580	561 874	48 649	42 973	76 666
教育	873 719	493 164	171 431	104 676	70 710	95 409
卫生、社会保障和社会福利业	565 349	337 305	107 902	52 338	54 737	39 483
文化、体育和娱乐业	308 380	173 062	104 714	22 430	18 153	22 913
公共管理和社会组织	1 034 998	375 774	155 152	127 738	182 440	99 478

产　业　增　加　值

年）　　单位:万元

锦州市	营口市	阜新市	辽阳市	盘锦市	铁岭市	朝阳市	葫芦岛市
1 538 211	**1 435 574**	**582 169**	**1 020 467**	**756 747**	**874 327**	**742 121**	**1 125 132**
326 590	341 435	127 932	181 616	74 060	180 950	92 512	282 321
86 040	81 426	38 797	56 593	55 009	49 437	48 375	59 472
246 053	368 626	69 932	228 142	148 637	149 132	127 748	250 700
180 142	84 055	35 681	69 844	66 116	53 570	65 276	66 642
94 080	54 073	18 639	21 386	54 460	30 785	36 405	89 018
104 811	127 407	62 978	91 209	81 973	60 274	66 450	97 838
24 838	23 099	9 190	14 745	11 924	15 751	10 891	13 399
23 437	14 573	12 886	10 223	43 666	14 100	14 084	12 003
20 237	14 469	7 176	14 093	13 656	11 832	6 970	8 374
112 906	66 374	28 455	109 257	44 169	64 907	35 475	42 988
104 581	79 156	69 507	56 528	39 990	70 059	73 828	65 040
36 144	55 461	24 633	48 339	33 789	39 159	36 586	48 850
44 750	17 566	8 649	10 622	11 033	14 829	7 735	6 699
133 603	107 854	67 714	107 870	78 265	119 541	119 786	81 788

3—7 第三产业增加值构成

单位:%

行业	2004年	2005年
总计	**100.0**	**100.0**
交通运输、仓储和邮政业	15.1	16.1
信息传输、计算机服务和软件业	10.2	5.9
批发和零售业	24.4	26.8
住宿和餐饮业	5.8	5.6
金融业	6.7	6.7
房地产业	7.2	7.7
租赁和商务服务业	2.3	2.4
科学研究、技术服务和地质勘查业	2.0	2.7
水利、环境和公共设施管理业	1.2	1.1
居民服务和其他服务业	6.8	6.7
教育	6.2	6.0
卫生、社会保障和社会福利业	3.2	3.0
文化、体育和娱乐业	1.5	1.9
公共管理和社会组织	7.3	7.4

3—8 生产总值项目构成

(2005 年) 单位:亿元

行业	生产总值	劳动者报酬	生产税净额	固定资产折旧	营业盈余
地区生产总值	**8 009.01**	**3 524.91**	**1 267.61**	**1 288.09**	**1 928.41**
第一产业	882.41	854.37	1.16	26.89	—
农、林、牧、渔业	882.41	854.37	1.16	26.89	—
第二产业	3 953.28	1 450.79	808.61	759.49	934.38
工业	3 489.58	1 195.00	741.81	725.76	827.00
建筑业	463.70	255.79	66.80	33.73	107.38
第三产业	3 173.32	1 219.75	457.83	501.71	994.02
交通运输、仓储和邮政业	509.37	138.04	36.53	77.07	257.72
信息传输、计算机服务和软件业	186.84	33.99	9.92	76.72	66.21
批发和零售业	850.33	277.14	282.06	68.66	222.49
住宿和餐饮业	178.84	54.16	14.81	21.94	87.93
金融业	212.72	94.86	28.01	13.83	76.02
房地产业	243.99	26.96	43.14	140.01	33.88
租赁和商务服务业	75.30	31.21	1.57	17.07	25.45
科学研究、技术服务和地质勘查业	87.08	59.86	5.74	8.38	13.10
水利、环境和公共设施管理业	36.47	22.84	0.92	5.51	7.20
居民服务和其他服务业	212.56	40.12	7.23	7.36	157.85
教育	189.97	153.50	1.26	18.42	16.79
卫生、社会保障和社会福利业	95.18	59.32	21.83	7.48	6.55
文化、体育和娱乐业	60.07	22.70	4.43	10.10	22.83
公共管理和社会组织	234.61	205.05	0.39	29.17	—

3—9 各地区生产总值项目构成

(2005年)　　　　单位:亿元

地区	生产总值	劳动者报酬	生产税净额	固定资产折旧	营业盈余
全省	**8 009.01**	**3 524.91**	**1 267.61**	**1 288.09**	**1 928.41**
沈阳	2 084.13	906.23	251.42	310.34	616.14
大连	2 152.23	1 018.83	307.69	414.89	410.83
鞍山	1 018.01	304.99	162.62	123.33	427.07
抚顺	390.24	169.31	65.74	79.13	76.07
本溪	343.29	137.67	59.57	79.45	66.60
丹东	326.32	162.90	37.89	40.48	85.05
锦州	381.94	191.24	56.14	59.34	75.22
营口	379.59	173.08	62.28	55.05	89.18
阜新	142.59	89.59	13.70	26.75	12.55
辽阳	330.06	120.92	54.20	48.57	106.38
盘锦	441.32	144.15	72.96	83.53	140.68
铁岭	264.23	176.09	21.93	32.29	33.93
朝阳	212.14	111.40	22.21	27.25	51.28
葫芦岛	299.52	118.25	56.80	44.51	79.96

3—10 各地区生产总值和指数

地　　区	2000年	2001年	2002年	2003年	2004年	2005年
生产总值(亿元)						
全　　省	**4 669.1**	**5 033.1**	**5 458.2**	**6 002.5**	**6 672.0**	**8 009.0**
沈　　阳	1 067.0	1 174.0	1 326.0	1 501.9	1 772.9	2 084.1
大　　连	1 061.6	1 173.0	1 330.9	1 543.8	1 850.4	2 152.2
鞍　　山	467.9	514.2	569.0	647.7	849.2	1 018.0
抚　　顺	213.0	234.2	252.6	279.0	330.8	390.2
本　　溪	158.3	177.3	193.5	234.7	297.5	343.3
丹　　东	161.9	174.7	189.9	220.8	273.1	326.3
锦　　州	195.9	216.5	242.9	281.7	316.0	381.9
营　　口	163.7	182.7	206.8	240.7	302.3	379.6
阜　　新	65.0	70.0	83.9	100.9	122.6	142.6
辽　　阳	172.1	180.6	202.0	238.8	270.0	330.1
盘　　锦	299.1	300.9	302.0	330.8	369.4	441.3
铁　　岭	126.5	137.9	151.8	176.5	216.3	264.2
朝　　阳	90.5	103.0	114.9	136.4	176.0	212.1
葫 芦 岛	158.5	178.5	197.8	225.5	262.0	299.5
指数(上年=100)						
全　　省	**108.9**	**109.0**	**110.2**	**111.5**	**112.8**	**112.3**
沈　　阳	110.3	110.1	113.1	114.2	115.5	116.0
大　　连	111.0	111.1	113.8	115.0	116.1	114.2
鞍　　山	110.0	110.0	111.0	113.1	116.1	116.2
抚　　顺	110.0	110.0	110.5	112.6	115.0	113.8
本　　溪	110.2	110.0	110.5	113.6	114.0	115.1
丹　　东	107.4	108.1	109.5	113.1	116.8	116.4
锦　　州	108.0	110.0	112.0	114.3	116.0	116.0
营　　口	110.9	111.6	112.5	116.1	121.2	120.4
阜　　新	100.2	108.5	118.6	119.4	117.1	113.5
辽　　阳	108.0	105.2	112.0	116.1	116.3	117.0
盘　　锦	106.8	107.0	107.0	108.2	108.1	106.4
铁　　岭	107.3	109.0	110.0	115.6	117.0	118.1
朝　　阳	99.7	111.3	112.5	116.5	118.4	116.6
葫 芦 岛	105.8	110.5	111.1	112.6	114.5	113.8

注:2004年指数为快报数据。

3—11 各地区

(2005

地区	生产总值（亿元）	第一产业	第二产业	工业	建筑业	第三产业
全省	**8 009.01**	**882.41**	**3 953.28**	**3 489.58**	**463.70**	**3 173.32**
沈阳	2 084.13	126.33	906.29	786.28	120.00	1 051.52
大连	2 152.23	183.33	996.06	853.48	142.58	972.84
鞍山	1 018.01	56.00	560.08	523.97	36.11	401.93
抚顺	390.24	28.78	211.92	191.32	20.60	149.54
本溪	343.29	22.10	203.14	187.60	15.53	118.05
丹东	326.32	52.84	134.18	111.80	22.38	139.30
锦州	381.94	88.04	140.07	121.90	18.17	153.82
营口	379.59	41.01	195.02	178.27	16.75	143.56
阜新	142.59	35.52	48.86	39.69	9.17	58.22
辽阳	330.06	25.47	202.54	178.98	23.56	102.05
盘锦	441.32	46.86	318.79	299.88	18.91	75.67
铁岭	264.23	69.70	107.10	95.61	11.49	87.43
朝阳	212.14	55.75	82.17	73.53	8.64	74.21
葫芦岛	299.52	44.57	142.44	129.52	12.92	112.51

生　　产　　总　　值

年)

人均生产总值(元)	构成(%)			指数(上年=100)			
	第一产业	第二产业	第三产业	生产总值	第一产业	第二产业	第三产业
18 983	**11.0**	**49.4**	**39.6**	**112.3**	**107.9**	**117.1**	**108.2**
29 935	6.1	43.5	50.5	116.0	109.4	122.3	111.7
38 196	8.5	46.3	45.2	114.2	111.7	115.5	113.4
29 338	5.5	55.0	39.5	116.2	104.0	118.8	115.1
17 372	7.4	54.3	38.3	113.8	103.9	117.0	111.9
21 922	6.4	59.2	34.4	115.1	108.4	121.4	108.4
13 502	16.2	41.1	42.7	116.4	107.7	123.4	113.7
12 397	23.1	36.7	40.3	116.0	103.4	126.7	114.5
16 487	10.8	51.4	37.8	120.4	109.7	128.8	113.7
7 398	24.9	34.3	40.8	113.5	117.6	107.0	116.7
18 135	7.7	61.4	30.9	117.0	105.3	120.8	113.3
34 641	10.6	72.2	17.1	106.4	107.8	104.8	110.8
8 764	26.4	40.5	33.1	118.1	110.0	125.2	117.1
6 280	26.3	38.7	35.0	116.6	125.1	113.2	114.4
10 960	14.9	47.6	37.6	113.8	100.4	118.8	113.0

3—12 生产总值（支出法）

单位:亿元

年份	生产总值	最终消费支出	资本形成总额	净流出	消费率 %	投资率 %
1978	229.20	109.37	62.33	57.50	47.72	27.19
1979	244.96	129.30	64.68	50.98	52.79	26.40
1980	281.00	157.43	56.82	66.75	56.02	20.22
1981	288.61	177.41	53.80	57.40	61.47	18.64
1982	315.07	185.21	67.87	61.99	58.78	21.54
1983	364.02	208.15	86.81	69.06	57.18	23.85
1984	438.17	236.89	127.59	73.69	54.06	29.12
1985	518.59	276.19	174.24	68.16	53.26	33.60
1986	605.33	314.75	215.95	74.63	52.00	35.67
1987	719.12	371.81	256.83	90.48	51.70	35.71
1988	881.24	459.39	335.39	86.24	52.14	38.07
1989	1 003.81	543.60	356.47	103.74	54.15	35.51
1990	1 062.74	574.24	392.74	95.76	54.03	36.96
1991	1 200.10	640.51	452.62	106.97	53.37	37.72
1992	1 472.95	769.94	561.81	141.20	52.27	38.14
1993	2 010.82	962.51	901.26	147.05	47.87	44.82
1994	2 461.78	1 239.61	1 024.66	197.51	50.35	41.62
1995	2 793.37	1 501.84	1 046.60	244.93	53.76	37.47
1996	3 148.23	1 728.74	1 076.26	343.23	54.91	34.19
1997	3 582.46	1 943.35	1 146.95	491.66	54.42	32.02
1998	3 881.73	2 128.05	1 225.99	527.69	54.82	31.58
1999	4 171.69	2 330.53	1 284.31	556.85	55.87	30.79
2000	4 669.06	2 587.52	1 471.61	609.93	55.42	31.52
2001	5 033.08	2 828.09	1 625.50	579.49	56.19	32.30
2002	5 458.22	3 031.47	1 835.54	591.21	55.54	33.63
2003	6 002.54	3 102.51	2 333.67	566.36	51.69	38.88
2004	6 872.70	3 287.30	3 271.10	314.30	47.80	47.60
2005	8 009.01	3 822.95	4 006.64	179.42	47.73	50.03

3—13 生产总值结构(支出法)

	资本形成总额		最终消费支出			
	固定资本形成总额	存货增加	居民消费支出	农村居民	城镇居民	政府消费支出
一、绝对数(亿元)						
1980	42.94	13.88	124.79	53.01	71.78	32.64
1981	43.10	10.70	142.53	59.27	83.26	34.88
1982	63.03	4.84	148.54	60.89	87.65	36.67
1983	71.55	15.26	162.51	67.86	94.65	45.64
1984	92.63	34.96	188.42	80.66	107.76	48.47
1985	130.91	43.33	225.51	90.99	134.52	50.68
1986	158.58	57.37	257.88	100.04	157.84	56.87
1987	210.23	46.60	296.93	113.00	183.93	74.88
1988	260.30	75.09	379.61	131.15	248.46	79.78
1989	241.89	114.58	434.09	148.43	285.66	109.51
1990	262.39	130.35	450.76	140.60	310.16	123.48
1991	323.66	128.96	502.22	156.02	346.20	138.29
1992	405.18	156.63	614.28	200.54	413.74	155.66
1993	731.60	169.66	770.19	240.22	529.97	192.32
1994	887.99	136.67	965.96	302.29	663.67	273.65
1995	884.95	161.65	1 177.59	350.38	827.21	324.25
1996	920.66	155.60	1 327.68	408.76	918.92	401.06
1997	976.45	170.50	1 485.79	425.90	1 059.89	458.06
1998	1 069.57	156.42	1 578.49	462.27	1 116.22	549.56
1999	1 115.82	168.49	1 707.30	491.98	1 215.32	623.23
2000	1 293.92	177.69	1 867.36	535.84	1 331.52	720.16
2001	1 444.15	181.35	2 001.97	566.95	1 435.02	826.12
2002	1 627.56	207.98	2 141.47	590.27	1 551.20	890.00
2003	2 102.10	231.57	2 172.06	487.16	1 684.90	930.45
2004	3 025.13	245.94	2 344.99	522.69	1 822.30	942.27
2005	3 705.99	300.65	2 720.95	569.28	2 151.67	1 102.00
二、比重(%)						
1980	70.16	29.84	83.19	43.14	56.86	16.82
1981	75.57	24.43	79.27	42.48	57.52	20.73
1982	80.11	19.89	80.34	41.58	58.42	19.66
1983	92.87	7.13	80.20	40.99	59.01	19.80
1984	82.42	17.58	78.07	41.76	58.24	21.93
1985	72.60	27.40	79.54	42.81	57.19	20.46
1986	75.13	24.87	81.65	40.35	59.65	18.35
1987	73.43	26.57	81.93	38.79	61.21	18.07
1988	81.86	18.14	79.86	38.06	61.94	20.14
1989	77.61	22.39	82.63	34.55	65.45	17.37
1990	67.86	32.14	79.85	34.19	65.81	20.15
1991	66.81	33.19	78.50	31.19	68.81	21.50
1992	71.51	28.49	78.41	31.07	68.93	21.59
1993	72.12	27.88	79.78	32.65	67.35	20.22
1994	74.41	25.59	80.02	31.19	68.81	19.98
1995	86.66	13.34	77.92	31.29	68.71	22.08
1996	84.55	15.45	78.41	29.75	70.25	21.59
1997	85.54	14.46	76.80	30.79	78.03	23.20
1998	85.13	14.87	76.44	29.99	70.01	23.56
1999	87.24	12.76	74.18	29.29	70.71	25.82
2000	86.88	13.12	73.26	28.82	71.18	26.74
2001	88.84	11.16	70.79	28.32	71.68	29.21
2002	88.67	11.33	70.64	27.56	72.44	29.36
2003	90.08	9.92	70.01	22.43	77.57	29.99
2004	92.48	7.52	71.34	22.29	77.71	28.66
2005	92.50	7.50	71.17	20.92	79.08	28.83

3—14 各地区生产总值(支出法)及构成

(2005年)

单位:亿元

地　　区	生产总值	最终消费支出	资本形成总额	净流出	生产总值=100	
					最终消费支出	资本形成总额
沈　阳	2 084.13	919.42	1 078.45	86.27	44.12	51.95
大　连	2 152.23	719.83	1 166.14	194.26	36.79	54.18
鞍　山	1 018.01	372.34	343.71	301.97	36.58	33.76
抚　顺	390.24	179.15	173.56	37.53	45.91	44.48
本　溪	343.29	137.71	184.03	21.55	40.12	53.61
丹　东	326.32	152.68	137.03	36.61	46.79	41.99
锦　州	381.94	186.37	106.30	89.27	48.80	27.83
营　口	379.59	158.10	206.90	14.59	41.65	54.51
阜　新	142.70	93.24	47.10	2.36	65.34	33.01
辽　阳	330.06	121.66	152.20	56.19	36.86	46.11
盘　锦	441.32	123.52	193.45	124.35	27.99	43.83
铁　岭	264.23	155.89	110.45	-2.11	59.00	41.80
朝　阳	212.14	142.86	93.27	-23.99	67.34	43.97
葫芦岛	299.52	141.12	152.31	6.10	47.11	50.85

3—15 各地区总投资及构成

（2005 年）

地　　区	资本形成总额（亿元）	固定资产形成总额	存货增加	构成（%）固定资本形成总额	存货增加
沈　　阳	1 078.45	1 067.78	10.67	99.01	0.99
大　　连	1 166.14	1 086.16	79.98	93.14	6.86
鞍　　山	343.71	314.53	29.17	91.51	8.49
抚　　顺	173.56	147.26	26.3	84.85	15.15
本　　溪	184.03	148.14	35.89	80.5	19.5
丹　　东	137.03	123.12	13.91	89.85	10.15
锦　　州	106.3	90.87	15.43	85.48	14.52
营　　口	206.9	188.45	18.45	91.08	8.92
阜　　新	47.1	46.9	0.2	99.58	0.42
辽　　阳	152.2	107.77	44.43	70.81	29.19
盘　　锦	193.45	174.61	18.84	90.26	9.74
铁　　岭	110.45	106.98	3.47	96.86	3.14
朝　　阳	93.27	85.96	7.31	92.16	7.84
葫 芦 岛	152.31	102.42	49.89	67.25	32.75

3—16 总　消　费

单位:亿元

指　　标	2000年	2001年	2002年	2003年	2004年	2005年
最终消费支出	**2 587.52**	**2 828.09**	**3 031.47**	**3 102.51**	**3 287.27**	**3 822.95**
一、居民消费支出	1 867.36	2 001.97	2 141.47	2 172.06	2 344.99	2 720.95
1.农村居民	535.84	566.95	590.27	487.16	522.69	569.28
自给性消费	172.93	168.29	175.93	120.34	70.53	54.78
商品性消费	232.00	243.80	254.10	242.66	217.02	282.41
文化生活服务性消费	76.78	82.06	83.50	75.82	82.13	116.75
住房及水电消费	54.13	72.80	76.74	48.35	14.95	17.48
#住房消费	36.41		45.83	35.68		
2.城镇居民	1 331.52	1 435.02	1 551.20	1 684.90	1 822.30	2 151.67
商品性消费	864.40	921.50	991.00	1 183.57	1 120.61	1 337.79
文化生活服务性消费	369.58	401.96	429.00	419.42	316.30	347.46
住房及水电消费	97.54	111.56	131.20	81.91	108.29	196.33
#住房消费	43.63		65.00	46.58		46.53
二、政府消费支出	720.16	826.12	890.00	930.45	942.27	1 102.00
三、居民消费水平(元/人)	4 490	4 789	5 095	5 159	5 561	6 449
农村居民	2 403	2 540	2 643	2 630	2 817	3 267
城镇居民	6 903	7 366	7 874	7 147	7 717	8 688

3—17 各地区消费及构成

（2005 年）

地区	最终消费支出（亿元）	居民消费支出	农村居民	城镇居民	政府消费支出	最终消费＝100 居民消费	最终消费＝100 政府消费	居民消费＝100 农村居民	居民消费＝100 城镇居民
沈阳	919.42	574.29	112.02	462.27	345.13	62.46	37.54	19.51	80.49
大连	791.83	563.93	157.73	406.20	227.90	71.22	28.78	27.97	72.03
鞍山	372.34	216.28	69.52	146.76	156.06	58.09	41.91	32.14	67.86
抚顺	179.15	142.82	27.54	115.28	36.33	79.72	20.28	19.28	80.72
本溪	137.71	101.89	16.55	85.34	35.82	73.99	26.01	16.25	83.75
丹东	152.68	113.13	48.26	64.87	39.55	74.1	25.9	42.66	57.34
锦州	186.37	141.4	48.47	92.93	44.97	75.87	24.13	34.28	65.72
营口	158.1	119.15	45.87	73.28	38.94	75.37	24.63	38.5	61.5
阜新	93.24	85.18	34.55	50.63	8.05	91.37	8.63	40.56	59.44
辽阳	121.66	93.67	34.71	58.96	27.99	76.99	23.01	37.06	62.94
盘锦	123.52	89.75	26.79	62.96	33.77	72.66	27.34	29.85	70.15
铁岭	155.89	120.57	61.8	58.77	35.32	77.34	22.66	51.25	48.75
朝阳	142.86	111.22	55.54	55.68	31.64	77.85	22.15	49.94	50.06
葫芦岛	141.12	119.23	51.95	67.29	21.88	84.49	15.51	43.57	56.43

3—18 居民消费水平

年份	居民消费水平(元/人)			城镇与农村消费水平对比
	全体居民	农村居民	城镇居民	
1978	267	173	476	2.75:1
1979	315	202	546	2.70:1
1980	355	235	573	2.44:1
1981	400	264	632	2.39:1
1982	410	270	641	2.37:1
1983	443	301	669	2.22:1
1984	510	362	735	2.03:1
1985	605	414	880	2.12:1
1986	686	454	1 012	2.23:1
1987	780	508	1 160	2.28:1
1988	985	589	1 530	2.60:1
1989	1 113	662	1 722	2.60:1
1990	1 144	622	1 849	2.97:1
1991	1 267	687	2 045	2.98:1
1992	1 540	884	2 407	2.72:1
1993	1 921	1 065	3 021	2.84:1
1994	2 397	1 348	3 704	2.75:1
1995	2 900	1 566	4 540	2.90:1
1996	3 250	1 826	4 975	2.73:1
1997	3 619	1 906	5 665	2.97:1
1998	3 828	2 073	5 897	2.84:1
1999	4 128	2 209	6 366	2.84:1
2000	4 490	2 403	6 903	2.88:1
2001	4 789	2 540	7 366	2.90:1
2002	5 095	2 643	7 874	2.98:1
2003	5 159	2 630	7 147	2.72:1
2004	5 561	2 817	7 717	2.74:1
2005	6 449	3 267	8 688	2.66:1

3—19 居民消费水平指数

单位：%

年份	以上年为100			以1952年为100		
	全体居民	农村居民	城镇居民	全体居民	农村居民	城镇居民
1978	108.5	97.6	116.3	170.1	143.4	160.2
1979	115.3	109.7	113.6	196.1	157.2	182.0
1980	107.2	119.1	95.2	210.2	187.3	173.4
1981	108.1	109.1	105.5	227.4	204.2	182.9
1982	101.1	100.8	100.2	229.8	205.9	183.2
1983	106.1	108.6	103.1	243.9	223.6	188.9
1984	111.8	115.9	107.1	272.6	259.1	202.3
1985	106.3	104.7	105.8	289.7	271.3	214.1
1986	107.6	105.7	108.5	311.7	286.6	232.2
1987	106.3	105.1	106.7	331.2	301.1	247.8
1988	107.6	104.6	108.9	356.3	314.8	269.7
1989	122.3	157.4	99.9	435.8	495.7	269.4
1990	83.7	56.8	109.9	364.9	281.7	296.1
1991	105.3	104.5	105.5	384.3	294.4	312.5
1992	112.4	112.9	111.5	431.8	332.5	348.3
1993	108.7	108.9	107.6	469.4	361.9	374.8
1994	108.8	108.9	107.7	476.4	330.8	454.7
1995	106.2	102.3	107.3	505.9	338.4	423.8
1996	106.3	106.1	105.9	537.8	359.0	448.8
1997	110.7	110.2	110.4	595.34	395.62	495.48
1998	107.7	109.9	106.3	641.18	434.79	526.70
1999	108.4	107.0	108.6	749.58	465.23	571.99
2000	108.4	107.9	108.2	695.04	501.98	618.89
2001	107.6	106.1	107.8	747.86	532.60	667.16
2002	108.4	107.2	108.4	810.68	570.95	723.20
2003	105.3	109.1	103.6	853.65	622.91	749.24
2004	104.1	100.8	105.0	888.60	627.67	786.96
2005	111.3	113.7	107.3	989.01	713.66	844.41

3—20 各地区居民消费水平

(2005年)

地区	居民消费水平(元/人)			居民消费水平指数(上年为100)		
	全体居民	农村居民	城镇居民	全体居民	农村居民	城镇居民
沈阳	8 069	4 434	10 077	109.2	114.5	107.7
大连	9 788	6 192	12 627	112.7	107.0	113.5
鞍山	6 029	3 956	8 044	117.2	138.7	108.9
抚顺	6 083	3 476	7 425	109.5	130.3	105.1
本溪	6 146	3 089	7 655	113.8	105	115.1
丹东	4 277	3 033	6 018	112.1	113.3	111.2
锦州	4 728	2 620	8 213	131.2	133.5	128.9
营口	4 786	3 292	6 676	104.8	103.9	104.3
阜新	4 123	3 018	5 495	129.5	149.4	118.7
辽阳	4 183	2 727	6 098	113.1	124.1	107
盘锦	6 829	3 482	10 785	118.5	110.2	121.7
铁岭	3 735	2 778	5 809	109.9	123	98.4
朝阳	3 195	2 452	5 232	122.7	132.6	111.5
葫芦岛	4 158	2 580	7 880	112.8	123.4	104.8

主要统计指标解释

国内生产总值 是按市场价格计算的国内生产总值的简称。它是一个国家(地区)所有常住单位在一定时期内生产活动的最终成果。国内生产总值有三种表现形态,既价值形态、收入形态和产品形态。从价值形态看,它是所有常住单位在一定时期内所生产的全部货物和服务价值超过同期投入的全部非固定资产货物和服务价值的差额,即所有常住单位的增加值之和;从收入形态看,它是所有常住单位在一定时期内所创造并分配给常住单位和非常住单位的初次分配收入之和;从产品形态看,它是最终使用的货物和服务减去进口货物和服务。在实际核算中,国内生产总值的三种表现形态表现为三种计算方法,即生产法、收入法和支出法。三种方法分别从不同的方面反映国内生产总值及构成。

国民生产总值 是按市场价格计算的国民生产总值的简称。它是一个国家(或地区)所有常住单位在一定时期内收入初次分配的最终成果。一国常住单位从事生产活动所创造的增加值在初次分配过程中主要分配给该国的常住单位,但也有一部分以生产税及进口税(扣除生产和进口补贴)、劳动者报酬和财产收入等形式分配给该国的非常住单位,同时,国外生产所创造的增加值也有一部分以生产税及进口税(扣除生产和进口补贴)、劳动者报酬和财产收入等形式分配给该国的常住单位。从而产生了国民生产总值概念,它等于国内生产总值加上来自国外的初次分配收入净额。与国内生产总值不同,国内生产总值是一个生产概念,而国民生产总值则是个收入概念。

三次产业 根据社会生产活动历史发展的顺序对产业结构的划分,产品直接取自自然界的部门称为第一产业,对初级产品进行再加工的部门称为第二产业。为生产和消费提供各种服务的部门称为第三产业。它是世界上通用的产业结构分类,但各国的划分不尽一致。我国的三次产业划分是:

第一产业:农林牧渔业(包括农业、林业、畜牧业和渔业)。

第二产业:工业(包括采掘业、制造业、电力煤气及水的生产和供应业)、建筑业。

第三产业:除第一、第二产业以外的其他各业。包括农林牧渔服务业、地质勘查业及水利管理业、交通运输仓储及邮电通信业、批发和零售贸易及餐饮业、金融保险业、房地产业、社会服务业、卫生体育和社会福利业、教育文化艺术及广播电影电视业、科学研究和综合技术服务业、国家机关政党机关和社会团体、其他行业。

最终消费 最终消费是指常住单位在一定时期内对于货物和服务的全部最终消费支出,也就是常住单位为满足物质、文化和精神生产的需要,从本国经济领土和国外购买的货物和服务的支出。它不包括非常住单位在本国经济领土内的消费支出。最终消费分为居民消费和政府消费。

居民消费 居民消费指常住住户在一定时期内对于货物和服务的全部最终消费支出。居民消费除了包括直接以货币形式购买的货物和服务的消费支出外,还包括以其他方式获得的货物和服务的消费支出。

政府消费 政府消费指政府部门为全社会提供的公共服务的消费支出和免费或以较低的价格向居民住户提供的货物和服务的净支出,前者等于政府服务的产出价值减去政府单位所获得的经营收入的价值,政府服务的产出价值等于它的经营性业务支出加上固定资产折旧;后者等于政府部门免费或以较低价格向居民住户提供的货物和服务的市场价值减去向住户收取的价值。

资本形成总额 资本形成总额指常住单位在一定时期内对固定资产和存货的投资支出合计,包括固定资产形成总额和存货增加。

(1)固定资产形成总额:指从常住单位在一定时期内购置、转入和资产自用的固定资产,扣除固定资产的销售和转出后的价值。可分为有形固定资本形成总额和无形固定资产形成总额。

(2)存货增加:存货增加指常住单位在一定时期内存货实物量变动的市场价值,即期末价值减期初价值的差额。存货增加可以是正值,也可以是负值,正值表示存货上升,负值表示存货下降。它包括生产单位购进的原材料、燃料和储备物资等存货,以及生产单位生产的产成品、在制品和半成品等存货等。

货物和服务净出口 指货物和服务出口减货物和服务进口的差额。出口包括常住单位向非常住单位出售或无偿转让的各种货物和服务的价值;进口包括常住单位从非常住单位购买或无偿得到的各种货物和服务的价值。由于服务活动的提供与使用同时发生,因此服务的进出口业务并不发生出入境现象,一般把常住单位从国外得到的服务作为进口,非常住单位从本国得到的服务作为出口。货物的出口和进口都按离岸价格计算。

劳动者报酬 劳动者报酬是指劳动者因从事生产活动所获得的全部报酬。它包括劳动者获得的各种形式工资、奖金和津贴,即包括货币形式的,也包括实物形式的,它还包括劳动者所享受的公费医疗和医药卫生费、上下班交通补贴和单位支付的社会保险费等。单位支付的社会保险费,就是单位直接支付给负责社会保险的政府单位(一般指劳动部门)的社会保险金或为本单位职工离退休、发生死亡、伤残、医疗保险等而支付的保险费。对于个体经济来说,其所有者所获得的劳动报酬和经营利润不易区分,这两部分统一作为劳动者报酬处理。

生产税净额 生产税净额是指生产税减生产补贴后的差额。生产税指政府对生产单位生产、销售和从事经营活动以及因从事生产活动使用某些生产要素,如固定资产、土地、劳动力所征收的各种税、附加费和规费。具体包括销售锐金及附加、增值税、管理费中开支的各种税、应交纳的养路费、排污费和水电费附加、烟酒专卖上缴政府的专项收入等。生产补贴与生产税相反,是政府对生产单位的单方面收入转移，因此视为负生产税处理，包括政策亏损补贴、粮食系统价格补贴、外贸企业出口退税收入等。

固定资产折旧　固定资产折旧是指一定时期内为弥补固定资产损耗按照核定的固定资产折旧率提取的固定资产折旧，或按国民经济核算统一规定的折旧率虚拟计算的固定资产折旧。它反映了固定资产在当期生产中的转移价值。各种类型企业和企业化管理的事业单位的固定资产折旧指实际计提并计入成本费用中的折旧费；不计提折旧的单位，如政府机关、非企业化管理的事业单位和居民住房的固定资产折旧则是按照统一规定的折旧率和固定资产原值计算的虚拟折旧。原则上，固定资产折旧应按固定资产的重置价值来计算，但是我国目前尚不具备对全社会固定资产进行重估价的基础，所以暂时只能采用上述方法来计算。

营业盈余　营业盈余是指常住单位创造的增加值扣除劳动者报酬、生产税净额和固定资产折旧后的余额。它相当于企业的营业利润加上生产补贴，但要扣除从利润中开支的工资和福利等。

第四篇

人口

4

RENKOU

4—1 人口数

单位:万人

年份	年末总人口	按性别分		按农业与非农业分	
		男	女	农业人口	非农业人口
1978	3 394.0	1 735.3	1 658.7	2 316.7	1 077.3
1979	3 442.6	1 756.4	1 686.2	2 277.7	1 164.9
1980	3 486.9	1 779.2	1 707.7	2 250.2	1 236.7
1981	3 534.8	1 803.2	1 731.6	2 245.5	1 289.3
1982	3 592.1	1 832.0	1 760.1	2 252.5	1 339.6
1983	3 629.1	1 852.9	1 776.2	2 249.6	1 379.5
1984	3 654.8	1 866.6	1 788.2	2 207.5	1 447.3
1985	3 686.2	1 883.2	1 803.0	2 183.7	1 502.5
1986	3 726.0	1 904.1	1 821.9	2 217.1	1 508.9
1987	3 777.4	1 930.4	1 847.0	2 225.2	1 552.2
1988	3 825.5	1 955.5	1 870.0	2 232.1	1 593.4
1989	3 876.0	1 979.5	1 896.5	2 251.3	1 624.7
1990	3 917.3	1 999.1	1 918.2	2 272.4	1 644.9
1991	3 938.5	2 009.8	1 928.7	2 273.1	1 665.4
1992	3 957.9	2 018.9	1 939.0	2 264.4	1 693.5
1993	3 982.9	2 031.6	1 951.3	2 247.2	1 735.7
1994	4 007.2	2 043.6	1 963.6	2 237.7	1 769.5
1995	4 034.0	2 056.9	1 977.1	2 238.5	1 795.5
1996	4 056.8	2 067.5	1 989.3	2 236.6	1 820.2
1997	4 077.1	2 076.9	2 000.2	2 232.7	1 844.4
1998	4 090.4	2 083.1	2 007.3	2 227.2	1 863.2
1999	4 103.2	2 088.4	2 014.8	2 226.3	1 876.9
2000	4 135.3	2 103.3	2 032.0	2 233.1	1 902.2
2001	4 147.0	2 109.1	2 037.9	2 229.0	1 918.0
2002	4 155.4	2 111.6	2 043.8	2 211.7	1 943.7
2003	4 161.6	2 113.2	2 048.4	2 197.2	1 964.4
2004	4 172.8	2 117.3	2 055.5	2 176.3	1 996.5
2005	4 189.2	2 123.4	2 065.8	2 159.5	2 029.7

注:本表至4—6表为公安户籍统计数。

4—2 人口构成

单位：%

年份	总人口	按性别分		按农业与非农业分	
		男	女	农业人口	非农业人口
1978	100.0	51.2	48.8	68.3	31.7
1979	100.0	51.0	49.0	69.2	33.8
1980	100.0	51.0	49.0	64.5	35.5
1981	100.0	51.0	49.0	63.5	36.5
1982	100.0	51.0	49.0	62.7	37.3
1983	100.0	51.1	48.9	62.0	38.0
1984	100.0	51.1	48.9	60.4	39.6
1985	100.0	51.1	48.9	59.2	40.8
1986	100.0	51.1	48.9	59.5	40.5
1987	100.0	51.1	48.9	58.9	41.1
1988	100.0	51.1	48.9	58.4	41.6
1989	100.0	51.1	48.9	58.1	41.9
1990	100.0	51.0	49.0	58.0	42.0
1991	100.0	51.0	49.0	57.7	42.3
1992	100.0	51.0	49.0	57.2	42.8
1993	100.0	51.0	49.0	56.4	43.6
1994	100.0	51.0	49.0	55.8	44.2
1995	100.0	51.0	49.0	55.5	44.5
1996	100.0	51.0	49.0	55.1	44.9
1997	100.0	50.9	49.1	54.8	45.2
1998	100.0	50.9	49.1	54.4	45.6
1999	100.0	50.9	49.1	54.3	45.7
2000	100.0	50.9	49.1	54.0	46.0
2001	100.0	50.9	49.1	53.7	46.3
2002	100.0	50.8	49.2	53.2	46.8
2003	100.0	50.1	49.9	52.8	47.2
2004	100.0	50.7	49.3	52.2	47.8
2005	100.0	50.7	49.3	51.5	48.5

4—3 人口出生率、死亡率、自然增长率

单位:‰

年　　份	出生率	死亡率	自然增长率
1978	18.0	5.3	12.7
1979	17.0	5.0	12.0
1980	14.1	5.4	8.7
1981	16.6	5.3	11.3
1982	18.9	5.4	13.4
1983	13.4	5.0	8.4
1984	10.8	5.0	5.8
1985	11.9	5.3	6.6
1986	14.8	5.2	9.6
1987	17.3	5.3	12.0
1988	15.4	5.2	10.2
1989	14.6	5.2	9.4
1990	14.5	5.7	8.8
1991	9.9	5.2	4.7
1992	10.2	5.4	4.8
1993	10.0	5.6	4.4
1994	10.7	5.8	4.9
1995	9.9	5.5	4.4
1996	9.5	5.8	3.7
1997	8.9	5.7	3.2
1998	7.9	5.8	2.1
1999	8.0	6.0	2.0
2000	10.7	6.7	4.0
2001	7.1	5.3	1.8
2002	7.5	5.4	2.1
2003	6.2	5.6	0.6
2004	7.7	6.5	1.2
2005	7.8	5.8	2.0

4—4 各地区年末总户数及总人口

单位:万户、万人

地区	总户数		总人口		男性人口		女性人口		农业人口		非农业人口	
	2004年	2005年	2004年	2005年	2004年	2005年	2004年	2005年	2004年	2005年	2004年	2005年
全省	**1 380.2**	**1 400.2**	**4 172.8**	**4 189.2**	**2 117.3**	**2 123.4**	**2 055.5**	**2 065.8**	**2 176.3**	**2 159.5**	**1 996.5**	**2 029.7**
沈阳	230.5	232.0	693.9	698.6	348.5	350.4	345.4	348.2	247.5	248.2	446.3	450.4
大连	193.4	195.8	561.6	565.3	283.5	285.2	278.1	280.1	249.3	247.9	312.3	317.4
鞍山	110.8	112.2	346.9	347.6	176.4	176.6	170.6	171.0	171.2	171.7	175.7	176.0
抚顺	78.1	79.1	224.9	224.4	113.4	113.1	111.4	111.3	77.1	75.7	147.8	148.7
本溪	53.6	54.5	156.6	156.4	79.1	78.9	77.5	77.5	51.9	51.5	104.7	104.9
丹东	76.2	78.6	241.0	242.4	121.8	122.6	119.2	119.8	140.3	141.6	100.7	100.8
锦州	101.3	101.5	307.8	308.3	155.7	156.0	152.1	152.3	192.3	191.7	115.6	116.7
营口	77.0	78.8	229.9	230.5	117.8	117.7	112.1	112.8	129.6	127.7	100.4	102.9
阜新	61.8	62.8	192.8	192.7	97.0	96.9	95.8	95.8	106.7	106.6	86.1	86.1
辽阳	63.5	64.3	182.4	182.0	93.3	92.8	89.2	89.2	104.2	102.9	78.2	79.1
盘锦	42.7	43.5	124.8	125.9	63.5	63.9	61.3	62.0	60.9	48.1	63.9	77.9
铁岭	97.2	100.6	300.4	302.6	153.5	154.4	146.9	148.2	205.5	207.0	95.0	95.5
朝阳	104.6	106.1	336.9	338.7	173.5	174.4	163.4	164.3	247.4	247.5	89.4	91.2
葫芦岛	89.5	90.4	273.0	273.7	140.3	140.5	132.6	133.2	192.5	191.4	80.5	82.3

4—5 各地区人口自然变动情况

地　区	平均人口(万人)		人口出生率(‰)		人口死亡率(‰)		人口自然增长率(‰)	
	2004 年	2005 年	2004 年	2005 年	2004 年	2005 年	2004 年	2005 年
全　省	**4 167.2**	**4 181.0**	**7.65**	**7.85**	**6.49**	**5.84**	**1.16**	**2.01**
沈　阳	691.5	696.2	6.91	7.09	6.88	6.22	0.03	0.87
大　连	560.9	563.5	6.08	6.09	8.61	4.85	-2.52	1.25
鞍　山	346.1	347.3	8.67	8.10	6.85	6.68	1.82	1.43
抚　顺	225.2	224.6	5.63	5.88	6.73	7.05	-1.10	-1.17
本　溪	156.6	156.5	6.46	5.91	5.97	5.59	0.49	0.32
丹　东	241.1	241.7	7.19	7.19	6.14	6.35	1.05	0.84
锦　州	307.7	308.1	8.19	8.61	6.53	5.53	1.66	3.08
营　口	229.6	230.2	7.49	7.69	4.78	5.45	2.71	2.24
阜　新	192.9	192.7	8.41	8.78	7.27	6.73	1.14	2.05
辽　阳	182.4	182.2	7.60	7.89	5.62	6.24	1.97	1.65
盘　锦	124.6	125.4	8.34	9.06	4.87	4.58	3.47	4.47
铁　岭	299.9	301.5	9.28	9.17	5.58	6.15	3.70	3.02
朝　阳	336.7	337.8	8.75	10.94	5.69	5.29	3.06	5.64
葫芦岛	272.2	273.3	9.74	9.12	5.16	5.21	4.58	3.91

4—6 各地区分年龄人口数

（2005 年）　　单位:万人

地　　区	总　人　口	18 岁以下	18—35 岁	35—60 岁	60 岁以上
全　　省	**4 189.2**	**717.2**	**1 101.8**	**1 778.7**	**591.4**
沈　　阳	698.6	103.8	184.4	308.2	102.2
大　　连	565.3	84.3	150.7	242.2	88.1
鞍　　山	347.6	61.5	89.4	147.7	49.0
抚　　顺	224.4	36.6	56.9	100.0	30.9
本　　溪	156.4	23.6	39.8	70.4	22.5
丹　　东	242.4	41.1	60.8	106.5	34.0
锦　　州	308.3	53.2	76.9	132.8	45.3
营　　口	230.5	38.0	66.8	92.0	33.7
阜　　新	192.7	36.2	52.4	78.2	25.9
辽　　阳	182.0	31.7	49.3	74.6	26.4
盘　　锦	125.9	23.9	34.3	53.7	14.0
铁　　岭	302.6	56.1	79.2	130.2	37.1
朝　　阳	338.7	70.0	88.3	136.0	44.4
葫　芦　岛	273.7	57.2	72.6	106.0	37.8

4—7 全省历年人口变动抽样调查推算数

年份	总人口（万人）	出生率（‰）	死亡率（‰）	自然增长率（‰）	文盲率（%）	家庭户规模（人/户）
1990	3 946	15.60	6.01	9.59	11.51	3.59
1991	3 990	12.10	6.64	5.46	0	3.60
1992	4 016	12.57	6.11	6.46	0	3.57
1993	4 042	12.43	6.11	6.32	0	3.53
1994	4 067	12.26	6.03	6.23	10.46	3.48
1995	4 092	12.17	6.15	6.02	9.31	3.49
1996	4 116	12.15	6.20	5.95	8.86	3.44
1997	4 138	11.78	6.38	5.40	8.21	3.31
1998	4 157	11.39	6.81	4.58	8.17	3.27
1999	4 171	10.38	7.05	3.30	7.18	3.24
2000	4 184	8.46	6.06	2.40	5.79	3.15
2001	4 194	7.74	6.10	1.64	5.16	3.12
2002	4 203	7.38	6.04	1.34	5.16	3.14
2003	4 210	6.90	5.83	1.07	4.74	3.10
2004	4 217	6.51	5.60	0.91	4.03	3.13
2005	4 221	7.32	6.06	1.26	4.75	2.92

注:文盲率指成人文盲率(文盲、半文盲占15岁及以上人口的比重)

4—8 全省历年人口变动抽样调查年龄构成指数

单位：%

年份	0-14岁占总人口比重	15-64岁占总人口比重	65岁及以上占总人口比重	总负担系数	负担少儿系数	负担老年系数
1990	23.22	71.10	5.68	40.65	32.66	7.99
1991	23.33	70.48	6.19	41.88	33.10	8.78
1992	22.78	70.62	6.60	41.60	32.25	9.35
1993	22.00	71.21	6.79	40.44	30.90	9.54
1994	22.26	71.20	6.54	40.45	31.27	9.18
1995	21.37	71.61	7.02	40.15	29.96	10.19
1996	20.61	72.47	6.92	37.98	28.44	9.54
1997	19.12	73.63	7.25	36.62	25.95	10.67
1998	18.51	73.94	7.55	35.24	25.03	10.21
1999	18.48	73.71	7.81	35.67	25.08	10.60
2000	17.68	74.44	7.88	34.34	23.75	10.59
2001	17.68	74.44	7.88	34.34	23.75	10.59
2002	15.70	76.21	8.10	31.22	20.60	10.63
2003	15.90	75.60	8.90	32.27	21.03	11.24
2004	14.50	76.60	8.90	30.55	18.93	11.62
2005	14.18	76.08	9.74	31.44	18.64	12.80

主要统计指标解释

人口数　指一定时点、一定地区范围内的有生命的个人的总和。

年度统计的年末人口数是指每年 12 月 31 日 24 时的人口数。

出生率(又称粗出生率)　指在一定时期内(通常为一年)平均每千人所出生的人数的比率,一般用千分率表示。计算公式:

$$出生率=\frac{年出生人数}{年平均人数}\times 1000‰$$

出生人数是指活产婴儿,即胎儿脱离母体时(不管怀孕月数),有过呼吸或其他生命现象。

年平均人数是指年初、年末人口数的平均数,也可用年中人口数代替。

死亡率(又称粗死亡率)　指在一定时期内(通常为一年)某地区的死亡人数与同期平均人数(或期中人数)之比,一般用千分率表示。计算公式:

$$死亡率=\frac{年死亡人数}{年平均人数}\times 1000‰$$

人口自然增长率　指在一定时期内(通常为一年)人口自然增加数(出生人数减死亡人数)与该时期内平均人数(或期中人数)之比,一般用千分率表示。计算公式:

$$人口自然增长率=\frac{本年出生人数-本年死亡人数}{年平均人数}\times 1000‰$$

$$人口自然增长率=人口出生率-人口死亡率$$

第五篇

就业人员和职工工资

5

JIUYE
RENYUAN
HE
ZHIGONG
GONGZI

5—1 就业基本情况

指　　标	单位	2000年	2002年	2003年	2004年	2005年
年末就业人员	万人	**2 052.0**	**2 025.3**	**2 018.9**	**2 097.3**	**2 120.3**
第一产业	万人	685.4	697.6	700.8	721.2	722.1
第二产业	万人	649.6	580.6	568.8	586.8	596.0
第三产业	万人	717.0	747.1	749.3	789.3	802.2
按城乡分就业人员						
城镇就业人员	万人	1 086.0	1 031.9	1 002.6	1 013.5	1 006.8
国有单位	万人	546.5	423.1	382.0	363.5	352.0
城镇集体单位	万人	184.3	134.3	122.9	116.7	106.9
其他内资	万人	77.6	106.3	108.8	116.9	116.6
外商投资单位	万人	21.6	25.2	30.6	36.5	39.7
港澳台投资单位	万人	11.2	10.2	9.5	10.0	10.3
其他	万人	0.5	3.5	4.1	4.8	4.5
私营企业	万人	83.3	130.8	152.3	177.0	189.5
个体	万人	161.0	198.5	192.5	188.1	187.2
乡村就业人员	万人	966.0	993.4	1 016.3	1 083.8	1 113.5
职工人数	万人	826.5	685.4	641.2	626.8	609.6
国有经济单位	万人	537.1	413.9	374.4	355.4	342.1
城镇集体单位	万人	181.8	131.9	121.1	115.2	105.7
其他单位	万人	107.6	139.6	145.7	156.2	161.8
城镇当年就业(再就业)人数	万人	68.6	102.8	96.6	111.0	119.8
城镇登记失业人数	万人	40.8	75.5	72.0	68.2	60.4
#失业女性	万人	21.6	39.1	46.0	44.2	35.3
城镇登记失业率	%	3.7	6.8	6.7	6.3	5.7

5—2 按三次产业分的就业人员

（年末数）

年份	就业人员合计（万人）	第一产业	第二产业	第三产业	构成(以合计为100) 第一产业	第二产业	第三产业
1952	707.1	506.9	113.6	86.6	71.7	16.1	12.2
1970	1 047.4	…	…	…	…	…	…
1975	1 125.4	542.4	371.8	211.2	48.2	33.0	18.8
1978	1 254.1	595.3	433.4	225.4	47.4	34.6	18.0
1979	1 321.5	590.2	486.1	245.2	44.7	36.8	18.5
1980	1 441.7	597.1	564.7	279.9	41.4	39.2	19.4
1981	1 505.1	610.8	593.7	300.6	40.6	39.4	20.0
1982	1 571.6	639.0	600.4	332.2	40.7	38.2	21.1
1983	1 638.6	669.9	619.2	349.5	40.9	37.8	21.3
1984	1 680.7	645.6	656.8	378.3	38.4	39.1	22.5
1985	1 769.1	634.3	726.4	408.4	35.9	41.0	23.1
1986	1 799.2	640.4	735.3	423.5	35.6	40.9	23.5
1987	1 835.4	630.7	770.7	434.0	34.4	42.0	23.6
1988	1 858.6	625.1	784.2	449.3	33.6	42.2	24.2
1989	1 874.8	638.2	777.1	459.5	34.0	41.5	24.5
1990	1 897.3	646.0	778.2	473.1	34.0	41.0	25.0
1991	1 938.3	666.3	788.5	483.5	34.4	40.7	24.9
1992	1 957.8	652.6	797.4	507.8	33.3	40.7	26.0
1993	2 006.1	640.3	827.4	538.4	31.9	41.3	26.8
1994	2 009.3	627.7	773.3	608.3	31.2	38.5	30.3
1995	2 027.8	632.7	787.5	607.6	31.2	38.8	30.0
1996	2 031.8	644.7	751.8	635.3	31.7	37.0	31.3
1997	1 967.1	639.7	716.7	610.7	32.5	36.4	31.1
1998	1 958.8	657.9	684.7	616.2	33.6	35.0	31.4
1999	1 994.4	651.5	658.3	684.6	32.7	33.0	34.3
2000	2 052.0	685.4	649.6	717.0	33.4	31.7	34.9
2001	2 069.3	686.7	625.9	756.7	33.2	30.2	36.6
2002	2 025.3	697.6	580.6	747.1	34.4	28.7	36.9
2003	2 018.9	700.8	568.8	749.3	34.7	28.2	37.1
2004	2 097.3	721.2	586.8	789.3	34.4	28.0	37.6
2005	2 120.3	722.1	596.0	802.2	34.1	28.1	37.8

5—3 各 地 区 分 行 业

(2005

行　　业	沈　阳	大　连	鞍　山	抚　顺	本　溪	丹　东
总　　计	**938 402**	**877 505**	**394 040**	**293 056**	**241 717**	**180 007**
农、林、牧、渔业	6 864	15 504	7 992	8 086	2 105	2 725
采　矿　业	21 806	3 681	10 468	36 363	16 589	3 684
制　造　业	298 320	406 535	153 154	91 610	96 278	47 959
电力、燃气及水的生产和供应业	32 803	19 488	12 132	15 264	8 908	8 211
建　筑　业	46 013	28 724	38 972	27 637	22 793	11 847
交通运输、仓储及邮政业	46 528	48 638	14 497	10 582	9 583	10 254
信息转输、计算机服务和软件业	13 181	12 697	2 915	1 568	1 910	2 327
批发和零售业	52 941	36 254	11 658	8 050	6 777	6 155
住宿和餐饮业	16 445	24 738	2 024	1 322	963	1 653
金　融　业	40 958	38 655	15 201	9 361	7 284	7 224
房地产业	15 498	19 472	2 532	2 058	3 494	2 829
租赁和商务服务业	21 328	16 799	8 267	2 177	1 603	2 125
科学研究、技术服务和地质勘查业	32 095	11 903	7 791	4 614	2 037	3 875
水利、环境和公共设施管理业	27 012	14 072	9 491	6 948	4 589	6 469
居民服务和其他服务业	5 457	5 221	1 302	2 094	1 166	597
教　　育	109 336	78 428	39 789	26 166	22 069	26 233
卫生、社会保障和社会福利业	50 976	33 218	20 052	10 333	11 851	11 363
文化、体育和娱乐业	16 773	9 424	3 245	2 457	2 343	2 355
公共管理和社会组织	84 068	54 054	32 558	26 366	19 375	22 122
国际组织						

城镇单位就业人数

年末）　　单位：人

锦州	营口	阜新	辽阳	盘锦	铁岭	朝阳	葫芦岛
252 138	**167 485**	**171 802**	**180 532**	**434 485**	**224 200**	**209 177**	**230 073**
22 721	2 038	4 978	7 181	182 833	13 441	6 658	4 306
640	1 347	41 381	681	91 159	44 012	9 777	23 020
60 206	48 687	23 512	62 733	39 235	26 359	54 285	89 968
15 933	7 521	8 167	6 066	6 094	13 538	9 434	5 711
14 162	4 721	8 719	26 820	17 273	13 147	7 308	8 409
14 031	12 604	5 035	3 788	6 608	6 912	6 071	8 014
2 892	2 051	1 765	1 344	1 834	3 011	1 618	1 710
9 176	4 328	6 108	3 887	6 353	6 729	5 422	4 065
1 793	1 470	1 014	1 566	2 997	726	1 101	830
12 861	7 675	5 347	5 649	6 092	8 479	10 366	7 095
2 286	2 156	1 084	1 386	2 312	2 361	2 024	1 090
2 944	2 777	1 740	1 232	26 321	2 668	1 880	1 871
6 452	2 659	2 667	2 493	3 133	5 077	2 911	3 359
5 170	6 285	3 659	7 760	3 496	5 272	3 738	4 337
1 191	275	432	271	1 157	503	745	397
34 779	23 761	24 228	18 032	13 412	29 354	38 503	27 920
15 984	9 297	8 679	7 275	5 850	11 577	11 507	9 945
2 591	2 106	2 052	1 700	1 637	2 039	1 605	1 564
26 326	25 727	21 235	20 668	16 689	28 995	34 224	26 462

5—4 各地区按三次产业分的就业人员

（2005 年末数）

地　　区	就业人员合计（万人）	第一产业	第二产业	第三产业	构成(以合计为 100) 第一产业	第二产业	第三产业
全　　省	**2 120.3**	**722.1**	**596.0**	**802.2**	**34.1**	**28.1**	**37.8**
沈　　阳	316.6	78.9	90.7	147.0	24.9	28.7	46.4
大　　连	336.5	74.3	103.7	158.5	22.1	30.8	47.1
鞍　　山	163.1	49.0	59.2	55.0	30.0	36.3	33.7
抚　　顺	128.8	33.3	47.6	47.9	25.8	37.0	37.2
本　　溪	73.6	15.1	33.8	24.7	20.5	45.9	33.6
丹　　东	117.0	48.5	28.9	39.7	41.4	24.7	33.9
锦　　州	146.7	69.3	30.5	47.0	47.2	20.8	32.0
营　　口	104.2	36.9	29.5	37.9	35.4	28.3	36.3
阜　　新	107.7	42.7	27.5	37.5	39.7	25.5	34.8
辽　　阳	85.7	28.9	28.7	28.1	33.7	33.5	32.8
盘　　锦	93.1	43.3	22.0	27.8	46.5	23.6	29.8
铁　　岭	125.3	56.7	26.1	42.5	45.2	20.8	33.9
朝　　阳	174.6	86.3	35.6	52.6	49.5	20.4	30.1
葫 芦 岛	127.5	58.9	31.1	37.5	46.2	24.4	29.4

5—5 各地区城镇单位就业人员

（年末数）

单位:万人

地区	2000年			2004年			2005年		
	单位全部就业人员	全部职工	其他就业人员	单位全部就业人员	全部职工	其他就业人员	单位全部就业人员	全部职工	其他就业人员
全省	**841.8**	**826.5**	**15.3**	**648.3**	**626.8**	**21.5**	**630.1**	**609.5**	**20.6**
沈阳	174.2	169.9	4.3	118.5	113.0	5.5	114.5	110.0	4.6
大连	101.1	97.0	4.1	93.9	86.4	7.5	93.3	86.2	7.1
鞍山	84.5	83.9	0.6	60.9	59.7	1.2	58.3	57.5	0.8
抚顺	70.9	70.2	0.7	53.5	52.7	0.8	51.2	50.3	0.9
本溪	44.2	44.0	0.2	38.2	38.1	0.1	37.3	37.3	0.0
丹东	39.3	39.0	0.3	25.1	24.7	0.5	23.2	22.8	0.5
锦州	45.9	45.3	0.6	36.0	35.5	0.5	34.9	34.4	0.6
营口	32.7	32.3	0.4	21.3	21.1	0.2	20.7	20.5	0.3
阜新	36.1	35.8	0.3	27.4	27.1	0.4	26.6	26.3	0.3
辽阳	29.9	29.7	0.2	23.5	23.3	0.2	23.0	22.7	0.3
盘锦	41.5	41.0	0.5	45.7	43.2	2.5	45.8	43.1	2.8
铁岭	43.0	42.6	0.4	31.0	30.7	0.3	30.0	29.8	0.2
朝阳	41.0	40.6	0.4	25.5	24.9	0.6	23.8	23.4	0.5
葫芦岛	34.4	34.0	0.4	28.4	27.6	0.7	27.4	26.6	0.8

5—6 各地区个体从业人员

单位:户、万人

地　　区	2000年		2002年		2003年		2004年		2005年	
	户　数	从业人数	户　数	从业人数	户　数	从业人数	户　数	从业人数	户　数	从业人数
全　　省	**1 451 832**	**279.4**	**1 558 500**	**346.0**	**1 409 250**	**306.7**	**1 264 041**	**285.0**	**1 274 219**	**288.3**
沈　　阳	225 800	54.6	220 744	71.4	200 822	57.2	197 816	57.3	191 639	56.9
大　　连	273 845	42.3	365 871	51.8	268 785	38.0	264 056	44.5	250 925	42.1
鞍　　山	98 949	17.0	126 554	24.9	139 301	28.7	116 017	23.7	91 430	24.6
抚　　顺	56 415	13.9	63 421	18.5	66 628	21.2	70 049	24.6	73 769	23.9
本　　溪	54 866	13.0	58 015	14.6	61 028	15.1	38 760	9.9	38 906	12.2
丹　　东	95 966	19.9	89 796	25.8	77 667	21.5	75 551	20.2	79 254	20.3
锦　　州	161 978	25.6	185 817	36.6	186 572	37.3	78 054	17.7	89 065	18.5
营　　口	65 867	12.5	72 772	16.0	59 427	13.3	59 260	12.0	72 557	11.6
阜　　新	60 243	11.6	46 517	15.0	49 778	15.4	50 376	16.6	59 160	16.2
辽　　阳	60 690	15.3	60 161	17.9	44 758	14.4	47 296	14.0	47 225	16.3
盘　　锦	31 500	5.2	35 584	6.2	46 673	7.7	51 017	8.5	42 745	8.6
铁　　岭	117 303	22.1	104 802	22.5	77 982	13.6	81 214	14.2	87 135	14.0
朝　　阳	60 905	11.6	60 887	12.3	65 900	12.4	73 715	12.9	80 647	13.4
葫 芦 岛	87 505	14.8	67 559	12.4	63 929	10.8	60 860	8.8	69 762	9.6

5—7 各地区私营企业从业人员

单位:户、万人

地区	2000年		2002年		2003年		2004年		2005年	
	户数	从业人数	户数	从业人数	户数	从业人数	户数	从业人数	户数	从业人数
全省	**74 160**	**124.9**	**97 576**	**186.0**	**114 415**	**207.0**	**136 870**	**225.8**	**165 217**	**252.1**
沈阳	20 000	33.9	23 074	42.4	29 163	46.3	36 479	43.9	47 703	54.2
大连	24 514	32.5	35 047	55.3	40 689	64.7	48 667	77.7	56 056	90.2
鞍山	4 554	6.4	6 660	14.5	8 023	16.7	8 137	15.2	11 482	11.0
抚顺	2 234	7.6	3 333	10.3	3 691	11.8	4 405	13.7	5 294	14.6
本溪	2 812	8.0	3 455	10.6	3 720	11.2	3 151	6.9	3 821	7.4
丹东	3 735	6.2	3 856	8.9	3 926	7.2	4 965	8.2	6 556	9.9
锦州	4 085	4.2	5 177	7.1	5 681	7.9	5 204	6.4	6 243	6.9
营口	3 033	4.8	4 561	6.9	4 644	7.3	5 910	7.5	6 218	8.6
阜新	852	1.8	1 257	3.1	1 833	5.4	2 388	7.2	2 834	9.6
辽阳	2 322	4.6	3 030	7.4	3 260	7.2	3 947	10.0	4 744	11.2
盘锦	702	1.6	1 305	3.4	1 730	4.5	2 215	6.4	3 108	6.2
铁岭	1 914	3.3	2 534	3.8	2 661	4.5	2 995	5.3	3 891	7.1
朝阳	1 461	6.5	1 925	8.1	2 600	7.4	3 188	8.6	3 644	10.0
葫芦岛	1 942	3.5	2 362	4.2	2 794	4.9	3 312	5.1	3 623	5.2

5—8 分行业职工人数

单位:万人

行业	2004年			2005年		
	全部职工	在岗职工	离岗职工	全部职工	在岗职工	离岗职工
总计	**626.8**	**481.1**	**145.7**	**609.5**	**476.6**	**133.0**
农、林、牧、渔业	32.0	28.8	3.2	31.6	28.6	3.0
采矿业	41.8	31.0	10.8	40.2	30.3	10.0
制造业	217.8	144.7	73.0	210.3	144.8	65.5
电力、燃气及水的生产和供应业	19.5	16.8	2.7	19.3	16.8	2.5
建筑业	45.8	30.0	15.8	41.7	27.6	14.1
交通运输、仓储及邮政业	41.0	32.5	8.5	39.6	31.8	7.8
信息转输、计算机服务和软件业	5.3	4.7	0.6	5.5	4.9	0.6
批发和零售业	33.3	17.3	16.0	30.3	16.1	14.2
住宿和餐饮业	7.3	6.0	1.3	6.9	5.9	1.0
金融业	15.3	13.8	1.5	15.4	13.8	1.6
房地产业	7.4	5.8	1.5	7.1	5.8	1.4
租赁和商务服务业	9.8	7.2	2.6	9.8	6.9	2.9
科学研究、技术服务和地质勘查业	10.1	8.9	1.2	9.9	8.8	1.2
水利、环境和公共设施管理业	11.2	10.1	1.0	11.3	10.4	1.0
居民服务和其他服务业	2.7	1.9	0.7	2.6	2.0	0.6
教育	51.9	50.5	1.4	51.5	50.2	1.3
卫生、社会保障和社会福利业	22.2	20.5	1.7	23.0	21.2	1.9
文化、体育和娱乐业	5.4	5.1	0.3	5.9	5.1	0.8
公共管理和社会组织	47.3	45.5	1.8	47.4	45.8	1.6
国际组织						

注:不在岗职工是离开本单位仍保留劳动关系的职工(下同)

5—9 分行业职工人数

(2005年末) 单位:万人

行业	职工合计	在岗职工	#国有单位	#集体单位	离岗职工	#国有单位	#集体单位
总计	**609.5**	**476.6**	**292.4**	**39.8**	**133.0**	**49.6**	**66.0**
农、林、牧、渔业	31.6	28.6	27.7	0.3	3.0	2.9	0.1
采矿业	40.2	30.3	17.2	2.0	10.0	1.9	6.6
制造业	210.3	144.8	37.0	17.2	65.5	20.0	35.5
电力、燃气及水的生产和供应业	19.3	16.8	11.2	0.5	2.5	1.6	0.2
建筑业	41.7	27.6	9.5	8.6	14.1	3.3	8.4
交通运输、仓储及邮政业	39.6	31.8	26.9	1.4	7.8	4.7	2.7
信息转输、计算机服务和软件业	5.5	4.9	2.1	0.2	0.6	0.4	0.0
批发和零售业	30.3	16.1	5.6	2.1	14.2	4.4	8.5
住宿和餐饮业	6.9	5.9	1.7	0.4	1.0	0.5	0.2
金融业	15.4	13.8	7.3	2.8	1.6	0.9	0.3
房地产业	7.1	5.8	3.0	0.2	1.4	0.8	0.5
租赁和商务服务业	9.8	6.9	4.5	1.5	2.9	1.1	1.7
科学研究、技术服务和地质勘查业	9.9	8.8	7.6	0.2	1.2	1.1	0.1
水利、环境和公共设施管理业	11.3	10.4	9.9	0.3	1.0	0.9	0.1
居民服务和其他服务业	2.6	2.0	1.1	0.5	0.6	0.0	0.6
教育	51.5	50.2	50.0	0.2	1.3	1.2	0.1
卫生、社会保障和社会福利业	23.0	21.2	19.6	1.3	1.9	1.5	0.4
文化、体育和娱乐业	5.9	5.1	4.8	0.0	0.8	0.8	0.0
公共管理和社会组织	47.4	45.8	45.7	0.1	1.6	1.6	0.0
国际组织							

5—10 各　　地　　区

(2005

地　　区	全部职工			
	合　计	国有单位	城镇集体单位	其他单位
全　　省	**609.5**	**342.0**	**105.7**	**161.8**
沈　　阳	110.0	57.6	15.8	36.6
大　　连	86.2	32.7	4.1	49.3
鞍　　山	57.5	35.1	17.6	4.8
抚　　顺	50.3	20.5	15.8	13.9
本　　溪	37.3	23.7	8.8	4.8
丹　　东	22.8	12.6	3.8	6.4
锦　　州	34.4	21.9	6.6	5.9
营　　口	20.5	11.9	2.4	6.2
阜　　新	26.3	13.9	9.9	2.5
辽　　阳	22.7	11.3	4.5	6.9
盘　　锦	43.1	37.8	0.8	4.4
铁　　岭	29.8	15.0	7.3	7.5
朝　　阳	23.4	13.7	3.1	6.5
葫 芦 岛	26.6	15.4	5.2	6.0

职　工　人　数

年)　　单位:万人

在岗职工				离岗职工			
合计	国有单位	城镇集体单位	其他单位	合计	国有单位	城镇集体单位	其他单位
476.6	**292.4**	**39.8**	**144.4**	**133.0**	**49.6**	**66.0**	**17.4**
89.3	49.2	7.4	32.7	20.7	8.3	8.4	4.0
80.7	30.1	3.3	47.3	5.5	2.7	0.8	2.0
38.6	28.3	6.3	4.0	18.9	6.9	11.2	0.7
28.4	14.2	3.1	11.1	21.9	6.3	12.8	2.9
24.1	18.7	2.2	3.2	13.2	4.9	6.6	1.6
17.5	11.2	1.2	5.1	5.2	1.4	2.6	1.3
24.6	16.9	2.7	5.0	9.7	5.0	3.9	0.9
16.5	9.9	1.2	5.4	4.0	1.9	1.3	0.8
16.8	12.5	1.9	2.4	9.4	1.4	7.9	0.1
17.7	9.8	2.1	5.8	5.0	1.5	2.4	1.1
40.7	35.8	0.7	4.2	2.4	2.0	0.2	0.2
22.2	12.9	2.6	6.7	7.6	2.1	4.7	0.8
20.5	12.8	1.4	6.2	2.9	0.9	1.7	0.3
22.2	13.2	3.8	5.2	4.4	2.2	1.4	0.8

5—11 各地区分行业

(2005

行业	沈阳	大连	鞍山	抚顺	本溪	丹东
总计	**892 817**	**806 667**	**386 083**	**283 583**	**241 457**	**175 265**
农、林、牧、渔业	6 770	15 089	7 980	8 086	2 103	2 724
采矿业	21 803	3 625	10 466	35 927	16 588	3 674
制造业	290 076	370 343	151 351	90 447	96 223	45 113
电力、燃气及水的生产和供应业	32 051	19 301	11 790	15 192	8 897	8 205
建筑业	44 531	26 785	37 877	26 878	22 775	11 627
交通运输、仓储及邮政业	43 778	47 925	14 396	10 470	9 571	10 242
信息转输、计算机服务和软件业	12 900	11 583	2 841	1 388	1 910	2 324
批发和零售业	48 038	33 997	11 568	7 870	6 734	6 085
住宿和餐饮业	16 138	22 877	2 018	1 320	961	1 629
金融业	27 324	26 270	13 099	7 118	7 284	6 450
房地产业	14 561	16 721	2 367	2 029	3 490	2 788
租赁和商务服务业	20 032	16 021	8 241	2 152	1 603	2 117
科学研究、技术服务和地质勘查业	30 785	10 873	7 387	4 279	2 029	3 791
水利、环境和公共设施管理业	24 704	12 889	9 413	6 596	4 566	6 461
居民服务和其他服务业	5 096	5 013	1 241	2 072	1 164	591
教育	106 440	74 968	39 494	25 880	22 068	26 123
卫生、社会保障和社会福利业	49 400	30 846	19 229	10 163	11 775	11 044
文化、体育和娱乐业	16 052	9 231	3 198	2 431	2 343	2 345
公共管理和社会组织	82 338	52 310	32 127	23 285	19 373	21 932
国际组织						

在岗职工人数

年）　　　　　　　　　　　　　　　　　　　　　　　　　　　　单位：人

锦州	营口	阜新	辽阳	盘锦	铁岭	朝阳	葫芦岛
246 238	**164 610**	**168 379**	**177 084**	**406 684**	**222 197**	**204 585**	**222 062**
22 686	2 038	4 828	6 439	182 833	13 361	6 561	4 228
640	1 345	41 331	681	91 105	44 012	9 777	21 294
59 523	48 309	23 362	61 796	38 742	26 224	53 926	88 504
15 909	7 519	8 159	6 063	6 094	13 520	9 434	5 656
14 103	4 714	8 718	25 899	16 934	13 144	7 235	8 184
14 012	12 029	4 956	3 732	6 600	6 903	5 916	7 633
2 892	2 051	1 716	1 282	1 828	2 931	1 479	1 710
9 131	4 306	5 983	3 846	6 197	6 728	5 385	3 978
1 786	1 454	902	1 566	2 952	723	1 100	809
8 815	6 359	3 457	5 559	3 475	7 174	9 084	6 567
2 052	2 138	1 071	1 385	2 287	2 344	1 954	1 090
2 802	2 772	1 632	1 181	3 154	2 667	1 649	1 869
6 417	2 593	2 648	2 439	3 097	5 044	2 847	3 062
5 141	6 275	3 602	7 553	3 488	5 272	3 486	4 277
1 190	272	432	267	1 117	503	737	387
34 614	23 566	24 025	18 024	13 203	29 212	37 710	25 578
15 725	9 103	8 501	7 157	5 741	11 435	11 094	9 749
2 581	2 104	2 043	1 675	1 628	2 037	1 587	1 556
26 219	25 663	21 013	20 540	16 209	28 963	33 624	25 931

5—12 各地区分行业

(2005

行业	沈阳	大连	鞍山	抚顺	本溪	丹东
总计	**207 048**	**55 083**	**188 518**	**219 162**	**131 636**	**52 283**
农、林、牧、渔业	1 028	1 852	1 736	3 041	5 380	266
采矿业	4 801	1 158	8 900	30 065	11 420	470
制造业	124 664	19 698	114 332	103 920	78 846	28 186
电力、燃气及水的生产和供应业	4 848	1 176	2 546	3 563	2 165	1 146
建筑业	15 711	3 190	23 918	40 163	15 178	6 196
交通运输、仓储及邮政业	8 699	8 169	6 527	9 801	5 232	2 420
信息转输、计算机服务和软件业	1 920	541	437	418	151	383
批发和零售业	18 108	7 243	18 872	15 678	7 019	4 705
住宿和餐饮业	2 082	859	561	1 118	711	106
金融业	2 241	2 799	1 452	972	576	1 302
房地产业	2 035	1 558	235	814	1 136	3 933
租赁和商务服务业	2 508	766	1 791	1 338	315	553
科学研究、技术服务和地质勘查业	3 805	938	729	731	206	762
水利、环境和公共设施管理业	2 676	731	622	1 384	342	924
居民服务和其他服务业	806	59	930	3 480	77	157
教育	4 014	1 452	1 740	909	618	154
卫生、社会保障和社会福利业	4 169	536	2 112	1 242	1 366	432
文化、体育和娱乐业	1 444	350	82	110	150	43
公共管理和社会组织	1 489	2 008	996	415	748	145
国际组织						

离　岗　职　工　人　数

年）　　　　　　　　　　　　　　　　　　单位:人

锦州	营口	阜新	辽阳	盘锦	铁岭	朝阳	葫芦岛
97 361	**39 907**	**94 383**	**49 890**	**23 940**	**75 986**	**28 956**	**44 128**
1 500	461	443	717	7 641	1 572	216	4 196
1 127	270	29 867	209	1 577	4 117	84	5 787
45 471	18 186	29 303	25 659	6 672	30 699	11 023	17 857
2 225	1 018	1 082	1 616	545	2 083	594	320
7 533	1 317	6 246	8 365	1 694	5 477	2 087	3 443
6 774	5 260	1 482	2 419	614	4 585	1 750	2 034
413	244	105	338	135	620	363	231
18 201	4 745	13 001	3 815	1 678	16 317	8 071	4 290
1 194	838	491	323	11	695	57	647
1 059	1 297	692	788	602	1 048	764	757
1 149	722	413	208	28	699	154	702
578	1 916	9 675	4 292	217	476	80	180
813	561	289	156	31	1 589	401	740
968	377	104	278	78	560	51	484
266	1	161	27	43	184	161	27
315	255	160	180	884	1 255	550	449
1 850	1 454	515	335	378	2 241	1 002	858
5 435	166	62	83	31	280	47	90
490	819	292	82	1 081	1 489	1 501	1 036

5—13 分细行业在岗职工人数

(2005年末) 单位:人

项目	在岗职工人数合计	国有单位	城镇集体单位	其他单位
全省总计	**4 765 645**	**2 923 853**	**397 640**	**1 444 152**
按隶属关系分组				
中央		705 772		
省属		286 070		
市属		764 555		
县及县以下		1 166 446		
其他		1 010		
按企、事业和机关分组				
企业	3 264 468	1 445 368	376 581	1 442 519
#地方		821 908		
事业	1 108 497	1 086 172	20 692	1 633
#地方		1 032 785		
机关	392 680	392 313	367	
#地方		363 388		
按国民经济行业分组				
农、林、牧、渔业	286 122	276 745	2 809	6 568
农业	212 491	212 109	85	297
林业	12 788	12 463	258	67
畜牧业	16 754	16 386	53	315
渔业	11 281	4 552	1 073	5 656
农、林、牧、渔服务业	32 808	31 235	1 340	233
采矿业	302 558	171 902	20 424	110 232
煤炭开采和洗选业	165 765	61 180	9 551	95 034
石油和天然气开采业	91 173	89 662		1 511
黑色金属矿采选业	20 137	12 622	6 558	957
有色金属矿采选业	11 852	6 440	875	4 537
非金属矿采选业	13 591	1 998	3 440	8 153
其他采矿业	40			40
制造业	1 448 043	369 518	172 372	906 153
农副食品加工业	42 074	3 639	1 993	36 442
食品制造业	15 650	2 043	417	13 190
饮料制造业	18 209	1 727	742	15 740
烟草制品业	3 190	336	218	2 636
纺织业	43 755	4 135	5 338	34 282
纺织服装、鞋、帽制造业	66 357	2 064	4 614	59 679
皮革、毛皮、羽毛(绒)及其制品业	14 952	183	596	14 173
木材加工及木、竹、藤、棕、草制品业	12 204	1 076	645	10 483
家具制造业	18 285	64	452	17 769
造纸及纸制品业	20 505	6 704	1 915	11 886
印刷业和记录媒介的复制	13 654	3 855	4 919	4 880
文教体育用品制造业	3 836	1 622	277	1 937
石油加工、炼焦及核燃料加工业	75 684	31 253	10 811	33 620

项　　　目	在岗职工人数合计	国有单位	城镇集体单位	其他单位
化学原料及化学制品制造业	110 608	37 672	15 071	57 865
医药制造业	27 623	8 887	1 168	17 568
化学纤维制造业	9 621	117	2 946	6 558
橡胶制品业	19 605	789	5 965	12 851
塑料制品业	20 331	644	4 696	14 991
非金属矿物制品业	66 693	10 723	14 771	41 199
黑色金属冶炼及压延加工业	213 037	155 001	7 932	50 104
有色金属冶炼及压延加工业	43 615	14 128	9 222	20 265
金属制品业	45 671	4 313	13 275	28 083
通用设备制造业	140 793	16 805	26 032	97 956
专用设备制造业	96 280	20 874	5 805	69 601
交通运输设备制造业	147 053	26 991	19 475	100 587
电气机械及器材制造业	70 095	5 479	8 898	55 718
通信设备、计算机及其他电子设备制造业	56 208	3 889	821	51 498
仪器仪表及文化、办公用机械制造业	20 665	2 927	1 786	15 952
工艺品及其他制造业	11 266	1 462	1 296	8 508
废弃资源和废旧材料回收加工业	524	116	276	132
电力、燃气及水的生产和供应业	167 790	112 352	4 781	50 657
电力、热力的生产和供应业	118 382	71 170	3 611	43 601
燃气生产和供应业	14 747	11 026	133	3 588
水的生产和供应业	34 661	30 156	1 037	3 468
建筑业	275 871	94 920	85 902	95 049
房屋和土木工程建筑业	207 668	78 212	61 335	68 121
建筑安装业	58 622	16 276	22 117	20 229
建筑装饰业	5 753	157	558	5 038
其他建筑业	3 828	275	1 892	1 661
交通运输、仓储和邮政业	317 964	269 299	13 763	34 902
铁路运输业	125 566	121 164	2 656	1 746
道路运输业	64 804	51 212	5 210	8 382
城市公共交通业	43 536	34 121	498	8 917
水上运输业	25 223	18 456	67	6 700
航空运输业	10 483	7 846	356	2 281
管道运输业	3 285	2 055	26	1 204
装卸搬运和其他运输服务业	8 364	2 468	2 988	2 908
仓储业	17 003	12 336	1 908	2 759
邮政业	19 700	19 641	54	5
信息传输、计算机服务和软件业	49 168	21 202	1 696	26 270
电信和其他信息传输服务业	37 014	20 095	1 463	15 456
计算机服务业	3 574	1 001	117	2 456
软件业	8 580	106	116	8 358
批发和零售业	160 800	55 957	21 461	83 382
批发业	81 345	37 905	11 795	31 645

5—13 续表 2　　　　(2005 年末)　　　　单位:人

项　　目	在岗职工人数合计	国有单位	城镇集体单位	其他单位
零售业	79 455	18 052	9 666	51 737
住宿和餐饮业	58 747	17 014	4 313	37 420
住宿业	35 804	14 122	3 096	18 586
餐饮业	22 943	2 892	1 217	18 834
金融业	138 094	73 179	27 531	37 384
银行业	117 724	66 457	27 232	24 035
证券业	2 667	1 278		1 389
保险业	15 840	4 694		11 146
其他金融活动	1 863	750	299	814
房地产业	57 520	30 440	2 310	24 770
租赁和商务服务业	68 706	44 536	14 728	9 442
租赁业	1 554	315	145	1 094
商务服务业	67 152	44 221	14 583	8 348
科学研究、技术服务和地质勘查业	87 529	76 112	2 235	9 182
研究与试验发展	27 219	24 391	145	2 683
专业技术服务业	42 720	36 208	1 803	4 709
科技交流和推广服务业	9 353	7 339	257	1 757
地质勘查业	8 237	8 174	30	33
水利、环境和公共设施管理业	103 723	99 340	2 728	1 655
水利管理业	18 376	18 283	93	
环境管理业	48 842	47 076	1 511	255
公共设施管理业	36 505	33 981	1 124	1 400
居民服务和其他服务业	20 082	10 567	4 590	4 925
居民服务业	11 923	6 743	2 495	2 685
其他服务业	8 159	3 824	2 095	2 240
教育	502 134	499 589	1 855	690
卫生、社会保障和社会福利业	211 724	196 383	12 863	2 478
卫生	197 823	182 976	12 447	2 400
社会保障业	6 336	6 336		
社会福利业	7 565	7 071	416	78
文化、体育和娱乐业	51 004	48 043	363	2 598
新闻出版业	10 710	10 560	22	128
广播、电视、电影和音像业	16 630	15 663	73	894
文化艺术业	17 611	17 324	223	64
体育	4 013	3 873	8	132
娱乐业	2 040	623	37	1 380
公共管理和社会组织	458 066	456 755	916	395
中国共产党机关	19 593	19 593		
国家机构	402 580	402 576	4	
人民政协和民主党派	2 803	2 803		
群众社团、社会团体、宗教组织	7 231	6 956	4	271

5—14 国有单位分行业职工人数

单位:万人

行业	2004年			2005年		
	全部职工	在岗职工	离岗职工	全部职工	在岗职工	离岗职工
总计	**355.4**	**300.9**	**54.5**	**342.0**	**292.4**	**49.6**
农、林、牧、渔业	31.0	27.9	3.1	30.6	27.7	2.9
采矿业	20.4	18.1	2.3	19.1	17.2	1.9
制造业	63.2	41.1	22.1	57.0	37.0	20.0
电力、燃气及水的生产和供应业	13.7	11.7	1.9	12.8	11.2	1.6
建筑业	14.2	10.3	3.9	12.8	9.5	3.3
交通运输、仓储及邮政业	32.5	27.2	5.3	31.6	26.9	4.7
信息转输、计算机服务和软件业	2.9	2.4	0.5	2.5	2.1	0.4
批发和零售业	11.9	6.5	5.4	10.0	5.6	4.4
住宿和餐饮业	2.5	1.8	0.7	2.2	1.7	0.5
金融业	9.0	8.0	0.9	8.3	7.3	0.9
房地产业	4.0	3.1	0.8	3.8	3.0	0.8
租赁和商务服务业	5.6	4.8	0.8	5.6	4.5	1.1
科学研究、技术服务和地质勘查业	9.0	8.0	1.0	8.7	7.6	1.1
水利、环境和公共设施管理业	10.6	9.6	0.9	10.8	9.9	0.9
居民服务和其他服务业	1.0	1.0	0.1	1.1	1.1	0.0
教育	51.5	50.2	1.3	51.2	50.0	1.2
卫生、社会保障和社会福利业	20.2	18.9	1.4	21.1	19.6	1.5
文化、体育和娱乐业	5.1	4.8	0.3	5.6	4.8	0.8
公共管理和社会组织	47.1	45.4	1.8	47.3	45.7	1.6
国际组织						

5—15 各地区国有单位

(2005

行业	沈阳	大连	鞍山	抚顺	本溪	丹东
总计	**492 354**	**300 635**	**282 823**	**142 381**	**187 078**	**112 196**
农、林、牧、渔业	6 520	7 843	7 175	8 019	1 826	2 714
采矿业	4 263	614	1 998	4 127	13 379	856
制造业	49 242	25 668	102 271	25 236	69 679	4 776
电力、燃气及水的生产和供应业	17 321	13 662	9 224	9 440	6 858	6 530
建筑业	13 451	5 873	22 569	2 156	11 253	7 240
交通运输、仓储及邮政业	31 635	31 442	11 569	8 511	7 933	8 388
信息转输、计算机服务和软件业	6 242	627	299	1 058	1 428	1 830
批发和零售业	13 462	6 720	5 088	3 715	4 666	1 816
住宿和餐饮业	5 016	3 367	739	719	582	422
金融业	17 392	11 518	6 482	4 346	3 499	3 339
房地产业	8 981	3 283	1 561	1 545	2 523	1 973
租赁和商务服务业	13 737	6 374	7 268	2 048	1 438	1 812
科学研究、技术服务和地质勘查业	27 655	8 095	5 037	2 994	1 936	3 473
水利、环境和公共设施管理业	23 872	12 043	9 332	6 521	4 137	6 112
居民服务和其他服务业	3 187	1 563	380	772	1 057	246
教育	105 637	74 067	39 328	25 880	21 853	26 123
卫生、社会保障和社会福利业	46 677	28 462	17 198	9 594	11 321	10 374
文化、体育和娱乐业	15 726	7 104	3 182	2 415	2 337	2 240
公共管理和社会组织	82 338	52 310	32 123	23 285	19 373	21 932
国际组织						

分行业在岗职工人数

年）

单位:人

	锦州	营口	阜新	辽阳	盘锦	铁岭	朝阳	葫芦岛
	169 061	**99 375**	**125 190**	**98 113**	**357 692**	**128 590**	**128 395**	**132 036**
	22 686	1 996	4 776	6 410	182 805	13 178	6 256	4 145
	58	42	34 984	389	89 573	1 371	552	19 406
	17 964	2 921	3 913	19 661	14 370	3 583	7 316	18 814
	11 378	6 280	7 231	3 256	4 613	5 769	6 901	3 889
	3 297	1 171	2 492	3 214	8 643	4 518	958	1 618
	10 665	9 355	3 403	2 441	5 714	6 436	5 205	6 801
	2 398	1 753	987	47	1 002	1 073	1 005	1 120
	2 715	1 709	2 461	1 492	2 025	4 751	2 620	1 763
	524	224	426	338	284	547	953	361
	4 576	3 800	2 081	2 543	2 890	3 421	4 136	3 097
	1 379	1 301	616	1 097	804	2 073	999	1 062
	1 725	1 281	904	756	2 258	2 278	1 367	476
	6 277	2 486	2 512	2 322	2 387	4 917	2 727	3 056
	4 388	6 242	3 404	7 113	3 402	5 095	3 474	4 205
	798	193	390	221	227	502	719	312
	34 606	23 561	24 019	18 011	13 197	28 801	37 699	25 578
	14 860	8 183	7 721	6 587	5 707	9 656	10 375	8 906
	2 578	2 093	1 873	1 675	1 582	2 037	1 509	1 499
	26 189	24 784	20 997	20 540	16 209	28 584	33 624	25 928

5—16 各地区国有单位

(2005

行　　业	沈　阳	大　连	鞍　山	抚　顺	本　溪	丹　东
总　　计	**83 191**	**26 792**	**68 581**	**62 626**	**49 489**	**13 519**
农、林、牧、渔业	996	1 620	1 635	3 041	5 277	266
采　矿　业	144	349	2 630	891	1 984	114
制　造　业	38 437	5 978	41 916	28 794	27 903	3 539
电力、燃气及水的生产和供应业	2 980	981	1 851	2 046	1 861	916
建　筑　业	5 790	930	3 856	10 707	2 588	1 809
交通运输、仓储及邮政业	5 855	7 267	3 934	3 491	2 401	1 260
信息转输、计算机服务和软件业	1 146	29	57	414	151	376
批发和零售业	6 303	1 052	4 644	5 957	2 468	1 344
住宿和餐饮业	1 016	392	71	520	241	60
金　融　业	1 744	1 290	712	591	493	589
房地产业	1 569	1 188	90	755	824	360
租赁和商务服务业	806	165	1 529	1 234	130	511
科学研究、技术服务和地质勘查业	3 376	813	647	608	174	748
水利、环境和公共设施管理业	2 551	653	622	1 288	228	829
居民服务和其他服务业	158	33	43	4	6	41
教　　育	3 768	1 363	1 561	909	591	154
卫生、社会保障和社会福利业	3 622	487	1 705	851	1 271	423
文化、体育和娱乐业	1 441	194	82	110	150	35
公共管理和社会组织	1 489	2 008	996	415	748	145
国际组织						

分 行 业 离 岗 职 工 人 数

年）　　　　　　　　　　　　　　　　　　　　　　　　　　单位:人

锦州	营口	阜新	辽阳	盘锦	铁岭	朝阳	葫芦岛
50 250	**19 240**	**13 929**	**14 944**	**20 467**	**21 410**	**8 821**	**21 647**
1 468	461	48	706	7 636	1 333	216	4 196
1 089	270	6 993	17	1 357	307	74	2 902
20 743	6 819	1 927	8 005	5 296	3 858	842	5 374
1 454	1 015	1 082	289	385	532	542	201
1 671	419	97	769	1 564	1 395	154	678
3 411	1 735	676	788	272	2 138	342	1 190
397	244	97	338	129	250	361	230
8 222	2 474	847	2 029	881	3 438	2 370	1 704
598	728	156	268		566	33	615
502	552	538	403	464	703	509	298
1 096	407	25	206	7	394	94	702
448	1 086	197	168	12	364	67	40
787	527	267	156	12	1 377	401	740
871	366	104	96	78	519	51	484
2	1	48	27		4	3	1
214	255	159	180	884	1 141	550	449
1 373	1 028	314	334	378	1 334	664	717
5 414	166	62	83	31	280	47	90
490	687	292	82	1 081	1 477	1 501	1 036

5—17 各地区集体单位

(2005

行业	沈阳	大连	鞍山	抚顺	本溪	丹东
总计	**73 635**	**32 714**	**63 098**	**30 683**	**22 481**	**12 356**
农、林、牧、渔业	91	1 298	805	65	61	
采矿业	16	70	7 142	4 251	1 727	665
制造业	34 798	12 311	31 476	8 289	9 965	3 952
电力、燃气及水的生产和供应业	1 061	27	209	1 211	68	330
建筑业	14 380	5 507	11 355	11 201	5 488	2 227
交通运输、仓储及邮政业	1 714	2 271	2 070	1 031	687	849
信息转输、计算机服务和软件业	1 353	5	42		45	
批发和零售业	4 869	2 611	1 793	1 433	757	946
住宿和餐饮业	1 765	944	273	154	140	70
金融业	4 051		3 911	1 068	1 927	1 980
房地产业	468	343	71	95	278	185
租赁和商务服务业	3 218	4 862	913	99	165	58
科学研究、技术服务和地质勘查业	1 402	84	121	27		131
水利、环境和公共设施管理业	276	41	15	75	397	245
居民服务和其他服务业	1 180	947	697	1 099	101	64
教育	573	458	166		215	
卫生、社会保障和社会福利业	2 351	915	2 019	569	454	654
文化、体育和娱乐业	69	20	16	16	6	
公共管理和社会组织			4			
国际组织						

分行业在岗职工人数

年)

单位:人

锦州	营口	阜新	辽阳	盘锦	铁岭	朝阳	葫芦岛
26 929	**11 723**	**19 053**	**20 559**	**6 615**	**26 227**	**13 774**	**37 793**
	39	52		28	103	267	
40		4 847	292	21	1 166		187
11 054	3 736	4 318	9 126	1 527	12 030	4 916	24 874
683	124	131	92	377	393		75
6 600	1 916	3 652	6 211	2 794	5 438	2 847	6 286
1 306	247	1 296	552	349	231	334	826
58					21		172
1 812	596	1 509	928	642	1 331	1 376	858
419	34	135	91	127	101	38	22
1 946	1 222	985	1 548	400	3 240	3 145	2 108
45	443	182	163	3	24	10	
909	1 413	675	392	226	234	171	1 393
56	67	86	115	54	86		6
753	33	198	440	14	169		72
342	49	42	26	13	1	18	11
8	5	6	13		411		
865	920	769	570	34	1 248	652	843
3		170		6			57
30	879						3

5—18 各地区集体单位

(2005

行业	沈阳	大连	鞍山	抚顺	本溪	丹东
总计	**84 188**	**8 366**	**112 488**	**127 814**	**65 952**	**25 947**
农、林、牧、渔业	32	86	101			
采矿业	460	201	5 339	23 945	9 402	
制造业	62 208	3 645	69 098	56 720	43 957	15 843
电力、燃气及水的生产和供应业	161		50	1 124	6	49
建筑业	7 415	1 105	19 669	27 228	6 122	1 615
交通运输、仓储及邮政业	1 860	162	2 585	6 255	1 790	906
信息转输、计算机服务和软件业	110		16			
批发和零售业	8 481	2 643	13 162	7 619	3 673	3 272
住宿和餐饮业	462	109	257	516	136	23
金融业			327	190	78	522
房地产业	71	65	121	52	285	3 487
租赁和商务服务业	1 431	88	261	104	175	5
科学研究、技术服务和地质勘查业	340	24	64	98	27	5
水利、环境和公共设施管理业	51			96	114	95
居民服务和其他服务业	422	3	852	3 476	65	116
教育	171	89	179		27	
卫生、社会保障和社会福利业	510	49	407	391	95	9
文化、体育和娱乐业	3	97				
公共管理和社会组织						
国际组织						

分行业离岗职工人数

年）　　　　　　　　　　　　　　　　　　　　　　　　单位：人

锦州	营口	阜新	辽阳	盘锦	铁岭	朝阳	葫芦岛
38 601	**12 668**	**79 471**	**24 004**	**1 790**	**46 719**	**17 323**	**14 390**
32		395		5	220		
38		22 874	192	219	714		2 885
19 589	4 551	26 772	13 332	224	25 009	7 808	6 336
15				32	433		
4 273	736	6 063	3 376	38	3 302	1 659	1 288
3 282	3 292	770	1 001	334	2 329	1 408	844
16		8			3		
9 494	2 040	11 958	1 618	578	12 771	5 667	2 377
386	25	335	55		129	17	32
340	398	93	123	136	268	216	334
21	226	388				56	
129	830	9 478	4 124	205	111	13	140
26	1	22		19	212		
97	11		182		41		
264		113			180	141	13
101		1			114		
477	426	201	1		883	338	141
21							
	132						

5—19 城镇集体单位分行业职工人数

单位:万人

行业	2004年			2005年		
	全部职工	在岗职工	离岗职工	全部职工	在岗职工	离岗职工
总计	**115.2**	**44.2**	**71.0**	**105.7**	**39.8**	**66.0**
农、林、牧、渔业	0.4	0.3	0.1	0.4	0.3	0.1
采矿业	8.9	2.2	6.6	8.7	2.0	6.6
制造业	57.1	18.3	38.8	52.7	17.2	35.5
电力、燃气及水的生产和供应业	0.8	0.6	0.2	0.7	0.5	0.2
建筑业	19.5	10.4	9.1	17.0	8.6	8.4
交通运输、仓储及邮政业	4.5	1.7	2.8	4.1	1.4	2.7
信息转输、计算机服务和软件业	0.2	0.2	0.0	0.2	0.2	0.0
批发和零售业	12.2	2.9	9.3	10.7	2.1	8.5
住宿和餐饮业	0.9	0.6	0.3	0.7	0.4	0.2
金融业	3.0	2.7	0.3	3.1	2.8	0.3
房地产业	0.8	0.2	0.5	0.7	0.2	0.5
租赁和商务服务业	3.0	1.3	1.7	3.2	1.5	1.7
科学研究、技术服务和地质勘查业	0.3	0.2	0.1	0.3	0.2	0.1
水利、环境和公共设施管理业	0.4	0.3	0.1	0.3	0.3	0.1
居民服务和其他服务业	1.1	0.5	0.6	1.0	0.5	0.6
教育	0.3	0.2	0.1	0.3	0.2	0.1
卫生、社会保障和社会福利业	1.7	1.4	0.3	1.7	1.3	0.4
文化、体育和娱乐业	0.1	0.0	0.0	0.0	0.0	0.0
公共管理和社会组织	0.1	0.1	0.0	0.1	0.1	0.0
国际组织						

5—20 其他单位分行业职工人数

单位:万人

行　　业	2004年			2005年		
	全部职工	在岗职工	离岗职工	全部职工	在岗职工	离岗职工
总　　计	**156.2**	**136.0**	**20.2**	**161.8**	**144.4**	**17.4**
农、林、牧、渔业	0.6	0.5	0.0	0.7	0.7	0.0
采矿业	12.6	10.7	1.9	12.5	11.0	1.4
制造业	97.4	85.3	12.1	100.6	90.6	10.0
电力、燃气及水的生产和供应业	5.0	4.5	0.5	5.8	5.1	0.7
建筑业	12.0	9.2	2.8	11.9	9.5	2.4
交通运输、仓储及邮政业	4.0	3.6	0.4	3.9	3.5	0.4
信息转输、计算机服务和软件业	2.2	2.0	0.1	2.8	2.6	0.2
批发和零售业	9.2	7.9	1.4	9.6	8.3	1.3
住宿和餐饮业	3.9	3.7	0.2	3.9	3.7	0.2
金融业	3.4	3.0	0.4	4.1	3.7	0.4
房地产业	2.6	2.5	0.1	2.6	2.5	0.1
租赁和商务服务业	1.2	1.1	0.1	1.0	0.9	0.1
科学研究、技术服务和地质勘查业	0.7	0.7	0.0	0.9	0.9	0.0
水利、环境和公共设施管理业	0.2	0.2	0.0	0.2	0.2	0.0
居民服务和其他服务业	0.5	0.5	0.0	0.5	0.5	0.0
教育	0.1	0.1	0.0	0.1	0.1	0.0
卫生、社会保障和社会福利业	0.3	0.3	0.0	0.3	0.2	0.0
文化、体育和娱乐业	0.3	0.2	0.0	0.3	0.3	0.0
公共管理和社会组织						
国际组织						

5—21 城镇登记失业人数及失业率

(年末数)

年份	城镇登记失业人数(万人)	#女性	女性占城镇登记失业人数(%)	失业率(%)
1980	44.7			
1985	19.7			1.9
1986	20.2			2.0
1987	25.4			2.4
1988	25.8			2.4
1989	28.3			3.3
1990	23.7			2.7
1991	24.9			2.2
1992	26.7			2.4
1993	28.5			2.6
1994	30.0			2.5
1995	30.4			2.6
1996	40.8	22.5	55.1	3.6
1997	43.5	23.4	53.8	3.7
1998	40.0	21.0	52.5	3.4
1999	39.8	21.5	54.0	3.5
2000	40.8	21.6	52.9	3.7
2001	55.5	29.2	52.6	4.8
2002	75.5	39.1	51.8	6.8
2003	72.0	46.0	63.9	6.7
2004	68.2	44.2	64.8	6.3
2005	60.4	35.3	58.4	5.7

5—22 各地区城镇登记失业人数及失业率

地区	年末城镇登记失业人数(万人)					城镇登记失业率(%)				
	2000年	2002年	2003年	2004年	2005年	2000年	2002年	2003年	2004年	2005年
全省	**40.8**	**75.5**	**72.0**	**68.2**	**60.4**	**3.7**	**6.8**	**6.7**	**6.3**	**5.7**
沈阳	6.5	13.9	17.2	14.7	13.5	2.5	6.2	8.3	7.2	6.5
大连	6.3	8.8	9.9	9.3	7.0	3.9	4.9	5.4	4.5	3.4
鞍山	3.5	6.1	6.3	6.3	6.1	3.6	5.8	6.2	6.7	7.3
抚顺	2.3	3.9	5.0	5.2	5.4	2.7	4.7	5.9	6.0	6.3
本溪	2.3	4.4	4.6	3.6	3.8	3.9	8.0	7.4	7.2	7.6
丹东	3.8	9.7	4.8	4.4	3.0	4.0	16.3	9.9	9.6	6.8
锦州	2.2	4.6	4.3	4.3	4.2	4.0	6.5	6.4	7.6	7.6
营口	1.5	2.4	2.6	2.6	2.7	3.7	5.8	6.8	6.7	7.0
阜新	2.6	3.6	2.6	2.9	2.7	5.8	8.7	6.4	5.9	5.6
辽阳	1.6	2.6	2.9	2.8	2.2	3.4	6.5	7.7	6.9	5.5
盘锦	1.7	1.0	4.3	1.9	1.4	3.6	2.1	8.0	3.3	2.5
铁岭	3.4	4.7	3.7	4.3	3.0	6.7	8.8	7.9	9.1	6.4
朝阳	1.0	7.6	1.1	3.2	2.8	3.0	16.7	3.0	7.7	6.6
葫芦岛	2.1	2.2	2.5	2.6	2.5	4.8	5.9	6.5	6.6	6.4

5—23 职工工资总额及构成

年份、地区	绝对数(亿元)				构成(%)		
	全部工资总额	国有单位	城镇集体单位	其他单位	国有单位	城镇集体单位	其他单位
1978	39.9	32.1	7.8	0	80.5	19.5	0
1980	56.7	43.7	13.0	0	77.1	22.9	0
1985	99.7	68.6	29.9	1.2	68.8	30.0	1.2
1986	121.5	84.9	35.1	1.5	69.9	28.9	1.2
1987	139.2	97.6	39.6	2.0	70.1	28.5	1.4
1988	172.2	122.4	47.0	2.8	71.1	27.3	1.6
1989	193.9	139.2	51.1	3.6	71.8	26.3	1.9
1990	217.8	158.1	55.3	4.4	72.6	25.4	2.0
1991	242.1	174.8	61.6	5.7	72.2	25.4	2.4
1992	282.0	204.1	70.1	7.8	72.4	24.8	2.8
1993	342.5	248.5	79.1	14.9	72.5	23.1	4.4
1994	439.7	319.4	90.4	29.9	72.6	20.6	6.8
1995	496.9	368.1	97.2	31.6	74.1	19.6	6.3
1996	525.3	394.2	94.6	36.5	75.0	18.0	7.0
1997	544.5	408.1	92.4	44.0	74.9	17.0	8.1
1998	521.3	384.9	71.7	64.7	73.8	13.8	12.4
1999	529.6	388.9	62.1	78.6	73.4	11.7	14.9
2000	553.1	404.2	57.1	91.8	73.1	10.3	16.6
2001	595.9	425.3	51.9	118.7	71.4	8.7	19.9
2002	635.9	437.8	43.7	154.4	68.8	6.9	24.3
2003	680.6	455.6	41.3	183.7	66.9	6.1	27.0
2004	759.8	501.0	40.8	218.1	65.9	5.4	28.7
2005	862.9	566.4	39.7	256.8	65.6	4.6	29.8
沈阳	182.6	112.6	8.0	62.0	61.7	4.4	33.9
大连	177.4	81.9	4.7	90.8	46.2	2.6	51.2
鞍山	78.7	66.1	5.8	6.8	84.0	7.3	8.7
抚顺	51.2	27.7	2.8	20.7	54.2	5.4	40.4
本溪	43.8	38.5	2.4	2.8	88.0	5.5	6.5
丹东	26.3	19.1	1.3	6.0	72.4	4.9	22.7
锦州	36.1	25.4	2.4	8.4	70.2	6.6	23.2
营口	25.1	16.9	1.1	7.1	67.4	4.2	28.4
阜新	22.2	18.5	1.3	2.4	83.3	6.0	10.7
辽阳	30.8	17.9	2.7	10.1	58.3	8.9	32.8
盘锦	55.8	49.2	0.8	5.8	88.2	1.4	10.4
铁岭	35.0	17.2	1.8	16.0	49.1	5.1	45.8
朝阳	28.0	18.0	1.7	8.3	64.4	6.0	29.7
葫芦岛	31.1	18.4	3.0	9.6	59.3	9.8	30.9

5—24 职工工资总额指数

年份	指数(1978=100)			指数(上年=100)			
	全部工资总额	国有单位	城镇集体单位	全部工资总额	国有单位	城镇集体单位	其他单位
1978	100	100	100	116.0	117.6	109.9	
1979	116.0	114.6	121.8	116.0	114.6	121.8	
1980	142.1	136.1	166.7	122.5	118.8	136.8	
1981	153.4	143.0	196.2	107.9	105.0	117.7	
1982	162.7	151.7	207.7	106.0	106.1	105.9	
1983	169.2	153.9	232.1	104.0	101.4	111.7	
1984	202.3	173.2	309.0	119.6	112.6	133.1	
1985	249.9	213.7	383.3	123.5	123.4	124.1	120.0
1986	304.5	264.5	450.0	121.9	123.8	117.4	125.0
1987	348.9	304.0	507.7	114.6	115.0	112.8	133.3
1988	431.6	381.3	602.6	123.7	125.4	118.7	140.0
1989	486.0	433.6	655.1	112.6	113.7	108.7	128.6
1990	545.9	492.5	709.0	112.3	113.6	108.2	122.2
1991	606.8	544.5	789.7	111.2	110.6	111.4	129.5
1992	706.8	635.8	898.7	116.5	116.8	113.8	136.8
1993	858.4	774.1	1 014.1	121.5	121.8	112.8	191.0
1994	1 102.0	995.0	1 159.0	128.4	128.5	114.3	200.7
1995	1 245.3	1 146.7	1 246.2	113.0	115.2	107.5	105.7
1996	1 316.5	1 228.0	1 212.8	105.7	107.1	97.3	115.4
1997	1 364.7	1 271.3	1 184.6	103.6	103.5	97.6	120.6
1998	1 306.0	1 198.8	919.2	95.7	94.3	197.6	147.0
1999	1 327.3	1 211.5	796.2	101.6	101.0	86.6	121.5
2000	1 386.2	1 259.2	732.1	104.4	103.9	91.9	116.8
2001	1 493.5	1 324.9	665.4	107.7	105.2	90.9	129.3
2002	1 593.7	1 363.9	560.3	106.7	102.9	84.1	130.1
2003	1 705.8	1 419.3	529.5	107.0	104.1	94.5	118.9
2004	1 904.3	1 560.7	523.1	111.6	110.0	98.8	118.7
2005	2 162.7	1 764.5	509.0	113.6	113.1	97.3	117.7

5—25 分行业职工工资总额

（2005年）　　　　　　　　　　　　　　　　　　　　单位:亿元

行业	职工合计	在岗职工	#国有单位	#集体单位	离岗职工	#国有单位	#集体单位
总计	**862.9**	**827.5**	**540.7**	**37.5**	**35.4**	**25.6**	**2.2**
农、林、牧、渔业	17.8	17.5	16.2	0.3	0.3	0.3	0.0
采矿业	62.0	60.0	36.7	1.4	2.0	1.1	0.2
制造业	247.2	233.2	75.2	14.4	14.0	9.3	0.9
电力、燃气及水的生产和供应业	42.0	39.8	26.4	0.5	2.2	1.4	0.0
建筑业	40.6	38.6	16.8	8.9	2.0	1.2	0.3
交通运输、仓储及邮政业	66.0	62.4	54.5	1.0	3.6	3.3	0.1
信息转输、计算机服务和软件业	18.5	17.6	6.9	0.3	0.9	0.6	0.0
批发和零售业	24.6	23.1	9.2	1.8	1.5	0.8	0.2
住宿和餐饮业	7.5	7.2	2.2	0.4	0.2	0.1	0.0
金融业	41.9	39.4	23.0	4.4	2.4	1.5	0.3
房地产业	9.5	9.0	4.8	0.3	0.4	0.3	0.0
租赁和商务服务业	10.8	10.2	7.1	1.4	0.6	0.4	0,1
科学研究、技术服务和地质勘查业	21.2	20.7	16.9	0.3	0.5	0.5	0.0
水利、环境和公共设施管理业	13.8	13.2	12.7	0.2	0.6	0.6	0.0
居民服务和其他服务业	2.7	2.6	1.6	0.4	0.1	0.0	0.0
教育	94.6	93.2	93.0	0.2	1.4	1.4	0.0
卫生、社会保障和社会福利业	39.1	38.2	36.8	1.1	0.9	0.9	0.0
文化、体育和娱乐业	10.2	10.1	9.6	0.0	0.1	0.1	0.0
公共管理和社会组织	92.9	91.1	91.0	0.1	1.8	1.8	0.0
国际组织							

5—26 分行业职工平均工资

(2005年) 单位:元

行业	职工合计	在岗职工	#国有单位	#集体单位	离岗职工	#国有单位	#集体单位
总计	**14 068**	**17 331**	**18 360**	**9 161**	**2 605**	**4 961**	**340**
农、林、牧、渔业	5 675	6 165	5 915	9 966	1 038	1 022	547
采矿业	15 252	19 655	20 853	6 632	1 967	5 441	308
制造业	11 691	16 241	19 726	8 326	2 064	4 278	261
电力、燃气及水的生产和供应业	21 882	24 025	23 769	11 008	8 253	8 029	233
建筑业	9 051	12 743	15 940	9 496	1 369	3 410	409
交通运输、仓储及邮政业	16 510	19 521	20 058	7 557	4 447	6 786	303
信息转输、计算机服务和软件业	35 296	38 283	35 145	17 266	13 586	13 549	329
批发和零售业	8 004	14 213	16 044	7 838	1 028	1 710	178
住宿和餐饮业	10 855	12 360	12 865	9 003	2 123	2 483	656
金融业	27 105	28 542	31 208	16 011	14 964	15 915	10 378
房地产业	13 021	15 343	15 576	7 068	3 067	4 305	290
租赁和商务服务业	11 516	15 167	15 859	10 680	2 191	5 054	552
科学研究、技术服务和地质勘查业	21 457	23 775	22 126	15 111	4 517	4 824	905
水利、环境和公共设施管理业	12 134	12 697	12 809	7 175	6 124	6 501	1 196
居民服务和其他服务业	10 188	13 274	15 579	8 810	859	1 725	804
教育	18 364	18 583	18 622	9 832	10 180	10 790	427
卫生、社会保障和社会福利业	17 034	18 097	18 835	8 134	4 855	6 077	430
文化、体育和娱乐业	18 856	19 771	20 113	8 237	4 404	4 478	
公共管理和社会组织	19 730	20 053	20 088	9 683	10 853	10 930	1 992
国际组织							

5—27 各地区职工平均工资

(2005年)

单位:元

地区	职工合计	在岗职工	#国有单位	#集体单位	离岗职工	#国有单位	#集体单位
全省	**14 068**	**17 331**	**18 360**	**9 161**	**2 605**	**4 961**	**340**
沈阳	16 210	19 914	21 887	9 938	2 134	3 020	398
大连	20 978	21 878	26 141	13 762	8 690	11 138	2 643
鞍山	13 649	18 708	21 401	8 279	3 238	7 618	349
抚顺	10 080	16 791	17 936	8 171	1 343	2 831	178
本溪	11 588	16 562	18 902	8 826	2 629	5 893	593
丹东	11 657	14 348	16 323	9 645	1 833	4 207	331
锦州	10 530	13 867	14 299	8 123	1 578	2 151	391
营口	12 014	14 302	16 323	7 353	2 370	2 898	741
阜新	8 377	12 561	13 987	6 864	803	4 714	25
辽阳	13 251	16 011	16 894	11 755	3 246	7 296	218
盘锦	12 944	13 412	13 485	10 277	5 035	5 510	1 715
铁岭	11 590	14 831	12 537	6 522	2 065	3 819	127
朝阳	11 927	13 307	13 705	11 726	2 393	5 517	236
葫芦岛	11 599	13 225	13 117	7 698	3 555	4 363	829

5—28　分行业在岗职工工资总额及离岗生活费

（2005 年）　　　　单位:万元

行　　业	在岗职工工资总额				离岗职工生活费			
	合　计	国有单位	集体单位	其他单位	合　计	国有单位	集体单位	其他单位
总　　计	**8 274 594**	**5 407 328**	**374 890**	**2 492 376**	**354 044**	**256 320**	**22 334**	**75 390**
农、林、牧、渔业	175 013	162 378	2 860	9 774	3 116	2 950	48	119
采　矿　业	599 897	367 132	13 758	219 008	19 896	10 607	2 009	7 281
制　造　业	2 332 212	751 838	144 251	1 436 123	140 108	93 118	9 255	37 736
电力、燃气及水的生产和供应业	398 379	264 086	5 192	129 102	21 521	13 562	47	7 911
建　筑　业	386 248	168 236	89 425	128 587	19 941	12 357	3 442	4 142
交通运输、仓储及邮政业	624 388	544 712	10 440	69 236	35 504	33 363	796	1 345
信息转输、计算机服务和软件业	176 262	68 744	2 953	104 565	8 607	5 666	5	2 936
批发和零售业	231 180	92 257	18 375	120 548	14 887	7 943	1 514	5 429
住宿和餐饮业	72 420	21 835	3 951	46 635	2 143	1 357	164	622
金　融　业	394 463	230 400	43 983	120 080	24 475	15 096	3 127	6 253
房地产业	90 441	47 867	2 618	39 956	4 216	3 395	131	691
租赁和商务服务业	102 171	71 259	14 031	16 880	5 780	4 239	944	596
科学研究、技术服务和地质勘查业	206 980	168 762	3 299	34 919	5 381	5 185	79	117
水利、环境和公共设施管理业	131 827	127 336	1 899	2 591	5 967	5 790	82	95
居民服务和其他服务业	26 323	15 967	4 210	6 147	564	70	465	28
教　　育	932 256	929 509	1 810	937	13 658	13 623	31	5
卫生、社会保障和社会福利业	382 068	368 349	10 665	3 055	8 939	8 751	170	18
文化、体育和娱乐业	100 738	96 321	299	4 118	1 420	1 359	0	61
公共管理和社会组织	911 330	910 343	872	116	17 920	17 890	26	4
国际组织								

5—29 各地区在岗职工工资总额及离岗生活费

(2005 年)

单位:万元

地区	在岗职工工资总额				离岗职工生活费			
	合计	国有单位	集体单位	其他单位	合计	国有单位	集体单位	其他单位
全省	**8 274 594**	**5 407 328**	**374 890**	**2 492 376**	**354 044**	**256 320**	**22 334**	**75 390**
沈阳	1 776 247	1 095 132	76 690	604 425	50 090	31 261	3 411	15 418
大连	1 723 558	788 526	44 342	890 691	50 154	30 761	2 346	17 047
鞍山	725 711	607 326	53 777	64 608	61 041	53 658	3 865	3 518
抚顺	482 363	259 920	25 517	196 926	29 639	17 538	2 290	9 811
本溪	402 113	355 081	20 082	26 950	35 432	29 977	4 006	1 449
丹东	254 587	185 221	12 084	57 282	8 911	5 675	726	2 510
锦州	346 727	243 843	22 471	80 413	14 701	9 730	1 519	3 453
营口	241 115	163 193	9 616	68 306	9 478	5 596	942	2 939
阜新	214 665	177 932	13 241	23 492	7 584	7 117	195	272
辽阳	291 223	167 953	26 881	96 389	16 290	11 337	530	4 424
盘锦	546 160	481 080	7 436	57 644	12 144	11 311	311	522
铁岭	334 235	163 619	17 204	153 412	15 831	8 343	589	6 899
朝阳	272 811	175 263	16 353	81 195	7 102	4 869	407	1 826
葫芦岛	294 539	174 699	29 196	90 644	16 009	9 509	1 199	5 301

5—30 分行业在岗职工平均工资及离岗职工平均生活费

（2005 年）

单位:元

行业	在岗职工人均工资				离岗职工人均生活费			
	全部	国有	集体	其他	全部	国有	集体	其他
总计	**17 331**	**18 360**	**9 161**	**17 550**	**2 605**	**4 961**	**340**	**4 081**
农、林、牧、渔业	6 165	5 915	9 966	15 058	1 038	1 022	547	4 316
采矿业	19 655	20 853	6 632	20 200	1 967	5 441	308	4 425
制造业	16 241	19 726	8 326	16 290	2 064	4 278	261	3 531
电力、燃气及水的生产和供应业	24 025	23 769	11 008	25 820	8 253	8 029	233	11 049
建筑业	12 743	15 940	9 496	12 437	1 369	3 410	409	1 642
交通运输、仓储及邮政业	19 521	20 058	7 557	20 082	4 447	6 786	303	3 071
信息转输、计算机服务和软件业	38 283	35 145	17 266	42 211	13 586	13 549	329	14 715
批发和零售业	14 213	16 044	7 838	14 753	1 028	1 710	178	4 145
住宿和餐饮业	12 360	12 865	9 003	12 525	2 123	2 483	656	2 926
金融业	28 542	31 208	16 011	32 536	14 964	15 915	10 378	16 207
房地产业	15 343	15 576	7 068	16 303	3 067	4 305	290	5 060
租赁和商务服务业	15 167	15 859	10 680	18 163	2 191	5 054	552	6 838
科学研究、技术服务和地质勘查业	23 775	22 126	15 111	40 589	4 517	4 824	905	4 021
水利、环境和公共设施管理业	12 697	12 809	7 175	14 680	6 124	6 501	1 196	6 263
居民服务和其他服务业	13 274	15 579	8 810	12 797	859	1 725	804	766
教育	18 583	18 622	9 832	13 923	10 180	10 790	427	684
卫生、社会保障和社会福利业	18 097	18 835	8 134	12 468	4 855	6 077	430	3 000
文化、体育和娱乐业	19 771	20 113	8 237	15 248	4 404	4 478		9 030
公共管理和社会组织	20 053	20 088	9 683	2 929	10 853	10 930	1 992	3 167
国际组织								

5—31 各地区分行业

(2005

行业	沈阳	大连	鞍山	抚顺	本溪	丹东
总计	**19 914**	**21 878**	**18 708**	**16 791**	**16 562**	**14 348**
农、林、牧、渔业	9 876	19 920	6 050	7 487	12 268	7 241
采矿业	13 160	16 000	6 042	19 690	21 467	8 775
制造业	17 174	17 802	21 484	15 778	17 104	9 728
电力、燃气及水的生产和供应业	28 295	30 755	19 485	23 812	22 249	24 199
建筑业	13 843	19 129	14 653	9 111	10 965	12 337
交通运输、仓储及邮政业	19 372	26 102	10 611	10 367	10 800	11 947
信息转输、计算机服务和软件业	54 716	42 956	34 325	47 684	24 041	18 420
批发和零售业	14 631	21 418	12 172	14 459	10 287	10 301
住宿和餐饮业	12 336	14 756	8 798	11 051	8 462	8 534
金融业	33 658	45 197	22 053	24 219	18 915	25 138
房地产业	17 951	19 848	14 648	13 774	12 217	11 622
租赁和商务服务业	16 381	19 220	15 629	11 573	12 018	13 085
科学研究、技术服务和地质勘查业	27 082	29 094	36 894	27 780	17 834	15 204
水利、环境和公共设施管理业	13 731	18 325	12 766	10 814	12 674	11 153
居民服务和其他服务业	13 005	17 268	16 212	8 713	10 718	10 342
教育	21 224	23 988	19 879	21 494	18 414	17 150
卫生、社会保障和社会福利业	23 613	25 231	16 598	15 762	14 702	16 115
文化、体育和娱乐业	24 613	24 239	17 712	19 552	15 733	14 521
公共管理和社会组织	24 572	27 914	20 487	20 247	19 367	19 529
国际组织						

在岗职工平均工资

年）

单位:元

锦州	营口	阜新	辽阳	盘锦	铁岭	朝阳	葫芦岛
13 867	**14 302**	**12 561**	**16 011**	**13 412**	**14 831**	**13 307**	**13 225**
3 888	9 847	5 261	4 535	5 191	3 800	7 258	3 934
8 438	9 481	13 416	13 347	26 990	25 389	9 899	8 255
12 369	10 891	8 017	17 016	15 446	7 861	12 039	13 651
20 395	18 556	20 318	20 478	15 143	24 018	23 887	26 464
10 037	11 862	8 290	13 038	12 807	9 964	10 933	8 190
12 899	17 267	8 161	10 514	10 949	10 942	12 484	9 164
31 321	26 091	27 797	35 635	24 588	23 122	21 963	35 431
8 038	8 869	10 354	11 061	12 212	7 726	10 630	11 096
8 633	9 925	7 221	6 150	10 102	8 060	9 196	7 514
27 777	21 448	22 914	20 164	25 185	16 534	18 591	19 531
11 296	5 770	11 323	14 417	13 325	8 505	8 723	10 830
11 665	10 717	10 368	13 235	9 662	7 583	15 319	8 721
18 963	16 155	14 015	16 681	16 416	12 928	14 709	14 643
10 843	9 590	8 881	12 414	14 031	10 099	10 049	9 487
10 392	14 813	10 719	15 022	10 219	12 100	12 560	13 990
16 268	16 454	14 246	17 929	14 730	13 656	13 068	13 881
13 965	14 159	11 285	17 473	15 913	10 773	13 009	11 694
13 791	15 419	12 150	13 993	15 750	13 990	11 465	11 428
18 014	18 341	14 773	18 867	18 053	15 861	14 878	15 845

5—32 各地区在岗职工平均工资及离岗职工平均生活费

（2005 年）

单位:元

地　区	在岗职工平均工资				离岗职工平均生活费			
	合　计	国有单位	集体单位	其他单位	合　计	国有单位	集体单位	其他单位
全　省	**17 331**	**18 360**	**9 161**	**17 550**	**2 605**	**4 961**	**340**	**4 081**
沈　阳	19 914	21 887	9 938	19 223	2 134	3 020	398	3 391
大　连	21 878	26 141	13 762	19 622	8 690	11 138	2 643	8 035
鞍　山	18 708	21 401	8 279	16 491	3 238	7 618	349	4 705
抚　顺	16 791	17 936	8 171	17 720	1 343	2 831	178	3 247
本　溪	16 562	18 902	8 826	8 371	2 629	5 893	593	885
丹　东	14 348	16 323	9 645	11 137	1 833	4 207	331	1 906
锦　州	13 867	14 299	8 123	15 510	1 578	2 151	391	3 802
营　口	14 302	16 323	7 353	12 300	2 370	2 898	741	3 693
阜　新	12 561	13 987	6 864	9 631	803	4 714	25	2 790
辽　阳	16 011	16 894	11 755	16 171	3 246	7 296	218	4 271
盘　锦	13 412	13 485	10 277	13 331	5 035	5 510	1 715	2 933
铁　岭	14 831	12 537	6 522	22 403	2 065	3 819	127	8 339
朝　阳	13 307	13 705	11 726	12 851	2 393	5 517	236	5 086
葫芦岛	13 225	13 117	7 698	17 567	3 555	4 363	829	6 040

5—33 国有单位分行业职工工资总额

单位:万元

行　　业	2003年	2004年	2005年
总　　计	**4 555 624**	**5 009 833**	**5 663 648**
农、林、牧、渔业	125 759	150 067	165 328
采矿业	287 633	349 343	377 738
制造业	742 118	767 779	844 955
电力、燃气及水的生产和供应业	264 207		277 648
建筑业	168 073	169 196	180 592
交通运输、仓储及邮政业	470 607	499 256	578 076
信息转输、计算机服务和软件业	95 509	91 249	74 410
批发和零售业	103 151	99 381	100 200
住宿和餐饮业	20 828	20 427	23 192
金融业	203 092	226 807	245 496
房地产业	47 816	47 756	51 261
租赁和商务服务业	59 355	65 130	75 498
科学研究、技术服务和地质勘查业	145 135	162 793	173 947
水利、环境和公共设施管理业	108 621	116 906	133 126
居民服务和其他服务业	11 077	13 270	16 037
教育	703 016	805 478	943 131
卫生、社会保障和社会福利业	294 658	312 024	377 100
文化、体育和娱乐业	76 275	81 153	97 680
公共管理和社会组织	662 637	767 610	928 233
国际组织			

5—34 城镇集体单位分行业职工工资总额

单位:万元

行　　业	2003年	2004年	2005年
总　　计	**413 318**	**407 546**	**397 224**
农、林、牧、渔业	2 789	3 269	2 908
采　矿　业	12 606	17 354	15 767
制　造　业	163 171	155 013	153 506
电力、燃气及水的生产和供应业	6 792	6 598	5 239
建　筑　业	92 645	97 045	92 867
交通运输、仓储及邮政业	14 650	14 822	11 235
信息转输、计算机服务和软件业	3 676	3 255	2 958
批发和零售业	25 718	24 161	19 890
住宿和餐饮业	5 148	5 062	4 115
金　融　业	38 778	41 131	47 110
房地产业	2 421	2 408	2 748
租赁和商务服务业	22 601	14 577	14 976
科学研究、技术服务和地质勘查业	2 978	2 603	3 378
水利、环境和公共设施管理业	2 348	3 042	1 981
居民服务和其他服务业	4 599	4 725	4 675
教　　育	1 695	1 891	1 841
卫生、社会保障和社会福利业	9 580	9 588	10 835
文化、体育和娱乐业	359	298	299
公共管理和社会组织	766	705	898
国际组织			

5—35 其他单位分行业职工工资总额

单位:万元

行　　业	2003年	2004年	2005年
总　　计	**1 837 048**	**2 180 597**	**2 567 766**
农、林、牧、渔业	7 330	8 750	9 893
采　矿　业	142 550	175 959	226 289
制　造　业	1 111 628	1 280 677	1 473 858
电力、燃气及水的生产和供应业	95 784	111 245	137 013
建　筑　业	87 655	120 302	132 729
交通运输、仓储及邮政业	48 210	63 901	70 581
信息转输、计算机服务和软件业	58 561	80 279	107 501
批发和零售业	99 427	113 139	125 977
住宿和餐饮业	37 093	45 789	47 257
金　融　业	71 408	90 749	126 333
房　地　产　业	33 324	40 599	40 647
租赁和商务服务业	17 764	18 530	17 477
科学研究、技术服务和地质勘查业	11 808	14 562	35 036
水利、环境和公共设施管理业	1 832	2 512	2 686
居民服务和其他服务业	2 859	4 779	6 175
教　　育	1 325	747	942
卫生、社会保障和社会福利业	4 307	4 341	3 073
文化、体育和娱乐业	4 184	3 618	4 179
公共管理和社会组织	0	121	120
国　际　组　织			

5—36 分行业离岗职工生活费

单位:万元

行　　业	2003年	2004年	2005年
总　　计	**320 846**	**331 969**	**354 044**
农、林、牧、渔业	2 720	2 600	3 116
采　矿　业	18 183	20 700	19 896
制　造　业	129 877	132 839	140 108
电力、燃气及水的生产和供应业	19 975	20 865	21 521
建　筑　业	22 275	21 366	19 941
交通运输、仓储及邮政业	30 800	34 827	35 504
信息转输、计算机服务和软件业	6 072	6 898	8 607
批发和零售业	16 388	13 731	14 887
住宿和餐饮业	2 540	2 450	2 143
金　融　业	18 275	19 716	24 475
房地产业	3 633	3 933	4 216
租赁和商务服务业	4 302	4 483	5 780
科学研究、技术服务和地质勘查业	4 328	4 867	5 381
水利、环境和公共设施管理业	4 953	5 546	5 967
居民服务和其他服务业	1 039	764	564
教　　育	10 413	11 298	13 658
卫生、社会保障和社会福利业	6 775	7 293	8 939
文化、体育和娱乐业	1 252	1 264	1 420
公共管理和社会组织	17 045	16 528	17 920
国际组织			

主要统计指标解释

劳动力资源总数 指在劳动年龄内，具有劳动能力，在正常情况下，可能或实际参加社会劳动的人口数。

从业人员 指从事一定社会劳动并取得劳动报酬或经营收入的全部劳动力。包括：

(1)全部职工

(2)城镇私营企业从业人员

(3)城镇个体劳动者

(4)农村社会劳动者

(5)其他社会劳动者

这一指标反映了一定时期内全部劳动力资源的实际利用情况，是研究国情国力的重要指标。

各单位的从业人员是指在各级国家机关、政党机关、社会团体及企业、事业单位中工作，并取得劳动报酬的全部人员。包括职工、再就业的离退休人员、民办教师以及在各单位中工作的外方人员和港、澳、台方人员。

各单位的从业人员反映了各单位实际参加生产或工作的全部劳动力。

在岗职工 是指在本单位工作并由单位支付劳动报酬的在岗职工。在岗职工可分为在岗长期职工和在岗临时职工。包括由单位派出学习、劳务及病伤产假并由单位支付劳动报酬的人员。

使用的农村劳动力 指国有经济、城镇集体经济、联营经济、股份制经济、外商和港、澳、台投资经济、其他经济单位的职工中，现仍保留农村户籍关系的人员。

在岗长期职工 指用工期限在一年以上(含一年)的职工。包括原固定职工、合同制职工、长期临时工以及国有单位使用的城镇集体所有制单位的人员和其他使用期限在一年以上的原计划外用工。

在岗临时职工 指用工期限不超过一年的职工。包括各单位根据国家有关规定招用的，签订一年以内的劳动合同或使用期不超过一年的临时性、季节性用工。

其他从业人员 指劳动统计制度规定不作职工统计，但实际参加社会劳动并取得劳动报酬的人员。

各单位的其他从业人员是指单位中除职工以外的全部参加本单位生产或工作并取得劳动报酬的人员。包括再就业的离退休人员、民办教师以及在各单位中工作的外方人员和港、澳、台方人员。

离岗职工(离开本单位仍保留劳动关系的职工) 指由于各种原因已离开本人的生产或工作岗位，并已不在本单位从事其他工作，但仍与用人单位保留劳动关系的职工。

城镇集体经济单位职工 指在城镇集体经济单位及其管理部门工作，并由其支付工资的各类人员。

其他经济单位职工 指在联营经济、股份制经济、外商投资经济、港、澳、台投资经济单位工作，并由其支付工资的各类人员。

城镇个体劳动者 指经工商行政管理部门核准登记，领取营业执照，参加生产经营活动，户口在城镇的全部人员。

农村社会劳动者 指农村人口中经常参加合作经济组织〔包括乡(镇)办企业事业单位〕和家庭副业生产劳动的劳动力。凡是由合作经济组织分配劳动任务或承包各种生产任务，并从中直接取得实物、现金收入和从承包的生产任务中获得实物、现金收入的劳动力，不管从事何种劳动，都要统计为农村社会劳动者。国家从乡(村)调用的建勤民工；由集体经费支付工资或补贴的乡(村)脱产管理干部；乡(村)劳动力到国有经济单位或城镇集体经济单位工作，其收入交给合作经济组织，并从中取得实物或现金收入的合同工、临时工、亦工亦农人员；自行外出，但户口没有转出的劳动力，都应包括在内。

城镇登记失业人员 指有非农业户口，在一定的劳动年龄内(16岁以上及男50岁以下、女45岁以下)，有劳动能力，无业而要求就业，并在当地就业服务机构进行求职登记的人员。

城镇登记失业率 是城镇登记失业人数与城镇从业人数与城镇失业人数之和的比。计算公式为：

$$城镇登记失业率=\frac{城镇登记失业人数}{城镇从业人数+城镇登记失业人数}\times 100\%$$

从业人员劳动报酬 指各单位在一定时期内直接支付给本单位全部从业人员的劳动报酬总额。包括职工工资总额和本单位其他从业人员劳动报酬两部分。

在岗职工工资总额 指各单位在一定时期内直接支付给本单位全部在岗职工的劳动报酬总额。

在岗工资总额的计算原则应以直接支付给在岗职工的全部劳动报酬为根据。各单位支付给在岗职工的劳动报酬以及其他根据有关规定支付的工资，不论是计入成本的还是不计入成本的，不论是按国家规定列入计征奖金税项目的，还是未列入计征奖金税项目的，不论是以货币形式支付的还是以实物形式支付的，均包括在在岗职工工资总额内。

计时工资 指按计时工资标准(包括地区生活费补贴)和工作时间支付给个人的劳动报酬，以及根据国家法律、法规和政策规定，因病、工伤、产假、计划生育假、婚丧假、事假、探亲假、定期休假、停工学习、执行国家或社会义务等原因按计时工资标准或计时工资标准的一定比例支付的工资。

计件标准工资　是指实行计件工资制的单位按照批准的计件单价和规定的劳动定额或工作量应支付给计件工人的劳动报酬。

计件超额工资　是计件工资的一部分,指计件工人超额完成定额任务后所得的工资。即计件工人实得的全部计件工资减去应得的计件标准工资后的数额。某些企业的工人由于从事生产的工作物等级高于本人工资等级,因而其计件标准工资高于本人标准工资,其计件超额工资也应是全部工资减去应得的计件标准工资后的数额。

奖金　指支付给职工的超额劳动报酬和增收节支的劳动报酬。

津贴和补贴　指为了补偿职工特殊或额外的劳动消耗和因其他特殊原因支付给职工的津贴,以及为了保证职工工资水平不受物价影响支付给职工的物价补贴。

离岗生活费(离开本单位仍保留劳动关系的职工生活费)　指离开本单位仍保留劳动关系的职工,在离开本单位仍保留劳动关系期间从单位领取的生活费。

其他从业人员劳动报酬　指各单位在一定时期内直接支付给本单位其他从业人员的全部劳动报酬。

在岗职工平均工资　指企业、事业、机关单位的在岗职工在一定时期内平均每人所得的货币工资额。它表明一定时期在岗职工工资收入的高低程度,是反映在岗职工工资水平的主要指标。计算公式为:

$$\text{在岗职工平均工资}=\frac{\text{报告期实际支付的全部在岗职工工资总额}}{\text{报告期全部在岗职工平均人数}}$$

在岗职工平均实际工资　指扣除物价变动因素后的在岗职工平均工资。计算公式为:

$$\text{在岗职工平均实际工资}=\frac{\text{报告期在岗职工平均工资}}{\text{报告期在岗职工生活费价格指数}}$$

第六篇

固定资产投资

6

GUDING
ZICHAN
TOUZI

6—1 全社会固定资产投资

指　　标	2000年	2001年	2002年	2003年	2004年	2005年
投资总额(亿元)	**1 267.69**	**1 420.96**	**1 605.55**	**2 082.70**	**3 000.11**	**4 234.06**
1.按经济类型分						
国有经济	649.42	690.71	648.90	712.23	928.20	1 245.53
集体经济	154.14	158.49	173.54	229.49	341.26	526.28
#农　村	118.53	134.23	148.79	200.68	280.49	428.29
私营个体经济	149.10	179.08	240.19	336.18	589.66	819.75
#农　村	82.05	82.99	92.72	104.45	118.83	132.89
其他经济	315.02	392.68	542.92	804.8	1 140.99	1 642.50
2.按投资渠道分						
建设项目投资					1 875.04	2 792.27
房地产开发投资					720.74	874.25
3.按资金来源分						
国家预算内资金	72.25	112.21	108.29	89.35	114.00	173.74
国内贷款	252.22	264.50	279.92	372.14	390.01	516.84
利用外资	73.23	53.44	72.16	58.55	90.00	124.49
自筹投资	687.46	785.51	927.63	1 302.67	2 013.07	2 935.79
其他投资	182.53	205.29	217.55	259.99	393.03	483.20
4.按构成分						
建筑安装工程	801.57	885.71	969.71	1 222.23	1 791.86	2 490.04
设备、工具、器具购置	301.08	325.90	348.08	472.60	728.97	1 050.16
其他费用	165.04	209.34	287.76	387.87	479.29	693.86
5.按建设性质分						
#新　建	249.66	278.91	307.31	511.82	807.55	1 655.57
改　建	229.06	317.62	307.15	444.13	371.82	635.88
扩　建	260.18	228.25	293.12	243.39	570.16	715.40
6.按产业分						
第一产业	46.69	57.56	63.89	93.65	94.28	143.83
第二产业	492.74	553.32	623.39	838.29	1 263.77	2 012.76
第三产业	728.25	810.08	918.27	1 150.76	1 642.06	2 077.48
7.按城乡分						
城　镇	1 067.10	1 203.74	1 364.04	1 777.57	2 600.80	3 672.87
农　村	200.59	217.22	241.51	305.13	399.31	561.19
8.按主要行业分						
#农　业	46.69	57.56	63.89	93.65	94.28	143.83
工　业	463.20	517.43	565.73	776.31	1 200.11	1 959.61
#能源工业	192.44	191.53	181.40	201.83	241.47	250.89
运输邮电业	172.51	215.14	171.50	200.18	237.76	308.81
本年新增固定资产(亿元)	**1 055.92**	**1 054.86**	**1 257.62**	**1 522.14**	**1 985.24**	**2 864.74**
房屋建筑面积(万平方米)						
施工面积	7 986.4	8 877.8	10 359.3	11 820.7	13 594.0	15 881.9
#住　宅	5 449.2	5 871.3	6 552.0	7 017.8	7 865.5	8 595.4
竣工面积	5 202.0	5 519.0	6 309.8	6 949.9	7 799.1	8 177.5
#住　宅	3 920.1	4 033.8	4 221.1	4 352.1	4 846.6	4 762.5

注:1.从1993年开始,由于投资制度变化,经济类型划分有调整。

2.农村固定投资为农调队提供的抽样调查数。

6—2 按经济类型分全社会固定资产投资

	总　　计	国有经济	集体经济	私营个体	其他经济
投资额(万元)					
1980	535 772	461 208	74 564		
1985	1 421 818	1 104 082	157 306	160 430	
1986	1 781 560	1 386 588	169 847	225 125	
1987	2 201 144	1 728 734	232 523	239 887	
1988	2 697 653	2 122 491	251 307	323 855	
1989	2 534 903	2 013 075	179 539	342 289	
1990	2 628 791	2 179 415	221 289	228 087	
1991	3 179 559	2 611 543	216 078	351 938	
1992	4 368 483	3 628 819	431 861	307 803	
1993	7 182 503	4 764 733	985 391	366 566	1 065 813
1994	8 879 843	5 929 732	986 235	411 123	1 552 753
1995	8 849 516	5 843 859	954 601	495 322	1 555 734
1996	8 760 749	5 485 387	1 028 267	598 260	1 648 835
1997	9 536 868	6 037 572	973 625	542 195	1 983 476
1998	10 525 704	6 512 120	1 192 619	951 962	1 869 003
1999	11 023 220	6 629 473	1 114 431	1 328 360	1 950 956
2000	12 676 873	6 494 244	1 541 381	1 491 039	3 150 209
2001	14 209 564	6 907 088	1 584 881	1 790 778	3 926 817
2002	16 055 503	6 489 046	1 735 389	2 401 887	5 429 181
2003	20 827 023	7 122 274	2 294 866	3 361 811	8 048 072
2004	30 001 104	9 282 003	3 412 592	5 896 578	11 409 931
2005	42 340 579	12 455 308	5 262 815	8 197 503	16 424 953
比上年增长速度(%)					
1985	47.1	50.7	48.3	25.2	
1986	25.3	25.6	8.0	40.3	
1987	23.6	24.7	36.9	6.6	
1988	22.6	22.8	8.1	35.0	
1989	-6.0	-5.2	-28.6	5.7	
1990	3.7	8.3	23.3	-33.4	
1991	21.0	19.8	-2.4	54.3	
1992	37.4	39.0	99.9	-12.5	
1993	64.4	31.3	128.2	19.1	
1994	23.6	24.5	0.1	12.2	45.7
1995	-0.3	-1.4	-3.2	20.5	0.6
1996	-1.0	-6.1	7.7	20.8	6.0
1997	8.9	10.1	-5.3	-9.4	20.3
1998	10.4	7.9	21.3	75.6	-5.8
1999	4.7	1.8	-8.4	39.5	4.4
2000	15.0	-2.0	38.3	12.2	61.5
2001	12.1	6.4	2.8	20.1	24.7
2002	13.0	-6.1	9.5	34.1	38.3
2003	29.7	9.8	32.2	40.0	48.2
2004	44.0	30.3	48.7	75.4	41.8
2005	41.1	34.2	54.2	39.0	44.0

6—3 按资金来源和构成分全社会固定资产投资

年份	按资金来源分				按构成分		
	国家投资	国内贷款	利用外资	自筹和其他资金	建筑安装工程	设备工具器具购置	其他费用
投资额(亿元)							
1985	21.14	29.97	1.07	90.00	91.21	38.47	12.50
1986	26.76	41.33	4.15	105.92	111.61	52.27	14.28
1987	30.61	49.31	12.09	128.11	133.02	63.91	23.18
1988	25.11	60.90	15.93	167.83	167.49	74.09	28.19
1989	19.04	45.95	22.61	165.89	153.01	69.11	31.37
1990	17.32	54.30	21.61	169.65	162.77	73.21	26.90
1991	16.98	81.18	31.04	188.76	192.75	92.58	32.63
1992	17.20	113.21	25.05	281.39	275.78	108.42	52.65
1993	22.50	149.72	66.74	479.30	462.57	178.46	77.22
1994	16.41	186.28	119.81	565.49	546.98	234.77	106.24
1995	21.78	178.34	112.43	572.40	536.18	223.31	125.46
1996	19.67	151.26	92.58	612.56	531.29	212.99	131.79
1997	29.35	163.36	133.47	627.50	583.67	231.47	138.55
1998	36.63	190.03	94.61	731.30	642.00	273.72	136.85
1999	71.10	216.50	70.62	744.10	718.77	248.24	135.31
2000	72.25	252.22	73.23	869.98	801.57	301.08	165.04
2001	112.21	264.50	53.44	990.80	885.71	325.90	209.34
2002	108.29	279.92	72.16	1 145.18	969.71	348.08	287.76
2003	89.35	372.14	58.55	1 562.66	1 222.23	472.60	387.87
2004	114.00	390.01	90.00	2 406.1	1 791.86	728.97	479.29
2005	173.74	516.84	124.49	3 418.99	2 490.04	1 050.16	693.86
构成(%)							
1985	14.9	21.1	0.7	63.3	64.1	27.1	8.8
1986	15.0	23.2	2.3	59.5	62.6	29.3	8.1
1987	13.9	22.4	5.5	58.2	60.4	29.0	10.6
1988	9.3	22.6	5.9	62.2	62.1	27.5	10.4
1989	7.5	18.1	8.9	65.5	60.4	27.3	12.3
1990	6.6	20.7	8.2	64.5	61.9	27.8	10.3
1991	5.3	25.5	9.8	59.4	60.6	29.1	10.3
1992	3.9	25.9	5.7	64.5	63.1	24.8	12.1
1993	3.1	20.8	9.3	66.8	64.4	24.8	10.8
1994	1.8	21.0	13.5	63.7	61.6	26.4	12.0
1995	2.5	20.2	12.7	64.6	60.6	25.2	14.2
1996	2.2	17.3	10.6	69.9	60.6	24.3	15.1
1997	3.1	17.1	14.0	65.8	61.2	24.3	14.5
1998	3.5	18.1	9.0	69.4	61.0	26.0	13.0
1999	6.5	19.6	6.4	67.5	65.2	22.5	12.3
2000	5.7	19.9	5.8	68.6	63.2	23.8	13.0
2001	7.9	18.6	3.8	69.7	62.3	22.9	14.8
2002	6.7	17.4	4.5	71.4	60.4	21.7	17.9
2003	4.3	17.9	2.8	75.0	58.7	22.7	18.6
2004	3.8	13.0	3.0	80.2	59.7	24.3	16.0
2005	4.1	12.2	2.9	80.8	58.8	24.8	16.4

6—4 各地区按经济类型分

（2005

地　　区	总　计	国有经济	集体经济	#农　村
全　　省	**42 340 579**	**12 455 308**	**5 262 815**	**4 282 949**
沈　　阳	13 632 196	3 284 979	1 039 430	633 336
大　　连	11 104 875	2 762 777	2 511 254	2 425 775
鞍　　山	3 145 311	1 633 433	784 904	697 952
抚　　顺	1 511 068	528 591	176 103	155 909
本　　溪	1 421 997	1 103 227	90 571	83 663
丹　　东	1 231 188	243 390	207 048	156 797
锦　　州	933 136	226 740	130 205	86 868
营　　口	2 211 958	578 494	235 355	221 987
阜　　新	731 756	238 822	121 775	115 781
辽　　阳	1 067 730	237 396	123 499	109 219
盘　　锦	1 721 787	415 334	103 058	87 297
铁　　岭	1 069 844	177 241	145 424	122 859
朝　　阳	859 580	194 485	140 196	122 875
葫 芦 岛	1 024 200	313 068	237 242	200 755

全 社 会 固 定 资 产 投 资

年）

单位：万元

个体经济	#农　村	联营经济	股份制经济	外商投资经济	港澳台商投资经济	其他经济
8 197 503	**1 328 935**	**30 374**	**11 701 219**	**2 848 409**	**1 492 924**	**352 027**
2 529 778	98 496	6 787	4 431 726	1 429 921	783 999	125 576
1 806 033	111 024		2 587 802	938 556	439 805	58 648
410 717	129 576		166 096	69 410	73 851	6 900
236 242	50 018	20 907	446 334	69 461	27 130	6 300
104 588	18 449		108 837	4 445	6 524	3 805
438 802	85 805	260	275 312	40 498	16 828	9 050
168 839	86 228		348 208	46 697	9 137	3 310
466 495	102 242	800	766 211	110 653	50 090	3 860
143 691	35 496		173 303	23 906	29 413	846
327 304	42 709		312 652	15 952	40 223	10 704
227 086	52 375		929 983	19 828	5 510	20 988
341 620	81 019	536	346 388	18 120	22 092	18 423
322 242	79 582		178 920	7 424	6 670	9 643
213 747	51 963	84	192 582	11 848	2 700	52 929

6—5 全社会固定资产投资及构成

(2005 年)

指　　标	总　计	建设项目投　资	房地产开发投资	城镇工矿区私人建房投资	农村集体单位投资	农村私人投　资
一、绝　对　数						
1.投资总额(万元)	42 340 579	27 922 671	8 742 525	63 499	4 282 949	1 328 935
#住　　宅	7 517 859	649 587	6 145 405	56 112	92 380	574 375
(1)按资金来源分						
国家预算内投资	1 737 380	1 647 438			89 942	
国 内 贷 款	5 168 357	3 741 638	1 154 014		201 299	71 406
债　　券	27 923	27 923				
利 用 外 资	1 244 936	1 088 984	87 425		68 527	
自 筹 投 资	29 357 902	20 160 168	4 248 867	63 499	3 657 638	1 227 730
其 他 投 资	4 804 081	1 256 520	3 252 219		265 543	29 799
(2)按 构 成 分						
建筑安装工程	24 900 374	15 700 779	5 912 043	63 499	2 386 314	837 739
设备工器具购置	10 501 645	8 682 230	139 201		1 454 585	225 629
其 他 费 用	6 938 560	3 539 662	2 691 281		442 050	265 567
2.本年新增固定资产(万元)	28 647 381	19 347 998	4 321 689	63 499	3 620 628	1 293 567
3.房屋建筑面积(万平方米)						
施 工 面 积	15 881.9	5 250.7	7 058.9	72.2	1 202.6	2 297.5
竣 工 面 积	8 177.5	2 516.2	2 443.9	72.2	868.3	2 276.9
#住　　宅	4 762.5	343.4	2 127.8	67.8	70.3	2 153.2
二、构　　成(%)						
(1)按资金来源分						
国家预算内投资	4.1	5.9			2.1	
国 内 贷 款	12.2	13.4	13.2		4.7	5.4
债　　券	0.1	0.1				
利 用 外 资	2.9	3.9	1.0		1.6	
自 筹 投 资	69.3	72.2	48.6	100.0	85.4	92.4
其 他 投 资	11.3	4.5	37.2		6.2	2.2
(2)按 构 成 分						
建筑安装工程	58.8	56.2	67.6	100.0	55.7	63.0
设备工具器具购置	24.8	31.1	1.6		34.0	17.0
其 他 费 用	16.4	12.7	30.8		10.3	20.0

6—6 各地区全社会固定资产投资

（2005年）　　　　单位:万元

地　　区	总　计	建设项目投　资	房地产开发投资	城镇工矿区私人建房投资	农村集体单位投资	农村私人投　资
全　　省	**42 340 579**	**27 922 671**	**8 742 525**	**63 499**	**4 282 949**	**1 328 935**
沈　　阳	13 632 196	8 811 612	4 135 710	22 542	563 836	98 496
大　　连	11 104 875	6 564 838	2 653 376	0	1 775 637	111 024
鞍　　山	3 145 311	2 158 358	276 516	13 763	567 098	129 576
抚　　顺	1 511 068	1 164 373	167 288	1 004	128 385	50 018
本　　溪	1 421 997	1 130 332	191 510	7 043	74 663	18 449
丹　　东	1 231 188	746 066	241 108	1 412	156 797	85 805
锦　　州	933 136	665 609	94 287	144	86 868	86 228
营　　口	2 211 958	1 566 723	328 906	0	214 087	102 242
阜　　新	731 756	501 288	98 199	600	96 173	35 496
辽　　阳	1 067 730	812 687	97 915	5 200	109 219	42 709
盘　　锦	1 721 787	1 473 433	103 902	4 780	87 297	52 375
铁　　岭	1 069 844	724 000	141 275	691	122 859	81 019
朝　　阳	859 580	573 697	79 850	3 576	122 875	79 582
葫 芦 岛	1 024 200	659 655	132 683	2 744	177 155	51 963

6—7 各地区全社会住宅投资

单位:万元

年份、地区	合计	城镇	#房地产	农村	#农户
2000	3 170 042	2 520 275	1 812 920	649 767	531 850
2001	3 234 940	2 757 878	2 275 667	477 062	435 463
2002	3 763 066	3 237 581	2 758 906	525 485	450 638
2003	4 396 986	3 880 998	3 434 716	515 988	433 702
2004	6 085 531	5 357 533	4 942 767	727 998	534 916
2005	7 517 859	6 851 104	6 145 405	666 755	574 375
沈阳	3 321 040	3 214 171	3 092 834	106 869	34 327
大连	1 886 698	1 771 663	1 635 526	115 035	35 286
鞍山	240 778	180 460	150 889	60 318	56 078
抚顺	257 702	213 615	134 274	44 087	42 743
本溪	163 181	160 386	152 649	2 795	1 895
丹东	236 405	196 675	187 926	39 730	36 000
锦州	124 331	90 171	61 507	34 160	33 642
营口	303 523	289 653	283 863	13 870	13 400
阜新	185 171	181 364	85 127	3 807	3 000
辽阳	110 154	86 504	60 348	23 650	23 565
盘锦	123 306	95 525	92 375	27 781	27 681
铁岭	127 745	91 455	77 384	36 290	35 396
朝阳	117 255	76 924	43 059	40 331	38 200
葫芦岛	149 578	117 754	87 644	31 824	29 729

注:分市数据由各市提供。

6—8 全社会施工、竣工房屋面积

单位:万平方米

年份	施工房屋建筑面积	#住宅	竣工房屋建筑面积	#住宅
1990	4 353.9		3 049.0	2 112.1
1991	5 267.0		3 640.4	2 678.8
1992	6 123.7		3 772.8	2 531.6
1993	7 379.4		3 972.3	2 633.3
1994	7 756.6		4 058.2	2 614.5
1995	6 844.0	4 002.8	3 648.6	2 477.7
1996	6 172.0	3 652.3	3 536.0	2 407.3
1997	5 705.7	3 447.4	3 254.1	2 314.4
1998	5 816.4	3 321.1	3 469.5	2 144.5
1999	6 347.2	3 850.9	4 002.4	2 686.2
2000	7 986.4	5 449.2	5 202.0	3 920.1
2001	8 877.8	5 871.3	5 519.0	4 033.8
2002	10 359.3	6 552.0	6 309.8	4 221.1
2003	11 820.7	7 017.8	6 949.9	4 352.1
2004	13 594.0	7 865.5	7 799.1	4 846.6
2005	15 881.9	8 595.4	8 177.5	4 762.5

6—9 按构成和建设性质分的建设项目投资

单位:万元

年份、地区	投资额	按构成分			按建设性质分	
		建筑安装工程	设备、工器具购置	其他费用	#新建	#改、扩建
2000	7 844 162	4 623 036	2 398 589	822 537	2 496 581	4 892 400
2001	8 731 030	5 295 713	2 521 532	913 785	2 789 076	5 458 739
2002	9 690 054	5 602 390	2 680 705	1 406 959	3 073 135	6 002 715
2003	12 791 363	7 335 696	3 686 447	1 769 220	5 118 206	6 875 139
2004	18 750 368	10 827 240	5 846 109	2 077 019	8 075 512	9 419 759
2005	27 922 671	15 700 779	8 682 230	3 539 662	13 884 137	12 243 355
沈阳	8 811 612	4 894 839	2 585 904	1 330 869	4 970 501	2 926 324
大连	6 564 838	4 181 057	1 465 583	918 198	4 067 483	2 220 758
鞍山	2 158 358	911 577	1 107 661	139 120	404 486	1 679 197
抚顺	1 164 373	742 822	331 683	89 868	536 903	467 188
本溪	1 130 332	465 696	616 433	48 203	53 229	1 053 398
丹东	746 066	457 792	210 449	77 825	370 475	340 273
锦州	665 609	375 399	216 486	73 724	212 061	389 509
营口	1 566 723	900 381	414 666	251 676	1 027 696	497 919
阜新	501 288	252 267	180 209	68 812	289 095	209 153
辽阳	812 687	327 275	421 314	64 098	214 872	545 400
盘锦	1 473 433	1 016 025	361 461	95 947	417 372	1 043 760
铁岭	724 000	410 913	265 628	47 459	432 082	241 415
朝阳	573 697	266 298	242 172	65 227	299 760	232 808
葫芦岛	659 655	398 455	192 134	69 066	308 122	306 253

6—10 按资金来源和隶属关系分的建设项目投资

单位:万元

年份、地区	按资金来源分					按隶属关系分	
	国家预算内资金	国内贷款	利用外资	自筹资金	其他投资	中央项目	地方项目
2000	651 261	1 849 801	641 485	4 029 120	672 495	2 773 988	5 070 174
2001	1 075 127	1 929 654	463 590	4 717 843	544 816	3 004 028	5 727 002
2002	994 923	1 906 227	599 184	5 654 123	535 597	2 661 860	7 028 194
2003	825 946	2 298 581	445 080	8 471 163	750 593	2 453 730	10 337 633
2004	1 048 756	2 517 386	713 216	13 724 482	746 528	3 580 446	15 169 922
2005	1 647 438	3 741 638	1 088 984	20 160 168	1 284 443	4 741 789	23 180 882
沈阳	506 864	961 554	326 391	7 320 347	222 554	392 214	8 419 398
大连	503 730	1 282 431	423 805	3 804 062	435 657	1 062 666	5 502 172
鞍山	36 244	181 042	42 809	1 652 334	104 811	1 463 960	694 398
抚顺	89 780	72 417	71 931	827 741	57 498	97 989	1 066 384
本溪	14 992	180 557	4 560	831 863	558	25 798	1 104 534
丹东	64 133	49 487	28 035	534 373	44 472	46 704	699 362
锦州	48 343	105 604	24 315	387 751	34 363	78 636	586 973
营口	26 359	125 149	68 973	1 332 252	4 065	83 715	1 483 008
阜新	144 528	89 213	8 072	202 634	24 024	64 204	437 084
辽阳	21 581	69 371	4 038	535 074	165 113	237 958	574 729
盘锦	14 837	23 579	38 810	1 348 465	28 805	979 674	493 759
铁岭	25 337	56 000	15 562	564 553	41 741	21 415	702 585
朝阳	49 520	111 523	1 906	384 373	36 782	20 704	552 993
葫芦岛	101 190	63 711	29 777	434 346	84 000	166 152	493 503

注:本表资金来源分市数为本年到位资金。

6—11 按行业分的建设项目投资额

(2005年)　　　　　　　　　　　　　　　　单位:万元

行业	投资额	#新建	#扩建	#改建	建筑安装工程投资	设备工器具购置	其他费用
全省合计	**27 922 671**	**13 884 137**	**6 360 336**	**5 883 019**	**15 700 779**	**8 682 230**	**3 539 662**
农、林、牧、渔业	**341 531**	**251 940**	**48 276**	**33 613**	**189 168**	**54 746**	**97 617**
农业	11 218	8 698	120	900	3 760	4 123	3 335
林业	59 804	22 630	14 735	22 139	17 882	580	41 342
畜牧业	108 323	84 013	19 405	3 800	63 579	31 019	13 725
渔业	136 592	124 517	9 225	2 650	87 751	11 066	37 775
农、林、牧、渔服务业	25 594	12 082	4 791	4 124	16 196	7 958	1 440
采矿业	**1 829 455**	**215 018**	**1 002 038**	**522 573**	**1 039 605**	**665 809**	**124 041**
煤炭开采和洗选业	250 455	26 873	69 905	148 135	112 945	121 805	15 705
石油和天然气开采业	949 040	7 860	837 946	103 234	669 716	218 753	60 571
黑色金属矿采选业	469 598	122 631	60 931	246 747	176 616	254 339	38 643
有色金属矿采选业	63 381	25 579	18 691	14 418	33 181	25 834	4 366
非金属矿采选业	**86 953**	**23 927**	**14 565**	**9 139**	**44 479**	**39 068**	**3 406**
其他采矿业	10 028	8 148		900	2 668	6 010	1 350
制造业	**13 593 118**	**6 357 701**	**3 025 716**	**3 194 897**	**6 077 641**	**6 060 571**	**1 454 906**
农副食品加工业	629 726	458 138	107 387	45 163	298 425	238 794	92 507
食品制造业	331 079	234 488	49 877	17 897	156 104	133 769	41 206
饮料制造业	162 202	91 370	31 196	30 142	84 296	65 013	12 893
烟草制品业	20 381	1 000		16 656	7 666	10 801	1 914
纺织业	172 332	106 862	35 601	18 923	54 198	100 777	17 357
纺织服装、鞋、帽制造业	153 769	99 643	17 499	25 025	91 402	54 143	8 224
皮革、毛皮、羽毛(绒)及其制品业	68 490	32 370	3 560	22 631	51 290	15 766	1 434
木材加工及木、竹、藤、棕、草制品业	181 113	124 239	27 330	12 804	86 855	81 069	13 189
家具制造业	186 573	156 382	10 345	14 024	91 154	41 330	54 089
造纸及纸制品业	159 626	71 594	50 031	22 770	72 870	75 369	11 387
印刷业和记录媒介的复制	88 721	45 853	6 242	13 825	40 323	40 551	7 847
文教体育用品制造业	18 412	12 376	3 700	776	9 244	7 110	2 058
石油加工、炼焦及核燃料加工业	783 100	266 902	337 203	177 035	331 304	357 651	94 145
化学原料及化学制品制造业	712 156	380 679	192 928	106 039	353 611	293 588	64 957
医药制造业	271 768	198 101	27 475	26 577	142 272	100 290	29 206
化学纤维制造业	157 527	9 350	117 551	30 286	46 315	94 288	16 924
橡胶制品业	193 883	112 217	34 963	40 437	98 666	86 282	8 935
塑料制品业	288 813	207 732	39 563	24 488	149 340	116 521	22 952
非金属矿物制品业	1 018 256	608 803	217 667	85 810	458 412	499 133	60 711
黑色金属冶炼及压延加工业	3 081 887	515 750	931 465	1 599 067	1 209 242	1 592 841	279 804
有色金属冶炼及压延加工业	287 974	79 059	58 298	139 722	129 249	145 538	13 187
金属制品业	546 593	333 187	59 345	117 788	238 255	223 401	84 937
通用设备制造业	1 488 847	808 299	277 684	145 462	704 491	544 497	239 859

6—11续1　　(2005年)　　单位:万元

行　　业	投资额	#新建	#扩建	#改建	建筑安装工程投资	设备工器具购置	其他费用
专用设备制造业	523 548	211 942	99 156	94 198	237 161	210 294	76 093
交通运输设备制造业	962 765	589 533	71 737	241 909	450 232	466 492	46 041
电气机械及器材制造业	567 434	297 856	120 837	74 321	265 940	237 716	63 778
通信设备、计算机及其他电子设备制造业	371 810	214 647	80 763	30 575	145 434	155 565	70 811
仪器仪表及文化、办公用机械制造业	71 788	29 464	9 633	17 316	31 937	31 422	8 429
工艺品及其他制造业	73 925	43 995	6 680	2 931	32 268	32 445	9 212
废弃资源和废旧材料回收加工业	18 620	15 870		300	9 685	8 115	820
电力、燃气及水的生产和供应业	**1 386 721**	**713 532**	**209 235**	**453 533**	**776 452**	**438 839**	**171 430**
电力、热力的生产和供应业	1 157 532	557 063	192 972	398 229	600 369	402 869	154 294
燃气生产和供应业	66 382	42 506	1 428	22 085	55 328	10 023	1 031
水的生产和供应业	162 807	113 963	14 835	33 219	120 755	25 947	16 105
建筑业	**246 171**	**114 210**	**30 209**	**54 982**	**144 111**	**84 547**	**17 513**
房屋和土木工程建筑业	170 676	83 842	20 201	41 179	110 186	49 302	11 188
建筑安装业	27 027	7 474	7 708	6 322	9 984	11 729	5 314
建筑装饰业	**16 193**	**4 087**	**480**	**4 106**	**6 666**	**8 842**	**685**
其他建筑业	32 275	18 807	1 820	3 375	17 275	14 674	326
交通运输、仓储和邮政业	**2 805 633**	**1 460 486**	**828 736**	**379 277**	**1 844 683**	**428 384**	**532 566**
铁路运输业	41 236	11 360		29 876	38 969	1 823	444
道路运输业	1 252 905	764 821	189 585	256 463	847 847	127 608	277 450
城市公共交通业	243 038	172 637	19 942	11 097	54 018	61 493	127 527
水上运输业	848 299	200 680	545 773	55 822	542 761	202 871	102 667
航空运输业	32 756	8 893	21 434	470	14 571	16 767	1 418
管道运输业	13 833	900	1 908	6 395	7 220	6 501	112
装卸搬运和其他运输服务业	51 827	28 716	12 907	9 909	48 513	1 995	1 319
仓储业	316 233	272 217	34 281	9 035	287 556	7 168	21 509
邮政业	5 506	262	2 906	210	3 228	2 158	120
信息传输、计算机服务和软件业	**411 454**	**81 954**	**267 510**	**55 855**	**177 912**	**201 876**	**31 666**
电信和其他信息传输服务业	341 009	25 492	266 534	48 018	148 591	186 512	5 906
计算机服务业	11 605	5 894		4 135	4 084	7 340	181
软件业	58 840	50 568	976	3 702	25 237	8 024	25 579
批发和零售业	**1 190 215**	**522 374**	**212 863**	**395 403**	**859 236**	**205 090**	**125 889**
批发业	476 128	226 677	65 964	138 543	311 700	110 066	54 362
零售业	714 087	295 697	146 899	256 860	547 536	95 024	71 527
住宿和餐饮业	**379 739**	**123 519**	**59 956**	**180 118**	**281 901**	**57 712**	**40 126**
住宿业	149 187	49 233	28 022	70 063	121 411	15 481	12 295
餐饮业	230 552	74 286	31 934	110 055	160 490	42 231	27 831
金融业	**173 555**	**141 537**	**9 771**	**13 359**	**146 454**	**15 807**	**11 294**

6—11 续 2　　　　　　　　　　　（2005 年）　　　　　　　　　　　单位:万元

行　　业	投资额	＃新建	＃扩建	＃改建	建筑安装工程投资	设备工器具购置	其他费用
银行业	53 056	28 635	8 754	8 717	38 741	13 208	1 107
证券业	105 224	103 000	496	1 378	102 459	655	2 110
保险业	4 134	875	521	1 434	2 729	1 405	
其他金融活动	11 141	9 027		1 830	2 525	539	8 077
房地产业	**426 226**	**250 370**	**23 114**	**46 568**	**360 394**	**14 644**	**51 188**
租赁和商务服务业	**370 072**	**194 734**	**31 093**	**87 221**	**195 839**	**87 543**	**86 690**
租赁业	41 400			719	386	40 964	50
商务服务业	328 672	194 734	31 093	86 502	195 453	46 579	86 640
科学研究、技术服务和地质勘查业	**268 299**	**169 540**	**14 632**	**57 447**	**165 520**	**54 362**	**48 417**
研究与试验发展	103 212	69 443	9 021	19 399	67 482	24 519	11 211
专业技术服务业	90 200	50 563	1 426	33 084	50 862	7 365	31 973
科技交流和推广服务业	65 365	45 784	4 003	3 078	41 276	18 904	5 185
地质勘查业	9 522	3 750	182	1 886	5 900	3 574	48
水利、环境和公共设施管理业	**2 591 290**	**2 135 911**	**265 965**	**173 229**	**2 004 496**	**60 167**	**526 627**
水利管理业	193 376	75 083	87 309	24 410	160 906	5 339	27 131
环境管理业	164 617	125 672	18 586	17 802	99 208	18 070	47 339
公共设施管理业	2 233 297	1 935 156	160 070	131 017	1 744 382	36 758	452 157
居民服务和其他服务业	**110 551**	**29 558**	**3 391**	**67 835**	**81 236**	**22 283**	**7 032**
居民服务业	78 184	19 641	3 091	48 804	59 417	13 836	4 931
其他服务业	32 367	9 917	300	19 031	21 819	8 447	2 101
教育	**851 655**	**515 060**	**214 151**	**61 413**	**653 769**	**90 810**	**107 076**
卫生、社会保障和社会福利业	**214 137**	**94 090**	**43 018**	**28 351**	**146 606**	**53 913**	**13 618**
卫生	170 297	55 881	39 896	27 041	106 481	52 069	11 747
社会保障业	707	292	415		614	57	36
社会福利业	43 133	37 917	2 707	1 310	39 511	1 787	1 835
文化、体育和娱乐业	**330 560**	**256 401**	**25 802**	**35 424**	**271 959**	**36 811**	**21 790**
新闻出版业	1 685			1 685	1 685		
广播、电视、电影和音像业	27 567	19 682	138	4 669	21 346	5 257	964
文化艺术业	59 584	33 987	20 930	2 979	56 615	1 866	1 103
体育	15 215	8 856	970	1 626	9 821	687	4 707
娱乐业	226 509	193 876	3 764	24 465	182 492	29 001	15 016
公共管理和社会组织	**402 289**	**256 202**	**44 860**	**41 921**	**283 797**	**48 316**	**70 176**
中国共产党机关	6 381		226	5 884	6 060	321	
国家机构	351 312	225 156	39 574	28 972	244 445	45 016	61 851
人民政协和民主党派	415	340			300	95	20
群众社团、社会团体、宗教组织	18 935	7 650	4 350	5 735	16 985	1 790	160
基层群众自治组织	25 246	23 056	710	1 330	16 007	1 094	8 145

6—12 按行业、隶属关系和注册类型分建设项目投资

（2005 年）　　单位:万元

行　　业	投资额	中　央	地　方	内　资	港澳台商投　资	外商投资	个体经营
全　省　合　计	**27 922 671**	**4 741 789**	**23 180 882**	**24 956 611**	**655 945**	**2 081 806**	**228 309**
农、林、牧、渔业	**341 531**		**341 531**	**331 496**	**100**	**4 339**	**5 596**
农　业	11 218		11 218	7 479	100	2 739	900
林　业	59 804		59 804	59 804			
畜牧业	108 323		108 323	105 257			3 066
渔　业	136 592		136 592	133 542		1 600	1 450
农、林、牧、渔服务业	25 594		25 594	25 414			180
采矿业	**1 829 455**	**1 137 800**	**691 655**	**1 784 838**	**20 688**	**6 288**	**17 641**
煤炭开采和洗选业	250 455	71	250 384	250 055			400
石油和天然气开采业	949 040	941 180	7 860	949 040			
黑色金属矿采选业	469 598	192 649	276 949	442 525	18 108	4 180	4 785
有色金属矿采选业	63 381	3 900	59 481	57 550	2 300	3 531	
非金属矿采选业	**86 953**		**86 953**	**75 640**	**280**	**2 108**	**8 925**
其他采矿业	10 028		10 028	10 028			
制造业	**13 593 118**	**2 339 177**	**11 253 941**	**11 508 305**	**388 173**	**1 619 259**	**77 381**
农副食品加工业	629 726	23 000	606 726	555 759	9 762	59 278	4 927
食品制造业	331 079		331 079	294 428	21 858	13 992	801
饮料制造业	162 202		162 202	110 317	1 834	46 942	3 109
烟草制品业	20 381	12 781	7 600	20 381			
纺织业	172 332	2 000	170 332	106 089	3 000	60 193	3 050
纺织服装、鞋、帽制造业	153 769		153 769	108 069	8 053	36 184	1 463
皮革、毛皮、羽毛(绒)及其制品业		68 490	68 490	57 499		8 305	2 686
木材加工及木、竹、藤、棕、草制品业	181 113		181 113	144 374	3 266	27 362	6 111
家具制造业	186 573		186 573	108 595	59 737	12 561	5 680
造纸及纸制品业	159 626		159 626	111 069	1 593	41 945	5 019
印刷业和记录媒介的复制	88 721		88 721	81 886	2 940	1 575	2 320
文教体育用品制造业	18 412		18 412	7 802	310	10 300	
石油加工、炼焦及核燃料加工业	783 100	495 955	287 145	734 339	480	45 781	2 500
化学原料及化学制品制造业	712 156	83 538	628 618	604 896	17 650	86 831	2 779
医药制造业	271 768		271 768	205 703	9 471	56 354	240
化学纤维制造业	157 527	138 340	19 187	157 527			
橡胶制品业	193 883		193 883	135 934		57 529	420
塑料制品业	288 813		288 813	240 377	776	44 050	3 610
非金属矿物制品业	1 018 256	5 122	1 013 134	869 919	50 199	85 981	12 157
黑色金属冶炼及压延加工业	3 081 887	1 225 650	1 856 237	3 016 880	5	62 717	2 285
有色金属冶炼及压延加工业	287 974		287 974	237 635	37 633	11 695	1 011
金属制品业	546 593	18 181	528 412	413 325	36 630	94 380	2 258
通用设备制造业	1 488 847	95 788	1 393 059	1 311 462	13 157	160 353	3 875

6—12 续 1　　(2005 年)　　单位:万元

行业	投资额	中央	地方	内资	港澳台商投资	外商投资	个体经营
专用设备制造业	523 548	14 758	508 790	443 512	18 101	58 882	3 053
交通运输设备制造业	962 765	207 352	755 413	673 223	27 457	258 475	3 610
电气机械及器材制造业	567 434		567 434	428 327	47 732	88 913	2 462
通信设备、计算机及其他电子设备制造业	371 810	14 140	357 670	198 726	13 747	159 337	
仪器仪表及文化、办公用机械制造业	71 788	2 572	69 216	59 315	982	11 491	
工艺品及其他制造业	73 925		73 925	52 787	1 800	17 383	1 955
废弃资源和废旧材料回收加工业	18 620		18 620	18 150		470	
电力、燃气及水的生产和供应业	1 386 721	497 446	889 275	1 319 280	61 454	5 987	
电力、热力的生产和供应业	1 157 532	497 446	660 086	1 091 491	61 454	4 587	
燃气生产和供应业	66 382		66 382	64 982		1 400	
水的生产和供应业	162 807		162 807	162 807			
建筑业	246 171	25 563	220 608	240 081		5 670	420
房屋和土木工程建筑业	170 676	24 938	145 738	170 038		458	180
建筑安装业	27 027	485	26 542	21 827		5 080	120
建筑装饰业	16 193		16 193	16 193			
其他建筑业	32 275	140	32 135	32 023		132	120
交通运输、仓储和邮政业	2 805 633	247 481	2 558 152	2 614 508	58 509	128 760	3 856
铁路运输业	41 236	29 086	12 150	41 236			
道路运输业	1 252 905		1 252 905	1 248 837	412		3 656
城市公共交通业	243 038		243 038	232 145	360	10 533	
水上运输业	848 299	85 938	762 361	766 072	12 800	69 427	
航空运输业	32 756	32 756	0	32 756			
管道运输业	13 833	10 895	2 938	13 833			
装卸搬运和其他运输服务业	51 827		51 827	36 527	15 100		200
仓储业	316 233	84 232	232 001	237 596	29 837	48 800	
邮政业	5 506	4 574	932	5 506			
信息传输、计算机服务和软件业	411 454	139 514	271 940	284 748	60 364	63 891	2 451
电信和其他信息传输服务业	341 009	139 514	201 495	255 965	51 234	33 810	
计算机服务业	11 605		11 605	9 245	83		2 277
软件业	58 840		58 840	19 538	9 047	30 081	174
批发和零售业	1 190 215	23 658	1 166 557	1 082 561	23 725	53 867	30 062
批发业	476 128	22 498	453 630	460 365	200	3 825	11 738
零售业	714 087	1 160	712 927	622 196	23 525	50 042	18 324
住宿和餐饮业	379 739	5 775	373 964	303 964	11 049	21 117	43 609
住宿业	149 187	5 295	143 892	132 874	4 549	8 624	3 140
餐饮业	230 552	480	230 072	171 090	6 500	12 493	40 469
金融业	173 555	53 448	120 107	165 478		8 077	

6—12 续 2　　　　(2005 年)　　　　单位:万元

行业	投资额	中央	地方	内资	港澳台商投资	外商投资	个体经营
银行业	53 056	21 054	32 002	53 056			
证券业	105 224	32 000	73 224	105 224			
保险业	4 134	394	3 740	4 134			
其他金融活动	11 141		11 141	3 064		8 077	
房地产业	**426 226**	**8 434**	**417 792**	**419 014**	**1 144**	**5 568**	**500**
租赁和商务服务业	**370 072**		**370 072**	**344 124**		**25 690**	**258**
租赁业	41 400		41 400	41 080		320	
商务服务业	328 672		328 672	303 044		25 370	258
科学研究、技术服务和地质勘查业	**268 299**	**69 125**	**199 174**	**240 267**	**25 855**	**1 990**	**187**
研究与试验发展	103 212	66 907	36 305	103 212			
专业技术服务业	90 200	2 218	87 982	88 023		1 990	187
科技交流和推广服务业	65 365		65 365	39 510	25 855		
地质勘查业	9 522		9 522	9 522			
水利、环境和公共设施管理业	**2 591 290**	**90 112**	**2 501 178**	**2 562 345**	**100**	**28 845**	
水利管理业	193 376		193 376	192 131		1 245	
环境管理业	164 617		164 617	137 617		27 000	
公共设施管理业	2 233 297	90 112	2 143 185	2 232 597	100	600	
居民服务和其他服务业	**110 551**	**485**	**110 066**	**87 875**	**480**	**4 710**	**17 486**
居民服务业	78 184		78 184	57 941	480	3 730	16 033
其他服务业	32 367	485	31 882	29 934		980	1 453
教育	**851 655**	**85 440**	**766 215**	**838 863**		**10 572**	**2 220**
卫生、社会保障和社会福利业	**214 137**	**2 943**	**211 194**	**207 786**		**3 025**	**3 326**
卫生	170 297	2 943	167 354	165 846		3 025	1 426
社会保障业	707		707	707			
社会福利业	43 133		43 133	41 233			1 900
文化、体育和娱乐业	**330 560**	**6 670**	**323 890**	**219 389**	**4 304**	**84 151**	**22 716**
新闻出版业	1 685		1 685	1 685			
广播、电视、电影和音像业	27 567		27 567	23 477		2 490	1 600
文化艺术业	59 584		59 584	59 584			
体育	15 215	3 070	12 145	15 215			
娱乐业	226 509	3 600	222 909	119 428	4 304	81 661	21 116
公共管理和社会组织	**402 289**	**8 718**	**393 571**	**401 689**			**600**
中国共产党机关	6 381		6 381	6 381			
国家机构	351 312	8 718	342 594	351 312			
人民政协和民主党派	415		415	415			
群众社团、社会团体、宗教组织	18 935		18 935	18 335			600
基层群众自治组织	25 246		25 246	25 246			

6—13 各地区按主要

地区	合计	农林牧渔业	采矿业	制造业	电力、燃气及水的生产和供应业	建筑业	交通运输仓储和邮政业	信息传输、计算机服务和软件业	批发和零售业
全省总计	**27 922 671**	**341 531**	**1 829 455**	**13 593 118**	**1 386 721**	**246 171**	**2 805 633**	**411 454**	**1 190 215**
沈阳	8 811 612	65 187	101 299	4 335 835	452 041	97 042	326 692	140 606	546 496
大连	6 564 838	100 206		2 583 255	239 110	35 442	1 275 492	116 473	392 079
鞍山	2 158 358	15 257	220 590	1 624 805	59 066	1 253	37 553	25 793	39 644
抚顺	1 164 373	6 279	100 964	430 982	58 656	13 135	195 275	29 052	37 825
本溪	1 130 332		12 009	1 017 779	21 396	660	1 610	9 203	456
丹东	746 066	14 770	84 867	313 719	53 546	12 170	117 148	8 839	22 375
锦州	665 609	38 831	26 584	210 988	57 817	24 644	171 186	18 225	19 629
营口	1 566 723	7 253	500	1 151 908	89 207	3 890	129 261	12 210	15 405
阜新	501 288	38 297	33 376	123 052	176 845	5 881	25 269	13 270	4 583
辽阳	812 687	1 604	112 566	507 625	39 405	7 643	17 289	9 502	19 771
盘锦	1 473 433	10 677	942 928	277 391	42 069	18 810	23 451	12 573	19 882
铁岭	724 000	22 599	34 838	422 201	44 328	20 095	36 344		38 442
朝阳	573 697	751	135 624	275 231	26 808		24 975	4 248	4 778
葫芦岛	659 655	19 820	23 310	318 347	26 427	5 506	54 088	11 460	28 850

行 业 分 建 设 项 目 投 资

单位:万元

住宿和餐饮业	金融业	房地产业	租赁和商务服务业	科学研究、技术服务和地质勘查业	水利、环境和公共设施管理业	居民服务和其他服务业	教育	卫生、社会保障和社会福利业	文化、体育和娱乐业	公共管理和社会组织
379 739	**173 555**	**426 226**	**370 072**	**268 299**	**2 591 290**	**110 551**	**851 655**	**214 137**	**330 560**	**402 289**
192 330	47 657	199 339	219 051	194 091	1 028 104	56 737	399 418	116 384	183 671	109 632
73 300	115 663	72 200	108 468	58 688	982 468	5 098	207 638	33 252	74 783	91 223
17 525	1	4 000	8 905	296	35 010	3 744	27 137	3 287	6 869	27 623
18 013	350	98 231	5 353	2 000	87 384	7 543	19 456	12 946	26 774	14 155
11 321			1 990		28 064	1 385	13 755	6 559	2 268	1 877
14 740		5 260	6 000	640	48 560	9 628	17 484	4 414	3 368	8 538
4 130			1 717	605	42 235	130	32 738	1 435	3 226	11 489
8 630	500	4 509	5 884	1 392	89 873	3 190	19 189	8 295	3 179	12 448
6 625		21 332	250	218	17 131	2 995	16 188	3 972	906	11 098
9 608	8 435		4 234	1 118	30 452	11 402	10 318	6 631	6 813	8 271
4 325		4 240		1 810	74 984	2 950	9 235	1 807	8 205	18 096
7 438		13 319		7 420	13 953	716	8 200	2 515	6 133	45 459
1 380	399	3 286	120		48 761	1 478	24 034	5 050	1 910	14 864
10 374	550	510	8 100	21	64 311	3 555	46 865	7 590	2 455	27 516

6—14 建设项目投资各行业

(2005

行　　业	本年资金来源合计	国家预算内资金	国内贷款
全省合计	**28 468 483**	**1 641 464**	**3 751 651**
农、林、牧、渔业	**379 934**	**21 341**	**21 618**
农　业	11 318	120	1 000
林　业	56 025	15 232	
畜牧业	109 594		5 498
渔　业	178 431		14 960
农、林、牧、渔服务业	24 566	5 989	160
采矿业	**1 850 118**	**5 043**	**60 110**
煤炭开采和洗选业	248 058	3 671	18 680
石油和天然气开采业	949 040		
黑色金属矿采选业	485 136	1 202	5 510
有色金属矿采选业	69 759	170	10 300
非金属矿采选业	**88 097**		**24 620**
其他采矿业	10 028		1 000
制造业	**14 009 752**	**80 611**	**1 458 964**
农副食品加工业	644 253	695	134 592
食品制造业	351 205		7 934
饮料制造业	165 324	3 000	7 740
烟草制品业	20 512		
纺织业	155 925		21 658
纺织服装、鞋、帽制造业	161 300		15 430
皮革、毛皮、羽毛(绒)及其制品业	67 850		460
木材加工及木、竹、藤、棕、草制品业	176 426		12 900
家具制造业	193 281		25 250
造纸及纸制品业	164 917		4 070
印刷业和记录媒介的复制	93 710		790
文教体育用品制造业	17 832		
石油加工、炼焦及核燃料加工业	864 484	245	238 872
化学原料及化学制品制造业	714 404	1 165	24 053
医药制造业	281 770	316	17 638
化学纤维制造业	157 988		
橡胶制品业	196 982		9 346
塑料制品业	296 434	350	12 290
非金属矿物制品业	1 057 731	3 686	34 947
黑色金属冶炼及压延加工业	2 971 952		307 840
有色金属冶炼及压延加工业	428 879	44 884	5 580
金属制品业	588 576		37 781
通用设备制造业	1 560 216	5 265	198 637

资金来源和新增固定资产

年）

单位:万元

利用外资	自筹资金	其他资金	投资额	新增固定资产	固定资产交付使用率（%）
1 083 976	**20 695 286**	**1 296 106**	**27 922 671**	**19 347 998**	**69.3**
1 330	**293 481**	**42 164**	**341 531**	**278 332**	**81.5**
830	8 468	900	11 218	11 118	99.1
	20 514	20 279	59 804	60 199	100.7
500	100 891	2 705	108 323	64 703	59.7
	148 891	14 580	136 592	111 255	81.5
	14 717	3 700	25 594	31 057	121.3
48 098	**1 680 512**	**56 355**	**1 829 455**	**1 466 943**	**80.2**
	213 194	12 513	250 455	173 705	69.4
36 070	912 970	0	949 040	857 499	90.4
7 200	447 394	23 830	469 598	292 410	62.3
3 000	41 769	14 520	63 381	54 148	85.4
1 828	**56 157**	**5 492**	**86 953**	**86 903**	**99.9**
	9 028	0	10 028	2 278	22.7
883 114	**11 162 547**	**424 516**	**13 593 118**	**9 828 630**	**72.3**
10 918	480 918	17 130	629 726	549 224	87.2
36 867	298 542	7 862	331 079	308 875	93.3
1 910	147 284	5 390	162 202	122 585	75.6
	20 512	0	20 381	12 325	60.5
11 570	105 777	16 920	172 332	107 045	62.1
19 844	124 599	1 427	153 769	146 164	95.1
1 606	63 318	2 466	68 490	21 122	30.8
7 333	155 433	760	181 113	145 160	80.1
7 839	158 992	1 200	186 573	104 642	56.1
28 796	130 671	1 380	159 626	158 779	99.5
1 035	88 384	3 501	88 721	82 111	92.5
2 316	14 016	1 500	18 412	13 766	74.8
2 500	583 154	39 713	783 100	406 083	51.9
58 299	601 607	29 280	712 156	667 023	93.7
9 467	246 482	7 867	271 768	185 161	68.1
	19 617	138 371	157 527	17 007	10.8
44 308	140 234	3 094	193 883	81 999	42.3
29 579	251 880	2 335	288 813	268 952	93.1
78 651	906 052	34 395	1 018 256	715 149	70.2
10 861	2 629 020	24 231	3 081 887	2 447 416	79.4
5 590	368.189	4 636	287 974	162 087	56.3
130 342	417 579	2 874	546 593	418 366	76.5
44 410	1 290 179	21 725	1 488 847	873 234	58.7

行　　业	本年资金来源合计	国家预算内资金	国 内 贷 款
专用设备制造业	529 598	6 510	40 110
交通运输设备制造业	1 002 065	1 627	163 209
电气机械及器材制造业	586 695	10	53 540
通信设备、计算机及其他电子设备制造业	388 463	12 668	79 826
仪器仪表及文化、办公用机械制造业	78 198	190	4 171
工艺品及其他制造业	73 979		
废弃资源和废旧材料回收加工业	18 803		300
电力、燃气及水的生产和供应业	**1 476 186**	**195 672**	**478 295**
电力、热力的生产和供应业	1 251 125	176 414	453 137
燃气生产和供应业	65 895	280	10 080
水的生产和供应业	159 166	18 978	15 078
建筑业	**247 781**	**1 628**	**14 937**
房屋和土木工程建筑业	175 602	1 368	14 637
建筑安装业	23 699		300
建筑装饰业	16 193		
其他建筑业	32 287	260	
交通运输、仓储和邮政业	**2 742 843**	**285 524**	**796 279**
铁路运输业	40 886		
道路运输业	1 244 958	130 730	526 501
城市公共交通业	218 959	70 000	86 669
水上运输业	806 014		116 506
航空运输业	23 089	8 500	4 058
管道运输业	13 695		
装卸搬运和其他运输服务业	71 006	13 835	31 571
仓储业	318 730	62 197	30 974
邮政业	5 506	262	
信息传输、计算机服务和软件业	**404 028**		**12 064**
电信和其他信息传输服务业	337 249		12 064
计算机服务业	10 847		
软件业	55 932		
批发和零售业	**1 167 458**	**4 753**	**64 320**
批发业	477 304	4 403	15 000
零售业	690 154	350	49 320
住宿和餐饮业	**385 260**	**750**	**14 424**
住宿业	156 883	750	12 354
餐饮业	228 377		2 070
金融业	**166 970**	**6 231**	**150**

年)

单位:万元

利用外资	自筹资金	其他资金	投资额	新增固定资产	固定资产交付使用率(%)
31 272	445 727	5 979	523 548	406 470	77.6
99 160	710 012	28 057	962 765	697 875	72.5
67 510	455 261	10 374	567 434	415 452	73.2
121 227	173 646	1 096	371 810	158 236	42.6
9 390	61 698	2 749	71 788	52 621	73.3
10 011	55 764	8 204	73 925	66 931	90.5
503	18 000	0	18 620	16 770	90.1
10 154	**755 001**	**37 064**	**1 386 721**	**956 830**	**69.0**
5 481	586 352	29 741	1 157 532	734 270	63.4
	53 035	2 500	66 382	59 268	89.3
4 673	115 614	4 823	162 807	163 292	100.3
220	**215 704**	**15 292**	**246 171**	**188 933**	**76.7**
220	146 583	12 794	170 676	132 123	77.4
	23 399	0	27 027	26 930	99.6
	16 193	**0**	**16 193**	**13 703**	**84.6**
	29 529	2 498	32 275	16 177	50.1
10 713	**1 352 804**	**297 523**	**2 805 633**	**1 416 108**	**50.5**
	40 886	0	41 236	49 179	119.3
	533 307	54 420	1 252 905	745 292	59.5
10 713	48 729	2 848	243 038	73 388	30.2
	496 030	193 478	848 299	416 163	49.1
	10 531	0	32 756	30 925	94.4
	13 695	0	13 833	15 735	113.7
	25 600	0	51 827	37 520	72.4
	178 782	46 777	316 233	42 400	13.4
	5 244	0	5 506	5 506	100.0
34 527	**351 537**	**5 900**	**411 454**	**359 388**	**87.3**
21 036	304 149	0	341 009	330 884	97.0
83	10 464	300	11 605	7 205	62.1
13 408	36 924	5 600	58 840	21 299	36.2
5 263	**1 008 813**	**84 309**	**1 190 215**	**923 303**	**77.6**
	448 089	9 812	476 128	379 170	79.6
5 263	560 724	74 497	714 087	544 133	76.2
3 347	**356 784**	**9 955**	**379 739**	**401 408**	**105.7**
	137 571	6 208	149 187	177 606	119.0
3 347	219 213	3 747	230 552	223 802	97.1
8 077	**150 472**	**2 040**	**173 555**	**98 925**	**57.0**

行　　业	本年资金来源合计	国家预算内资金	国 内 贷 款
银行业	54 763	6 231	
证券业	95 228		
保险业	5 838		150
其他金融活动	11 141		
房地产业	**435 646**	**80 529**	**25 930**
租赁和商务服务业	**381 511**	**8 645**	**31 017**
租赁业	46 426		
商务服务业	335 085	8 645	31 017
科学研究、技术服务和地质勘查业	**269 060**	**63 485**	**36 063**
研究与试验发展	108 497	27 268	65
专业技术服务业	89 463	32 637	27 990
科技交流和推广服务业	64 320	720	8 008
地质勘查业	6 780	2 860	
水利、环境和公共设施管理业	**2 617 990**	**611 082**	**563 537**
水利管理业	185 110	38 632	50 000
环境管理业	164 965	49 405	34 450
公共设施管理业	2 267 915	523 045	479 087
居民服务和其他服务业	**120 790**	**363**	**5 150**
居民服务业	78 049	363	650
其他服务业	42 741		4 500
教育	**848 978**	**70 887**	**106 079**
卫生、社会保障和社会福利业	**223 857**	**38 625**	**12 191**
卫生	178 584	27 363	12 191
社会保障业	707		
社会福利业	44 566	11 262	
文化、体育和娱乐业	**329 582**	**27 054**	**23 980**
新闻出版业	1 685	300	
广播、电视、电影和音像业	33 448	2 490	10 060
文化艺术业	57 165	10 165	400
体育	12 791	2 076	
娱乐业	224 493	12 023	13 520
公共管理和社会组织	**412 766**	**139 841**	**26 743**
中国共产党机关	6 381	5 884	
国家机构	350 799	132 667	26 743
人民政协和民主党派	415	195	
群众社团、社会团体、宗教组织	19 105		
基层群众自治组织	36 066	1 095	

年）

单位:万元

利用外资	自筹资金	其他资金	投资额	新增固定资产	固定资产交付使用率（%）
	47 732	800	53 056	59 503	112.2
	93 988	1 240	105 224	32 224	30.6
	5 688	0	4 134	4 134	100.0
8 077	3 064	0	11 141	3 064	27.5
5 373	**303 004**	**20 810**	**426 226**	**301 902**	**70.8**
12 600	**305 196**	**24 053**	**370 072**	**297 858**	**80.5**
	46 426	0	41 400	40 470	97.8
12 600	258 770	24 053	328 672	257 388	78.3
20 982	**144 517**	**4 013**	**268 299**	**206 698**	**77.0**
3 000	78 164	0	103 212	72 134	69.9
1 990	25 886	960	90 200	81 081	89.9
15 992	36 640	2 960	65 365	47 231	72.3
	3 827	93	9 522	6 252	65.7
31 788	**1 271 868**	**139 715**	**2 591 290**	**1 313 070**	**50.7**
	86 800	9 678	193 376	143 123	74.0
26 610	49 872	4 628	164 617	132 605	80.6
5 178	1 135 196	125 409	2 233 297	1 037 342	46.4
2 700	**105 227**	**7 350**	**110 551**	**106 320**	**96.2**
2 700	66 986	7 350	78 184	73 767	94.4
	38 241	0	32 367	32 553	100.6
3 105	**584 509**	**84 398**	**851 655**	**608 380**	**71.4**
375	**167 773**	**4 893**	**214 137**	**180 826**	**84.4**
375	135 009	3 646	170 297	145 123	85.2
	707	0	707	707	100.0
	32 057	1 247	43 133	34 996	81.1
2 210	**263 643**	**12 695**	**330 560**	**213 179**	**64.5**
	1 385	0	1 685	1 685	100.0
	13 129	7 769	27 567	27 188	98.6
110	45 690	800	59 584	27 973	46.9
	10 189	526	15 215	10 379	68.2
2 100	193 250	3 600	226 509	145 954	64.4
	223 121	**23 061**	**402 289**	**317 146**	**78.8**
	497	0	6 381	1 162	18.2
	174 429	16 960	351 312	292 348	83.2
	220	0	415	415	100.0
	17 404	1 701	18 935	16 585	87.6
	30 571	4 400	25 246	6 636	26.3

6—15 各地区按主要行业分

地区	合计	农林牧渔业	采矿业	制造业	电力、燃气及水的生产和供应业	建筑业	交通运输仓储和邮政业	信息传输、计算机服务和软件业	批发和零售业
全省总计	**19 347 998**	**278 332**	**1 466 943**	**9 828 630**	**956 830**	**188 933**	**1 416 108**	**359 388**	**923 303**
沈阳	6 046 451	50 977	71 884	3 016 320	245 040	61 730	219 549	140 318	424 127
大连	3 562 835	75 065		1 489 583	113 014	20 172	531 161	75 512	260 159
鞍山	1 924 181	12 487	90 030	1 523 466	66 386	108	41 927	19 637	34 629
抚顺	1 212 989	3 869	77 109	437 709	233 375	11 147	118 686	28 182	37 760
本溪	898 251		12 009	812 999	7 480	660	1 610	9 190	456
丹东	671 306	14 670	86 827	271 034	30 834	11 970	104 604	11 311	21 675
锦州	535 055	20 939	26 581	246 420	36 286	23 629	46 196	13 344	30 418
营口	929 269	7 953	450	552 368	64 425	1 500	191 338	11 922	10 865
阜新	315 969	31 393	29 960	114 463	21 346	7 040	29 522	8 874	10 420
辽阳	553 859	1 604	96 348	290 296	39 254	7 643	17 289	9 502	10 821
盘锦	1 398 126	21 675	852 047	298 214	38 846	18 490	27 613	15 088	21 663
铁岭	596 650	19 949	18 249	346 882	36 988	20 095	36 154		39 847
朝阳	403 864	751	105 449	191 085	9 917		28 825	4 248	4 803
葫芦岛	415 374	17 000		237 791	13 639	4 749	21 634	12 260	15 660

建设项目新增固定资产

单位:万元

住宿和餐饮业	金融业	房地产业	租赁和商务服务业	科学研究、技术服务和地质勘查业	水利、环境和公共设施管理业	居民服务和其他服务业	教育	卫生、社会保障和社会福利业	文化、体育和娱乐业	公共管理和社会组织
401 408	**98 925**	**301 902**	**297 858**	**206 698**	**1 313 070**	**106 320**	**608 380**	**180 826**	**213 179**	**317 146**
174 976	46 332	124 739	140 603	169 861	537 025	54 428	284 069	90 879	134 134	59 460
121 231	42 663	66 827	105 668	18 375	372 680	5 636	120 643	24 296	27 906	92 244
20 345	1		8 905	1 510	39 896	3 545	21 912	6 887	11 789	20 721
15 362	350	69 558	11 853	2 000	93 904	7 543	32 198	11 050	10 068	11 266
11 321			1 990		21 004	1 385	12 977	845	2 448	1 877
6 940		7 060	6 620	560	54 472	4 028	22 091	6 461	4 425	5 724
4 210			1 577	65	39 756	130	28 739	1 435	3 226	12 104
7 330	450	4 309	8 088	3 442	23 251	3 090	22 535	3 300	1 045	11 608
100		23 549	100	256	5 979	2 965	15 962	3 137	1 706	9 197
11 033	8 435		4 234	1 019	13 348	11 352	9 766	9 620	2 880	9 415
7 985		4 000		1 810	65 494	2 950	1 972	1 807	5 845	12 627
7 638		1 100		7 800	10 803	7 600	8 340	4 335	4 952	25 918
1 380	244	550	120		5 829	1 478	24 379	9 114	1 010	14 682
11 557	450	210	8 100		29 629	190	2 797	7 660	1 745	30 303

6—16 各地区建设项目施工、竣工房屋面积

单位:万平方米

年份、地区	施工房屋建筑面积	#住宅	竣工房屋建筑面积	#住宅
2000	2 125.8	822.5	1 132.2	568.5
2001	2 019.3	717.1	1 018.7	493.5
2002	2 368	625.4	1 110.4	363.9
2003	2 830.7	564.5	1 417.8	378.2
2004	3 633.9	424.8	1 898.5	256.6
2005	5 250.7	725.6	2 516.2	343.4
沈阳	2 053.2	97.6	840.0	67.3
大连	1 001.2	126.1	382.4	30.4
鞍山	238.8	45.1	140.2	23.4
抚顺	250.2	107.4	214.0	96.6
本溪	73.6	0.9	52.7	0.9
丹东	181.6	12.2	129.4	8.6
锦州	126.7	28.0	96.3	23.0
营口	368.2	5.8	208.7	2.0
阜新	126.2	29.0	81.7	18.7
辽阳	149.3	47.4	101.9	22.7
盘锦	35.0	0.5	23.3	0.5
铁岭	232.1	41.5	75.2	1.0
朝阳	243.8	107.9	109.1	15.4
葫芦岛	170.8	76.2	61.4	32.7

6—17 各地区城镇50万元以上施工、投产项目个数

年份、地区	施工项目（个）	新开工项目（个）	全部建成投产项目（个）	项目建成投产率（%）
2003	8 200	6 809	5 420	66.1
2004	10 485	8 632	6 244	59.6
2005	14 339	10 535	10 068	70.2
沈阳	4 366	3 959	3 531	80.9
大连	2 879	772	897	31.2
鞍山	357	235	261	73.1
抚顺	1 347	1 162	1 237	91.8
本溪	241	177	170	70.5
丹东	1 066	734	715	67.1
锦州	1 057	957	904	85.5
营口	562	433	371	66.0
阜新	431	287	295	68.4
辽阳	331	280	265	80.1
盘锦	470	360	398	84.7
铁岭	422	301	296	70.1
朝阳	707	629	560	79.2
葫芦岛	356	249	237	66.6

6—18　按行业分城镇50万元以上施工、投产项目个数

(2005年)

行　　业	施工项目(个)	#新开工	全部建成投产项目(个)	项目建成投产率(%)
全省合计	**14 339**	**10 535**	**10 068**	**70.2**
农、林、牧、渔业	199	151	157	78.9
农　业	15	10	11	73.3
林　业	38	32	31	81.6
畜牧业	63	45	51	81.0
渔　业	44	30	34	77.3
农、林、牧、渔服务业	39	34	30	76.9
采矿业	**564**	**508**	**441**	**78.2**
煤炭开采和洗选业	151	131	133	88.1
石油和天然气开采业	9	4	3	33.3
黑色金属矿采选业	225	204	178	79.1
有色金属矿采选业	84	78	56	66.7
非金属矿采选业	**91**	**87**	**68**	**74.7**
其他采矿业	4	4	3	75.0
制造业	**5 280**	**4 090**	**3 705**	**70.2**
农副食品加工业	373	300	279	74.8
食品制造业	173	130	122	70.5
饮料制造业	106	82	82	77.4
烟草制品业	4	3	3	75.0
纺织业	125	99	90	72.0
纺织服装、鞋、帽制造业	131	108	105	80.2
皮革、毛皮、羽毛(绒)及其制品业	24	19	18	75.0
木材加工及木、竹、藤、棕、草制品业	140	114	109	77.9
家具制造业	81	65	43	53.1
造纸及纸制品业	117	96	94	80.3
印刷业和记录媒介的复制	79	67	64	81.0
文教体育用品制造业	15	13	11	73.3
石油加工、炼焦及核燃料加工业	221	129	171	77.4
化学原料及化学制品制造业	344	268	232	67.4
医药制造业	143	91	80	55.9
化学纤维制造业	10	8	7	70.0
橡胶制品业	61	47	42	68.9
塑料制品业	201	149	149	74.1
非金属矿物制品业	532	436	378	71.1
黑色金属冶炼及压延加工业	293	217	187	63.8
有色金属冶炼及压延加工业	90	70	58	64.4
金属制品业	313	248	238	76.0
通用设备制造业	561	455	408	72.7

6—18 续 1 (2005 年)

行　　　业	施工项目（个）	#新开工	全部建成投产项目（个）	项目建成投产率（%）
专用设备制造业	308	235	200	64.9
交通运输设备制造业	329	245	218	66.3
电气机械及器材制造业	285	218	169	59.3
通信设备、计算机及其他电子设备制造业	76	61	41	53.9
仪器仪表及文化、办公用机械制造业	62	50	41	66.1
工艺品及其他制造业	75	59	59	78.7
废弃资源和废旧材料回收加工业	8	8	7	87.5
电力、燃气及水的生产和供应业	**442**	**271**	**257**	**58.1**
电力、热力的生产和供应业	322	200	202	62.7
燃气生产和供应业	26	20	12	46.2
水的生产和供应业	94	51	43	45.7
建筑业	**1 661**	**144**	**133**	**8.0**
房屋和土木工程建筑业	1 588	74	69	4.3
建筑安装业	37	35	34	91.9
建筑装饰业	**19**	**19**	**17**	**89.5**
其他建筑业	17	16	13	76.5
交通运输、仓储和邮政业	**1 945**	**1 728**	**1 739**	**89.4**
铁路运输业	15	11	13	86.7
道路运输业	1 762	1 598	1 639	93.0
城市公共交通业	33	29	19	57.6
水上运输业	60	32	21	35.0
航空运输业	4	2	4	100.0
管道运输业	8	3	7	87.5
装卸搬运和其他运输服务业	11	10	8	72.7
仓储业	48	39	24	50.0
邮政业	4	4	4	100.0
信息传输、计算机服务和软件业	**511**	**330**	**458**	**89.6**
电信和其他信息传输服务业	472	297	426	90.3
计算机服务业	19	18	18	94.7
软件业	20	15	14	70.0
批发和零售业	**1 286**	**1 181**	**1 186**	**92.2**
批发业	883	840	842	95.4
零售业	403	341	344	85.4
住宿和餐饮业	**413**	**360**	**375**	**90.8**
住宿业	107	86	87	81.3
餐饮业	306	274	288	94.1
金融业	**46**	**39**	**37**	**80.4**

6—18续2 (2005年)

行业	施工项目（个）	#新开工	全部建成投产项目（个）	项目建成投产率（%）
银行业	23	19	18	78.3
证券业	5	4	3	60.0
保险业	8	7	7	87.5
其他金融活动	10	9	9	90.0
房地产业	**123**	**95**	**89**	**72.4**
租赁和商务服务业	**125**	**104**	**98**	**78.4**
租赁业	2	2	2	100.0
商务服务业	123	102	96	78.0
科学研究、技术服务和地质勘查业	**92**	**69**	**61**	**66.3**
研究与试验发展	41	28	27	65.9
专业技术服务业	24	20	12	50.0
科技交流和推广服务业	21	16	18	85.7
地质勘查业	6	5	4	66.7
水利、环境和公共设施管理业	**659**	**492**	**441**	**66.9**
水利管理业	109	69	64	58.7
环境管理业	76	48	34	44.7
公共设施管理业	474	375	343	72.4
居民服务和其他服务业	**148**	**130**	**137**	**92.6**
居民服务业	112	104	106	94.6
其他服务业	36	26	31	86.1
教育	**441**	**339**	**333**	**75.5**
卫生、社会保障和社会福利业	**175**	**129**	**126**	**72.0**
卫生	141	100	103	73.0
社会保障业	2	2	2	100.0
社会福利业	32	27	21	65.6
文化、体育和娱乐业	**171**	**128**	**123**	**71.9**
新闻出版业	2	2	2	100.0
广播、电视、电影和音像业	23	18	15	65.2
文化艺术业	37	23	23	62.2
体育	20	15	13	65.0
娱乐业	89	70	70	78.7
公共管理和社会组织	**317**	**247**	**241**	**76.0**
中国共产党机关	7	4	4	57.1
国家机构	265	209	207	78.1
人民政协和民主党派	1	1	1	100.0
群众社团、社会团体、宗教组织	24	14	16	66.7
基层群众自治组织	20	19	13	65.0

6—19 城镇和工矿区私人建房情况

年份、地区	竣工房屋面积（万平方米）	#住宅	竣工房屋价值（万元）	#住宅	城镇工矿区个数（个）	建房户数（户）
2000	265.8	226.0	177 778	140 746	226	27 926
2001	129.6	121.6	75 671	69 320	142	14 551
2002	115.2	104.4	67 197	60 370	141	25 561
2003	109.9	96.8	67 298	57 385	86	12 027
2004	508.9	498.5	50 168	43 265	92	26 311
2005	72.2	67.8	63 499	56 112	1 666	8 115
沈阳	15.5	14.6	22 542	18 860	1 624	2 882
大连						
鞍山	14.3	13.2	13 763	11 542	3	1 353
抚顺	3.3	2.9	1 004	868	1	20
本溪	13.1	13.1	7 043	7 043	19	1 544
丹东	3.4	2.9	1 412	1 388	4	391
锦州	0.4	0.4	144	144	2	50
营口						
阜新	0.9	0.9	600	505	2	115
辽阳	3.3	3.3	5 200	5 200	1	295
盘锦	6.7	6.7	4 780	4 780	2	706
铁岭	1.7	1.7	691	691	1	120
朝阳	5.5	5.1	3 576	3 273	4	257
葫芦岛	4.2	3.1	2 744	1 818	3	382

6—20 农村集体固定资产投资主要指标

指标	2000年	2001年	2002年	2003年	2004年	2005年
一、投资总额(万元)	**1 185 344**	**1 342 251**	**1 487 886**	**2 006 790**	**2 804 884**	**4 282 949**
1.按资金来源分						
国家资金	66 204	45 242	76 082	64 633	89 845	89 942
国内贷款	56 131	50 536	103 518	200 339	236 022	201 299
引进外资	39 323	21 096	63 624	92 014	103 932	68 527
自筹资金	966 790	1 178 616	1 155 243	1 547 664	2 269 185	3 657 638
群众集资	56 896					
其他资金	0	46 761	89 419	102 140	105 899	265 543
2.按构成分						
建筑安装工程	687 674	650 628	700 112	906 332	1 381 700	2 386 314
设备、工具、器具购置	411 142	528 358	568 728	803 570	1 157 347	1 454 585
其他费用	86 528	163 265	219 046	296 888	265 836	442 050
3.按建设性质分						
#新建	658 000					2 671 519
扩建	323 000					793 710
改建	132 000					475 781
二、新增固定资产(万元)	**1 166 334**	**1 219 774**	**1 413 400**	**1 875 218**	**2 616 801**	**3 620 628**
三、房屋建设面积(万平方米)						
施工面积	482	623	830	1 274.0	945.9	1 202.6
#住宅	127	86	99	184.7	121.0	104.4
竣工面积	435	467	827	1 009.5	880.3	868.3
#住宅	117	76	92	125.1	116.3	70.3

注:2000年数据为抽样调查数。

6—21 农村个人固定资产投资和建房

年份、地区	投资总额（万元）	#住宅	竣工房屋建筑面积（万平方米）	#住宅
2000	820 527	531 850	1 750.0	1 711.0
2001	829 920	435 463	2 061.5	1 841.1
2002	927 219	450 638	2 273.0	2 013.0
2003	1 044 548	433 702	2 273.0	2 013.0
2004	1 188 251	534 916	2 207.8	2 083.4
2005	1 328 935	574 375	2 276.9	2 153.2
沈阳	98 496	34 327	88.1	71.4
大连	111 024	35 286	40.2	40.2
鞍山	129 576	56 078	110.3	86.3
抚顺	50 018	42 743	89.0	75.0
本溪	18 449	1 895	6.8	5.2
丹东	85 805	36 000		
锦州	86 228	33 642	100.4	86.3
营口	102 242	13 400	39.0	27.0
阜新	35 496	3 000	22.4	14.6
辽阳	42 709	23 565	50.0	50.0
盘锦	52 375	27 681	40.9	39.5
铁岭	81 019	35 396	90.0	73.8
朝阳	79 582	38 200	129.0	129.0
葫芦岛	51 963	29 729	76.0	74.0

注:本表为抽样调查推算数。分市数据由各市统计局提供。

6—22 房地产开发主要指标

指　　　标	单　位	2000年	2001年	2002年	2003年	2004年	2005年
土地开发及购置							
本年土地开发面积	万平方米	770.0	924.0	1 043	1 063	1 018.8	1 697.6
本年土地购置面积	万平方米	1 019.3	1 107.1	1 384.7	1 668.7	2 256.9	2 432.8
本年完成投资额	**万元**	**2 649 062**	**3 230 692**	**3 883 147**	**4 863 947**	**7 207 433**	**8 742 525**
＃商品房建设投资额	万元	2 235 054	2 701 395	3 139 108	3 797 186	5 342 966	6 426 636
土地开发投资额	万元	239 784	287 360	335 289	513 630	609 513	901 134
配套工程投资	万元						204 961
＃住　　宅	万元	1 812 920	2 275 667	2 758 906	3 434 716	4 942 767	6 145 405
＃经济适用房屋	万元	127 834	289 402	317 602	234 820	170 802	154 200
本年资金来源小计	**万元**	**2 837 089**	**3 532 286**	**4 180 547**	**5 582 992**	**8 490 919**	**9 372 018**
＃国内贷款	万元	645 522	689 515	800 959	1 332 891	1 366 702	1 267 527
利用外资	万元	55 167	54 351	63 316	55 561	82 619	89 308
自筹资金	万元	971 842	1 240 710	1 658 685	2 273 464	3 496 051	4 586 225
房屋建筑面积							
施工面积	万平方米	3 301.8	3 971.2	4 754.1	5 314.1	6 294.6	7 058.9
竣工面积	万平方米	1 618.9	1 842.7	1 984.3	2 139.7	2 303.6	2 443.9
本年新开工面积	万平方米	1 966.9	2 299.2	2 419.0	2 617.6	2 828.2	3 638.4
＃住　　宅	万平方米	1 589.5	1 828.8	1 981.4	2 116.0	2 218.9	3 040.0
＃经济适用房屋	万平方米	225.7	291.5	298.5	183.4	95.5	79.9
商品房屋销售额	**万元**	**1 969 468**	**2 478 449**	**2 732 993**	**3 434 521**	**4 866 124**	**7 174 340**
＃住　　宅	万元	1 514 151	1 988 320	2 231 000	2 813 999	4 165 674	6 205 959
＃经济适用房屋	万元	213 338	261 222	199 616	185 315	138 291	150 932
商品房屋销售面积	**万平方米**	**948.7**	**1 165.7**	**1 277.5**	**1 499.1**	**2 013.5**	**2 564.5**
＃住　　宅	万平方米	804.4	994.7	1 120.4	1 320.3	1 798.4	2 340.4
＃经济适用房屋	万平方米	146.9	179.2	133.3	110.4	72.3	71.5

6—23 房地产开发企业(单位)的土地开发及购置

单位:万平方米

年份、地区	本年完成开发土地面积	本年购置土地面积	本年土地成交价款(万元)
2000	770.0	1 019.3	
2001	923.9	1 107.1	
2002	1 043.2	1 384.7	
2003	1 062.9	1 668.7	1 395 759
2004	1 018.8	2 256.9	1 779 227
2005	1 697.6	2 432.8	2 034 432
沈阳	515.8	1 141.1	1 063 475
大连	399.5	313.3	594 778
鞍山	34.4	40.7	25 387
抚顺	13.1	71.4	32 722
本溪	161.9	143.3	26 035
丹东	74.6	110.1	29 896
锦州	72.5	70.4	24 023
营口	222.1	256.4	115 171
阜新	62.5	40.0	11 177
辽阳	47.7	34.4	17 072
盘锦	5.8	2.2	1 013
铁岭	43.5	56.3	25 741
朝阳	21.4	51.3	28 405
葫芦岛	22.8	101.9	39 537

6—24 按用途分的房地产开发建设投资

单位:万元

年份、地区	本年完成投资额	住宅	#经济适用房屋	办公楼	商业营业用房	其他
2000	2 649 062	1 812 920	250 726	155 384	445 326	235 432
2001	3 230 692	2 275 667	289 402	155 329	511 287	288 409
2002	3 883 147	2 758 906	317 602	182 161	632 742	309 338
2003	4 863 947	3 434 716	234 820	131 670	866 730	430 831
2004	7 207 433	4 942 767	170 802	221 662	1 253 815	789 189
2005	8 742 525	6 145 405	154 200	258 764	1 502 775	835 581
沈阳	4 135 710	3 092 834	17 350	150 587	644 632	247 657
大连	2 653 376	1 635 526	73 571	85 453	500 314	432 083
鞍山	276 516	150 889	6 475	2 014	111 638	11 975
抚顺	167 288	134 274	1 000	400	18 122	14 492
本溪	191 510	152 649	45 164	3 686	23 496	11 679
丹东	241 108	187 926	0	2 331	33 801	17 050
锦州	94 287	61 507	0	2 374	10 035	20 371
营口	328 906	283 863	0	2 512	38 894	3 637
阜新	98 199	85 127	0	458	12 353	261
辽阳	97 915	60 348	9 750	1 964	16 716	18 887
盘锦	103 902	92 375	0	100	7 667	3 760
铁岭	141 275	77 384	210	720	47 576	15 595
朝阳	79 850	43 059	0	4 630	15 285	16 876
葫芦岛	132 683	87 644	680	1 535	22 246	21 258

6—25 按构成分房地产开发建设投资

单位:万元

年份、地区	建筑安装工程	设备、工具器具购置	其他费用	#土地购置费
2000	1 966 063	65 137	617 862	347 314
2001	2 351 326	52 831	826 535	516 854
2002	2 724 912	79 696	1 078 539	581 343
2003	3 198 149	68 635	1 597 163	1 024 229
2004	4 918 594	89 875	2 198 964	1 267 595
2005	5 912 043	139 201	2 691 281	1 682 273
沈阳	2 805 776	51 127	1 278 807	832 043
大连	1 652 832	69 590	930 954	504 219
鞍山	214 292	10 664	51 560	23 159
抚顺	124 826	456	42 006	32 053
本溪	147 469	1 641	42 400	23 626
丹东	197 688	1 000	42 420	28 908
锦州	62 106	0	32 181	23 903
营口	221 449	835	106 622	99 118
阜新	79 183	45	18 971	10 515
辽阳	74 299	2 106	21 510	13 633
盘锦	95 062	400	8 440	2 440
铁岭	101 273	340	39 662	25 836
朝阳	44 155	415	35 280	26 822
葫芦岛	91 633	582	40 468	35 998

6—26 房地产开发企业(单位)的资金来源

单位:万元

年份、地区	本年资金来源小计	国家预算内资金	国内贷款	债券	利用外资	自筹资金	其他资金	#定金及预收款
2000	2 837 089	5 380	645 522	3 458	55 167	971 842	1 155 720	910 460
2001	3 532 286	1 925	689 515	0	54 351	124 710	1 545 785	1 179 279
2002	4 180 547	12 800	800 959	0	63 316	1 658 685	1 644 787	1 234 539
2003	5 582 992	3 388	1 332 891	0	55 561	2 273 464	1 917 688	1 578 904
2004	8 490 919	1 500	1 366 702	0	82 619	3 496 051	3 544 047	2 740 905
2005	9 372 018	0	1 267 527	0	89 308	4 586 225	3 428 958	2 531 636
沈阳	4 614 002	0	467 168	0	69 792	2 420 704	1 656 338	1 140 210
大连	2 645 159	0	632 347	0	14 032	1 079 514	919 266	735 765
鞍山	366 643	0	26 830	0	0	138 907	200 906	174 209
抚顺	204 612	0	12 032	0	0	113 138	79 442	72 834
本溪	200 907	0	10 792	0	0	58 638	131 477	62 106
丹东	268 479	0	23 019	0	330	186 042	59 088	30 419
锦州	82 518	0	9 810	0	0	35 990	36 718	29 972
营口	317 905	0	16 654	0	498	222 123	78 630	74 801
阜新	100 262	0	12 785	0	3 330	32 680	51 467	50 739
辽阳	119 719	0	15 598	0	0	50 220	53 901	36 489
盘锦	96 052	0	5 500	0	0	79 683	10 869	8 869
铁岭	140 121	0	9 459	0	500	81 309	48 853	37 228
朝阳	71 132	0	10 725	0	826	27 920	31 661	22 786
葫芦岛	144 507	0	14 808	0	0	59 357	70 342	55 209

6—27 房地产开发建设房屋建筑面积竣工率

年份、地区	施工房屋面积（万平方米）	竣工房屋面积（万平方米）	房屋建筑面积竣工率（%）	竣工房屋价值（万元）
2000	3 301.8	1 618.9	49.0	1 507 495
2001	3 971.2	1 842.7	46.4	1 818 229
2002	4 754.1	1 984.3	41.7	2 061 219
2003	5 314.1	2 139.7	40.3	2 301 203
2004	6 294.6	2 303.6	36.6	2 805 817
2005	7 058.9	2 443.9	34.6	2 931 979
沈阳	3 102.0	1 057.7	34.1	1 363 254
大连	1 570.0	390.5	24.9	583 771
鞍山	309.9	130.0	41.9	161 809
抚顺	211.9	77.6	36.6	110 908
本溪	303.6	97.8	32.2	107 318
丹东	241.1	37.3	15.5	48 453
锦州	106.1	38.9	36.6	35 170
营口	383.7	214.1	55.8	143 626
阜新	162.7	83.8	51.5	68 312
辽阳	125.8	89.2	70.9	66 199
盘锦	71.7	32.5	45.3	42 718
铁岭	164.2	70.0	42.7	73 787
朝阳	109.2	48.5	44.4	44 260
葫芦岛	197.0	76.0	38.6	82 394

6—28 各地区房地产开发企业基本情况

年 份、地 区	开发公司个数（个）	＃国有经济	＃集体经济	＃外 商投资经济	＃港澳台投资经济	年末从业人员人数（人）
2 0 0 0	1 417	293	161	73	109	42 098
2 0 0 1	1 545	209	106	79	103	44 612
2 0 0 2	1 635	158	81	70	94	47 284
2 0 0 3	1 800	127	61	78	93	49 497
2 0 0 4	2 303	121	65	105	126	53 579
2 0 0 5	2 744	134	77	136	157	51 692
沈　　阳	808	43	14	75	80	12 272
大　　连	793	34	13	30	44	13 836
鞍　　山	215	15	5	9	17	3 700
抚　　顺	103	10	7	2	2	2 241
本　　溪	78	6	3	1	1	2 070
丹　　东	112	2	20	4	5	2 356
锦　　州	67	1	4	2	1	1 403
营　　口	114	1	0	3	2	2 255
阜　　新	74	2	0	5	2	1 657
辽　　阳	62	7	0	0	0	1 295
盘　　锦	62	1	7	0	0	1 547
铁　　岭	85	7	2	0	0	1 379
朝　　阳	86	4	0	3	2	2 768
葫 芦 岛	85	1	2	2	1	2 913

6—29 各地区房地产开发经营情况

单位:万元

年份、地区	主营业务收入	土地转让收入	商品房屋销售收入	房屋出租收入	其他收入	主营业务税金及附加	利润总额
2000	2 339 911	33 981	2 156 412	10 251	139 267	129 169	3 473
2001	2 573 462	15 737	2 408 399	13 501	135 825	141 554	-10 552
2002	2 882 505	27 624	2 763 036	13 909	77 936	173 135	-22 649
2003	3 675 534	43 475	3 518 507	15 173	98 379	217 110	-32 804
2004	5 347 879	91 369	5 075 229	76 381	104 900	339 651	88 536
2005	6 144 218	20 145	6 025 782	31 680	66 611	376 911	198 983
沈　阳	2 191 030	13 680	2 157 209	15 691	4 450	135 683	56 781
大　连	2 255 496	307	2 220 752	13 853	20 584	132 934	108 644
鞍　山	435 395	0	432 643	584	2 168	35 482	72 207
抚　顺	99 046	0	98 706	0	340	7 335	433
本　溪	105 940	4 000	95 696	251	5 993	6 300	-17 667
丹　东	158 888	1 170	153 876	95	3 747	9 025	-14 162
锦　州	91 939	0	91 471	0	468	4 848	-13 704
营　口	184 415	0	184 330	11	74	10 917	12 963
阜　新	93 419	0	93 147	3	269	5 274	-6 498
辽　阳	103 702	500	101 522	1 152	528	6 007	1 277
盘　锦	69 180	0	69 180	0	0	4 617	1 279
铁　岭	152 103	488	123 593	40	27 982	7 089	3 555
朝　阳	73 304	0	73 296	0	8	4 177	-1 829
葫芦岛	130 361	0	130 361	0	0	7 223	-4 296

6—30 按用途分的商品房屋实际销售面积

单位:万平方米

年份、地区	商品房销售面积	住宅	#经济适用房	办公楼	商业营业用房	其他
2000	948.7	804.4	146.8	20.3	114.3	9.7
2001	1 165.7	994.7	179.2	27.1	128.4	15.5
2002	1 277.5	1 120.4	133.3	20.7	127.7	8.7
2003	1 499.1	1 320.3	110.4	25.9	133.6	19.3
2004	2 013.5	1 798.4	72.3	17.2	164.0	33.9
2005	2 564.5	2 340.4	71.4	16.1	182.6	25.3
沈阳	996.1	931.2	3.0	4.3	49.6	11.0
大连	594.9	552.5	24.2	2.4	37.1	3.0
鞍山	95.5	84.8	5.5	1.3	8.3	1.1
抚顺	79.1	71.3	0.0	0.0	6.6	1.2
本溪	88.6	73.5	24.3	0.5	13.6	0.9
丹东	100.2	89.2	0.0	0.1	9.9	1.1
锦州	56.8	49.0	4.3	2.3	3.6	1.9
营口	161.2	146.1	0.0	1.7	12.1	1.3
阜新	95.3	83.2	0.4	0.0	12.0	0.1
辽阳	73.4	64.2	9.7	0.6	8.4	0.1
盘锦	36.3	34.8	0.0	0.0	1.4	0.1
铁岭	79.7	66.9	0.0	0.9	11.2	0.7
朝阳	48.8	40.6	0.0	1.3	5.9	0.9
葫芦岛	58.6	53.1	0.0	0.7	2.9	2.0

6—31 按用途分的商品房屋实际销售额

单位:万元

年份、地区	商品房销售额	住宅	#经济适用房	办公楼	商业营业用房	其他
2000	1 969 468	1 514 151	213 338	81 327	350 835	23 155
2001	2 478 449	1 988 320	261 222	78 822	387 466	23 841
2002	2 732 993	2 231 000	199 616	83 089	398 162	20 742
2003	3 434 521	2 813 999	185 315	87 307	488 483	44 732
2004	4 866 124	4 165 674	138 291	50 524	564 718	85 208
2005	7 174 340	6 205 959	150 932	61 993	829 475	76 913
沈阳	3 174 465	2 818 353	8 500	24 916	280 472	50 724
大连	2 229 501	1 977 745	74 918	17 895	226 861	7 000
鞍山	232 691	179 276	7 750	3 456	46 219	3 740
抚顺	142 456	123 096	20	0	17 729	1 631
本溪	188 121	135 748	38 738	1 411	49 740	1 222
丹东	210 548	168 243	0	100	40 321	1 884
锦州	103 142	83 158	6 535	6 735	11 317	1 932
营口	250 781	215 567	0	2 435	31 097	1 682
阜新	159 362	123 245	381	33	35 990	94
辽阳	142 119	115 361	14 090	1 392	25 090	276
盘锦	64 026	58 955	0	0	4 774	297
铁岭	123 593	86 574	0	987	34 446	1 586
朝阳	68 840	49 196	0	1 816	17 096	732
葫芦岛	84 695	71 442	0	817	8 323	4 113

6—32 房地产开发企业(单位)施工、销售情况

(2005 年)

指标	单位	合计	住宅	普通住房	经济适用房	别墅、高档公寓	办公楼	商业营业用房	其他
房屋施工面积	平方米	70 589 302	55 364 189	6 476 653	1 530 234	1 579 856	2 361 421	10 449 005	2 414 687
＃新开工面积	平方米	36 383 942	30 400 344	4 576 588	798 587	629 904	472 801	4 435 448	1 075 349
房屋竣工面积	平方米	24 439 041	21 277 933	2 515 751	594 526	343 041	298 023	2 263 331	599 754
＃不可销售面积	平方米	1 870 935	1 509 165	341 130	53 317	0	47 625	217 881	96 264
商品住宅竣工套数	套	221 035	221 035	23 338	7 282	2 930	4 979	7 194	0
竣工房屋价值	万元	2 931 979	2 460 472	264 180	71 267	66 815	47 748	338 928	84 831
出租房屋面积	平方米	246 190	81 450	0	2 000	0	39 763	98 020	26 957
商品房销售面积	平方米	25 644 788	23 403 556	3 542 279	714 809	449 331	161 364	1 826 517	253 351
＃现房销售面积	平方米	16 530 196	15 047 838	2 370 646	437 124	364 241	128 659	1 172 509	181 190
期房销售面积	平方米	9 114 592	8 355 718	1 171 633	277 685	85 090	32 705	654 008	72 161
商品房销售额	万元	7 174 340	6 205 959	679 013	150 932	237 528	61 993	829 475	76 913
＃现房销售额	万元	4 324 684	3 764 544	464 437	85 892	192 454	45 935	460 313	53 892
期房销售额	万元	2 849 656	2 441 415	214 576	65 040	45 074	16 058	369 162	23 021

6—33 房地产开发企业(单位)投资、资金和土地情况

单位:万元

指 标	2004 年	2005 年	2005 年比 2004 年增长 %
计划总投资	22 260 507	26 772 808	20.3
自开始建设累计完成投资	12 617 492	13 817 096	9.5
本年计划投资	8 500 781	10 668 277	25.5
本年完成投资	7 207 433	8 742 525	21.3
#商品房建设投资额	5 342 966	6 426 636	20.3
土地开发投资额	609 513	901 134	47.8
配套工程投资额		204 961	
按构成分:			
建筑工程	4 581 441	5 570 254	21.6
安装工程	337 153	341 789	1.4
设备工器具购置	89 875	139 201	54.9
其他费用	2 198 964	2 691 281	22.4
#旧建筑物购置费	34 221	18 890	-44.8
土地购置费	1 267 595	1 682 273	32.7
按工程用途分:			
住 宅	4 942 767	6 145 405	24.3
#普通住房		625 305	
经济适用房	170 802	154 200	-9.7
别墅、高档公寓	335 470	306 288	-8.7
办公楼	221 662	258 764	16.7
商业营业用房	1 253 815	1 502 775	19.9
其 他	789 189	835 581	5.9
本年新增固定资产	3 501 935	4 321 689	23.4
本年完成土地开发面积(万平米)	1 018.8	1 697.6	66.6
本年购置土地面积(万平米)	2 256.8	2 432.8	7.8
本年土地成交价款	1 779 227	2 034 432	14.3

主要统计指标解释

全社会固定资产投资 固定资产投资是社会固定资产再生产的主要手段。通过建造和购置固定资产的活动,国民经济不断采用先进技术装备,建立新兴部门,进一步调整经济结构和生产力的地区分布,增强经济实力,为改善人民物质文化生活创造物质条件。这对我国的社会主义现代化建设具有重要意义。

固定资产投资额是以货币表现的建造和购置固定资产活动的工作量,它是反映固定资产投资规模、速度、比例关系和使用方向的综合性指标。全社会固定资产投资包括国有经济单位投资、城乡集体经济单位投资、各种经济类型的单位投资和城乡居民个人投资。按照我国现行计划管理体制,国有经济单位固定资产投资总额分为基本建设、更新改造、商品房屋建设投资和其他固定资产投资四个部分;城乡集体经济单位投资包括城镇集体所有制单位投资和农村集体所有制单位投资;各种经济类型的单位投资包括联营经济、股份制经济、中外合资经营、中外合作经营、外资、与大陆合资经营、与大陆合作经营、港澳台独资及其他经济类型的单位投资。城镇居民个人投资包括城市、县城、镇、工矿区所辖范围内的个人建房和农村个人建房及购买生产性固定资产的投资。

基本建设投资 基本建设是国有企业、事业单位以扩大生产能力或工程效益为主要目的的新建、扩建工程及有关工作。包括工厂、矿山、铁路、桥梁、港口、农田水利、商店、住宅、学校、医院等工程的建造和机器设备、车辆、船舶、飞机等的购置。

基本建设投资额是以货币表现的基本建设完成的工作量,是反映一定时期内基本建设规模和建设进度的综合性指标。它是根据工程的实际进度按预算价格(预算价格是编制施工图预算时所用的价格)计算的工作量,没有形成工程实体的建筑材料和没有开始安装的设备,都不计算投资完成额。

更新改造投资 更新改造是指国有企业、事业单位对原有设施进行固定资产更新和技术改造,以及相应配套的工程和有关工作(不包括大修理和维护工程)。更新改造投资是以货币表现的更新改造完成的工作量。根据我国现行统计制度,基本建设和更新改造的划分是:(1)列入基本建设计划的项目作为基本建设投资,列入更新改造计划的项目作为更新改造投资;(2)更新改造计划与基本建设计划结合安排的项目及未列入计划的项目,根据工程性质分别作为基本建设投资或更新改造投资。属于对企业、事业单位原有设施进行技术改造或更新的项目和增建主要生产车间、分厂等,其新增生产能力或效益尚未达到大中型标准的项目,以及由于城市环境保护和安全生产的需要而进行的迁建工程,作为更新改造投资。

其他固定资产投资 是指按照国家规定不纳入基本建设和更新改造计划管理,其总投资在五万元以上的固定资产投资。具体包括:国有经济单位用油田维护费和石油开发基金进行的油田维护和开发工程;煤炭、铁矿、森林工业等采掘采伐业用维检费进行的开拓延伸工程;交通部门用公路养路费对原有公路、桥梁进行改建的工程;商业部门用简易建筑费建造的仓库工程。

固定资产投资的资金来源 根据固定资产投资的资金来源不同,分为上年末结余资金、本年资金来源小计和各项应付款。其中本年资金来源小计又分为国家预算内资金、国内贷款、股票、债券、利用外资、自筹资金和其他资金来源七种:

(1)国家预算内资金 指国家预算、地方财政、主管部门和国家专业投资公司拨给或委托银行贷给建设单位的基本建设拨款和中央基本建设基金,拨给企业单位的更新改造拨款,以及中央财政安排的专项拨款中用于基本建设的资金。

(2)国内贷款 指报告期企、事业单位向银行及非银行金融机构借入的用于固定资产投资的各种国内借款。国内贷款包括:银行利用自有资金及吸收的存款发放的贷款、上级主管部门拨入的国内贷款、国家专项贷款(包括煤代油贷款、劳改煤矿专项贷款等),地方财政专项资金安排的贷款、国内储备贷款、周转贷款等。

(3)股票 是股份制企业通过发行股票筹集到的,用于固定资产投资的资金。

(4)债券 是企业(公司)或金融机构通过发行各种债券筹集到的用于固定资产投资的资金,包括由银行代理国家专业投资公司发行的重点企业债券和重点建设债券。

(5)利用外资 指报告期收到的用于固定资产投资的国外资金,包括统借统还、自借自还的国外贷款,中外合资项目中的外资,以及无偿捐赠等。其中,国家统借统还的外资,是指由我国政府出面同外国政府、团体或金融组织签订贷款协议、并负责偿还本息的国外贷款。

(6)自筹资金 指建设单位报告期收到的,用于进行固定资产投资的上级主管部门、地方和本单位自筹资金。

(7)其他资金来源 指报告期收到的除以上各种拨款、借款、自筹资金之外,其他用于固定资产投资的资金。

固定资产投资按国民经济行业分 建设项目归哪个行业,按其建成投产后的主要产品或主要用途及社会经济活动性质来确定。基本建设按建设项目划分国民经济行业,更新改造、国有经济单位其他固定资产投资及城镇集体投资根据整个企业、事业单位所属的行业来划分。一般情况下,一个建设项目或一个企业、事业单位只能属于一种国民经济行业。为了更准确地反映国民经济各行业之间的比例关系,联合企业(总厂)所属分厂属于不同行业的,原则上按分厂划分行业。

固定资产投资按建设性质分 建设项目的性质一般分为新建、扩建、改建、迁建、恢复。基本建设按建设项目划分建设性质,更新改造、国有经济单位其他固定资产投资及城镇集体投资按整个企业、事业单位的建设情况确定建设性质。目前基本建设和更新改造是根据我国现行的计划管理体制区分的,所以基本建设和更新改造都可以分别按新建、扩建等划分。

(1)新建　一般是指从无到有、"平地起家"新开始建设单位。有的单位原有的基础很小,经过建设后其新增加的固定资产价值超过原有固定资产价值(原值)三倍以上的也算新建。

(2)扩建　一般是指为扩大原有产品的生产能力,在厂内或其他地点增建主要生产车间(或主要工程)、独立的生产线或总厂之下的分厂的企业;事业单位和行政单位在原单位增建业务用房(如学校增建教学用房、医院增建门诊部或病床用房、行政机关增建办公楼等)也作为扩建。

(3)改建　一般是指现有企业、事业单位为了技术进步,提高产品质量,增加花色品种,促进产品升级换代、降低消耗和成本,加强资源综合利用和三废治理、劳保安全等,采用新技术、新工艺、新设备、新材料等对现有设施、工艺条件进行技术改造或更新(包括相应配套的辅助性生产、生活福利设施)。有的企业为充分发挥现有生产能力,进行填平补齐而增建不增加本单位主要产品生产能力的车间等,也属于改建。

固定资产投资按用途分　固定资产投资按工程的经济用途分为用于第一产业、第二产业、第三产业和住宅四部分的建设,是研究不同用途的固定资产投资之间比例关系的重要指标。基本建设投资、国有经济单位其他固定资产投资及城镇集体投资的用途按单项工程确定,现有企业、事业单位更新改造投资的用途按更新改造项目确定。

固定资产投资按构成分　固定资产投资活动按其工作内容和实现方式分为建筑安装工程,设备、工具、器具购置,其他费用三个部分。

(1)建筑安装工程(建筑工作量)　指各种房屋、建筑物的建造工程和各种设备、装置的安装工程。包括各种房屋建造工程,各种用途设备基础和各种工业窑炉的砌筑工程;为施工而进行的各种准备工作和临时工程以及完工后的清理工作等;铁路、道路的铺设,矿井的开凿及石油管道的架设等;水利工程;防空地下建筑等特殊工程;以及各种机械设备的安装工程;为测定安装工程质量,对设备进行的试行工作。在安装工程中,不包括被安装设备本身的价值。

(2)设备、工具、器具购置　指购置或自制达到固定资产标准的设备、工具、器具的价值,固定资产的标准按财务部门规定。新建单位、扩建单位的新建车间按照设计和计划要求购置或自制的全部设备、工具、器具,不论是否达到固定资产标准均计入"设备、工具、器具购置中"。

(3)其他费用　指除建筑安装工程和设备、工具、器具购置以外的投资完成额。它包括两种性质的费用,一种是属于增加固定资产的费用,主要有:建设单位管理费,土地、青苗等补偿费和安置补助费、勘察设计费,研究实验费、农林单位牲畜购置费、各种经济林木的营造费、办公和生活家具、器具购置费、引进技术和进口设备项目的其他费用、联合试运转费等;一种是属于不增加固定资产的费用,主要有:施工机械转移费、生产职工培训费、农业开荒费用及报废工程损失费等。

基本建设项目按大中小型划分　基本建设划分大中小型项目原则上应按照上级批准的设计任务书或初步设计所确定的总规模或总投资划分,没有正式批准设计任务书或初步设计的,按国家或省、自治区、直辖市年度基本建设投资计划中所列的总规模或总投资划分。上述两条均不具备的,按本年计划施工工程的建设总规模或总投资划分。生产单一产品的工业项目,按产品的设计能力划分的;生产多种产品的工业项目,按其主要产品的设计能力划分。品种繁多,难以按生产能力划分的,按全部计划投资额划分。划分标准以国家颁发的《大中小型建设项目划分标准》依据。国家曾在1958年、1962年、1977年和1979年先后五次修订《大中小型建设项目划分标准》,因此各历史时期的大中型项目数不完全可比。

施工项目　指报告期内曾进行建筑或安装工程施工活动的建设项目。包括报告期内新开工项目、报告期以前开工跨入报告期继续施工的项目以及报告期施过工并在报告期内全部建设投产或停缓建的项目。

全部建成投产项目　工业项目是指设计文件规定形成生产能力的主体工程及其相应配套的辅助设施全部建成,经负荷试运转,证明具备生产设计规定合格产品的条件,并经过验收鉴定合格或达到竣工验收标准,与生产性工程配套的生产福利设施可以满足近期正常生产的需要,正式移交生产的建设项目。非工业项目是指设计文件规定的主体工程和相应的配套工程全部建成,能够发挥设计规定的全部效益,经验收鉴定合格或达到竣工验收标准,正式移交使用的建设项目。

新增生产能力　指通过固定资产投资活动而增加的设计能力或工程效益,它是用实物形态表示的固定资产投资的成果。新增生产能力的计算,是以能独立发挥生产能力或效益的单项工程(或项目)为对象,当单项工程(或项目)建成,经有关部门鉴定合格,正式移交投入生产,即可计算新增生产能力。

新增生产能力或工程效益有以下几种表现形式:

(1)以建设项目或单项工程建成后的年产能力表示。如煤炭开采、石油开采等。

(2)以建设项目或单项工程建成后处理原料的能力表示。如选矿工程的年处理矿石能力,洗煤厂年洗原煤能力等。

(3)以新增的主要设备数量或容量表示。如棉纺绽枚数、发电机组容量等。

(4)以建筑物容积、容量、面积或长度表示。如水库容量、铁路公路里程等。

新增生产能力的数量一般按设计能力计算。设计能力是指设计文件中规定的在正常情况下能够达到的生产能力,而不论投产后的实际产量如何。以设备数量、建筑物容积、面积、长度等表示的新增生产能力(或效益),则按建成的实际数量计算。

施工和竣工房屋建筑面积　房屋建筑面积是从房屋外墙线算起的各层平面面积的总和,包括房屋结构(如柱、墙)占用的面积和地下室面积。多层建筑按各自然层面积总和计算,包括房屋内的楼隔层,突出墙面的眺望间、门斗、有柱雨罩的面积。不包括突出墙面结构的构件、艺术装饰等所占的面积,如台阶等。凹阳台、挑阳台按其水平投影面积一半计算建筑面积。

竣工面积　指在报告期内房屋建筑按照设计要求已全部完工,达到住人和使用条件,经验收鉴定合格,正式移交使用单位的建筑面积。

房屋建筑面积竣工率　指一定时间内房屋竣工面积占同期房屋施工面积的比率。它是从房屋建筑施工速度的角度反映投资效果和建筑业经济效益的指标。

新增固定资产　指通过投资活动所形成的新的固定资产价值。包括已经建成投入生产或交付使用的工程价值和达到固定资产标准的设备、工具、器具的价值及有关应摊入的费用。它是以价值形式表示的固定资产投资成果的综合性指标,可以综合反映不同时期、不同部门、不同地区的固定资产投资成果。

建设项目投资率　指一定时期内全部建成投入生产项目个数占同期正式施工项目个数的比率。它是从项目建设速度的角度反映投资效果的指标。

固定资产交付使用率　指一定时期新增固定资产与同期完成投资额的比率。它是反映各个时期固定资产动用速度,衡量建设过程中投资效果的一个综合性指标。

未完工程占用率　指年末未完工程累计完成投资额占全年实际完成投资额的比率。它反映未完工程的相对规模,并可从资金占用的角度反映固定资产投资效果。由于未完工程是指已经开工,但尚未建成交付使用的工程,有个跨年度问题,因此未完工程占用率会出现大于1的情况。

第七篇

能源

7

NENGYUAN

7—1 能源生产总量及构成

年份	能源生产总量（万吨标准煤）	占能源生产总量的%			
		原煤	原油	天然气	水电
1978	3 890.7	78.9	14.0	5.6	1.5
1979	4 010.1	74.6	16.9	5.7	2.9
1980	3 765.8	70.8	20.2	6.3	2.7
1981	3 460.8	69.6	21.7	5.9	2.8
1982	3 636.4	70.9	21.8	4.6	2.7
1983	3 879.4	69.3	23.4	4.3	3.0
1984	4 492.9	68.3	24.9	4.1	2.7
1985	4 953.2	66.2	26.6	4.1	3.1
1986	5 011.4	63.4	29.1	4.0	3.5
1987	5 094.9	60.5	32.1	4.1	3.3
1988	5 410.9	60.6	33.5	4.0	2.0
1989	5 766.6	61.7	33.3	4.0	2.0
1990	5 958.9	61.1	32.8	3.9	2.2
1991	6 082.4	61.4	32.3	3.9	2.4
1992	6 233.4	61.8	31.8	4.5	1.9
1993	6 327.2	62.8	32.1	4.6	0.5
1994	6 384.8	61.6	33.6	4.4	0.4
1995	6 239.3	59.5	35.6	4.1	0.8
1996	6 610.8	63.0	32.5	3.6	0.9
1997	6 638.7	63.3	32.4	3.8	0.5
1998	6 422.5	64.3	32.3	2.9	0.5
1999	5 649.5	60.4	36.2	3.0	0.4
2000	5 380.5	59.1	37.2	3.3	0.3
2001	5 376.8	59.4	36.8	3.3	0.5
2002	5 809.8	63.6	33.2	2.8	0.4
2003	6 288.3	66.7	30.3	2.6	0.4
2004	6 749.9	70.3	27.1	1.9	0.7
2005	6 770.8	70.1	26.6	2.3	1.0

7—2 分行业能源消费总量

(2005

行业	能源消费总量（万吨标准煤）	煤炭消费量（万吨）	焦炭消费量（万吨）	原油消费量（万吨）
消 费 总 量	**13 952.43**	**1 213 069.67**	**1 703.41**	**5 410.89**
农、林、牧、渔业	230.41	119.42		
采矿业	1 298.59	1 129.43	5.92	89.61
煤炭开采和洗选业	865.58	1 002.65	0.08	
石油和天然气开采业	283.05	66.36		89.61
黑色金属矿采选业	70.10	7.32	1.08	
有色金属矿采选业	51.87	32.45	4.63	
非金属矿采选业	27.05	20.31	0.13	
其他采矿业	0.94	0.34		
制造业	7 272.02	5 511.87	1 694.21	5 311.31
农副食品加工业	72.31	75.55	1.19	
食品制造业	27.32	21.01	0.05	
饮料制造业	40.20	41.30		
烟草制品业	2.88	2.46		
纺织业	61.76	60.64	0.02	
纺织服装、鞋、帽制造业	13.34	12.05	0.01	
皮革、毛皮、羽毛(绒)及其制品业	5.31	6.10		
木材加工及木、竹、藤、棕、草制品业	20.66	20.77	0.01	
家具制造业	5.74	4.17		
造纸及纸制品业	85.74	109.32	0.02	
印刷业和记录媒介的复制	3.77	2.45		
文教体育用品制造业	2.13	2.28	0.02	
石油加工、炼焦及核燃料加工业	1 503.43	215.85	0.04	4 924.09
化学原料及化学制品制造业	800.56	629.30	9.74	387.22
医药制造业	73.50	79.16		
化学纤维制造业	131.47	177.28		
橡胶制品业	54.43	67.66	0.05	
塑料制品业	23.41	8.37	0.04	
非金属矿物制品业	766.22	779.42	35.10	
黑色金属冶炼及压延加工业	3 043.66	2 831.98	1 601.02	
有色金属冶炼及压延加工业	172.34	126.22	7.69	

注:能源消费总量中电、热按当量值计算。

和主要能源品种消费量

年）

汽油消费量（万吨）	煤油消费量（万吨）	柴油消费量（万吨）	燃料油消费量（万吨）	天然气消费量（亿立方米）	电力消费量（亿千瓦小时）
357.17	**26.40**	**534.40**	**189.88**	**14.81**	**1 110.54**
35.07		47.98			19.20
3.82	0.43	24.59	2.63	6.28	117.80
0.91	0.32	3.36			25.77
1.98		13.09	2.27	6.28	23.83
0.49	0.02	5.01	0.02		45.27
0.21	0.06	0.91	0.32		16.40
0.23	0.03	2.22	0.02		5.96
					0.57
19.91	3.69	52.44	141.66	8.31	541.83
0.65	0.03	0.69	0.04		11.35
0.38	0.01	0.73		0.01	3.99
0.29	0.01	0.98	0.03		3.71
0.01		0.29			0.56
0.40	0.01	0.41	0.07		11.56
0.40		0.52	0.07		2.54
0.09		0.13	0.03		0.50
0.23		0.43	0.01		3.58
0.19		0.34	0.02	0.03	1.26
0.35	0.01	0.74		0.01	8.09
0.24		0.18	0.05		1.01
0.04		0.06			0.29
0.89	0.07	0.68	73.46	0.03	29.53
1.31	0.48	2.58	15.27	7.32	48.09
1.36	0.02	0.24	0.24	0.01	4.50
0.27		0.45	2.22		16.25
0.66		0.10	0.01		3.77
0.49	0.01	1.06	0.69	0.04	10.67
1.52	0.33	10.70	30.10	0.16	69.70
2.87	0.05	17.74	12.50	0.34	190.07
0.46	0.02	1.70	2.90		51.65

7—2 续表 (2005

行　　业	能源消费总量（万吨标准煤）	煤炭消费量（万吨）	焦炭消费量（万吨）	原油消费量（万吨）
金属制品业	32.18	12.64	1.57	
通用设备制造业	128.80	72.71	28.91	
专用设备制造业	37.25	33.76	2.17	
交通运输设备制造业	98.03	72.39	5.94	
电气机械及器材制造业	34.87	24.21	0.54	
通信设备、计算机及其他电子设备制造业	7.47	3.82	0.01	
仪器仪表及文化、办公用机械制造业	6.96	3.35	0.04	
工艺品及其他制造业	15.37	15.26	0.02	
废弃资源和废旧材料回收加工业	0.94	0.39	0.01	
电力、燃气及水的生产和供应业	2 621.21	5 510.32	3.28	
电力、热力的生产和供应业	2 573.19	5 469.01	0.11	
燃气生产和供应业	26.24	35.11	3.17	
水的生产和供应业	21.78	6.20		
建筑业	83.15	73.34		
房屋和土木工程建筑业	81.10	66.34		
建筑安装业	2.05			
建筑装饰业				
其他建筑业	6.54	7		
交通运输、仓储和邮政业	1 124.61	95.12		
铁路运输业	140.23	85.96		
道路运输业	372.20			
城市公共交通业	354.64			
水上运输业	126.50			
航空运输业	32.84			
管道运输业				
装卸搬运和其他运输服务业	93.36	4.16		
仓储业				
邮政业	4.85	5.00		
批发、零售业和住宿、餐饮业	95.43	29.01		
其他行业	191.80	54.00		9.97
城乡居民生活	1 028.67	547.16		

年）

汽油消费量（万吨）	煤油消费量（万吨）	柴油消费量（万吨）	燃料油消费量（万吨）	天然气消费量（亿立方米）	电力消费量（亿千瓦小时）
0.71	0.14	1.14	0.07		14.71
2.38	0.15	3.08	0.37		21.20
0.96	0.02	0.76	0.30		7.12
1.24	2.26	5.45	3.00	0.18	11.79
0.95	0.04	0.69	0.17	0.18	6.91
0.22	0.01	0.32			1.81
0.19	0.01	0.06	0.01		2.94
0.13	0.01	0.17	0.03		2.21
0.03		0.02			0.47
2.35	0.01	3.91	10.04	0.22	185.75
1.86	0.01		10.03		170.45
0.14			0.01	0.22	1.69
0.35					13.61
7.68		8.45			6.02
6.68		7			6.02
0.4					
		1			
0.6		0.45			
258.54	22.27	391.57	31.09		
0.84	0.01	33.67			22.35
68.87		185.89			22.35
131.89		110.20			
		57.63	29.77		
0.03	22.26	0.03			
56.04		4.15	1.32		
0.87					
0.15		4.23			32.10
29.65		1.30	4.46		54.13
					131.36

7—3 能源消费总量及构成

年份	能源消费总量（万吨标准煤）	占能源消费总量的%			
		原煤	原油	天然气	水电
1978	5 261.5	64.6	30.2	4.2	1.0
1979	5 304.6	66.2	27.3	4.3	2.2
1980	5 272.1	67.8	25.8	4.5	1.9
1981	5 033.2	75.0	23.9	3.1	2.0
1982	4 111.3	73.0	21.7	3.3	2.0
1983	5 348.2	74.2	20.6	3.2	2.0
1984	5 454.4	75.9	18.8	3.3	2.0
1985	6 325.1	78.7	15.2	3.7	2.4
1986	6 360.3	79.4	14.6	3.2	2.8
1987	6 475.8	81.5	12.7	3.2	2.6
1988	6 824.6	83.0	12.3	3.1	1.6
1989	7 000.1	83.1	12.8	3.3	0.8
1990	7 170.8	82.2	12.8	3.3	1.7
1991	7 218.0	83.7	12.7	3.3	2.0
1992	7 191.6	83.7	10.7	3.9	1.7
1993	8 695.5	72.4	21.8	3.3	0.3
1994	9 204.6	76.0	21.0	2.8	0.2
1995	9 381.7	76.7	22.7	0.2	0.4
1996	9 417.6	75.3	24.1	0.2	0.4
1997	9 191.6	73.6	23.3	2.7	0.4
1998	8 873.7	72.9	24.2	2.6	0.3
1999	8 869.9	51.7	45.9	2.2	0.2
2000	9 877.2	51.5	46.3	2.1	0.02
2001	10 356.9	50.5	47.3	2.2	0.02
2002	10 333.5	50.0	48.0	1.8	0.2
2003	11 079.4	51.2	46.9	1.6	0.3
2004	12 454.0	51.5	47.0	1.2	0.3
2005	13 952.4	51.9	46.4	1.2	0.5

7—4 能源生产弹性系数

年份	能源生产比上年增长%	电力生产比上年增长%	生产总值比上年增长%	能源生产弹性系数	电力生产弹性系数
1985	10.3	8.8	13.3	0.84	0.72
1990	3.3	3.6	1.1	3.30	3.60
1991	2.1	3.0	6.1	0.50	0.70
1992	0.5	9.5	12.1	0.40	0.80
1993	11.0	5.2	14.9	0.75	0.35
1994	0.9	-2.2	11.2	0.08	0
1995	-2.1	1.3	7.1	0	0.18
1996	6.0	8.4	8.6	0.70	0.98
1997	0.4	8.9	8.9	0.45	1.00
1998	-3.3	-8.5	8.3	0	0
1999	-12.03	-3.51	8.2	0	0
2000	-4.77	5.3	8.9	0	0.59
2001	-0.08	2.5	9.0	0	0.27
2002	8.1	14.5	10.2	0.79	1.42
2003	8.2	10.7	11.5	0.71	0.93
2004	7.3	4.2	12.8	0.57	0.33
2005	0.3	4.0	12.3	0.02	0.33

7—5 能源消费弹性系数

年份	能源消费比上年增长%	电力消费比上年增长%	生产总值比上年增长%	能源消费弹性系数	电力消费弹性系数
1985	6.8	7.6	13.3	0.55	0.62
1990	1.4	2.6	1.1	1.40	2.60
1991	0.6	6.0	6.1	0.10	1.30
1992	1.0	10.0	12.1	0.10	0.90
1993	11.0	10.6	14.9	0.75	0.72
1994	8.2	-1.8	11.2	0.73	0
1995	2.5	4.8	7.1	0.35	0.68
1996	0.38	8.4	8.6	0.04	0.98
1997	-2.5	7.6	8.9	0	0.85
1998	-3.46	-5.2	8.3	0	0
1999	0.12	12.09	8.2	0.14	1.47
2000	14.11	4.78	8.9	1.58	0.54
2001	1.26	2.01	9.0	0.14	0.22
2002	-0.23	6.00	10.2	0	0.59
2003	7.2	5.5	11.5	0.63	0.48
2004	12.4	16.5	12.8	0.96	1.28
2005	12.0	4.95	12.3	0.97	0.40

7—6 能源加工转换效率

单位：%

年份	总效率	发电及电站供热	炼焦	炼油
1985	79.1	37.2	94.5	98.6
1990	82.7	48.1	97.1	98.0
1991	82.2	49.1	98.5	98.9
1992	81.0	48.3	97.5	86.3
1993	80.6	48.1	83.0	99.0
1994	75.2	46.0	72.6	97.0
1995	80.2	50.3	98.6	97.4
1996	77.6	46.0	90.6	98.0
1997	75.9	43.8	91.7	97.8
1998	76.9	44.9	96.0	99.6
1999	76.0	44.8	97.1	95.6
2000	75.3	41.9	93.2	96.7
2001	73.5	43.8	92.8	89.9
2002	76.8	42.8	98.1	98.0
2003	73.3	39.9	98.1	96.2
2004	72.4	38.2	92.3	96.6
2005	74.7	42.1	98.9	92.4

7—7 平均每天各种能源消费量

能源品种	单位	2000年	2002年	2003年	2004年	2005年
煤炭	万吨	28.99	29.66	34.84	33.90	35.80
焦炭	万吨	2.41	2.87	3.09	4.16	4.66
原油	万吨	10.71	11.48	12.49	14.29	14.82
燃料油	万吨	0.82	0.67	0.53	0.53	0.52
汽油	万吨	0.41	0.65	0.62	0.63	0.97
煤油	万吨	0.05	0.05	0.05	0.06	0.07
柴油	万吨	0.53	0.75	0.73	0.88	1.46
天然气	亿立方米	0.06	0.05	0.05	0.04	0.04
电力	亿千瓦小时	2.05	2.22	2.42	2.89	3.04

注：能源消费量包括加工转换量。

7—8 综合能源平衡表

单位:万吨标准煤

指标	2000年	2002年	2003年	2004年	2005年
一、可供本地区消费的能源量	10 140.42	10 333.5	11 079.4	12 454.0	13 952.44
1.年初库存量	1 326.97	1 093.1	981.1	1 190.2	1 102.21
2.一次能源生产量	5 380.56	5 809.9	6 288.3	6 749.9	6 770.86
3.回收能	60.02	779.3	805.3	299.9	80.92
4.外省(区、市)调入量	7 953.11	7 591.7	8 747.6	10 127.2	11 504.50
5.进口量	1 153.56	1 208.0	875.9	998.2	1 189.55
6.我轮、机在外国加油量	10.15	10.5	10.8	10.7	24.78
7.本省(区、市)调出量(—)	-3 466.58	-4 058.6	-4 524.6	-5 285.6	-4 880.99
8.出口量(-)	-952.35	-1 103.7	-902.3	-520.4	-353.62
9.外轮、机在我国加油量(-)	-14.12	-12.4	-12.5	-12.4	-108.77
10.年末库存量(-)	-1 310.89	-984.2	-1 190.2	-1 103.8	-1 376.97
二、加工转换投入(-)产出(+)量	-2 774.25	-2 817.7	-3 265.8	-4 416.0	-4 117.10
1.火力发电	-1 688.71	-1 702.8	-2 059.9	-2 621.4	-2 390.37
2.供热	-326.65	-397.6	-448.7	-476.7	-428.66
3.洗选煤	-482.18	-537.8	-495.3	-684.16	-673.11
4.炼焦	-69.03	-9.4	-3.9	-95.73	-18.28
5.炼油	-182.20	-111.2	-239.1	-246.6	-577.62
6.制气	-25.48	-58.9	-18.9	-169.3	-28.99
三、损失量	105.50	103.5	107.7	115.1	118.82
#运输和输配损失	100.95	101.5	105.7	113.6	115.20
四、终端消费量	7 260.68	7 412.3	7 705.9	7 923.1	9 716.51
(一)第一产业	144.19	146.7	143.9	150.2	230.41
(二)第二产业	5 685.53	5 574.9	5 911.2	5 927.2	7 045.59
工业	5 616.97	5 503.1	5 835.9	5 847.6	6 955.90
建筑业	68.58	71.9	75.3	79.5	89.69
(三)第三产业	744.23	963.5	838.2	911.7	1 411.84
交通运输、仓储及邮电通讯业	437.37	640.1	581.7	630.1	1 124.61
批发和零售贸易业、餐饮业	62.31	69.5	70.8	96.8	95.43
其他	244.55	253.8	185.6	184.7	191.80
(四)生活消费	686.72	727.2	812.4	933.8	1 028.67
城镇	531.39	583.8	668.3	783.0	798.10
乡村	155.33	143.5	144.2	150.8	230.57
五、平衡差额	0	0	0	0	0

注:电、热按当量值计算。

主要统计指标解释

能源生产总量 指一定时期内全省一次能源生产量的总和，是观察全省能源生产水平、规模、构成和发展速度的总量指标。一次能源生产量包括原煤、原油、天然气、水电及其他动力能（如风能、地热能等）发电量。不包括低热值燃料生产量、生物质能、太阳能等的利用和由一次能源加工转换而成的二次能源产量。

能源消费总量 指一定时期内全省物质生产部门、非物质生产部门和生活消费的各种能源的总和，是观察能源消费水平、构成和增长速度的总量指标，能源消费总量包括原煤和原油及其制品、天然气、电力。不包括低热值燃料、生物质能和太阳能等的利用。能源消费总量分为三部分，即终端能源消费量、能源加工转换损失量和损失量。

(1)终端能源消费量 指一定时期内全省物质生产部门、非物质生产部门和生活消费的各种能源在扣除了用于加工转换二次能源消费量和损失量以后的数量。

(2)能源加工转换损失量 指一定时期内全省投入加工转换的各种能源数量之和与产出各种能源产品之和的差额。它是观察能源在加工转换过程中损失量变化的指标。

(3)能源损失量 指一定时期内能源在输送、分配、储存过程中发生的损失和由客观原因造成的各种损失量。不包括各种气体能源放空、放散量。

能源生产弹性系数 是研究能源生产量的增长与国民经济增长之间关系的指标。计算公式：

$$能源生产弹性系数=\frac{能源生产总量年平均增长速度}{国民经济年平均增长速度}$$

国民经济年平均增长速度，可根据不同的目的或需要，用国内生产总值等指标来计算，本资料是采用国内生产总值指标计算的。

电力生产弹性系数 是研究电力生产量的增长与国民经济增长之间关系的指标。一般来说，电力的发展应当快于国民经济的发展，也就是说电力应超前发展。计算公式：

$$电力生产弹性系数=\frac{电力生产量年平均增长速度}{国民经济年平均增长速度}$$

能源消费弹性系数 是反映能源消费增长速度与国民经济增长速度之间的比例关系的指标。计算公式：

$$能源消费弹性系数=\frac{能源消费量年平均增长速度}{国民经济年平均增长速度}$$

电力消费弹性系数 是反映电力消费增长速度与国民经济增长速度之间比例关系的指标。计算公式：

$$电力消费弹性系数=\frac{电力消费量年平均增长速度}{国民经济年平均增长速度}$$

能源加工转换效率 指一定时期内能源经过加工转换后，产出的各种能源产品的数量与同期内投入加工转换的各种能源数量的比率。它是观察能源加工转换装置和生产工艺先进与落后、管理水平高低等的重要指标。计算公式：

$$能源加工转换效率=\frac{加工转换产出量}{加工转换投入量}\times 100\%$$

第八篇

财政

8

CAIZHENG

8—1 地区财政收入

单位:亿元

年份	地区财政收入合计	预算内收入			预算外收入		
			中央	地方		中央	地方
1981	146.8	97.5	18.0	79.5	49.3	9.6	39.7
1982	155.1	96.9	17.0	79.9	58.2	15.7	42.5
1983	185.3	114.6	46.7	67.9	70.7	20.7	50.0
1984	215.3	127.7	50.6	77.1	87.6	27.0	60.6
1985	288.4	162.2	77.0	85.2	126.2	37.3	88.9
1986	309.2	172.9	74.0	98.9	136.3	34.6	101.7
1987	338.4	185.6	77.6	108.0	152.8	45.8	107.0
1988	366.0	192.8	76.9	115.9	173.2	53.3	119.9
1989	400.5	212.2	78.3	133.9	188.3	62.2	126.1
1990	399.2	196.8	67.5	129.3	202.4	65.1	137.3
1991	491.5	256.8	95.3	161.5	234.7	90.2	144.5
1992	519.5	229.3	77.7	151.6	290.2	136.8	153.4
1993	387.3	292.8	79.1	213.7	94.5	6.8	87.7
1994	443.8	336.8	183.1	153.7	107.0	8.3	8.7
1995	500.6	369.1	184.7	184.4	131.5	11.5	120.0
1996	558.7	410.6	198.9	211.7	148.1	7.6	140.5
1997	584.1	458.9	230.7	228.2	125.2	8.6	116.6
1998	647.6	516.0	251.4	264.6	131.6	13.1	118.5
1999	692.7	544.6	265.0	279.6	148.1	18.5	129.6
2000	790.4	619.1	323.5	295.6	171.3	15.6	155.7
2001	951.0	757.3	386.9	370.4	193.7	22.6	171.1
2002	1 027.7	823.0	423.3	399.7	204.7	20.5	184.2
2003	1 158.0	938.2	491.2	447.0	219.8	25.1	194.7
2004	1 398.7	1 161.2	631.6	529.6	237.5	26.2	211.3
2005	1 674.6	1 419.9	744.6	675.3	254.7	15.9	238.8

注:(1)本表中地区财政收入、预算内收入及中央预算内收入均不含债务类收入。

(2)中央预算内收入为中央金库收入,1994 年以前不含地方财政上缴收入,1994 年开始为分税制收入口径。

8—2 地方财政收入情况

单位:亿元

年份	地方财政收入合计	各项税收	国有资产经营收益	国有企业计划亏补	其他各项收入
1980	86.9	41.6	43.3		2.0
1981	79.5	42.4	37.0		0.1
1982	79.9	46.2	31.2		2.5
1983	67.9	64.7	1.7		1.5
1984	77.1	75.0	0.7		1.4
1985	85.2	102.3	1.4	-20.2	1.7
1986	98.9	107.1	1.4	-13.3	3.7
1987	108.0	115.5	1.4	-14.8	5.9
1988	115.9	128.4	1.7	-24.9	10.7
1989	133.9	145.6	1.6	-29.7	16.4
1990	129.3	140.3	2.0	-31.0	18.0
1991	161.5	155.7	1.6	-30.2	34.4
1992	151.6	158.6	1.5	-24.5	16.0
1993	213.7	220.0	1.9	-24.8	16.6
1994	153.7	147.5	0.8	-17.3	22.7
1995	184.4	174.0	0.6	-18.0	27.8
1996	211.7	195.8	0.7	-17.1	32.3
1997	228.2	215.1	1.0	-16.6	28.7
1998	264.6	233.5	2.6	-13.1	41.6
1999	279.6	247.5	2.5	-11.2	40.8
2000	295.6	266.4	3.7	-9.7	35.2
2001	370.4	320.0	3.5	-4.7	51.6
2002	399.7	333.0	6.7	-3.5	63.5
2003	447.0	361.4	9.1	-3.3	79.8
2004	529.6	411.5	13.0	-2.9	108.0
2005	675.3	528.4	24.5	-3.0	125.4

注:1.本表财政收入为当年财政决算数据。

2.各项税收 1983 年利改税以后含企业所得税,1994 年以后为新税制收入。

3.国有资产经营收益 1998 年以前指国企上缴利润,1983 年前含企业上缴的基本折旧。

4.其他各项收入指行政性收费、罚没收入、海域场地矿区使用费收入、专项收入和其他各项收入。

8—3　地区各项税收及附加收入

单位:亿元

税种分类	2000年	2001年	2002年	2003年	2004年	2005年
收入合计	**594.19**	**710.86**	**751.32**	**899.62**	**1 069.45**	**1 270.34**
一、税收合计	**583.64**	**698.77**	**737.20**	**882.95**	**1 048.28**	**1 244.35**
1.增值税	257.06	291.03	310.69	390.99	439.63	517.03
#国内增值税	232.95	270.01	299.92	347.13	388.62	455.11
2.消费税	35.72	45.67	43.36	48.32	62.80	67.39
#国内消费税	36.17	43.98	41.35	46.78	57.88	62.80
3.营业税	89.77	94.41	109.67	119.72	141.70	164.69
4.个人所得税	31.23	46.11	56.71	58.89	70.39	82.02
5.外商外国企业所得税	12.17	15.40	20.15	19.57	26.27	31.46
6.企业所得税	51.24	82.00	64.58	74.85	113.59	160.64
7.资源税	8.12	8.70	6.59	5.94	8.30	12.05
8.投资方向调节税	2.81	0.92	0.29	0.35	0.47	0.20
9.城市维护建设税	17.62	19.26	22.24	25.77	31.73	39.92
10.房产税	14.28	15.79	19.03	20.72	21.97	24.83
11.印花税	2.72	3.45	3.78	4.74	6.09	7.51
12.城镇土地使用税	6.07	6.55	7.05	7.57	8.34	9.76
13.土地增值税	0.55	0.58	1.68	2.76	4.89	5.95
14.车船使用税	0.97	1.07	1.14	1.42	1.44	1.68
15.屠宰税	0.58	0.54	0.46	0.24		
16.筵席税	0.01					
17.农业税	3.68	3.68	4.63	7.23	5.16	0.53
18.农业特产税	3.34	2.91	3.29	3.08	0.93	0.63
19.耕地占用税	1.01	0.81	0.96	1.59	2.12	3.69
20.契税	6.89	8.31	11.48	15.67	23.35	38.93
21.车辆购置税		10.18	13.02	17.06	21.58	22.64
22.关税	37.80	41.40	36.40	56.47	57.54	52.80
23.专项调节税						
24.税款滞纳金、罚款收入						
二、其他收入	**10.55**	**12.09**	**14.12**	**16.67**	**21.17**	**25.99**
1.教育费附加	7.87	8.70	10.01	11.37	14.05	17.35
2.文化事业建设费	0.54	0.58	0.70	0.74	0.86	0.91
3.地方教育费收入	1.72	1.95	2.58	3.17	4.17	5.41
4.矿区使用费	0.33	0.35	0.26	0.23	0.34	0.33
5.罚没收入	0.04	0.08	0.10	0.65	1.18	1.43
6.其他收入	0.05	0.43	0.47	0.51	0.58	0.56

注:(1)本表按1994年新税制改革以来的地区实际税收收入整理。

(2)增值税和消费税含海关代征,不含出口退税绝对值;国内增值税和国内消费税不含海关代征,含出口退税绝对值。

8—4 地方财政支出情况

单位:亿元

年份	支出合计	#基本建设	#企业挖潜改造	#科技三项费用	#支援农业	#科技文卫事业费	#工交商事业费	#流动资金	#城市维护费	#抚恤和社会救济	#行政管理费
1952	3.6	1.7			0.2	1.0				0.1	0.6
1957	4.1	0.9			0.4	1.6				0.1	1.0
1965	9.7	2.8			1.4	2.5			0.9	0.3	1.2
1970	13.8	5.7		0.7	0.6	2.6	0.1	0.9	0.5	0.3	1.2
1975	26.7	8.9		0.7	2.0	4.3	0.5	2.4	1.0	1.9	2.0
1978	31.3	8.4	2.3	0.7	3.0	5.3	0.4	3.2	0.8	1.3	2.4
1979	34.6	7.2	4.7	0.6	3.3	5.6	0.5	2.9	2.9	0.8	2.6
1980	34.1	5.9	6.6	0.4	3.2	6.6	0.5	2.0	2.8	0.7	2.9
1981	26.7	3.4	3.2	0.3	2.8	6.9	0.5	1.0	2.7	0.9	2.8
1982	30.7	4.2	2.0	0.4	3.5	8.5	0.6	1.0	3.6	1.1	3.1
1983	34.2	4.8	2.0	0.7	1.8	9.6	0.7	0.5	4.4	1.2	3.9
1984	39.3	7.0	2.4	0.8	3.6	10.8	0.8		4.9	1.2	4.7
1985	56.9	12.4	1.3	0.7	4.9	14.0	1.3	0.5	4.7	1.9	5.0
1986	75.5	14.1	0.9	0.8	5.9	16.6	1.5	0.5	5.7	2.2	6.0
1987	80.4	10.7	0.9	0.7	5.6	16.9	1.1	0.4	7.0	1.9	6.3
1988	95.2	9.4	1.5	0.8	6.3	20.8	1.3	0.4	8.9	2.0	6.3
1989	114.3	9.0	2.0	1.0	8.2	24.8	1.6	0.5	10.4	2.4	7.8
1990	122.2	8.5	2.6	1.3	8.4	27.1	1.7	0.3	10.3	2.7	9.4
1991	151.5	10.6	5.1	1.5	9.8	30.4	1.9	0.1	9.4	2.8	10.6
1992	148.5	11.1	14.8	2.0	11.6	34.2	2.3	0.2	10.7	3.1	12.5
1993	181.1	11.8	26.9	2.0	13.8	38.7	2.5	0.4	16.7	3.5	14.1
1994	223.6	17.1	30.0	2.8	15.6	50.8	3.4	0.1	21.2	4.8	17.3
1995	273.8	24.5	36.7	3.5	17.1	58.4	3.8	0.2	20.2	7.1	19.6
1996	314.8	29.7	36.0	4.6	19.2	62.8	4.8	0	22.6	6.6	27.1
1997	340.6	39.0	40.6	5.1	21.0	69.8	5.8	0	25.9	7.9	22.9
1998	390.3	46.9	36.1	6.3	21.9	77.3	4.1	0	26.5	7.6	24.5
1999	457.9	46.4	35.6	7.6	22.2	84.0	4.8	0	28.7	10.9	27.1
2000	518.1	52.9	26.4	9.7	24.0	96.4	5.0	0	31.0	14.5	31.0
2001	635.4	65.6	26.4	11.8	26.8	107.3	5.8	0	39.0	18.3	45.9
2002	690.9	63.8	14.2	14.7	32.5	122.9	8.1	0	41.3	23.0	53.3
2003	784.4	68.0	15.7	16.2	28.2	141.7	10.5	0	48.1	30.8	62.2
2004	931.4	86.5	23.5	19.5	34.3	168.7	14.1	0	58.8	34.5	75.6
2005	1 204.4	126.8	37.7	23.4	43.5	202.9	25.4	0	79.4	45.0	92.0

注:本表为当年财政口径,支援农业含农林水气部门事业费。

8—5 各地区地方财政一般预算收入

（2005年）

单位:万元

地　区	收入合计	增值税	营业税	企业所得税	个人所得税	城市维护建设税	农业四税	其他各项收入
沈　阳	1 381 415	126 103	364 924	92 345	59 377	76 399	168 289	493 978
大　连	1 514 247	231 007	501 420	141 823	84 274	65 077	124 418	366 228
鞍　山	552 491	87 169	78 072	112 725	17 967	55 698	22 609	178 251
抚　顺	222 825	33 423	43 253	8 202	9 588	23 193	15 745	89 421
本　溪	218 095	52 310	34 160	9 328	8 583	24 014	10 077	79 623
丹　东	168 163	20 100	39 469	7 311	7 359	10 281	21 660	61 983
锦　州	172 607	24 881	48 003	7 418	7 389	20 866	10 668	53 382
营　口	163 525	25 957	40 650	9 392	5 431	20 082	10 655	51 358
阜　新	74 331	10 671	20 611	1 905	3 090	5 952	6 036	26 066
辽　阳	174 336	24 935	28 387	5 250	7 423	14 895	10 841	82 605
盘　锦	127 870	16 803	25 066	4 531	5 245	8 729	12 542	54 954
铁　岭	109 351	21 359	20 526	6 538	5 272	10 007	8 331	37 318
朝　阳	215 368	61 792	28 745	14 785	9 379	39 506	6 861	54 300
葫芦岛	171 900	34 232	29 933	9 233	6 230	24 505	9 209	58 558

8—6 各地区地方财政一般预算支出

（2005年） 单位：万元

地区	支出合计	基本建设支出	农业支出	教育支出	医疗卫生支出	社会保障补助支出	行政管理费	公检法司支出	其他各项支出
沈阳	2 170 495	62 336	67 845	277 410	72 933	373 961	122 711	181 978	1 011 321
大连	2 077 009	412 874	85 996	206 426	55 027	172 851	145 645	105 233	892 957
鞍山	831 449	38 979	29 739	93 416	20 787	121 427	70 489	55 483	401 129
抚顺	508 366	20 954	8 874	59 557	11 306	120 031	39 978	31 059	216 607
本溪	411 515	21 572	7 762	62 552	14 942	70 691	42 139	32 232	159 625
丹东	388 575	27 817	11 071	67 133	12 835	71 818	34 958	31 539	131 404
锦州	427 397	24 168	30 670	52 568	10 647	66 627	39 153	29 869	173 695
营口	360 198	17 770	8 395	51 044	11 520	60 441	37 063	27 177	146 788
阜新	341 720	20 910	7 662	34 543	9 170	127 723	25 011	19 481	97 220
辽阳	346 730	17 060	6 030	40 031	13 723	69 713	38 091	22 579	139 503
盘锦	353 327	20 366	12 156	60 672	10 213	37 089	56 284	32 939	123 608
铁岭	392 483	14 000	13 035	70 500	12 958	55 975	45 126	24 253	156 636
朝阳	327 052	28 921	10 824	38 750	13 561	35 141	27 589	17 647	154 619
葫芦岛	365 890	11 259	9 564	45 314	10 851	56 141	43 936	29 834	158 991

8—7 全省财政用于教育的支出

单位:万元

年份	合计	教育支出	教育部门基建投资	教育部门其他支出	教育费附加支出	各部门事业费中用于教育的支出
1980	45 837	40 235	2 932	1 947		723
1981	48 662	42 226	2 720	2 617		1 099
1982	57 236	49 757	3 311	2 904		1 264
1983	64 966	55 770	4 360	3 370		1 466
1984	73 961	61 431	6 658	4 206		1 666
1985	102 450	79 152	12 449	9 010		1 839
1986	123 383	92 596	13 703	11 500	3 392	2 192
1987	124 532	94 131	9 387	10 610	8 251	2 153
1988	155 617	119 062	8 801	13 089	11 887	2 778
1989	194 395	143 139	9 710	15 600	22 923	3 023
1990	201 077	158 297	7 996	17 127	14 408	3 249
1991	229 033	174 005	8 010	19 670	23 560	3 788
1992	254 712	197 994	4 538	22 280	25 500	4 400
1993	305 120	231 281	14 933	23 789	30 162	4 955
1994	398 399	311 079	11 147	22 777	46 576	6 820
1995	439 517	336 291	13 207	25 015	53 855	8 494
1996	496 190	385 138	15 288	32 755	53 840	9 169
1997	546 883	423 700	11 777	35 891	65 114	10 401
1998	562 771	489 366	9 627	4 148	56 172	3 458
1999	642 559	555 847	22 798	4 947	56 027	2 940
2000	760 719	659 091	35 715	2 564	59 544	2 805
2001	855 043	749 956	31 355	3 319	66 636	3 777
2002	991 450	874 294	30 224	5 414	77 870	3 648
2003	1 108 785	983 397	29 838	2 840	89 519	3 191
2004	1 387 080	1 210 028	61 923	1 452	111 073	2 604
2005	1 629 956	1 421 954	42 263	1 880	157 548	6 311

8—8 全省财政用于农业的支出

单位:万元

年　　份	农业支出	支援农业生产支出和各项农业事业费	农业基本建设支出	农业科技三项费用	其　他	农业支出占财政支出%
1980	49 273	32 435	12 920	434	154	14.4
1981	36 485	27 695	7 218	368	167	13.5
1982	43 777	35 041	7 206	455	110	14.3
1983	46 815	36 064	9 111	653	141	13.7
1984	45 749	36 186	8 662	563	338	11.7
1985	59 623	48 648	10 192	560	223	10.5
1986	73 276	59 059	13 325	673	219	9.7
1987	67 542	56 330	10 479	635	98	8.5
1988	76 238	62 696	12 804	514	224	8.0
1989	100 914	82 601	17 100	840	373	8.8
1990	100 709	83 618	15 576	1 243	272	8.3
1991	116 623	98 038	17 056	1 174	355	7.7
1992	120 690	106 965	10 872	1 966	887	8.1
1993	152 377	138 435	10 584	2 090	1 268	8.4
1994	180 595	155 684	14 442	3 571	6 898	8.1
1995	243 233	189 745	45 569	3 255	4 664	8.9
1996	289 945	218 325	48 701	4 171	18 748	9.2
1997	302 667	238 112	55 604	4 397	4 554	8.9
1998	317 620	254 106	56 168	4 678	2 668	8.1
1999	345 500	262 569	75 388	5 740	1 803	7.6
2000	398 058	283 058	106 793	6 975	1 232	7.7
2001	468 602	329 725	128 993	9 365	519	7.4
2002	500 215	388 203	99 710	11 996	306	7.2
2003	617 482	437 659	161 098	14 612	2 020	7.9
2004	793 038	597 300	185 519	8 902	1 317	8.5
2005	932 199	704 754	217 213	10 021	211	7.7

8—9 全省财政用于抚恤和社会福利支出

单位:万元

年　　份	合　　计	#抚恤支出	# 社会福利救济费	# 农村社会救济费	# 自然灾害救济费
1980	7 332	3 469	2 719	1 153	1 144
1981	7 384	1 551	2 783	1 122	3 050
1982	9 279	1 887	3 508	1 408	3 884
1983	9 480	2 298	4 490	1 625	2 692
1984	9 248	2 525	5 368	1 535	1 355
1985	14 338	2 967	5 287	1 550	6 084
1986	16 701	3 318	5 566	1 462	7 817
1987	12 795	3 573	5 689	1 181	3 533
1988	12 624	4 247	6 343	1 261	2 034
1989	14 747	5 276	6 496	1 188	2 975
1990	17 750	6 646	7 115	1 122	3 989
1991	17 202	6 615	7 678	1 180	2 909
1992	17 999	6 856	8 284	1 309	2 859
1993	19 780	7 478	9 458	1 380	2 844
1994	26 606	9 131	11 898	1 713	5 577
1995	48 079	10 743	15 636	1 766	21 700
1996	46 281	13 346	21 850	2 005	11 085
1997	79 478	14 153	32 842	2 410	9 546
1998	76 079	15 073	22 850	2 314	9 082
1999	109 080	18 075	49 323	2 712	7 247
2000	145 394	21 849	67 188	4 612	12 725
2001	183 113	30 241	90 011	6 800	14 915
2002	230 259	34 212	125 676	4 783	7 905
2003	307 939	42 397	185 194	25 220	6 890
2004	345 097	49 591	201 477	23 110	7 322
2005	449 995	63 077	251 843	36 031	17 451

8—10 财政价格补贴

单位：万元

年份	合计	粮棉油价格补贴	调整肉价增加补贴	其他价格补贴
1985	48 312	22 752	25 560	0
1986	149 657	79 328	35 880	34 449
1987	185 677	106 027	42 467	37 183
1988	210 306	117 516	52 076	40 714
1989	254 734	141 381	49 973	63 380
1990	250 324	144 607	50 298	55 419
1991	252 141	151 158	51 726	49 257
1992	163 471	103 145	32 806	27 520
1993	65 144	11 921	30 857	22 366
1994	97 064	56 270	23 779	17 015
1995	89 193	52 709	18 857	17 627
1996	170 862	133 048	17 924	19 890
1997	148 847	129 660	16 200	2 987
1998	149 701	104 490	12 335	32 876
1999	240 957	159 646	11 840	69 471
2000	247 882	129 369	12 275	106 238
2001	274 884	163 884	5 747	105 253
2002	238 637	144 038	5 413	89 186
2003	259 170	161 132	5 069	92 969
2004	251 748	158 547	2 974	90 227
2005	259 728	173 149	2 191	84 388

主要统计指标解释

财政总收入 是国家通过财政各个环节筹集的财政资金的总称，它是保证国家行使其职能不可缺少的财力。主要包括：各项税收、企业收入、债务收入及其他收入。

(1)各项税收 是国家按法律规定对经济单位和个人无偿征收的实物和货币，是财政收入的主要来源。我国现行的税收主要有工商税收，包括产品税、增值税、营业税、所得税、城市维护建设税、房产税、车船使用税、资源税、印花税、建筑税、盐税、烧油特别税等；关税，包括关税和进口调节税；农牧业税和耕地占用税；国有企业所得税；国有企业调节税。

(2)企业收入 包括各部门所属国有企业及事业单位上交国家的利润和事业收入。1985年实行国有企业第二步利改税办法，企业利润主要以税收形式上交后，只有尚未实行利改税办法的企业和少数实行利润包干企业上交的收入。

(3)债务收入 包括国外借款，国内公债收入、国库券收入以及专业银行购买财政专项债券等。

(4)其他收入 包括专款收入、基本建设贷款归还收入、国家能源交通重点建设基金收入等。

财政总支出 是国家政权为行使其职能，对筹集的财政资金进行有计划的分配使用的总称。财政支出，体现政府的活动范围和方向，反映财政资金的分配关系。财政支出主要包括基本建设支出、增拨企业流动资金、企业挖潜改造资金、新产品试制费、地质勘探费、工交商部门事业费、支援农村生产支出和各项农业事业费、文教科学卫生事业费、抚恤和社会救济费、国防费、行政管理费及债务支出。

(1)基本建设支出 是指国家预算内的基本建设拨款，不包括国家预算外自筹的各种基本建设资金。为加强基本建设投资规模的控制，提高这部分财政资金的使用效益，从1985年起，对预算内基本建设拨款实行拨款改贷款的新管理办法，即由原来直接无偿的拨给建设单位，改为拨给建设银行视同信贷基金管理，建设银行根据国家预算安排的基建项目，给予有偿贷款，用投产后新增利润还本付息。从1988年起，为了进一步提高投资效益，使投资活动的管理符合发展市场经济的要求，并保证重点建设有稳定的资金来源，国家建立了中央基本建设基金制，实行专款专用，每年在国家预算内列收列支。基本建设基金分为经营性的和非经营性的两部分。各专业投资公司对经营性建设项目执行基本建设基金贷款，各主管部门对非经营性建设项目执行基本建设基金拨款。

(2)增拨企业流动资金 是指国家预算增拨各部门所属国有企业的流动资金和增拨银行的信贷资金。

(3)企业挖潜改造资金 是指国家预算安排用于企业挖潜、革新、改造方面的资金。企业用挖潜、革新、改造方面的资金，主要来自企业的更新改造资金、大修理基金等自有资金及银行贷款，国家预算安排的挖潜、革新、改造资金主要用于支持重点行业的技术改造。

(4)文教、科学、卫生事业费 是指国家预算用于科学、文化、教育、卫生、公费医疗、体育、通讯和广播、地震、海洋、文物、计划生育等方面的事业费。

中央财政和地方财政 财政是国家为了实现其职能，凭借政治权力，对一部分社会产品进行分配和再分配的经济活动。中央财政和地方财政，是指财政体制上划分中央政府和地方政府以及地方各级政府之间财政管理权限的一项根本制度，它是经济管理体制的重要组成部分，它在财政管理体制中居于主导地位。它具体规定了各级政府筹集资金、支配使用资金的权力、范围和责任，使各级政府在财政管理上有责有权。这对于正确处理中央和地方之间，以及地方各级之间的分配关系，充分发挥各级政府的积极性，更好地完成国家财政收支任务，促进社会主义建设的发展有着极其重要的意义。中央财政收入和地方财政收入，是指中央和地方各级负责组织征收的收入，不是按财政体制计算的收入分成数。其收入中还包括了国外借款。

预算外资金 是指不纳入国家财政预算，由各地方、各部门、各企业、事业、行政单位，按国家规定范围自行筹集和使用的资金。它是国家财政预算内资金的补充财力。其收入来源，主要包括地方财政机关掌握使用的自筹资金，如工商税附加、农业税附加、城市公用事业附加等；事业行政单位自收自支和以收抵支未纳入预算管理的各项资金，如养路费、学杂费等。这些资金一般都有特定用途，主要是：基本建设或更新改造固定资产，增加流动资金，简易建设、大修理、科技三项费用，支付养路费、城市维护费，职工福利和奖励支出，补充事业、行政经费，上交财政能源交通重点建设基金、预算调节基金等。预算外资金的使用，也要纳入计划管理的轨道，不得擅自扩大使用范围。

国家财政用于农业的支出 指国家财政预算内资金安排用于农业和各项投资支出。包括：(1)对农垦、农业、畜牧、林业、农机管理、水利、水产、气象等部门和各项事业经费和基本建设、流动资金、科技三项费用等专项拨款；(2)支援农村集体(户)的各项生产支出，如小型农田水利和水土保持补助费、扶持农业经济困难的乡镇企业、农业生产队(组、户)改善生产基本条件的资金和农村开荒补助费、农村草场和畜禽保护补助费、农村造林和林木保护补助费、农村水产补助费、农业发展和发展粮食生产专项资金支出等；(3)农村社会救济费。

第九篇

物价

9

WUJIA

9—1 各种价格指数

（上年＝100）　　　　单位：%

年份	居民消费价格指数	城市居民消费价格指数	农村居民消费价格指数	商品零售价格指数	工业品出厂价格指数	原材料、燃料、动力购进价格指数	固定资产投资指数
1980		104.4		105.9			
1981		102.0		101.6			
1982		101.4		101.2			
1983		101.7		101.5			
1984		103.6	102.1	103.9			
1985	110.7	111.4	106.7	110.0			
1986	106.7	107.0	105.0	106.0			
1987	108.6	109.8	105.6	109.0			
1988	119.3	119.6	115.9	119.3	122.4	133.9	
1989	118.2	117.2	120.1	118.4	121.2	133.3	
1990	103.3	103.1	104.1	102.7	103.8	117.6	105.9
1991	105.6	106.0	104.2	104.1	119.2	108.1	108.2
1992	106.7	108.1	102.3	106.0	112.1	116.6	120.9
1993	115.2	116.7	110.9	113.5	138.4	149.9	136.4
1994	124.3	126.1	120.9	120.6	119.9	118.2	117.4
1995	116.1	116.1	116.0	114.0	109.9	114.2	104.9
1996	107.9	108.2	106.8	105.4	102.8	103.7	102.2
1997	103.1	103.8	102.1	101.0	100.1	103.1	102.3
1998	99.3	99.8	98.7	97.6	95.8	99.3	99.8
1999	98.6	98.7	98.3	96.1	102.0	99.0	100.0
2000	99.9	100.0	99.7	98.4	108.8	103.9	101.1
2001	100.0	99.9	100.2	99.4	98.6	100.0	100.4
2002	98.9	98.9	98.7	97.4	97.8	98.3	100.7
2003	101.7	101.2	103.7	98.9	103.6	105.1	102.6
2004	103.5	102.8	106.3	101.9	107.1	112.1	104.8
2005	101.4	100.8	104.0	100.1	105.1	108.1	102.8

9—2 各种价格定基指数

单位：%

年份	居民消费价格指数（1984＝100）	城市居民消费价格指数（1978＝100）	农村居民消费价格指数（1984＝100）	商品零售价格总指数（1978＝100）	工业品出厂价格指数（1988＝100）	原材料、燃料、动力购进价格指数（1988＝100）	固定资产投资指数（1990＝100）
1979		101.7		101.4			
1980		106.2		105.4			
1981		112.3		108.8			
1982		113.9		110.1			
1983		115.8		111.8			
1984		120.0		116.2			
1985	110.7	133.7	106.7	127.8			
1986	118.1	143.1	112.0	135.5			
1987	128.3	157.1	118.3	147.7			
1988	153.0	187.9	137.1	176.2			
1989	180.9	220.2	164.7	208.6	121.2	133.3	
1990	186.8	227.0	171.4	214.3	125.8	156.8	
1991	197.3	240.6	178.6	223.0	150.0	169.5	108.2
1992	210.5	260.1	182.7	236.4	168.1	197.6	130.9
1993	242.5	303.6	202.7	268.3	232.7	296.2	178.6
1994	301.4	382.8	245.0	323.6	279.0	350.1	209.6
1995	350.0	441.1	281.2	368.9	306.6	399.8	219.9
1996	377.6	480.8	303.5	388.8	315.2	414.6	224.7
1997	389.3	499.1	309.9	392.7	315.5	427.4	229.9
1998	386.6	498.1	305.9	383.3	302.2	424.5	229.4
1999	381.2	491.6	305.0	368.4	308.3	420.2	229.4
2000	380.8	491.6	304.1	362.5	335.4	436.6	231.9
2001	380.8	491.1	304.7	360.3	330.7	436.6	232.9
2002	376.6	485.7	300.7	350.9	323.4	429.2	234.5
2003	383.0	494.0	311.9	347.0	335.1	451.1	240.6
2004	396.4	507.8	331.5	353.6	358.9	505.7	252.1
2005	401.9	511.9	344.8	354.0	377.2	546.7	259.2

9—3 居民消费价格指数

（2005年，上年=100）　　单位：%

项　　目	全省	城市	农村	项　　目	全省	城市	农村
总　指　数	**101.4**	**100.8**	**104.0**	2.衣着材料	100.8	100.6	101.5
一、食　　品	101.8	101.9	101.7	3.鞋 袜 帽	95.6	93.9	102.5
1.粮　　食	104.0	104.6	102.6	4.衣着加工服务费	100.0	100.6	96.1
2.淀粉及薯类	105.1	104.9	107.0	四、家庭设备及用品及维修费	99.7	99.8	98.9
3.干豆类及豆制品	99.4	99.3	100.0	1.耐用消费品	98.8	99.1	97.0
4.油 脂 类	86.4	86.3	86.9	2.室内装饰品	96.5	96.4	98.2
5.肉禽及其制品	100.4	100.4	100.4	3.床上用品	99.4	99.3	99.9
6.蛋　　类	102.5	102.5	102.6	4.家庭日用杂品	100.4	100.7	99.8
7.水 产 品 类	102.8	102.4	106.6	5.家庭服务及维修费	106.2	107.1	9.5
8.菜　　类	104.9	105.2	104.9	五、医疗保健和个人用品	99.3	99.2	99.6
#鲜　菜	105.3	105.7	104.8	1.医疗保健	98.9	98.7	99.3
干　菜	102.5	102.3	103.8	2.个人用品及服务费	100.3	100.3	100.2
9.调 味 品	100.2	100.0	101.0	六、交通和通讯	98.7	98.5	99.5
10.糖　　类	101.6	101.7	100.5	1.交　　通	101.1	101.5	100.3
11.茶 及 饮 料	100.2	100.2	100.1	2.通　　信	97.2	97.0	98.7
12.干鲜瓜果类	105.0	104.6	107.9				
13.糕点饼干类	100.6	100.5	101.4	七、娱乐教育文化用品及服务	106.3	102.5	120.3
14.奶及奶制品	101.1	101.1	101.8	1.文娱用耐用消费品及服务	90.8	90.3	93.4
15.在外用膳食品	101.4	101.5	100.3	2.教　　育	112.7	107.4	127.5
16.其他食品及加工服务费	101.1	101.2	101.1	3.文化娱乐用品	99.8	100.1	98.6
二、烟酒及用品	100.9	101.2	99.5	4.旅　　游	96.1	96.2	100.4
1.烟　　草	100.7	100.7	100.8	八、居　　住	104.5	103.7	106.4
2.酒	101.1	102.2	97.9	1.建房及装修材料	102.9	102.2	103.9
3.吸烟、饮酒用品	100.4	99.9	101.4	2.租　　房	101.5	101.2	107.6
三、衣 着 类	96.9	96.4	99.6	3.自有住房	105.8	106.3	104.3
1.服　　装	97.3	97.3	97.8	4.水、电、燃料	105.7	104.4	111.5

9—4 居民消费价格指数

（2005年，2000年平均价格=100）　　　　单位：%

项　　目	全省	城市	农村	项　　目	全省	城市	农村
总　指　数	**104.7**	**102.8**	**113.1**	2.衣着材料	97.0	95.9	102.8
一、食　　品	114.1	113.4	118.1	3.鞋 袜 帽	88.2	86.5	95.3
1.粮　　食	126.2	126.2	126.8	4.衣着加工服务费	101.6	104.8	93.3
2.淀粉及薯类	109.1	111.2	94.7	四、家庭设备及用品及维修费	87.9	86.3	96.1
3.干豆类及豆制品	126.2	126.1	126.8	1.耐用消费品	79.7	78.5	89.7
4.油 脂 类	115.1	110.8	127.4	2.室内装饰品	89.5	83.8	105.1
5.肉禽及其制品	126.0	125.0	131.2	3.床上用品	95.2	93.8	102.9
6.蛋　　类	131.4	132.3	127.2	4.家庭日用杂品	94.5	93.5	98.1
7.水 产 品 类	106.1	104.0	123.7	5.家庭服务及维修费	102.9	104.2	91.8
8.菜　　类	110.5	110.6	107.1	五、医疗保健和个人用品	94.6	88.1	116.0
#鲜　菜	110.1	109.4	108.0	1.医疗保健	92.7	84.6	122.0
干　菜	103.5	106.1	103.1	2.个人用品及服务费	97.7	97.5	98.5
9.调 味 品	107.2	108.1	105.1	六、交通和通讯	93.6	91.3	102.1
10.糖　　类	106.1	108.2	94.5	1.交　　通	106.7	107.0	106.2
11.茶 及 饮 料	95.5	95.8	94.0	2.通　　信	85.9	83.8	98.7
12.干鲜瓜果类	100.8	100.0	107.5				
13.糕点饼干类	100.0	100.3	96.6	七、娱乐教育文化用品及服务	111.7	108.4	124.0
14.奶及奶制品	95.6	95.1	101.8	1.文娱用耐用消费品及服务	58.6	56.4	67.6
15.在外用膳食品	103.2	103.7	102.5	2.教　　育	136.1	133.9	141.3
16.其他食品及加工服务费	96.8	97.8	95.8	3.文化娱乐用品	104.4	105.9	96.7
二、烟酒及用品	98.1	98.2	97.2	4.旅　　游	84.0	83.8	96.2
1.烟　　草	93.7	92.9	95.7	八、居　　住	112.9	111.5	116.6
2.酒	104.5	106.2	99.2	1.建房及装修材料	98.5	94.4	103.2
3.吸烟、饮酒用品	92.8	94.7	91.0	2.租　　房	121.9	119.7	164.7
三、衣 着 类	88.0	86.7	95.3	3.自有住房	99.0	98.3	102.9
1.服　　装	87.2	86.1	94.7	4.水、电、燃料	127.5	123.1	147.0

9—5 各市居民消费价格分类指数

(2005年,上年=100)　　单位:%

市名称	居民消费价格指数	食品	#粮食	#油脂	#肉禽及其制品	#蛋类	#水产品	#菜类	#茶和饮料
全　省	**101.4**	**101.8**	**104.0**	**86.4**	**100.4**	**102.5**	**102.8**	**104.9**	**100.2**
沈　阳	100.7	101.6	106.5	85.6	101.0	101.8	99.2	109.5	101.4
大　连	101.4	100.7	102.7	86.7	97.1	104.1	101.3	99.6	98.9
鞍　山	101.2	102.2	101.8	85.8	102.6	101.0	104.8	103.4	101.5
抚　顺	101.5	103.4	104.9	90.5	102.0	108.5	108.5	103.3	100.8
本　溪	101.0	101.4	106.0	87.4	102.2	101.1	104.7	98.0	100.4
丹　东	100.0	100.2	102.2	86.9	100.0	100.2	102.0	99.5	99.4
锦　州	101.0	104.4	105.0	87.3	100.9	102.7	108.2	111.5	101.1
营　口	101.3	104.0	104.7	90.2	105.2	102.2	105.7	108.4	101.2
阜　新	101.5	103.0	103.9	86.1	101.8	100.8	107.2	107.4	100.0
辽　阳	101.0	99.7	105.2	85.5	97.2	97.7	93.8	100.8	95.1
盘　锦	101.7	103.4	105.3	86.1	98.4	100.3	102.6	113.4	98.6
铁　岭	101.5	102.6	103.1	85.8	98.5	105.0	97.8	117.0	100.0
朝　阳	100.9	101.9	104.3	85.0	99.2	100.8	102.5	105.3	100.4
葫芦岛	101.5	103.1	105.8	85.5	97.5	100.3	108.5	109.6	100.5

9—5续表　　(2005年,上年=100)　　单位:%

市名称	#干鲜瓜果	#奶及奶制品	烟酒及用品	衣着	家庭设备及服务	医疗保健个人用品	交通和通讯	娱乐教育文化用品	居住
全　省	**105.0**	**101.1**	**100.9**	**96.9**	**99.7**	**99.3**	**98.7**	**106.3**	**104.5**
沈　阳	99.0	102.6	102.7	92.8	101.3	100.1	98.8	103.2	103.8
大　连	103.9	98.9	101.8	101.9	101.9	99.0	97.7	106.7	102.9
鞍　山	111.1	98.3	99.0	99.1	97.3	98.0	99.0	102.7	102.5
抚　顺	110.8	101.6	100.2	105.4	96.9	97.0	97.4	97.3	106.7
本　溪	104.5	100.2	99.0	98.1	100.8	98.6	97.9	105.8	102.5
丹　东	103.0	97.0	100.9	97.6	99.9	98.7	100.3	97.6	104.5
锦　州	106.5	108.2	103.4	91.5	100.8	99.9	97.3	100.4	101.8
营　口	108.0	99.9	100.5	92.2	98.3	98.3	98.2	103.7	105.2
阜　新	105.7	110.2	100.0	91.8	94.9	97.8	97.7	109.5	106.8
辽　阳	109.4	99.7	98.5	92.3	98.9	99.2	97.1	114.5	103.6
盘　锦	105.6	101.0	101.5	91.9	99.9	101.5	99.0	106.3	106.7
铁　岭	107.1	100.1	99.4	96.4	100.0	95.8	97.2	104.7	108.0
朝　阳	106.7	102.7	98.7	98.4	98.5	99.5	95.3	104.1	103.7
葫芦岛	112.1	102.3	99.3	91.6	99.2	101.7	97.7	107.8	106.1

9—6 各市居民消费价格分类指数

（2005年，2000年平均价格=100）

单位：%

市名称	居民消费价格指数	食品	#粮食	#油脂	#肉禽及其制品	#蛋类	#水产品	#菜类	#茶和饮料
全省	**104.7**	**114.1**	**126.2**	**115.1**	**126.0**	**131.4**	**106.1**	**110.5**	**95.5**
沈阳	103.5	111.0	124.4	104.3	125.7	125.1	95.6	111.1	97.4
大连	101.1	109.5	117.6	105.6	117.9	141.2	106.6	105.7	93.1
鞍山	105.2	111.6	128.0	114.3	120.3	128.5	116.3	109.5	115.5
抚顺	100.4	113.8	120.3	122.2	125.4	140.5	114.6	110.8	89.6
本溪	103.8	116.9	130.5	117.2	121.2	129.4	112.9	126.4	100.5
丹东	105.0	115.6	146.9	108.3	125.8	119.3	127.1	106.5	95.1
锦州	96.5	119.9	133.9	108.3	137.3	135.0	103.9	114.5	99.9
营口	105.7	117.0	148.4	123.0	131.6	129.0	103.7	110.1	97.4
阜新	101.6	115.7	132.2	106.4	130.5	135.8	112.2	107.6	94.1
辽阳	103.9	110.0	120.1	134.0	118.0	130.3	89.4	108.2	100.4
盘锦	105.3	121.4	136.6	114.2	133.5	127.8	88.9	120.2	99.5
铁岭	107.5	115.5	141.4	106.5	129.2	128.0	114.1	106.7	99.9
朝阳	103.8	114.1	133.4	109.8	129.3	149.4	98.9	100.3	99.6
葫芦岛	99.0	113.6	136.2	111.4	124.8	133.6	95.7	112.4	80.7

9—6续表

（2005年，2000年平均价格=100）

单位：%

市名称	#干鲜瓜果	#奶及奶制品	烟酒及用品	衣着	家庭设备及服务	医疗保健个人用品	交通和通讯	娱乐教育文化用品	居住
全省	**100.8**	**95.6**	**98.1**	**88.0**	**87.9**	**94.6**	**93.6**	**111.7**	**112.9**
沈阳	93.9	94.0	97.3	90.7	85.9	85.0	89.3	118.0	113.8
大连	108.9	91.1	101.3	86.5	88.3	93.6	93.0	103.2	106.0
鞍山	105.9	92.9	99.4	100.0	84.0	100.2	91.4	110.9	109.3
抚顺	105.9	96.5	100.8	97.3	74.3	84.8	84.6	93.5	112.1
本溪	110.4	105.9	89.2	83.1	94.2	100.3	87.7	100.9	116.4
丹东	92.0	90.7	96.4	78.5	92.4	84.2	99.6	113.1	119.4
锦州	102.5	116.8	96.5	54.7	77.3	84.9	89.3	98.6	104.6
营口	95.5	101.1	107.8	72.2	90.8	107.5	96.8	100.2	122.4
阜新	103.2	106.4	101.2	70.4	82.3	80.8	90.9	110.6	121.3
辽阳	103.2	97.0	95.9	85.3	93.1	95.5	88.8	118.0	114.8
盘锦	111.8	106.2	103.9	73.1	87.3	100.2	90.9	113.4	120.6
铁岭	94.1	95.6	97.1	85.4	92.6	92.3	89.3	122.3	126.4
朝阳	98.9	103.2	99.5	92.0	84.5	88.1	85.4	104.7	120.3
葫芦岛	103.7	91.9	88.2	67.7	92.2	77.8	89.3	110.8	117.7

9—7 农业生产资料价格指数

(上年=100) 单位:%

项目	2000年	2001年	2002年	2003年	2004年	2005年
农业生产资料价格指数	**97.5**	**100.5**	**101.7**	**98.4**	**113.3**	**110.0**
1.小农具	102.1	99.1	98.3	74.9	107.6	106.4
2.饲料	97.4	100.2	101.2	101.4	127.0	106.4
3.幼禽家畜	120.7	130.0	104.2	105.4	125.3	114.7
4.大牲畜	103.6	104.4	112.5	121.9	107.3	104.8
5.半机械化农具	103.9	103.4	99.2	107.7	101.6	101.6
6.机械化农具	98.4	97.0	99.0	98.6	105.3	98.6
7.化学肥料	91.5	97.6	102.8	96.4	111.1	117.0
8.农药及农药械	96.8	99.8	97.5	99.6	98.9	102.5
# 化学农药	96.8	100.1	97.2	99.8	98.7	102.3
9.农机用油	117.8	108.1	98.6	100.8	115.1	115.6
10.其他	99.1	98.0	104.2	94.4	105.8	108.6

9—8 各地区农村消费价格分类指数

(2005年,上年=100) 单位:%

项目	昌图	绥中	瓦房店	凤城	新宾	辽中	建平	海城	北票
总指数	**104.0**	**103.5**	**103.2**	**104.4**	**104.2**	**103.0**	**102.8**	**103.1**	**102.4**
一、食品	102.8	101.8	100.5	103.6	100.0	101.0	101.8	102.1	101.2
二、烟酒及用品	100.6	100.2	98.2	101.6	100.5	99.6	101.9	98.0	100.6
三、衣着类	97.7	93.6	102.3	100.5	94.4	101.2	95.1	100.3	99.9
四、家庭设备及服务	98.8	96.8	98.6	98.4	98.6	98.9	100.3	98.6	99.9
五、医疗保健及个人用品	100.2	99.4	104.4	99.0	98.8	98.9	102.2	95.3	99.7
六、交通和通讯	98.9	100.2	99.9	100.3	99.3	100.9	98.5	98.2	100.5
七、娱乐教育文化	112.9	122.7	113.6	114.8	132.6	115.7	109.4	117.7	109.7
八、居住	111.4	104.7	106.5	109.7	103.6	106.1	108.8	108.6	105.3

9—9 工业品出厂价格分类指数

(上年＝100)　　单位:%

类　　别	2000年	2001年	2002年	2003年	2004年	2005年
全部工业产品出厂价格总指数	108.8	98.6	97.8	103.6	107.1	105.1
一、按轻重工业分						
1.轻　工　业	97.3	98.5	98.2	99.6	103.1	101.7
以农产品为原料	97.5	99.2	98.8	100.9	104.9	100.0
以非农产品为原料	96.7	95.7	95.9	98.8	102.1	102.7
2.重　工　业	111.4	99.1	97.8	105.8	109.3	107.3
采掘工业	135.2	96.5	96.9	110.3	111.2	119.0
原料工业	110.8	100.2	98.0	107.1	111.4	107.5
加工工业	99.6	99.9	98.3	102.3	106.0	103.6
二、按两大部类分						
1.生产资料	111.2	99.0	97.7	104.5	108.6	106.5
采掘工业	134.0	97.1	97.1	110.3	111.2	119.1
原料工业	110.7	100.1	97.9	106.9	111.0	107.2
加工工业	100.0	99.6	97.8	101.0	106.1	103.7
2.生活资料	96.0	99.1	99.3	99.6	100.4	99.7
食　品	94.5	99.4	100.0	101.0	103.5	99.8
衣　着	99.8	100.4	99.8	99.9	100.2	99.6
一般日用品	96.3	96.0	98.3	99.3	101.0	100.0
耐用消费品	95.1	101.6	98.6	95.9	94.2	99.6
三、按工业部门分						
1.冶金工业	103.3	99.2	98.8	110.5	123.5	105.3
2.电力工业	102.6	101.9	100.3	99.8	100.7	103.3
3.煤炭及炼焦工业	98.8	102.2	104.8	104.1	108.0	122.8
4.石油工业	137.5	96.6	95.3	114.9	110.5	117.4
5.化学工业	104.4	96.3	95.9	104.5	110.6	109.6
6.机械工业	98.7	99.9	98.0	97.3	100.4	101.5
7.建筑材料工业	105.3	99.0	96.9	99.2	101.9	102.6
8.森林工业	98.7	99.4	98.3	96.2	99.6	101.3
9.食品工业	94.4	99.3	100.0	101.5	106.3	99.5
10.纺织工业	106.1	97.8	93.3	104.9	106.0	101.7
11.缝纫工业	100.0	100.7	100.0	99.7	100.4	100.8
12.皮革工业	95.2	106.5	102.4	101.1	98.9	95.6
13.造纸工业	99.2	104.1	99.4	95.4	102.9	102.2
14.文教艺术用品工业	93.7	98.5	99.9	99.9	101.5	99.5
15.其他工业	103.1	106.9	105.4	102.4	102.2	102.2

9—10 原材料、燃料、动力购进价格分类指数

（上年=100） 单位：%

类　　别	2000年	2001年	2002年	2003年	2004年	2005年
全部原材料、燃料、动力购进总指数	103.9	100.0	98.3	105.1	112.1	108.1
1.燃料、动力类	111.6	99.8	99.3	104.1	106.0	112.5
2.黑色金属材料类	101.6	101.2	98.1	110.1	123.4	108.2
3.有色金属材料和电线类	104.9	97.5	97.2	107.5	126.1	112.8
4.化工原料类	103.4	100.0	97.3	103.9	111.5	110.4
5.木材及纸浆类	100.5	100.9	99.9	100.3	101.9	101.1
6.建筑材料类	99.2	100.7	98.7	99.6	102.4	105.5
7.非金属矿类	99.9	100.7	98.8	101.3	108.7	103.2
8.农副产品类	95.6	101.0	98.5	107.7	114.2	103.9
9.纺织原料类	101.7	99.8	96.8	102.8	103.9	102.9

主要统计指标解释

商品零售价格指数:商品零售价格,是指工业、商业、餐饮业和其他零售企业向城乡居民、机关团体出售生活消费品和办公用品的价格。商品零售价格指数,是反映一定时期内商品零售价格变动趋势和变动程度的相对数,利用商品零售价格指数,可以全面掌握市场商品零售价格的变动状况,为国家制定经济政策提供参考依据,同时还可在此基础上编制出其他各种派生价格指数,为研究市场流通、进行国民经济核算提供科学依据。

商品零售价格指数的汇总计算公式为加权算术平均公式,权数资料来源于社会消费品销售额统计和重点调查资料。所选商品为十四个大类,必报商品为304种。

居民消费价格指数:居民消费价格,是指城乡居民支付生活消费品和服务项目消费的价格,是社会产品和服务项目的最终价格。居民消费价格指数,是反映一定时期内居民消费价格变动趋势和变动程度的相对数,利用居民消费价格指数,可以全面观察居民消费价格变动对居民生活的影响,为党政领导和决策部门掌握消费价格状况,研究和制定居民消费政策、价格政策、工资政策、货币政策以及进行国民经济核算提供科学依据。居民消费价格指数还是反映通货膨胀程度的重要指标。

农产品收购价格指数:农产品收购价格,是指各种经济类型的工商企业和其他单位以及个人直接从农民个人和国有农业生产单位收购农产品的价格。农产品收购价格指数,是反映一定时期内农产品收购价格变动趋势和变动程度的相对数,利用这一指数,可以反映农产品收购价格的变动情况及其对农产品生产者、收购者货币收支的影响,为国家制定、检查农产品收购政策,研究收购价格水平,差价政策和比价政策提供科学依据。

农产品收购价格指数的计算公式为加权倒数平均公式,权数资料来源于农村住户主要农村产品出售量、农村住户出售畜禽及渔业产品情况、国家和社会其他农产品收购部门的收购金额或收购量资料、历年农产品收购金额资料等。所选商品为十一个大类,250种商品。

农业生产资料价格指数:农业生产资料价格,是指工商企业、供销合作社和其他单位及个人向农民出售农业生产资料的价格,也是农业生产资料在流通领域中最后一个环节的价格。农业生产资料价格指数,是反映一定时期内农业生产资料价格变动趋势和变动程度的相对数。利用这一指数可以掌握农业生产资料价格的变动情况,为国家制定有关政策,保障农民利益,促进农业发展提供决策参考依据;同时,也为研究市场流通和新国民经济核算体系提供科学依据。1994年以前,农业生产资料价格指数仅仅是商品零售价格指数的一个类别,此后,从商品零售价格指数中单列出来,独立编制。

农业生产资料价格指数的计算公式为加权算术平均公式。权数资料来源于供销合作社等部门的销售统计资料和农村住户调查资料中的农业生产资料购买数量和金额资料。所选商品为十个大类,49种主要商品。

工业品出厂价格指数:是反映工业产品出厂价格水平变动趋势及变动程度的相对数,一般用百分数(%)表示。

原材料、燃料和动力购进价格指数:是反映工业企业作为生产投入,而从物资交易市场和能源、原材料生产企业购买原材料、燃料和动力产品时,所支付的价格水平变动趋势和程度的统计指标,是扣除工业企业物质消耗成本中的价格变动影响的重要依据。

第十篇

人民生活

10

RENMIN
SHENGHUO

10—1 人民物质文化生活提高情况

指　　标	单 位	2000年	2001年	2002年	2003年	2004年	2005年
就　　业							
每一农村劳动力负担人数	人	1.36	1.37	1.36	1.34	1.33	1.34
每一城镇就业者负担人数	人	1.85	1.83	1.86	1.85	1.84	2.03
收　　入							
农民家庭人均纯收入	元	2 355.6	2 557.9	2 751.3	2 934.2	3 307.1	3 690.2
城镇居民家庭人均可支配收入	元	5 357.8	5 797.0	6 524.6	7 240.6	8 007.6	9 107.6
在岗职工平均工资	元	8 811	10 145	11 659	13 008	14 921	17 331
消 费 水 平							
全省居民消费水平	元	4 490	4 789	5 095	5 159	5 561	6 449
农 村 居 民	元	2 403	2 540	2 643	2 630	2 817	3 267
城 镇 居 民	元	6 903	7 366	7 874	7 147	7 717	8 688
储　　蓄							
城乡居民年底储蓄存款余额	亿元	3 779.6	4 131.0	4 665.0	5 434.7	6 048.5	6 950.2
平均每人储蓄存款余额	元	9 140	9 961	11 226	12 909	14 495	16 591
住　　房							
农村平均每人住房面积	平方米	22.0	22.6	23.0	23.7	23.9	25.1
城市平均每人居住面积	平方米	8.9	9.2	9.4	9.7	20.9	22.0
交 通、邮 电							
城市每万人拥有公共汽车	辆	8.5	7.4	7.8	8.2	8.6	8.9
每人每年函件交寄	件	4.0	3.5	3.1	3.8	3.3	3.0
城市公用事业							
自来水普及率	%	98.2	86.9	87.1	87.9	93.0	93.8
三气普及率	%	89.3	76.8	82.0	85.6	87.2	88.1
文　　化							
每百户拥有彩色电视机							
城　　镇	台	114.3	117.3	118.4	120.3	122.3	122.1
农　　村	台	72.7	75.9	81.2	86.9	91.7	102.3
教　　育							
学龄儿童入学率	%	99.3	99.7	99.4	99.7	99.7	99.7
每万人口有大学生	人	72.3	89.9	108.5	123.6	140.0	157.7
卫　　生							
每万人拥有医院病床	张	41.6	40.9	41.8	41.4	42.4	42.5
每万人拥有医生	人	24.4	24.5	19.6	18.8	19.2	21.8

注:城市平均每人居住面积2004年、2005年为建筑面积数。

10—2 城乡居民家庭人均收入及恩格尔系数

年份	城镇居民家庭人均可支配收入（元）	指数(1978=100)	农村居民家庭人均纯收入（元）	指数(1978=100)	城镇居民家庭恩格尔系数（%）	农村居民家庭恩格尔系数（%）
1978	363.3	100.00	185.2	100.00		63.8
1979			235.0	126.89		60.5
1980	493.9	135.95	273.0	147.41		56.3
1981	508.1	139.86	306.6	165.55		53.8
1982	529.4	145.72	334.3	180.51		54.7
1983	548.7	151.03	452.5	244.33		53.0
1984	636.1	175.09	477.4	257.78		54.9
1985	704.3	193.86	485.7	262.26	54.7	51.6
1986	881.9	242.75	533.2	287.90	53.6	51.0
1987	992.4	273.16	599.3	323.60	53.6	50.7
1988	1 204.0	331.41	699.6	377.75	50.7	48.5
1989	1 417.3	390.12	740.2	399.68	54.3	49.5
1990	1 551.0	426.92	776.4	419.22	55.3	54.1
1991	1 705.6	469.47	896.7	484.18	55.9	52.6
1992	1 936.0	532.89	995.1	537.31	54.4	51.7
1993	2 299.5	632.95	1 161.0	626.89	50.5	55.1
1994	3 047.0	838.70	1 423.4	768.57	51.5	58.0
1995	3 691.4	1 016.07	1 756.5	948.43	51.9	60.3
1996	4 207.2	1 158.05	2 150.0	1 160.91	50.1	56.5
1997	4 518.1	1 243.62	2 301.5	1 242.71	48.1	55.4
1998	4 617.2	1 270.91	2 579.8	1 392.98	44.6	52.8
1999	4 898.6	1 348.36	2 501.0	1 350.43	43.4	50.6
2000	5 357.8	1 474.76	2 355.6	1 271.92	40.7	46.5
2001	5 797.0	1 595.65	2 557.9	1 381.15	39.7	45.6
2002	6 524.6	1 795.93	2 751.3	1 485.58	38.8	45.0
2003	7 240.6	1 993.01	2 934.2	1 584.34	39.4	43.2
2004	8 007.6	2 204.12	3 307.1	1 785.69	40.4	46.4
2005	9 107.6	2 506.90	3 690.2	1 992.55	38.8	41.6

注：1.1978 年可支配收入为推算数。2.1978—1984 年为全省城市数。

10—3 城镇居民家庭基本情况

指标	单位	2000年	2001年	2002年	2003年	2004年	2005年
一、调查户数	户	**3 250**	**3 250**	**3 250**	**3 600**	**3 600**	**3 650**
二、平均每户家庭人口	人	**3.10**	**3.07**	**3.02**	**2.96**	**2.92**	**2.85**
三、平均每户就业人口	人	**1.68**	**1.68**	**1.62**	**1.6**	**1.59**	**1.40**
四、平均每户就业面	%	**54.19**	**54.72**	**53.64**	**54.05**	**54.45**	**49.12**
五、负担系数	人	**1.85**	**1.83**	**1.86**	**1.85**	**1.84**	**2.03**
六、平均每人全部年收入	元	**5 389.03**	**5 832.55**	**6 941.42**	**7 832.70**	**8 706.46**	**9 837.20**
#可支配收入	元	5 357.79	5 797.01	6 524.58	7 240.58	8 007.56	9 107.55
(一)工薪收入	元	3 691.35	4 071.90	4 692.61	5 204.18	5 806.05	6 103.41
1.工资及补贴收入	元			4 621.04	5 105.50	5 697.05	6 003.75
2.其他劳动收入	元			71.57	98.68	109.00	99.66
(二)经营净收入	元	131.99	138.45	289.96	314.61	333.47	486.03
(三)财产性收入	元	49.99	45.68	58.10	63.26	79.35	95.60
1.利息收入	元	18.2	13.89	9.57	15.12	12.03	13.12
2.股息与红利收入	元	11.79	12.25	12.76	14.09	9.75	9.45
3.保险收益	元			1.30	1.59	2.46	3.57
4.其它投资收入	元			2.49	0.81	2.56	13.14
5.出租房屋收入	元			26.65	27.37	48.89	55.29
6.知识产权收入	元			0.00	0.09	0.00	0.09
7.其他财产性收入	元			5.34	4.19	3.68	0.93
(四)转移性收入	元	1 512.60	1 572.8	1 900.75	2 250.65	2 487.58	3 152.17
1.养老金或离退休金	元	1 238.13	1 281.53	1 560.03	1 653.86	1 841.67	2 573.62
2.社会救济收入	元			19.30	30.01	26.66	35.68
3.辞退金	元			46.06	146.02	66.39	44.24
4.赔偿收入	元			0.62	7.46	1.78	5.32
5.保险收入	元			18.69	58.25	64.61	46.31
#失业保险金	元			18.26	56.51	62.37	42.51
6.赡养收入	元	34.54	30.75	39.11	44.60	91.52	82.20
7.捐赠收入	元	178.37	182.1	168.41	227.46	271.95	250.35
8.亲友搭伙费	元	12.22	8.95	8.82	10.23	10.31	13.07
9.提取住房公积金	元			7.19	27.28	39.78	43.82
10.记帐补贴	元	21.59	23.73	23.60	31.93	40.60	42.51
11.其他转移性收入	元			8.92	13.54	32.31	15.05
七、平均每人出售财物收入	元	**6.17**	**11.82**	**18.02**	**161.18**	**137.11**	**164.41**
1.出售住房收入	元			15.32	128.41	131.24	161.11
2.出售其他物品收入	元			2.70	32.77	5.88	3.29
八、平均每人消费性支出	元	**4 356.06**	**4 654.42**	**5 342.69**	**6 077.92**	**6 543.28**	**7 369.27**
1.食品支出	元	1 772.14	1 846.11	2 074.69	2 394.98	2 643.95	2 860.98
2.衣着支出	元	568.25	592.01	645.62	637.40	651.66	740.83
3.家庭设备用品及服务	元	298.66	272.72	274.10	257.41	276.89	304.80
4.医疗保健支出	元	352.2	378.31	462.85	534.30	541.26	751.16
5.交通和通讯支出	元	307.21	347.47	482.13	631.14	652.40	744.02
6.教育和文化娱乐服务支出	元	490.83	575.06	697.06	747.41	845.37	849.53
7.居住支出	元	364.28	412.09	515.71	630.86	661.80	792.75
8.杂项商品和服务支出	元	202.5	230.62	190.55	244.42	269.96	325.18

10—4 城镇居民家庭平均每人总收入

（2005 年,按相对收入不等距九组分） 单位:元

指 标	合 计	最低 10%	#更低 5%	低 10%	较低 20%	中间 20%	较高 20%	高 10%	最高 10%	#更高 5%
家庭总收入	**9 837.20**	**3 172.58**	**2 617.28**	**4 715.76**	**6 383.57**	**8 491.76**	**11 632.93**	**15 308.28**	**23 336.68**	**27 754.86**
其中:可支配收入	9 107.55	2 909.38	2 391.90	4 360.26	5 894.57	7 891.25	10 713.32	14 152.84	21 758.21	25 968.09
(一)工薪收入	6 103.41	1 903.25	1 479.77	2 894.84	4 018.76	5 139.20	7 611.42	9 670.34	13 669.71	16 133.50
1.工资及补贴收入	6 003.75	1 842.43	1 420.91	2 861.84	3 959.46	5 095.38	7 565.41	9 511.24	13 180.05	15 417.97
2.其他劳动收入	99.66	60.82	58.85	33.00	59.30	43.82	46.01	159.10	489.67	715.53
(二)经营净收入	486.03	176.45	196.75	355.07	276.70	481.46	436.88	546.32	1 471.94	2 485.44
(三)财产性收入	95.60	11.66	2.37	6.33	32.21	50.01	102.52	204.61	396.55	500.36
1.利息收入	13.12	1.25	0.83	2.36	4.54	9.05	18.08	21.43	45.66	45.48
2.股息与红利收入	9.45	0.00	0.00	0.23	0.69	3.66	19.02	7.79	42.00	78.80
3.保险收益	3.57	0.92	0.00	0.00	0.54	0.00	0.86	5.94	28.75	27.94
4.其它投资收入	13.14	0.00	0.00	0.00	2.27	1.82	1.83	6.35	123.54	232.70
5.出租房屋收入	55.29	9.21	1.45	3.74	23.24	35.36	59.01	163.00	156.61	115.44
6.知识产权收入	0.09	0.15	0.00	0.00	0.00	0.00	0.37	0.00	0.00	0.00
7.其他财产性收入	0.93	0.13	0.09	0.00	0.93	0.13	3.34	0.09	0.00	0.00
(四)转移性收入	3 152.17	1 081.22	938.40	1 459.53	2 055.91	2 821.09	3 482.11	4 887.01	7 798.47	8 635.56
1.养老金或离退休金	2 573.62	623.84	413.02	1 091.70	1 714.05	2 447.60	2 988.87	4 146.62	5 844.88	5 843.29
2.社会救济收入	35.68	206.63	280.56	67.23	27.24	5.85	6.45	15.41	1.41	2.82
3.辞退金	44.24	0.02	0.00	3.55	7.02	16.91	17.13	65.27	318.88	598.09
4.赔偿收入	5.32	0.24	0.46	4.44	0.13	0.00	14.94	2.68	15.87	22.59
5.保险收入	46.31	90.63	80.78	65.11	55.01	38.73	27.85	33.15	33.56	37.91
#失业保险金	42.51	90.15	80.78	64.81	52.05	37.68	24.36	23.15	20.06	18.00
6.赡养收入	82.20	28.95	26.93	46.02	56.96	68.52	78.54	106.03	247.31	324.09
7.捐赠收入	250.35	93.18	99.61	131.29	138.97	166.64	239.99	380.07	868.99	1 143.87
8.亲友搭伙费	13.07	1.13	0.00	10.27	4.94	16.63	15.99	16.20	28.59	43.70
9.提取住房公积金	43.82	0.04	0.08	2.03	3.98	3.94	37.19	52.16	319.91	508.96
10.记帐补贴	42.51	32.69	31.61	34.44	39.31	42.52	46.36	47.76	54.41	56.82
11.其他转移性收入	15.05	3.88	5.34	3.44	8.30	13.75	8.81	21.65	64.67	53.42
出售财物收入	**164.41**	**2.80**	**3.52**	**22.78**	**83.15**	**127.48**	**204.95**	**257.94**	**562.68**	**808.74**
1.出售住房收入	161.11	0.00	0.00	20.66	80.42	126.32	197.80	256.07	558.77	805.77
2.出售其他物品收入	3.29	2.80	3.52	2.12	2.72	1.16	7.15	1.87	3.91	2.97

10—5 各地区城市居民平均每人全年可支配收入

单位:元

地 区	2000 年	2001 年	2002 年	2003 年	2004 年	2005 年
全 省	**5 357.79**	**5 797.01**	**6 524.58**	**7 240.58**	**8 007.56**	**9 107.55**
沈 阳	5 850.54	6 386.09	7 050.29	7 960.97	8 923.96	10 098.08
大 连	6 860.57	7 418.16	8 199.54	9 101.35	10 377.84	11 994.38
鞍 山	6 052.60	6 481.56	6 851.02	7 434.33	8 262.32	9 462.93
抚 顺	5 155.17	5 602.49	5 898.45	6 393.30	7 008.00	8 005.17
本 溪	4 924.37	5 347.24	5 828.65	6 347.76	6 930.27	8 105.36
丹 东	4 490.44	4 771.88	4 919.04	5 484.00	6 039.19	6 880.58
锦 州	5 707.74	6 138.96	6 546.77	7 173.93	7 985.52	8 862.22
营 口	5 093.65	5 665.08	6 454.24	7 317.98	8 127.81	9 008.65
阜 新	4 121.55	4 327.03	4 673.42	5 142.99	5 622.54	6 656.32
辽 阳	4 949.66	5 494.74	5 922.26	6 683.91	7 307.43	8 407.53
盘 锦	6 802.36	7 208.69	7 816.26	8 383.74	9 509.47	11 025.32
铁 岭	4 291.57	4 703.16	4 801.41	5 606.59	5 723.75	6 526.33
朝 阳	4 020.59	4 312.87	4 624.53	5 148.69	5 683.24	6 599.46
葫 芦 岛	5 874.90	6 262.66	6 734.62	7 061.71	7 770.77	8 579.37

10—6 各地区城市居民平均

(2005

指　　标	全　省	沈　阳	大　连	鞍　山	抚　顺	本　溪
家庭总收入	**9 837.20**	**10 877.31**	**13 319.22**	**10 240.68**	**8 790.41**	**8 742.11**
其中:可支配收入	9 107.55	10 098.08	11 994.38	9 462.93	8 005.17	8 105.36
(一)工薪收入	6 103.41	6 625.38	9 119.56	6 383.79	5 804.59	5 621.76
1.工资及补贴收入	6 003.75	6 567.16	8 902.11	6 290.83	5 799.38	5 552.46
2.其他劳动收入	99.66	58.22	217.45	92.96	5.21	69.31
(二)经营净收入	486.03	376.45	468.82	376.82	123.03	110.05
(三)财产性收入	95.60	161.28	98.94	126.83	38.18	62.22
1.利息收入	13.12	13.75	15.12	13.98	4.28	24.81
2.股息与红利收入	9.45	7.94	19.05	21.98	1.78	2.76
3.保险收益	3.57	2.38	4.93	0.00	0.00	3.10
4.其它投资收入	13.14	17.72	5.37	63.06	0.00	10.36
5.出租房屋收入	55.29	119.48	54.48	27.82	32.12	20.72
6.知识产权收入	0.09	0.00	0.00	0.00	0.00	0.00
7.其他财产性收入	0.93	0.00	0.00	0.00	0.00	0.46
(四)转移性收入	3 152.17	3 714.21	3 631.89	3 353.24	2 824.61	2 948.08
1.养老金或离退休金	2 573.62	3 232.17	2 939.37	2 606.83	2 206.80	1 959.51
2.社会救济收入	35.68	8.20	9.48	75.99	53.64	70.59
3.辞退金	44.24	52.38	64.64	49.39	0.00	56.16
4.赔偿收入	5.32	4.31	4.89	0.00	0.00	12.60
5.保险收入	46.31	34.76	25.73	121.95	40.11	54.32
＃失业保险金	42.51	27.09	25.14	120.21	39.52	50.65
6.赡养收入	82.20	47.97	179.29	84.61	17.00	108.31
7.捐赠收入	250.35	189.04	230.89	299.27	428.76	477.66
8.亲友搭伙费	13.07	3.74	25.13	18.21	6.68	14.00
9.提取住房公积金	43.82	64.35	108.22	41.16	19.70	109.48
10.记帐补贴	42.51	57.06	30.65	48.24	42.78	40.74
11.其他转移性收入	15.05	20.24	13.60	7.61	9.14	44.72
出售财物收入	**164.41**	**170.37**	**226.01**	**78.62**	**633.92**	**34.65**
1.出售住房收入	161.11	169.02	224.29	74.86	631.82	11.51
2.出售其他物品收入	3.29	1.34	1.72	3.76	2.10	23.14

每人全年家庭总收入

年)　　单位:元

丹东	锦州	营口	阜新	辽阳	盘锦	铁岭	朝阳	葫芦岛
7 399.10	**9 371.41**	**9 434.37**	**7 057.68**	**9 132.46**	**11 972.27**	**6 730.77**	**6 960.54**	**9 287.57**
6 880.58	8 862.22	9 008.65	6 656.32	8 407.53	11 025.32	6 526.33	6 599.46	8 579.37
4 138.96	5 047.27	5 272.89	3 799.50	6 251.68	7 383.37	3 919.71	4 522.92	5 613.96
4 034.27	5 038.39	5 260.81	3 792.57	6 110.78	7 127.37	3 867.02	4 433.29	5 445.52
104.69	8.89	12.07	6.93	140.90	256.00	52.70	89.63	168.43
379.14	1 236.94	684.94	363.16	660.65	803.12	283.26	444.25	801.71
43.45	44.38	35.18	5.47	46.91	199.68	46.58	18.10	83.23
4.63	23.56	2.23	5.33	15.62	25.38	10.20	4.56	6.87
2.84	0.88	13.41	0.00	6.92	27.20	0.00	0.00	23.01
2.06	6.32	0.00	0.00	0.00	44.80	13.82	0.00	0.00
3.80	1.05	0.00	0.00	0.00	55.31	0.00	0.00	0.00
29.11	12.56	19.54	0.14	24.06	45.57	22.56	9.92	39.21
0.34	0.00	0.00	0.00	0.00	0.00	0.00	0.00	0.00
0.66	0.00	0.00	0.00	0.30	1.42	0.00	3.62	14.13
2 837.55	3 042.82	3 441.36	2 889.55	2 173.23	3 586.09	2 481.22	1 975.28	2 788.68
2 269.22	2 629.50	2 842.23	2 280.12	1 780.70	2 884.17	2 037.42	1 767.21	2 272.92
44.39	15.40	14.02	129.25	16.84	40.63	59.58	65.07	20.52
9.92	19.97	10.92	62.44	0.38	403.79	0.00	0.99	0.00
0.00	0.00	0.00	10.57	0.51	0.22	0.00	0.00	51.22
144.32	29.58	43.35	48.61	27.36	4.40	28.37	25.66	37.32
141.53	29.15	41.68	48.61	26.98	4.40	22.85	24.47	36.97
77.34	71.36	169.70	33.58	5.39	48.59	132.47	45.21	21.20
185.63	211.46	252.54	262.91	231.28	97.57	200.40	51.46	326.48
41.13	1.76	55.67	1.03	4.38	11.13	2.25	2.63	6.54
0.00	0.00	11.85	14.47	55.23	0.00	0.00	0.00	0.00
39.49	42.15	40.25	40.64	40.41	65.99	20.73	10.66	42.39
26.11	21.64	0.84	5.94	10.77	29.60	0.00	6.40	10.09
0.40	**268.39**	**0.00**	**10.59**	**0.04**	**3.61**	**0.30**	**0.14**	**526.93**
0.00	264.52	0.00	0.00	0.00	0.00	0.00	0.00	523.53
0.40	3.88	0.00	10.59	0.04	3.61	0.30	0.14	3.40

10—7 城镇居民家庭

(2005年,按相对

指　　标	合　　计	最低10%	#更低5%	低10%
家庭总支出	**9 844.77**	**3 629.45**	**3 236.46**	**5 032.51**
(一)消费支出	7 369.27	3 112.35	2 849.39	4 285.98
#服务性消费支出	2 083.86	826.52	810.20	1 176.34
1.食品	2 860.98	1 473.46	1 334.67	1 896.41
2.衣着	740.83	201.94	159.76	358.93
3.家庭设备用品及服务	304.80	67.91	53.51	118.79
4.医疗保健	751.16	273.89	235.07	443.20
5.交通和通信	744.02	222.33	201.32	346.86
6.教育文化娱乐服务	849.53	319.64	286.38	479.41
7.居住	792.75	372.66	335.29	499.23
8.杂项商品和服务	325.18	180.52	243.39	143.14
(二)购房与建房支出	754.30	22.84	17.11	38.86
1.购房	753.92	20.88	17.11	38.86
2.建房	0.37	1.96	0.00	0.00
(三)转移性支出	1 082.90	264.02	176.24	388.94
1.交纳的个人收入税	58.35	0.35	0.20	2.71
2.捐赠支出	589.78	114.77	98.71	233.23
3.购买彩票	10.56	1.55	0.63	4.75
4.赡养支出	363.78	144.34	73.23	132.69
#在外就学子女费用	228.52	123.93	55.11	95.00
5.各种非储蓄性保险支出	28.73	1.10	2.00	8.63
#车辆保险支出	2.33	0.00	0.00	0.30
6.其他转移性支出	31.70	1.91	1.47	6.93
(四)财产性支出	9.51	0.08	0.15	0.40
1.非生产性利息支出	8.02	0.00	0.00	0.13
2.其他	1.49	0.08	0.15	0.26
(五)社会保障支出	628.79	230.16	193.58	318.35
1.个人交纳的养老基金	298.30	177.41	162.14	223.09
2.个人交纳的住房公积金	223.53	15.43	8.34	37.79
3.个人交纳的医疗基金	85.73	34.13	21.66	51.16
4.个人交纳的失业基金	18.43	3.10	1.41	5.23
5.其他社会保障支出	2.80	0.09	0.02	1.09

平 均 每 人 总 支 出

收入不等距九组分）

单位:元

较低 20%	中间 20%	较高 20%	高 10%	最高 10%	#更高 5%
6 739.79	**8 560.25**	**11 476.69**	**14 593.29**	**22 744.06**	**24 619.66**
5 344.33	6 865.73	8 652.92	10 279.47	14 869.04	17 194.52
1 383.01	1 898.69	2 495.45	2 819.85	4 660.81	5 699.90
2 422.42	2 802.27	3 297.62	3 767.86	4 529.80	4 763.42
485.60	655.72	907.05	1 177.59	1 647.36	1 909.94
151.67	259.16	358.63	491.10	883.20	1 035.33
482.75	653.28	955.48	1 063.63	1 612.32	1 538.68
484.33	637.57	892.79	1 182.99	1 745.56	2 149.49
548.56	820.61	1 011.49	1 117.78	1 893.27	2 582.97
571.29	769.12	841.67	1 003.32	1 765.81	2 250.30
197.71	268.01	388.18	475.20	791.72	964.38
451.07	248.34	754.64	1 543.89	3 294.29	2 292.35
451.05	248.34	754.33	1 543.89	3 292.94	2 292.35
0.03	0.00	0.30	0.00	1.35	0.00
501.80	908.08	1 260.02	1 765.46	3 274.41	3 690.98
7.82	24.86	73.39	122.34	267.48	352.77
304.46	497.13	685.82	1 020.24	1 653.28	1 897.00
5.57	10.62	15.20	7.89	29.46	46.68
149.16	329.41	420.82	510.70	1 121.07	1 171.89
83.98	233.84	294.28	290.72	582.27	516.93
12.48	17.19	32.03	51.58	110.33	128.15
0.09	0.59	0.58	10.94	11.00	20.93
22.31	28.87	32.77	52.72	92.80	94.49
0.72	4.98	9.25	19.15	49.73	64.62
0.00	4.16	4.09	18.91	49.24	64.31
0.72	0.82	5.16	0.24	0.49	0.31
441.86	533.12	799.86	985.33	1 256.59	1 377.19
260.42	275.63	353.40	396.12	414.36	421.91
99.09	154.54	307.79	438.88	662.15	771.51
65.53	82.68	108.99	115.05	145.56	151.49
14.06	17.98	25.70	31.36	29.71	28.00
2.77	2.29	3.98	3.92	4.81	4.27

10—8 各地区城市居民平均

（2005

指　　标	全　省	沈　阳	大　连	鞍　山	抚　顺	本　溪
家庭总支出	**9 844.77**	**10 941.11**	**13 252.25**	**9 398.37**	**10 096.06**	**9 435.00**
(一)消费支出	7 369.27	7 862.83	9 996.41	7 631.91	6 747.38	6 730.90
#服务性消费支出	2 083.86	2 479.91	2 879.00	2 097.51	1 946.65	1 911.64
1.食品	2 860.98	2 897.95	3 982.86	2 741.67	2 579.50	2 931.38
2.衣着	740.83	746.06	980.77	660.10	621.93	708.04
3.家庭设备用品及服务	304.80	291.65	419.93	418.44	345.62	262.59
4.医疗保健	751.16	978.46	884.62	728.31	667.70	495.77
5.交通和通信	744.02	807.28	1 037.25	842.68	610.04	722.13
6.教育文化娱乐服务	849.53	1 033.59	1 189.16	1 036.01	733.84	754.58
7.居住	792.75	797.50	1 023.91	953.85	718.78	559.34
8.杂项商品和服务	325.18	310.36	477.90	250.85	469.98	297.06
(二)购房与建房支出	754.30	1 495.68	956.33	314.11	1 062.12	624.53
1.购房	753.92	1 495.68	956.33	314.11	1 062.12	622.06
2.建房	0.37	0.00	0.00	0.00	0.00	2.47
(三)转移性支出	1 082.90	912.30	1 090.73	802.77	1 629.63	1 510.68
1.交纳的个人收入税	58.35	84.27	86.20	79.94	96.62	30.46
2.捐赠支出	589.78	403.31	479.52	488.62	1 124.64	944.72
3.购买彩票	10.56	10.20	21.15	4.32	8.29	9.28
4.赡养支出	363.78	326.65	470.35	203.92	352.54	460.54
#在外就学子女费用	228.52	196.77	209.75	136.40	263.27	365.12
5.各种非储蓄性保险支出	28.73	51.88	10.45	15.17	23.98	13.26
#车辆保险支出	2.33	5.78	1.76	0.26	0.00	0.00
6.其他转移性支出	31.70	36.00	23.06	10.80	23.56	52.42
(四)财产性支出	9.51	32.40	0.79	0.00	11.08	3.33
1.非生产性利息支出	8.02	29.12	0.69	0.00	11.08	0.67
2.其他	1.49	3.29	0.10	0.00	0.00	2.66
(五)社会保障支出	628.79	637.90	1 207.99	649.57	645.85	565.55
1.个人交纳的养老基金	298.30	267.47	537.12	314.48	330.33	276.85
2.个人交纳的住房公积金	223.53	247.02	441.30	245.29	243.09	175.70
3.个人交纳的医疗基金	85.73	103.11	184.18	63.16	55.63	80.19
4.个人交纳的失业基金	18.43	19.64	36.11	26.64	16.75	26.28
5.其他社会保障支出	2.80	0.67	9.29	0.00	0.04	6.52

每人全年家庭总支出

年)

单位:元

丹东	锦州	营口	阜新	辽阳	盘锦	铁岭	朝阳	葫芦岛
7 264.52	**8 612.17**	**8 846.02**	**7 315.97**	**8 726.22**	**12 107.13**	**6 363.28**	**6 318.14**	**10 379.29**
5 909.87	7 203.15	7 254.28	5 413.73	6 527.26	8 858.99	5 503.11	5 329.45	6 694.50
1 641.72	1 964.50	1 900.07	1 550.96	1 592.85	2 566.24	1 419.98	1 347.01	1 728.36
2 520.34	2 810.08	2 925.07	2 202.86	2 861.85	2 871.38	2 116.79	2 041.24	2 754.19
425.04	741.36	747.10	540.26	824.04	1 136.67	502.02	669.35	736.02
201.47	301.53	295.60	211.62	257.88	305.00	151.39	177.45	352.96
621.32	777.98	629.52	522.31	435.05	1 047.75	777.33	466.62	552.38
477.59	626.16	595.52	501.96	605.15	1 433.66	458.76	518.07	725.66
602.20	809.04	770.16	688.20	596.43	1 092.74	524.23	606.92	473.30
842.25	857.61	937.26	540.65	646.59	453.19	754.05	608.28	786.02
219.65	279.40	354.05	205.87	300.27	518.59	218.54	241.52	313.97
137.27	114.17	0.00	454.14	499.55	741.93	48.97	0.00	1 275.65
137.27	114.17	0.00	454.14	497.71	741.93	48.97	0.00	1 275.65
0.00	0.00	0.00	0.00	1.84	0.00	0.00	0.00	0.00
748.36	858.84	1 234.88	1 103.85	1 099.28	1 676.47	630.47	669.38	1 780.28
10.00	32.26	28.66	16.48	91.13	58.91	2.99	31.77	39.66
236.36	504.90	740.11	688.88	718.40	937.20	373.45	235.86	1 201.59
9.48	9.32	8.83	3.92	10.44	15.04	6.66	7.50	9.64
436.04	245.99	440.89	365.94	200.75	483.30	206.40	369.78	503.31
298.22	195.39	256.53	313.02	96.96	212.44	149.89	307.66	289.21
14.72	52.39	2.18	9.10	18.51	105.95	31.26	8.32	5.16
6.65	5.45	0.00	0.00	0.00	2.51	0.00	1.25	0.00
41.76	13.99	14.22	19.54	60.05	76.07	9.72	16.14	20.92
0.00	1.23	0.03	0.01	6.74	7.69	0.00	0.66	2.72
0.00	0.00	0.03	0.01	0.00	0.00	0.00	0.00	2.72
0.00	1.23	0.00	0.00	6.74	7.69	0.00	0.66	0.00
469.02	434.78	356.82	344.25	593.39	822.05	180.72	318.65	626.15
313.12	216.29	153.44	181.61	284.68	479.90	112.77	165.03	293.15
101.91	158.92	135.87	106.05	204.98	224.70	20.62	114.31	256.02
45.82	47.49	57.44	49.52	89.73	77.40	46.50	33.48	58.84
6.97	12.09	10.07	7.05	10.84	34.67	0.78	5.71	16.27
1.20	0.00	0.00	0.02	3.17	5.38	0.05	0.12	1.87

10—9 各地区城市居民平均每人全年消费支出

单位:元

地区	2000年	2001年	2002年	2003年	2004年	2005年
全省	**4 356.06**	**4 654.42**	**5 342.69**	**6 077.92**	**6 543.28**	**7 369.27**
沈阳	5 103.01	5 515.08	6 074.38	6 690.33	7 212.90	7 862.83
大连	6 073.01	6 511.90	7 117.77	7 759.90	8 671.87	9 996.41
鞍山	5 101.97	5 449.42	5 821.00	6 376.87	6 859.38	7 631.91
抚顺	4 075.21	4 311.25	4 792.50	5 578.56	6 226.73	6 747.38
本溪	3 860.63	4 195.88	4 783.19	5 546.67	6 073.48	6 730.90
丹东	3 550.04	4 132.28	4 055.88	4 936.51	5 200.21	5 909.87
锦州	4 497.67	4 727.29	4 852.39	5 962.33	6 402.19	7 203.15
营口	3 638.79	4 209.78	4 897.82	6 275.86	6 618.78	7 254.28
阜新	3 318.16	3 483.90	3 749.87	4 312.60	4 467.76	5 413.73
辽阳	3 616.49	3 963.70	4 663.72	5 540.95	5 519.68	6 527.26
盘锦	4 885.06	5 074.51	6 003.11	6 517.03	6 981.99	8 858.99
铁岭	3 326.26	3 423.41	3 942.83	5 010.89	5 499.74	5 503.11
朝阳	3 141.55	3 404.42	3 596.43	4 272.57	4 599.75	5 329.45
葫芦岛	4 041.45	4 252.57	4 522.26	5 347.65	5 691.42	6 694.50

10—10 城镇居民家庭平均每人消费支出

（2005年，按相对收入不等距九组分） 单位：元

指　　标	合 计	最低10%	#更低5%	低10%	较低20%	中间20%	较高20%	高10%	最高10%	#更高5%
消费支出	**7 369.27**	**3 112.35**	**2 849.39**	**4 285.98**	**5 344.33**	**6 865.73**	**8 652.92**	**10 279.47**	**14 869.04**	**17 194.52**
#服务性消费支出	2 083.86	826.52	810.20	1 176.34	1 383.01	1 898.69	2 495.45	2 819.85	4 660.81	5 699.90
一、食　品	**2 860.98**	**1 473.46**	**1 334.67**	**1 896.41**	**2 422.42**	**2 802.27**	**3 297.62**	**3 767.86**	**4 529.80**	**4 763.42**
(一)粮油类	447.20	398.91	392.86	392.92	437.66	445.84	463.67	493.51	496.25	479.27
#粮　食	272.84	262.45	262.17	249.57	273.22	272.86	272.10	290.98	291.58	284.32
油脂类	93.66	74.52	74.34	77.69	88.45	92.99	103.55	107.40	107.40	99.75
(二)肉禽蛋水产品类	798.13	401.01	344.18	537.09	695.22	817.97	914.18	1 057.51	1 146.37	1 154.81
1.肉类	404.13	216.47	180.45	297.99	371.51	419.31	460.27	509.19	515.59	508.53
2.禽类	75.94	38.82	34.08	51.94	67.14	79.15	86.07	99.54	105.47	102.69
3.蛋类	93.81	67.79	64.32	73.63	89.45	96.89	101.19	109.52	112.66	111.56
4.水产品类	224.24	77.94	65.34	113.53	167.12	222.62	266.65	339.27	412.65	432.03
(三)蔬菜类	329.41	214.93	198.37	241.28	304.18	331.88	368.64	401.42	431.50	436.87
#鲜菜	281.89	190.81	179.08	212.48	262.47	287.32	312.50	338.52	355.05	361.03
(四)调味品	49.74	30.39	28.56	35.50	44.11	49.94	56.04	62.78	69.61	71.35
(五)糖烟酒饮料类	377.39	144.61	128.25	218.52	305.41	355.55	459.40	527.91	659.19	644.29
#烟草类	174.86	67.82	61.18	107.94	140.04	163.70	213.16	234.05	312.89	303.33
酒　类	95.92	38.60	33.55	56.37	84.30	93.20	113.05	132.30	153.85	139.61
饮　料	67.71	21.28	17.57	31.47	50.09	60.52	86.25	104.08	131.28	138.59
(六)干鲜瓜果类	269.80	117.82	101.54	168.01	218.71	267.47	323.35	364.68	437.49	461.29
(七)糕点、奶及奶制品	200.28	79.96	67.95	122.68	170.86	197.80	237.79	261.95	331.30	353.49
#奶及奶制品	140.14	54.76	47.17	84.91	118.77	137.35	166.69	181.96	238.94	256.04
#鲜乳品	86.31	30.09	23.63	53.27	70.61	87.09	102.64	115.50	146.31	152.70
奶　粉	14.32	8.74	10.92	8.89	15.57	11.15	17.24	12.72	25.35	28.56
酸　奶	24.82	8.81	6.67	13.23	19.24	24.41	29.60	34.31	46.70	51.37
(八)其他食品	39.16	12.64	10.85	19.69	29.78	35.89	47.83	57.83	77.13	88.64
(九)饮食服务	349.88	73.20	62.11	160.72	216.48	299.94	426.73	540.27	880.96	1 073.41
#在外饮食	348.25	72.48	60.96	160.02	214.94	298.47	424.70	538.20	878.11	1 069.61
二、衣　着	**740.83**	**201.94**	**159.76**	**358.93**	**485.60**	**655.72**	**907.05**	**1 177.59**	**1 647.36**	**1 909.94**
#服　装	506.85	124.55	97.27	229.56	321.99	443.01	619.99	808.77	1 192.37	1 388.77
三、家庭设备用品及服务	**304.80**	**67.91**	**53.51**	**118.79**	**151.67**	**259.16**	**358.63**	**491.10**	**883.20**	**1 035.33**
#耐用消费品	93.55	5.31	3.27	15.90	28.02	62.86	107.61	193.60	350.13	432.70
室内装饰品	24.78	2.87	2.05	6.52	7.14	20.48	29.88	42.16	86.98	115.58
四、医疗保健	**751.16**	**273.89**	**235.07**	**443.20**	**482.75**	**653.28**	**955.48**	**1 063.63**	**1 612.32**	**1 538.68**
#药品费	315.17	142.47	139.59	202.46	235.37	299.41	380.51	426.20	566.89	511.12
医疗费	322.69	122.03	87.62	224.12	212.60	270.26	426.56	407.52	676.23	606.48
五、交通和通讯	**744.02**	**222.33**	**201.32**	**346.86**	**484.33**	**637.57**	**892.79**	**1 182.99**	**1 745.56**	**2 149.49**
交　通	282.18	79.06	77.60	116.67	147.92	213.91	309.57	513.55	825.62	1 114.15
通　信	461.83	143.27	123.71	230.19	336.41	423.65	583.23	669.45	919.94	1 035.34
六、教育文化娱乐服务	**849.53**	**319.64**	**286.38**	**479.41**	**548.56**	**820.61**	**1 011.49**	**1 117.78**	**1 893.27**	**2 582.97**
#文化娱乐用品	194.40	28.59	15.09	44.82	77.84	159.43	251.66	318.66	610.84	795.69
教　育	529.13	272.87	257.10	394.69	406.97	569.15	595.54	592.78	905.21	1 284.64
七、居　住	**792.75**	**372.66**	**335.29**	**499.23**	**571.29**	**769.12**	**841.67**	**1 003.32**	**1 765.81**	**2 250.30**
#住　房	187.89	33.75	26.10	57.83	66.05	163.70	176.93	246.61	780.30	1 174.10
水电燃料及其他	583.81	332.36	303.86	432.46	494.69	587.01	640.07	726.52	924.34	999.65
八、杂项商品和服务	**325.18**	**180.52**	**243.39**	**143.14**	**197.71**	**268.01**	**388.18**	**475.20**	**791.72**	**964.38**
#服　务	181.23	151.36	219.68	90.61	115.32	153.75	202.19	238.39	416.05	526.06

10—11 城镇居民家庭平均每人消费支出构成

（2005年，按相对收入不等距九组分） 单位：%

指　　标	合　计	最低10%	#更低5%	低10%	较低20%	中间20%	较高20%	高10%	最高10%	#更高5%
消费支出	**100.00**	**100.00**	**100.00**	**100.00**	**100.00**	**100.00**	**100.00**	**100.00**	**100.00**	**100.00**
一、食　　品	38.82	47.34	46.84	44.25	45.33	40.82	38.11	36.65	30.46	27.70
（一）粮油类	15.63	27.07	29.44	20.72	18.07	15.91	14.06	13.10	10.96	10.06
（二）肉禽蛋水产品类	27.90	27.22	25.79	28.32	28.70	29.19	27.72	28.07	25.31	24.24
（三）蔬菜类	11.51	14.59	14.86	12.72	12.56	11.84	11.18	10.65	9.53	9.17
（四）调味品	1.74	2.06	2.14	1.87	1.82	1.78	1.70	1.67	1.54	1.50
（五）糖烟酒饮料类	13.19	9.81	9.61	11.52	12.61	12.69	13.93	14.01	14.55	13.53
（六）干鲜瓜果类	9.43	8.00	7.61	8.86	9.03	9.54	9.81	9.68	9.66	9.68
（七）糕点、奶及奶制品	7.00	5.43	5.09	6.47	7.05	7.06	7.21	6.95	7.31	7.42
（八）其他食品	1.37	0.86	0.81	1.04	1.23	1.28	1.45	1.53	1.70	1.86
（九）饮食服务	12.23	4.97	4.65	8.47	8.94	10.70	12.94	14.34	19.45	22.53
二、衣　　着	10.05	6.49	5.61	8.37	9.09	9.55	10.48	11.46	11.08	11.11
#服　　装	68.42	61.68	60.89	63.96	66.31	67.56	68.35	68.68	72.38	72.71
三、家庭设备用品及服务	4.14	2.18	1.88	2.77	2.84	3.77	4.14	4.78	5.94	6.02
#耐用消费品	30.69	7.81	6.10	13.38	18.47	24.25	30.01	39.42	39.64	41.79
室内装饰品	8.13	4.22	3.83	5.49	4.71	7.90	8.33	8.58	9.85	11.16
四、医疗保健	10.19	8.80	8.25	10.34	9.03	9.52	11.04	10.35	10.84	8.95
#药 品 费	41.96	52.02	59.38	45.68	48.76	45.83	39.82	40.07	35.16	33.22
医 疗 费	42.96	44.55	37.27	50.57	44.04	41.37	44.64	38.31	41.94	39.42
五、交通和通讯	10.10	7.14	7.07	8.09	9.06	9.29	10.32	11.51	11.74	12.50
交　　通	37.93	35.56	38.55	33.64	30.54	33.55	34.67	43.41	47.30	51.83
通　　信	62.07	64.44	61.45	66.36	69.46	66.45	65.33	56.59	52.70	48.17
六、教育文化娱乐服务	11.53	10.27	10.05	11.19	10.26	11.95	11.69	10.87	12.73	15.02
#文化娱乐用品	22.88	8.94	5.27	9.35	14.19	19.43	24.88	28.51	32.26	30.81
教　　育	62.29	85.37	89.78	82.33	74.19	69.36	58.88	53.03	47.81	49.74
七、居　　住	10.76	11.97	11.77	11.65	10.69	11.20	9.73	9.76	11.88	13.09
#住　　房	23.70	9.06	7.78	11.58	11.56	21.28	21.02	24.58	44.19	52.18
水电燃料及其他	73.64	89.19	90.62	86.63	86.59	76.32	76.05	72.41	52.35	44.42
八、杂项商品和服务	4.41	5.80	8.54	3.34	3.70	3.90	4.49	4.62	5.32	5.61
#服　　务	55.73	83.85	90.26	63.30	58.33	57.37	52.09	50.17	52.55	54.55

10—12 城镇居民家庭平均每人购买的主要商品数量

品名	单位	合计	最低10%	#更低5%	低10%	较低20%	中间20%	较高20%	高10%	最高10%	#更高5%
粮食	千克	92.03	95.16	97.08	87.74	94.57	91.56	90.18	95.54	89.69	86.49
油脂类	千克	12.45	11.18	11.26	11.29	12.38	12.63	13.26	13.15	12.25	11.44
猪肉	千克	17.03	11.14	10.18	14.46	16.22	17.85	18.58	20.03	19.23	18.80
牛肉	千克	4.07	2.09	1.46	2.96	4.01	4.27	4.78	4.75	4.67	4.88
羊肉	千克	2.53	1.19	1.05	1.52	2.29	2.61	2.95	3.38	3.49	3.47
鸡	千克	4.83	3.07	2.82	3.87	4.78	5.16	5.28	5.39	5.46	5.19
鲜蛋	千克	16.05	12.51	12.03	13.26	15.84	16.64	17.11	17.74	17.81	17.61
鱼	千克	10.91	6.51	5.81	8.00	10.16	11.45	12.08	14.05	13.14	13.02
虾	千克	2.10	0.64	0.55	0.98	1.67	2.13	2.46	3.33	3.62	3.69
鲜菜	千克	158.68	127.25	124.44	135.19	153.42	163.16	168.81	178.32	175.22	170.74
白酒	千克	4.05	3.97	3.90	4.05	4.48	3.97	3.75	3.92	4.13	3.69
果酒	千克	0.67	0.29	0.28	0.39	0.58	0.64	0.78	0.91	1.14	1.02
啤酒	千克	16.70	6.68	5.04	9.93	17.09	16.45	20.37	23.00	19.33	17.23
碳酸饮料	千克	3.51	1.42	0.98	2.23	2.92	3.37	4.53	4.47	5.42	5.96
果蔬饮料	千克	1.62	0.52	0.41	0.88	1.17	1.60	2.09	2.33	2.78	3.19
瓶装饮用水	千克	11.02	2.19	1.12	3.48	9.04	8.00	13.06	15.26	30.66	34.88
茶叶量	千克	0.19	0.15	0.17	0.12	0.16	0.16	0.22	0.28	0.24	0.22
咖啡可可粉	千克	0.05	0.01	0.00	0.02	0.03	0.04	0.06	0.06	0.13	0.14
鲜果	千克	56.55	34.23	31.91	42.80	51.15	56.82	65.31	67.65	74.63	75.83
鲜瓜	千克	19.04	9.60	8.33	13.06	16.42	19.67	22.33	24.96	26.14	26.58
坚果及果仁	千克	2.68	1.43	1.25	2.08	2.21	2.85	3.08	3.34	3.74	3.61
糕点	千克	6.18	3.13	2.59	4.45	5.71	6.39	7.19	7.53	8.14	8.39
鲜乳品	千克	23.65	9.74	7.90	15.41	20.14	24.30	27.77	30.55	36.87	37.26
奶粉	千克	0.39	0.28	0.32	0.28	0.42	0.35	0.47	0.39	0.49	0.52
酸奶	千克	4.29	1.62	1.19	2.37	3.49	4.25	5.09	5.77	7.73	8.49
服装	件	5.43	2.32	2.01	3.70	4.49	5.32	6.49	7.35	8.46	9.22
鞋类	双	2.15	1.34	1.29	1.72	1.92	2.18	2.37	2.61	2.97	3.02

10—13 城镇居民家庭平均每百户年末耐用品拥有量

品名	单位	合计	最低10%	#更低5%	低10%	较低20%	中间20%	较高20%	高10%	最高10%	#更高5%
成套家具	套	39.63	22.28	16.82	31.52	34.20	34.85	42.70	49.00	60.41	67.64
摩托车	辆	7.34	5.31	6.48	6.97	9.13	6.21	8.01	6.73	7.31	5.44
自行车	辆	107.42	100.94	86.71	123.80	115.19	107.90	109.20	98.52	90.51	85.93
助力车	辆	3.74	1.17	1.08	2.52	1.78	2.21	6.00	5.38	6.49	4.86
家用汽车	辆	1.16	0.23	0.00	0.17	0.15	0.73	1.12	2.82	3.48	6.87
洗衣机	台	87.88	71.66	67.07	81.46	86.85	86.33	89.44	97.03	96.81	94.12
电风扇	台	72.04	51.79	45.32	62.95	67.24	70.70	76.08	87.69	80.82	77.78
电冰箱	台	88.19	64.88	58.58	73.38	85.45	88.44	95.15	96.46	98.58	100.50
冰柜	台	8.19	3.19	1.89	6.37	6.80	6.64	8.80	9.97	15.20	13.42
彩色电视机	台	122.07	105.68	105.14	109.69	118.02	121.02	124.97	126.46	141.64	144.36
影碟机	台	50.96	30.64	31.34	43.81	44.51	47.92	55.47	61.41	67.90	73.61
录音机	台	41.68	24.85	21.91	31.41	38.42	40.04	46.43	45.08	57.11	57.73
录放像机	台	20.71	6.75	7.76	10.65	15.06	17.98	27.19	26.75	34.08	39.69
家用电脑	台	32.88	5.26	3.41	10.48	20.13	28.07	43.31	48.34	64.07	69.72
组合音响	套	21.60	7.54	6.68	11.96	16.35	19.15	28.10	29.97	31.40	34.35
摄像机	架	5.72	0.00	0.00	0.61	1.53	4.17	6.38	12.38	15.69	20.17
照相机	架	44.52	8.60	5.93	19.91	30.75	44.66	53.04	61.73	78.01	84.26
钢琴	架	2.38	0.63	0.00	1.49	1.55	1.32	2.13	3.67	6.75	6.91
其他中高档乐器	件	5.70	1.42	0.59	2.04	3.26	3.75	8.16	7.42	12.54	17.50
微波炉	台	41.94	9.70	8.56	19.40	28.64	38.34	52.03	59.72	73.62	75.54
空调器	台	14.29	1.68	0.53	1.85	5.54	10.31	16.28	24.55	40.40	49.47
取暖器	台	15.43	6.42	5.23	9.17	10.42	13.05	20.53	20.67	24.22	22.54
电炊具	台	85.50	73.05	71.55	79.92	78.32	85.84	87.45	91.41	100.28	105.98
淋浴热水器	台	60.52	22.80	22.00	38.85	47.18	57.31	72.98	82.25	86.49	87.08
排油烟机	台	79.01	57.83	59.60	67.18	74.82	78.80	83.23	88.91	92.50	92.01
消毒碗柜	台	4.96	1.60	2.62	0.94	1.91	2.56	5.90	8.62	14.35	19.23
洗碗机	台	0.63	0.00	0.00	0.00	0.39	0.55	0.91	0.97	1.29	1.77
饮水机	台	25.49	5.89	5.44	10.06	18.76	22.19	30.71	34.72	49.01	47.50
吸尘器	台	22.14	1.89	2.15	6.93	12.07	17.64	27.68	37.43	47.25	54.15
健身器材	套	3.37	0.47	0.00	0.18	1.26	1.79	4.58	5.70	9.60	12.25
普通电话	部	92.74	78.25	77.03	86.47	92.96	93.45	95.68	96.24	97.00	96.37
移动电话	部	107.14	42.99	39.06	68.34	86.82	98.76	130.53	139.31	154.27	160.01
传真机	部	0.56	0.00	0.00	0.00	0.29	0.77	0.17	0.62	2.13	4.21

10—14 城市居民家庭住房情况

指　　标	单 位	2005年	指　　标	单 位	2005年
1.房屋产权(合计)	%	100.00	井、河水	%	0.08
租赁公房	%	15.87	其他	%	0.00
租赁私房	%	1.44	11.用水情况(合计)	%	100.00
原有私房	%	1.24	独用自来水	%	98.91
房改私房	%	57.37	公用自来水	%	1.01
商品房	%	23.39	井、河水	%	0.08
其　他	%	0.68	其他	%	0.00
2.住宅建筑式样(合计)	%	100.00	12.卫生设备(合计)	%	100.00
单栋住宅	%	0.04	无卫生设备	%	1.41
四居室	%	1.08	有厕所浴室	%	61.48
三居室	%	18.13	有厕所无浴室	%	35.34
二居室	%	60.06	公用	%	1.77
一居室	%	15.93	13.取暖设备(合计)	%	100.00
普通楼房	%	2.07	无取暖设备	%	0.09
平房及其他	%	2.70	空调设备	%	0.18
3.建筑年份	年	15.70	暖气	%	96.75
4.装修状况(合计)	%	100.00	其他	%	2.98
有装修	%	60.48	14.炊用燃料使用情况(合计)	%	100.00
未装修	%	39.52	管道煤气	%	71.35
5.现有住房按市场价估计值	元	100 102.25	液化石油气	%	25.89
6.租赁房房租	元	14.94	煤	%	1.62
7.自有房房租折算	元	76.30	其他	%	1.14
8.购房年份	年	5.73	15.通信设备使用情况		--
9.购房总金额	元	42 361.11	(1)无电话(合计)	%	100.00
购房实际支出金额	元	40 284.76	是	%	1.81
10.饮水情况(合计)	%	100.00	否	%	98.19
自来水	%	83.87	(2)固定电话	户/百户	92.74
矿泉水	%	9.48	(3)移动电话	户/百户	107.14
纯净水	%	6.56	(4)使用互联网	户/百户	19.13

10—15 各地区城市居民家庭

(2005

品　　名	单位	全省	沈阳	大连	鞍山	抚顺	本溪
成套家具	套	39.63	52.80	36.40	48.00	25.00	29.33
摩托车	辆	7.34	6.40	4.00	10.00	4.00	4.00
自行车	辆	107.42	155.00	30.40	123.50	60.50	20.00
助力车	辆	3.74	8.40	1.00	7.00	0.50	0.33
家用汽车	辆	1.16	2.40	1.40	1.00	0.00	0.00
洗衣机	台	87.88	89.80	90.80	78.50	80.50	83.00
电风扇	台	72.04	75.80	81.40	66.50	70.50	57.00
电冰箱	台	88.19	91.60	96.80	91.00	82.00	81.67
冰柜	台	8.19	7.40	11.40	7.00	5.00	8.00
彩色电视机	台	122.07	129.00	130.40	122.50	118.00	115.00
影碟机	台	50.96	51.20	56.20	42.50	52.00	59.00
录音机	台	41.68	47.20	59.60	44.50	44.00	37.67
录放像机	台	20.71	28.60	44.00	15.50	10.00	12.33
家用电脑	台	32.88	45.80	55.20	24.50	22.00	20.33
组合音响	套	21.60	26.60	31.60	19.00	21.00	18.00
摄像机	架	5.72	9.60	10.60	4.00	2.50	1.00
照相机	架	44.52	62.80	71.80	40.00	32.00	33.00
钢琴	架	2.38	3.60	3.60	3.00	2.50	1.33
其他中高档乐器	件	5.70	6.00	8.80	3.00	8.00	4.00
微波炉	台	41.94	62.00	62.60	29.00	35.00	33.33
空调器	台	14.29	19.60	24.20	10.50	6.00	4.67
取暖器	台	15.43	16.20	28.00	10.00	17.50	23.00
电炊具	台	85.50	84.80	67.20	56.00	77.50	106.00
淋浴热水器	台	60.52	74.40	82.60	52.00	51.50	31.67
排油烟机	台	79.01	88.60	86.60	53.00	83.50	25.33
消毒碗柜	台	4.96	9.80	8.60	1.00	2.00	1.67
洗碗机	台	0.63	0.80	1.60	1.00	0.00	0.33
饮水机	台	25.49	36.80	23.20	11.00	12.00	11.67
吸尘器	台	22.14	34.80	30.40	20.00	17.00	8.33
健身器材	套	3.37	4.20	6.40	4.00	2.50	1.33
普通电话	部	92.74	93.60	97.40	95.00	92.00	85.67
移动电话	部	107.14	104.00	143.00	87.00	88.50	114.33
传真机	部	0.56	1.00	1.00	0.50	0.00	0.00

平均每百户耐用品拥有量

年末)

丹东	锦州	营口	阜新	辽阳	盘锦	铁岭	朝阳	葫芦岛
42.50	47.50	22.50	21.60	24.50	60.00	7.00	15.00	80.00
1.50	14.50	6.00	10.00	7.00	11.00	2.00	11.00	9.00
147.50	129.50	163.00	144.40	160.00	93.00	106.00	156.00	94.00
1.00	6.00	3.50	3.20	2.50	4.00	1.00	3.00	1.00
0.00	1.00	0.00	0.40	1.50	3.00	2.00	0.00	0.00
92.50	89.50	91.00	89.20	88.00	90.00	82.00	95.00	100.00
66.00	68.50	51.00	63.20	72.50	80.00	50.00	77.00	89.00
82.00	86.00	92.00	76.00	90.50	99.00	68.00	91.00	93.00
9.00	8.50	8.00	7.60	11.50	6.00	3.00	9.00	8.00
128.00	111.50	123.50	114.80	117.50	121.00	108.00	110.00	117.00
46.50	47.00	44.00	32.00	42.50	61.00	36.00	49.00	56.00
38.00	22.50	23.00	18.40	41.00	42.00	18.00	27.00	42.00
19.00	13.50	7.00	7.20	13.00	20.00	3.00	12.00	11.00
23.00	23.50	26.50	18.80	26.50	42.00	15.00	22.00	23.00
22.50	15.50	14.00	14.80	14.50	26.00	5.00	15.00	22.00
3.00	5.50	3.00	2.40	4.00	5.00	0.00	6.00	1.00
28.50	32.50	27.50	19.60	42.00	42.00	15.00	27.00	32.00
1.00	0.50	3.50	1.20	2.50	1.00	0.00	0.00	2.00
6.50	1.50	4.50	2.80	4.50	5.00	1.00	10.00	5.00
34.50	24.00	45.00	19.20	30.00	31.00	21.00	35.00	23.00
3.00	12.50	17.50	11.20	12.00	19.00	4.00	30.00	8.00
9.00	3.50	9.50	6.40	12.00	11.00	3.00	11.00	14.00
34.50	66.50	74.00	141.60	76.00	81.00	99.00	101.00	115.00
54.00	62.50	50.50	48.80	57.50	82.00	29.00	44.00	52.00
42.00	85.00	87.50	67.20	91.00	96.00	76.00	90.00	93.00
0.00	3.00	5.00	2.40	4.00	5.00	3.00	5.00	0.00
0.50	0.50	0.00	0.00	1.50	1.00	0.00	0.00	0.00
6.00	28.00	31.00	19.60	27.00	57.00	13.00	17.00	45.00
9.50	12.00	23.00	10.80	19.50	21.00	8.00	19.00	12.00
1.00	2.50	1.50	2.40	4.00	2.00	3.00	4.00	0.00
88.50	94.00	97.00	82.40	91.00	91.00	89.00	93.00	91.00
90.00	94.50	102.50	96.80	103.50	128.00	79.00	123.00	125.00
0.50	0.00	1.00	0.40	0.50	0.00	0.00	0.00	0.00

10—16 农民家庭基本情况

指　　标	单　位	2000年	2001年	2002年	2003年	2004年	2005年
调　查　户　数	**户**	**1 890**	**1 890**	**1 890**	**1 890**	**1 890**	**1 890**
调 查 户 人 口							
1.常 住 人 口	人	6 810	6 711	6 627	6 540	6 466	6 368
2.平均每户常住人口	人	3.60	3.55	3.51	3.46	3.42	3.37
3.平均每户整、半劳动力	人	2.65	2.58	2.57	2.58	2.57	2.52
4.平均每个劳动力负担人口(含本人)	人	1.36	1.37	1.36	1.34	1.33	1.34
平均每人全年收入							
1.总　收　入	元	3 588.6	3 912.9	4 205.8	4 458.2	4 888.0	6 028.3
2.纯　收　入	元	2 355.6	2 557.9	2 751.3	2 934.2	3 307.1	3 690.2
3.现 金 收 入	元	3 050.8	3 041.8	3 484.4	3 771.2	4 061.5	5 491.4
按人均纯收入分组的户数占调查户数比重							
200元以下	%	2.50	1.43	1.53	1.27	0.80	1.69
200 — 500	%	4.30	3.23	2.17	2.38	0.95	1.06
500 — 800	%	6.70	4.97	3.81	5.08	2.59	1.43
800 — 1000	%	4.40	4.29	3.65	3.81	2.43	1.38
1000 — 1200	%	5.70	4.97	4.76	3.86	2.91	2.38
1200 — 1500	%	5.00	8.36	8.94	6.67	4.71	4.87
1500 — 1700	%	6.60	6.46	5.13	3.65	4.76	4.18
1700 — 2000	%	8.60	8.52	8.52	7.41	6.19	6.35
2000 — 2500	%	14.10	14.55	13.76	13.07	12.43	10.21
2500 — 3000	%	11.10	10.95	10.48	10.69	12.49	11.22
3000 — 3500	%	8.40	8.25	9.42	10.53	10.95	8.84
3500 — 4000	%	5.00	6.83	6.77	7.62	8.99	9.26
4000 — 4500	%	4.00	4.44	5.29	5.82	6.98	8.31
4500 — 5000	%	2.10	3.17	3.23	3.97	4.76	5.03
5000元以上	%	11.50	9.58	12.54	14.18	18.04	23.81
平均每人全年支出	**元**	**3 467.5**	**3 440.8**	**3 525.2**	**3 618.7**	**3 888.8**	**5 566.3**
家庭经营费用支出	元	1 006.0	1 019.0	1 137.9	1 261.1	1 352.4	2 061.2
购置生产性固定资产支出	元	107.7	73.6	100.3	144.4	135.6	238.5
税 费 支 出	元	136.5	118.0	115.1	80.1	48.9	6.3
生活消费支出	元	1 753.5	1 786.3	1 781.3	1 884.1	2 073.0	2 699.7
财 产 性 支 出	元	58.3	11.0	10.6	14.1	15.7	37.1
转 移 性 支 出	元	323.5	341.8	380.1	235.0	263.3	521.8

10—17 农民家庭人均总收入与人均纯收入

单位:元

指　　标	2004年	2005年	构成(%)	
			2004年	2005年
一、总　收　入	**4 888.01**	**6 028.3**	**100.0**	**100.0**
(一)工资性收入	1 075.86	1 212.2	22.0	20.1
在非企业组织中得到收入	248.44	301.5	5.1	5.0
在本乡地域内劳动得到收入	529.33	585.3	10.8	9.7
外出从业得到收入	298.09	325.4	6.1	5.4
(二)家庭经营收入	3 498.53	4 379.6	71.6	72.7
(三)财产性收入	100.06	113.2	2.0	1.9
(四)转移性收入	213.56	323.2	4.4	5.4
二、人均纯收入	**3 307.14**	**3 690.2**	**100.0**	**100.0**
(一)工资性收入	1 075.86	1 212.2	32.5	32.8
在非企业组织中得到收入	248.44	301.5	7.5	8.2
在本乡地域内劳动得到收入	529.33	585.3	16.0	15.9
外出从业得到收入	298.09	325.4	9.0	8.8
(二)家庭经营净收入	1 991.49	2 163.5	60.2	58.6
1.农　业	1 320.66	1 361.4	39.9	36.9
2.林　业	12.65	17.7	0.4	0.5
3.牧　业	380.87	460.6	11.5	12.5
4.渔　业	35.47	42.1	1.1	1.1
5.工　业	43.34	26.6	1.3	0.7
6.建筑业	14	22.8	0.4	0.6
7.交通运输、邮电业	70.75	83.7	2.1	2.3
8.批零贸易、餐饮业	72.59	83.4	2.2	2.3
9.社会服务业	11.98	23.5	0.4	0.6
10.文教卫生业	10.36	16.4	0.3	0.4
11.其他家庭经营	18.82	25.4	0.6	0.7
(三)财产性净收入	100.06	113.2	3.0	3.1
(四)转移性净收入	139.73	201.3	4.2	5.5

10—18 各地区农民家庭人均纯收入

单位:元

地区	2000年	2001年	2002年	2003年	2004年	2005年
全省	**2 356**	**2 558**	**2 751**	**2 934**	**3 307**	**3 690**
沈阳	3 115	3 230	3 500	3 818	4 347	5 050
大连	3 740	3 900	4 140	4 513	5 106	5 903
鞍山	3 596	3 606	3 782	4 000	4 253	4 750
抚顺	2 763	2 953	3 113	3 308	3 580	3 743
本溪	2 752	2 970	3 150	3 372	3 663	4 022
丹东	2 974	3 098	3 263	3 480	3 816	4 178
锦州	2 295	2 553	2 822	3 020	3 400	3 730
营口	2 899	3 101	3 302	3 561	3 868	4 503
阜新	1 058	1 122	1 592	2 008	2 609	3 090
辽阳	2 902	3 054	3 200	3 465	3 800	4 133
盘锦	3 500	3 506	3 779	4 044	4 630	5 067
铁岭	2 503	2 663	2 929	3 137	3 482	3 756
朝阳	1 008	1 401	1 644	1 843	2 415	3 002
葫芦岛	1 850	2 277	2 416	2 572	3 052	3 428

注:1985年葫芦岛市未成立,该年数字包括在锦州及朝阳市内。

10—19 各地区农民家庭纯收入来源

（2005年）　　　　单位:元

地　　区	人均纯收入	工资性收入	家庭经营纯收入	财产性收入	转移性收入
全　　省	**3 690.21**	**1 212.20**	**2 163.49**	**113.24**	**201.28**
沈　　阳	5 050.11	1 567.22	3 017.03	285.26	180.60
大　　连	5 903.35	2 299.24	3 149.13	137.87	317.11
鞍　　山	4 750.03	1 815.66	2 683.81	96.95	153.61
抚　　顺	3 743.14	1 532.65	2 020.73	50.44	139.32
本　　溪	4 022.00	1 820.00	1 993.80	84.90	123.30
丹　　东	4 177.63	2 047.96	1 807.99	70.54	251.14
锦　　州	3 730.34	832.94	2 684.43	33.57	179.40
营　　口	4 503.06	1 930.12	2 261.05	104.12	207.77
阜　　新	3 090.00	447.57	2 471.22	38.20	133.01
辽　　阳	4 133.00	1 575.00	2 406.00	57.00	95.00
盘　　锦	5 067.03	1 159.34	3 526.30	150.32	231.07
铁　　岭	3 756.00	1 105.00	2 495.00	72.00	84.00
朝　　阳	3 002.23	1 105.22	1 720.80	67.09	109.12
葫 芦 岛	3 427.65	1 442.26	1 875.43	40.72	69.24

10—20 农民家庭人均总支出

单位:元

指标	2004年	2005年	构成(%)	
			2004年	2005年
总支出	**3 888.83**	**5 566.3**	**100**	**100**
(一)家庭经营费用支出	1 352.43	2 061.1	34.78	37.03
(二)购置生产性固定资产支出	130.34	238.4	3.35	4.28
(三)税费支出	48.9	6.3	1.26	0.11
(四)生活消费支出	2 072.95	2 699.7	53.31	48.50
1.食品	962	1 124.3	24.74	20.20
2.衣着	154.97	214.7	3.99	3.86
3.居住	290.08	366.9	7.46	6.59
4.家庭设备、用品及服务	72.58	100.4	1.87	1.80
5.医疗保健	145.19	287.6	3.73	5.17
6.交通和通讯	186.77	339.4	4.80	6.10
7.文教娱乐用品及服务	217.95	198.5	5.60	3.57
8.其他商品和服务	43.42	67.9	1.12	1.22
(五)财产性支出	15.68	37.1	0.40	0.67
(六)转移性支出	263.29	521.8	6.77	9.37

10—21 各地区农民家庭人均生活消费支出

（2005 年）　　　　　　　　单位:元

地区	生活消费支出合计	1.食品	2.衣着	3.居住	4.家庭设备用品	5.交通和通讯	6.文教娱乐用品及服务	7.医疗保健	8.其他商品和服务
全省	**2 699.70**	**1 124.26**	**214.72**	**366.87**	**100.42**	**287.65**	**339.41**	**198.47**	**67.90**
沈阳	3 095.23	1 232.23	289.33	484.71	112.54	347.35	357.83	210.02	61.22
大连	3 756.11	1 668.80	283.36	436.62	138.75	379.73	454.31	280.88	113.68
鞍山	3 528.63	1 250.99	278.32	636.27	106.81	320.12	485.03	315.14	135.95
抚顺	2 812.42	1 020.20	222.69	530.72	71.81	386.36	305.32	225.75	49.57
本溪	2 881.00	1 313.74	201.92	374.21	105.63	220.23	343.78	253.06	68.43
丹东	3 194.27	1 489.64	269.68	366.18	103.72	312.78	328.59	244.54	79.15
锦州	2 720.20	996.86	205.31	606.93	94.97	257.64	284.57	227.02	46.90
营口	3 352.79	1 107.27	297.67	530.02	123.54	374.46	618.30	231.13	70.40
阜新	3 228.59	1 453.00	207.76	342.60	153.70	344.31	357.95	317.95	51.32
辽阳	2 826.36	1 191.98	282.31	364.89	96.05	316.93	282.55	211.21	80.44
盘锦	3 614.28	1 614.38	307.91	544.31	117.16	325.48	345.06	275.58	84.40
铁岭	2 337.00	930.70	204.05	308.35	92.15	274.81	290.01	179.34	57.59
朝阳	2 551.73	1 034.26	158.48	362.67	89.66	278.93	373.52	213.00	41.21
葫芦岛	2 554.46	937.12	215.88	331.10	123.26	280.30	364.49	224.73	77.58

10—22 农村居民人均食品消费情况

单位:公斤

指标	2004年	2005年	指标	2004年	2005年
一、谷物和薯类	199.18	191.51	肉禽制品	1.27	2.03
#小麦	31.95	36.23	六、蛋类及蛋制品	9.77	8.58
稻谷	98.08	96.17	七、奶及奶制品	1.33	2.53
玉米	47.54	38.55	八、水产品	4.71	5.74
薯类	2.75	2.09	鱼类	3.43	4.11
二、豆类及豆制品	7.76	8.21	虾、贝、蟹类	0.89	1.13
大豆	4.86	3.84	藻类	0.12	0.15
三、蔬菜及菜制品	173.72	173.58	其他	0.28	0.35
四、油脂类	6.95	7.21	九、食糖	0.66	0.7
植物油	6.52	6.43	十、酒	10.3	13.72
动物油	0.43	0.78	#白酒	3.93	4.48
五、肉禽及其制品	20.43	21.96	啤酒	6.26	9.12
#猪肉	16.19	16.91	果酒	0.08	0.08
牛肉	0.42	0.51	十一、糖果		
羊肉	0.57	0.44	十二、水果及水果制品	23.11	26.21
家禽	1.99	2.08	十三、坚果及果仁制品	0.36	0.59

10—23　农民家庭平均每百户年末耐用消费品拥有量

品　　名	单 位	2000 年	2001 年	2002 年	2003 年	2004 年	2005 年
大型家具	台	123.49	134.97	140.63	144.55	135.84	141.69
洗衣机	台	54.97	55.98	56.08	58.52	58.68	63.71
电风扇	台	48.84	49.79	51.32	51.53	52.59	58.73
电冰箱	台	14.97	15.87	16.67	18.31	19.52	28.04
空调机	台	0.21	0.37	0.32	0.32	0.42	0.79
抽油烟机	台	2.59	3.02	2.28	2.80	3.17	7.35
吸尘器	台	0.63	0.69	0.58	0.74	0.63	1.48
微波炉	台	0.11	0.21	0.11	0.26	0.63	2.70
热水器	台	1.59	1.43	1.75	2.33	2.75	5.19
自行车	辆	127.99	128.62	127.99	125.87	123.92	104.29
摩托车	辆	23.81	25.77	29.68	33.39	35.45	45.40
汽车(生活用)	台	0	0.05	0.16	0.42	0.63	0.26
电话机	部	39.37	48.84	57.99	71.38	76.14	87.25
移动电话	部	4.5	8.36	12.28	20.32	24.97	53.49
寻呼机	台	10.37	11.27	9.52	5.82	3.70	0.53
彩色电视机	台	72.65	75.93	81.22	86.93	91.69	102.28
黑白电视机	台	37.99	34.97	31.64	26.30	21.59	9.05
录放像机	台	4.55	5.19	5.29	5.29	6.83	4.44
摄像机	台	0.16	0.11	0.32	0.53	0.69	0.58
影碟机	台	14.02	17.14	20.11	25.13	27.20	43.54
组合音响	台	12.01	12.65	13.33	14.60	14.18	13.49
收录机	台	20.26	21.06	19.95	17.41	16.88	8.94
照相机	架	4.92	4.71	4.97	4.76	4.39	6.14
家用计算机	台	0.21	0.32	0.42	0.74	1.38	2.59
中高档乐器	件	0.26	0.21	0.16	0.11	0.05	0.69

10—24 各地区农村居民

(2005

地　区	粮　食	油脂类	烟　叶	豆制品	蔬菜及菜制品	瓜　类
全　省	**196.40**	**7.21**	**0.27**	**3.33**	**173.58**	**2.18**
沈　阳	197.64	9.80	0.45	3.11	179.36	2.62
大　连	163.66	5.47	0.20	2.97	169.35	3.34
鞍　山	173.48	8.72	0.31	3.65	181.07	3.45
抚　顺	159.05	6.41	0.19	1.04	154.96	0.94
本　溪	210.41	10.62	0.40	3.57	177.05	2.02
丹　东	176.32	4.53	0.27	4.29	194.81	3.14
锦　州	197.32	7.96	0.21	5.51	159.13	1.92
营　口	193.34	6.13	0.16	3.57	126.37	2.37
阜　新	196.73	7.69	0.29	1.95	186.45	1.85
辽　阳	254.47	11.48	0.08	3.08	155.98	2.31
盘　锦	241.24	12.86	0.19	3.19	232.23	5.08
铁　岭	178.48	8.86	0.20	3.15	138.97	1.55
朝　阳	230.21	3.77	0.65	3.00	140.61	4.84
葫芦岛	125.72	6.35	0.15	4.56	105.80	0.74

人均主要食品消费量

年）

单位:公斤

水果类	茶叶	坚果	肉禽及制品	蛋类及其制品	奶及奶制品	水产品	食糖	酒
26.21	**0.11**	**0.59**	**21.96**	**8.58**	**2.53**	**5.74**	**0.70**	**13.72**
16.76	0.20	1.22	15.15	7.20	3.68	3.83	0.68	13.84
40.33	0.06	1.00	43.36	12.99	8.40	13.46	0.94	14.19
25.08	0.07	0.61	17.37	8.83	2.31	5.26	0.55	11.53
15.70	0.04	0.75	18.87	8.28	1.13	3.27	0.85	12.72
21.52	0.11	1.55	35.13	9.08	2.67	5.96	0.71	17.65
30.87	0.02	1.73	41.56	11.96	4.43	11.51	0.87	14.18
17.08	0.08	0.11	12.88	5.60	1.60	3.38	0.61	11.94
24.68	0.03	0.35	13.67	6.23	2.74	7.32	0.67	7.48
14.54	0.57	0.27	32.52	9.58	1.61	2.75	0.52	21.69
23.35	0.07	1.15	15.19	9.83	1.83	4.21	0.52	11.51
25.49	0.04	0.46	26.91	10.95	2.27	15.60	0.49	11.39
15.09	0.12	1.22	16.22	8.59	1.96	2.67	0.51	13.77
25.45	0.17	0.37	20.47	7.65	1.98	2.59	0.94	16.98
16.92	0.17	0.37	14.18	4.21	1.83	3.49	0.51	13.44

10—25　各地区农村居民平均每百户主要耐用消费品拥有量

（2005年末）

地　区	大型家具（件）	洗衣机（台）	电风扇（台）	电冰箱（台）	空调机（台）	抽油烟机（台）	吸尘器（台）	微波炉（台）	热水器（台）	自行车（辆）	摩托车（辆）
全　省	**141.69**	**63.71**	**58.73**	**28.04**	**0.79**	**7.35**	**1.48**	**2.70**	**5.19**	**104.29**	**45.40**
沈　阳	89.20	72.30	59.00	33.10	2.80	17.00	5.70	9.70	8.90	111.30	40.10
大　连	143.40	65.50	83.60	66.70	3.90	17.70	4.90	10.80	18.70	103.00	50.20
鞍　山	152.67	78.00	65.33	48.00	1.33	14.00	4.67	3.33	4.67	147.33	38.00
抚　顺	196.67	56.67	29.33	21.33	0.67	6.00	1.00	2.00	3.33	87.00	35.00
本　溪	97.14	55.71	26.67	31.90	2.38	8.10	0.95	3.33	4.29	97.62	30.48
丹　东	164.63	68.05	56.83	36.10	0.24	11.46	1.46	5.12	5.12	134.88	32.20
锦　州	101.54	79.49	70.77	25.90	1.03	9.49	0.26	1.54	1.79	92.33	43.08
营　口	99.71	71.71	54.57	36.29	4.86	6.86	2.29	2.86	4.00	109.71	41.14
阜　新	114.00	76.00	52.00	18.25	0.25	2.00	0.00	0.75	1.25	79.75	61.75
辽　阳	36.00	72.86	62.29	31.71	8.00	22.29	4.57	4.86	8.00	112.00	22.29
盘　锦	127.25	79.75	75.25	35.50	1.50	12.00	1.50	2.25	4.25	135.50	45.25
铁　岭	94.17	67.68	34.17	10.00	1.17	2.67	0.50	1.83	1.33	107.83	34.83
朝　阳	141.51	60.50	63.03	16.13	0.50	2.86	0.00	0.50	1.01	103.19	47.23
葫芦岛	120.71	77.14	68.81	33.81	0.48	10.71	0.95	2.62	5.24	79.76	50.71

10—25续表　　（2005年末）

地　区	汽车（生活用）（辆）	电话机（部）	移动电话（部）	彩色电视机（台）	黑白电视机（台）	录放像机（台）	影碟机（台）	组合音响（台）	收录机（台）	照相机（架）	家用计算机（台）
全　省	**0.26**	**87.25**	**53.49**	**102.28**	**9.05**	**4.44**	**43.54**	**13.49**	**8.94**	**6.14**	**2.59**
沈　阳	1.50	89.90	65.10	104.70	3.10	4.30	52.60	19.10	14.10	13.30	9.40
大　连	1.80	92.20	83.90	108.50	6.40	12.90	46.00	18.50	17.00	13.90	8.00
鞍　山	0.00	94.67	77.33	118.00	2.00	5.33	52.67	23.33	14.67	12.00	2.00
抚　顺	0.67	88.67	57.00	108.67	4.67	4.00	42.67	13.00	7.33	5.67	1.67
本　溪	0.95	94.76	67.62	104.76	4.29	1.90	49.52	18.10	7.62	10.00	4.29
丹　东	1.95	89.27	69.51	110.49	8.29	9.76	45.37	26.59	8.05	6.34	1.46
锦　州	3.85	91.28	45.38	101.28	6.15	3.08	45.38	16.92	11.03	5.90	1.28
营　口	4.57	94.29	72.57	104.86	0.29	5.43	28.57	7.14	11.43	6.57	0.00
阜　新	1.00	84.50	49.00	98.25	7.25	2.00	36.00	13.75	8.25	3.75	0.25
辽　阳	3.14	84.86	51.14	99.14	0.86	8.57	25.14	16.86	14.29	7.14	1.14
盘　锦	0.25	96.00	62.50	107.75	4.50	1.75	59.25	16.50	16.00	5.25	3.50
铁　岭	0.50	78.33	58.17	103.50	5.17	1.83	39.33	13.67	3.00	2.00	1.17
朝　阳	0.00	80.17	48.74	91.76	19.33	0.84	42.69	13.95	12.77	4.03	1.34
葫芦岛	0.71	86.67	53.57	97.38	9.29	6.43	38.81	13.33	4.52	4.76	3.57

10—26 农民家庭住房情况

指标	单位	2003年	2004年	2005年
期末住房情况				
(一)住房面积	平方米/人	23.69	23.94	25.1
#租用住房面积	平方米/人	0.03	0.04	0.1
(二)住房价值	元/平方米	278.91	285.22	343.5
(三)住房类型				
1.楼房	平方米/人	0.45	0.44	1.3
2.砖瓦平房	平方米/人	22.45	22.87	23.0
3.其他	平方米/人	0.79	0.62	0.8
(四)住房结构				
1.钢筋混凝土结构	平方米/人	2.68	3.27	4.3
2.砖木结构	平方米/人	20.77	20.44	20.5
3.其他	平方米/人	0.25	0.23	0.3
期内新建(购)住房情况				
(一)新建(购)住房面积	平方米/人	0.47	0.39	0.4
(二)新建(购)住房价值	元/平方米	386.44	420.97	188.0
(三)新建(购)住房类型				
1.楼房	平方米/人	0.02	0.02	0
2.砖瓦平房	平方米/人	0.42	0.37	0.4
3.其他	平方米/人	0.03	0	0
(四)新建住(购)房结构				
1.钢筋混凝土结构	平方米/人	0.25	0.15	0.1
2.砖木结构	平方米/人	0.22	0.25	0.3
3.其他	平方米/人		0	0
期内新建(购)住房资金来源				
1.自筹	元/人	168.43	138.42	158.1
2.银行、信用社贷款	元/人	0.31	4.64	8.6
3.其他	元/人	13.38	21.5	21.2
居住条件	**(百户均)**			
住房有卫生设备的户数	户	99.74	99.95	99.1
使用安全饮用水的户数	户	92.8	99.5	100
有取暖设备的户数	户	100	100	100
#1.空调	户	0.1	0.1	0.1
2.暖气	户	9.95	12.28	19.8
3.火炕	户	90.05	87.72	80.1
燃料使用情况	**(百户均)**			
#1.液化气	户	1.53	3.17	10.8
2.煤炭	户	9.21	8.15	4.3
3.柴草	户	89.26	88.68	83.9

主要统计指标解释

城镇居民家庭就业人口 指城镇居民从事社会劳动并取得劳动报酬或经营收入的人口。就业人口包括通过国家统筹规划和指导由劳动部门介绍就业，自愿组织起来就业和自谋职业等方式，在国有制、集体所有制、中外合资、中外合作、外资在华独资的企事业单位和私营企业单位工作或从事个体劳动的有固定性职业或临时性职业的人口。被聘用和留用的离退休人员也计入就业人口。本指标可以反映城镇居民的就业情况，是计算就业面、负担系数的重要资料。

城镇居民家庭总收入 指调查户中生活在一起的所有家庭成员在调查期得到的工薪收入、经营净收入、财产性收入、转移性收入的总和，不包括出售财物和借贷收入。

城镇居民可支配收入 指调查户可用于最终消费支出和其它非义务性支出以及储蓄的总和，即居民家庭可以用来自由支配的收入。它是家庭总收入扣除交纳的所得税、个人交纳的社会保障费以及调查户的记账补贴后的收入。

城镇居民工薪收入 指就业人员通过各种途径得到的全部劳动报酬，包括所从事的主要职业的工资以及从事第二职业、其他兼职和零星劳动得到的其它劳动收入。

城镇居家家庭总支出 指家庭除借贷支出外的全部实际支出。包括消费性支出、购房建房支出、转移性支出、财产性支出、社会保障支出。

城镇居民消费支出 指调查户用于本家庭日常生活的全部支出，包括食品、衣着、家庭设备用品及服务、医疗保健、交通和通讯、娱乐教育文化服务、居住、杂项商品和服务八大类等。不包括用于赠送的商品或服务。消费支出按商品(服务)的用途分类。

城镇居民服务性消费支出 指调查户用于本家庭支付社会提供的各种文化和生活方面的非商品性服务费用。不包括为别人付款的服务。服务消费与商品消费不同，其特点在于其劳动过程和消费过程在时间与空间上的统一。

农村居民家庭纯收入 指农村常住居民家庭总收入中，扣除从事经营费用支出、税费支出、赠送农村内部亲友和生产性固定资产折旧以后剩余的，可直接用于进行生产性、非生产性建设投资、生活消费和积蓄的那一部分收入。它是反映农民家庭实际收入水平的综合性的主要指标。农民家庭纯收入，既包括从事生产性和非生产性的经营收入，又包括取自在外人口寄回带回和国家财政救济、各种补贴等非经营性收入，既包括货币收入，又包括自产自用的实物收入。但不包括向银行、信用社和向亲友借款等属于借贷性的收入。

农村居民家庭整半劳动力 指农村常住居民家庭成员中有劳动能力并经常参加实际劳动的人员。是生产的基本要素指标之一，是发展生产增加农民家庭收入的重要源泉。按规定，农村男 18 周岁至 50 周岁、女 18 周岁至 45 周岁为整劳动力；男 16 周岁至 17 周岁、51 周岁至 60 周岁、女 16 周岁至 17 周岁、46 周岁至 55 周岁为半劳动力。农民家庭整半劳动力，既包括在上述规定劳动年龄内和在劳动年龄以外有劳动能力并经常参加实际劳动的男女整半劳动力；也包括农民家庭常住人员中属于职工的劳动力。但不包括在劳动年龄内已丧失劳动能力的人员。

农村居民家庭生活消费支出 指农村常住居民家庭年内用于日常生产的全部开支。它是用来反映和研究农民家庭实际生活消费水平高低的重要指标。农民家庭生活消费支出，包括用于吃、穿、住、烧、用等生活消费品开支和文化、生活服务费用开支两大部分。

农村居民家庭商品性生活消费支出 指农村常住居民家庭用其货币收入，在市场上购买食品、衣着、家庭用家具器皿、日用杂品、燃料、耐用消费品，以及文教卫生用品等生活消费总量。包括向国有商店、集体商店和集市贸易市场以及其他流通渠道购买的全部生活消费品。农民家庭商品性生活消费支出，是农民家庭生活消费支出的一个重要组成部分，是用来反映和分析农民家庭生活消费水平的商品化程度，及其由自给性经济向商品经济发展趋势的重要指标，也是研究和预测农民家庭对市场消费品需求，制定商品供应计划的重要依据。

城乡储蓄存款余额 城乡储蓄存款，包括城镇居民储蓄存款和农民个人储蓄存款两部分。不包括居民的手存现金和工矿企业、部队、机关团体等集团存款。储蓄存款余额，是指城乡居民存入银行及农村信用社储蓄的时点数(存入数扣除取出数的余额)，如月末、季末或年末数额。

第十一篇

城市建设

11

CHENGSHI
JIANSHE

11—1 城市公用事业基本情况

指标	单位	2000年	2001年	2002年	2003年	2004年	2005年
自来水全年供水总量	亿吨	30.9	29.7	28.0	28.1	28.1	28.3
#生活用水量	亿吨	10.4	10.1	9.6	9.4	10.2	10.4
人均日生活用水量	升	162.4	160.2	143.8	127.6	147.2	147.3
用水普及率	%	98.2	86.9	87.1	87.9	93.0	93.8
公共车辆(汽、电车)数	辆	13 136	14 363	15 601	16 224	16 969	17 548
平均每万人拥有	标台	8.5	7.4	7.8	8.2	8.6	8.9
道路长度	公里	9 249	9 462	9 875	10 204	10 407	10 556
平均每万人拥有	公里	5.9	4.7	4.9	5.0	5.1	5.1
道路面积	万平米	10 152	13 793	14 270	14 885	15 635	16 337
平均每万人拥有	万平米	6.5	6.9	7.1	7.4	7.7	8.0
排水管道长度	公里	8 354	8 394	8 880	9 120	9 308	10 519
平均每万人拥有	公里	5.3	4.2	4.4	4.5	4.6	5.1
公用煤气、液化气							
人工煤气全年供气总量	亿立米	8.2	5.9	6.1	6.9	6.1	6.4
#家庭用量	亿立米	3.8	3.8	4.0	5.0	4.3	4.3
煤气管道长度	公里	4 470	4 595	4 718	4 871	4 535	4 897
天然气全年供气总量	亿立米	2.5	3.1	3.1	3.0	3.8	3.7
液化气家庭用量	亿立米	28.2	28.7	26.4	27.6	28.6	25.1
燃气普及率	%	89.3	76.8	82.0	85.6	87.2	88.1
城市绿化							
园林绿地面积	公顷	61 432	65 394	61 519	65 211	71 797	74 583
每万人拥有园林绿地面积	公顷	39.2	32.8	30.5	32.2	35.2	36.3
公园个数	个	197	206	212	225	247	259
公园面积	公顷	4 751	5 852	6 083	6 946	7 862	8 300
清洁卫生							
生活垃圾清运量	万吨	838	768	774	791	779	769
粪便清运量	万吨	160	148	152	144	159	148
每万人拥有公共厕所	座	6.7	4.6	5.1	4.7	4.9	4.7

注:人均指标按全部城镇人口计算,2000年以前是按城镇人口中的非农人口计算。

11—2 各市区城市设施水平

（2005年）

年份、地区	人均住宅建筑面积（平方米）	城市用水普及率（%）	城市燃气普及率（%）	每万人拥有公共交通车辆（标台）	人均拥有道路面积（平方米）	人均公共绿地面积（平方米）	水冲公厕比率（%）
2 0 0 0		98.20	89.30	8.45	6.47	5.72	10.09
2 0 0 1	18.88	86.92	76.79	7.35	6.91	5.01	12.34
2 0 0 2	19.37	87.08	81.96	7.84	7.08	5.68	10.43
2 0 0 3	20.24	87.88	85.55	8.18	7.35	6.25	11.58
2 0 0 4	20.99	92.99	87.16	8.64	7.67	7.12	9.69
2 0 0 5	21.97	93.83	88.11	8.94	7.95	7.49	14.21
沈　阳	23.24	91.75	92.45	10.93	9.32	8.86	21.85
大　连	24.47	100.00	96.79	18.14	7.88	8.68	95.81
鞍　山	19.79	93.19	97.71	9.73	8.75	7.76	100.00
抚　顺	22.00	95.28	95.07	10.37	6.58	7.32	5.01
本　溪	18.12	89.37	68.78	5.95	4.66	7.32	5.04
丹　东	19.67	82.10	82.46	5.49	7.54	5.07	2.59
锦　州	24.04	100.00	94.02	5.69	8.20	6.38	23.00
营　口	19.66	100.00	98.86	5.18	6.40	8.88	4.93
阜　新	17.12	96.03	52.50	3.78	5.37	6.17	12.82
辽　阳	19.99	100.00	85.00	4.98	9.09	7.45	6.16
盘　锦	27.32	100.00	100.00	7.71	10.69	6.43	11.54
铁　岭	18.31	90.66	85.86	4.45	7.16	5.07	8.33
朝　阳	23.31	75.83	73.53	1.44	5.56	4.22	10.84
葫芦岛	23.69	100.00	91.78	6.59	9.83	12.22	12.50

11—3 各地区城市建设情况

年份、地区	建成区面积（平方公里）	征用土地面积（平方公里）	城市人口密度（人/平方公里）	年末实有房屋建筑面积（万平方米）	年末实有住宅建筑面积（万平方米）
2000	1558.6	22.6	1 174	52 481	30 841
2001	1612.4	11.2	1 236	57 657	33 982
2002	1660.4	21.2	1 246	62 065	36 970
2003	1694.6	36.6	1 244	67 316	40 488
2004	1737.3	38.7	1 256	70 939	42 615
2005	1779.9	71.9	1 243	74 153	44 978
沈阳	310.0	25.5	1 419	18 405	10 468
大连	248.0	24.0	1 095	12 505	7 385
鞍山	136.4	6.6	2 342	6 411	4 199
抚顺	122.0		1 971	5 431	3 422
本溪	106.5		634	3 372	1 786
丹东	52.9	0.7	903	3 099	2 037
锦州	62.3	0.7	1 995	4 169	2 702
营口	92.8		1 230	3 571	2 234
阜新	53.5		1 743	2 478	1 391
辽阳	82.5	7.4	1 247	2 429	1 351
盘锦	54.0	0.8	2 169	3 056	1 937
铁岭	41.8	0.1	601	2 945	1 865
朝阳	29.0		924	3 055	2 006
葫芦岛	61.7	0.4	706	3 228	2 197

11—4 各地区城市市政设施情况

年份、地区	年末实有道路长度（公里）	年末实有道路面积（万平方米）	城市桥梁（座）	城市排水管道长度（公里）	城市污水日处理能力（万立方米）	城市路灯（盏）
2000	9249	10 152	1 253	8 354	110.7	297 666
2001	9462	13 793	1 260	8 394	122.9	371 855
2002	9875	14 270	1 247	8 880	200.4	481 674
2003	10204	14 885	1 326	9 120	249	634 979
2004	10407	15 635	1 300	9 308	306.1	664 359
2005	10556	16 337	1 232	10 519	347.1	785 639
沈阳	3117	4 620	179	2 888	127.0	140 244
大连	1498	2 213.9	135	1 714	48.0	158 026
鞍山	471	1 279	23	764	33.0	40 942
抚顺	590	926	93	683	25.0	20 911
本溪	351	448.1	149	337	32.5	11 759
丹东	419	566.6	96	251		24 031
锦州	416	713	37	438	10.0	12 549
营口	369	552.4	32	491		31 289
阜新	320	419.4	35	225		10 609
辽阳	490	650	83	623	28.5	85 441
盘锦	328	617.1	55	403	10.0	27 791
铁岭	174	313.7	6	174	10.0	15 148
朝阳	200	273.8	13	182		9 675
葫芦岛	214	399.4	31	193	14.1	11 022

11—5 各地区城市供水情况

年份、地区	年末供水综合生产能力(万立方米/日)	年末供水管道长度(公里)	全年供水总量(万立方米)	#生活用水	#生产用水	用水人口(万人)	人均日生活用水量(升)
2000	1393	20 627	308 500	103 812	163 667	1 751	162.4
2001	1351	21 708	297 247	101 406	164 091	1 734	160.2
2002	1338	21 602	279 644	95 501	136 908	1 755	149.1
2003	1347	21 999	280 510	94 322	131 973	1 780	145.2
2004	1357	23 636	281 080	101 877	126 676	1 896	147.2
2005	1339	23 211	282 618	103 683	130 232	1 928.8	147.3
沈阳	199	3 024	55 985	23 807	16 843	455	143.4
大连	144	3 849	36 061	26 093	9 752	281.1	254.3
鞍山	195	2 090	46 665	8 895	29 007	136.2	178.9
抚顺	130	1 582	14 961	5 086	9 667	134	104.0
本溪	135	625	30 351	3 349	24 477	86	106.7
丹东	53	953	7 148	2 461	2 723	61.7	109.2
锦州	83	696	16 289	4 751	8 806	87	149.6
营口	55	1 642	6 638	3 183	1 520	86.3	101.1
阜新	30	1 334	7 440	2 848	2 219	75	104.0
辽阳	66	1 199	16 170	4 948	6 871	71.5	189.5
盘锦	45	635	8 030	2 769	3 480	57.7	131.5
铁岭	24	584	4 469	2 217	602	39.7	153.0
朝阳	26	469	4 546	1 845	1 248	37.3	135.4
葫芦岛	30	758	4 923	1 601	2 838	40.6	107.9

11—6 各地区城市燃气情况

年份、地区	人工煤气生产能力(万立米/日)	管道长度(公里)			全年供气总量			用气人口(万人)		
		人工煤气	液化石油气	天然气	人工煤气(万立米)	液化石油气(吨)	天然气(万立米)	人工煤气	液化石油气	天然气
2000	163.1	4 470	195	2 950	81 957	379 194	24 923	422.1	568.8	409.9
2001	201.5	4 595	217	3 169	58 642	387 530	30 764	458.5	645.8	427.6
2002	218.7	4 718	254	3 355	61 430	377 990	30 701	511.6	698.5	441.5
2003	230.5	4 871	290	4 286	69 121	432 358	30 338	541.6	734.4	456.5
2004	214.4	4 535	198	5 214	61 112	456 355	37 698	474.7	726.8	575.9
2005	190.8	4 897	437	4 979	63 614	402 659	36 817	531.5	713.1	566.6
沈阳	24	0	0	2 300	6 610	10	14 009	33	89.2	336.3
大连	75	2 036	246	0	23 226	149 074	0	183.9	88.2	0
鞍山	0	1 044	0	325	12 564	8 958	1 589	98.7	9.3	34.8
抚顺	0	0	0	638	0	30 000	11 796	0	67	66.7
本溪	0	269	6	0	4 089	18 500	0	50.4	15.8	0
丹东	21	341	0	0	3 616	11 649	0	44	18	0
锦州	32.8	679	39	0	5 621	18 415	0	66.2	15.6	0
营口	0	0	8	239	0	25 915	813	0	64.9	20.4
阜新	0	0	0	165	0	4 639	1 885	0	16	25
辽阳	0	0	4	344	0	13 309	653	0	36.5	24.3
盘锦	0	0	10	344	0	20 900	834	0	39.7	18
铁岭	0	278	0	0	1 802	3 490	0	27	10.6	0
朝阳	0	213	0	0	1 586	3 644	0	25.5	10.7	0
葫芦岛	0	0	4	383	0	10 800	1 049	0	10.8	26.5

11—7 各地区城市集中供热情况

年份、地区	供应能力		供热总量		管道长度(公里)		供热面积
	蒸汽(吨/小时)	热水(兆瓦)	蒸汽(万吉焦)	热水(万吉焦)	蒸汽	热水	(万平方米)
2000	11 569	19 154	2 201	11 388	1 303	7 211	20 030
2001	11 435	20 564	2 747	12 888	1 659	8 617	22 048
2002	10 911	29 269	3 437	19 616	1 722	9 679	24 963
2003	10 975	30 874	3 999	19 719	1 707	10 927	29 669
2004	11 844	30 488	5 269	18 729	1 711	12 376	38 150
2005	12 583	36 051	6 435	22 508	2 312	14 093	47 621
沈阳	785	11 586	134	6 170	773	3 962	19 915
大连	3 760	5 774	1 999	3 280	280	2 292	8 102
鞍山	180	2 649	165	1 896	12	845	2 336
抚顺	1 577	1 406	674	961	374	305	1 169
本溪	0	1 263	0	984	0	263	1 396
丹东	860	878	875	1 138	50	270	1 062
锦州	1 032	2 026	168	1 480	73	1 296	2 019
营口	62	632	28	352	12	561	930
阜新	24	1 025	32	829	2	467	1 224
辽阳	906	1 144	439	727	156	421	1 467
盘锦	1 210	850	615	562	23	392	1 187
铁岭	105	1 103	90	567	15	442	963
朝阳	180	682	283	650	38	655	804
葫芦岛	710	790	124	471	40	296	761

11—8 各地区城市公共交通情况

年份、地区	年末公共汽(电)车运营数(辆)	公共汽车	无轨电车	公共汽(电)车客运总量(万人次)	公共汽车	无轨电车	出租汽车(辆)
2000	13136	12 919	217	297 305	278 836	18 469	75 389
2001	14363	14 300	63	321 362	320 784	578	75 415
2002	15601	15 538	63	321 107	317 112	3 995	79 086
2003	16224	16 161	63	333 104	329 585	3 519	83 730
2004	16969	16 920	49	335 576	332 337	3 240	84 578
2005	17548	17 503	45	314 394	311 347	3 046	81 020
沈阳	4913	4 913		83 803	83 803		19 104
大连	4005	3 960	45	110 400	107 354	3 046	9 639
鞍山	1568	1 568		16 950	16 950		5 375
抚顺	1554	1 554		28 368	28 368		4 560
本溪	568	568		22 036	22 036		2 594
丹东	411	411		7 917	7 917		1 915
锦州	506	506		7 598	7 598		3 879
营口	432	432		4 700	4 700		4 780
阜新	354	354		3 652	3 652		2 760
辽阳	374	374		5 120	5 120		2 463
盘锦	412	412		3 622	3 622		3 226
铁岭	249	249		2 296	2 296		1 870
朝阳	101	101		1 150	1 150		2 685
葫芦岛	224	224		2 122	2 122		4 122

11—9 各地区城市园林绿化情况

年份、地区	城市园林绿地面积（公顷）	#公共绿地	公园（个）	公园面积（公顷）	年游人量（万人次）
2000	61 432	8 977	197	4 751	5 800
2001	65 394	10 002	206	5 852	5 643
2002	61 519	11 451	212	6 083	7 110
2003	65 211	12 654	225	6 946	5 078
2004	71 797	14 513	247	7 862	6 559
2005	74 583	15 387	259	8 300.4	6 508
沈阳	20 604	4 394	51	2 843	3 025
大连	11 253	2 439	46	998	546
鞍山	4 847	1 135	6	476	127
抚顺	4 140	1 030	15	427	222
本溪	4 342	704	8	354.6	70
丹东	1 834	382	7	280.2	38
锦州	2 678	555	16	376	382
营口	2 719	766	18	728.7	241
阜新	1 928	482	12	339	421
辽阳	2 617	533	12	94	694
盘锦	1 799	371	7	233.9	52
铁岭	1 568	222	7	54.3	65
朝阳	2 041	208	4	115.1	5
葫芦岛	2 618	497	6	251.8	11

11—10 各地区城市环境卫生情况

年份、地区	清扫保洁面积（万平方米）	生活垃圾清运量（万吨）	粪便清运量（万吨）	市容环卫专用车辆总数（台）	公共厕所（座）	#水冲式
2000	16588	838	160	3 009	10 523	1 062
2001	16574	768	148	2 997	9 211	1 137
2002	17772	774	152	3 017	10 352	1 080
2003	18590	791	144	2 920	9 529	1 103
2004	18931	779	159	2 883	10 077	976
2005	19588	769	148	3 313	9 661	1 373
沈阳	6892	165	21	920	1 712	374
大连	2606	73	6	355	453	434
鞍山	1348	37	2	201	93	93
抚顺	1045	50	7	163	998	50
本溪	470	34	6	95	575	29
丹东	660	26	10	174	1 160	30
锦州	698	37	7	164	300	69
营口	460	35	11	130	548	27
阜新	375	51	9	117	156	20
辽阳	759	24	13	135	649	40
盘锦	621	16	4	147	130	15
铁岭	506	16	2	42	144	12
朝阳	331	26	2	54	332	36
葫芦岛	513	24	3	39	104	13

主要统计指标解释

年底自来水生产能力 指年底城建部门管理的自来水厂和自备水源的社会单位取水、净化、送水、出厂输水干管等环节的实际生产能力。

年底供水管道长度 指从送水泵到用户水表之间所有管道的长度。

全年供水总量 指公用自来水厂和自备水源的社会单位全年的供水总量,包括有效供水量及损失水量。

生活用水量 指居民日常生活与公共福利设施的用水量。包括居民、饮食店、旅馆、医院、理发店、浴池、洗衣店、游泳池、商店、学校、机关、部队等单位的用水量。

城市人口用水普及率 指城市用水的非农业人口数(不包括临时人口和流动人口)与城市非农业人口总数之比。计算公式:

$$用水普及率=\frac{城市用水的非农业人口数}{城市非农业人口数}\times 100\%$$

人工煤气生产能力 指城市煤气厂制气、净化、输送等环节的综合实际生产能力。

全年供气总量 指全年售给各类用户的全部煤气量。包括工业用量、家庭用量和其他用量。

城市用气普及率 指使用煤气(包括人工煤气、液化石油气、天然气)的城市非农业人口数(不包括临时人口和流动人口)与城市非农业人口总数之比。计算公式:

$$城市煤气普及率=\frac{城市用气的非农业人口数}{城市非农业人口总数}\times 100\%$$

城市供热能力 指热电厂、热力公司和达到标准的集中采暖锅炉房向城市输送的供热源的设计能力。每小时向城市输送的蒸汽、热水能力。

城市供热总量 指热电厂、热力公司和达到标准的集中采暖锅炉房全年向城市输送的全部蒸汽、热水量。

城市供热管道长度 指热电厂、热力公司 和达到标准的集中采暖锅炉房管理的集中供热热源到用户之间的全部供气、供热水的管道长度。

年底实有铺装道路长度 指除土路外,路面经过铺装宽度在3.5米以上的道路,包括高级、次高级道路和普通道路。

城市桥梁 指城市范围内,修建在河道上的桥梁和道路与道路立交、道路跨越铁路的立交桥,以及人行天桥,包括永久性桥和半永久性桥,不包括临时性桥、铁路桥、涵洞。

城市下水道总长度 指所有排水总管、干管、支管及暗渠、检查井、连接井进出口等长度之和。

城市污水日处理能力 指污水处理厂每昼夜处理污水量的设计能力。

年末实有公共汽(电)车 指年底可参加营运的全部车辆数,包括年底营运车辆数和库存查封未参加营运的车辆,不包括非营运车辆,如架线车、油罐车、工程车、货车及其他专用车辆和借人的客运车辆。

营运线路长度 指设置的固定营运线路长度,包括郊区营运线路长度。不包括临时行驶的线路长度。

城市园林绿地面积 指城市公共绿地、专用绿地、生产绿地、防护绿地、郊区风景名胜区的全部面积。

公共绿地 指供游览休息的各种公园、动物园、植物园、陵园以及花园、游园和供游览休息用的林荫道绿地、广场绿地。不包括一般载植的行道树及林荫道的面积。

第十二篇

环境保护

12

HUANJING BAOHU

12—1 环境保护基本投资

指标	单位	2000年	2001年	2002年	2003年	2004年	2005年
废水排放总量	万吨	205 622.25	196 009.23	189 218.22	191 840.85	195 257.05	218 704.63
#工业废水排放量	万吨	109 044.25	99 505.23	92 001.22	89 185.85	91 810.05	105 071.63
生活污水排放量	万吨	96 578.00	96 504.00	97 217.00	102 655.00	103 447.00	113 633.00
工业废水排放达标量	万吨	87 196.21	84 381.33	80 818.85	81 703.85	86 233.98	99 917.27
工业废水排放达标率	%	79.96	84.80	87.85	91.61	93.93	95.09
工业废气排放量	万标立方米	94 316 054	100 417 604	104 615 693	127 740 860	130 149 562	209 032 537
#燃料燃烧	万标立方米	59 249 172	58 429 970	60 767 980	68 136 771	67 983 924	106 400 800
生产工艺	万标立方米	35 066 882	41 987 634	43 847 713	59 604 089	62 165 638	102 631 737
二氧化硫排放量	万吨	93.25	83.94	79.25	82.29	83.10	119.75
#工业	万吨	70.57	60.76	57.30	63.73	64.93	96.15
生活	万吨	22.68	23.18	21.95	18.56	18.17	23.60
烟尘排放量	万吨	79.72	70.93	63.59	58.77	57.84	74.56
#工业	万吨	54.72	47.49	42.41	40.51	38.98	51.73
生活	万吨	25.00	23.44	21.18	18.26	18.86	22.83
工业粉尘排放量	万吨	42.92	39.38	33.94	34.74	34.39	45.26
工业二氧化硫去除量	万吨	66.57	66.12	65.36	67.02	69.41	72.40
工业烟尘去除量	万吨	861.09	850.93	874.69	924.69	986.58	1 125.04
工业粉尘去除量	万吨	308.73	369.67	339.77	371.89	410.25	432.89
建成城市烟尘控制区数	个	41	45	74	64	96	104
烟尘控制区面积	平方公里	1 141.86	1 102.38	1 100.4	1 433.9	1 453.2	1 523.6
工业固体废物产生量	万吨	7 562.47	7 864.57	8 146.26	8 249.98	8 878.56	10 241.83
#危险废物	万吨	88.90	68.06	68.10	58.49	46.95	52.56
工业固体废物综合利用量	万吨	2 573.03	2 733.33	3 139.07	3 397.64	3 551.70	4 267.76
工业固体废物综合利用率	%	34.02	34.72	38.28	40.61	39.94	41.61
工业固体废物排放量	万吨	84.05	44.27	35.42	14.21	11.65	9.39
"三废"综合利用产品产值	万元	164 387.8	207 992.5	200 243.2	133 004.9	252 058.6	256 174.2
环境污染与破坏事故次数	次	94	59	26	17	19	26
污染破坏事故赔款总额	万元	133.7	260.07	8.40	9.3	344.8	10.1
污染破坏事故罚款总额	万元	6.5	8.77	18.60	6.0	19.6	30.0
环境污染治理投资总额	万元	682 538.63	484 463.5	888 389.1	1 355 299.9	1 230 417.7	1 714 219.1
占生产总值比重	%	1.46	0.96	1.63	2.26	1.79	2.14
污染治理项目本年完成投资额	万元	120 194.6	114 663.7	102 426.60	154 297.9	226 576.2	369 498.8

12—2 各地区废水排放及处理情况

（2005年）

地区	汇总工业企业数（个）	废水治理设施数（套）	工业废水排放总量（万吨）	工业废水排放达标量（万吨）	生活污水排放量（万吨）
全省	**3 009**	**2 137**	**105 071.63**	**99 917.27**	**113 633**
沈阳	748	479	6 306.76	6 043.02	38 850
大连	441	289	42 769.41	41 832.18	13 764
鞍山	144	140	5 230.55	4 971.06	8 980
抚顺	229	126	6 463.42	6 224.25	8 141
本溪	91	73	10 386.27	10 302.97	5 263
丹东	149	110	4 251.40	4 084.40	5 111
锦州	151	170	4 787.25	4 072.17	4 260
营口	396	133	5 399.50	4 946.88	4 878
阜新	85	48	1 401.65	1 108.81	3 140
辽阳	107	82	6 194.54	5 792.30	4 283
盘锦	108	122	1 704.05	1 581.70	3 270
铁岭	130	85	2 731.51	2 361.02	4 848
朝阳	140	162	4 144.41	3 347.26	4 757
葫芦岛	90	118	3 300.89	3 249.25	4 088

12—3 各地区工业废气

(2005

地区	废气治理设施数（套）	工业废气排放总量（万标立方米）		工业二氧化硫排放量（吨）
		燃料燃烧过程中废气排放量	生产工艺过程中废气排放量	
全省	**7 874**	**209 032 537**	**106 400 800**	**102 631 737**	**961 468.95**
沈阳	952	24 514 717	23 208 323	1 306 394	46 178.89
大连	1 116	14 536 694	8 630 205	5 906 489	83 186.43
鞍山	1 416	29 987 732	7 223 889	22 763 843	101 256.22
抚顺	679	15 000 904	8 824 789	6 176 115	78 108.23
本溪	719	58 694 269	17 970 721	40 723 548	121 162.35
丹东	211	3 168 586	1 850 077	1 318 509	35 912.00
锦州	447	7 020 806	5 986 794	1 034 012	70 552.23
营口	751	16 552 479	6 283 490	10 268 989	75 596.79
阜新	244	3 026 488	2 631 262	395 226	57 860.63
辽阳	337	4 032 515	3 220 626	811 889	36 743.85
盘锦	137	2 786 621	2 690 171	96 450	19 801.66
铁岭	362	8 277 169	7 518 173	758 996	90 618.64
朝阳	256	11 034 041	3 053 895	7 980 146	60 981.21
葫芦岛	247	10 399 516	7 308 385	3 091 131	83 509.81

排 放 及 处 理 情 况

年）

工业二氧化硫去除量（吨）	工业烟尘排放量（吨）	工业烟尘去除量（吨）	工业粉尘排放量（吨）	工业粉尘去除量（吨）
723 895.14	**517 271.23**	**11 250 391.23**	**452 615.25**	**4 328 899.25**
11 115.76	51 045.57	1 060 925.66	9 890.33	165 885.39
132 104.03	25 307.53	762 165.21	19 992.66	297 065.27
21 737.14	38 969.15	594 269.15	79 382.79	1 258 900.09
36 933.78	39 641.11	1 561 026.96	20 841.73	376 260.68
11 777.32	45 607.08	590 108.14	88 000.54	1 193 046.86
3 300.68	26 913.00	471 186.02	11 800.03	20 261.34
29 997.18	50 703.80	1 059 744.77	12 928.86	37 450.93
44 699.63	41 935.70	702 390.60	61 307.00	274 371.30
24 095.09	35 590.89	553 485.38	13 044.73	2 875.42
12 551.22	22 977.63	24 447.24	32 994.55	149 561.66
19 433.14	10 592.27	127 820.84	1 997.17	2 054.04
3 609.65	57 556.86	2 291 876.34	36 129.27	49 990.20
4 534.80	26 697.45	400 941.28	44 356.19	318 397.36
368 005.71	43 733.19	830 003.65	19 949.39	182 778.71

12—4 各地区工业固体废物产生及处理利用情况

(2005年)

地区	工业固体废物产生量（万吨）	#危险废物	工业固体废物综合利用量（万吨）	工业固体废物贮存量（万吨）	工业固体废物处置量（万吨）	工业固体废物排放量（万吨）	#危险废物	“三废”综合利用产品产值（万元）
全省	**10 241.35**	**52.56**	**4 267.76**	**2 429.12**	**3 551.33**	**9.39**	**0.00**	**256 174.2**
沈阳	475.26	2.33	329.84	134.06	12.26	1.11	0.00	10 775.0
大连	254.83	6.19	190.90	10.44	53.17	0.31	0.00	19 997.5
鞍山	2 626.04	0.67	638.09	502.90	1 485.05	0.00	0.00	7 303.3
抚顺	1 122.80	3.93	699.04	395.81	27.95	0.00	0.00	92 117.3
本溪	2 248.06	0.47	870.01	61.41	1 316.63	0.00	0.00	15 746.5
丹东	250.13	7.13	153.64	22.49	79.26	0.34	0.00	4 966.8
锦州	285.69	7.52	133.54	0.22	152.12	0.11	0.00	10 832.4
营口	87.27	0.16	86.25	0.86	0.24	0.03	0.00	4 049.0
阜新	226.11	0.25	210.61	14.22	1.28	0.00	0.00	4 149.5
辽阳	682.65	0.01	104.19	578.49	0.01	0.00	0.00	33 014.0
盘锦	77.36	11.56	64.94	0.50	11.92	0.00	0.00	4 897.6
铁岭	603.03	…	237.18	369.56	3.99	0.00	0.00	4 163.6
朝阳	989.91	7.60	339.18	310.05	340.68	0.00	0.00	3 201.6
葫芦岛	312.70	4.75	210.34	28.11	66.76	7.48	0.00	40 960.1

12—5 各地区环境污染与破坏事故情况

年份、地区	环境污染与破坏事故次数（次）	水污染	大气污染	固体废物污染	噪声与振动危害	其他	污染直接经济损失（万元）	污染事故赔罚款总额（万元）
2000	94	39	34	16	4	1	130.4	140.2
2001	59	53	5	0	0	1	138.3	268.8
2002	26	17	4	0	5	0	56.7	27.0
2003	17	8	5	1	3	0	45.2	15.3
2004	19	10	7	2	0	0	579.4	364.4
2005	26	6	5	3	0	12	46.3	40.1

12—6 环境污染治理投资

单位:万元

指标	2000年	2001年	2002年	2003年	2004年	2005年
环境污染治理投资总额	682 539	484 464	888 389	1 355 300	1 230 418	1 714 219
#城市环境基础设施建设投资	483 447	304 243	606 902	895 527	795 896	1 031 429
#燃气	44 006	47 364	27 048	71 001	60 299	37 292
集中供热	85 390	71 933	210 590	187 046	235 189	299 041
排水	91 237	99 160	45 268	166 219	116 216	154 939
园林绿化	130 947	79 940	236 257	235 439	204 176	220 361
市容环境卫生	39 194	5 846	6 928	26 806	21 505	18 493
工业污染源治理投资	120 195	114 664	102 427	355 711	264 609	466 810
建设项目“三同时”环保投资	78 897	65 557	179 061	104 062	169 913	215 980
环境污染治理投资总额占生产总值比重(%)	1.46	0.96	1.63	2.26	1.79	2.14

12—7 工业污染治理投资来源

单位:万元

年份、地区	污染治理项目当年投资来源总额	国家预算内资金	环保专项资金	其他资金	#企业自筹	#国内贷款	#利用外资
2000	120 194.6	32 897.5	11 118.3	76 178.8			
2001	114 663.7	50 840.1	19 677.0	44 146.6		14 853.3	12 671.0
2002	102 426.6	59 181.3	5 435.8	37 809.5		10 747.4	12 962.3
2003	154 297.9	28 296.9	9 779.0	116 222.0	97 474.0	14 703.2	2 000.0
2004	226 576.2	17 347.2	3 691.0	205 538.0	189 744.9	11 329.0	1 500.0
2005	369 498.8	9 043.2	8 955.9	351 499.7	333 454.1	4 899.0	0.0.
沈阳	6 859.1	1 487.0	714.3	4 657.8	4 616.0	0.0	0.0
大连	229 595.2	0.0	1 258.0	228 337.2	225 592.2	645.0	0.0
鞍山	57 696.0	0.0	1 270.0	56 426.0	55 926.0	500.0	0.0
抚顺	10 140.7	0.0	90.0	10 050.7	10 050.7	0.0	0.0
本溪	0	0.0	0.0	0.0	0.0	0.0	0.0
丹东	3 225.0	0.0	593.0	2 632.0	0.0	0.0	0.0
锦州	4 507.2	0.0	200.0	4 307.2	4 207.2	100.0	0.0
营口	48.8	0.0	0.0	48.8	25.5	0.0	0.0
阜新	9 418.5	0.0	1 514.0	7 904.5	0.0	0.0	0.0
辽阳	5 837.5	1 111.0	72.0	4 654.5	2 854.5	1 800.0	0.0
盘锦	11 512.7	6 010.7	120.0	5 382.0	3 532.0	1 850.0	0.0
铁岭	23 211.6	0.0	878.0	22 333.6	21 888.6	0.0	0.0
朝阳	2 214.4	0.0	594.6	1 619.8	1 619.8	0.0	0.0
葫芦岛	5 232.1	434.5	1 652.0	3 145.6	3 141.6	4.0	0.0

12—8 工业污染治理投资完成情况

年份、地区	污染治理项目本年完成投资(万元)	治理废水	治理废气	治理固体废物	治理噪声	治理其他	本年竣工项目数(个)
2000	120 194.6	61 765.0	42 489.0	8 856.9	372.0	6 710.8	662
2001	114 663.7	46 076.8	58 466.5	6 706.9	68.2	3 345.3	346
2002	102 426.6	42 208.0	18 951.4	10 503.9	200.9	30 562.4	319
2003	154 297.9	45 716.0	29 449.5	6 141.4	103.0	72 888.0	274
2004	226 576.2	36 905.3	52 987.4	798.0	137.8	135 747.7	235
2005	369 498.8	31 277.4	88 477.3	4 165.6	763.0	244 815.5	277
沈阳	6 859.1	3 039.4	1 881.0	110.2	311.2	1 517.3	36
大连	229 595.2	8 487.2	3 834.6	1 860.0	208.8	215 204.6	83
鞍山	57 696.0	5 280.0	50 191.0	0.0	25.0	2 200.0	22
抚顺	10 140.7	1 618.4	5 929.3	0.0	0.0	2 593.0	18
本溪	0.0	0.0	0.0	0.0	0.0	0.0	0
丹东	3 225.0	696.0	1 670.0	279.0	0.0	580.0	10
锦州	4 507.2	175.0	4 124.2	0.0	208.0	0.0	10
营口	48.8	0.0	43.8	0.0	0.0	5.0	4
阜新	9 418.5	794.5	7 992.0	632.0	0.0	0.0	1
辽阳	5 837.5	1 061.0	3 696.5	0.0	0.0	1 080.0	24
盘锦	11 512.7	6 952.0	2 880.3	449.4	0.0	1 231.0	17
铁岭	23 211.6	691.8	2 219.8	0.0	10.0	20 290.0	19
朝阳	2 214.4	1 471.0	538.8	145.0	0.0	59.6	12
葫芦岛	5 232.1	1 011.1	3 476.0	690.0	0.0	55.0	21

主要统计指标解释

工业废水排放量 指经过企业厂区所有排放口排到企业外部的工业废水量。包括生产废水、外排的直接冷却水、超标排放的矿井地下水和与工业废水混排的厂区生活污水,不包括外排的间接冷却水(清污不分流的间接冷却水应计算在内)。

工业废水排放达标量 指报告期内废水中各项污染物指标都达到国家或地方排放标准的外排工业废水量,包括未经处理外排达标的,经废水处理设施处理后达标排放的,以及经污水处理厂处理后达标排放的。

工业废水排放达标率 指工业废水排放达标量占工业废水排放量的百分率,计算公式为:

工业废水排放达标率=工业废水排放达标量/工业废水排放量×100%

城镇生活污水排放量 指城镇居民每年排放的生活污水。用人均系数法测算。测算公式为:

城镇生活污水排放量=城镇生活污水排放系数×市镇非农业人口×365

城镇生活污水中化学需氧量(COD)产生量 指城镇居民每年排放的生活污水中的COD的产生量。用人均系数法测算。测算公式为:

城镇生活污水中COD产生量=城镇生活污水中COD产生系数×市镇非农业人口×365

化学需氧量(COD) 测量有机和无机物质化学所消耗氧的质量浓度的水污染指数。

工业废气排放量 指报告期内企业厂区内燃料燃烧和生产工艺过程中产生的各种排入大气的含有污染物的气体的总量,以标准状态(273K,101325Pa)计算。测算公式为:

工业废气排放量=燃料燃烧过程中废气排放量+生产工艺过程中废气排放量

生活及其他SO_2排放量 以生活及其他煤炭消费量和其含硫量为基础,根据以下公式计算:

生活及其他SO_2排放量=生活及其他煤炭消费量×含硫量×0.8×2

工业SO_2排放量 指报告期内企业在燃料燃烧和生产工艺过程中排入大气的SO_2总量,计算公式为:

工业SO_2排放量=燃料燃烧过程中SO_2排放量+生产工艺过程中SO_2排放量

工业烟尘排放量 指企业厂区内燃料燃烧过程中产生的烟气中夹带的颗粒物排放量。

生活及其他烟尘排放量 指除工业生产活动以外的所有社会、经济活动及公共设施的经营活动中燃烧所排放的烟尘纯重量。以生活及其他煤炭消费量为基础进行测算。

工业粉尘排放量 指企业在生产工艺过程中排放的能在空气中悬浮一定时间的固体颗粒物排放量。如钢铁企业的耐火材料粉尘、焦化企业的筛焦系统粉尘、烧结机的粉尘、石灰窑的粉尘、建材企业的水泥粉尘等。不包括电厂排入大气的烟尘。

工业固体废物产生量 指报告期内企业在生产过程中产生的固体状、半固体状和高浓度液体状废弃物的总量,包括危险废物、冶炼废渣、粉煤灰、炉渣、煤矸石、尾矿、放射性废物和其他废物等;不包括矿山开采的剥离废石和掘进废石(煤矸石和呈酸性或碱性的废石除外)。酸性或碱性废石指采掘的废石其流经水、雨淋水的pH值小于4或pH值大于10.5者。

危险废物 指列入国家危险废物名录或根据国家规定的危险废物鉴别标准和鉴别方法认定的,具有爆炸性、易燃性、易氧化性、毒性、腐蚀性、易传染疾病等危险特性之一的废物。

工业固体废物综合利用量 指报告期内企业通过回收、加工、循环、交换等方式,从固体废物中提取或者使其转化为可以利用的资源、能源和其他原材料的固体废物量(包括当年利用往年的工业固体废物贮存量),如用作农业肥料、生产建筑材料、筑路等。综合利用量由原产生固体废物的单位统计。

工业固体废物综合利用率 指工业固体废物综合利用量占工业固体废物产生量(包括综合利用往年贮存量)的百分率。计算公式为:

工业固体废物综合利用率=工业固体废物综合利用量/(工业固体废物产生量+综合利用往年贮存量)×100%

工业固体废物贮存量 指报告期内企业以综合利用或处置为目的,将固体废物暂时贮存或堆存在专设的贮存设施或专设的集中堆存场所内的数量。专设的固体废物贮存场所或贮存设施必须有防扩散、防流失、防渗漏、防止污染大气、水体的措施。

工业固体废物处置量 指报告期内企业将固体废物焚烧或者最终置于符合环境保护规定要求的场所,并不再回取的工业固体废物量(包括当年处置往年的工业固体废物贮存量)。处置方式有填埋(其中危险废物应安全填埋)、焚烧、专业贮存场(库)封场处理、深层灌注、回填矿井及海洋处置(经海洋管理部门同意投海处置)等。

工业固体废物排放量 指报告期内企业将所产生的固体废物排到固体废物污染防治设施、场所以外的数量,不包括矿山开采的剥离废石和掘进废石(煤矸石和呈酸性或碱性的废石除外)。

“三废”综合利用产品产值 指报告期内利用“三废”作为主要原料生产的产品价值(现行价);已经销售或准备销售的应计算产品价值,留作生产自用的不应计算产品价值。

环境污染与破坏事故 指由于违反环境保护法规的经济、社会活动与行为,以及意外因素的影响或不可抗拒的自然灾害等原因,致使环境受到污染,国家重点保护的野生动植物、自然保护区受到破坏,人体健康受到危害,社会经济和人民财产受到损失,造成不良社会影响的突发性事件。

环境污染治理投资 指在工业污染源治理和城市环境基础设施建设的资金投入中,用于形成固定资产的资金。包括工业新老污染源治理工程投资、建设项目“三同时”环保投资,以及城市环境基础设施建设所投入的资金。

第十三篇

农业

13

NONGYE

13—1 农村基层组织和农业基本情况

指　　标	单　位	2000年	2001年	2002年	2003年	2004年	2005年
乡　镇　数	个	1 134	1 585	1 418	1 011	1 007	993
#镇　　数	个	639	658	622	617	620	611
村民委员会	个	16 192	16 033	15 950	13 720	12 024	11 920
乡村户数	万　户	680.1	685.3	685.9	692.1	696.2	695.6
乡村从业人员	万　人	966.0	977.5	993.5	1 016.3	1 083.8	1 113.5
按行业分的乡村从业人员							
农林牧渔业	万　人	651.2	649.0	659.2	667.3	685.8	686.4
工　　业	万　人	77.6	77.2	80.5	85.8	94.9	106.1
建　筑　业	万　人	56.2	57.9	60.2	65.7	71.1	77.1
交通运输业、仓储及邮电通信业	万　人	37.5	37.5	38.2	39.8	43.2	44.5
批发零售贸易业、餐饮业	万　人	49.8	50.7	51.5	55.0	68.9	70.0
其他非农行业	万　人	93.7	105.3	103.9	102.7	119.9	129.4
年末常用耕地面积	千公顷	4 164.2	4 155.2	3 526.9	3 467.0	3 391.3	3 655.2
水　　田	千公顷	685.9	681.4	601.9	530.3	542.6	581.7
旱　　田	千公顷	3 478.3	3 473.9	2 925.0	2 936.7	2 848.7	3 073.5
年内减少耕地面积	千公顷	10.0	8.8	67.3	118.0	53.1	33.1
#国家基建占地	十公顷	2.0	1.7	7.2	4.6	3.3	4.0
退耕还林还草占地	千公顷			41.6	94.2	23.4	8.7
耕地改为园地	千公顷			13.6	6.2	13.1	2.8
农业机械总动力	万千瓦	1 339.8	1 401.3	1 484.7	1 542.33	1 613.79	1801.0
农用大中型拖拉机	台	35 101	33 949	35 191	34 627	35 570	42 777
农用大中型拖拉机	万千瓦	138.3	134.6	136.1	135.6	142	158.55
小型拖拉机	台	158 238	159 707	165 244	168 738	175 580	235 585
小型拖拉机	万千瓦	154.18	158.1	164.43	168.7	181.6	267.78
大中型拖拉机配套农具	部	47 676	46 753	46 386	47 675	51 000	56 923
小型拖拉机配套农具	部	180 065	185 064	193 783	204 707	227 000	281 395

注:2000年、2001年耕地数据为年末实有耕地面积。

13—1 续表

指标	单位	2000 年	2001 年	2002 年	2003 年	2004 年	2005 年
渔用机动船	艘	36 948	35 887	35 918	40 825	41 587	37 590
渔用机动船	万千瓦		101.2	105.3	111.9	117.9	121.7
灌溉面积	千公顷	1 440.7	1 482.8	1 499.6	1 512.8	1 520.1	1 715.4
化肥施用量(折纯)	万吨	109.4	109.8	111.4	112.6	117.9	119.9
乡村办水电站个数	个	119	133	134	134	140	146
装机容量	千瓦	106 000	208 800	218 800	208 800	346 700	384 200
农村售电量	亿千瓦小时	103.5	105.4	119.2	145.8	149.6	153.3
农作物总播种面积	千公顷	3 622.0	3 559.9	3 577.0	3 476.6	3 666.5	3 801
粮食	千公顷	2 858.6	2 758.1	2 658.6	2 563.6	2 965.8	3 179.7
谷物	千公顷	2 365.3	2 287.9	2 216.6	2 103.5	2 594.6	2 871.8
#稻谷	千公顷	489.7	449.5	457.1	392.0	492.1	538.1
小麦	千公顷	117.5	86.1	47.2	19.8	19.9	21.4
玉米	千公顷	1 422.5	1 366.3	1 395.1	1 401.4	1 835.9	2 076.7
豆类	千公顷	326.2	319.1	296.8	321.3	267.9	214.8
薯类	千公顷	167.1	151.1	145.1	138.8	103.3	93.2
油料	千公顷	199.5	235.4	286.1	312.0	205.2	164.3
棉花	千公顷	7.4	7.3	2.9	3.9	4.4	2.3
麻类	千公顷	0.7	0.2	0.1	0.5	0.2	
糖料	千公顷	16.5	18.0	13.1	1.1	0.9	1.8
烟叶	千公顷	18.4	11.5	13.0	12.8	11.6	16.1
蔬菜	千公顷	451.6	452.5	467.3	450.1	378.4	353.1
果园面积	千公顷	392.8	361.9	331.2	318.2	316.8	317.0

13—2 主要农牧渔业生产情况

指标	单位	2000年	2001年	2002年	2003年	2004年	2005年
农产品产量							
粮食	万吨	1 140.0	1 394.4	1 510.4	1 498.3	1 720.0	1 745.8
谷物	万吨	1 026.2	1 306.5	1 376.8	1 340.6	1 841.9	1 877
#稻谷	万吨	375.5	341.2	359.2	310.6	382.4	414.5
小麦	万吨	35.4	15.7	11.5	6.1	6.9	8.9
玉米	万吨	547.9	833.7	889.4	930.5	1 352.1	1 340.3
豆类	万吨	50.1	58.4	56.3	70.0	63.2	49.3
薯类	万吨	61.5	54.7	60.3	66.2	50.6	50.
油料	吨	295 527	462 553	564 529	614 049	459 299	368 411
#花生	吨	256 249	420 504	507 904	548 406	419 110	330 103
油菜籽	吨	2 230	1 996	2 239	2 749	618	1 071
芝麻	吨	8 298	10 367	14 139	10 099	7 293	6 036
棉花	吨	5 604	7 508	2 983	3 481	4 742	2 685
麻类	吨	883	245	155	611	606	114
甜菜	吨	286 894	355 910	397 571	34 066	27 427	62 379
烟叶	吨	31 507	23 548	28 679	26 487	26 932	34 234
#烤烟	吨	28 589	19 787	25 987	22 945	24 243	31 742
柞蚕茧	吨	38 959	43 790	41 652	43 956	38 867	43 200
水果	万吨	250.0	241.7	234.4	267.8	307.7	329.3
农产品单位面积产量							
谷物	公斤/公顷	4 339	5 710	6 211	6 373	7 099	6 536
棉花	公斤/公顷	763	1 030	1 044	891	1 086	1 167
花生	公斤/公顷	1 794	2 284	2 229	2 165	2 418	2 347
油菜籽	公斤/公顷	1 663	1 805	1 692	1 764	2 109	1 471
芝麻	公斤/公顷	596	789	870	823	894	1 161
甜菜	公斤/公顷	17 375	19 787	30 233	31 981	31 167	41 865

注:粮食产量为抽样调查定产数、分品种产量为全面调查报表数。

13—2 续表

指　　标	单 位	2000 年	2001 年	2002 年	2003 年	2004 年	2005 年
烤　　烟	公斤/公顷	1 716	1 951	2 207	2 092	2 321	2 109
大牲畜年末头数	万 头	420.7	411.7	421.5	455.0	476.9	495.9
#牛	万 头	254.0	251.1	264.8	301.9	329	344.7
马	万 头	37.0	35.7	34.4	33.3	31.3	28.2
驴	万 头	95.3	93.5	92.9	91.9	91.8	98.9
骡	万 头	34.4	31.5	29.4	28	24.8	24.1
肉猪出栏头数	万 头	1 413.8	1 682.0	1 648.7	1 754.3	1 894.6	2 063.2
猪年底头数	万 头	1 270.7	1 291.8	1 304.0	1 365.8	1 498	1 642.4
羊年底只数	万 只	386.1	449.4	548.4	730.8	819.2	830.2
山　　羊	万 只	187.3	212.6	251.9	319.7	387.4	426.3
绵　　羊	万 只	198.8	236.8	296.5	411.1	431.8	404
肉类产量	万 吨	236.1	249.0	270.2	291.9	316.5	346.1
#猪牛羊肉	万 吨	156.5	169.0	182.8	198.6	216.8	238.8
猪　　肉	万 吨	127.3	137.6	148.7	157.0	169.6	184.7
牛　　肉	万 吨	25.8	27.7	29.7	33.9	37.3	42.2
羊　　肉	万 吨	3.4	3.7	4.4	7.7	9.9	11.9
奶　　类	万 吨	22.0	26.6	30.8	46.4	62.3	78.8
#牛　奶	万 吨	18.9	24.2	28.1	42.7	58.4	74.9
绵 羊 毛	吨	7 567	8 339	9 158	10 587	10 821	10 412
山 羊 毛	吨	748	767	1 119	1 393	1 635	1 680
羊　　绒	吨	356	282	372	719	894	1 053
禽　　蛋	万 吨	140.3	148.4	159.8	169.5	193.4	224.0
水产品总产量	万 吨	338.5	350.8	374.8	382	402.5	425.3
海水产品	万 吨	302.3	310.5	327.0	330.8	346.1	364.2
淡水产品	万 吨	36.2	40.3	47.8	51.2	56.4	61.1

13—3 农村基层组织情况

年份、地区	乡镇数（个）	#镇数	村民委员会（个）	乡村户数（万户）	乡村人口数（万人）	乡村从业人员（万人）
1978	1 141		15 248	505.5	2 274.1	663.4
1980	1 145		16 584	538.1	2 295.8	712.3
1985	1 212	369	16 427	564.2	2 290.2	858.4
1987	1 220	416	15 672	558.9	2 204.2	867.4
1988	1 223	427	15 709	572.9	2 217.7	865.2
1989	1 222	436	16 472	611.3	2 321.6	866.5
1990	1 216	436	16 498	631.4	2 337.5	869.4
1991	1 208	453	16 512	641.4	2 345.5	888.1
1992	1 221	466	16 535	645.0	2 342.9	891.3
1993	1 265	483	16 529	646.9	2 320.0	892.9
1994	1 225	505	16 509	651.6	2 311.7	894.2
1995	1 235	538	16 483	655.5	2 311.1	903.0
1996	1 217	580	16 444	656.1	2 302.9	907.5
1997	1 198	592	16 372	660.4	2 298.8	921.4
1998	1 217	634	16 310	663.8	2 289.9	933.2
1999	1 156	652	16 287	674.6	2 315.5	938.8
2000	1 134	639	16 192	680.1	2 311.5	966.0
2001	1 143	658	16 033	685.3	2 318.6	977.5
2002	1 033	622	15 950	685.9	2 314.5	993.5
2003	1 011	617	13 720	692.1	2 325.6	1 016.3
2004	1 007	620	12 024	696.2	2 338.9	1 083.8
2005	993	611	11 920	695.6	2 331.4	1 113.5
沈阳	125	66	1 608	80.5	270.9	123.4
大连	81	60	1 006	92.5	287.5	134.1
鞍山	71	64	850	52.8	182.6	85.2
抚顺	48	25	619	25.6	85.6	48.4
本溪	37	26	296	15.8	55.2	26.9
丹东	63	59	669	42.4	144.5	76.2
锦州	79	46	1 146	60.5	201.9	95.3
营口	41	38	633	41.8	141	68.5
阜新	65	34	625	34.0	118.5	62.4
辽阳	37	29	535	34	109.4	48.4
盘锦	29	19	327	21.7	68.1	36.8
铁岭	89	51	1 175	61.9	211.2	81.7
朝阳	136	61	1 354	74.8	257.9	135.6
葫芦岛	92	33	1 077	57.3	197.1	90.6

13—4 乡村从业人员

（年末数）　　　　单位:万人

年份、地区	农林牧渔业	工　业	建筑业	交通运输业、仓储及邮电通信业	批发零售贸易业、餐饮业	其他非农行业
1978	581.1	61.0				21.3
1980	582.6	89.5				40.2
1985	614.0	104.7	34.8	59.9		45.0
1987	609.5	109.8	39.7	20.7	22.5	65.2
1988	603.8	109.3	41.0	21.2	24.2	59.7
1989	618.9	103.2	37.8	20.4	23.2	63.0
1990	631.2	99.1	34.6	20.0	23.1	61.4
1991	650.6	97.0	33.5	20.2	24.8	62.1
1992	637.0	100.0	36.0	22.3	29.2	67.1
1993	621.2	94.4	43.6	25.6	31.5	76.4
1994	611.3	91.8	47.6	30.3	37.6	75.5
1995	617.5	89.1	48.9	31.7	39.7	76.1
1996	629.4	89.7	51.9	32.3	40.7	63.5
1997	624.3	83.9	49.5	33.1	42.7	87.9
1998	633.3	78.1	49.2	33.4	43.8	95.3
1999	643.2	76.8	51.3	35.7	47.3	84.5
2000	651.2	77.6	56.3	37.5	49.8	93.7
2001	649.0	77.2	57.9	37.5	50.7	105.3
2002	659.2	80.5	60.2	38.2	51.5	103.9
2003	667.3	85.8	65.7	39.8	55.0	102.7
2004	685.8	94.9	71.1	43.2	68.9	119.9
2005	686.4	106.1	77.1	44.5	70.0	129.4
沈　阳	77.8	11.8	7.0	4.9	8.5	13.3
大　连	70.8	19.0	11.0	6.0	8.1	19.0
鞍　山	48.0	12.1	5.9	4.8	7.3	7.0
抚　顺	31.8	3.8	2.3	1.9	2.7	6.0
本　溪	14.2	3.1	1.9	1.6	2.2	4.0
丹　东	48.1	8.7	4.4	3.0	5.3	6.7
锦　州	66.7	5.5	6.9	4.1	5.4	6.7
营　口	36.5	11.1	4.8	3.7	6.3	6.2
阜　新	41.9	4.1	3.0	1.7	2.8	9.0
辽　阳	28.0	6.6	3.5	2.4	3.1	4.7
盘　锦	24.2	2.8	1.4	1.4	3.2	3.8
铁　岭	55.1	3.5	5.5	2.3	4.0	11.3
朝　阳	85.4	8.3	12.1	3.3	5.8	20.8
葫芦岛	57.9	5.7	7.4	3.4	5.3	10.9

注:1.本表分行业劳动力是按从事的主行业划分的,如以农业为主、兼营商业的,仍作为农林牧渔业劳动力。

2.工业劳动力中包括村及村以下办的工业劳动力。

13—5 耕地面积

（2005年） 单位：公顷

指标	全省	沈阳	大连	鞍山	抚顺	本溪
年初耕地总资源	**3 796 537**	**670 548**	**245 398**	**240 786**	**126 864**	**68 226**
年内增加	93 214	14 251	29 082	1 981	195	43
#新开荒耕地	34 654	9 278	6 645	1 845	105	23
园地改为耕地	19 960		16 217	136		20
年内减少	33 145	8 183	3 515	2 734	3 644	158
#国家基建占地	4 035	568	531	24	47	52
其他基建占地	4 289	1 478	437	1 403		34
退耕还林还草占地	8 749		638	8	10	7
耕地改为园地	2 814		1 824			22
年末耕地总资源	**3 856 606**	**676 616**	**270 965**	**240 033**	**123 415**	**68 111**
常用耕地面积	3 655 195	675 212	268 106	207 977	123 415	68 111
#水田	581 726	120 793	25 375	48 360	27 705	7 164
水浇地	298 443	19 090	26 068	4 461	2 047	3 503
临时性耕地	201 411	1 404	2 859	32 056		
#25度以上陡坡耕地	85 648	1 404	1 989	5 882		

注：年内减少数包括因各种原因占用的耕地和因灾废弃而实际减少了的耕地。

13—5 续表 （2005年） 单位：公顷

指标	丹东	锦州	营口	阜新	辽阳	盘锦	铁岭	朝阳	葫芦岛
年初耕地总资源	**206 791**	**387 143**	**113 783**	**324 268**	**177 344**	**128 809**	**423 999**	**456 453**	**226 125**
年内增加	77	698	99	12 859	168	38	30 979	576	2 168
#新开荒耕地	65	208	99	4 484	168	38	9 602	517	1 580
园地改为耕地	11	484		217			2 668	14	193
年内减少	67	1 300	97	7 971	1 507	32	2 245	1 168	524
#国家基建占地	26	388	86	430	940		497	395	51
其他基建占地	41	96	9	189	72	32	380	292	186
退耕还林还草占地		401	2	6 129	299		735	278	242
耕地改为园地		415		297	47		94	70	45
年末耕地总资源	**206 801**	**386 541**	**113 785**	**329 156**	**176 005**	**128 815**	**452 733**	**455 861**	**227 769**
常用耕地面积	176 615	371 035	113 785	292 472	174 557	128 815	447 758	385 810	221 527
#水田	52 005	18 883	50 382	5 259	57 214	109 580	51 116	671	7 219
水浇地	12 997	72 075	34	41 248	6 300		15 360	62 025	33 235
临时性耕地	30 186	15 506		36 684	1 448		4 975	70 051	6 242
#25度以上陡坡耕地	5 055	5 917		6 829	73		1 081	54 928	2 490

13—6 农林牧渔业总产值

单位:亿元

年份	农林牧渔业总产值	农业	林业	牧业	渔业	农林牧渔服务业
1952	16.6	14.2	0.1	1.8	0.5	
1957	21.2	17.0	0.7	2.8	0.7	
1965	26.5	21.9	0.7	3.3	0.6	
1970	37.7	31.2	0.6	4.6	1.3	
1975	48.3	37.6	1.3	7.5	1.9	
1978	49.2	38.9	1.1	7.1	2.1	
1979	59.9	45.8	1.4	10.6	2.1	
1980	73.5	55.6	2.5	13.2	2.2	
1981	78.6	56.8	3.2	16.1	2.5	
1982	85.4	60.0	3.4	18.9	3.1	
1983	106.5	80.1	3.5	19.5	3.4	
1984	117.6	85.8	4.1	22.8	4.9	
1985	118.1	74.6	4.2	31.3	8.0	
1986	142.0	95.0	4.2	32.3	10.5	
1987	169.2	108.3	4.9	39.6	16.4	
1988	227.4	131.8	5.0	67.7	22.9	
1989	222.8	125.4	4.8	69.8	22.8	
1990	273.8	163.5	6.6	75.5	28.2	
1991	295.9	175.3	6.9	80.6	33.1	
1992	330.1	193.8	7.5	88.6	40.2	
1993	425.7	245.7	9.4	117.4	53.3	
1994	546.8	294.2	11.0	171.9	69.7	
1995	691.8	382.7	12.9	206.0	90.2	
1996	804.7	449.5	13.9	224.7	116.6	
1997	834.7	433.8	15.1	247.1	138.6	
1998	969.8	534.7	17.4	269.6	148.1	
1999	977.1	510.9	18.5	282.4	165.2	
2000	967.4	463.5	19.7	304.2	180.0	
2001	1 045.7	503.1	21.8	332.3	188.5	
2002	1 132.5	540.1	27.9	361.3	203.2	
2003	1 215.0	497.3	38.4	422.0	224.0	33.3
2004	1 510.5	611.3	40.7	548.3	272.2	38.0
2005	1 671.6	640.1	44.5	636.5	306.7	43.8

注:本表按当年价格计算。1991—2004年农林牧渔业总产值为与农业普查衔接后国家核定数据。

2003年以后数据是按新的国民经济行业分类标准和新的产值计算方法计算的。

13—7 农林牧渔业总产值指数

(以 1952 年为 100)　　单位:%

年份	农林牧渔业总产值	农业	林业	牧业	渔业
1952	100.0	100.0	100.0	100.0	100.0
1970	158.8	158.5	305.9	149.5	168.7
1975	194.5	189.0	590.7	197.9	268.2
1978	200.0	197.4	489.6	189.7	298.3
1979	206.7	204.0	536.2	199.3	283.2
1980	222.2	206.9	564.9	209.1	279.9
1981	227.2	210.4	692.4	285.6	309.8
1982	235.6	209.2	717.6	339.8	333.5
1983	285.1	271.4	730.3	343.4	344.9
1984	297.4	278.2	796.8	372.8	392.6
1985	270.0	223.4	734.9	465.3	463.3
1986	288.6	250.0	659.1	444.2	524.0
1987	303.6	263.0	700.2	441.5	664.2
1988	337.0	274.8	627.6	591.3	748.9
1989	322.6	249.9	613.2	606.5	837.7
1990	371.9	309.4	738.0	603.3	885.4
1991	388.5	319.7	737.8	636.8	947.0
1992	419.7	340.3	795.3	699.0	1 044.3
1993	474.4	386.3	866.4	827.1	1 091.3
1994	473.8	335.1	939.8	1 008.3	1 126.1
1995	530.7	373.1	1 001.3	1 111.7	1 327.5
1996	612.3	453.8	1 065.4	1 166.2	1 595.9
1997	629.7	426.7	1 137.1	1 282.3	1 802.0
1998	730.9	529.5	1 263.6	1 407.3	1 979.1
1999	755.4	512.8	1 319.5	1 514.1	2 212.7
2000	749.2	470.2	1 349.4	1 603.6	2 302.3
2001	799.0	510.1	1 474.7	1 710.3	2 373.3
2002	865.1	547.2	1 856.1	1 861.5	2 547.0
2003	926.3	570.2	2 120.4	2 028.8	2 726.9
2004	999.5	607.2	2 250.0	2 225.9	2 933.0
2005	1074.5	630.3	2 493.0	2 473.0	3 164.7

注:本表按不变价格计算,1991—2004 年农林牧渔业产值指数为调整后的口径。

13—8 农林牧渔业总产值指数

(以上年为100)

单位:%

年份	农林牧渔业总产值	农业	林业	牧业	渔业	农林牧渔服务业
1957	93.9	89.1	106.5	157.2	84.2	
1975	108.4	107.8	94.4	114.7	108.5	
1978	106.4	110.1	84.3	94.0	103.5	
1979	103.4	103.3	109.5	105.0	94.9	
1980	101.9	101.4	105.4	104.9	98.8	
1981	102.2	101.7	87.5	106.5	104.7	
1982	103.7	99.5	103.6	119.0	107.6	
1983	121.0	129.7	101.8	101.1	103.4	
1984	104.3	102.5	109.1	108.6	113.8	
1985	90.8	80.3	92.2	124.8	118.0	
1986	106.9	111.9	89.7	95.5	113.1	
1987	105.2	105.2	106.2	99.4	126.7	
1988	111.0	104.5	89.6	133.9	112.7	
1989	95.7	90.9	97.7	102.6	111.9	
1990	115.3	123.8	120.4	99.5	105.7	
1991	104.5	103.3	100.0	105.6	106.9	
1992	108.0	106.4	107.8	109.8	110.3	
1993	113.0	113.5	108.9	118.3	104.5	
1994	99.9	86.7	108.5	121.9	103.2	
1995	112.0	111.3	106.5	110.3	117.9	
1996	115.4	121.6	106.4	104.9	120.2	
1997	102.8	94.0	106.7	110.0	112.9	
1998	116.1	124.1	111.1	109.7	109.8	
1999	103.3	96.9	104.4	107.6	111.8	
2000	99.2	91.7	102.3	105.9	104.0	
2001	106.6	108.5	109.3	106.7	103.1	
2002	108.3	107.3	125.9	108.8	107.3	
2003	107.1	104.2	114.2	109.0	107.1	110.8
2004	107.9	106.5	106.1	109.7	107.6	110.3
2005	107.5	103.8	110.8	111.1	107.9	109.2

13—9 各地区农林牧渔业总产值及指数

（2005 年）

地区	农林牧渔业总产值	#农业	林业	牧业	渔业
一、绝对数(万元)					
全省	**16 715 708**	**6 401 150**	**444 731**	**6 364 349**	**3 067 284**
沈阳	2 380 382	914 306	52 464	1 158 901	160 205
大连	3 428 211	787 878	39 919	885 294	1 407 004
鞍山	1 069 561	398 283	9 310	630 274	18 994
抚顺	578 011	213 276	57 475	231 990	69 876
本溪	413 966	143 169	91 831	139 102	33 373
丹东	890 346	327 258	58 433	204 792	274 732
锦州	1 678 390	688 712	11 926	795 273	170 363
营口	719 582	264 643	11 587	209 701	229 005
阜新	700 531	328 916	32 785	331 903	2 524
辽阳	497 766	214 767	4 366	213 769	60 783
盘锦	854 938	420 163	4 232	109 855	300 786
铁岭	1 547 442	721 188	37 266	768 159	13 236
朝阳	1 067 568	553 902	61 800	437 692	1 354
葫芦岛	812 324	271 426	13 198	353 871	150 600
二、指数(以上年为100)					
全省	**107.5**	**103.8**	**110.8**	**111.1**	**107.9**
沈阳	110.4	99.4	114.9	119.7	99.9
大连	114.4	101.1	109.7	121.7	101.8
鞍山	104.5	95.4	100.9	109.5	102.1
抚顺	103.9	97.3	105.5	103.9	120.2
本溪	114.9	100.1	127.3	125.6	97.3
丹东	108.4	99.1	101.6	116.1	113.5
锦州	104.5	90.7	90.6	112.8	109.6
营口	109.8	105.6	101.9	118.3	107.9
阜新	116.3	103.7	155.3	126.1	96.2
辽阳	105.5	97.2	148.8	113.1	101.7
盘锦	108.0	105.9	86.1	112.0	108.4
铁岭	107.8	97.6	91.4	118.5	107.3
朝阳	151.7	136.6	147.4	172.7	104.4
葫芦岛	104.1	94.4	111.6	117.8	90.3

注:绝对数按当年价格计算。指数省级按可比价计算,各市按不变价格计算。

13—10 农林牧渔业增加值

(2005年) 单位:万元

指 标	农林牧渔业合计	农 业	林 业	牧 业	渔 业	农林牧渔服务业
一、当年现价产值	**16 715 708**	**6 401 150**	**444 731**	**6 364 349**	**3 067 284**	**438 194**
二、农林牧渔业中间消耗	**7 923 247**	**2 560 461**	**170 333**	**3 773 172**	**1 239 183**	**180 098**
1.物质消耗	6 512 097	1 921 636	123 081	3 482 035	889 449	95 896
(1)用种量	378 736	232 918	69 352	76 466		
(2)饲料、饲草	3 821 337	179 662		3 228 053	413 622	
(3)肥 料	729 758	717 178	12 580			
(4)燃 料	481 264	242 132	12 179	22 027	204 926	
(5)农药或兽药	191 389	94 423	4 228	92 738		
(6)用电量	143 118	107 675	4 558	18 478	12 407	
(7)农用塑料薄膜	117 774	117 774				
(8)其它物质消耗	474 454	173 858	14 142	44 273	242 181	
2.生产服务支出	1 411 150	638 825	47 252	291 137	349 734	84 202
三、农林牧渔业增加值	**8 792 461**	**3 840 689**	**274 398**	**2 591 177**	**1 828 101**	**258 096**
中间消耗占总产值(%)	47.4	40.0	38.3	59.3	40.4	41.1
增加值占总产值(%)	52.6	60.0	61.7	40.7	59.6	58.9

13—11 农业机械和农产品加工机械拥有量

机械名称	单位	2000年	2001年	2002年	2003年	2004年	2005年
农业机械总动力	万千瓦	1 339.82	1 401.3	1 484.7	1 542.3	1 613.8	1 801.0
农用大中型拖拉机	台	35 101	33 949	35 191	34 627	35 570	42 777
小型拖拉机	台	158 238	159 707	165 244	168 738	175 580	235 585
大中型拖拉机配套农具	万部	4.77	4.68	4.64	4.77	5.10	5.69
#机引犁	万部	3.87	3.92	3.79	4.24	4.73	6.35
机引耙	万部	2.26	2.30	1.91	2.22	2.5	2.53
机引播种机	万部	6.73	7.03	6.09	7.28	7.75	9.16
小型拖拉机机引农具	万部	18.00	18.51	19.4	20.47	22.70	28.14
机动水稻插秧机	台	2 317	2 000	1 831	1 560	1 460	1 413
农用排灌动力机械	万台/万千瓦	72.88/249.29	77.84/275.97	85.44/288.21	88.31/301	92.3/304.38	98.54/306.9
#柴油机	万台/万千瓦	8.69/78.32	11.37/98.89	11.56/105.27	12.77/117.86	13.2/122.27	14.73/132.23
电动机	万台/万千瓦	63.76/168.11	66.08/174.83	73.37/179.9	75.06/180.12	78.5/177.96	82.95/177.32
农用水泵	万台	97.47	102.99	112.8	112.5	112.6	123.9
喷灌机械	套	10 300	13 200	14 343			35 020
联合收割机	台	800	900	911	910	1 040	1 000
机动收割机	台	2 700		2 672	2 230		2 013
机动脱粒机	万台	11.66	11.54	11.56	12.28	11.48	11.34
种子精选机	台			12	120	50	59
谷物烘干机	台	100		48	36	70	294
粮食加工机械	万台	10.40		7.9	7.97	7.77	10.66
棉花加工机械	万台	0.04		0.03	0.03	0.03	0.03
油料加工机械	万台	0.15		0.33	0.33	0.33	0.32
机动喷雾(粉)机	万部	2.11	2.13	2.95	3.11	3.7	4.81
饲料粉碎机	万台	2.74	2.97	3.53	5.82	6.7	8.16
渔用机动船	艘	36 948	35 887	35 918	40 825	41 587	37 590
	万千瓦	89.33	101.2	105.26	111.9	117.9	121.7
推土机	台	897	1 070	1 485	1 659	1 828	1 856
贮油设备总容量	万吨	19.01		17.43	16.57		13.2

13—12 机耕、灌溉面积、化肥施用量、农村小水电站和农村用电量

年份	机耕面积（万公顷）	有效灌溉面积（万公顷）	#机电提灌	机电提灌面积占有效灌溉面积比重（%）	化肥施用量（万吨）实物量	折纯量	农村小型水电站 个数（个）	装机容量（千瓦）	农村售电量（亿千瓦小时）
1978	204.5	85.3	68.5	80.2	205.8		111	33 837	17.8
1980	208.4	76.0	59.6	78.4	298.4		57	10 469	23.8
1981	191.0	71.8	56.7	79.0	302.4	63.0	72	13 519	25.3
1982	186.4	72.3	59.1	81.7	302.3	63.5	73	14 819	26.7
1983	177.2	67.6	54.5	80.6	307.4	67.5	70	15 075	31.3
1984	185.4	69.6	56.4	81.0	320.0	76.2	74	16 784	31.7
1985	187.7	72.4	59.7	82.5	273.4	70.9	75		29.3
1986	194.5	73.1	60.1	82.2	264.0	70.1	73		33.8
1987	207.8	76.9	62.8	81.7	265.2	67.3	66		38.7
1988	219.8	76.3	63.4	83.1	273.6	70.1	111	74 617	50.6
1989	219.2	76.0	62.8	82.6	281.8	74.6	113	92 522	46.0
1990	236.3	105.9	51.6	48.7	301.1	81.4	116	94 123	51.3
1991	251.8	108.9	87.7	80.5	313.4	85.1	114	95 638	54.8
1992	258.1	114.0	91.3	80.1	320.6	90.5	115	98 363	63.5
1993	256.7	117.0	92.7	79.2	320.7	95.1	115	99 218	73.7
1994	250.4	118.4	92.3	78.0	325.7	100.2	116	105 440	72.7
1995	246.3	120.4	94.0	78.1	334.9	103.1	120	134 721	81.6
1996	249.8	123.4	96.6	78.3	346.5	110.7	124	181 531	91.3
1997	260.9	127.7	99.0	77.5	344.2	113.0	121	183 000	96.0
1998	265.0	133.5	100.8	75.5	349.1	114.1			89.1
1999	278.8	138.9	105.0	75.6	353.8	116.7	97	100 360	93.7
2000	290.9	144.1	106.9	74.0	334.6	109.4	119	148 000	103.5
2001	277.2	148.2	106.3	71.7	329.2	109.8	133	208 800	105.4
2002	275.4	150.0	109.9	73.3	330.8	111.4	134	218 800	119.2
2003	272.1	151.3	105.6	69.8	329.3	112.6	134	208 800	145.8
2004	277.8	152.0	105.7	69.5	341.2	117.9	140	346 700	149.6
2005	297.9	152.7	104.1	68.2	354.2	119.9	146	384 200	153.3

13—13 各地区化肥施用量

(2005年) 单位:万吨

地区	合计		氮肥	
	实物量	折纯量	实物量	折纯量
全省	**354.2**	**119.8**	**188.5**	**64.0**
沈阳	57.6	17.4	29.6	9.1
大连	44.0	14.1	23.0	5.7
鞍山	21.3	7.7	14.5	4.9
抚顺	8.5	2.9	4.6	1.6
本溪	3.9	1.2	2.2	0.9
丹东	20.1	6.3	14.4	4.0
锦州	32.8	13.1	16.1	6.8
营口	15.9	5.3	7.9	3.0
阜新	22.2	8.6	10.6	4.4
辽阳	15.4	5.2	8.8	3.1
盘锦	12.4	4.3	7.0	2.8
铁岭	52.7	18.8	24.1	9.1
朝阳	28.9	8.0	16.2	4.9
葫芦岛	18.5	6.9	9.5	3.7

13—13续表 (2005年) 单位:万吨

地区	磷肥		钾肥		复合肥	
	实物量	折纯量	实物量	折纯量	实物量	折纯量
全省	**49.6**	**11.4**	**23.2**	**9.6**	**93.0**	**34.9**
沈阳	9.6	2.0	4.6	2.0	13.8	4.4
大连	4.7	1.0	2.7	1.3	13.7	6.1
鞍山	2.1	0.6	0.9	0.4	3.7	1.7
抚顺	1.2	0.3	0.8	0.3	2.0	0.6
本溪	0.6	0.1	0.3	0.1	0.8	0.1
丹东	1.8	0.3	0.9	0.4	3.0	1.6
锦州	3.7	0.8	2.2	1.0	10.8	4.6
营口	2.4	0.6	1.7	0.6	3.9	1.1
阜新	2.1	0.4	1.1	0.5	8.4	3.3
辽阳	2.6	0.7	1.0	0.4	2.9	1.0
盘锦	3.0	0.8	0.8	0.3	1.6	0.4
铁岭	7.9	1.8	2.5	1.0	18.2	6.9
朝阳	5.2	1.3	1.6	0.4	6.0	1.5
葫芦岛	2.7	0.7	2.1	0.9	4.2	1.6

13—14 灌溉、水库和除涝、治水、治碱情况

指　　标	单　位	2000 年	2001 年	2002 年	2003 年	2004 年	2005 年
年底灌区数	处	85	84	81	81	81	79
#50 万亩以上	处	4	5	4	4	4	4
30－50 万亩	处	5	5	5	5	5	5
灌区有效灌溉面积	万公顷	33.9	50.5	50.6	50.5	50.99	52.6
#50 万亩以上	万公顷	11.1	20.1	16.8	16.8	16.8	17.4
30－50 万亩	万公顷	8.5	10.8	12.6	12.7	12.5	12.6
水库座数	座	921	916	917	942	942	963
大型水库	座	28	28	28	28	28	29
中型水库	座	65	67	68	68	68	71
小型水库	座	828	821	821	846	846	863
水库总容量	亿立方米	329.0	329.6	329.7	330.6	330.6	335.5
大型水库	亿立方米	298.8	299.1	298.8	299.3	299.3	303.1
中型水库	亿立方米	19.5	19.8	20.2	20.3	20.3	21.2
小型水库	亿立方米	10.6	10.7	10.7	11	11	11.2
水库灌溉面积	千公顷	535.3	505.3	506.2	505.3	509.9	
除涝面积	千公顷	999.6	989.0	991.8	995.1	996	996.3
本年新增除涝面积	千公顷						0.32
治理水土流失面积	万平方公里	4.5				5.6	5.7
本年水土流失治理面积	千公顷						192.57
盐碱地改良面积	千公顷	324.0	248.0	249.8	304.4	304.4	312.8
本年新增改良面积	千公顷						1.13
堤防长度	万公里	1.9		2.0	2.0	2	1.9
堤防保护面积	千公顷	1 701.6		1 766.2	1 781.5	1 791.8	1 806.6

注：大型水库为库容 1 亿立方米以上；中型水库为库容 1 千万至 1 亿立方米；小型水库库容 10 万至 1 千万立方米。

13—15 各地区农田水利情况

(2005年)

地　区	农田水利情况			
	有效灌溉面积(千公顷)	#机电提灌溉	机电提灌溉面积占灌溉面积(%)	机电井数(眼)
全　省	**1 527.3**	**1 041.5**	**68.2**	**134 003**
沈　阳	263.5	177.5	67.4	47 025
大　连	105.1	48.0	45.7	5 535
鞍　山	89.2	72.0	80.7	5 357
抚　顺	44.3	12.5	28.2	1 447
本　溪	27.1	4.7	17.3	579
丹　东	70.8	18.5	26.1	893
锦　州	176.5	132.6	75.1	15 147
营　口	90.0	76.8	85.3	2 351
阜　新	71.0	55.7	78.5	9 738
辽　阳	83.8	40.2	48.0	2 962
盘　锦	109.0	108.6	99.6	400
铁　岭	158.6	117.3	74.0	13 796
朝　阳	167.2	137.4	82.2	20 392
葫芦岛	71.2	39.7	55.8	8 381

13—16 各地区水利设施和除涝治碱面积

(2005年)

地　区	水库数(座)	水库总库容量(亿立方米)	除涝面积(千公顷)
全　省	**963**	**335.47**	**996.28**
省　直	12	264.17	
沈　阳	51	5.70	313.44
大　连	261	25.20	53.89
鞍　山	27	1.0	120.55
抚　顺	124	3.29	3.55
本　溪	29	1.31	2.77
丹　东	54	7.15	38.49
锦　州	30	2.31	109.91
营　口	40	2.72	47.10
阜　新	63	2.93	39.77
辽　阳	7	0.04	74.03
盘　锦	7	1.82	96.44
铁　岭	102	6.37	87.90
朝　阳	83	2.64	0.41
葫芦岛	73	8.81	8.03

13—17 农民家庭平均每户生产性固定资产原值

（年末数）　　　　单位：元

指　标	2004年	2005年	2005年比上年末增减	
			绝对数	%
生产性固定资产原值	**5 425.2**	**7 514.7**	**2 089.5**	**38.5**
1.农　业	3 435.3	3 645.2	210.0	6.1
#房屋及建筑物	1 263.6	1 509.0	245.4	19.4
役　畜	825.3	591.0	-234.3	-28.4
大中型铁木农具	217.0	256.1	39.2	18.1
农业机械	990.5	1 117.6	127.1	12.8
2.林　业	1.3	9.6	8.3	663.7
#房屋及建筑物	0.2	0.9	0.7	359.5
役　畜	1.1	3.4	2.3	220.0
大中型铁木农具				
林业机械	5.3	5.3		
3.牧　业	766.2	2 174.7	1 408.4	183.8
#房屋及建筑物	374.0	1 305.6	931.6	249.1
产品畜	356.1	745.7	389.6	109.4
大中型铁木农具	0.2	1.5	1.3	625.0
牧业机械	17.9	79.3	61.3	342.2
4.渔　业	166.4	66.1	-100.3	-60.3
#房屋及建筑物	10.4	18.5	8.1	78.6
大中型铁木农具	0.5	0.1	-0.3	-71.1
渔业机械	84.1	47.5	-36.7	-43.6
5.采矿业	-18.5	18.5	37.0	-200.0
6.制造业	225.1	91.8	-133.3	-59.2
#房屋及建筑物	94.5	49.2	-45.3	-47.9
生产设备	122.4	42.6	-79.8	-65.2
7.电力煤气与水的生产及供应业	-1.6	1.6	3.2	-200.0
8.建筑业	14.1	15.3	1.2	8.6
9.交通运输业、仓储和邮政业	457.1	802.8	345.7	75.6
10.批发和零售贸易业	131.4	465.8	334.4	254.4
11.住宿和餐饮业	49.5	49.2	-0.3	-0.5
12.居民服务与其他服务业	37.6	48.9	11.4	30.3
13.教　育	-1.6	1.6	3.2	-200.0
14.卫生、社会保障和福利业	29.4	101.7	72.4	246.5
15.文化、体育和娱乐业	0.7	0.7		
16.其　他	90.1	42.7	-47.4	-52.6

13—18 农民家庭平均每百户拥有生产性固定资产数量

（年末数）

名　称	单 位	2004年	2005年	2005年比上年末增减	
				绝对数	%
房屋及建筑物	平方米	2 318.92	3 006.0	687.1	29.6
汽　车	辆	1.16	2.0	0.8	68.2
大中型拖拉机	台	2.59	3.2	0.6	24.5
小型及手扶拖拉机	台	10.63	14.4	3.8	35.8
机动脱粒机	台	3.54	1.6	-1.9	-53.7
收割机	台	0.26	0.1	-0.2	-60.0
农用动力机械	台	8.54	7.1	-1.4	-16.4
胶轮大车	辆	27.78	18.0	-9.8	-35.1
水　泵	台	38.41	33.1	-5.3	-13.8
役　畜	头	48.78	33.1	-15.7	-32.2
品　畜	头	37.04	68.7	31.7	85.6

13—19 各地区农民家庭平均每百户拥有生产性固定资产数量

(2005年末)

地　区	房屋及建筑物(平方米)	汽　车(辆)	大中型拖拉机(台)	小型和手扶拖拉机(台)	机　动脱粒机(台)	收割机(台)	农用动力机械(台)	胶　轮大　车(辆)	水　泵(台)	役　畜(头)	产品畜(头)
全　省	**3 006.03**	**1.96**	**3.23**	**14.44**	**1.64**	**0.11**	**7.14**	**18.02**	**33.12**	**33.10**	**68.73**
沈　阳	2 454.80	3.00	3.20	15.30	1.50	0.40	8.10	13.40	23.30	23.40	26.30
大　连	2 763.30	3.80	0.90	12.70	2.00	0.30	9.70	8.20	16.90	15.80	55.80
鞍　山	3 030.00	3.33	0.67	6.00	5.33	0.00	15.33	5.33	44.67	10.67	53.33
抚　顺	2 422.00	2.00	3.67	12.33	1.67	0.00	7.33	23.00	11.33	32.67	167.33
本　溪	6 590.95	2.86	2.86	8.57	1.43	0.00	5.71	14.29	9.52	22.38	91.90
丹　东	2 622.93	2.68	1.22	8.05	0.49	0.24	5.37	9.88	16.34	21.71	52.93
锦　州	5 730.00	0.90	6.41	6.92	1.03	0.00	12.82	28.46	44.62	40.77	65.13
营　口	91.43	2.86	1.14	4.57	1.43	0.29	3.14	0.57	10.00	0.00	1.71
阜　新	5 661.50	1.00	1.25	25.00	4.75	0.00	10.50	44.75	63.50	89.50	51.25
辽　阳	606.86	1.14	1.43	1.71	0.29	0.00	6.00	2.57	5.71	9.71	18.86
盘　锦	2 610.25	1.00	1.25	23.50	8.35	0.25	3.00	0.75	31.33	2.00	20.75
铁　岭	2 656.33	1.33	4.00	16.67	2.33	0.00	4.17	11.50	22.67	29.00	61.67
朝　阳	6 012.33	1.85	1.68	8.07	3.36	0.00	10.92	33.95	37.98	57.48	65.38
葫芦岛	837.62	1.19	2.38	10.48	0.48	0.00	6.67	14.88	29.52	23.69	66.43

13—20 各地区农民家庭平均

(2005

指　　标	全　省	沈阳市	大连市	鞍山市	抚顺市	本溪市
生产性固定资产原值	**7 514.68**	**8 270.31**	**15 269.79**	**10 037.01**	**10 404.67**	**9 671.98**
1.农　　业	3 645.22	4 500.71	2 945.07	2 164.94	3 376.07	2 704.64
#房屋及建筑物	1 509.03	2 085.29	1 265.30	173.13	1 530.00	1 429.05
役　　畜	590.99	398.46	366.60	193.33	689.33	428.10
大中型铁木农具	256.15	144.38	158.10	51.21	196.23	77.10
农业机械	1 117.64	1 729.00	886.93	910.87	733.50	546.60
2.林　　业	9.58	20.00	105.00			1.43
#房屋及建筑物	0.90	10.00				
役　　畜	3.39					1.43
大中型铁木农具						
林业机械	5.29	10.00	105.00			
3.牧　　业	2 174.66	1 733.10	1 910.57	3 379.13	3 920.27	3 783.05
#房屋及建筑物	1 305.64	1 102.30	1 163.30	3 035.33	1 410.33	3 013.86
产品畜	745.68	587.35	549.67	241.20	2 442.33	462.57
大中型铁木农具	1.53	0.50	51.30	9.60		8.05
牧业机械	79.27	19.95	36.30	91.67	14.27	298.57
4.渔　　业	66.12	90.00	5 795.80		13.33	
#房屋及建筑物	18.52	30.00	784.30			
大中型铁木农具	0.14					
渔业机械	47.46	60.00	532.50		13.33	
5.采矿业					33.33	
6.制造业	91.83	4.00	102.25	1 098.67	1 521.67	157.14
#房屋及建筑物	49.21	4.00	14.00	466.67	721.67	66.67
生产设备	42.62		88.25	165.33	800.00	261.90
7.电力煤气与水的生产及供应业						
8.建筑业	15.34	50.00	83.10	233.33		28.57
9.交通运输业、仓储和邮政业	802.80	1 278.50	2 131.00	2 154.67	630.00	671.43
10.批发和零售贸易业	465.84	395.00	742.00	486.93	510.00	219.05
11.住宿和餐饮业	49.21	65.00	1 300.00	120.00		1 904.76
12.居民服务与其他服务业	48.94	36.00	55.00	150.67	233.33	199.52
13.教　　育				166.67		
14.卫生、社会保障和福利业	101.75	13.00		82.00	166.67	
15.文化、体育和娱乐业	0.69					
16.其　　他	42.70	85.00	100.00			2.38

每户生产性固定资产原值

年末）　　　　　　　　　　　　　　　　单位：元

丹东市	锦州市	营口市	阜新市	辽阳市	盘锦市	铁岭市	朝阳市	葫芦岛市
4 982.13	**10 002.22**	**29 255.49**	**13 212.51**	**6 312.53**	**5 253.20**	**8 033.38**	**7 439.15**	**6 214.87**
2 817.27	4 150.37	1 430.63	7 716.85	4 906.53	2 252.45	5 936.73	5 013.35	1 237.96
1 935.73	2 096.15	171.43	6 066.75	485.11	1 066.50	3 737.67	2 733.70	50.24
373.54	680.82	1.43	1 334.53	210.86	21.25	535.17	901.88	313.63
63.09	164.95	14.29	535.92	40.00	96.75	307.08	325.05	363.33
444.18	1 098.58	927.49	1 909.05	4 076.29	1 064.90	1 194.57	810.54	488.32
						34.67	46.39	21.43
							2.86	19.05
							43.53	
								2.38
517.84	3 136.21	269.14	3 565.56	291.43	1 047.00	1 193.48	1 541.83	988.57
276.83	2 171.28	226.86	2 692.00	137.14	622.50	573.50	617.39	677.14
225.40	847.67	21.14	544.63	154.29	116.25	564.00	865.61	311.43
	5.49		23.93			0.50		
11.46	15.87	5.71	208.50		0.75	32.98	50.94	
396.24		15 471.43			150.00	133.33		2 423.81
24.39					150.00	66.67		23.81
122.59								
249.27		15 442.86				66.67		2 400.00
						30.00	13.45	9.52
46.15	335.90	8 971.43	163.00	57.14	267.50	161.67	147.39	
6.10	307.69		82.00	28.57	217.50	137.50	16.81	
40.05	28.21	8 971.43	81.00	28.57	50.00	24.17	38.15	
						1.67		
36.59	25.64	2 202.86	73.75	66.00			4.87	
711.22	537.18	801.43	695.00	900.00	1 026.25	411.33	538.59	685.24
261.22	1 179.23	34.29	150.00	62.86	435.00	91.67	88.74	469.76
121.95								7.14
63.90		17.14	75.00	28.57	75.00		10.92	371.43
9.76						33.33		
	437.18		9.60					
			13.75			2.17	6.72	
	200.51	57.14	750.00			3.33	26.89	

13—21 农作物播种面积

单位:千公顷

年份	农作物总播种面积	粮食作物	经济作物	其他作物	占总播种面积比重(%) 粮食作物	经济作物	其他作物
1978	4 041.7	3 327.3	381.7	332.8	82.3	9.4	8.3
1980	3 914.8	3 221.1	392.1	301.5	82.3	10.0	7.7
1981	3 846.8	3 139.3	410.4	297.1	81.6	10.7	7.7
1982	3 786.3	3 145.9	344.2	296.2	83.1	9.1	7.8
1983	3 738.6	3 172.1	290.7	275.7	84.8	7.8	7.4
1984	3 737.6	3 099.0	355.4	283.1	82.9	9.5	7.6
1985	3 705.8	2 889.5	532.3	283.9	78.0	14.4	7.6
1986	3 663.7	3 036.9	338.3	288.4	82.9	9.2	7.9
1987	3 620.6	3 130.8	199.3	290.5	86.5	5.5	8.0
1988	3 603.2	3 101.3	203.7	298.1	86.1	5.6	8.3
1989	3 594.5	3 083.5	211.8	299.2	85.8	5.9	8.3
1990	3 618.9	3 121.6	204.9	292.4	86.3	5.7	8.1
1991	3 638.1	3 089.9	257.5	290.7	84.9	7.1	8.0
1992	3 633.1	3 051.5	281.7	299.9	84.0	7.7	8.3
1993	3 630.0	3 049.2	224.6	356.2	84.0	6.1	9.9
1994	3 623.5	3 026.4	226.8	370.3	83.5	6.3	10.2
1995	3 623.7	3 030.9	210.4	382.4	83.6	5.8	10.6
1996	3 627.8	3 073.1	165.8	388.9	84.7	4.6	10.7
1997	3 627.0	3 037.1	181.1	408.8	83.7	5.0	11.3
1998	3 630.2	3 039.2	178.4	412.6	83.7	4.9	11.4
1999	3 643.1	3 055.3	163.3	424.5	83.9	4.5	11.7
2000	3 622.0	2 858.6	248.0	515.4	78.9	6.8	14.2
2001	3 559.9	2 758.1	279.9	522.0	77.5	7.9	14.7
2002	3 577.0	2 658.6	327.8	590.6	74.3	9.2	16.5
2003	3 476.6	2 563.6	344.6	568.4	73.7	9.9	16.3
2004	3 666.5	2 965.8	242.2	458.5	80.9	6.6	12.5
2005	3 801.0	3 179.7	199.4	421.9	83.7	5.2	11.1

13—21 续表 1

单位:千公顷

年份	粮食作物	水稻	小麦	玉米	高粱	谷子	薯类
1978	3 327.3	376.4	67.7	1 340.7	630.7	211.5	76.7
1980	3 221.1	385.7	40.9	1 416.2	558.3	190.1	42.5
1981	3 139.3	397.3	34.6	1 267.8	594.9	211.3	39.6
1982	3 145.9	405.6	29.5	1 155.5	645.5	272.4	41.1
1983	3 172.1	403.2	21.3	1 219.9	656.3	273.7	54.0
1984	3 099.0	432.2	15.2	1 230.8	593.9	254.6	65.7
1985	2 889.5	480.2	11.8	1 198.0	416.7	210.1	72.3
1986	3 036.9	510.1	20.5	1 258.5	441.3	205.9	65.7
1987	3 130.8	548.4	27.2	1 341.1	448.4	188.7	64.0
1988	3 101.3	553.7	34.4	1 318.0	450.5	179.4	70.6
1989	3 083.5	553.4	55.0	1 313.2	420.3	177.3	73.6
1990	3 121.6	543.3	112.8	1 365.7	395.0	169.3	73.7
1991	3 089.9	542.2	147.2	1 372.4	367.5	147.2	78.8
1992	3 051.5	556.6	165.7	1 384.0	342.0	120.4	88.0
1993	3 049.2	484.1	183.1	1 416.2	326.0	120.1	99.9
1994	3 026.4	458.7	162.4	1 464.6	321.7	109.0	95.9
1995	3 030.9	472.6	171.3	1 517.5	308.3	102.8	102.5
1996	3 073.1	478.1	177.9	1 576.7	300.2	104.9	110.0
1997	3 037.1	491.7	167.9	1 573.4	257.6	106.1	105.6
1998	3 039.2	496.0	150.2	1 638.0	222.8	100.8	109.6
1999	3 055.3	501.5	152.9	1 677.8	202.5	89.6	130.5
2000	2 858.6	489.7	117.5	1 422.5	188.6	86.9	167.1
2001	2 758.1	449.5	86.1	1 366.3	163	130.5	151.1
2002	2 658.6	457.1	47.2	1 395.1	168.8	101.6	145.1
2003	2 563.6	392.0	19.8	1 401.4	125.3	111.2	138.8
2004	2 965.8	492.1	19.9	1 835.9	106.4	94.2	103.4
2005	3 179.7	538.1	21.4	2 076.7	107.8	86.6	93.2

13—21 续表 2

单位:千公顷

年份	粮食作物		经济作物					
	大豆	其他杂粮		棉花	油料	#花生	芝麻	向日葵
1978	515.9	107.2	381.7	101.5	212.2	43.7	4.8	74.4
1980	472.9	114.7	392.1	38.5	303.2	97.5	12.3	169.6
1981	461.4	132.3	410.4	39.1	320.4	106.7	12.9	184.9
1982	458.4	137.8	344.2	46.5	242.5	121.9	34.3	77.5
1983	408.5	135.1	290.7	54.7	196.1	105.7	38.3	47.0
1984	372.5	134.1	355.4	72.9	252.3	144.4	52.9	49.5
1985	393.0	107.5	532.3	39.1	447.5	251.7	92.7	77.7
1986	410.3	124.6	338.3	17.9	280.6	161.6	22.9	81.5
1987	395.2	117.8	199.3	4.6	151.3	86.6	7.1	50.1
1988	381.5	113.3	203.7	10.3	135.4	83.8	3.3	42.9
1989	370.3	120.5	211.8	16.2	132.0	83.2	5.1	37.4
1990	349.0	112.8	204.9	19.1	125.1	78.0	4.7	37.7
1991	326.2	81.6	257.5	55.4	142.6	92.6	15.0	31.8
1992	302.3	74.8	281.7	74.9	142.7	90.4	24.5	25.5
1993	325.1	94.5	224.6	24.6	141.3	91.6	24.4	21.5
1994	318.6	95.4	226.8	25.7	144.4	102.9	18.1	22.2
1995	273.0	82.9	210.4	31.0	131.8	94.1	14.1	22.0
1996	239.2	86.1	162.4	12.4	95.1	67.1	6.5	20.4
1997	249.2	85.5	181.1	19.5	98.2	69.1	6.1	22.5
1998	249.6	72.2	178.4	20.5	122.4	91.0	9.0	21.9
1999	235.1	65.2	163.4	6.9	122.1	89.0	6.7	25.0
2000	301.9	84.5	248.0	7.3	199.5	142.8	1.4	28.2
2001	290.4	121.2	279.9	7.3	235.4	184.1	13.1	32.1
2002	266.6	77.1	327.8	2.9	286.1	227.9	16.2	37.5
2003	285.2	89.9	344.6	3.9	312.0	253.3	12.3	40.7
2004	244.4	69.6	242.2	4.4	205.2	173.3	8.2	19.8
2005	184.9	71	199.4	2.3	164.3	140.6	5.2	15.8

13—21 续表 3

单位:千公顷

年份	经济作物				其他作物		
	麻类	甜菜	烟叶	#烤烟		#蔬菜	绿肥
1978	35.1	9.9	14.2	12.3	332.8	222.3	67.1
1980	25.5	11.1	9.6	8.7	301.5	202.1	67.6
1981	19.9	13.6	12.1	10.5	297.1	212.7	49.1
1982	13.9	19.3	14.2	11.5	296.3	227.2	37.9
1983	3.5	13.7	11.1	8.7	275.7	220.9	27.5
1984	2.2	9.1	11.1	8.7	283.1	218.7	31.1
1985	2.7	13.7	18.6	10.1	283.9	217.3	23.0
1986	2.7	12.9	15.7	7.2	288.4	230.6	19.9
1987	2.5	16.1	14.3	8.4	290.5	234.2	17.6
1988	2.5	25.9	18.6	12.4	298.1	241.5	13.3
1989	1.7	17.0	31.7	24.1	299.2	248.3	11.6
1990	1.8	22.5	26.0	20.3	292.4	253.3	11.9
1991	1.6	25.1	23.0	18.0	290.7	255.0	6.6
1992	1.5	20.8	24.3	19.6	299.9	267.8	6.7
1993	0.9	23.2	24.1	17.5	356.2	294.6	43.4
1994	0.7	28.8	18.7	13.5	370.3	318.3	0
1995	0.8	30.2	16.6	13.4	382.4	330.6	33.4
1996	0.4	27.2	27.3	24.8	388.9	342.2	0
1997	0.3	23.8	33.2	29.0	408.8	354.2	0
1998	0.2	17.1	15.2	13.0	412.6	353.2	0
1999	0.4	13.7	17.0	15.3	424.5	369.9	0
2000	0.7	16.5	18.4	16.7	515.4	413.2	0
2001	0.2	18.0	11.5	10.1	522.0	412.9	0
2002	0.1	13.1	13.0	11.8	590.6	467.3	0
2003	0.5	1.1	12.8	11.0	568.4	450.1	0
2004	0.2	0.9	11.6	10.4	458.5	378.4	0
2005	0.05	1.5	16.1	15.1	421.9	353.1	

13—22 各地区农作物播种面积

(2005年)

单位:千公顷

地区	农作物总播种面积	粮食作物	水稻	小麦	玉米	高粱	谷子	薯类
全省	**3 801**	**3 179.7**	**538.1**	**21.4**	**2 076.7**	**107.8**	**86.6**	**93.2**
沈阳	587.9	511.4	115.9	5.7	337.0	6.7	2.7	7.0
大连	323.1	277.3	25.0	0.6	180.6	1.1	2.2	27.1
鞍山	243.1	202.3	35.3	0.6	152.4	2.1	0.5	2.1
抚顺	110.1	93.2	20.9		59.1	0.1	0.1	2.6
本溪	63.2	51.4	9.7	0.1	35.0	0.2	1	1.7
丹东	201.5	163.9	52.0	0	95.2	0.6	0.3	4.7
锦州	400.2	333.9	19.9	3.3	265.3	25.9	2.4	2.9
营口	106.7	92.5	42.5		41.9	2.4	1.1	0.9
阜新	371.0	303.4	5.3	1.2	200.5	27.8	20.5	1.6
辽阳	152.1	133.5	46.6		78.6	0.5	0.1	2.3
盘锦	134.1	121.0	102.5		13.5	0.7		
铁岭	487.1	399.4	54.5	1.9	302.1	2.6	0.6	13.9
朝阳	393.5	318.1	0.3	7.2	191	28.2	47.8	11.2
葫芦岛	227.4	178.4	7.8	0.7	124.6	8.9	7.5	15.2

13—22 续表 1　　(2005 年)　　单位:千公顷

地区	粮食作物		经济作物				
	大豆	其他杂粮	棉花	油料	花生	芝麻	向日葵
全省	**184.9**	**41.2**	**2.3**	**164.3**	**140.6**	**5.2**	**15.8**
沈阳	29.2	3.1	0.3	13.8	12.6	0.1	0.8
大连	37.1	2.8	0.1	4.6	4.6		
鞍山	8.1	0.7		3.8	3.8		
抚顺	10.0	0.2		0.6	0.6		
本溪	3.1	0.5		0.4	0.4		
丹东	9.6	0.9		2.3	2.3		
锦州	11.6	2.4	0.1	21.2	20.2	0.1	0.1
营口	2.9	0.8		0.3	0.3		
阜新	21.5	6.8		45.8	38.5	1.9	4.9
辽阳	5.0	0.1		1.1	1		
盘锦	4.3	0					
铁岭	22.4	1.2		35.8	35.6		0.2
朝阳	10.1	19.3	1.7	13.1	0.7	2.5	9.7
葫芦岛	10.1	2.4	0.2	21.5	20.0	0.4	

13—22 续表 2　　(2005 年)　　单位:千公顷

地区	经济作物				其他作物
	麻类	甜菜	烟叶	烤烟	蔬菜
全省	**0.1**	**1.5**	**16.1**	**15.1**	**353.1**
沈阳	0.1				45.2
大连					36.4
鞍山			0.4	0.4	33.3
抚顺			0.8	0.3	8.3
本溪					5.8
丹东			5.4	5.2	19.6
锦州					41.5
营口					11.3
阜新			2.3	2.3	14.8
辽阳					14.7
盘锦					12.7
铁岭			3.6	3.6	40.3
朝阳		1.4	3.6	3.3	4.3
葫芦岛					26.8

13—23 主要农产品产量

年份	粮食（万吨）	水稻	小麦	玉米	高粱	谷子	薯类	大豆	其他杂粮	棉花（吨）
1952	544.0	29.9	11.4	125.9	193.3	75.9	20.9	55.4	31.3	91 750
1957	587.0	59.6	2.7	149.5	166.1	64.9	33.8	76.7	33.7	40 350
1965	670.7	88.7	6.5	248.3	163.4	61.1	34.2	44.5	24.0	43 600
1970	870.3	148.9	5.6	270.0	197.1	62.8	40.7	58.0	87.2	38 500
1975	1 119.4	194.5	15.2	436.0	291.2	30.9	8.1	45.2	98.3	36 200
1978	1 117.2	206.8	9.4	560.0	225.2	30.0	18.5	53.5	13.8	23 372
1980	1 221.6	235.3	5.5	653.6	226.8	23.3	10.5	53.6	13.0	21 348
1981	1 160.6	248.8	5.7	581.8	217.4	22.4	9.4	62.4	12.7	22 009
1982	1 151.8	253.8	4.9	558.2	225.9	29.3	9.4	57.8	12.5	23 278
1983	1 485.2	290.3	4.4	736.9	305.7	45.0	15.0	69.3	18.6	52 002
1984	1 425.8	331.0	2.5	715.5	248.6	33.1	17.7	63.4	14.0	66 092
1985	976.0	263.0	2.8	448.1	150.7	29.9	15.8	54.6	11.2	24 166
1986	1 222.2	323.8	4.0	607.3	168.4	27.9	15.3	63.5	12.0	11 647
1987	1 276.2	340.7	5.6	671.5	159.0	25.7	13.5	49.2	11.1	3 337
1988	1 307.2	340.2	8.2	680.6	161.6	20.0	18.8	44.4	13.6	6 381
1989	1 018.2	283.8	15.3	496.7	106.9	16.2	12.1	24.1	13.1	7 808
1990	1 494.7	375.7	44.3	812.3	180.8	30.5	19.4	43.5	14.5	13 595
1991	1 532.4	403.4	49.8	848.6	181.2	23.3	24.6	37.5	13.1	41 987
1992	1 568.4	417.7	65.5	864.5	152.7	18.5	26.2	32.4	11.1	27 949
1993	1 696.0	389.6	66.5	989.1	178.1	24.4	34.5	52.2	14.0	19 439
1994	1 337.1	297.7	49.5	613.9	181.5	25.5	28.3	48.3	14.4	16 727
1995	1 423.5	255.3	63.3	804.5	156.6	22.2	35.9	40.3	12.4	23 666
1996	1 660.1	366.1	59.4	1 047.3	183.0	29.1	42.5	43.6	15.8	10 813
1997	1 313.5	389.4	56.5	674.7	100.3	18.7	39.5	35.1	11.3	15 067
1998	1 828.9	407.5	61.4	1 205.3	141.6	28.6	47.8	52.8	15.0	17 876
1999	1 648.8	415.8	59.2	988.3	77.1	13.2	51.0	39.3	9.5	4 574
2000	1 140.0	375.5	35.4	547.9	51.6	9.3	61.5	47.9	8.7	5 604
2001	1 394.4	341.2	15.7	833.7	74.5	25.7	54.7	55.2	19.2	7 508
2002	1 510.4	359.2	11.51	889.42	83.11	23.31	60.27	52.6	30.98	2 983
2003	1 498.3	310.6	6.1	930.5	58.9	24.4	66.2	63.7	16.4	3 481
2004	1 720.0	382.4	6.9	1 352.1	62.0	26.9	50.6	59.2	15.6	4 742
2005	1 745.8	414.5	8.9	1 340.3	70.8	30.8	48.0	43.5	11.6	2 685

注：1990～2005年粮食产量系抽样调查定产数，分品种产量数系全面统计报表数。

13—23 续表

年　份	油料（吨）	＃花生	芝麻	向日葵	麻类（吨）	甜菜（吨）	烟叶（吨）	＃烤烟	蔬菜（万吨）
1952	107 050	100 017	3 117	196	27 800		25 450	22 580	135.2
1957	159 800	155 571	1 826	214	13 550		19 600	18 702	351.1
1965	99 900	93 750	1 600		16 150	17 600	23 700	22 850	442.3
1970	103 700	98 550	1 250		10 800	23 900	20 450	20 450	389.7
1975	105 100	75 950	1 000		97 500	44 250	28 450	27 750	397.7
1978	105 271	44 811	1 471	41 080	14 994	63 376	31 280	29 483	652.0
1980	282 529	137 440	4 059	13 142	9 487	127 239	23 617	22 361	548.7
1981	306 076	170 109	6 808	121 539	7 351	225 611	28 141	24 925	628.9
1982	247 432	174 552	19 101	50 389	5 394	338 453	33 696	28 745	672.6
1983	309 398	227 227	30 155	48 458	1 823	278 045	22 132	17 906	734.6
1984	420 467	326 794	33 203	56 181	1 355	200 774	27 587	22 081	784.6
1985	540 147	402 737	43 717	76 731	2 446	226 775	34 143	18 424	589.5
1986	316 211	221 858	8 899	76 336	2 054	218 267	27 137	10 370	700.9
1987	192 045	130 062	3 070	54 351	1 660	283 685	28 869	15 692	756.1
1988	167 916	133 437	1 362	29 448	2 875	481 603	36 383	22 094	784.8
1989	70 809	46 084	1 365	20 354	2 334	233 945	45 378	31 376	790.0
1990	174 537	133 427	2 879	33 939	2 586	497 538	44 005	31 575	861.3
1991	202 878	153 230	8 895	38 066	2 011	585 929	39 022	28 525	893.5
1992	176 256	129 402	15 415	29 663	2 494	523 226	44 297	32 283	1 003.2
1993	218 478	168 448	18 427	27 973	1 234	538 234	49 878	31 591	1 162.7
1994	244 305	200 079	14 022	29 192	1 050	392 366	35 721	23 534	1 130.6
1995	197 717	162 764	10 040	22 518	1 039	504 147	31 959	21 913	1 268.1
1996	170 003	134 450	5 618	28 367	396	585 516	56 091	50 344	1 438.6
1997	160 745	134 136	3 901	21 826	294	400 727	60 890	51 527	1 492.2
1998	233 611	198 115	5 798	28 422	210	416 120	31 319	26 182	1 588.1
1999	197 797	166 326	4 320	24 736	355	263 581	32 487	29 938	1 650.8
2000	295 527	256 249	8 298	12 685	883	286 894	31 507	28 589	1 757.0
2001	462 553	420 504	10 367	22 994	245	355 910	23 548	19 787	1 826.6
2002	564 529	507 904	14 139	34 245	155	397 226	28 679	25 987	2 098.6
2003	614 049	548 406	10 099	40 844	611	33 964	26 487	22 945	2 148.2
2004	459 299	419 110	7 293	24 153	606	27 427	26 932	24 243	2 034.6
2005	368 411	330 103	6 036	27 337	114	62 379	34 234	31 742	1 954.8

13—24 各地区主要农产品产量

(2005年)

地区	粮食（万吨）	水稻	小麦	玉米	高粱	谷子	薯类	大豆	其他杂粮	棉花（吨）
全省	**1 745.8**	**414.6**	**8.9**	**1 340.3**	**70.8**	**30.8**	**48.0**	**43.5**	**12.3**	**2 685**
沈阳	342.7	89.9	1.9	231.9	4.2	1.0	4.2	7.8	1.2	155
大连	135.6	14.9	0.4	99.9	0.4	0.6	10.5	8.1	0.8	45
鞍山	120.9	27.2	0.2	88.8	1.0	0.1	1.0	2.1	0.2	
抚顺	44.0	10.1		30.6	0.1	0	1.4	1.8		
本溪	22.9	5.4		15.4	0.1	0.3	0.9	0.6	0.1	
丹东	76.2	34.1		38.7	0.2	0	1.5	1.5	0.1	
锦州	201.2	15.3	1.4	162.5	15.9	0.7	1.7	2.8	0.7	125
营口	67.4	39.8	0	24.9	1.2	0.3	0.4	0.7	0.2	9
阜新	187.0	3.7	0.4	143.4	21.5	7.2	0.9	5.2	1.9	5
辽阳	84.2	34.5		46.7	0.2		1.5	1.1		3
盘锦	99.2	93.7		3.8	0.3		0	1.4		
铁岭	289.0	40.7	0.6	229.7	1.7	0.3	9.5	5.8	0.6	0
朝阳	206.4	0.2	3.6	150.3	19.3	18.3	5.6	2.4	6.1	2 163
葫芦岛	97.6	5.1	0.4	73.7	4.7	2.0	8.9	2.2	0.4	180

注:全省粮食以抽样调查的1 745.8万吨为定产数。

13—24 续表

(2005年)

地区	油料（万吨）	#花生	#芝麻	#向日葵	麻类（吨）	甜菜（吨）	烟叶（吨）	#烤烟	蔬菜（万吨）
全省	**36.8**	**33.0**	**0.6**	**2.7**	**114**	**62 379**	**34 234**	**31 742**	**1 954.8**
沈阳	3.3	3.0		0.2	2	438	0	0	239.1
大连	1.1	1.1				1 275	893	0	240.6
鞍山	1.0	1.0					2 043	801	178.6
抚顺	0.1	0.1					3	971	36.4
本溪	0.1	0.1					9 521	3	23.5
丹东	0.7	0.7			94		0	9 250	87.0
锦州	4.7	4.5	0.1			85	5 387	0	287.6
营口	0.1	0.1					0		69.0
阜新	9.5	8.5	0.1	0.8		0	0	5 350	56.9
辽阳	0.7	0.7				2 835	0		66.0
盘锦	0	0							94.0
铁岭	9.3	9.2			12		7 530	7 500	205.7
朝阳	2.3	0.2	0.3	1.7	6	57 746	8 856	7 867	184.3
葫芦岛	3.9	3.8	0.1				1		186.1

13—25 主要农产品单位面积产量

（按播种面积计算）　单位:公斤/亩

年份	粮食	水稻	小麦	玉米	高粱	谷子	薯类	大豆	其他杂粮	棉花
1978	224	367	93	279	238	95	161	69	86	16
1980	253	407	89	308	271	82	165	76	76	37
1981	247	418	109	306	244	71	158	90	64	38
1982	244	417	111	322	234	72	153	84	60	34
1983	312	480	139	403	311	110	185	113	92	64
1984	307	511	112	388	279	87	180	114	70	61
1985	225	365	158	249	241	95	146	93	69	41
1986	268	427	129	322	254	90	155	103	64	43
1987	272	421	136	334	236	91	141	83	63	48
1988	281	419	159	344	239	74	178	78	80	41
1989	220	348	185	252	170	61	110	44	59	32
1990	319(325)	461	262	397	305	120	176	83	86	48
1991	331(341)	491	226	412	329	105	208	77	85	51
1992	343(347)	500	264	416	298	103	199	71	80	25
1993	371(382)	536	242	466	364	135	231	107	99	53
1994	295(277)	433	204	279	376	156	197	101	100	43
1995	313(306)	360	246	353	339	144	233	98	100	51
1996	360(388)	511	222	443	406	185	257	122	122	58
1997	288(291)	528	224	286	259	118	249	94	88	52
1998	401(430)	548	273	491	424	189	291	141	139	58
1999	360(361)	553	258	393	254	98	261	111	97	44
2000	266(265)	511	201	257	182	71	245	106	69	51
2001	337(343)	506	122	407	305	131	241	127	106	69
2002	379(375)	524	163	425	328	153	277	132	268	69
2003	390(384)	528	206	443	313	146	318	149	122	59
2004	395(440)	518	232	491	389	190	326	162	149	72
2005	381(414)	514	278	430	438	237	343	157	187	78

注:1990～2005年粮食单产系抽样调查数,括号内为全面统计报表数。

13—25 续表　（按播种面积计算）　单位:公斤/亩

年份	油料	#花生	#芝麻	#向日葵	麻类	甜菜	烟叶	#烤烟	蔬菜
1978	33	69	20	37	28	428	147	160	1 956
1980	62	94	22	52	25	767	164	171	1 811
1981	64	107	35	44	25	1 104	155	158	1 971
1982	68	96	37	43	26	1 169	158	166	1 974
1983	105	144	52	69	35	1 359	133	138	2 218
1984	111	156	42	76	41	1 474	166	120	2 391
1985	81	107	31	61	59	1 101	122	122	1 808
1986	75	92	26	62	51	1 131	122	96	2 026
1987	85	100	28	72	44	1 178	135	125	2 152
1988	83	106	28	46	76	1 240	130	119	2 167
1989	36	37	18	36	88	917	96	87	2 121
1990	93	114	40	60	97	1 473	113	104	2 267
1991	95	110	39	80	83	1 554	113	106	2 336
1992	82	95	42	78	113	1 674	122	109	2 498
1993	103	123	50	87	93	1 547	138	120	2 631
1994	113	130	52	88	80	908	128	116	2 368
1995	100	115	47	68	91	1 115	128	109	2 557
1996	119	134	58	92	71	1 437	137	135	2 803
1997	109	129	43	65	77	1 121	122	119	2 809
1998	127	145	43	87	88	1 618	137	134	2 998
1999	108	125	43	66	60	1 278	127	130	2 975
2000	99	120	40	30	88	1 157	114	114	2 835
2001	131	152	53	48	74	1 319	137	130	2 949
2002	132	149	58	61	110	2 015	147	147	2 994
2003	131	144	55	67	75	2 132	138	139	3 088
2004	149	161	60	81	210	2 078	155	155	3 585
2005	149	156	77	115	158	2 791	141	141	3 691

13—26　各地区主要农产品单位面积产量

（按播种面积计算，2005 年）　　　　单位：公斤/公顷

地　　区	粮　食	水　稻	小　麦	玉　米	高　粱	谷　子	薯　类	大　豆	其他杂粮	棉　花
全　　省	**6 210**	**7 703**	**4 170**	**6 454**	**6 572**	**3 560**	**5 145**	**2 352**	**2 812**	**1 167**
沈　　阳	6 701	7 756	3 314	6 880	6 257	3 611	5 940	2 688	3 178	564
大　　连	4 889	5 968	5 594	5 528	3 252	2 605	3 883	2 178	2 791	789
鞍　　山	5 975	7 703	3 648	5 830	4 929	2 360	4 957	2 610	2 421	0
抚　　顺	4 726	4 814	0	5 190	4 264	2 908	5 298	1 807	1 995	0
本　　溪	4 449	5 546	375	4 415	3 972	3 051	5 384	1 992	1 895	0
丹　　东	4 644	6 558	0	4 061	2 600	1 389	3 127	1 570	1 464	0
锦　　州	6 025	7 671	4 286	6 128	6 162	3 082	5 965	2 436	2 591	1 050
营　　口	7 248	9 362	3 667	5 943	4 934	2 365	4 203	2 462	2 229	900
阜　　新	6 163	7 001	3 659	7 150	7 724	3 520	5 877	2 408	2 072	5 000
辽　　阳	6 308	7 412	8 047	5 943	5 327	2 888	6 328	2 225	2 807	1 500
盘　　锦	8 196	9 141		2 825	4 385				4 293	
铁　　岭	7 237	7 480	8 517	7 603	6 727	5 235	6 842	2 569	5 320	0
朝　　阳	6 490	6 296	5 054	7 867	6 856	3 841	4 924	2 345	3 151	1 293
葫 芦 岛	5 473	6 521	5 044	5 919	5 303	2 605	5 882	2 188	1 756	1 104

13—26 续表　　（按播种面积计算，2005 年）　　单位：公斤/公顷

地　　区	油　料	#花　生	#芝　麻	#向日葵	麻　类	甜　菜	烟　叶	#烤　烟	蔬　菜
全　　省	**2 242**	**2 347**	**1 161**	**1 732**	**2 375**	**41 865**	**2 122**	**2 109**	**55 361**
沈　　阳	2 374	2 410	1 338	2 191	667	24 333	0	0	52 888
大　　连	2 441	2 444	1 077	2 167	0	55 435	0	0	66 144
鞍　　山	2 609	2 611	1 400	0	0	0	2 111	2 070	53 694
抚　　顺	2 411	2 397	0	2 933	0	0	2 576	2 997	44 029
本　　溪	2 277	2 284	1 333	0	0	0	1 500	1 500	40 547
丹　　东	3 126	3 132	0	2 000	2 938	0	1 763	1 775	44 469
锦　　州	2 206	2 231	2 195	1 341	0	85 000	0	0	69 256
营　　口	2 217	2 217	0	0	0	0		0	61 128
阜　　新	2 078	2 193	954	1 676	0	45 000	2 344	2 341	38 345
辽　　阳	6 533	6 782	5 000	2 818	0	0	0	0	44 752
盘　　锦			0	0					74 225
铁　　岭	2 591	2 596	2 267	2 049	2 000		2 106	2 103	51 037
朝　　阳	1 741	2 964	1 328	1 724	1 500	41 694	2 432	2 402	43 392
葫 芦 岛	1 838	1 869	801	796			1 000		69 493

13—27 水果、蚕茧、园参、芦苇生产情况

指　　标	单　位	2000 年	2001 年	2002 年	2003 年	2004 年	2005 年
一、水　　果							
果园面积	千公顷	392.8	361.9	331.2	318.2	316.8	317.0
#苹果园	千公顷	195.1	161.9	131.9	115.11	111.8	110.3
梨　园	千公顷	85.7	87.6	85.5	85.53	88.5	91.6
葡萄园	千公顷	27.8	29.7	35.6	37.37	36.8	28.1
山楂园	千公顷	26.8	23.1	17.6	15.3	14.3	14.0
果树株数	万　株	32 541.8	31 833	29 655	30 798	32 117	32 435
#苹　果	万　株	8 388.4	6 903.7	5 768	5 330	5 470.3	5 838.5
梨	万　株	4 366.9	4 446.1	4 503	4 805.3	5 287.7	5 600.2
葡　萄	万　株	10 293.0	10 850	11 840	12 624	13 139	11 679
山　楂	万　株	2 263.4	1 949	1 683	1 483.7	1 328.4	1 337.5
结果株数	万　株	18 850.1	18 923	17 848	19 922	20 970	22 553
#苹　果	万　株	4 012.0	3 526.4	3 242	3 042.3	3 389.7	3 562.3
梨	万　株	2 116.8	2 283	2 296	2 436.3	2 695.5	3 196.4
葡　萄	万　株	6 012.9	6 573.9	8 054	9 956	9 960.1	9 785.8
山　楂	万　株	1 776.5	1 472.3	1 334	1 215.2	1 078.9	1 123.2
水果产量	吨	2 499 660	2 416 697	2 344 015	2 678 104	3 076 521	3 292 674
#苹　果	吨	1 231 479	1 134 657	1 005 142	1 089 937	1 222 119	1 299 595
梨	吨	455 404	509 942	412 724	515 892	605 679	690 345
葡　萄	吨	430 282	396 991	522 061	586 124	613 683	581 711
山　楂	吨	67 148	61 151	59 314	54 253	61 482	64 756
二、蚕　　业							
柞蚕茧产量	吨	38 959	43 790	41 652	44 362	38 867	43 200
桑蚕茧产量	吨	92	80	34	40	285	159
三、园　　参							
园参产量	吨	1 218	1 492.2	2 132.1	3 001.1	2 316.3	2 461.5
四、芦　　苇							
芦苇产量	万　吨	54.2	52.8	48.8	48.8	52.7	50.9

13—28 水果、蚕茧、园参产量

单位:吨

年份	水果总产量	#苹果	#梨	#葡萄	#山楂	蚕茧总产量	柞蚕茧	桑蚕茧	园参总产量
1952	126 475	84 245	40 805	1 425		47 356	47 317	39	
1970	539 430	394 490	101 915	7 445		28 299	28 157	142	
1975	659 045	484 175	111 940	10 280		27 713	27 611	102	
1978	937 915	656 750	227 700	7 130		40 587	40 521	66	
1979	1 023 981	753 902	213 118	8 013	1 738	42 895	42 767	128	
1980	782 677	610 133	109 907	6 244		56 757	56 634	123	775
1981	923 836	700 655	161 982	10 197		45 370	45 264	106	790
1982	761 164	572 714	128 719	9 765	7 796	30 267	30 159	108	761
1983	1 040 485	758 850	200 714	12 587	10 673	55 708	55 601	107	1 070
1984	955 126	683 926	187 981	19 882	12 108	39 052	38 968	84	902
1985	806 799	547 791	173 077	20 902	14 342	26 996	26 945	51	985
1986	803 832	546 862	171 840	23 521	14 717	24 790	24 760	30	1 302
1987	933 062	637 092	177 808	35 017	21 571	39 137	39 086	51	1 813
1988	958 557	621 544	195 066	53 092	24 643	34 825	34 768	57	2 639
1989	1 003 137	655 737	174 370	72 170	33 395	39 415	39 348	67	2 437
1990	1 112 886	759 244	166 806	73 567	36 562	40 772	40 641	131	2 766
1991	1 011 230	570 542	204 839	89 895	50 659	23 982	23 812	170	2 704
1992	1 527 272	979 434	222 916	121 829	73 918	26 124	25 926	198	2 719
1993	1 888 380	1 196 127	300 099	146 162	97 312	36 486	36 349	137	3 720
1994	1 845 580	1 069 137	323 985	158 210	99 411	27 808	27 720	178	2 073
1995	2 199 889	1 277 295	402 963	153 317	98 566	32 988	32 805	183	1 431
1996	2 480 339	1 505 993	477 330	185 421	80 719	29 411	29 158	253	1 226
1997	2 641 058	1 611 487	471 870	193 380	79 456	39 685	39 532	153	2 141
1998	2 985 505	1 674 628	610 898	275 557	85 093	44 563	44 455	108	1 304
1999	2 566 685	1 469 839	424 605	307 453	71 638	28 760	28 720	40	1 297
2000	2 499 660	1 231 479	455 404	430 282	67 148	39 051	38 959	92	1 218
2001	2 416 697	1 134 657	509 942	396 991	61 151	43 870	43 790	80	1 492
2002	2 344 015	1 005 142	412 724	522 061	59 314	41 998	41 652	34	2 132
2003	2 678 104	1 089 937	515 892	586 124	54 253	44 402	44 362	40	3 001
2004	3 076 521	1 222 119	605 679	613 683	61 482	39 152	38 867	285	2 316
2005	3 292 674	1 299 595	690 345	581 711	64 756	43 359	43 200	159	2 462

13—29 林业生产情况

指标	单位	2000年	2001年	2002年	2003年	2004年	2005年
造林面积	千公顷	143.95	141.08	237.63	195.15	159.3	126.49
按造林用途分:							
用材林	千公顷	28.37	38.21	58.25	23.72	28.3	20.93
经济林	千公顷	32.61	22.33	28.91	24.13	17.3	6.18
防护林	千公顷	71.18	72.66	140.89	140.32	106.4	98.21
薪炭林	千公顷	11.68	7.46	9.37	6.98	7.3	1.17
特种用材林	千公顷						
迹地更新面积	千公顷						
封山育林面积	千公顷						
#本年新封面积	千公顷						68.48
零星植树	万株	5 344	7 691	7 678	8 422	8 400	
育苗面积	千公顷	12.16	19.7	26.54	26.39	26.39	17.11
#当年新育	千公顷	8.27	12.9	17.08	12.85	12.85	6.16
当年苗木产量	万株						175 414
幼林抚育作业面积	千公顷	291.50	196.9	277.3	327.9		
成林抚育面积	千公顷	67.99	41.5	32.3			
木材采运量	万立方米	123.41	60.19	87.1			147.07

13—30 各地区造林面积

单位:千公顷

地区	造林面积											
	合计			#用材林			#经济林			#防护林		
	2000年	2004年	2005年	2000年	2004年	2005年	2000年	2004年	2005年	2000年	2004年	2005年
全省	**143.9**	**159.3**	**126.5**	**28.4**	**28.3**	**20.9**	**32.6**	**17.3**	**6.3**	**71.1**	**106.4**	**98.2**
沈阳	7.7	8.4	16.1	0.8			3.6	0.2		3.2	8.2	16.1
大连	7.0	19.1	12.1	0.5	3.6	0.7	3.7	5.3	1.1	2.8	9.9	10.2
鞍山	6.0	7.5	4.1	1.9	0.2	2.4	2.0	1.2	0.6	2.1	5.3	1.1
抚顺	2.9	5.2	9.0	2.2	1.6	1.7	0.2	0.2	0.2	0.4	3.2	7.2
本溪	2.2	7.8	9.1	0.7	6.1	4.2	0.8	0.3	0.2	0.3	0.5	4.1
丹东	2.1	6.8	6.6	0.5	3.2	4.8	1.1	1.5	0.5		1.6	1.3
锦州	31.2	6.7	7.9	6.0	3.8	0.5	3.3		0.3	20.5	2.9	7.1
营口	6.7	2.8	2.2	3.8	1.4	0.9	1.6	0.4	0.2	0.8	0.7	0.6
阜新	11.9	27.4	16.1	3.1	0.3		2.4	2.0	0.5	6.4	25.1	15.7
辽阳	5.4	2.0	1.0	1.6	0.5	0.8	2.1	0.4	0.1	1.4	1.1	0.1
盘锦	0.8	1.0	0.5	0.1	0.7	0.4				0.7	0.4	0.1
铁岭	4.8	16.9	10.0	2.2	4.1	4.0	1.1	1.3	1.2	1.3	11.4	4.7
朝阳	21.7	23.0	25.9	3.5	0.0		4.9	1.4	0.9	8.5	21.6	25
葫芦岛	33.6	24.7	5.9	1.5	2.8	0.5	5.6	2.9	0.5	22.7	14.5	4.9

13—31 大牲畜头数

单位:万头

年份	大牲畜年末头数	#役畜	牛	马	驴	骡
1952	281.1	195.3	131.2	17.2	115.6	17.1
1970	297.1	200.2	146.2	54.0	74.2	22.7
1975	293.7	197.4	143.4	56.7	61.2	32.4
1978	287.3	193.7	136.0	61.4	52.7	37.2
1979	283.9	188.3	134.3	61.3	49.9	38.4
1980	279.1	177.3	130.6	61.9	46.9	39.7
1981	265.6	177.3	117.6	59.8	47.9	40.3
1982	255.6	183.5	107.9	57.7	49.5	40.5
1983	261.3	197.4	109.0	55.5	57.7	39.1
1984	284.7	209.9	123.2	56.9	64.6	40.0
1985	303.3	216.4	134.9	56.9	70.3	41.2
1986	313.9	219.5	140.2	56.1	75.3	42.3
1987	315.2	254.6	140.7	53.7	77.9	42.9
1988	319.1	217.4	142.8	51.9	80.8	43.6
1989	323.8	217.3	147.7	49.4	83.1	43.6
1990	326.1	217.2	150.9	47.0	84.4	43.8
1991	326.0	220.1	149.4	46.1	86.6	43.9
1992	331.6	214.2	155.4	45.1	87.5	43.6
1993	368.3	219.3	192.0	44.7	89.0	42.6
1994	438.9	228.6	261.2	44.3	91.2	42.2
1995	476.4	232.3	301.6	42.2	92.6	40.0
1996	505.4	244.4	330.9	42.2	93.5	38.9
1997	366.7	182.2	193.5	39.5	96.2	37.5
1998	382.1	187.9	209.3	40.6	95.2	37.0
1999	399.8	198.9	228.1	39.9	95.8	35.9
2000	420.7	212.8	254.0	37.0	95.3	34.4
2001	411.7	208.0	251.1	35.7	93.5	31.5
2002	421.5	198.7	264.8	34.4	92.9	29.4
2003	455.0	196.6	301.9	33.3	91.9	28.0
2004	476.9	192.6	329.1	31.3	91.8	24.8
2005	495.9	193.8	344.7	28.2	98.9	24.1

注:全省畜牧业个别指标为评估论证数,下同。

13—32 肉类产量和猪羊头数

年份	猪牛羊肉产量（万吨）	肉猪出栏头数（万头）	猪年末存栏头数（万头）	羊年末只数（万只）	山羊	绵羊
1952		198.6	409.0	104.2	45.3	58.9
1970			533.0	174.0	37.8	136.2
1975		453.5	1 031.8	175.8	39.9	135.9
1978		554.3	1 184.6	138.2	28.1	110.1
1979		592.9	1 188.9	167.1	31.4	135.7
1980	42.9	656.3	1 057.5	194.7	36.6	158.1
1981	49.1	664.3	1 046.2	210.4	36.2	174.2
1982	56.0	711.3	1 069.9	207.8	33.6	174.2
1983	54.9	710.0	993.2	207.7	35.9	171.8
1984	54.9	685.2	892.9	193.9	36.0	157.9
1985	57.0	647.4	1 035.6	193.6	35.5	158.1
1986	58.1	650.9	1 031.7	215.5	39.5	176.0
1987	57.3	626.4	930.4	233.7	47.0	186.7
1988	68.9	691.4	1 065.4	274.2	60.9	213.3
1989	71.9	733.4	1 089.6	294.9	74.3	220.6
1990	78.8	797.2	1 093.5	267.2	73.4	193.8
1991	88.8	865.0	1 137.7	239.5	75.7	163.8
1992	99.7	945.4	1 222.0	247.9	73.7	174.2
1993	115.4	1 020.9	1 228.6	264.4	88.8	175.6
1994	144.5	1 254.4	1 340.1	302.0	115.8	186.2
1995	173.9	1 461.6	1 468.4	373.2	146.5	226.7
1996	190.4	1 640.6	1 426.5	403.1	164.1	238.9
1997	126.9	1 131.0	953.3	292.6	133.7	158.9
1998	138.8	1 223.9	1 039.9	318.1	146.3	171.7
1999	148.4	1 320.3	1 123.4	347.8	159.3	188.5
2000	156.5	1 413.8	1 270.7	386.1	187.3	198.8
2001	169.0	1 525.2	1 291.8	449.4	212.6	236.8
2002	182.8	1 648.7	1 304.3	548.4	251.9	296.5
2003	198.6	1 754.3	1 365.8	730.8	319.7	411.1
2004	216.8	1 894.6	1 498.0	819.2	387.4	431.8
2005	238.8	2 063.2	1 642.4	830.2	426.3	404.0

13—33 畜牧业生产情况

指　　标	单　位	2000年	2001年	2002年	2003年	2004年	2005年
一、畜产品产量							
1.猪牛羊出栏头数							
肉猪出栏头数	万　头	1 413.8	1 525.2	1 648.7	1 754.25	1 894.59	2 063.21
出售和自宰的牛	万　头	171.7	181.9	198.6	224.63	247.92	278.81
出售和自宰的羊	万　只	239.2	252.3	320.7	491.23	636.04	774.82
2.肉类总产量	万　吨	236.1	249.0	270.2	291.9	316.5	346.1
#猪　　肉	万　吨	127.3	137.6	148.7	157	169.6	184.7
牛　　肉	万　吨	25.8	27.7	29.7	33.9	37.3	42.2
羊　　肉	万　吨	3.4	3.7	4.4	7.7	9.9	11.9
禽　　肉	万　吨	76.4	76.6	83.9	89.6	95.6	102.1
兔　　肉	万　吨	0.3	0.3	0.3	0.4	0.3	0.4
3.其他畜产品产量							
奶　　类	万　吨	21.9	26.6	30.8	46.4	62.3	78.8
#牛　　奶	万　吨	18.9	24.2	28.1	42.7	58.4	74.9
山　羊　毛	吨	748.0	767.0	1 119.0	1 393.0	1 635.0	1 680.0
绵　羊　毛	吨	7 567.0	8 339.0	9 158.0	10 587.0	10 821.0	10 412.0
羊　　绒	吨	356.0	282.0	372.0	719.0	894.0	1 053.0
蜂　　蜜	吨	5 819.0	7 973.0	8 148.0	1 075.0	1 788.0	1 942.0
禽　　蛋	万　吨	140.3	148.4	159.8	169.5	192.4	224.0
二、牲畜年末头数							
1.大　牲　畜	万　头	420.7	411.7	421.5	455.0	476.9	495.9
#役　　畜	万　头	212.8	208.0	198.7	196.6	192.6	193.8
牛	万　头	254.0	251.1	264.8	301.9	329.1	344.7
马	万　头	37.0	35.7	34.4	33.3	31.3	28.2
驴	万　头	95.3	93.5	92.9	91.9	91.8	98.9
骡	万　头	34.4	31.5	29.4	28.0	24.8	24.1
2.猪	万　头	1 270.7	1 291.8	1 304.0	1 365.8	1 498.0	1 642.4
3.羊	万　只	386.1	449.4	548.4	730.8	819.2	830.2
山　　羊	万　只	187.3	212.6	251.9	319.7	387.4	426.3
绵　　羊	万　只	198.8	236.8	296.5	411.1	431.8	404.0

13—34 各地区牲畜饲养情况

（2005年）

地区	大牲畜年末头数（万头）	#役畜	#牛	#乳牛	马	驴	骡
全省	**495.9**	**193.8**	**344.7**	**24.4**	**28.2**	**98.9**	**24.1**
沈阳	64.4	13.5	48.6	6.4	5.3	7.3	3.2
大连	36.5	19.5	30.1	2.1	1.4	2.1	3.0
鞍山	28.7	8.6	23.2	1.2	1.8	2.4	1.2
抚顺	18.9	7.0	16.5	0.9	0.7	0.3	1.4
本溪	26.2	12.5	25.3	0.5	0.3	0.3	0.3
丹东	26.2	16.1	20.5	0.5	2.0	2.0	1.7
锦州	42.6	16.0	25.8	1.6	3.3	10.9	2.5
营口	6.5	2.0	5.2	0.4	0.4	0.5	0.4
阜新	44.6	23.7	15.7	2.6	5.5	21.6	1.9
辽阳	13.3	3.4	10.9	1.4	0.9	0.7	0.8
盘锦	3.2	0.5	2.7	0.4	0.3	0.2	0
铁岭	80.8	22.5	71.8	3.4	3.1	3.7	2.1
朝阳	78.9	38.4	36.1	2.1	1.8	37.7	3.3
葫芦岛	25.1	10.1	12.3	0.9	1.4	9.2	2.3

13—34 续表

（2005年）

地区	肉猪出栏头数（万头）	猪年末头数（万头）	羊年末只数（万只）	山羊	绵羊
全省	**2 063.2**	**1 642.4**	**830.2**	**426.2**	**404.0**
沈阳	362.3	226.4	60.5	19.0	41.5
大连	326.3	249.7	89.1	85.6	3.5
鞍山	193.4	112.0	48.6	43.6	5.0
抚顺	73.3	41.8	32.3	28.8	3.5
本溪	51.8	40.0	46.4	41.9	4.5
丹东	88.1	74.7	44.6	44.5	0.1
锦州	419.0	240.4	76.2	2.4	73.8
营口	63.0	33.6	53.2	50.0	3.2
阜新	207.0	134.5	67.8	0.9	66.9
辽阳	82.3	52.3	25.9	24.3	1.6
盘锦	51.7	44.3	3.2	1.7	1.5
铁岭	272.6	141.9	37.0	21.8	15.2
朝阳	186.5	140.8	173.9	34.2	139.7
葫芦岛	202.0	110.0	71.5	27.5	44.0

13—35 各地区畜产品产量

(2005年)

地区	肉类总产量（万吨）	猪肉	牛肉	羊肉	奶类（万吨）	#牛奶
全省	**346.1**	**184.7**	**42.2**	**11.9**	**78.8**	**74.9**
沈阳	70.4	32.0	8.8	1.0	21.5	21.2
大连	51.6	27.0	2.6	0.6	10.2	8.0
鞍山	40.1	16.5	5.2	0.6	1.7	1.7
抚顺	12.8	6.6	2.6	0.4	3.5	3.3
本溪	9.7	4.6	2.2	0.5	1.7	1.7
丹东	14.4	7.7	1.3	0.3	2.0	2.0
锦州	52.9	33.3	6.8	2.2	5.0	4.9
营口	15.2	5.8	1.1	0.5	1.2	1.2
阜新	28.5	18.6	1.9	1.1	9.3	9.2
辽阳	13.2	6.9	1.5	0.2	4.4	4.3
盘锦	9.0	5.1	0.2	0.1	1.4	1.4
铁岭	54.4	21.6	16.5	0.7	8.7	8.5
朝阳	29.6	15.8	3.3	2.5	5.8	5.2
葫芦岛	30.4	18.6	2.9	1.2	2.4	2.3

13—35 续表

(2005年)

地区	绵羊毛（吨）	山羊毛（吨）	羊绒（吨）	禽蛋（万吨）	蜂蜜（吨）
全省	**10 412.0**	**1 679.6**	**1 052.8**	**224.0**	**1 941.5**
沈阳	1 187.7	76.0	6.8	42.5	3.5
大连	44.1	357.3	277.9	22.2	
鞍山	55.8	175.8	123.7	32.1	13.4
抚顺	142.2	77.6	45.8	8.7	0.3
本溪	81.0	193.6	112.5	4.1	
丹东	0.7	252.9	139.7	7.8	93.0
锦州	2 537.0	4.6	0.3	31.6	168.2
营口	34.8	168.0	168.9	10.6	13.7
阜新	2 137	0.8	0.6	8.7	
辽阳	31.8	72.1	52.7	6.8	5.0
盘锦	15.0	2.7		2.9	
铁岭	267.4	73.0	19.5	10.7	
朝阳	2 808.2	99.9	36.6	17.1	1 109.8
葫芦岛	1 069.3	125.3	67.8	18.2	534.6

13—36 水产品生产情况

指　　标	2000 年	2001 年	2002 年	2003 年	2004 年	2005 年
水产品养殖面积(千公顷)	366.9	383.7	437.1	531	557.8	616.5
海水养殖面积	236.5	246.2	278.6	381	404.8	449.3
海上养殖	111.9	117.9	144.6	245	264.6	301.00
滩涂养殖	84.2	87.0	90.2	91	93.4	95.8
陆基养殖	40.4	41.3	43.8	45	46.8	52.5
内陆水域养殖面积	130.4	137.5	158.5	150	153	167.2
＃池　塘	33.9	35.1	40.4	44	41.3	46.7
水　库	80.7	84.5	83.6	81	83	98.5
河　沟				1	0.9	2.0
水产品产量(万吨)	338.5	350.8	374.8	382.0	402.5	425.3
海水产品产量	302.3	310.5	327.0	330.8	346.1	364.1
＃海洋捕捞	150.2	149.6	148.8	148.0	149.12	152.0
人工养殖	152.1	160.9	178.2	182.8	197.03	212.1
＃鱼　类	76.7	81.3	87.6	83.8	90.1	91.3
甲壳类	37.9	37.2	36.6	32.6	36.2	35.0
贝　类	138.3	142.7	152.9	165.2	163.6	173.5
藻　类	35.0	32.5	34.9	33.0	38.4	39.5
其　他	14.3	16.9	15.1	14.1	17.8	24.8
淡水产品产量	36.1	40.3	47.8	51.1	56.4	61.2
＃天然生产	7.0	3.4	3.2	3.1	4.2	4.3
人工养殖	29.1	36.8	44.6	48.0	52.2	56.9
＃鱼　类	33.2	36.7	43.3	46.9	51.3	54.4
甲壳类	2.2	2.5	3.7	3.0	4.2	5.6

13—37 水产品产量

单位:万吨

年份	水产品合计	海水产品	#人工养殖	淡水产品	#人工养殖	比重(%) 海水	淡水
1978	46.9	46.2	10.7	0.7	0.7	98.5	1.5
1980	42.1	41.2	11.3	0.9	0.7	97.9	2.1
1981	44.6	43.5	14.1	1.1	1.0	97.5	2.5
1982	51.3	50.1	15.2	1.2	1.1	97.7	2.3
1983	51.2	49.5	15.9	1.7	1.5	96.7	3.3
1984	55.2	52.7	17.6	2.5	2.2	95.5	4.5
1985	58.3	55.2	16.7	3.1	2.5	94.7	5.3
1986	67.0	63.2	24.5	3.8	3.4	94.3	5.7
1987	80.6	75.9	32.1	4.7	4.5	94.2	5.8
1988	94.7	88.8	43.2	5.9	5.7	93.8	6.2
1989	101.2	94.8	48.1	6.4	6.0	93.7	6.3
1990	107.3	100.7	51.4	6.6	6.0	93.8	6.2
1991	114.1	106.4	54.9	7.7	6.9	93.3	6.7
1992	132.2	122.6	65.5	9.6	8.8	92.7	7.3
1993	151.7	139.7	73.8	12.0	11.3	92.1	7.9
1994	167.8	151.3	76.5	16.5	15.8	90.2	9.8
1995	197.9	178.4	87.3	19.5	15.8	90.1	9.9
1996	258.0	235.3	111.2	22.7	21.6	91.2	8.8
1997	285.1	258.0	112.3	27.1	24.6	90.5	9.5
1998	312.7	281.4	120.8	31.3	28.5	90.0	10.0
1999	333.8	296.8	139.2	37.0	31.3	88.9	11.1
2000	338.5	302.3	152.1	36.1	29.1	89.3	10.7
2001	350.8	310.5	160.9	40.3	36.8	88.5	11.5
2002	374.8	327.0	178.2	47.8	44.6	87.2	12.8
2003	382.0	330.8	182.8	51.1	48.0	86.6	13.4
2004	402.5	346.1	197.0	56.4	52.2	86.0	14.0
2005	425.3	364.1	212.1	61.2	56.9	85.6	14.4

13—38 按人口平均的主要农产品产量

单位:公斤/人

产品名称	2000年	2001年	2002年	2003年	2004年	2005年
粮食	275.7	336.2	363.5	360	412	471.3
棉花	0.1	0.1	0.1	0.1	0.1	0.1
油料	7.1	11.2	13.6	14.7	11.0	8.8
猪牛羊肉	37.8	40.7	44.0	47.7	52.0	57.0
#猪肉	30.8	33.2	35.8	37.7	40.6	44.1
水产品	81.9	84.6	90.2	91.8	96.5	101.5

13—39 农业事业机构和人员数

单位:个、人

年份	农业技术推广站		家畜繁育改良站		乡镇畜牧兽医站		种畜禽场总数		种子站、种子公司	
	机构	人数	机构	人数	机构	人数	机构	人数	机构	人数
1979	1 289	8 514					70	2 629		
1980					1 210	9 204	69	2 946	48	3 751
1981					1 206	9 725	69	3 273	47	4 126
1982					1 191	8 502	69	3 191	47	3 772
1983					1 209	8 556	70	3 256	47	3 590
1984			156	850	1 222	8 756	71	3 787	46	3 450
1985	1 268	8 390	309	764	1 224	8 479	70	3 959	46	3 346
1986			89	290	1 321	8 738	71	4 025	46	3 300
1987	1 268	8 514	72	226	1 280	8 709	74	4 660	46	3 258
1988	1 276	8 602	63	218	1 323	8 902	76	4 567	46	3 150
1989	1 329	8 552	72	212	1 232	8 327	77	5 072	46	3 070
1990	1 332	8 323	122	418	1 246	8 480	77	4 734	49	3 041
1991	1 337	8 323	122	381	1 234	8 988	78	5 160	49	2 976
1992	1 337	8 268	99	377	1 240	9 975	78	5 370	49	2 898
1993	1 105	6 074	64	207	1 230	10 244	49	2 917	77	4 848
1994	1 122	6 779	58	419	1 233	10 374	49	2 876	82	5 499
1995	1 209	13 065	7	25	1 254	10 597	49	2 897	82	5 499
1996	1 292	7 738	3	18	1 234	10 422	49	2 342	83	5 560
1997	1 337	8 018	3	18	1 240	10 674	49	2 658	88	5 930
1998	1 337	8 018	93	1 301	1 242	9 838				
1999	1 337	8 400	55	1 196	1 217	9 800				
2000					1 190	9 681	49			
2001					1 200	9 551	49			
2002			70	1 325	1 038	9 399	336			
2003			61		1 141	8 862	379			
2004			65	1 212	1 116	8 491	441			
2005			67	1 195	1 081	7 529	423			

注:2002年以后种畜场总数为全社会口径。

13—40 农作物受灾及成灾面积

单位:千公倾

年份	粮豆成灾面积	粮豆成灾面积中		
		减产三至五成的	减产五至八成的	减产八成以上的
1981	893.9	348.6	276.7	268.6
1982	1 599.7	781.8	544.9	272.9
1983	672.3	432.0	177.2	63.1
1984	1 343.3	776.7	391.1	175.5
1985	1 983.9	918.8	675.8	389.2
1986	1 068.1	502.9	293.1	272.2
1987	1 353.1	867.4	371.3	114.4
1988	1 676.1	952.6	538.8	184.8
1989	2 448.1	1 050.0	868.4	529.7
1990	1 156.3	776.3	279.5	100.5
1991	1 207.2	773.7	272.8	160.8
1992	1 431.8	609.0	399.9	203.0
1993	914.9	632.8	161.8	64.0
1994	1 995.8	907.6	605.4	442.7
1995	1 500.9	799.5	363.5	337.9
1996	996.1	702.8	191.0	102.3
1997	2 249.9	1 148.0	844.5	257.4
1998	590.4	345.3	141.5	102.9
1999	1 321	598.4	399.0	323.2
2000	2 101	690	678	731
2001	1 454.6	654.1	480.7	315.7
2002	1 437.4	874.5	423.8	139.1
2003	1 143.3	665.1	352.7	125.0
2004	500.7	370.4	93.2	37.0
2005	1 316.5	888.5	254.2	129.9

13—41 国营农场基本情况

指标	单位	2000年	2001年	2002年	2003年	2004年	2005年
一、农场数	个	118	120	120	120	120	120
职工人数	万人	25.5	26.0	26.3	26	26.5	26.7
二、耕地面积	万公顷	11.8	12.2	11.8	11.4	12.83	13.42
三、农业机械总动力	万千瓦	49.09	51.5	54.5	60.2	62.1	67.9
四、农业机械拥有量							
大中型农用拖拉机	台	993	1 165	1 271	2 607	1 611	1 653
小型及手扶拖拉机	台	8 834	8 537	8 002	5 911	10 136	8 538
农用排灌动力机械	台	17 881	8 397	11 208	13 417	13 219	16 131
联合收割机	台	10	10	10	28	17	20
农用载重汽车	辆	480	640	648	721	735	756
五、农用化肥施用量(折纯)	吨	62 341	62 484	66 418	45 562	69 984	53 294
六、农业总产值	亿元	43.9	48.5	49.9	51.4	59.03	63.64
七、盈亏总额	亿元	0.95	10.9	0.62	1.1	1.02	1.18
八、农作物总播种面积	万公顷	12.0	12.2	12.58	11.82	14.12	14.61
#粮食作物	万公顷	10.34	10.3	10.63	9.89	12.56	13.08
棉花	公顷	40	79	23		11	
油料	公顷	2 400	3 198	3 427	4 096	2 111	1 470
糖料	公顷	210	786	455	100	12	51
麻类	公顷	140	60	47			
年末实有果园面积	公顷	11 737	13 891	14 368	10 706	10 755	11 521
九、主要农产品产量							
#粮食作物	万吨	68.1	70.0	75.7	72.81	92.19	99.47
棉花	吨	27.0	60	14		14	
油料	吨	4 532	5 830	6 418	6 777	2 914	3 236
糖料	万吨	0.3	0.6	1.1	0.2	0.1	0.2
水果	万吨	5.6	5.7	5.7	7.4	6.81	7.21
十、畜牧业、渔业生产							
1.大牲畜年末头数	万头	7.5	8.1	8.3	9.6	9.73	9.91
2.猪年末头数	万头	31.1	30.9	36.4	38.1	41.26	50.68
3.羊年末只数	万只	6.2	7.7	11.0	17.1	13.61	9.19
#绵羊	万只	4.5	5.7	6.6	12.62	9.41	4.24
4.畜产品产量							
猪牛羊肉产量	万吨	3.6	3.8	6.6	8.7	9.27	10.22
#猪肉产量	万吨	3.1	3.3	3.6	4.3	5.08	5.97
牛奶产量	万吨	5.8	6.2	6.8	7.4	8.02	8.79
禽蛋产量	万吨	2.5	2.7	2.4	2.3	2.61	3.18
羊毛产量	吨	156.0	135.0	122.0	125	114	111
5.水产品总产量	万吨	7.3	8.2	11.4	13.1	15.23	18.16

注:农业总产值按当年价格计算,速度按可比价格计算。

主要统计指标解释

农业总产值　是以货币表现的农、林、牧、渔业全部产品的总量，它反映一定时期内农业生产的总规模和总成果。

农、林、牧、渔业的统计范围是：

(1)农业　包括农作物种植业和其他农业。

农作物种植业　包括谷物、豆类、薯类、棉、油料、糖料、麻类、烟叶、蔬菜、药材、瓜类和其他农作物的种植，以及茶园、桑园、果园的生产经营。

其他农业　包括采集野生植物的果实、纤维、树胶、树脂、油料以及柴草、野生药材、菌类等及农民家庭兼营的商品性工业。

(2)林业　包括林木的栽培(不包括茶园、桑园和果园的栽培、管理和收获等活动)、林产品的采集和村及村以下合作经济组织和农户的竹木采伐。

(3)牧业　包括除渔业养殖以外的一切动物饲养和放牧以及野生动物的捕猎和饲养。

(4)渔业　包括水生动物和海藻类植物的养殖和捕捞。

从所有制看，包括国有经济的各种专业农(农、林、牧、渔)场以及国家各级机关团体学校、科研机构、部队经营的农业；集体所有制的乡镇村各级办农场；农村各种经济组织经营的农、林、牧、渔业以及工矿企业家属集体经营的农业；农民家庭自营的农林牧渔业及兼营商品性工业等。

农业总产值的计算方法通常是按农林牧渔业产品及其副产品的产量分别乘以各自单位产品价格求得，少数生产周期较长，当年没有产品或产品产量不易统计的，则采用间接方法匡算其产值，然后将四业产品产值相加即为农业总产值。

1957年以前的农业总产值中包括了厩肥和农民自给性手工业(如农民自制衣服、鞋、袜，自己从事粮食初步加工等)。1958年及以后的农业总产值，林业中增加了村及村以下竹木采伐产值；牧业中取消费厩肥产值；副业中取消了农民自给性手工业产值，增加了村及村以下办的工业产值；渔业中增加了海洋捕捞水产品产值。1980年及以后的农业总产值，在副业中增加了农民家庭兼营业商品部分的产值。从1984年起村及村以下办工业产值划归工业。从1993年起，取消副业。将野生动物的捕猎划入牧业，野生植物采集和农民家庭兼营商品性工业划归农业。

粮食产量　指全社会的产量。包括国有经济经营的、集体统一经营的和农民家庭经营的粮食产量，还包括工矿企业家属办的农场和其他生产单位的产量。粮食除包括稻谷、小麦、玉米、高粱、谷子及其他杂粮外，还包括薯类和大豆。其产量计算方法，豆类按去豆荚后的干豆计算；薯类(包括甘薯和马铃薯，不包括芋头和木薯)1963年以前按每4公斤鲜薯折1公斤粮食计算，从1964年开始及以后改为按5公斤鲜薯折1公斤粮食计算。城市郊区作为蔬菜的薯类(如：马铃薯等)按鲜品计算，并且不做为粮食统计。其他粮食一律按脱粒后的原粮计算。

油料产量　指全部油料作物的生产量。包括花生、油菜籽、芝麻、向日葵籽、胡麻籽(亚麻籽)和其他油料。不包括大豆，也不包括木本油料和野生油料。花生以带壳干花生计算。

水产品产量　指人工养殖的水产品和天然生长的水产品的捕捞量。包括海水的鱼类、虾蟹类、贝类和藻类以及内陆水域的鱼类、虾蟹类和贝类，不包括淡水生植物。

猪、牛、羊肉产量　指当年出栏并已屠宰后除去头蹄下水后带骨肉(即胴体重)的重量。

耕地面积　指年初可以用来种植农作物、经常进行耕锄的田地，除包括熟地、当年新开荒地、连续撂荒未满三年的耕地和当年的休闲地(轮歇地)外，还包括以种植农作物为主并附带种植桑树、茶树、果树和其他林木的土地，以及沿海、沿湖地区已围垦利用的“海涂”、“湖田”等面积。但不包括属于专业性的桑园、茶园、果园、果木苗圃、林地、芦苇地、天然或人工草地面积。

农作物播种面积　指实际播种或移植有农作物的面积。凡是实际种植有农作物的面积，不论种植在耕地上还是种植在非耕地上，均包括在农作物播种面积中，同时还包括因遭灾而重新改种和补种的农作物面积，种一公顷算一公顷。

有效灌溉面积　指具有一定水源，地块比较平整，灌溉工程或设备已经配套，在一般年景下当年能够进行正常灌溉的耕地面积。

农用化肥施用量　指本年内实际用于农业生产的化肥数量。包括氮肥、磷肥、钾肥和复合肥。化肥施用量要求按折纯量计算数量。折纯法化肥施用量是把氮肥、磷肥和钾肥分别按含氮、含五氧化二磷、含氧化钾含量的百分比折算。复合肥按其所含主要成分折算。

农业机械总动力　指主要用于农、林、牧、渔业的各种动力机械的动力总和。包括耕作机械、排灌机械、收获机械、农产品加工机械、运输机械、植物保护机械、牧业机械、林业机械、渔业机械和其他农业机械〔内燃机按引擎马力折成瓦(特)计算，电动机按功率折成瓦(特)计算〕。不包括专门用于乡、镇、村、组办工业、基本建设、非农业运输、科学试验和教学等非农业生产方面用的动力机械与作业机械。

农林牧渔业劳动力　指直接参加农林牧渔业生产劳动的劳动力。

谷物　指籽实主要供作粮食的作物。这类作物包括稻谷、小麦、玉米、谷子、高粱和其他谷物，不包括豆类和薯类作物。

第十四篇

工业

14

GONGYE

14—1 全部国有及规模以上非国有工业企业单位数和总产值

分　　类	企业单位数(个)		工业总产值(亿元)	
	2004 年	2005 年	2004 年	2005 年
总　　计	**10 635**	**11 510**	**8 603.90**	**10 814.51**
在总计中:				
国有经济	1 631	1 010	1 303.10	1 375.59
中央企业	221	146	781.24	864.08
地方企业	1 410	864	521.86	511.51
集体企业	1 130	1 179	292.76	368.45
股份合作企业	285	273	82.19	101.42
联营经济	30	30	6.09	7.57
有限责任公司	1 279	1 433	1 846.41	2 980.97
股份有限公司	235	268	1 759.89	1 957.35
私营企业	3 863	5 118	1 060.46	1 694.83
港澳台投资企业	488	486	478.54	433.25
合资经营企业(港或澳台)	342	316	365.56	264.62
合作经营企业(港或澳台)	24	27	14.46	20.53
港澳台商独资经营企业	113	133	91.51	141.18
港澳台商投资股份有限公司	9	10	7.00	6.93
外商投资经济	1 672	1 711	1 765.40	1 894.98
中外合资经营企业	920	911	1 056.26	1 100.72
中外合作经营企业	97	96	37.57	42.64
外资企业	635	686	620.35	701.11
外商投资股份有限公司	20	18	51.23	50.52
其他工业	22	2	9.04	0.10
在总计中:				
国有及国有控股企业	2 139	1 397	4 881.66	5 771.15
在总计中:				
轻工业	3 274	3 520	1 417.92	1 788.12
重工业	7 361	7 990	7 185.98	9 026.39
在总计中:				
大型企业	104	114	4 040.29	5 294.03
中型企业	860	899	2 280.65	2 604.07
小型企业	9 671	10 497	2 282.96	2 916.41

注:1.本部分统计范围是全部国有及年产品销售收入 500 万元及以上非国有工业企业。

2.本部分工业增加值按生产法计算的。

14—2　全部国有及规模以上非国有工业分行业职工人数

单位:万人

分　　类	2000年	2001年	2002年	2003年	2004年	2005年
总　　计	**295.18**	**260.68**	**250.49**	**242.0**	**262.58**	**276.55**
在 总 计 中:						
国 有 经 济	133.43	96.49	77.14	63.7	59.80	52.06
中 央 企 业	51.94	39.43	33.29	31.9	29.55	26.42
地 方 企 业	81.49	57.06	43.85	31.8	30.25	25.64
集 体 企 业	39.86	28.58	27.72	20.9	20.05	18.92
股份合作企业	5.68	4.69	4.81	4.7	3.37	2.93
联 营 经 济	0.89	0.68	0.49	0.4	0.28	0.34
有限责任公司	51.95	63.29	65.47	66.3	62.71	74.20
股份有限公司	16.37	18.93	18.55	16.7	19.04	15.88
私 营 企 业	17.17	19.09	22.61	30.0	46.73	59.28
港澳台投资企业	8.30	8.21	9.47	10.6	11.42	10.97
合资经营企业(港或澳台)	6.82	6.55	7.11	7.2	7.87	6.77
合作经营企业(港或澳台)	0.17	0.23	0.42	0.5	0.65	0.72
港澳台商独资经营企业	1.20	1.39	1.85	2.8	2.69	3.36
港澳台商投资股份有限公司	0.11	0.04	0.09	0.1	0.21	0.11
外商投资经济	21.42	20.66	24.11	28.4	38.98	41.96
中外合资经营企业	9.16	8.20	9.97	11.6	18.02	17.37
中外合作经营企业	1.17	0.98	1.43	1.7	2.09	2.06
外 资 企 业	10.66	11.01	12.34	14.9	18.12	21.95
外商投资股份有限公司	0.43	0.47	0.38	0.2	0.75	0.58
其 他 工 业	0.10	0.07	0.11	0.2	0.20	0.00
在 总 计 中:						
国有及国有控股企业	196.29	168.69	147.21	128.6	122.86	116.99
在 总 计 中:						
轻　工　业	68.98	62.46	61.62	56.0	63.04	68.94
重　工　业	226.20	198.23	188.87	185.9	199.54	207.61
在 总 计 中:						
大 型 企 业	148.47	131.50	123.51	88.4	87.76	100.69
中 型 企 业	30.09	24.83	23.34	67.1	71.55	70.07
小 型 企 业	116.62	104.35	103.64	86.5	103.27	105.79

14—3 工 业 总 产 值

（按经济类型分） 单位：亿元

年份	工业总产值	#国有企业	#集体企业	#其他经济类型工业	总计中：国有及国有控股工业
1952	44.20	36.64	0.24	7.32	36.64
1957	94.40	83.57	5.93	4.90	83.57
1965	170.50	150.98	11.44	8.08	150.98
1970	226.40	207.25	19.15		207.25
1975	324.00	275.11	50.39		275.11
1978	370.40	313.80	63.00		313.80
1980	443.99	362.00	74.80	7.19	362.00
1981	449.05	362.80	78.75	7.50	362.80
1982	468.25	372.76	85.99	9.50	372.76
1983	527.02	412.39	103.87	10.76	412.39
1984	612.07	464.47	130.85	16.75	464.47
1985	715.07	530.95	163.00	21.12	530.95
1986	786.79	578.69	183.15	24.95	578.69
1987	913.72	668.19	213.22	32.25	668.19
1988	1 112.44	798.37	267.13	46.94	798.37
1989	1 316.09	951.87	305.04	59.18	951.87
1990	1 348.17	983.92	305.42	58.83	983.92
1991	1 544.39	1 121.03	341.09	82.26	1 121.03
1992	1 876.95	1 326.63	426.56	123.76	1 326.63
1993	2 609.99	1 813.61	551.94	244.44	1 813.61
1994	3 117.82	1 966.44	692.66	458.72	1 966.44
1995	3 055.54	1 876.53	716.28	462.73	1 876.53
1996	3 354.61	1 947.05	804.87	602.69	2 106.14
1997	3 644.88	2 040.10	783.34	821.45	2 292.03
1998	3 147.86	1 687.23	364.46	1 096.17	2 109.37
1999	3 390.27	1 600.68	337.14	1 452.45	2 208.77
2000	4 249.46	1 326.14	315.12	2 608.20	2 827.94
2001	4 480.32	999.33	265.07	3 215.92	2 928.95
2002	4 888.02	971.82	258.34	3 657.86	3 051.61
2003	6 112.96	973.99	285.24	4 853.73	3 552.3
2004	8 603.90	1 303.10	292.76	7 008.04	4 881.66
2005	10 814.51	1 375.59	368.45	9 070.47	5 771.15

注：本表1997年以前为乡及乡以上工业，1998年以后为全部国有及规模以上非国有工业产值。

14—4 各地区全部国有及规模

年份、地区	企业单位数（个）	工业增加值	实收资本	流动资产合计	流动资产年平均余额	固定资产小计	固定资产原价合计	固定资产净值年平均余额
1998	6 249	858.03	1 484.05	2 668.69	2 638.38	3 497.46	4 537.0	2 988.11
1999	5 816	935.7	1 746.3	2 983.0	2 741.9	3 859.1	5 141.1	3 170.9
2000	6 017	1 193.3	2 056.6	3 155.9	2 958.5	3 912	5 372.8	3 449.1
2001	5 847	1 255.69	2 288.31	3 354.48	3 275.78	4 354.16	6 112.04	3 810.21
2002	6 017	1 377.73	2 419.70	3 540.88	3 427.01	4 514.29	6 543.85	4 073.58
2003	6 842	1 715.92	2 417.98	3 843.47	3 758.78	4 367.12	6 814.11	3 940.30
2004	10 635	2 400.21	3 316.46	4 770.35	4 579.10	5 026.97	7 543.08	4 558.09
2005	11 510	3 108.44	3 225.57	5 330.42	5 045.59	5 493.10	8 202.52	4 848.73
沈阳	3 033	652.05	754.80	1 276.76	1 280.37	915.92	1 221.22	788.44
大连	2 110	643.98	662.38	1 383.86	1 241.77	990.24	1 414.87	864.85
鞍山	805	385.11	222.51	377.08	384.44	674.93	988.09	535.38
抚顺	617	144.16	207.64	297.82	265.58	306.11	533.98	287.82
本溪	295	162.99	100.01	280.69	267.14	453.48	608.29	379.43
丹东	713	65.42	89.68	129.81	122.64	111.97	170.41	103.14
锦州	557	102.21	75.81	156.62	156.41	135.24	236.20	124.07
营口	1 007	161.33	104.59	222.28	203.78	205.66	229.93	166.85
阜新	200	26.84	55.01	69.40	63.75	98.14	131.51	95.72
辽阳	564	130.05	168.96	272.86	229.12	252.78	381.08	238.42
盘锦	267	292.28	383.39	200.36	180.38	451.92	969.37	434.34
铁岭	723	87.51	101.59	103.92	96.98	157.75	257.82	151.29
朝阳	404	56.01	36.57	96.58	94.47	85.66	118.87	75.13
葫芦岛	214	98.50	162.65	306.65	297.25	273.35	409.13	265.38

以上非国有工业企业主要指标

单位:亿元

流动负债合计	长期负债合计	所有者权益合计	主营业务收入	主营业务成本	主营业务税金及附加	营业费用	利润总额	本年应交增值税	利税总额
2 912.85	1 399.7	2 283.44	3 090.51	2 608.76	54.75	78.92	-16.5	145.47	183.72
3 165.2	1 300.9	2 947.6	3 429.7	2 875.1	55.1	92.26	58.2	154.9	268.2
3 220.9	1 454.4	3 066.3	4 311.9	3 623.5	65.4	109.24	176.2	190.4	432.1
3 475.59	1 414.73	3 460.95	4 580.34	3 892.85	62.88	114.44	144.46	194.59	401.93
3 695.87	1 508.87	3 598.88	5 013.91	4 221.40	71.17	135.99	156.16	210.46	437.79
4 003.90	1 369.75	3 776.27	6 340.92	5 321.37	84.67	163.18	235.95	245.58	566.20
5 036.77	1 372.94	4 519.86	8 540.71	7 264.61	99.44	199.85	430.78	294.39	824.61
5 323.14	1 549.11	4 852.41	10 747.31	9 409.07	120.57	236.69	355.98	336.47	813.02
1 312.13	267.92	973.03	2 045.47	1 751.23	22.69	70.85	46.24	49.55	118.48
1 273.99	287.87	1 005.14	2 554.01	2 319.47	17.24	63.86	34.60	46.26	98.10
415.28	109.69	560.12	1 085.53	863.52	11.16	24.74	121.42	48.69	181.27
257.26	69.49	311.78	738.02	714.35	12.22	10.43	-45.26	14.61	-18.43
361.60	135.89	272.20	507.21	449.78	4.39	6.96	15.75	28.39	48.53
127.27	20.30	117.23	228.85	199.25	1.80	6.98	7.89	9.82	19.51
163.70	33.08	133.01	472.76	445.89	10.23	9.01	-8.03	14.14	16.34
232.41	26.30	202.36	499.55	429.42	9.22	14.77	20.62	13.73	43.57
86.82	34.95	58.57	106.06	93.14	0.86	2.45	-0.40	4.60	5.06
251.19	41.93	255.21	503.92	432.60	5.41	8.26	32.45	11.92	49.78
162.15	157.31	388.10	602.16	426.44	9.75	3.87	113.44	38.69	161.88
85.11	47.54	139.42	237.89	206.95	1.82	3.87	7.24	10.16	19.22
90.84	22.58	86.01	217.20	186.40	1.60	5.60	12.61	10.40	24.61
326.99	92.58	189.78	532.79	500.20	8.84	4.35	-10.18	15.62	14.28

14—5 全部国有及规模以上

(2005

项　　目	企业单位数(个)	工业增加值	实收资本	资产合计	流动资产合计	流动资产年平均余额	固定资产合计	固定资产原价
总　　计	**11 510**	**3 108.44**	**3 225.57**	**11 902.12**	**5 330.42**	**5 045.59**	**5 493.10**	**8 202.52**
国有经济	1 010	535.37	750.73	2 420.12	814.37	804.69	1 391.57	2 040.69
中央企业	146	372.19	495.39	1 482.23	456.89	458.29	892.43	1 375.54
地方企业	864	163.19	255.34	937.89	357.49	346.40	499.14	665.15
集体企业	1 179	102.69	52.15	269.38	163.04	157.62	82.00	107.88
股份合作企业	273	29.38	15.63	90.46	50.94	46.74	29.54	35.80
联营企业	30	2.23	2.57	9.79	5.09	4.90	3.45	4.55
国有联营企业	5	0.56	1.18	2.24	1.15	1.15	1.01	1.30
集体联营企业	9	0.35	0.41	1.22	0.63	0.46	0.48	0.70
国有与集体联营企业	3	0.18	0.04	0.53	0.47	0.45	0.06	0.10
其他联营企业	13	1.14	0.93	5.80	2.84	2.85	1.89	2.45
有限责任公司	1 433	806.76	892.02	4 076.80	1 858.60	1 787.91	1 884.00	2 605.36
国有独资	55	310.80	299.66	1 691.90	670.01	651.72	948.09	1 356.12
其他有限责任公司	1 378	495.95	592.36	2 384.90	1 188.58	1 136.19	935.90	1 249.24
股份有限公司	268	514.36	451.05	1 462.06	611.75	506.26	737.94	1 501.06
私营企业	5 118	470.12	317.97	1 359.29	661.27	615.73	502.13	603.56
私营独资企业	2 017	132.58	79.79	367.90	159.63	152.36	133.93	158.35
私营合伙企业	134	12.01	6.34	20.25	9.85	9.33	9.45	10.68
私营有限责任公司	2 617	275.02	200.97	839.71	422.02	389.77	315.09	378.07
私营股份责任	350	50.50	30.87	131.43	69.77	64.26	43.66	56.46
其他企业	2	0.03	0.06	0.12	0.08	0.08	0.04	0.09
港、澳、台投资企业	486	141.05	145.47	538.84	286.35	257.17	209.17	341.90
合资经营企业(港或澳、台资)	316	87.99	86.49	377.33	213.79	185.31	136.32	217.90
合作经营企业(港或澳、台资)	27	7.26	10.91	22.33	11.04	9.96	10.63	19.86
港澳台商独资经营企业	133	43.73	46.26	134.16	58.97	59.80	60.63	101.92
港澳台投资股份有限企业	10	2.07	1.82	5.02	2.55	2.10	1.60	2.22
外商投资企业	1 711	506.45	597.93	1 675.26	878.93	864.48	653.27	961.63
中外合资经营企业	911	274.82	286.88	952.13	527.13	521.37	334.81	460.61
中外合作经营企业	96	11.61	24.01	48.88	22.22	23.78	23.82	30.69
外资企业	686	198.98	279.28	585.87	307.09	298.76	233.35	379.98
外商投资股份有限公司	18	21.04	7.77	88.38	22.49	20.56	61.29	90.36
在总计中:轻工业	3 520	531.13	625.18	1 765.78	803.29	800.56	757.18	1 034.05
重工业	7 990	2 577.32	2 600.39	10 136.34	4 527.13	4 245.03	4 735.92	7 168.47
在总计中:大型企业	114	1 565.68	1 641.77	6 346.69	2 645.25	2 490.64	3 236.15	5 182.07
中型企业	899	719.27	766.46	2 863.08	1 335.98	1 285.99	1 250.45	1 728.46
小型企业	10 497	823.50	817.35	2 692.35	1 349.20	1 268.95	1 006.50	1 291.98

非国有工业企业主要指标

年)

单位:亿元

固定资产 净值年 平均余额	负债 合计	流动负债 合计	长期负债 合计	所有者 权益	主营业务 收入	主营业务 成本	主营业务 税金 及附加	利润 总额	本年应交 增值税	利税 总额
4 848.73	**6 929.21**	**5 323.14**	**1 549.11**	**4 852.41**	**10 747.31**	**9 409.07**	**120.57**	**355.98**	**336.47**	**813.03**
1 189.17	1 316.46	989.87	316.16	1 016.89	1 532.74	1 274.40	13.81	101.64	70.23	185.68
718.88	672.97	461.35	207.26	726.48	1 042.53	838.25	11.29	106.54	53.05	170.87
470.29	643.49	528.52	108.90	290.40	490.21	436.15	2.52	-4.89	17.18	14.81
74.94	160.40	144.20	12.67	108.98	352.62	307.77	3.39	15.62	15.04	34.05
24.37	55.27	44.62	9.85	35.19	99.54	90.14	0.39	1.76	2.68	4.83
3.29	6.44	5.46	0.97	3.35	7.23	6.54	0.04	0.11	0.16	0.30
0.97	1.18	0.99	0.19	1.06	2.17	2.01	0.02	0.00	0.04	0.06
0.50	0.80	0.80	0.01	0.41	1.17	1.02	0.01	0.05	0.06	0.11
0.06	0.39	0.38	0.00	0.13	0.54	0.43	0.00	0.05	0.02	0.07
1.76	4.06	3.29	0.77	1.74	3.36	3.08	0.01	0.01	0.05	0.06
1 630.89	2 720.87	2 024.73	685.78	1 322.22	2 950.81	2 590.77	28.14	59.95	104.69	192.78
802.25	1 086.27	714.72	370.47	578.09	1 170.94	1 033.96	15.82	17.51	57.47	90.80
828.65	1 634.60	1 310.01	315.31	744.13	1 779.88	1 556.81	12.32	42.43	47.22	101.97
691.20	737.81	478.54	255.46	724.24	1 950.46	1 773.79	48.08	20.27	49.88	118.22
455.57	760.22	658.63	83.24	599.07	1 586.80	1 401.27	10.62	64.05	42.18	116.85
122.88	191.99	167.92	17.01	175.91	456.68	407.31	3.91	17.97	12.90	34.78
9.02	10.20	9.24	0.89	10.05	37.22	32.96	0.42	1.78	1.38	3.58
283.20	481.07	415.97	55.13	358.64	899.81	789.52	5.62	35.37	24.44	65.44
40.47	76.96	65.51	10.21	54.47	193.09	171.48	0.66	8.92	3.46	13.05
0.04	0.04	0.03	0.01	0.08	0.10	0.09	0.00	0.01	0.01	0.01
203.36	295.13	239.14	54.84	243.70	408.01	339.71	2.61	24.21	12.28	39.11
133.28	215.88	176.81	38.48	161.45	247.60	202.54	1.97	16.85	7.76	26.59
10.69	10.23	7.85	2.38	12.10	17.94	15.91	0.00	0.44	0.67	1.12
57.79	66.46	52.23	13.67	67.70	137.20	116.66	0.64	6.84	3.78	11.26
1.59	2.56	2.25	0.31	2.46	5.27	4.60	0.00	0.08	0.06	0.14
575.91	876.57	737.93	130.13	798.69	1 858.98	1 624.59	13.49	68.37	39.34	121.20
290.93	582.09	489.75	85.13	370.04	1 093.10	970.15	13.19	26.76	25.62	65.57
18.86	23.07	20.22	2.27	25.81	40.56	37.04	0.04	0.84	0.59	1.46
214.78	251.22	208.16	42.33	334.64	674.30	575.72	0.26	35.56	9.09	44.91
51.33	20.19	19.79	0.40	68.20	51.02	41.69	0.00	5.21	4.04	9.25
685.53	955.72	810.60	132.35	810.06	1 684.25	1 440.53	22.18	50.34	34.52	107.03
4 163.20	5 973.49	4 512.54	1 416.76	4 042.35	9 063.06	7 968.54	98.40	305.64	301.96	706.00
2 805.17	3 660.68	2 683.39	965.55	2 565.53	5 467.93	4 806.66	74.38	175.68	189.44	439.50
1 110.65	1 713.47	1 319.15	383.69	1 149.61	2 532.39	2 184.32	31.54	92.58	72.94	197.07
932.91	1 555.06	1 320.60	199.87	1 137.28	2 746.98	2 418.09	14.66	87.71	74.09	176.46

14—6 按行业分的全部国有及规模

(2005

行业	企业单位数（个）	工业增加值	实收资本	资产总计	流动资产合计	流动资产年平均余额	固定资产合计	固定资产原价
煤炭开采和洗选业	156	83.66	112.93	305.41	114.50	102.72	175.57	274.77
石油和天然气开采业	4	243.14	325.27	495.82	119.63	106.81	345.85	800.28
黑色金属矿采选业	420	36.00	15.47	122.03	38.81	36.00	32.02	38.17
有色金属矿采选业	127	15.53	10.36	47.76	25.52	22.59	17.01	24.34
非金属矿采选业	133	9.68	7.63	25.03	11.52	11.04	11.04	13.59
其他采矿业	2	0.07	0.06	0.30	0.14	0.03	0.15	0.22
农副食品加工业	853	155.66	93.47	317.10	153.03	144.32	128.95	151.21
食品制造业	224	29.32	28.99	98.55	40.53	37.48	47.65	57.74
饮料制造业	138	34.04	32.19	95.22	38.12	39.81	45.80	65.94
烟草制品业	6	19.22	0.70	30.94	21.12	20.87	8.93	13.11
纺织业	400	41.56	44.00	148.05	71.15	67.96	65.16	88.18
纺织服装、鞋、帽制造业	360	35.15	19.95	64.85	33.07	31.28	24.92	33.05
皮革、毛皮、羽毛(绒)及其制品业	69	20.21	5.79	59.92	19.42	38.84	18.24	20.47
木材加工及木、竹、藤、棕、草制品业	273	21.94	26.59	69.35	34.29	32.46	28.46	35.89
家具制造业	145	18.82	11.31	56.59	26.61	24.18	21.07	26.88
造纸及纸制品业	228	14.74	18.31	85.29	37.29	39.18	43.53	57.20
印刷业和记录媒介的复制	157	9.88	12.16	40.78	16.28	17.26	18.93	29.70
文教体育用品制造业	40	3.10	3.24	12.64	7.00	6.64	4.78	6.84
石油加工、炼焦及核燃料加工业	191	267.51	111.42	755.73	428.66	328.16	293.28	561.30
化学原料及化学制品制造业	740	141.68	213.81	694.37	267.57	235.84	353.72	540.09
医药制造业	200	52.04	54.38	184.35	82.45	84.98	59.54	81.31
化学纤维制造业	29	8.97	128.67	124.10	48.39	45.74	67.00	109.45
橡胶制品业	149	32.00	30.38	99.71	45.87	45.54	39.57	54.16
塑料制品业	414	43.08	67.43	224.19	126.29	106.14	81.19	110.53
非金属矿物制品业	975	111.95	157.68	509.40	232.87	222.39	204.40	283.40
黑色金属冶炼及压延加工业	461	572.99	298.97	1 924.66	668.75	679.67	1 121.63	1 560.43
有色金属冶炼及压延加工业	247	75.46	54.08	351.20	217.10	198.67	117.40	152.39
金属制品业	470	62.26	45.47	164.90	100.61	91.84	48.55	73.02
通用设备制造业	1 393	198.36	162.74	708.72	432.18	411.84	218.65	310.20
专用设备制造业	575	79.72	89.29	444.58	264.44	246.34	140.53	172.72
交通运输设备制造业	511	184.12	304.64	1 112.55	683.93	668.21	327.84	435.73
电气机械及器材制造业	622	107.28	114.62	393.27	225.49	218.26	120.68	173.53
通信设备、计算机及其他电子设备制造业	177	84.15	130.27	347.07	196.85	196.89	89.07	151.25
仪器仪表及文化、办公用机械制造业	146	16.26	16.91	54.64	32.73	30.11	17.00	25.13
工艺品及其他制造业	96	8.81	19.12	46.58	18.92	18.13	23.04	31.78
废弃资源和废旧材料回收加工业	10	1.25	0.62	4.49	2.03	1.83	2.20	2.49
电力、热力的生产和供应业	258	255.13	385.94	1 498.53	396.02	385.38	1 010.81	1 469.11
燃气生产和供应业	23	3.21	20.38	49.43	14.72	12.90	29.57	42.29
水的生产和供应业	88	10.51	50.32	134.04	36.53	37.23	89.37	124.63

以上非国有工业企业主要指标

年)

单位:亿元

固定资产净值年平均余额	负债合计	流动负债合计	长期负债合计	所有者权益	主营业务收入	主营业务成本	主营业务税金及附加	利润总额	本年应交增值税	利税总额
165.93	164.12	129.24	34.81	141.28	175.22	134.04	2.30	3.02	14.40	19.72
332.22	185.58	95.32	89.93	310.24	329.01	174.27	5.59	112.22	32.17	149.97
29.33	46.92	42.25	4.03	75.11	101.51	77.80	2.15	11.03	6.88	20.06
14.33	21.02	17.96	3.02	26.74	48.21	35.18	0.44	7.39	2.27	10.11
10.23	13.07	10.03	2.97	11.96	29.26	23.53	0.56	2.66	1.18	4.40
0.04	0.22	0.22	0.00	0.08	0.22	0.15	0.00	0.00	0.00	0.00
115.69	184.48	163.14	16.93	132.61	524.07	481.21	1.36	14.67	4.29	20.32
38.83	53.27	43.60	8.45	45.28	85.63	70.83	0.22	3.76	1.95	5.93
43.06	49.19	38.99	9.13	46.04	76.03	55.06	4.54	4.31	4.18	13.03
8.10	18.77	18.74	0.03	12.18	31.01	13.02	11.60	1.49	3.11	16.20
62.89	94.20	80.06	12.31	53.85	135.08	121.54	0.77	2.85	2.36	5.98
22.85	33.68	30.53	2.37	31.17	95.42	82.60	0.18	3.27	1.81	5.26
17.38	53.38	52.99	0.26	6.54	74.30	63.37	0.31	0.86	0.29	1.46
28.24	39.58	28.70	8.52	29.77	77.79	69.78	0.23	3.24	1.04	4.51
18.62	26.77	24.29	2.33	29.82	54.72	44.32	0.31	3.96	0.70	4.98
41.33	52.09	45.86	6.10	33.20	53.34	46.16	0.23	1.63	1.95	3.81
19.12	20.84	16.16	4.67	19.94	28.24	24.06	0.11	0.89	1.03	2.03
4.46	8.19	4.73	3.46	4.45	13.07	10.97	0.05	0.47	0.09	0.61
283.34	403.72	280.94	122.47	352.01	1 757.07	1 768.38	42.27	-105.80	17.63	-45.90
319.73	408.59	279.24	126.09	275.61	554.65	468.49	5.73	28.84	15.15	49.71
54.68	102.63	81.43	20.63	81.72	115.18	79.97	0.70	6.84	4.79	12.34
57.71	45.95	42.45	3.50	78.15	69.71	64.99	0.58	-3.12	1.68	-0.85
36.02	52.71	40.14	12.37	47.00	88.98	72.47	0.58	5.18	3.41	9.17
75.39	129.66	105.24	23.55	94.52	150.49	129.34	0.39	6.43	2.46	9.28
195.47	311.80	250.51	51.78	197.60	364.54	306.35	2.16	12.54	13.38	28.08
880.15	1 051.31	820.43	229.04	763.73	1 851.75	1 588.71	14.59	137.28	82.76	234.64
113.01	243.37	211.90	30.59	107.83	276.86	249.90	0.96	9.78	7.76	18.51
42.44	101.92	88.15	5.40	62.98	220.95	193.49	0.74	6.46	3.76	10.96
184.34	433.21	380.85	49.59	275.51	635.58	532.47	2.21	28.16	18.87	49.24
121.16	298.00	264.30	32.42	145.88	296.76	247.98	1.09	10.85	8.10	20.05
264.04	796.02	697.95	96.38	316.53	762.62	684.44	9.78	6.16	17.59	33.52
105.97	236.00	200.39	33.36	157.28	377.87	322.79	0.99	16.81	7.93	25.73
81.46	194.08	175.55	18.48	152.99	338.01	299.69	0.52	3.52	2.92	6.97
15.36	27.80	23.25	4.46	26.83	50.13	40.22	0.20	3.33	1.53	5.06
21.06	23.10	19.28	3.02	23.48	31.36	26.90	0.15	0.21	0.72	1.07
2.22	2.86	1.82	1.05	1.63	4.16	3.52	0.03	0.29	0.06	0.38
912.99	927.39	467.27	451.74	571.14	824.08	762.04	5.63	7.63	44.19	57.45
29.35	23.04	16.71	6.31	26.39	16.93	14.49	0.13	-0.45	0.67	0.35
80.17	50.68	32.54	17.57	83.36	27.48	24.54	0.18	-2.68	1.38	-1.12

14—7 按行业分的全部国有及规模以上

(2005

行业	工业增加值率(%)	总资产贡献率(%)	资产负债率(%)
全省总计	**28.74**	**7.84**	**58.22**
煤炭开采和洗选业	45.63	6.71	53.74
石油和天然气开采业	68.43	31.05	37.43
黑色金属矿采选业	34.21	16.85	38.45
有色金属矿采选业	30.54	22.02	44.02
非金属矿采选业	34.64	18.48	52.22
其他采矿业	33.95	-0.04	73.36
农副食品加工业	28.40	7.55	58.18
食品制造业	32.45	6.77	54.06
饮料制造业	41.14	14.42	51.65
烟草制品业	62.85	53.62	60.65
纺织业	27.41	4.92	63.63
纺织服装、鞋、帽制造业	31.89	8.69	51.93
皮革、毛皮、羽毛(绒)及其制品业	23.96	2.67	89.09
木材加工及木、竹、藤、棕、草制品业	27.27	7.44	57.08
家具制造业	32.58	9.79	47.30
造纸及纸制品业	25.38	5.60	61.07
印刷业和记录媒介的复制	35.82	5.65	51.11
文教体育用品制造业	23.17	7.24	64.79
石油加工、炼焦及核燃料加工业	15.77	-5.32	53.42
化学原料及化学制品制造业	24.96	8.57	58.84
医药制造业	40.27	7.81	55.67
化学纤维制造业	14.93	-0.26	37.03
橡胶制品业	31.00	9.84	52.87
塑料制品业	28.29	5.83	57.84
非金属矿物制品业	29.39	6.71	61.21
黑色金属冶炼及压延加工业	33.41	13.28	54.62
有色金属冶炼及压延加工业	26.12	6.89	69.30
金属制品业	27.20	7.57	61.81
通用设备制造业	30.30	7.90	61.13
专用设备制造业	25.23	5.23	67.03
交通运输设备制造业	24.46	3.65	71.55
电气机械及器材制造业	26.87	7.19	60.01
通信设备、计算机及其他电子设备制造业	23.95	2.94	55.92
仪器仪表及文化、办公用机械制造业	31.59	9.70	50.89
工艺品及其他制造业	27.47	3.13	49.60
废弃资源和废旧材料回收加工业	28.54	8.87	63.78
电力、热力的生产和供应业	30.78	5.36	61.89
燃气生产和供应业	22.47	1.24	46.61
水的生产和供应业	36.16	-0.35	37.81

非国有工业企业主要经济效益指标

年）

流动资产周转次数（次/年）	工业成本费用利润率（%）	全员劳动生产率（元/人）	产品销售率（%）
2.13	**3.46**	**112 402**	**98.47**
1.71	1.74	44 447	98.58
3.08	57.68	264 175	99.99
2.82	12.49	66 348	98.32
2.13	17.61	52 214	95.00
2.65	10.03	50 753	95.92
8.01	-2.10	46 350	100.00
3.63	2.87	130 182	97.60
2.28	4.61	81 162	98.04
1.91	6.41	134 525	96.70
1.49	8.31	702 847	102.06
1.99	2.16	45 329	97.56
3.05	3.56	34 570	97.54
1.91	1.19	72 130	99.06
2.40	4.35	72 269	96.82
2.26	7.85	87 736	96.98
1.36	3.17	48 889	98.01
1.64	3.25	79 383	97.29
1.97	3.74	43 878	98.00
5.35	-5.83	494 713	99.62
2.35	5.54	110 310	98.35
1.36	6.49	137 888	90.52
1.52	-4.27	28 375	104.34
1.95	6.15	89 644	97.79
1.42	4.52	99 635	97.83
1.64	3.57	63 567	96.15
2.72	8.03	184 768	97.63
1.39	3.65	135 679	96.04
2.41	3.02	99 024	101.08
1.54	4.62	90 294	96.34
1.20	3.79	70 501	96.66
1.14	0.81	96 752	103.73
1.73	4.64	99 977	96.29
1.72	1.05	110 031	98.34
1.66	7.05	72 492	98.49
1.73	0.65	33 185	97.05
2.28	7.58	71 491	97.76
2.14	0.94	194 719	99.79
1.31	-2.32	20 343	98.47
0.74	-8.48	29 562	97.75

14—8 国 有 及 国 有 控 股

(2005

项目	企业单位数(个)	工业增加值	实收资本	资产合计	流动资产合计	流动资产年平均余额	固定资产合计	固定资产原价
总计	**1 397**	**1 659.69**	**1 931.09**	**7 274.18**	**2 950.46**	**2 780.44**	**3 814.87**	**5 955.43**
总计中:亏损企业	521	299.80	505.00	1 725.02	787.36	707.33	783.64	1 300.99
总计中:中央企业	225	1 070.98	1 158.32	3 926.17	1 512.47	1 364.76	2 190.90	3 692.87
地方企业	1 172	588.71	772.77	3 348.01	1 437.99	1 415.68	1 623.97	2 262.55
总计中:轻工业	398	90.21	251.33	547.68	226.83	229.59	260.73	393.52
重工业	999	1 569.48	1 679.76	6 726.50	2 723.64	2 550.85	3 554.14	5 561.91
总计中:大型企业	71	1 341.24	1 464.70	5 552.43	2 229.80	2 060.62	2 956.93	4 751.00
中型企业	245	253.61	317.38	1 325.48	562.31	561.58	663.80	929.38
小型企业	1 081	64.84	149.00	396.27	158.36	158.24	194.13	275.04
煤炭开采和洗选业	21	73.29	107.2	283.19	103.6	92.96	166.65	263.64
石油和天然气开采业	2	243.05	324.59	495.02	119.46	106.74	345.24	799.56
黑色金属矿采选业	4	0.62	0.3	0.49	0.24	0.24	0.25	0.49
有色金属矿采选业	4	2.14	1.43	5.73	3.76	3.58	1.84	3.81
非金属矿采选业	13	0.54	0.44	1.85	0.96	1.04	0.78	1.15
其他采矿业	1	0.02	0.01	0.04	0.01	0.01	0.02	0.03
农副食品加工业	50	3.48	5.88	23.9	8.12	7.95	10.82	11.91
食品制造业	21	1.14	2.28	8.56	3.41	3	3.46	5.8
饮料制造业	11	0.4	1.21	2.71	1.19	1.25	1.29	2.01
烟草制品业	4	19.05	0.65	30.55	20.79	20.54	8.9	13.06
纺织业	31	6.2	5.93	22.35	8.6	8.61	11.83	16.89
纺织服装、鞋、帽制造业	19	1.65	1.16	3.56	1.93	2.05	1.44	2.02
皮革、毛皮、羽毛(绒)及其制品业	1	0.01	0.02	0.23	0.12	0.12	0.03	0.05
木材加工及木、竹、藤、棕、草制品业	22	1.17	1.41	4.58	2.38	2.18	1.37	1.82
家具制造业	3	0.04	0.05	0.2	0.12	0.12	0.05	0.09
造纸及纸制品业	19	2.31	4.1	43.07	16.7	19.28	24.67	32.37
印刷业和记录媒介的复制	76	3.82	7.93	25.38	9.18	9.47	12.93	21.05
文教体育用品制造业	4	0.42	0.61	5.9	3.51	3.25	2.3	3.47
石油加工、炼焦及核燃料加工业	26	235.56	94.04	674.38	388.31	291.99	257.81	519.42
化学原料及化学制品制造业	83	73.83	158.93	468.63	147.3	123.45	272.54	439.39
医药制造业	17	20.48	17.25	67.74	28.69	33.67	14.68	24.89
化学纤维制造业	4	6.88	123.3	91.97	32.37	30.43	52.74	91.45
橡胶制品业	18	2.4	7.49	26.06	11.8	10.78	9.38	13.09
塑料制品业	24	0.49	6.27	8.91	4.48	5.98	1.43	2
非金属矿物制品业	92	9	28.97	87.43	36.73	35.64	40.62	55.42
黑色金属冶炼及压延加工业	36	429.62	232.28	1 614.7	494.78	510.07	1 015.28	1 433.42
有色金属冶炼及压延加工业	19	18.88	27.96	168.92	98.36	102.45	62.39	83.55
金属制品业	30	6.1	9.21	22.87	14.72	13.36	7.04	15.98
通用设备制造业	132	74.48	73.89	333.98	213.85	209.69	101.91	158.14
专用设备制造业	76	34.53	43.14	277.47	160.7	147.29	93.95	112.25
交通运输设备制造业	148	96.95	171.29	743.84	477.58	446.25	219.91	297.72
电气机械及器材制造业	58	9.34	18.8	68.62	33.99	39.33	24.34	33.27
通信设备、计算机及其他电子设备制造业	43	36.97	58.13	170.72	106.93	109.78	37.54	65.71
仪器仪表及文化、办公用机械制造业	18	2.17	3.37	11.21	5.19	4.66	4.7	5.98
工艺品及其他制造业	7	1.96	7.46	23.85	8.55	7.06	13.36	17.61
废弃资源和废旧材料回收加工业	1	0.08	0.02	1.14	0.12	0.01	0.97	1.05
电力、热力的生产和供应业	164	229.27	322.27	1 287.65	334.73	330.78	881.84	1 250.92
燃气生产和供应业	15	1.59	16.08	41.53	12.18	11.06	25.93	38.09
水的生产和供应业	80	9.77	45.73	125.29	35.02	34.27	82.65	116.84

工 业 企 业 主 要 指 标

年)　　　　　　　　　　　　　　　　　　　　　　　　　　　　　　　　　　　　单位:亿元

固定资产净值年平均余额	负债合计	流动负债合计	长期负债合计	所有者权益	主营业务收入	主营业务成本	主营业务税金及附加	利润总额	本年应交增值税	利税总额
3 343.02	**4 315.87**	**3 098.68**	**1 198.05**	**2 837.81**	**5 968.29**	**5 265.79**	**90.90**	**159.68**	**215.84**	**466.41**
741.11	1 099.51	806.45	286.96	618.63	1 846.57	1 844.53	49.40	-162.56	25.12	-88.04
1 920.66	2 169.51	1 410.23	753.27	1 673.19	3 874.55	3 441.08	74.74	137.34	127.97	340.05
1 422.36	2 146.37	1 688.46	444.78	1 164.62	2 093.74	1 824.71	16.16	22.33	87.87	126.36
240.38	284.89	231.58	51.43	262.80	307.58	255.28	13.33	-2.03	9.94	21.24
3 102.64	4 030.99	2 867.11	1 146.62	2 575.01	5 660.71	5 010.50	77.57	161.71	205.89	445.17
2 562.18	3 202.08	2 270.51	924.85	2 229.86	4 695.96	4 134.60	67.93	147.96	170.32	386.22
592.10	857.68	623.82	230.09	467.79	1 043.36	924.25	22.03	16.01	39.15	77.19
188.74	256.11	204.35	43.11	140.16	228.98	206.94	0.93	-4.29	6.36	3.00
157.77	151.59	117.81	33.76	131.6	148.58	111.61	1.8	2.19	13.07	17.06
331.57	185.52	95.26	89.93	309.5	328.78	174.13	5.58	112.15	32.17	149.9
0.22	0.33	0.33	0	0.16	1.33	1.16	0.01	0.01	0.07	0.09
1.79	3.77	2.95	0.82	1.96	7.06	4.84	0.05	0.2	0.36	0.61
0.7	0.97	0.69	0.28	0.88	1.57	1.04	0.03	0.21	0.15	0.39
0.02	0.02	0.02	0	0.02	0.02	0	0	0	0	0
9.94	16.18	14.32	1.55	7.72	21.02	19.17	0.05	0.37	0.25	0.67
3.47	6.19	3.69	2.48	2.37	5.79	5.08	0.03	-0.1	0.21	0.14
1.34	1.73	1.5	0.22	0.98	1.46	1.26	0.02	0.07	0.06	0.15
8.05	18.59	18.56	0.03	11.95	29.77	11.99	11.6	1.46	3.07	16.13
11.61	19.76	15.73	2.72	2.59	15.45	14.45	0.03	-0.03	0.34	0.34
1.51	2.63	2.24	0.39	0.93	3.4	3.1	0.01	-0.01	0.06	0.06
0.03	0.22	0.18	0.04	0.01	0.02	0.01	0	-0.01	0	-0.01
1.26	3.59	1.04	0.37	0.99	2.47	2.32	0	-0.09	0.05	-0.04
0.05	0.17	0.07	0.09	0.03	0.14	0.12	0	0.01	0	0.01
23.08	29.75	27.44	2.31	13.32	10.39	8.38	0.06	-0.03	0.57	0.6
13.37	13.31	9.87	3.44	12.07	12.4	10.56	0.06	-0.01	0.68	0.73
2.16	5.02	2.09	2.93	0.88	2.63	1.81	0.02	0	0	0.02
251.46	359.28	240.91	118.37	315.1	1 643.07	1 665.04	41.79	-110.46	15.44	-53.23
248.01	279.02	169.67	108.96	179.44	331.19	280.65	4.41	18.76	9.34	32.51
15	41.54	33.92	7.62	26.21	43.86	33.12	0.4	0.68	1.23	2.31
47.91	24.6	22.95	1.65	67.37	47.87	44.79	0.48	-2.08	1.22	-0.38
8.89	14.96	11.52	3.44	11.1	11.96	9.49	0.08	0.65	0.23	0.96
1.36	2.81	2.28	0.51	6.09	1.45	1.13	0.02	0.11	0.09	0.22
38.4	62.71	44.48	15.67	24.72	36.53	31.74	0.24	-0.97	1.83	1.1
789.76	854.22	649.67	204.06	650.86	1 285.77	1 061.62	11.63	120.78	66.33	198.74
56.77	136.52	112.83	23.13	32.4	91.22	82.88	0.39	-1.19	3.61	2.81
6.64	12.97	11.58	-0.02	9.91	19.2	15.72	0.07	0.61	0.68	1.36
88.32	221.58	196.68	24.78	112.41	251.98	206.93	0.7	7.23	7.7	15.63
79.63	200.45	177.92	22.36	76.31	143.48	121.07	0.51	2.47	4.01	6.99
177.78	575.2	497.28	77.81	168.63	467.91	430.25	4.7	3.91	7.92	16.53
21.58	58.22	45.14	12.9	10.4	41.27	35.06	0.15	0.28	1.25	1.68
33.45	121.7	113.04	8.61	49.02	167.22	148.18	0.35	-4.35	1.7	-2.3
4	8.87	6.66	2.2	2.34	4.94	3.72	0.02	0.24	0.22	0.48
11.84	13.32	10.69	2.63	10.53	8.87	7.72	0.02	-0.5	0.18	-0.3
1.01	1.12	0.12	1	0.02	0.15	0.02	0.01	0.01	0	0.02
793.6	800.92	392.41	400.19	486.73	740.92	682.69	5.31	10.41	39.86	55.58
24.85	19.29	14.67	4.61	22.24	11.36	9.73	0.1	-0.54	0.51	0.07
74.82	47.25	30.44	16.24	78.04	25.81	23.22	0.18	-2.74	1.35	-1.21

14—9 各地区国有及国有

(2005

指　　标	沈　阳	大　连	鞍　山	抚　顺	本　溪	丹　东
企业单位数(个)	443	170	83	179	59	44
实收资本	345.42	296.5	124.89	152.94	78.4	43.27
资产总计	1 300.64	1 422.52	805.1	470.29	653.11	59.42
流动资产合计	626.91	759.64	194.68	220.65	233.34	14.01
流动资产年平均余额	607.11	671.82	215.41	190.9	224.79	13.92
固定资产合计	489.34	562.05	543.51	228.55	411.85	42.66
固定资产原价合计	669.81	807.6	825.6	430.6	550.05	78.75
固定资产净值年平均余额	420.46	490.54	415.45	216.28	340.42	42.68
流动负债合计	660.7	748.89	246.97	184.78	308.92	21.9
长期负债合计	185.34	195.94	85.14	45.35	122.22	2.94
主营业务收入	731.77	1 378.61	713.96	564.37	424.27	31.57
主营业务成本	621.94	1 308.82	546.33	562.84	381.45	29.47
主营业务税金及附加	12.11	15.04	8.19	10.82	3.47	0.07
利润总额	6.08	-21.66	99.54	-50.61	11.09	-0.74
本年应交增值税	23.85	24.19	37.19	8.53	23.76	1.46
利税总额	42.04	17.57	144.92	-31.26	38.32	0.79

控股工业企业主要指标

年)

单位:亿元

锦州	营口	阜新	辽阳	盘锦	铁岭	朝阳	葫芦岛
53	101	44	68	21	51	46	34
32.9	22.82	38.23	115.54	356.23	61.04	20.01	142.88
163.73	165.05	118.29	206.34	622.74	142.64	104.29	500.44
69.26	57.82	40.52	76.67	152.03	55.81	48.09	245.3
69.21	51.88	38.35	59.28	137.26	50.5	51.09	237.4
74.76	100.02	72.56	121.23	419.35	81.23	51.89	235.94
129.31	92.51	102.53	223.92	927.68	146.69	77.68	360.95
67.73	68.52	73.15	109.63	403.44	81.29	44.63	230.32
78.28	81.84	53.21	75.2	116.73	37.33	43.38	264.15
16.39	12.4	29.93	17.01	147.72	41.18	11.45	83.35
241.53	104.63	58.42	195.81	501.37	88.98	116.57	400.56
239.05	82.79	50.96	163.09	337.72	71.04	101.38	378.5
7.61	7.94	0.43	3.55	8.51	0.96	0.63	8.22
-15.8	5.51	-1.32	16.45	109.96	3.34	5.52	-15.28
4.92	5.21	2.97	5.4	36.25	6.84	5.79	9.57
-3.27	18.66	2.08	25.4	154.72	11.14	11.94	2.51

14—10 各地区全部国有及规模以上非国有工业企业主要经济效益指标

年份、地区	工业增加值率（%）	总资产贡献率（%）	资产负债率（%）	流动资产周转次数（次/年）	工业成本费用利润率（%）	全员劳动生产率（元/人·年）	产品销售率（%）
1998		4.9	65.55	1.17	-0.53	19444	98.18
1999		5.2	60.35	1.25	1.73	24842	97.88
2000		7.08	60.46	1.46	4.27	31307	97.79
2001	28.03	6.13	58.69	1.4	3.26	38579	97.33
2002	28.19	6.25	59.18	1.46	3.24	55001	98.24
2003	28.07	7.31	58.76	1.69	3.92	70910	98.09
2004	27.90	8.48	58.30	1.87	5.34	91408	98.13
2005	28.74	7.84	58.22	2.13	3.46	112402	98.47
沈阳	29.70	5.30	62.27	1.60	2.34	126192	98.21
大连	25.13	4.84	60.87	2.06	1.37	113006	98.46
鞍山	40.63	16.43	45.11	2.82	12.67	145457	97.94
抚顺	20.66	-2.14	51.29	2.78	-5.89	92875	99.25
本溪	33.32	6.90	62.52	1.90	3.21	100915	98.02
丹东	27.66	8.46	55.95	1.87	3.56	55344	98.12
锦州	20.72	6.28	59.72	3.02	-1.69	101242	97.17
营口	29.87	10.82	56.11	2.45	4.40	111512	98.42
阜新	23.12	3.92	67.60	1.66	-0.37	31497	96.66
辽阳	25.13	9.91	53.87	2.20	6.96	108637	98.19
盘锦	46.81	23.66	44.87	3.34	24.49	218173	100.03
铁岭	35.08	7.69	48.86	2.45	3.16	66384	97.57
朝阳	25.63	13.29	56.90	2.30	6.11	57695	98.31
葫芦岛	19.32	4.15	69.10	1.79	-1.89	72029	99.50

14—11 各地区国有及国有控股工业企业主要经济效益指标

年份、地区	工业增加值率（%）	总资产贡献率（%）	资产负债率（%）	流动资产周转次数（次/年）	工业成本费用利润率（%）	全员劳动生产率（元/人·年）	产品销售率（%）
1998		4.60	65.99	1.05	－1.41	23513	97.90
1999		4.64	59.96	1.14	0.76	22070	98.47
2000		6.64	60.85	1.37	3.98	27981	98.95
2001	29.04	5.59	59.63	1.29	2.60	35702	98.38
2002	29.10	5.57	61.00	1.34	2.16	60328	98.93
2003	29.24	6.76	59.51	1.64	3.14	80786	98.76
2004	28.76	8.42	58.06	1.87	5.84	114284	98.69
2005	28.76	7.45	59.33	2.15	2.78	141864	99.86
沈阳	30.18	4.06	66.05	1.21	0.85	102936	101.68
大连	20.77	2.28	66.46	2.05	－1.54	188896	99.59
鞍山	47.45	18.89	41.34	3.31	16.34	208571	99.43
抚顺	19.35	－6.04	49.20	2.96	－8.41	114367	99.77
本溪	32.85	6.68	66.18	1.89	2.69	119096	98.46
丹东	39.85	2.61	41.92	2.27	－2.27	92613	100.85
锦州	13.81	－0.87	57.82	3.49	－6.29	97576	97.35
营口	37.74	12.87	57.10	2.02	6.00	217547	100.23
阜新	24.07	2.98	70.43	1.52	－2.15	28914	98.13
辽阳	25.03	12.70	45.07	3.30	9.32	109682	101.18
盘锦	50.23	25.87	42.52	3.65	30.00	244041	100.67
铁岭	39.97	8.43	55.06	1.76	3.92	65274	97.76
朝阳	23.09	11.98	52.61	2.28	4.96	87192	98.72
葫芦岛	18.68	2.49	69.44	1.69	－3.74	83878	100.19

14—12 按行业分的“三资”工业企业主要指标

（2005 年） 单位:亿元

行业	企业单位数（个）	工业增加值（现价）	资产总计	负债合计	所有者权益	主营业务收入	利税总额	本年应交增值税
总计	**2 197**	**647.51**	**2 214.10**	**1 171.71**	**1 042.39**	**2 266.99**	**160.30**	**51.62**
总计中:轻工业	1 091	202.19	562.28	279.60	282.68	643.93	44.23	12.07
重工业	1 106	445.32	1 651.81	892.10	759.71	1 623.06	116.07	39.54
总计中:大型企业	21	122.17	469.80	257.91	211.89	402.77	27.19	9.67
中型企业	274	311.08	1 030.06	533.69	496.36	1 166.23	89.90	28.60
小型企业	1 902	214.25	714.24	380.10	334.14	698.00	43.21	13.34
煤炭开采和洗选业	0	0.00	0.00	0.00	0.00	0.00	0	0.00
石油和天然气开采业	0	0.00	0.00	0.00	0.00	0.00	0	0.00
黑色金属矿采选业	6	2.37	3.99	1.87	2.12	5.15	1.74	0.33
有色金属矿采选业	9	1.26	3.47	1.98	1.49	3.11	0.34	0.08
非金属矿采选业	9	0.89	2.90	1.46	1.44	2.67	0.4	0.10
其他采矿业	1	0.06	0.26	0.20	0.06	0.20	0	0.00
农副食品加工业	220	49.63	100.09	59.63	40.46	176.87	6.84	1.43
食品制造业	68	16.83	51.01	25.25	25.76	43.06	4.2	1.01
饮料制造业	32	23.25	60.80	27.66	33.14	46.94	10.02	3.41
烟草制品业	0	0.00	0.00	0.00	0.00	0.00	0	0.00
纺织业	107	11.99	39.19	22.11	17.08	38.40	1.44	0.51
纺织服装、鞋、帽制造业	214	17.09	34.89	18.07	16.82	53.62	2.37	0.65
皮革、毛皮、羽毛(绒)及其制品业	36	5.22	11.85	6.85	5.00	19.89	0.49	0.20
木材加工及木、竹、藤、棕、草制品业	91	10.33	39.02	23.51	15.51	35.45	2.03	0.49
家具制造业	60	13.93	41.14	18.75	22.39	40.50	3.38	0.23
造纸及纸制品业	39	4.17	13.03	5.29	7.75	14.76	1.3	0.34
印刷业和记录媒介的复制	16	1.37	6.23	2.06	4.17	3.14	0.35	0.11
文教体育用品制造业	23	2.21	4.67	1.77	2.90	8.57	0.43	0.03
石油加工、炼焦及核燃料加工业	21	55.71	118.84	84.52	34.32	316.84	15.3	6.94
化学原料及化学制品制造业	115	15.01	50.76	24.62	26.14	48.78	4.13	1.25
医药制造业	45	13.41	42.16	18.19	23.97	28.42	3.63	1.69
化学纤维制造业	7	-0.04	4.32	3.26	1.05	1.89	0.18	0.05
橡胶制品业	30	21.62	42.55	16.68	25.87	48.38	6.23	2.29
塑料制品业	107	28.70	169.04	99.06	69.99	100.01	6.26	1.32
非金属矿物制品业	132	21.19	91.04	51.70	39.34	72.31	5.78	2.15
黑色金属冶炼及压延加工业	37	27.19	97.90	65.26	32.63	94.52	2.49	1.69
有色金属冶炼及压延加工业	33	23.81	122.72	69.09	53.62	72.73	9.88	0.87
金属制品业	88	30.58	62.50	35.95	26.55	112.77	5.3	1.01
通用设备制造业	180	29.82	94.50	44.44	50.06	95.95	10.16	2.38
专用设备制造业	83	14.69	53.11	23.09	30.02	53.17	4.57	0.96
交通运输设备制造业	99	65.93	323.78	198.33	125.46	256.29	15.93	8.73
电气机械及器材制造业	95	50.30	154.07	73.91	80.16	170.47	15.45	3.07
通信设备、计算机及其他电子设备制造业	81	40.45	144.12	58.96	85.15	164.07	7.51	0.47
仪器仪表及文化、办公用机械制造业	40	8.11	23.32	8.34	14.98	27.36	2.28	0.49
工艺品及其他制造业	47	4.29	15.52	4.52	11.00	14.75	0.83	0.28
废弃资源和废旧材料回收加工业	0	0.00	0.00	0.00	0.00	0.00	0	0.00
电力、热力的生产和供应业	18	35.10	180.91	70.28	110.62	93.94	9.31	6.98
燃气生产和供应业	4	0.51	4.55	2.45	2.09	1.29	0.1	0.07
水的生产和供应业	4	0.52	5.84	2.58	3.26	0.78	0.03	0.02

14—13　按行业分的大中型工业企业主要经济效益指标

行　　业	工业增加值率(%)	总资产贡献率(%)	资产负债率(%)	流动资产周转次数(次/年)	工业成本费用利润率(%)	全员劳动生产率(元/人·年)	产品销售率(%)
全省总计	**28.93**	**7.97**	**58.35**	**2.12**	**3.51**	**133 815**	**99.14**
煤炭开采和洗选业	47.09	6.25	53.30	1.61	1.34	46 732	98.57
石油和天然气开采业	68.45	31.09	37.48	3.08	57.70	264 370	99.99
黑色金属矿采选业	38.51	31.22	66.54	2.10	23.67	50 491	96.62
有色金属矿采选业	31.36	23.21	37.40	2.03	23.15	40 852	97.19
非金属矿采选业	39.45	25.85	65.00	2.93	15.41	61 563	94.87
其他采矿业							
农副食品加工业	30.78	10.07	53.80	4.30	4.09	164 594	97.23
食品制造业	32.30	8.18	54.33	2.48	5.75	125 377	99.07
饮料制造业	51.47	20.42	45.64	1.66	9.13	155 508	97.53
烟草制品业	65.61	57.25	60.69	1.52	8.34	857 756	102.16
纺织业	27.04	5.26	58.39	2.05	3.07	46 534	98.90
纺织服装、鞋、帽制造业	30.86	11.40	46.67	3.08	5.86	62 739	89.47
皮革、毛皮、羽毛(绒)及其制品业	23.30	2.60	97.30	1.80	1.41	92 710	100.00
木材加工及木、竹、藤、棕、草制品业	25.83	13.13	56.30	2.78	9.08	95 654	98.35
家具制造业	36.24	12.41	44.25	2.45	10.73	134 749	95.62
造纸及纸制品业	22.11	5.65	69.34	0.92	0.83	29 727	97.19
印刷业和记录媒介的复制	34.12	4.97	55.14	1.47	1.50	69 069	101.64
文教体育用品制造业	16.17	6.06	79.07	1.10	2.16	26 899	93.04
石油加工、炼焦及核燃料加工业	15.26	－6.92	54.11	5.62	－6.47	542 064	99.88
化学原料及化学制品制造业	23.20	8.83	58.62	2.46	6.72	113 940	99.21
医药制造业	41.62	7.88	60.42	1.44	5.63	165 343	91.83
化学纤维制造业	14.40	－0.49	35.78	1.47	－4.92	25 801	106.21
橡胶制品业	30.45	12.38	52.75	1.91	8.88	102 336	98.05
塑料制品业	27.81	6.86	62.38	1.17	7.28	132 818	99.85
非金属矿物制品业	28.20	6.02	61.99	1.53	3.35	64 236	95.89
黑色金属冶炼及压延加工业	36.37	13.39	53.67	2.55	9.51	184 304	98.01
有色金属冶炼及压延加工业	23.17	4.88	71.47	0.93	2.92	91 089	96.61
金属制品业	27.75	7.83	63.22	2.64	3.09	143 216	104.24
通用设备制造业	30.12	7.14	61.65	1.48	3.98	112 764	96.99
专用设备制造业	23.34	4.39	68.84	1.08	3.12	72 437	97.22
交通运输设备制造业	23.82	3.37	73.23	1.11	0.49	112 628	104.64
电气机械及器材制造业	26.39	8.92	53.00	1.73	6.20	96 341	95.63
通信设备、计算机及其他电子设备制造业	22.33	2.83	55.14	1.81	0.92	111 257	98.72
仪器仪表及文化、办公用机械制造业	29.19	7.40	49.11	2.04	5.34	58 658	99.30
工艺品及其他制造业	26.02	1.98	43.54	1.48	－0.16	33 112	95.10
废弃资源和废旧材料回收加工业	15.90	3.28	13.63	10.07	1.37	58 257	99.29
电力、热力的生产和供应业	30.57	5.72	62.87	2.13	1.19	215 282	99.85
燃气生产和供应业	20.82	1.18	46.45	1.15	－2.95	15 846	98.08
水的生产和供应业	36.00	－0.47	36.61	0.72	－9.49	34 262	98.53

14—14 按行业分的大中

（2005

行　业	企业单位数（个）	工业增加值	实收资本	资产合计	流动资产合计	流动资产年平均余额	固定资产合计	固定资产原价
全省总计	**1 013**	**2 284.95**	**2 408.23**	**9 209.77**	**3 981.22**	**3 776.64**	**4 486.60**	**6 910.54**
煤炭开采和洗选业	12	75.36	107.14	286.72	106.09	95.28	166.69	263.82
石油和天然气开采业	2	243.05	324.59	495.02	119.46	106.74	345.24	799.56
黑色金属矿采选业	16	8.37	3.06	19.48	10.23	9.98	6.92	8.70
有色金属矿采选业	17	7.01	4.77	26.78	13.39	11.14	9.59	15.48
非金属矿采选业	5	3.10	0.73	6.57	2.92	2.88	2.55	3.44
其他采矿业	0	0.00	0.00	0.00	0.00	0.00	0.00	0.00
农副食品加工业	72	79.80	36.60	137.28	61.90	57.19	61.15	67.94
食品制造业	19	16.01	10.63	47.76	20.61	18.84	24.05	30.10
饮料制造业	23	23.71	19.43	52.51	22.82	25.07	25.02	41.89
烟草制品业	2	18.62	0.00	28.36	19.11	18.88	8.46	12.55
纺织业	45	20.13	20.83	75.59	32.24	31.17	37.59	52.11
纺织服装、鞋、帽制造业	18	15.26	6.13	25.42	12.98	12.03	9.52	13.12
皮革、毛皮、羽毛(绒)及其制品业	6	15.62	1.71	47.35	12.58	32.98	14.12	15.37
木材加工及木、竹、藤、棕、草制品业	14	8.23	9.57	25.36	12.34	11.64	10.16	12.91
家具制造业	8	12.95	3.53	32.49	15.65	13.36	11.43	14.16
造纸及纸制品业	8	2.83	4.31	28.03	11.12	13.63	15.03	19.15
印刷业和记录媒介的复制	4	1.93	3.27	14.70	5.18	4.99	6.86	12.83
文教体育用品制造业	2	0.60	0.79	5.85	3.50	3.16	2.27	3.14
石油加工、炼焦及核燃料加工业	20	240.25	92.98	681.93	387.70	290.85	264.80	526.64
化学原料及化学制品制造业	46	88.29	166.49	529.41	180.70	153.20	292.63	461.52
医药制造业	18	33.84	26.88	106.70	48.23	52.35	30.41	45.99
化学纤维制造业	6	7.64	127.74	119.59	45.73	43.11	65.23	107.10
橡胶制品业	18	21.33	17.89	70.78	32.11	32.24	28.76	38.39
塑料制品业	21	19.80	23.95	127.35	76.93	64.57	45.18	61.07
非金属矿物制品业	76	50.62	85.92	276.21	122.32	113.50	112.55	163.37
黑色金属冶炼及压延加工业	54	498.83	261.69	1 769.14	577.84	597.63	1 069.91	1 495.51
有色金属冶炼及压延加工业	21	34.42	37.44	277.55	170.25	156.63	96.87	124.94
金属制品业	30	35.04	20.96	80.56	51.45	46.98	22.24	37.41
通用设备制造业	92	125.02	99.69	471.91	292.29	280.63	148.92	219.10
专用设备制造业	49	47.00	55.03	318.82	189.72	176.56	102.30	126.35
交通运输设备制造业	85	157.48	264.50	1 000.12	619.98	607.94	294.32	390.16
电气机械及器材制造业	52	55.77	66.64	202.81	119.54	117.64	65.04	102.60
通信设备、计算机及其他电子设备制造业	33	67.37	106.01	282.31	161.71	163.06	67.87	125.19
仪器仪表及文化、办公用机械制造业	12	7.07	8.90	24.16	12.20	11.52	9.94	15.60
工艺品及其他制造业	8	4.48	14.87	34.25	12.92	11.49	18.61	25.83
废弃资源和废旧材料回收加工业	1	0.29	0.20	0.75	0.12	0.18	0.56	0.56
电力、热力的生产和供应业	77	228.38	324.15	1 343.39	356.08	348.67	907.15	1 330.65
燃气生产和供应业	8	1.95	16.34	38.04	11.82	10.24	22.74	32.81
水的生产和供应业	13	7.53	32.86	98.73	29.45	28.67	63.93	93.45

型工业企业主要指标

年)

单位:亿元

固定资产净值年平均余额	负债合计	流动负债合计	长期负债合计	所有者权益	主营业务收入	主营业务成本	主营业务税金及附加	利润总额	本年应交增值税	利税总额
3 915.82	**5 374.15**	**4 002.55**	**1 349.24**	**3 715.13**	**8 000.32**	**6 990.98**	**105.92**	**268.27**	**262.38**	**636.57**
157.53	152.82	119.13	33.70	133.89	153.65	116.31	1.84	2.06	13.36	17.26
331.57	185.52	95.26	89.93	309.50	328.78	174.13	5.58	112.15	32.17	149.9
6.23	12.96	12.44	0.44	6.52	21.00	14.45	0.56	3.91	1.53	6
8.18	10.01	8.10	1.91	16.76	22.59	14.80	0.24	4.48	1.28	6
2.44	4.27	3.23	1.04	2.30	8.45	7.02	0.12	1.17	0.34	1.63
0.00	0.00	0.00	0.00	0.00	0.00	0.00	0.00	0.00	0.00	0
52.31	73.85	63.44	8.44	63.42	246.05	225.11	0.44	9.76	2.10	12.3
18.08	25.95	22.34	3.57	21.81	46.70	38.11	0.04	2.51	0.99	3.54
24.34	23.97	20.06	3.91	28.55	41.69	25.24	4.03	3.16	3.29	10.48
7.77	17.21	17.20	0.01	11.15	28.75	11.37	11.59	1.32	2.98	15.89
36.14	44.13	35.75	7.07	31.45	63.91	57.33	0.42	1.89	1.02	3.33
8.86	11.87	11.09	0.77	13.56	37.00	32.40	0.03	2.02	0.76	2.81
13.84	46.07	45.92	0.15	1.28	59.25	49.76	0.29	0.81	0.04	1.14
10.45	14.28	8.67	5.48	11.08	32.30	28.82	0.06	2.69	0.32	3.07
9.48	14.37	13.30	1.08	18.11	32.74	25.78	0.16	3.16	0.30	3.62
13.44	19.43	16.65	2.78	8.59	12.49	10.25	0.10	0.10	0.71	0.91
7.61	8.10	5.16	2.94	6.59	7.35	6.09	0.02	0.11	0.44	0.57
2.14	4.63	1.76	2.86	1.23	3.48	2.64	0.02	0.07	0.00	0.09
257.74	368.97	249.52	119.42	312.96	1 633.84	1 655.14	41.85	-109.70	15.67	-52.18
263.15	310.35	194.36	115.10	208.89	377.22	317.03	4.63	23.51	10.71	38.85
28.15	64.47	50.86	13.61	42.23	75.36	53.26	0.48	3.89	2.68	7.05
56.10	42.78	39.44	3.34	76.80	63.35	59.18	0.57	-3.30	1.63	-1.1
25.51	37.33	26.88	10.31	33.45	61.45	48.39	0.42	5.14	2.74	8.3
43.99	79.44	65.28	14.15	47.91	75.86	63.65	0.02	5.08	0.96	6.06
106.55	171.23	131.65	36.47	104.99	173.83	142.44	0.74	5.63	6.30	12.67
831.19	949.58	733.65	214.93	709.94	1 525.93	1 277.26	13.49	131.82	72.87	218.18
93.78	198.36	173.79	23.93	79.18	145.49	128.32	0.41	4.13	4.01	8.55
18.74	50.93	43.10	2.79	29.63	124.10	107.04	0.42	3.70	1.43	5.55
121.66	290.92	255.66	35.26	180.99	415.85	346.85	1.03	16.02	11.52	28.57
87.09	219.48	196.02	23.32	98.64	190.36	159.55	0.59	5.80	5.22	11.61
232.61	732.41	641.82	89.67	267.71	674.78	609.46	9.46	3.34	14.65	27.45
54.39	107.49	87.62	19.49	95.32	202.99	168.82	0.36	11.88	4.43	16.67
63.69	155.66	143.85	11.81	126.65	295.23	262.98	0.40	2.70	2.05	5.15
9.71	11.87	9.20	2.67	12.30	23.55	19.49	0.03	1.21	0.40	1.64
16.81	14.91	12.29	2.62	19.34	17.05	14.49	0.03	-0.03	0.40	0.4
0.56	0.10	0.10	0.00	0.65	1.82	1.79	0.00	0.02	0.00	0.02
813.02	844.58	409.24	429.15	498.81	743.73	687.65	5.23	8.72	41.38	55.33
22.63	17.67	13.31	4.36	20.37	11.77	9.99	0.11	-0.41	0.53	0.23
58.34	36.14	25.38	10.76	62.59	20.59	18.61	0.12	-2.27	1.16	-0.99

14—15 各地区大中型

年份、地区	企业单位数（个）	工业增加值	实收资本	资产合计	流动资产合计	流动资产年平均余额	固定资产合计	固定资产原价
1998	1 331	663.6	1 210.42	5 699.55	2 189.07	2 178.12	3 118.29	4 065.9
1999	847	645.22	1 334.40	5 933.87	2 259.48	2 056.71	3 238.46	4 362.61
2000	857	855.67	1 458.65	5 908.55	2 312.97	2 162.03	3 088.51	4 351.57
2001	869	916.29	1 635.55	6 398.33	2 471.46	2 419.39	3 463.49	4 947.97
2002	883	984.27	1 703.09	6 718.0	2 605.1	2 522.5	3 573.53	5 269.2
2003	810	1 288.13	1 763.21	6 879.72	2 771.05	2 726.92	3 309.07	5 432.53
2004	964	1 801.28	2 451.48	8 343.69	3 372.61	3 276.59	4 090.47	6 285.24
2005	1 013	2 284.95	2 408.23	9 209.77	3 981.22	3 776.64	4 486.60	6 910.54
沈阳	208	432.03	515.69	1 847.96	911.62	924.04	662.97	901.56
大连	257	472.60	451.92	1 960.93	1 059.28	945.95	753.31	1 101.98
鞍山	87	321.98	172.07	996.72	281.15	295.08	612.61	909.09
抚顺	52	120.97	181.17	544.65	248.57	215.64	272.16	487.21
本溪	38	137.46	84.77	685.21	246.29	236.23	423.37	571.18
丹东	47	24.98	29.68	113.59	56.08	53.74	43.26	67.68
锦州	43	55.61	46.81	224.20	97.17	99.06	100.67	192.81
营口	61	79.38	45.14	229.61	100.90	91.50	116.06	118.54
阜新	32	18.14	41.67	136.79	49.14	45.38	79.84	110.25
辽阳	49	95.32	135.87	432.45	215.73	175.44	199.59	316.06
盘锦	21	267.45	360.34	647.53	163.43	146.95	428.84	939.35
铁岭	35	50.68	72.74	184.60	71.16	65.95	106.92	201.11
朝阳	42	33.82	22.03	124.13	58.03	60.20	55.95	81.20
葫芦岛	40	74.55	148.32	541.80	266.93	259.96	251.10	380.76

工业企业主要指标

单位:亿元

固定资产净值年平均余额	负债合计	流动负债合计	长期负债合计	所有者权益	主营业务收入	主营业务成本	主营业务税金及附加	利润总额	本年应交增值税	利税总额
2 641.39	3 705.71	2 378.86	1 303.62	1 993.84	2 378.74	2 005.48	49.13	-25.3	122.79	146.61
2 626.0	3 409.07	2 296.96	1 106.82	2 524.79	2 568.69	2 146.07	47.74	50.13	126.41	224.28
2 733.46	3 515.17	2 338.83	1 171.62	2 386.85	3 196.35	2 681.87	56.32	142.54	150.46	349.32
3 032.42	3 645.86	2 527.98	1 106.09	1 635.55	3 398.32	2 874.07	55.32	118.89	150.07	324.27
3 242.04	3 879.93	2 706.67	1 168.43	2 837.12	3 671.3	3 072.43	61.5	121.1	160.23	342.8
3 279.89	3 870.74	2 924.72	937.82	2 999.36	4 751.49	3 937.53	76.37	194.97	189.26	460.6
3 671.47	4 668.19	3 528.31	1 133.17	3 587.59	6 349.30	5 352.85	88.45	367.20	230.66	686.31
3 915.82	5 374.15	4 002.55	1 349.24	3 715.13	8 000.32	6 990.98	105.92	268.27	262.38	636.57
554.49	1 154.13	936.29	205.40	693.12	1 359.91	1 153.26	18.92	33.52	37.13	89.57
655.18	1 221.71	982.97	237.66	735.22	1 989.30	1 827.64	16.05	14.28	33.17	63.5
478.47	429.42	329.90	98.32	484.54	868.61	673.31	9.65	111.05	42.50	163.2
255.82	273.78	209.43	63.59	270.86	632.40	622.31	11.49	-49.52	11.62	-26.41
351.26	452.73	322.33	129.18	205.63	444.31	396.44	3.80	12.24	25.25	41.29
36.03	65.23	52.31	12.92	48.37	93.08	81.38	0.76	2.55	3.91	7.22
91.32	132.48	106.08	26.35	91.71	314.04	301.35	9.24	-13.19	7.80	3.85
82.72	127.75	113.80	13.94	101.86	233.59	192.58	8.18	12.29	7.36	27.83
78.53	93.41	63.37	30.04	43.38	74.68	65.76	0.57	-0.97	3.38	2.98
187.31	222.23	188.58	31.07	210.22	371.34	316.63	4.53	27.92	8.11	40.56
412.46	283.65	129.31	154.02	357.71	508.58	342.00	8.79	111.06	36.89	156.74
103.26	94.62	52.93	41.67	89.98	133.50	112.70	1.24	4.26	8.23	13.73
47.77	66.87	51.02	15.85	57.26	138.45	118.97	0.99	8.75	6.65	16.39
242.74	376.99	287.83	87.56	164.82	422.65	396.24	8.37	-13.58	10.50	5.29

14—16 历 年 主 要

年份、地区	化学纤维（万吨）	纱（万吨）	布（亿米）	毛线（吨）	呢绒（万米）	丝（吨）	机制纸及纸板（万吨）
1990	15.6	109.8	6.5	5 087	1 840.0	2 905	77.5
1991	15.8	110.1	6.4	4 099	1 781.1	2 667	75.1
1992	17.1	112.0	6.0	4 981	1 672.7	1 917	79.1
1993	15.7	99.3	5.6	3 524	1 431.4	2 280	75.4
1994	17.9	18.2	5.4	2 785	1 548.6	3 292	82.3
1995	19.8	18.0	5.8	2 725	1 185.0	3 484	97.5
1996	20.7	16.9	4.7	4 449	745.4	4 550	95.7
1997	28.1	17.2	5.4	1 902	648.5	3 588	84.2
1998	30.5	14.3	4.7	1 970	373.2	1 996	72.0
1999	29.2	15.2	5.3	1 655	606.1	1 328	58.8
2000	34.2	18.3	5.0	1 633	479.0	2 414	55.2
2001	36.0	16.0	4.3	1 179	230.3	1 675	62.9
2002	33.5	16.4	5.0	1 491	168.1	2 110	52.0
2003	26.3	15.6	3.4	1 447	109.2	1 640	59.1
2004	30.7	17.2	4.3	1 839.9	379.8	3 297.3	72.6
2005	24.1	18.7	5.7	1 541.0	106.0	2 190.9	83.4
沈阳	0.6	3.8	0.3	1 541.0	0.0	0.0	4.5
大连	0.9	2.8	0.3	0.0	81.0	0.0	6.0
鞍山	0.6	2.7	1.3	0.0	0.0	818.0	8.2
抚顺	6.1	0.2	0.0	0.0	0.0	0.0	1.1
本溪	0.0	2.2	0.7	0.0	0.0	0.0	0.0
丹东	7.4	0.6	0.3	0.0	0.0	357.0	10.1
锦州	0.0	1.1	0.2	0.0	0.0	0.0	16.9
营口	0.8	1.6	0.8	0.0	0.0	245.9	1.0
阜新	0.0	1.0	0.2	0.0	0.0	0.0	0.0
辽阳	7.6	0.7	1.1	0.0	0.0	0.0	2.8
盘锦	0.0	0.0	0.0	0.0	0.0	0.0	21.3
铁岭	0.0	0.0	0.0	0.0	0.0	770.0	7.5
朝阳	0.0	1.2	0.4	0.0	25.0	0.0	3.7
葫芦岛	0.0	0.8	0.1	0.0	0.0	0.0	0.3

注：1993 年以前纱产量的计量单位为万件。

工 业 产 品 产 量

缝纫机（万架）	自行车（万辆）	手表（万只）	日用精铝制品（万吨）	灯泡（亿只）	合成洗涤剂（万吨）	原盐（万吨）	糖（万吨）
0.5	97.2	430.4	0.5	1.2	5.3	129.9	3.2
0.4	85.5	467.7	0.5	1.5	4.2	240.4	3.6
0.3	125.9	359.9	0.5	1.5	4.3	293.2	5.4
0.4	195.4	554.5	0.6	1.1	2.9	282.9	5.2
0.3	190.7	397.7	0.4	3.3	3.5	275.9	3.8
0.2	112.1	409.9	0.6	3.7	2.9	230.9	3.8
0.2	87.9	316.4	0.6	4.3	6.9	232.5	4.0
0.2	55.1	212.4	0.3	1.4	5.7	286.1	5.3
0.1	53.1	98.0	0.2	1.3	6.8	190.9	5.1
0.1	16.3	97.0	0.2	1.1	6.3	282.2	4.5
0.2	46.2	69.0	0.2	0.5	7.0	275.9	2.1
0.3	15.2	69.2	0.1	1.3	9.1	284.6	4.0
0.3	2.2	86.0	0.1	1.5	10.4	280.6	4.2
0.3				1.4	9.7	166.6	5.1
0.7	1.4	152.8		1.8	9.8	200.6	3.8
0.6	0.4	169.6		1.8	8.9	180.6	1.1
0.0	0.0	0.0		1.8	1.7	0.0	0.0
0.6	0.0	139.4		0.0	0.3	87.8	0.0
0.0	0.0	0.0		0.0	0.0	0.0	0.0
0.0	0.0	0.0		0.0	1.7	0.0	0.0
0.0	0.0	0.0		0.0	5.2	0.0	0.0
0.0	0.0	30.2		0.0	0.0	0.0	0.0
0.0	0.0	0.0		0.0	0.0	18.3	0.0
0.0	0.4	0.0		0.0	0.0	58.5	0.0
0.0	0.0	0.0		0.0	0.0	0.0	
0.0	0.0	0.0		0.0	0.0	0.0	0.0
0.0	0.0	0.0		0.0	0.0	16.0	0.0
0.0	0.0	0.0		0.0	0.0	0.0	0.0
0.0	0.0	0.0		0.0	0.0	0.0	1.1
0.0	0.0	0.0		0.0	0.0	0.0	0.0

14—16 续表 1

年份、地区	卷烟（万箱）	罐头（万吨）	啤酒（万吨）	家用电冰箱（万台）	电视机（万台）
1990	50.6	5.8	55.0	16.4	115.1
1991	42.8	7.6	64.3	11.8	59.62
1992	45.3	8.8	78.5	10.3	73.2
1993	40.3	4.0	62.8	12.0	49.9
1994	40.3	7.6	108.0	12.2	54.3
1995	43.2	8.2	113.4	14.2	47.7
1996	40.3	8.1	118.8	9.4	56.7
1997	40.5	6.0	128.7	6.9	73.2
1998	41.8	4.1	129.1	8.5	173.2
1999	33.2	2.7	144.3	13.2	229.3
2000	23.0	2.9	149.7	23.1	374.7
2001	31.0	2.8	144.2	14.7	378.0
2002	38.0	3.4	137.1	51.6	404.9
2003	41.3	5.2	149.4	106.8	446.0
2004	45.9	10.7	155.4	116.3	346.2
2005	45.9	5.6	184.61	120.4	550.2
沈阳	20.0	0.1	52.38	0.0	472.0
大连	0.0	3.6	46.85	94.3	48.0
鞍山	0.0	0.2	16.60	0.0	0.0
抚顺	0.0	0.0	9.87	0.0	0.0
本溪	0.0	0.0	7.41	0.0	0.0
丹东	0.0	0.8	7.56	0.0	30.1
锦州	0.0	0.8	12.92	0.0	0.0
营口	25.9	0.1	0.60	26.2	0.0
阜新	0.0	0.0	4.47	0.0	0.0
辽阳	0.0	0.0	2.22	0.0	0.0
盘锦	0.0	0.0	6.26	0.0	0.0
铁岭	0.0	0.0	5.34	0.0	0.0
朝阳	0.0	0.0	9.16	0.0	0.0
葫芦岛	0.0	0.0	2.98	0.0	0.0

原煤（万吨）	原油（万吨）	天然气（亿立方米）	发电量（亿千瓦小时）	#水电	生铁（万吨）	钢（万吨）	成品钢材（万吨）
5 101.0	1 368.7	20.4	435.8	35.5	1 145.5	1 216.3	939.9
5 234.7	1 374.2	20.6	448.3	40.3	1 227.8	1 262.5	978.8
5 394.6	1 387.8	21.1	489.1	32.4	1 262.7	1 349.9	1 082.9
5 566.8	1 420.1	23.8	505.3	27.4	1 314.0	1 413.3	1 270.3
5 509.3	1 502.5	21.2	504.0	18.5	1 274.1	1 340.6	1 186.9
5 626.4	1 552.7	21.1	540.1	41.7	1 337.1	1 335.9	1 074.2
6 040.6	1 504.3	19.6	583.9	45.2	1 358.5	1 369.3	1 210.3
5 883.8	1 504.1	19.1	615.2	28.8	1 358.1	1 354.9	1 223.5
5 785.7	1 452.1	15.6	608.1	21.6	1 419.0	1 406.5	1 149.2
4 779.3	1 430.3	14.3	610.5	25.5	1 448.9	1 492.2	1 235.6
4 454.9	1 401.1	14.7	645.6	14.9	1 555.4	1 553.8	1 443.2
4 468.2	1 385.0	14.7	662.1	22.7	1 593.7	1 660.7	1 655.2
5 180.8	1 351.2	13.3	725.3	14.5	1 886.4	1 942.5	2 086.7
5 871	1 332	13.3	837	22.9	2 061	2 169	2 334
6 641.9	1 283.2	10.3	874.9	38.6	2 547.8	2 612.8	2 657.9
6 395.0	1 261.0	11.7	904.2	56.7	3 113.9	3 059.0	3 235.9
992.2	0.0	0.2	44.5	0.0	1.0	20.6	151.2
0.0	0.0	0.0	133.1	0.2	0.0	56.8	110.5
0.0	0.0	0.0	38.6	0.1	1 321.0	1 260.8	1 301.8
701.5	18.9	1.8	95.8	1.0	193.8	262.6	204.3
195.4	0.0	0.0	42.6	19.1	1 191.7	1 092.8	875.5
222.7	0.0	0.0	66.0	19.8	27.6	0.0	1.4
24.1	0.0	0.0	74.5	0.0	0.0	0.0	2.1
0.0	0.0	0.0	49.3	0.0	162.1	154.7	131.7
1 426.8	0.0	0.3	41.1	0.0	0.0	0.0	3.4
128.4	0.0	0.0	22.3	1.9	9.7	0.0	220.6
0.0	1 242.0	9.2	7.5	0.0	0.0	0.0	0.9
2 226.1	0.0	0.2	133.7	0.1	13.4	0.1	4.3
54.7	0.0	0.0	27.9	0.2	193.3	210.6	206.8
423.0	0.0	0.0	115.4	0.0	0.3	0.1	21.5

14—16 续表 2

年份、地区	铁合金（万吨）	水泥（万吨）	平板玻璃（万重量箱）	木材（万立方米）	硫酸（万吨）	纯碱（万吨）	烧碱（万吨）	农用氮、磷、钾化肥（万吨）
1990	16.0	1 092.0	995.3	85.6	74.1	76.2	28.3	63.4
1991	15.9	1 312.2	1 022.4	91.1	81.2	71.2	29.4	60.3
1992	20.3	1 644.4	1 188.5	96.7	86.2	72.4	29.7	62.8
1993	21.4	1 947.9	1 350.2	107.6	78.6	74.8	27.8	54.8
1994	24.1	1 891.2	1 299.0	121.8	95.8	73.9	30.5	79.1
1995	30.4	1 911.0	1 233.3	150.5	106.9	69.1	26.3	78.2
1996	30.2	1 743.1	1 591.6	69.6	108.7	71.9	37.5	82.0
1997	23.9	1 829.0	1 494.2	163.2	108.7	71.2	33.4	84.7
1998	19.5	1 663.7	1 546.9	132.0	100.0	69.2	32.5	76.8
1999	14.3	1 711.1	1 536.8	171.7	105.5	72.1	30.9	87.2
2000	13.3	1 954.9	1 475.3	145.9	119.9	74.1	33.4	97.6
2001	13.6	2 090.5	1 537.7	66.8	118.8	76.5	37.2	97.9
2002	12.9	2 145.8	1 470.9	69.8	113.1	82.5	45.0	88.8
2003	17.2	2 332	1 362	49.2	110.6	80	48.3	91.7
2004	48.6	2 495.7	1 785.2		121.7	80.7	48.1	88.1
2005	36.4	2 680.7	1 854.0	0.0	120.7	74.9	53.6	89.6
沈阳	0.0	219.2	744.3	0.0	0.0	0.0	17.4	1.6
大连	0.0	622.9	557.4	0.0	18.5	74.3	2.2	17.5
鞍山	2.4	144.2	0.0	0.0	0.0	0.0	0.0	3.4
抚顺	3.9	132.6	0.0	0.0	5.8	0.0	0.0	0.0
本溪	0.0	395.2	0.0	0.0	3.1	0.0	2.1	6.7
丹东	0.0	64.8	0.0	0.0	4.3	0.0	0.0	6.8
锦州	17.4	78.2	0.0	0.0	31.2	0.0	0.0	0.0
营口	0.0	70.4	0.0	0.0	1.2	0.5	0.0	0.1
阜新	0.2	67.7	375.3	0.0	2.4	0.0	0.0	0.0
辽阳	6.6	278.7	0.0	0.0	0.0	0.0	0.0	0.0
盘锦	0.0	19.5	0.0	0.0	0.0	0.0	0.0	28.6
铁岭	0.0	287.9	0.0	0.0	0.0	0.0	0.0	0.0
朝阳	0.4	151.9	176.9	0.0	2.3	0.0	0.0	0.0
葫芦岛	5.6	147.4	0.0	0.0	51.9	0.0	31.9	24.9

＃氮肥	＃磷肥	化学农药（万吨）	乙烯（万吨）	电石（万吨）	塑料（万吨）	轮胎外胎（万条）	金属切削机床（万台）	汽车（万辆）	大中型拖拉机（万台）	小型拖拉机（万台）	铁路机车（台）
55.0	8.3	1.5	8.4	6.4	14.0	191.8	1.6	2.4		2.3	
51.4	8.9	1.5	14.9	6.8	24.3	223.5	1.8	4.2		2.2	
50.9	11.9	1.5	20.4	5.2	30.0	311.1	2.1	6.1	0.1	2.5	
49.6	5.2	1.2	25.1	6.1	39.1	426.7	2.4	5.1	0.1	3.1	
67.0	10.3	1.2	28.8	6.8	42.0	292.4	1.7	3.0	0.1	0.8	238
70.1	7.8	2.3	32.1	8.9	51.3	303.7	1.4	2.5	0.6	0.1	257
73.9	6.9	1.7	35.3		58.5	309.5	1.3	2.8	2.5	2.5	300
74.3	8.9	2.1	35.7	3.2	65.7	361.2	1.1	3.9	0.04	3.7	274
70.7	4.2	1.9	38.7	2.6	71.5	472.9	0.9	4.3	0.02	0.8	
78.5	5.2	2.3	39.7	1.4	80.9	499.6	0.9	5.8	0.03	1.1	
82.4	8.4	2.2	41.7	2.6	94.1	576.0	1.6	8.2	0.3	0.2	63.1
86.6	8.7	2.2	40.2	2.2	99.7	621.2	2.1	7.9		1.0	58.0
80.9	6.1	2.6	44.2	4.3	104.6	643.5	3.1	9.0	0.9	0.9	70.9
82.6	6.9	2.1	47.9	5.3	117.4	787.1	5.6	13.0			
85.4	2.8	1.8	48.2	11.6	129.5	935.7	9.4	14.3			242.0
84.9	4.7	2.7	47.1	1.9	121.6	1 095.6	11.3	15.0	0.0	0.0	202
1.6	0.0	0.2	0.0	0.0	9.3	315.0	6.8	13.8	0.0	0.0	202
13.2	4.3	2.0	0.0	0.0	31.7	343.8	4.0	0.0	0.0	0.0	0
3.4	0.0	0.0	0.0	0.0	0.0	249.8	0.2	0.0	0.0	0.0	0
0.0	0.0	0.0	16.8	1.5	22.3	0.0	0.0	0.0	0.0	0.0	0
6.7	0.0	0.0	0.0	0.0	0.0	0.0	0.0	0.0	0.0	0.0	0
6.8	0.0	0.1	0.0	0.0	0.0	0.0	0.2	1.2	0.0	0.0	0
0.0	0.0	0.0	0.0	0.0	2.5	88.0	0.0	0.0	0.0	0.0	0
0.0	0.1	0.4	0.0	0.0	0.4	0.0	0.0	0.0	0.0	0.0	0
0.0	0.0	0.0	0.0	0.4	0.0	0.0	0.0	0.0	0.0	0.0	0
0.0	0.0	0.0	14.6	0.0	11.2	0.0	0.0	0.0	0.0	0.0	0
28.5	0.2	0.0	15.7	0.0	29.5	0.0	0.0	0.0	0.0	0.0	0
0.0	0.0	0.0	0.0	0.0	0.1	0.0	0.0	0.0	0.0	0.0	0
0.0	0.0	0.0	0.0	0.0	0.0	99.0	0.0	0.0	0.0	0.0	0
24.6	0.2	0.0	0.0	0.0	14.4	0.0	0.0	0.0	0.0	0.0	0

14—17 工业产品产量

产品名称	单位	2000年	2001年	2002年	2003年	2004年	2005年
化学纤维	万吨	34.2	36.0	33.5	26.3	30.68	24.05
#合成纤维	万吨	30.5	31.8	29.0	21.2	25.08	18.09
纱	万吨	18.3	16.0	16.4	15.6	17.2	18.70
布	亿米	5.0	4.3	5.0	3.4	4.31	5.71
#纯棉布	亿米	1.7	1.6	1.9	1.1	1.56	1.46
混纺交织布	亿米	2.1	1.9	2.03	1.6	1.58	1.42
毛线	吨	1 633	1 179	1 491	1 447	1 839.86	1 541.00
呢绒	万米	479.0	230.3	168.1	109.2	379.82	106.00
麻袋(混合数)	万条	310.6	278.6	65.7		30.00	0.00
丝	吨	2 414	1 675	2 110	1 640	3 297.34	2 190.90
丝织品	万米	2 450.0	2 316.3	1 490.2	849.7	962.59	465.20
机制纸及纸板	万吨	55.2	62.9	52.0	59.1	72.57	83.37
缝纫机	万架	0.2	0.3	0.3	0.3	0.71	0.63
自行车	万辆	46.2	15.2	2.2	0	1.35	0.36
表	万只	69.0	69.2	86.0	113.8	152.81	169.57
钟	万只	14.2	16.1	6.4	7.4	0.55	0.00
日用玻璃制品	万吨	15.1	16.5	11.6	7.5	12.17	8.38
灯泡	万只	5 055.4	12 878.5	14 693.1	13 864	18 412.23	18 491.70
合成洗涤剂	吨	70 447.2	90 801.1	104 451.7	97 342	98 498.72	89 198.50
牙膏	万支	2 282.5	2 100.9	2 227.6	2 249	3 953.00	3 379.10
原盐	万吨	275.9	284.6	280.6	166.6	200.62	180.64
糖	万吨	2.1	4.0	4.2	5.1	3.76	1.13
卷烟	万箱	23.0	31.0	38.0	41.3	45.86	45.88
白酒	万吨	18.2	18.2	17.2	14.5	18.77	27.34
啤酒	万吨	149.7	144.2	137.1	149.4	155.37	184.61
味精	万吨	3.7	3.3	3.7	4.3	4.36	4.69
食用植物油	万吨	47.6	53.7	66.2	75.4	85.68	89.63
化学原料药	万吨	2.5	2.7	2.4	2.7	4.82	3.82
家用电冰箱	万台	23.1	14.7	51.6	106.8	116.34	120.43
电视机	万部	374.7	378.0	404.9	446	346.15	550.21
#彩电	万部	374.4	377.8	404.8	446.0	346.15	550.21
农用化肥	万吨	97.6	97.9	88.8	91.7	88.14	89.63
#氮肥	万吨	82.4	86.6	80.9	82.6	85.36	84.85
磷肥	万吨	8.4	8.7	6.1	6.9	2.78	4.75
化学农药	万吨	2.2	2.2	2.6	2.1	1.83	2.67

14—17 续表 1

产品名称	单位	2000 年	2001 年	2002 年	2003 年	2004 年	2005 年
乙烯	万吨	41.7	40.2	44.2	47.9	48.23	47.13
合成橡胶	吨	25 969	17 301	22 071	24 348	23 019	11 119
轮胎外胎	万条	576.0	621.2	643.5	787.1	935.67	1 095.65
交流电动机	万千瓦	290.6	525.0	495.0	536.1	946.86	773.39
金属切削机床	台	15 627.0	21 325.0	31 294	56 297	94 328	112 727
数控机床	台	1 622	1 862	2 669	4 600	11 066	14 887
汽车	辆	82 243	78 989	90 106	130 005	142 825	150 488
#载货汽车	辆	14 756	11 023	7 897	12 330	2 332	43 438
摩托车	辆	5 426				1 602	1 952
轴承	万套	10 694	9 279	8 263	8 800	12 302	10 312
拖拉机	台	2 549	9 972	8 663	941	671	10
#小型拖拉机	台	2 210	9 720	8 510	902	391	6
原煤	万吨	4 454.9	4 468.2	5 180.8	5 871	6 641.93	6 395.03
原油	万吨	1 401.1	1 385.0	1 351.2	1 332	1 283.19	1 260.96
汽油	万吨	683.9	747.1	766.9	822.9	925.79	965.60
柴油	万吨	1 202.1	1 304.0	1 350.8	1 566	1 831.60	1 899.60
天然气	亿立方米	14.7	14.7	13.3	13.3	10.30	11.72
发电量	亿千瓦小时	645.6	662.1	725.3	837	874.85	904.21
#水电	亿千瓦小时	14.9	22.7	14.5	22.9	38.59	56.73
生铁	万吨	1 555.4	1 593.7	1 886.4	2 061	2 547.81	3 113.95
钢	万吨	1 553.8	1 660.7	1 942.5	2 169	2 612.79	3 059.05
成品钢材	万吨	1 443.2	1 655.2	2 086.7	2 334	2 657.91	3 235.93
#铁道用钢材	万吨	40.3	39.6	46.7	41.7	72.83	75.13
优质钢材	万吨	86.3	102.5	115.1	146.5		
线材	万吨	127.5	136.3	202.2	155.8	217.49	261.82
铁合金	万吨	13.3	13.6	12.9	17.2	48.58	36.40
焦炭	万吨	788.9	801.4	871.5	923	1 013.76	1 237.89
水泥	万吨	1 954.9	2 090.5	2 145.8	2 332	2 495.73	2 680.67
平板玻璃	万重量箱	1 475.3	1 537.7	1 470.9	1 362	1 785.17	1 853.96
木材	万立方米	145.9	66.8	69.8	49.2		
硫酸	万吨	119.9	118.8	113.1	110.6	121.68	120.72
纯碱	万吨	74.1	76.5	82.5	80.0	80.67	74.86
烧碱	万吨	33.4	37.2	45.0	48.3	48.08	53.59
合成氨	万吨	109.3	103.5	103.1	103.1	103.79	99.10

主要统计指标解释

工业　指从事自然资源的开采，对采掘品和农产品进行加工和再加工的物质生产部门。具体包括：(1)对自然资源的开采，如采矿、晒盐、森林采伐等(但不包括禽兽捕猎和水产捕捞)；(2)对农副产品的加工、再加工，如粮油加工、食品加工、轧花、缫丝、纺织、制革等；(3)对采掘品的加工、再加工，如炼铁、炼钢、化工生产、石油加工、机器制造、木材加工等，以及电力、自来水、煤气的生产和供应等；(4)对工业品的修理、翻新，如机器设备的修理、交通运输工具(包括小卧车)的修理等。

1984年以前农村的村及村以下办工业归属农业，1984年以后的划归工业。

工业统计调查单位　工业统计调查单位分为两类：独立核算法人工业企业和工业活动单位。

(1)独立核算法人工业企业　是指从事工业生产经营活动的单位。独立核算法人工业企业应同时具备以下条件：①依法成立，有自己的名称、组织机构和场所，能够承担民事责任；②独立拥有和使用资产，承担负债，有权与其他单位签订合同；③独立核算盈亏，并能够编制资产负债表。

(2)工业活动单位　是指在一个场所从事一种或主要从事一种工业生产活动的经济单位。它包括独立核算工业企业按主营业务活动(即工业生产活动)划分的主营业务活动单位和非工业企业所属的工业生产活动单位(即原非独立核算工业生产单位)。工业活动单位，一般应同时具备以下三个条件：①具有一个场所，从事一种或主要从事一种工业活动；②单独组织工业生产、经营或业务活动；③单独核算收入和支出。

国有经济工业(即过去的全民所有制工业或国营工业)　指生产资料归国家所有的一种经济类型。包括中央和地方各级国家机关、部队、科研机构、学校、人民团体和国有经济企事业单位等举办的国有经济工业。1957年以前的公私合营和私营工业，后均改造为国营工业，1992年改为国有工业，这部分工业的资料不单独分列时，均包括在国有工业内。

集体经济工业　指生产资料归公民集体所有的一种经济类型，是社会主义公有制经济的组成部分。包括城乡所有使用集体投资举办的企业，以及部分个人通过集资自愿放弃所有权并依法经工商行政管理机关认定为集体所有制的企业。

其他经济类型工业　指除国有经济工业、集体经济工业以外的其他经济类型工业企业(单位)。包括私营经济、个体经济、联营经济、股份制经济(股份有限公司，有限责任公司)；外商投资经济(中外合资经营、中外合作经营、外资企业)；港、澳、台投资经济(与大陆合资经营、与大陆合作经营、港、澳、台独资企业)及其他经济类型的工业。

轻工业　指主要提供生活消费品和制作手工工具的工业。按其所使用的原料不同，可分为两大类：(1)以农产品为原料的轻工业，是指直接或间接以农产品为基本原料的轻工业。主要包括食品制造、饮料制造、烟草加工、纺织、缝纫、皮革和毛皮制作、造纸以及印刷等工业；(2)以非农产品为原料的轻工业，是指以工业品为原料的轻工业。主要包括文教体育用品、化学药品制造、合成纤维制造、日用化学制品、日用玻璃制品、日用金属制品、手工工具制造、医疗器械制造、文化和办公用机械制造等工业。

重工业　是指为国民经济各部门提供物质技术基础的主要生产资料的工业。按其生产性质和产品用途，可以分为下列三类：(1)采掘(伐)工业，是指对自然资源的开采，包括石油开采、煤炭开采、金属矿开采、非金属矿开采和木材采伐等工业；(2)原材料工业，指向国民经济各部门提供基本材料、动力和燃料的工业。包括金属冶炼及加工、炼焦及焦炭化学、化工原料、水泥、人造板以及电力、石油和煤炭加工等工业；(3)加工工业，是指对工业原材料进行再加工制造的工业。包括装备国民经济各部门的机械设备制造工业、金属结构、水泥制品等工业，以及为农业提供的生产资料如化肥、农药等工业。

根据上述划分原则，修理业中以重工业产品为修理作业对象的划为重工业，反之划为轻工业。

工业总产值　是以货币表现的工业企业在一定时期内生产的已出售或可供出售工业产品总量，它反映一定时间内工业生产的总规模和总水平。它包括：在本企业内不再进行加工，经检验、包装入库(规定了需包装的产品除外)的成品价值，工业性作业价值，自制半成品、在产品期末初差额价值(生产周期较长的企业计算)。工业总产值采用“工厂法”计算，即以工业企业作为一个整体，按企业工业生产活动的最终成果来计算，企业内部不允许重复计算，不能把企业内部各个车间(分厂)生产的成果相加。但在企业之间、行业之间、地区之间存在着重复计算。

轻重工业总产值的划分也是按“工厂法”计算的，即一个工业企业在正常情况下生产的主要产品的性质属于轻工业，则该企业的全部总产值作为轻工业总产值；一个工业企业生产的主要产品的性质属于重工业，则该企业的全部总产值作为重工业总产值。

工业销售产值　是以货币表现的工业企业在一定时期内销售的本企业生产的工业产品产量。包括已销售的成品、半成品价值，对外提供的工业性作业价值和对本单位基本建设部门、生活福利部门等提供的产品和工业性作业及自制设备的价值。已销售的成品、半成品不论是本期生产的、还是上期生产的，只要是本期销售出去的均包括在内。对外提供的工业性作业是指企业按合同对外提供的工业性劳务。企业为本单位基本建设部门、生活福利部门等提供的产品和工业性作业及自制设备也应视同销售，这部分也作为销售统计。

工业销售产值的计算范围、计算价格和计算方法与工业总产值一致，但两者计算的基础不同：工业销售产值计算的基础是产品销售总量，工业总产值计算的基础是工业产品生产总量。

工业增加值 是指工业企业在报告期内以货币表现的工业生产活动的最终成果。是企业生产产品或提供劳务过程中新增加的价值,是总产出与中间投入之间的差额。

固定资产原值 指企业在建造、购置、安装、改建、扩建、技术改造某项固定资产时所支出的全部货币总额。它一般包括买价、包装费、运杂费和安装费等。

固定资产净值 是指固定资产原价减去历年已提折旧额后的净额。

流动资产 流动资产是指可以在一年或者超过一年的一个营业周期内变现或者耗用的资产,包括现金及各种存款、短期投资、应收及预付货款、存货等。

总资产贡献率 反映企业全部资产的获利能力,是企业经营业绩和管理水平的集中体现,是评价和考核企业盈利能力的核心指标。计算公式为:

$$总资产贡献率(\%)=\frac{(利润总额+税金总额+利息支出)}{平均资产总额}\times 100\%$$

资产负债率 该指标既反映企业经营风险的大小,也反映企业利用债权人提供的资金从事经营活动的能力。计算公式为:

$$资产负债率(\%)=\frac{负债总额}{资产总额}\times 100\%$$

利税总额 指企业产品销售税金及附加加本年应交增值税加利润总额之和。

资金利税率 指在一定时期内已实现的利润、税金总额与同期的资产(固定资产净值和流动资产)之比。计算公式:

$$资金利税率(\%)=\frac{报告期累计实现利税总额}{固定资产净值平均余额+流动资产平均余额}\times 100\%$$

资金利税率反映每单位(通常是每万元)资金所提供的利税金额。它是考察和评价部门或企业资金运用的经济效益,分析资金投入效果的主要分析指标。

工业成本利润率 指在一定时期的利润与成本费用之比,是反映工业生产成本及费用投入的经济效益指标,同时也是反映降低成本的经济效益的指标。计算公式:

$$工业成本费用利润率(\%)=\frac{利润总额}{成本费用总额}\times 100\%$$

工业增加值率 指在一定时期内工业增加值占同期工业总产值的比重,反映降低中间消耗的经济效益。计算公式:

$$工业增加值率(\%)=\frac{工业增加值(现价)}{工业总产值(现价)+本年应交销项税额}\times 100\%$$

流动资产周转次数 指在一定时期内流动资产完成的周转次数,反映流动资产的周转速度。计算公式:

$$流动资金周转次数=\frac{产品销售收入}{全部流动资产平均余额}$$

产品销售率 指一定时期内销售产值与同期全部工业总产值之比,反映工业产品生产已实现销售的程度。计算公式:

$$工业产品销售率(\%)=\frac{报告期现价工业销售产值}{报告期现价工业总产值}\times 100\%$$

产品销售收入 指企业销售产品的销售收入和提供劳务等主要经营业务取得的业务收入总额。

产品销售工厂成本 指企业销售产品和提供劳务等主要经营业务的实际成本。

产品销售税金及附加 指企业销售产品和提供工业性劳务等主要经营业务应负担的城市维护建设税、消费税、资源税和教育费附加。

产品销售利润 指企业销售产品和提供工业性劳务等主要经营业务收入扣除其成本、费用、税金后的利润。

利润总额 指企业实现的利润。

应交增值税 指企业在报告期内应交纳的增值税额。

全员劳动生产率 指根据产品的价值量指标计算的平均每一个职工在单位时间内的产品生产量。是考核企业经济活动的重要指标,是企业生产技术水平、经营管理水平、职工技术熟练程度和劳动积极性的综合表现。目前我国的全员劳动生产率是将工业企业的工业增加值除以同一时期全部职工的平均人数来计算的。计算公式:

$$全员劳动生产率=\frac{工业增加值}{全部职工平均人数}$$

为了使各年度的全员劳动生产率数字可以比较,各年的全员劳动生产率均按指数换算成1990年不变价格。

实物劳动生产率 指根据某种产品实物量计算的平均每个职工(或工人)在单位时间内生产的产品数量。这是通过产品实物来反映劳动者在生产中的劳动效率指标。我国目前有全员实物劳动生产率(通常简称全员效率)和工人实物劳动生产率两个指标。计算公式:

$$全员实物劳动生产率(全员效率)=\frac{产品产量}{全部职工平均人数}$$

$$工人实物劳动生产率=\frac{产品产量}{生产工人(包括学徒)平均人数}$$

计算实物劳动生产率的产品产量,是指报告期生产的,并经检验符合质量标准或合同规定的技术要求的合格产品产量。不包括不合格品和废品的数量。

资本金 指企业在工商行政管理部门登记的注册资金合计。企业资本金按投资主体可分为国家资本金、法人资本金、个人资本金和外商资本金等。资本金合计包括企业各种投资主体注册的全部资本金。

总资产 指企业拥有或控制的全部资产。包括流动资产、长期投资、固定资产、无形及递延资产、其他长期资产等,即为企业资产负债表的资产总计项。

(1)流动资产 指企业可以在一年内或者超过一年的一个生产周期内变现或耗用的资产合计。包括现金及各种存款、短期投资、应收及预付款项、存货等。

(2)固定资产 指企业固定资产净值、固定资产清理、在建工程、待处理固定资产损失所占用的资金合计。

(3)无形资产 指企业长期使用而没有实物形态的资产。包括专利权、非专利技术、商标权、著作权、土地使用权、商誉等。

总负债 指企业承担并需要偿还的全部债务。包括流动负债和长期负债等,即为企业资产负债表的负债合计项。

(1)流动负债 指企业在一年内或者超过一年的一个营业周期内需要偿还的债务合计,其中包括短期借款、应付及预收款项、应付工资、应交税金和应交利润等。

(2)长期负债 指企业在一年以上或者超过一年的一个生活周期内需要偿还的债务合计,其中包括长期借款、应付债务、长期应付款项等。

所有者权益 指企业投资人对企业净资产的所有权。企业净资产等于企业全部资产减去全部负债后的余额,其中包括投资者对企业的最初投入,以及资本公积金、盈余公积金和未分配利润,对股份制企业即为股东权益。

第十五篇

建筑业

15

JIANZHUYE

15—1 建筑业企业概况

年份	施工企业	国有企业	集体企业	港澳台商投资企业	外商投资企业	其他内资企业
企业单位数(个)						
1980	558	149	409			
1985	892	192	700			
1990	1 537	294	1 243			
1991	1 509	302	1 207			
1992	1 652	340	1 312			
1993	2 425	464	1 908	8	21	2
1994	2 757	554	2 130	9	33	0
1995	2 648	568	1 999	13	28	4
1996	2 410	562	1 747	23	19	2
1997	2 387	554	1 712	26	32	1
1998	2 366	557	1 447	38	29	0
1999	2 626	580	1 465	39	40	0
2000	2 738	556	1 463	38	33	0
2001	2 662	555	1 027	47	30	1
2002	2 505	448	657	42	37	1
2003	2 716	397	526	35	48	1
2004	3 124	373	409	30	50	2
2005	3 299	348	370	33	51	0
年末从业人员(万人)						
1980	39.99	30.47	9.52			
1985	69.26	36.63	32.63			
1990	97.07	44.81	52.26			
1991	97.34	45.27	52.07			
1992	108.55	47.86	60.69			
1993	159.70	46.80	63.90			
1994	135.2	40.08	45.07			
1995	89.66	37.48	49.49			
1996	102.69	48.63	52.43			

注:①施工企业总产值即是施工产值。

②1996 年建筑业统计范围为资质等级四级以上。

③从 1996 年以后,农村建筑队改为建筑业企业资质等级四级以下即非等级企业。

④2004 年以后数据,建筑业部分的所有指标口径均为总承包与专业承包企业。

15—1 续表

年　　份	施工企业	国有企业	集体企业	港澳台商投资企业	外商投资企业	其他内资企业
1997	107.35	50.39	54.87			
1998	98.51	43.88	44.89	0.44	0.41	0
1999	103.22	43.08	43.78	0.39	0.57	0
2000	95.99	35.96	40.55	0.42	0.51	0
2001	98.62	31.26	31.48	0.83	0.39	0.01
2002	95.14	25.97	23.72	0.58	0.49	0.01
2003	96.68	22.41	19.8	0.34	1.3	0.01
2004	100.35	19.85	15.58	0.32	1.24	0.13
2005	91.72	19.27	13.07	0.36	1.44	0
建筑业总产值(亿元)						
1980	18.4	14.5	3.9			
1985	49.6	30.4	19.2			
1990	126.6	74.5	52.1			
1991	144.1	82.6	61.5			
1992	217.3	120.5	96.8			
1993	318.7	162.5	144.7	0.4	1.0	0
1994	385.2	209.0	168.5	0.4	1.8	0
1995	407.3	222.3	176.8	0.4	1.9	0.2
1996	400.5	174.3	130.9	1.7	1.9	0.1
1997	429.1	245.7	169.5	1.7	2.3	0
1998	419.0	216.9	143.8	4.1	2.2	0
1999	489.3	224.9	160.0	7.2	5.4	0
2000	598.1	252.1	176.3	7.7	5.5	0
2001	761.2	262.8	162.9	114.8	64.9	1.2
2002	839.3	265.3	140.7	10.1	9.3	0.2
2003	1 017.1	285.5	131.6	6.57	28.79	0.1
2004	1 245.1	323.7	104.3	4.6	30.7	2.0
2005	1 481.7	386.6	114.0	6.2	28.5	0

15—2 建筑施工

（2005

地区	企业个数	按登记注册类型					
		国有企业	集体企业	股份合作企业	联营企业	有限责任公司	股份有限公司
全省	**3 299**	**348**	**370**	**114**	**8**	**939**	**11**
沈阳	893	105	77	18	5	231	8
大连	938	45	69	39	1	212	2
鞍山	231	35	62	7	1	39	
抚顺	130	18	28			43	
本溪	131	9	15	1		71	
丹东	119	22	14	19		31	
锦州	131	19	20	4		77	
营口	108	13	3	5	1	31	
阜新	122	14	7			55	
辽阳	135	12	26	3		11	
盘锦	102	16	9	15		51	
铁岭	52	15	9	2		14	
朝阳	109	12	14			41	
葫芦岛	98	13	17	1		32	1

企　　业　　个　　数

年)　　　　　　　　　　　　　　　　　　　　　　　　　　　　　　单位:个

分组				按经济组织类型分组			
私营企业	其他企业	港澳台商投资企业	外商投资企业	独资企业	合作伙伴企业	股份有限公司	有限责任公司
1 425		**33**	**51**	**760**	**136**	**147**	**2 256**
410		15	24	190	28	42	633
544		10	16	127	46	36	729
85		1	1	100	11	21	99
40		1		47		24	59
32			3	26	1	2	102
32		1		36	19	6	58
7		2	2	40	4	1	86
52		1	2	19	6	4	79
42		1	3	22			100
82		1		42	3	3	87
11				25	15	2	60
12				26	2	1	23
42				27			82
34				33	1	5	59

15—3 建 筑 施 工 企

（2005

指 标	单 位	合 计	按登记注册				
			国有企业	集体企业	股份合作企业	联营企业	有限责任公司
施工企业单位个数	个	3 299	348	370	114	8	939
计算劳动生产率的年平均人数	万人	128.9	25.8	16.6	2.9	0.2	46.6
自有固定资产原价	亿元	414.7	131.1	35.9	7.8	0.4	129.6
自有固定资产净价	亿元	288.5	80.7	25.1	5.3	0.3	88.2
自有机械设备台数	万台	32.3	7.7	4.4	0.9		10.4
自有机械设备净价	亿元	131.9	35.6	10.8	2.6	0.3	42.7
自有机械设备总功率	万千瓦	648.8	197.6	71.7	15.1	0.6	207.1
建筑业总产值	亿元	1 481.7	386.6	114.0	24.8	1.7	570.1
建筑业增加值	亿元	374.0	90.4	31.1	6.2	0.5	138.6
#固定资产本年折旧	亿元	23.4	7.8	1.6	0.5		7.4
#本年主营业务应付工资总额	亿元	197.5	42.4	17.4	3.2	0.3	77.6
#本年主营业务应付福利费总额	亿元	22.4	4.5	2.1	0.4		8.9
#工程结算税金及附加	亿元	54.9	14.7	4.1	0.9		21.1
#管理费用中的税金	亿元	2.8	0.7	0.2	0.1		1.0
#劳动待业保险费	亿元	9.4	4.5	0.6	0.1		3.3
#住房公积金及住房补贴	亿元	2.6	1.4	0.1			0.9
#营业利润	亿元	61.1	14.4	4.9	1.0	0.1	18.3
房屋施工面积	万平方米	10 224.9	1 452.0	999.1	246.8	10.9	4 259.3
房屋竣工面积	万平方米	5 111.1	556.2	564.3	130.6	10.6	2 103.6
利润总额	亿元	54.4	12.5	4.7	0.9	0.1	15.6
利税总额	亿元	112.0	27.9	9.0	1.8	0.1	37.7
全员劳动生产率							
按总产值计算	元/人	114 983	150 096	68 749	84 560	90 760	122 435
按增加值计算	元/人	29 025	35 098	18 773	21 330	27 505	29 768
技术装备率	元/人	10 234	13 839	6 513	9 035	15 618	9 163
动力装备率	千瓦/人	5.0	7.7	4.3	5.1	3.4	4.4
房屋建筑面积竣工率	%	50.0	38.3	56.5	52.9	97.7	49.4
产值利润率	%	3.7	3.2	4.1	3.5	4.8	2.7
产值利税率	%	7.6	7.2	7.9	7.5	8.1	6.6

业　主　要　经　济　指　标

年）

类型分组					按经济组织类型分组			
股份有限公司	私营企业	其他企业	港澳台商投资企业	外商投资企业	独资企业	合作伙伴企业	股份有限公司	有限责任公司
11	1 425		33	51	760	136	147	2 256
2.6	32.0		0.6	1.7	43.5	3.2	6.2	76.0
12.9	85.6		2.0	9.5	169.8	9.0	23.4	212.5
10.0	70.6		1.1	7.1	107.9	6.3	17.9	156.5
0.2	8.2		0.2	0.3	12.3	0.9	1.0	18.1
1.5	35.1		0.4	2.9	47.4	3.3	4.9	76.3
6.3	138.8		2.4	9.2	273.8	16.4	18.2	340.4
37.5	312.4		6.2	28.5	508.9	27.4	77.3	868.1
11.2	85.6		1.4	8.9	123.7	7.0	22.3	220.9
1.3	4.3		0.1	0.3	9.6	0.5	1.8	11.4
5.4	46.8		0.9	3.4	61.1	3.6	10.8	121.9
0.5	5.7		0.1	0.2	6.8	0.5	1.1	14.0
1.3	11.1		0.2	1.4	19.0	1.0	2.8	32.0
	0.7			0.1	0.9	0.1	0.1	1.7
0.1	0.7			0.1	5.1	0.1	0.4	3.9
	0.1				1.6			1.0
2.5	16.3		0.1	3.3	19.7	1.2	5.2	35.0
362.5	2 766.4		4.5	123.4	2 531.0	265.2	661.3	6 767.4
182.7	1 478.5			84.4	1 172.6	148.9	352.3	3 437.3
2.4	15.9		0.1	2.2	17.6	1.0	5.2	30.7
3.8	27.7		0.3	3.7	37.5	2.1	8.1	64.4
145 632	97 572		110 072	167 954	117 037	84 485	125 005	114 295
43 477	26 750		23 949	52 778	28 456	21 580	36 147	29 090
5 835	10 959		6 304	17 063	10 901	10 238	7 891	10 043
2.4	4.3		4.3	5.4	6.3	5.0	2.9	4.5
50.4	53.4			68.4	46.3	56.1	53.3	50.8
6.4	5.1		2.0	7.8	3.5	3.6	6.7	3.5
10.0	8.9		5.0	13.0	7.4	7.6	10.5	7.4

15—4 建　　　筑　　　业

（2005

地　　区	建筑业总产值	按登记注册类型分					
		国有企业	集体企业	股份合作企业	联营企业	有限责任公司	股份有限公司
全　　省	**148 165 282**	**38 659 989**	**11 395 368**	**2 477 531**	**166 454**	**57 009 400**	**3 749 283**
沈　　阳	32 676 189	11 119 208	2 096 711	299 456	132 125	11 711 161	1 686 313
大　　连	45 382 010	6 196 734	2 929 922	747 494	1 980	13 852 796	1 902 290
鞍　　山	13 032 629	7 764 313	1 777 216	159 110	24 309	1 413 442	
抚　　顺	5 743 716	1 283 555	605 557			2 701 060	
本　　溪	6 405 216	180 032	159 299	35 000		5 479 407	
丹　　东	5 989 436	1 735 093	540 419	548 734		2 570 203	
锦　　州	5 245 629	1 854 297	512 976	45 904		2 745 561	
营　　口	4 608 695	913 348	44 040	226 327	8 040	1 147 589	
阜　　新	2 593 559	433 657	143 517			1 676 491	
辽　　阳	10 736 339	1 011 310	762 754	50 832		7 961 780	
盘　　锦	6 383 940	3 573 631	249 989	304 060		2 086 480	
铁　　岭	3 551 832	1 627 051	300 775	58 014		1 129 167	
朝　　阳	2 651 062	363 425	369 237			1 466 476	
葫 芦 岛	3 165 030	604 335	902 956	2 600		1 067 787	160 680

15—5 建　　　筑　　　业

（2005

地　　区	资产合计	按登记注册类型分					
		国有企业	集体企业	股份合作企业	联营企业	有限责任公司	股份有限公司
全　　省	**128 135 825**	**33 584 211**	**10 530 352**	**2 460 390**	**126 318**	**46 739 188**	**2 998 302**
沈　　阳	30 893 693	11 071 134	1 905 543	256 435	77 057	8 859 755	1 220 187
大　　连	35 701 471	4 392 185	1 881 497	596 822	6 348	11 979 162	1 689 358
鞍　　山	10 864 454	5 216 428	2 043 617	244 049	25 193	1 259 682	
抚　　顺	4 351 695	881 234	579 643			2 157 210	
本　　溪	6 009 899	136 859	274 271	28 810		4 983 370	
丹　　东	5 852 413	2 243 577	281 189	551 689		2 340 720	
锦　　州	5 245 386	1 858 197	480 385	67 822		2 708 002	
营　　口	3 898 055	667 533	64 628	234 125	17 720	1 145 276	
阜　　新	3 280 830	965 496	98 911			1 822 881	
辽　　阳	7 605 521	1 241 750	935 263	44 388		4 554 336	
盘　　锦	5 473 988	2 767 544	244 269	394 376		1 920 434	
铁　　岭	2 697 171	1 077 648	209 484	33 764		1 014 938	
朝　　阳	2 475 778	299 633	476 811			1 228 318	
葫 芦 岛	3 785 471	764 993	1 054 841	8 110		765 104	88 757

总　　产　　值

年)

单位:千元

组				按经济组织类型分组			
私营企业	其他企业	港澳台商投资企业	外商投资企业	独资企业	合作伙伴企业	股份有限公司	有限责任公司
31 235 824		**624 110**	**2 847 323**	**50 885 172**	**2 741 383**	**7 727 915**	**86 810 812**
4 100 714		372 035	1 158 466	13 282 264	461 230	1 935 769	16 996 926
18 865 110		161 851	723 833	9 506 217	803 374	3 426 701	31 645 718
1 712 385		1 854	180 000	9 609 429	197 268	167 325	3 058 607
1 150 654		2 890		1 994 758		953 606	2 795 352
528 518			22 960	420 681	35 000	29 810	5 919 725
580 507		14 480		2 275 512	548 734	65 373	3 099 817
55 151		650	31 090	2 368 473	45 904	52 510	2 778 742
1 587 418		820	681 113	990 448	234 367	754 871	2 629 009
229 503		60 530	49 861	578 194			2 015 365
940 663		9 000		1 783 318	50 832	33 810	8 868 379
169 780				3 823 620	304 060	34 120	2 222 140
436 825				1 965 665	58 014	45 620	1 482 533
451 924				761 962			1 889 100
426 672				1 524 631	2 600	228 400	1 409 399

企　　业　　资　　产

年)

单位:千元

组				按经济组织类型分组			
私营企业	其他企业	港澳台商投资企业	外商投资企业	独资企业	合作伙伴企业	股份有限公司	有限责任公司
27 360 476		**855 089**	**3 481 499**	**44 852 037**	**2 701 500**	**6 452 659**	**74 129 629**
4 770 599		541 057	2 191 926	13 089 073	378 016	1 475 747	15 950 857
14 479 563		175 266	501 270	6 504 046	664 276	2 708 961	25 824 188
1 978 258		4 998	92 229	7 302 155	278 404	221 281	3 062 614
730 288		3 320		1 557 117		499 405	2 295 173
525 418			61 171	475 759	28 810	26 370	5 478 960
416 294		18 944		2 524 766	551 689	84 136	2 691 822
56 259		5 501	69 220	2 342 782	67 822	46 333	2 788 449
1 254 387		51 678	462 708	821 663	251 845	532 101	2 292 446
258 077		32 490	102 975	1 065 017			2 215 813
807 949		21 835		2 195 028	44 388	47 181	5 318 924
147 365				3 011 813	394 376	19 954	2 047 845
361 337				1 333 506	33 764	18 479	1 311 422
471 016				790 764			1 685 014
1 103 666				1 838 548	8 110	772 711	1 166 102

15—6 建　　　筑　　　业

(2005

地　　区	负债合计	按登记注册类型分					
		国有企业	集体企业	股份合作企业	联营企业	有限责任公司	股份有限公司
全　　省	**77 356 982**	**24 382 312**	**6 182 185**	**1 412 238**	**51 453**	**29 046 957**	**1 598 390**
沈　　阳	19 561 305	8 192 540	1 103 791	83 716	28 530	5 965 907	672 208
大　　连	18 471 476	3 370 983	832 610	296 958	5 640	6 486 882	867 882
鞍　　山	6 487 557	3 687 721	1 131 977	118 347	5 193	539 279	
抚　　顺	2 638 105	501 548	341 177			1 414 809	
本　　溪	3 580 909	71 763	192 261	21 740		2 983 585	
丹　　东	3 533 419	1 627 474	138 490	383 170		1 227 753	
锦　　州	3 451 270	1 406 975	281 600	42 150		1 659 974	
营　　口	2 298 990	394 264	53 595	144 275	12 090	782 612	
阜　　新	2 177 259	724 386	47 831			1 232 121	
辽　　阳	5 580 254	874 870	632 395	24 036		3 643 172	
盘　　锦	4 003 954	2 051 342	159 420	276 652		1 443 332	
铁　　岭	1 965 526	826 942	137 547	19 994		726 477	
朝　　阳	1 305 767	127 172	365 630			552 681	
葫 芦 岛	2 301 191	524 332	763 861	1 200		388 373	58 300

15—7 建　　筑　　业　　企

(2005

地　　区	实收资本合计	按登记注册类型分					
		国有企业	集体企业	股份合作企业	联营企业	有限责任公司	股份有限公司
全　　省	**38 854 104**	**7 567 859**	**3 242 291**	**898 304**	**70 428**	**12 995 496**	**1 084 066**
沈　　阳	9 017 493	2 268 323	563 080	163 173	45 878	2 705 428	470 148
大　　连	11 806 991	728 455	727 337	235 001	1 010	3 043 572	608 918
鞍　　山	3 653 438	1 289 109	594 153	114 606	20 000	642 034	
抚　　顺	1 450 156	282 854	194 316			684 918	
本　　溪	1 776 575	58 656	73 283	6 110		1 401 964	
丹　　东	1 582 684	475 073	120 238	169 905		629 868	
锦　　州	1 488 637	394 375	161 402	18 448		862 641	
营　　口	1 236 020	223 403	10 613	69 003	3 540	321 564	
阜　　新	977 173	232 330	34 443			519 206	
辽　　阳	1 559 707	253 740	258 679	15 844		655 794	
盘　　锦	1 375 953	743 066	72 558	91 818		408 368	
铁　　岭	659 361	240 611	54 757	13 616		255 720	
朝　　阳	1 000 728	151 754	131 158			533 006	
葫 芦 岛	1 269 188	226 110	246 274	780		331 413	5 000

企　　业　　负　　债

年）　　　　　　　　　　　　　　　　　　　　　　　　　　　　　　　　　单位：千元

组				按经济组织类型分组			
私营企业	其他企业	港澳台商投资企业	外商投资企业	独资企业	合作伙伴企业	股份有限公司	有限责任公司
12 434 383		**504 775**	**1 744 289**	**30 900 668**	**1 486 474**	**3 166 617**	**41 803 223**
2 045 698		336 873	1 132 042	9 320 261	119 052	763 186	9 358 806
6 278 286		94 285	237 950	4 305 012	316 663	1 203 530	12 646 271
937 214		3 795	64 031	4 841 374	125 452	131 081	1 389 650
378 071		2 500		912 942		244 597	1 480 566
281 055			30 505	291 007	21 740	5 690	3 262 472
149 444		7 088		1 765 964	383 170	59 301	1 324 984
31 118		483	28 970	1 689 295	42 150	29 477	1 690 348
663 718		50 461	197 975	485 114	156 365	241 577	1 415 934
112 615		7 490	52 816	772 217			1 405 042
403 981		1 800		1 515 699	24 036	33 152	4 007 367
73 208				2 210 762	276 652	11 580	1 504 960
254 566				996 236	19 994	18 179	931 117
260 284				500 122			805 645
565 125				1 294 663	1 200	425 267	580 061

业　　实　　收　　资　　本

年）　　　　　　　　　　　　　　　　　　　　　　　　　　　　　　　　　单位：千元

组				按经济组织类型分组			
私营企业	其他企业	港澳台商投资企业	外商投资企业	独资企业	合作伙伴企业	股份有限公司	有限责任公司
11 687 909		**309 313**	**998 438**	**11 169 841**	**1 062 006**	**2 552 678**	**24 069 579**
2 107 905		167 715	525 843	2 920 362	240 551	601 456	5 255 124
6 167 436		86 365	208 897	1 572 254	290 785	1 170 213	8 773 739
975 613		1 203	16 720	1 898 756	141 606	82 127	1 530 949
287 268		800		502 350		211 815	735 991
209 478			27 084	165 309	6 110	17 000	1 588 156
176 100		11 500		595 311	169 905	12 100	805 368
18 285		1 000	32 486	559 257	18 448	10 000	900 932
448 739		1 050	158 108	273 696	72 543	178 060	711 721
141 894		20 000	29 300	267 383			709 790
355 970		19 680		518 968	15 844	13 800	1 011 095
60 143				815 624	91 818	1 800	466 711
94 657				306 225	13 616	300	339 220
184 810				289 912			710 816
459 611				484 434	780	254 007	529 967

15—8 建筑业企业工程结算

(2005

地区	税金合计	按登记注册类型分 国有企业	集体企业	股份合作企业	联营企业	有限责任公司	股份有限公司
全省	**5 764 872**	**1 540 132**	**426 907**	**97 069**	**5 525**	**2 212 968**	**134 701**
沈阳	1 080 856	340 221	73 485	9 664	4 608	346 344	61 947
大连	1 673 131	197 303	116 426	24 584	159	503 437	68 021
鞍山	408 570	222 834	58 250	6 287	428	58 406	
抚顺	179 020	39 357	18 445			84 275	
本溪	205 393	8 246	5 807	1 298		171 668	
丹东	205 847	67 434	16 649	20 348		79 110	
锦州	440 171	191 439	29 901	3 264		209 516	
营口	184 569	36 702	2 635	9 695	330	42 162	
阜新	88 397	17 473	5 091			54 359	
辽阳	379 658	37 726	28 830	3 040		277 762	
盘锦	577 817	286 854	14 400	16 365		246 469	
铁岭	119 952	59 073	10 073	2 445		35 527	
朝阳	95 533	15 762	12 456			52 564	
葫芦岛	125 958	19 708	34 459	79		51 369	4 733

15—9 建筑业企

(2005

地区	利润总额	按登记注册类型分 国有企业	集体企业	股份合作企业	联营企业	有限责任公司	股份有限公司
全省	**5 436 847**	**1 253 421**	**469 660**	**87 701**	**7 921**	**1 557 298**	**240 611**
沈阳	599 726	48 190	68 343	15 423	2 295	166 250	45 359
大连	2 171 607	61 658	111 892	23 313	−347	723 142	195 237
鞍山	1 683 997	999 943	236 479	15 059	5 283	175 988	
抚顺	103 950	13 858	5 397			34 751	
本溪	70 415	6 398	−1 774	897		60 542	
丹东	121 494	−46 413	3 932	4 727		130 451	
锦州	49 165	15 447	1 342	1 910		23 147	
营口	238 985	28 388	7 125	17 055	690	49 161	
阜新	42 999	9 626	920			28 642	
辽阳	103 122	12 020	11 139	287		73 413	
盘锦	113 977	40 475	9 018	9 255		50 625	
铁岭	50 066	34 365	5 745	−170		6 424	
朝阳	35 362	9 350	−1 112			17 831	
葫芦岛	51 982	20 116	11 214	−55		16 931	15

税金及附加与管理费用中的税金

年）　　　　单位：千元

组				按经济组织类型分组			
私营企业	其他企业	港澳台商投资企业	外商投资企业	独资企业	合作伙伴企业	股份有限公司	有限责任公司
1 180 611		**18 672**	**148 287**	**1 993 683**	**107 975**	**292 636**	**3 370 578**
153 372		10 575	80 640	415 950	16 010	71 617	577 279
735 902		4 798	22 501	326 964	27 906	126 117	1 192 144
59 434		50	2 881	282 312	7 195	6 060	113 003
36 837		106		61 338		29 448	88 234
17 796			578	16 029	1 298	946	187 120
21 841		465		84 083	20 348	2 856	98 560
3 487		39	2 525	221 420	3 264	3 313	212 174
55 619		40	37 386	40 723	10 025	40 283	93 538
7 684		2 014	1 776	22 624			65 773
31 715		585		66 853	3 040	1 749	308 016
13 729				301 254	16 365	2 286	257 912
12 834				70 127	2 445	1 716	45 664
14 751				29 223			66 310
15 610				54 783	79	6 245	64 851

业　利　润　总　额

年）　　　　单位：千元

组				按经济组织类型分组			
私营企业	其他企业	港澳台商投资企业	外商投资企业	独资企业	合作伙伴企业	股份有限公司	有限责任公司
1 586 788		**12 612**	**220 835**	**1 755 638**	**99 535**	**515 640**	**3 066 034**
154 478		8 196	91 192	117 970	18 592	54 714	408 450
1 028 019		3 798	24 895	191 068	23 755	312 800	1 643 984
211 995		295	38 955	1 244 088	22 592	20 852	396 465
49 931		13		19 275		48 499	36 176
7 257			−2 905	4 944	897	1 700	62 874
28 567		230		−42 481	4 727	1 350	157 898
4 367		−32	2 984	16 739	1 910	4 623	25 893
72 842		40	63 684	38 873	17 745	67 323	115 044
1 781			2 030	10 546			32 453
6 191		72		23 307	287	453	79 075
4 604				49 493	9 255	1 518	53 711
3 702				39 998	−170		10 238
9 293				10 458			24 904
3 761				31 360	−55	1 808	18 869

15—10 建 筑 业

（2005

地区	增加值	按登记注册类型分					
		国有企业	集体企业	股份合作企业	联营企业	有限责任公司	股份有限公司
全省	**37 401 507**	**9 040 128**	**3 111 694**	**624 936**	**50 444**	**13 860 961**	**1 119 324**
沈阳	8 215 437	2 474 701	572 608	106 561	40 910	2 837 679	448 373
大连	12 466 954	1 294 691	811 083	171 435	631	3 932 174	646 848
鞍山	3 650 314	2 136 151	520 161	45 536	6 563	395 020	
抚顺	1 709 290	340 197	201 832			865 387	
本溪	1 353 833	42 310	39 517	8 667		1 144 744	
丹东	1 033 963	398 281	76 240	107 886		337 105	
锦州	1 448 504	508 257	165 575	12 653		744 999	
营口	1 099 400	198 706	14 695	67 364	2 340	265 857	
阜新	480 726	103 615	22 492			282 824	
辽阳	2 337 679	222 131	218 023	10 365		1 698 236	
盘锦	1 499 759	793 082	62 003	77 950		515 846	
铁岭	672 869	294 722	92 949	15 363		203 560	
朝阳	719 976	97 213	90 604			400 036	
葫芦岛	712 803	136 071	223 912	1 156		237 494	24 103

15—11 建 筑 业 企

（2005

地区	利税总额	按登记注册类型分					
		国有企业	集体企业	股份合作企业	联营企业	有限责任公司	股份有限公司
全省	**11 201 719**	**2 793 553**	**896 567**	**184 770**	**13 446**	**3 770 266**	**375 312**
沈阳	1 680 582	388 411	141 828	25 087	6 903	512 594	107 306
大连	3 844 738	258 961	228 318	47 897	－188	1 226 579	263 258
鞍山	2 092 567	1 222 777	294 729	21 346	5 711	234 394	
抚顺	282 970	53 215	23 842			119 026	
本溪	275 808	14 644	4 033	2 195		232 210	
丹东	327 341	21 021	20 581	25 075		209 561	
锦州	489 336	206 886	31 243	5 174		232 663	
营口	423 554	65 090	9 760	26 750	1 020	91 323	
阜新	131 396	27 099	6 011			83 001	
辽阳	482 780	49 746	39 969	3 327		351 175	
盘锦	691 794	327 329	23 418	25 620		297 094	
铁岭	170 018	93 438	15 818	2 275		41 951	
朝阳	130 895	25 112	11 344			70 395	
葫芦岛	177 940	39 824	45 673	24		68 300	4 748

增 加 值

年）

单位：千元

组				按经济组织类型分组			
私营企业	其他企业	港澳台商投资企业	外商投资企业	独资企业	合作伙伴企业	股份有限公司	有限责任公司
8 563 482		**135 790**	**894 748**	**12 372 024**	**700 230**	**2 234 636**	**22 094 617**
1 142 362		82 987	509 256	3 060 762	153 521	519 685	4 481 469
5 410 830		33 000	166 262	2 208 138	187 126	1 164 809	8 906 881
496 702		501	49 680	2 676 093	55 839	48 831	869 551
301 180		694		566 630		243 180	899 480
117 103			1 492	103 613	8 667	11 078	1 230 475
110 408		4 043		474 521	107 886	13 112	438 444
10 143		339	6 538	673 976	12 653	9 585	752 290
396 830		217	153 391	226 233	69 704	169 489	633 974
51 312		12 354	8 129	126 372			354 354
187 269		1 655		441 296	10 365	9 721	1 876 297
50 878				855 085	77 950	8 486	558 238
66 275				394 357	15 363	2 292	260 857
132 123				199 192			520 784
90 067				365 756	1 156	34 368	311 523

业 利 税 总 额

年）

单位：千元

组				按经济组织类型分组			
私营企业	其他企业	港澳台商投资企业	外商投资企业	独资企业	合作伙伴企业	股份有限公司	有限责任公司
2 767 399		**31 284**	**369 122**	**3 749 321**	**207 510**	**808 276**	**6 436 612**
307 850		18 771	171 832	533 920	34 602	126 331	985 729
1 763 921		8 596	47 396	518 032	51 661	438 917	2 836 128
271 429		345	41 836	1 526 400	29 787	26 912	509 468
86 768		119		80 613		77 947	124 410
25 053			−2 327	20 973	2 195	2 646	249 994
50 408		695		41 602	25 075	4 206	256 458
7 854		7	5 509	238 159	5 174	7 936	238 067
128 461		80	101 070	79 596	27 770	107 606	208 582
9 465		2 014	3 806	33 170			98 226
37 906		657		90 160	3 327	2 202	387 091
18 333				350 747	25 620	3 804	311 623
16 536				110 125	2 275	1 716	55 902
24 044				39 681			91 214
19 371				86 143	24	8 053	83 720

15—12 各地区国有建筑企业施工及竣工产值

(2005年)

单位:千元

地区	总产值	建筑工程	安装工程	其他产值	竣工产值
全省	**41 243 508**	**30 717 619**	**8 276 869**	**2 249 020**	**24 983 637**
沈阳	11 653 627	10 693 124	861 610	98 893	7 483 157
大连	6 389 931	5 330 121	1 024 682	35 128	2 801 293
鞍山	7 764 313	5 223 791	1 175 733	1 364 789	3 749 594
抚顺	1 779 115	1 065 949	401 650	311 516	1 169 286
本溪	415 118	177 996	222 122	15 000	378 797
丹东	1 735 093	1 493 346	72 452	169 295	1 385 975
锦州	1 854 297	1 270 141	520 046	64 110	1 687 654
营口	913 348	898 848	12 500	2 000	740 049
阜新	639 567	543 086	60 154	36 327	430 259
辽阳	1 028 460	446 507	578 193	3 760	984 008
盘锦	3 573 631	1 006 398	2 559 385	7 848	1 659 970
铁岭	1 627 051	1 035 184	518 983	72 884	1 004 330
朝阳	1 265 622	1 183 824	80 718	1 080	993 117
葫芦岛	604 335	349 304	188 641	66 390	516 148

注:本表国有是指登记注册类型为110、141、151的三项合计,此后建筑业各表同。

15—13 各地区集体建筑企业施工及竣工产值

(2005年)

单位:千元

地区	总产值	建筑工程	安装工程	其他产值	竣工产值
全省	**13 872 899**	**10 577 632**	**2 963 638**	**331 629**	**12 378 806**
沈阳	2 396 167	1 273 492	1 119 605	3 070	2 597 899
大连	3 677 416	3 244 641	320 094	112 681	3 058 408
鞍山	1 936 326	1 374 174	428 967	133 185	1 689 011
抚顺	605 557	286 886	288 455	30 216	439 278
本溪	194 299	137 929	55 275	1 095	139 862
丹东	1 089 153	1 049 688	30 263	9 202	912 060
锦州	558 880	343 275	213 725	1 880	531 341
营口	270 367	265 367	5 000		216 791
阜新	143 517	143 517			85 340
辽阳	813 586	690 669	112 917	10 000	655 406
盘锦	554 049	328 403	216 754	8 892	538 353
铁岭	358 789	333 119	18 870	6 800	315 989
朝阳	369 237	361 057	3 180	5 000	340 350
葫芦岛	905 556	745 415	150 533	9 608	858 718

注:本表集体是指登记注册类型为120、130、142的三项合计,此后建筑业各表同。

15—14 各地区国有施工企业个数、设备及人数

(2005年)

地区	施工企业个数(个)	年末自有机械设备总功率(万千瓦)	年末自有机械设备净值(万元)	计算建筑业全员劳动生产率的平均人数(万人)	劳动生产率(元/人)
全省	**363**	**212.5**	**392 867**	**27.9**	**147 565**
沈阳	108	54.2	83 757	8.6	135 622
大连	48	15.7	31 244	3.8	166 015
鞍山	35	25.4	52 259	3.0	258 767
抚顺	19	10.1	17 102	1.6	109 014
本溪	10	1.2	3 712	0.4	96 629
丹东	22	16.6	18 642	1.5	118 146
锦州	19	10.8	18 038	1.9	100 189
营口	13	5.7	13 956	0.9	96 958
阜新	15	6.3	11 803	0.8	77 986
辽阳	13	6.8	16 365	0.8	121 611
盘锦	16	26.2	51 761	1.8	194 929
铁岭	15	14.0	28 155	1.0	158 412
朝阳	17	12.7	32 589	1.1	115 603
葫芦岛	13	6.9	13 484	0.6	107 304

15—15 各地区城镇集体施工企业个数、设备及人数

(2005年)

地区	施工企业个数(个)	年末自有机械设备总功率(万千瓦)	年末自有机械设备净值(万元)	计算建筑业全员劳动生产率的平均人数(万人)	劳动生产率(元/人)
全省	**484**	**86.8**	**134 426**	**19.5**	**71 124**
沈阳	95	9.8	15 801	2.7	87 388
大连	108	18.6	35 181	3.8	95 639
鞍山	69	14.6	15 673	3.6	53 246
抚顺	28	5.1	6 119	0.9	65 629
本溪	16	2.5	4 032	0.4	46 718
丹东	33	5.5	11 923	1.6	67 780
锦州	24	3.9	6 705	0.9	59 210
营口	8	2.3	3 361	0.3	79 967
阜新	7	1.0	1 203	0.2	65 176
辽阳	29	5.0	8 067	1.3	61 186
盘锦	24	5.0	6 285	0.7	83 066
铁岭	11	3.6	4 774	0.9	41 807
朝阳	14	2.0	2 535	0.6	63 959
葫芦岛	18	7.9	12 770	1.4	64 604

15—16　各地区建筑施工企业房屋建筑面积

(2005 年)　　　　单位:万平方米

地　　区	国有企业			城镇集体企业		
	施工面积	#新开工面积	#投标承包面积	施工面积	#新开工面积	#投标承包面积
全　省	**1 531.8**	**918.6**	**1 402.4**	**1 245.8**	**994.7**	**1 097.3**
沈　阳	971.6	578.8	898.4	157.0	139.8	140.8
大　连	61.8	42.2	55.4	323.6	266.2	315.4
鞍　山	182.7	84.8	164.0	160.0	100.0	113.8
抚　顺	27.7	25.3	27.7	13.4	12.8	10.3
本　溪	15.5	14.6	15.5	14.2	11.9	14.2
丹　东	66.4	49.7	65.0	152.6	104.5	115.6
锦　州	64.0	33.9	64.0	49.0	48.3	47.6
营　口	11.4	10.2	11.4	29.6	14.9	20.0
阜　新	8.9	2.0	8.9	13.3	13.3	13.3
辽　阳	39.6	20.9	23.9	75.3	71.0	71.0
盘　锦	12.9	11.3	4.7	23.6	20.5	21.5
铁　岭	12.6	7.5	9.4	57.0	54.9	49.9
朝　阳	39.6	30.1	39.6	83.2	56.7	80.7
葫芦岛	17.2	7.2	14.7	94.1	79.9	83.2

15—17 各地区建筑施工企业单位工程竣工面积及造价

(2005年)　　单位:万平方米、千元

地区	国有企业		城镇集体企业	
	房屋建筑竣工面积	房屋竣工价值	房屋建筑竣工面积	房屋竣工价值
全省	**581.9**	**4 855 027**	**695.0**	**5 207 191**
沈阳	386.4	3 212 080	79.6	557 832
大连	23.3	218 300	190.9	1 587 272
鞍山	13.3	76 986	40.8	323 646
抚顺	18.8	112 990	9.5	64 666
本溪	5.7	61 820	3.3	19 644
丹东	33.2	277 390	84.5	657 770
锦州	29.8	319 045	38.4	238 136
营口	9.4	55 380	12.5	92 941
阜新	5.2	41 194	5.1	47 109
辽阳	23.7	203 344	42.9	334 802
盘锦	3.7	48 000	17.2	125 350
铁岭	1.3	9 740	31.2	227 494
朝阳	17.1	141 190	52.1	337 170
葫芦岛	11.0	77 568	87.1	593 359

15—18 各地区国有施工企业年末资产负债

（2005 年）　　单位：千元

地　　区	流动资产合计	固定资产合计	固定资产原价	固定资产累计折旧	负债合计
全　　省	**25 924 450**	**8 752 980**	**14 448 556**	**6 222 088**	**25 831 143**
沈　　阳	9 051 237	2 020 053	3 202 817	1 463 908	8 470 334
大　　连	3 719 361	1 059 327	1 754 978	711 888	3 868 625
鞍　　山	3 681 395	1 356 069	2 119 611	784 808	3 687 721
抚　　顺	774 131	381 672	825 135	446 121	691 093
本　　溪	201 212	74 674	155 667	84 275	198 291
丹　　东	1 603 678	582 649	817 111	346 339	1 627 474
锦　　州	1 441 920	368 474	617 603	249 133	1 406 975
营　　口	450 037	202 269	263 034	73 303	394 264
阜　　新	772 899	281 701	407 957	132 379	792 624
辽　　阳	816 838	400 456	578 006	188 615	882 880
盘　　锦	1 840 643	861 581	1 822 391	1 009 739	2 051 342
铁　　岭	631 406	401 381	635 113	239 389	826 942
朝　　阳	475 968	482 733	820 545	338 498	408 246
葫 芦 岛	463 725	279 941	428 588	153 693	524 332

15—18 续表　　（2005 年）　　单位：千元

地　　区	无形及递延资产合计	资产总计	流动负债合计	长期负债合计	所有者权益合计
全　　省	591 966	35 826 932	24 968 429	862 714	9 995 789
沈　　阳	331 456	11 502 796	8 162 308	308 026	3 032 462
大　　连	99 991	4 955 378	3 808 337	60 288	1 086 753
鞍　　山	20 347	5 216 428	3 623 336	64 385	1 528 707
抚　　顺	9 834	1 179 931	686 624	4 469	488 838
本　　溪	864	276 750	198 091	200	78 459
丹　　东	9 721	2 243 577	1 527 155	100 319	616 103
锦　　州	7 746	1 858 197	1 383 191	23 784	451 222
营　　口	14 719	667 533	385 523	8 741	273 269
阜　　新	4 240	1 063 239	684 009	108 615	270 615
辽　　阳	1 368	1 258 550	872 089	10 791	375 670
盘　　锦	51 914	2 767 544	1 971 093	80 249	716 202
铁　　岭	1 807	1 077 648	813 525	13 417	250 706
朝　　阳	18 432	994 368	330 508	77 738	586 122
葫 芦 岛	19 527	764 993	522 640	1 692	240 661

15—19 各地区城镇集体施工企业年末资产负债

（2005年） 单位:千元

地区	流动资产合计	固定资产合计	固定资产原价	固定资产累计折旧	负债合计
全省	**9 205 176**	**3 046 500**	**4 367 416**	**1 418 134**	**7 594 423**
沈阳	1 569 920	502 219	756 228	274 934	1 187 507
大连	1 596 752	733 270	1 063 922	333 951	1 129 568
鞍山	1 651 323	453 622	580 344	169 266	1 250 324
抚顺	412 382	156 009	269 252	116 032	341 177
本溪	220 889	73 211	105 780	32 709	214 001
丹东	553 625	229 504	292 690	75 308	521 660
锦州	399 839	132 337	197 554	69 337	323 750
营口	239 934	52 061	68 683	16 622	197 870
阜新	56 835	28 506	38 250	10 020	47 831
辽阳	693 580	234 471	327 197	94 551	656 431
盘锦	522 282	109 409	163 182	54 760	436 072
铁岭	159 804	78 910	118 523	40 768	157 541
朝阳	361 453	58 123	84 135	30 408	365 630
葫芦岛	766 558	204 848	301 676	99 468	765 061

15—19 续表 （2005年） 单位:千元

地区	无形及递延资产合计	资产总计	流动负债合计	长期负债合计	所有者权益合计
全省	325 339	12 990 742	7 478 106	116 317	5 396 319
沈阳	30 844	2 161 978	1 162 134	25 373	974 471
大连	40 410	2 478 319	1 128 748	820	1 348 751
鞍山	42 674	2 287 666	1 182 246	68 078	1 037 342
抚顺	704	579 643	340 654	523	238 466
本溪	1 613	303 081	213 941	60	89 080
丹东	40 488	832 878	521 479	181	311 218
锦州	9 446	548 207	322 386	1 364	224 457
营口	3 004	298 753	196 899	971	100 883
阜新	13 470	98 911	47 802	29	51 080
辽阳	24 304	979 651	656 385	46	323 220
盘锦	4 876	638 645	434 952	1 120	202 573
铁岭	1 695	243 248	151 453	6 088	85 707
朝阳	56 381	476 811	364 136	1 494	111 181
葫芦岛	55 430	1 062 951	754 891	10 170	297 890

15—20 各地区国有施工企业损益及分配

（2005 年）　　单位：千元

地　　区	工程结算收入	工程结算成本	工程结算税金及附加	工程结算利润	其他业务利润
全　　省	**40 004 214**	**34 663 298**	**1 545 948**	**3 748 293**	**192 582**
沈　　阳	10 353 038	9 331 662	342 319	662 839	34 637
大　　连	6 202 564	5 632 246	197 831	362 704	8 863
鞍　　山	6 935 461	5 261 586	213 987	1 450 897	121 025
抚　　顺	1 634 907	1 461 632	47 958	125 317	5 374
本　　溪	413 703	405 501	12 340	－4 744	1 121
丹　　东	2 451 464	2 191 374	63 733	194 962	4 067
锦　　州	2 287 720	1 957 126	178 670	147 550	2 899
营　　口	903 118	812 884	31 306	58 927	84
阜　　新	636 671	551 185	20 718	64 753	3 202
辽　　阳	1 100 690	972 873	38 164	89 653	8 733
盘　　锦	3 520 233	3 045 705	281 946	190 180	2 769
铁　　岭	1 694 211	1 437 640	53 838	202 464	531
朝　　阳	1 275 238	1 089 280	44 441	138 985	－651
葫　芦　岛	595 196	512 604	18 697	63 806	－72

15—20 续表　　（2005 年）　　单位：千元

地　　区	管理费用	亏损企业（个数）	营业利润	利润总额	应收工程款
全　　省	2 302 533	84	1 473 038	1 258 599	8 487 878
沈　　阳	531 631	29	119 026	61 644	2 457 705
大　　连	282 848	8	68 745	65 101	1 079 710
鞍　　山	482 868	6	1 061 981	999 943	1 299 262
抚　　顺	90 598	3	35 266	16 610	297 752
本　　溪	27 441	2	－31 217	－27 856	34 010
丹　　东	149 153	10	34 522	－46 413	344 335
锦　　州	128 553	7	17 073	15 447	689 326
营　　口	25 729	2	32 622	28 388	146 605
阜　　新	51 746	3	9 519	9 739	76 081
辽　　阳	85 236	3	8 885	12 220	464 105
盘　　锦	140 465	2	41 106	40 475	891 574
铁　　岭	176 966	2	19 181	34 365	441 077
朝　　阳	86 922	3	37 103	28 820	118 681
葫　芦　岛	42 377	4	19 226	20 116	147 655

15—21 各地区城镇集体施工企业损益及分配

(2005年)　　单位:千元

地　　区	工程结算收入	工程结算成本	工程结算税金及附加	工程结算利润	其他业务利润
全　省	**13 399 301**	**11 506 140**	**493 140**	**1 356 156**	**50 556**
沈　阳	2 385 454	1 973 145	77 610	323 346	6 680
大　连	3 549 237	3 137 166	136 188	269 053	6 670
鞍　山	1 862 585	1 437 633	61 602	353 895	22 339
抚　顺	555 358	481 106	18 031	56 221	3 009
本　溪	194 299	167 265	6 589	18 825	1 784
丹　东	922 951	829 129	33 064	60 360	632
锦　州	502 108	420 390	32 624	47 743	646
营　口	270 367	227 510	10 320	32 437	
阜　新	140 570	126 287	4 982	9 281	－8
辽　阳	774 820	689 697	29 862	55 032	2 088
盘　锦	611 857	521 767	27 149	51 250	4 511
铁　岭	360 125	329 780	12 081	17 951	2 222
朝　阳	369 397	343 827	11 963	13 390	－32
葫芦岛	900 173	821 438	31 075	47 372	15

15—21续表　　(2005年)　　单位:千元

地　　区	管理费用	亏损企业(个数)	营业利润	利润总额	应收工程款
全　省	790 804	86	590 872	557 361	2 084 054
沈　阳	249 171	20	78 017	83 766	444 927
大　连	130 921	17	137 049	135 205	570 554
鞍　山	116 740	12	257 898	251 538	450 550
抚　顺	40 517	10	18 557	5 397	76 520
本　溪	19 897	3	437	－877	54 774
丹　东	45 304	7	12 399	8 659	76 732
锦　州	41 294	4	5 802	3 252	62 400
营　口	7 420		24 200	24 180	40 026
阜　新	8 766	1	482	920	1 200
辽　阳	45 311	4	10 548	11 426	57 959
盘　锦	25 556	3	29 215	18 273	16 710
铁　岭	13 237	2	5 643	5 575	29 589
朝　阳	12 732	1	－1 381	－1 112	89 800
葫芦岛	33 938	2	12 006	11 159	112 313

主要统计指标解释

建筑业统计单位 指从事房屋、构筑物建造和设备安装活动的生产单位，根据不同的组织方式，建筑业统计的调查单位分为法人建筑业企业和附营建筑施工单位。法人建筑业企业是指专门组织的独立核算的法人建筑业企业，它应同时具备的条件是：①依法成立，有自己的名称、组织机构和场所，能够承担民事责任；②独立拥有和使用资产，承担负债，有权与其他单位签订合同；③独立核算盈亏，能够编制资产负债表。另一种调查单位是其他行业的企业、事业单位为完成本单位固定资产建造任务而自行组织的附营建筑施工单位，它应同时具备的条件是：①具有一个场所，从事或主要从事建筑安装活动；②单独组织生产经营活动；③在企业内部单独核算收支。

建筑业总产值（即自行完成施工产值） 指建筑业企业或附属施工单位自行完成的按工程进度计算的建筑安装生产总值。施工产值包括：

①建筑工程产值：指列入建筑工程预算内的各种工程价值。

②设备安装工程产值：指设备安装工程价值。

③房屋、构筑物修理产值：指房屋、构筑物修理所完成的价值，但不包括被修理房屋、构筑物本身的价值和生产设备的修理价值。

④非标准设备制造产值：指加工制造没有定型的、非标准的生产设备的加工费和原材料价值，不论是现场还是附属加工厂为本单位承建工程制造的非标准设备的价值，都应计算产值。

竣工产值 指在报告期内，按照设计所规定的工程内容全部完成，达到了设计规定的交工条件，经有关部门检查验收鉴定合格的单位工程价值之和。

房屋建筑施工面积 指在报告期内施工的全部房屋建筑面积。包括本期内新开工的、上期施工跨入本期继续施工、上期停建本期复工的房屋建筑面积；不包括上期开工后又停工，本期未施工的房屋建筑面积。

房屋建筑竣工面积 指在报告期内，按照设计所规定的工程内容全部完成，达到了设计规定的交工条件，经有关部门检查验收鉴定合格的房屋建筑面积。

住宅竣工面积 指房屋建筑竣工面积中供居住用的房屋建筑竣工面积。

自有机械设备年末总台数 指归本企业（或单位）所有，属于本企业固定资产的生产性机械设备年末总台数。包括施工机械、生产设备、运输设备以及其他设备。

自有机械设备年末总功率 指本企业（或单位）自有施工机械、生产设备、运输设备以及其他设备等列为在册固定资产的生产性机械设备年末总功率，按设定能力或查定能力计算。包括机械本身的动力和为该机械服务的单独动力设备，如电动机等。计量单位用千瓦，动力换算可按1马力=0.735千瓦折合成千瓦数。电焊机、变压器、锅炉不计算动力。

工程结算收入 指企业（或单位）按工程的分部分项自行完成的建筑产品价值并已与甲方在报告期内办理结算手续的工程价款收入，以及向甲方收取的除工程价款以外的按规定列作营业收入的各种款项，如临时设施费、劳动保险费、施工机械调迁费等以及向甲方收取的各种索赔款。

工程结算利润 指已结算工程实现的利润。如为亏损以“-”号表示。其计算公式为：

工程结算利润=工程结算收入-工程结算成本-工程结算税金及附加

企业总收入 指与企业生产经营直接有关的各项收入，包括工程结算收入和其他业务收入，即：

企业总收入=工程结算收入+其他业务收入

第十六篇

运输和邮电

16

YUNSHU
HE
YOUDIAN

16—1 交通运输业基本情况

指标	2000年	2001年	2002年	2003年	2004年	2005年
运输线路长度(公里)						
铁路营业里程	8 800	8 792	8 809	8 888	9 299	9 282
公路	45 547	46 603	48 051	50 095	52 415	53 521
内河	813	813	813	813	813	813
民航	219 198	192 148	239 243	238 429	335 729	329 166
#国际航线	14 143	13 598	22 733	39 157	59 320	69 703
管道		1 195	1 195	1 195	1 195	1 195
客运量总计(万人)	51 555	52 259	54 339	50 813	58 099	60 599
铁路	10 174	10 038	9 701	8 706	9 591	9 503
公路	40 385	41 207	43 554	41 076	47 370	49 917
水运	616	602	626	542	637	650
民用航空	380	411.8	458.1	489.1	501.5	528.9
货运量总计(万吨)	83 595	82 295.3	83 633.1	85 895.6	91 651.6	97 748
铁路	12 523	12 990	13 186	13 205	14 094	14 271
公路	64 515	63 281	64 104	65 981	70 164	74 799
水运	3 091	2 726	3 071	3 649	4 447	5 730
民用航空	8.9	6.8	8.1	9.0	8.6	9.4
管道	3 466	3 292	3 264	3 051.6	2 938	2 939
民用汽车拥有量(万辆)	78.6	85.6	88.7	103.5	127.1	153.8
载客汽车辆数(万辆)	43.8	49.8	52.4	64.6	73.5	89.6
载货汽车辆数(万辆)	34.8	35.8	35.1	35.9	38.9	42.4
私人汽车拥有量(万辆)	23.6	28.3	30.8	35.3	60.3	71.8
民用运输船舶拥有量(艘)						
#机动船	776	723	658	629	710	735
驳船	58	72	40	22	21	25
私人运输船舶拥有量(艘)						
#机动船	330	324	320	245	284	293
驳船		3	3	0		
沿海主要港口货物吞吐量(万吨)	13 665	14 841	16 565	19 365	24 957	30 208

16—2 运输线路长度

单位:公里

年份	铁路营业里程	# 辽宁省	公路通车里程	# 高级次高级	# 高速公路	内河航道里程	民航通航里程	# 国内航线	输油里程	# 辽宁省
1990	8 798	3 702	40 109	10 172	375	508	99 545	89 199	2 238	1 419
1991	8 993	3 758	40 195	11 471	375	508	136 027	129 195	2 238	1 419
1992	8 993	3 758	41 548	13 644	391	508	204 870	200 822	2 238	1 419
1993	8 993	3 758	41 638	15 382	406	508	271 841	258 947	2 238	1 419
1994	8 807	3 758	42 763	17 155	420	508	305 884	242 445	2 238	1 419
1995	8 811	3 568	43 434	18 590	509	508	277 945	259 264	2 238	1 419
1996	8 811	3 568	43 753	19 365	509	508	321 207	246 776	2 235	1 415
1997	8 813	3 569	44 041	20 171	509	508	179 369	166 238	2 235	1 415
1998	8 796	3 558	44 483	21 419	707	508	124 089	110 587	2 235	1 415
1999	8 798	3 558	45 020	23 023	877	813	192 148	170 339	2 237	1 195
2000	8 800	3 556	45 547	24 264	1 068	813	219 198	201 702	2 237	1 195
2001	8 792	3 548	46 603	25 664	1 068	813	192 148	170 339	2 237	1 195
2002	8 809	3 565	48 051	27 557	1 637	813	239 243	211 331	2 237	1 195
2003	8 887	3 939	50 095	30 600	1 637	813	238 429	191 061	2 237	1 195
2004	9 299	3 939	52 415	34 838	1 637	813	335 729	276 409	2 237	1 195
2005	9 282	3 922	53 521	37 930	1 773	813	329 166	255 545	2 237	1 195

16—3 旅客运输量

单位:万人

年份	总计	铁路	公路	水运	民航
1990	44 547	15 823	28 367	302	55
1991	46 643	14 733	31 480	355	75
1992	50 908	15 083	35 263	465	97
1993	49 756	15 072	34 050	521	113
1994	50 223	15 366	34 223	502	132
1995	52 228	13 928	37 591	533	176
1996	55 828	11 884	43 193	553	198
1997	53 430	10 403	42 276	540	211
1998	51 140	9 960	40 468	474	238
1999	49 239	9 937	38 382	595	325
2000	51 555	10 174	40 385	616	380
2001	52 259	10 038	41 207	602	412
2002	54 339	9 701	43 554	626	458
2003	50 813	8 706	41 076	542	489
2004	58 099	9 591	47 370	637	501
2005	60 599	9 503	49 917	650	529

16—4 旅 客 周 转 量

单位:亿人公里

年份	总计	铁路	公路	水运	民航
1990	369.30	254.9	97.44	5.93	11.13
1991	392.80	259.1	111.50	6.90	15.30
1992	503.70	285.2	125.90	8.70	19.60
1993	465.90	306.0	121.30	8.70	29.9
1994	471.40	312.8	120.40	7.70	30.5
1995	451.54	292.5	109.90	8.61	40.5
1996	456.97	261.2	149.45	9.42	36.9
1997	460.91	271.5	145.53	9.18	34.7
1998	476.3	276.7	159.1	7.3	33.2
1999	496.4	291.9	149.6	11.9	43.0
2000	534.1	314.1	159.9	10.7	49.7
2001	562.4	326.5	167.1	8.4	60.4
2002	585.5	340.1	173.8	8.6	63.0
2003	545.3	306.9	164.1	7.2	67
2004	662.2	370.4	194.9	8.4	88.5
2005	673.1	381.4	210.1	8.4	73.2

注:1.铁路1978以前为沈阳、锦州两路局合计数,1979年以后扣除长春分局数,1983年以后为辽宁境内数,1988年以后还包括地方铁路

2.公路、水运口径同客运量。

16—5 货物运输量

单位:万吨

年份	总计	铁路	公路	水运	民航	管道
1990	76 326.3	14 306	56 105	1 521	1.30	4 393
1991	79 057.3	14 624	58 197	1 861	2.30	4 373
1992	81 084.0	14 852	59 739	2 145	2.00	4 346
1993	91 578.0	14 953	69 964	2 325	2.00	4 334
1994	89 876.0	14 096	68 953	2 396	3.00	4 428
1995	88 464.9	13 073	68 524	2 649	3.2	4 216
1996	84 823.0	13 053	65 174	2 472	4.0	4 120
1997	99 588.0	12 972	80 471	2 145	5.0	3 995
1998	83 478.0	12 100	65 481	1 977	5.4	3 915
1999	84 625.0	12 162	66 253	2 542	7.4	3 660
2000	83 603.9	12 523	64 515	3 091	8.9	3 466
2001	82 295.0	12 990	63 281	2 726	6.8	3 292
2002	83 633.1	13 186	64 101	3 071	8.1	3 264
2003	85 895.6	13 205	65 981	3 649	9.0	3 052
2004	91 651.6	14 094	70 164	4 447	8.6	2 938
2005	97 748.4	14 271	74 799	5 730	9.4	2 939

16—6 货　物　周　转　量

单位:亿吨公里

年　份	总　计	铁　路	公　路	水　运	民　航	管　道
1990	1 062.5	943.3	150.8	289.3	0.21	218.9
1991	1 791.1	980.1	174.2	419.6	0.29	216.9
1992	1 947.6	1 023.2	207.6	501.3	0.37	215.1
1993	2 078.8	1 044.1	227.8	593.7	0.55	212.7
1994	2 085.8	1 038.2	221.3	605.8	0.64	219.9
1995	2 090.2	1 011.4	198.5	671.1	0.69	208.5
1996	1 929.0	1 003.6	245.1	479.4	0.94	200.0
1997	1 846.7	1 047.8	297.6	316.1	0.66	191.5
1998	1 568.3	900.7	206.5	314.7	0.9	145.5
1999	1 794.3	926.2	207.7	531.2	1.2	127.9
2000	1 809.2	962.4	209.4	572.4	1.1	63.9
2001	1 861.8	976.7	215.8	607.9	1.1	60.3
2002	1 914.3	970.6	221.8	661.0	1.4	59.6
2003	2 426.5	1 012.8	226.5	1 130.6	1.6	55.0
2004	2 995.6	1 154.2	327.0	1 461.1	1.7	51.6
2005	3 400.6	1 194.8	415.6	1 738.2	1.6	50.5

16—7 铁路机车车辆年末实有数

指　　标	单　位	2000年	2001年	2002年	2003年	2004年	2005年
中　央　铁　路							
机车台数总计	台	1 693	1 811	1 710	1 607	1 585	1 600
蒸汽机车	台	243	182	3	0	0	0
内燃机车	台	1 450	1 525	1 545	1 399	1 362	1 372
客车辆数总计	辆	4 146	4 181	4 218	3 928	4 066	3 969
软座车	辆	42	44	60	66	66	75
硬座车	辆	2 368	2 214	2 171	2 258	2 069	1 969
软卧车	辆	176	214	223	228	258	258
硬卧车	辆	1 026	1 146	1 188	1 189	1 338	1 334
软硬座车	辆	15	8	0	0	0	0
代用客车	辆	0	0	0	0	0	0
行李车	辆	250	262	268	0	0	0
餐　车	辆	168	181	187	187	208	205
其　他	辆	101	112	4	0	0	0
辽宁省境内各分局							
机车台数总计	台	771	896	846	814	794	889
蒸汽机车	台	71	71	3	0	0	0
内燃机车	台	700	721	681	606	571	661
客车辆数总计	辆	1 910	1 922	2 044	2 039	2 121	2 058
软座车	辆	25	25	60	45	45	54
硬座车	辆	1 089	1 044	1 051	1 190	1 050	1 002
软卧车	辆	72	88	102	102	114	112
硬卧车	辆	462	499	566	610	726	708
软硬座车	辆	4	0	0	0	0	0
代用客车	辆	0	0	0	0	0	0
行李车	辆	116	117	125	0	0	0
餐　车	辆	75	78	83	92	109	121
其　他	辆	67	71	1	0	0	0

16—8 辽宁省辖区铁路主要站旅客发送量

单位:万人

车站名称	2000 年	2001 年	2002 年	2003 年	2004 年	2005 年
总计	**10 173.7**	**10 039.1**	**9 692.1**	**7 963.3**	**9 591.0**	**9 503.4**
开原	100.9	90.8	91.5	90.3	101.9	100.6
铁岭	193.7	183.1	179.7	175.0	191.6	178.8
沈阳	1 167.6	1 158.1	1 235.3	1 001.7	1 176.5	1 121.4
沈阳南	200.5	190	170.7	156.4	152.3	138.0
辽阳	219.1	218.2	216	193.0	222.3	217.4
黑山	8.9	5.1	4.4	0	2.5	2.2
鞍山	294.5	296.2	305.8	266.0	327.3	306.9
海城	167.7	153.9	161.6	143.4	159.7	145.6
大石桥	101.0	105.3	113.1	94.3	117.8	114.0
瓦房店	160.0	181.7	170.9	158.9	182.6	156.9
金州	194.7	196	164.6	149.0	151.2	137.3
南关岭	6.3	4.9	4.3	2.9	2.3	2.6
周水子	48.7	41.5	34.5	33.4	30.4	29.5
大连	705.8	773.9	786.3	527.4	902.2	897.5
皇姑屯	19.5	14.9	10.2	12.0	12.9	9.9
大成	10.2	9.5	7.2	7.6	6.9	5.5
抚顺	127.2	146.5	140.4	103.1	107.3	96.3
大官屯	6.9	6.7	6.6	4.6	5.2	5.1
沈阳东	1.8	2.2	2.5	1.3	1.5	1.5
沈阳北	1 043.9	1 102.3	1 118.1	830.2	1 209.1	1 217.6
营口	44.2	44.4	44.4	36.7	37.5	35.1
旅顺	5.1	4.9	3.9	3.2	3.2	3.2
丹东	184.1	175.5	176.6	120.4	170.6	168.0
凤凰城	75.1	82.4	80.9	67.9	93.2	93.6
本溪	574.2	664.9	616.5	577.4	684.0	706.7
本溪湖	59.7	71.6	52.5	34.4	29.0	34.8
安平	13.4	12.3	11.8	10.4	10.5	10.0
沈阳西	6.1	3.9	3.1	3.2	3.0	3.6
锦州	420.8	405.1	423.6	345.0	415.1	406.4
锦西	135.7	115.4	119.6	100.1	118.1	109.6
大虎山	47.8	46.5	50.5	45.0	53.2	53.4
渤海	8.7	5.4	4.7	3.0	2.1	1.8
盘锦	53.9	48.9	51.9	42.5	49.2	40.6
朝阳	90.8	87.2	84.3	65.7	74.8	75.3
阜新	90.4	98.5	108.8	94.3	122.1	114.7

16—9 辽宁省辖区铁路主要站货物发送量

单位:万吨

车站名称	2000年	2001年	2002年	2003年	2004年	2005年
总计	**12 523.1**	**12 989.7**	**13 125.5**	**13 135**	**14 153.0**	**14 270.9**
开原	47.9	33	23.9	35.9	55.6	69.3
铁岭	47.6	44.9	47.4	39.2	55.7	49.2
沈阳	70.1	58.7	67.4	61.9	63.3	53.1
沈阳南	43.5	35.1	63.5	50.4	59.4	46.4
辽阳	42.4	38.5	35.6	33.6	22.7	30.6
黑山	10.5	22.6	13.2	15.4	8.1	8.9
鞍山	22.1	20.2	15.7	15.0	11.5	9.2
海城	81.6	87.3	67.4	56.7	70.8	72.4
大石桥	112.9	102.2	89.9	84.2	154.7	136.0
瓦房店	18.8	18.4	14.5	9.0	6.3	3.1
金州	140.9	168.2	116.2	43.9	51.3	35.7
南关岭	38.1	23.5	26.3	27.3	31.1	24.2
周水子	20.9	28	31.9	23.5	22.3	17.2
大连	0	0	0	0	0	0
大连西	15.1	14	15.2	5.8	0	0
皇姑屯	13.0	12.9	5.4	0	0	0
大成	84.8	77.4	83.5	82.0	83.8	105.7
抚顺	18.2	17.9	10.4	8.2	10.4	6.7
大官屯	657.1	682.5	670.3	662.3	748.1	754.9
沈阳东	54.9	43.7	51.0	52.5	48.7	59.6
沈阳北	0	0	0	0	0	0
营口	84.0	72.4	64.4	65.8	77.8	78.5
甘井子	464.3	388.9	269.5	327.2	338.4	332.6
旅顺	8.3	6.6	7.9	54.6	4.2	4.8
丹东	80.0	177	170.5	209.3	185.4	194.2
凤凰城	10.1	13	10.8	8.5	13.9	15.5
本溪	404.8	390.6	518.1	483.2	508.2	589.4
本溪湖	164.4	189.6	202.3	189.9	161.7	168.9
安平	451.3	455.6	435.9	410.6	375.1	269.2
沈阳西	21.7	11.4	16.1	16.1	17.9	15.5
锦州	288.2	326.8	310.9	276.9	311.2	300.9
锦西	340.3	355.1	326.1	307.1	309.6	290.7
大虎山	38.3	39.9	48.3	23.2	12.6	11.9
渤海	105.4	131.8	120.8	117.8	147.1	174.3
盘锦	84.4	71.5	64.3	63.9	69.6	46.3
朝阳	39.2	33.5	37.9	47.3	33.1	45.3
阜新	530.6	570.6	572.6	528.7	575.2	577.8

16—10 民用车辆拥有量

（2005年末）　　单位：辆

指　　标	总　计	总计中：营　运	总计中：非营运	总计中：进　口	总计中：个　人	总计中：新注册	报　废
合　　计	**2 778 457**	**577 952**	**2 200 505**	**108 965**	**1 728 348**	**283 624**	**25 749**
一、汽　　车	1 537 781	505 378	1 032 403	101 670	717 609	191 296	20 536
1.载客汽车	896 221	145 163	751 058	88 323	470 984	140 576	8 940
#大　型	42 007	25 853	16 154	1 159	3 327	3 662	1 262
中　型	85 380	11 127	74 253	4 380	25 044	4 418	875
小　型	706 246	104 778	601 468	82 661	402 636	127 558	6 653
微　型	62 588	3 405	59 183	123	39 977	4 938	150
#轿　车	475 574	80 936	394 638	59 192	278 898	78 082	4 200
2.载货汽车	423 890	243 168	180 722	11 785	106 838	35 499	8 391
#重　型	105 694	66 427	39 267	3 687	16 542	6 468	4 197
中　型	62 469	45 165	17 304	465	11 613	3 414	405
轻　型	240 927	121 103	119 824	7 299	70 478	24 724	3 549
微　型	14 800	10 473	4 327	334	8 205	893	240
#普通载货	261 849	151 105	110 744	7 823	64 751	16 912	5 670
3.其它汽车	217 670	117 047	100 623	1 562	139 787	15 221	3 205
二、电　　车	242	203	39	0	0	9	0
无　　轨	104	104	0	0	0	0	0
有　　轨	138	99	39	0	0	9	0
三、摩托车	1 175 358	29 713	1 145 645	6 645	998 223	89 367	4 417
普　　通	1 053 341	28 716	1 024 625	4 450	885 292	88 434	3 523
轻　　便	122 017	997	121 020	2 195	112 931	933	894
四、拖拉机	26 348	13 177	13 171	0	8 971	61	54
大中型	7 615	1 844	5 771	0	1 690	0	0
小型方向盘式	18 580	11 333	7 247	0	7 277	61	54
五、挂　　车	27 102	20 876	6 226	584	2 766	2 554	722
六、其它类型车	11 626	8 605	3 021	66	779	337	20

16—11 公路线路年底到达数

(2005年)　　单位:公里

指　　标	公里里程总计	等级公路						
		合计	专用公路		一般公路			
			高速	一级	二级	三级	四级	
本年年底到达数	**53 521**	**53 325**	**1 773**	**1 556**	**13 441**	**25 553**	**11 002**	
1.干线公路	12 489	12 489	1 773	983	7 709	1 974	51	
国　道	4 678	4 678	1 192	497	2 661	312	15	
省　道	7 812	7 812	581	485	5 048	1 662	35	
2.县　道	11 349	11 346		256	5 014	5 459	615	
3.乡　道	28 021	27 832		20	463	17 660	9 687	
4.专用公路	1 087	1 084		11	108	318	645	

16—12 公路运输主要经济技术指标

（地方交通部门）

指标	单位	2000年	2001年	2002年	2003年	2004年	2005年
载客汽车工作率	%	89	91.2	92.5	90.6	95.6	96.3
载客汽车实载率	%	52	59.4	62.8	61	69.3	67.2
百车公里耗汽油	升	25.9	26.4	25	23.5	25.5	21.1
百吨公里耗汽油	升	11.5	10	11	12.8	10.5	10.0
百车公里耗柴油	升	23.5	24.5	23.4	23.8	26.7	23.2
百吨公里耗柴油	升	11.5	10.6	10.9	10.9	10.4	10.4
载货汽车工作率	%	53	56	65.6	68	74	75.7
栽货汽车实载率	%	55.5	55.1	56.2	58	59.8	67.4
百车公里耗汽油	升	36.2	32.2	33	32	28.9	28.1
百吨公里耗汽油	升	7.6	7.7	7.1	7.2	8.1	8.5
百车公里耗柴油	升	34.7	33.5	32.5	31.5	28.2	28.1
百吨公里耗柴油	升	6	6.1	5.8	5.8	6.7	7.1

16—13 船舶拥有量

指标	单位	2000年	2001年	2002年	2003年	2004年	2005年
民用船舶拥有量							
水运船舶	艘	776	723	658	629	710	735
净载重吨	吨	1 463 476	1 372 439	1 713 746	2 321 532	2 932 627	2 981 843
＃拖　轮	艘	32	42	27	19	17	18
驳　船	艘	58	72	40	22	21	25
净载重吨	吨	19 841	20 120	16 333	6 704	7 752	12 710
交通部门船舶拥有量							
运输船舶	艘	72	43	37	34		
＃客　轮	艘	6	1	1	5		
客轮载客量	客位	1 208	200	200	500		
货　轮	艘	40	28	25	21		
货轮净载重	吨	136 301	104 209	70 179	58 785		
拖　轮	艘	11	5	0	1		
驳　船	艘	0	11	2	2		
帆　船	艘		0	0	0		

16—14 全社会水运客货运输量

年份	货运量（万吨）	#交通部门	货运周转量（万吨公里）	#交通部门	客运量（万人）	#交通部门	旅客周转量（万人公里）	#交通部门
1990	1 521	1 433	2 892 885	2 891 254	302	290	59 396	58 990
1991	1 861	1 787	4 196 000	4 194 000	355	342	59 296	58 990
1992	2 145	1 894	5 013 673	4 829 714	465	418	86 880	83 157
1993	2 325	1 843	5 936 798	5 072 678	521	396	86 605	78 167
1994	2 426	1 969	6 152 164	5 314 440	501	379	78 201	70 172
1995	2 649	2 262	6 711 204	5 823 222	533	400	86 146	75 792
1996	2 472	2 136	4 794 110	3 721 911	553	415	94 208	80 454
1997	2 145	1 916	3 161 179	2 360 667	540	404	91 795	76 555
1998	1 977	1 679	3 147 000	2 231 000	474	340	73 000	59 000
1999	2 542	2 270	4 528 000	3 465 000	595	425	119 000	98 000
2000	3 091	2 733	5 724 000	4 723 000	616	421	107 000	87 469
2001	2 726	2 019	6 079 116	4 576 611	602	381	84 299	59 082
2002	3 071	2 567	6 609 993	4 908 246	626	356	86 095	59 785
2003	3 649	2 942	11 305 708	9 875 729	542	307	71 790	51 295
2004	4 447		14 611 161		637		84 187	
2005	5 730		17 381 637		650		83 902	

16—15　沿海港口码头长度和泊位数

港　　名	2000年	2001年	2002年	2003年	2004年	2005年
港口码头长度(米)	**34 823**	**35 522**	**35 884**	**40 826**	**43 284**	**38 699**
#大　连　港	21 044	21 368	22 781	29 207	30 715	26 119
营　口　港	2 953	4 924	5 124	6 072	6 002	5 994
丹　东　港	1 738	1 793	1 793	2 003	2 605	2 605
锦　州　港	1 927	2 083	2 083	2 188	2 058	2 058
港口码头泊位(个)	**204**	**247**	**253**	**292**	**323**	**288**
#大　连　港	105	131	136	206	223	192
营　口　港	48	49	49	50	51	47
丹　东　港	11	14	14	14	26	26
锦　州　港	8	9	9	10	9	9

注:(1)码头泊位包括浮筒泊位。

(2)05年均为生产用码头长度和泊位。

16—16 沿海港口吞吐量

指　　标	2000年	2001年	2002年	2003年	2004年	2005年
货物吞吐量(万吨)	**13 665**	**14 841**	**16 565**	**19 365**	**24 957**	**30 208**
#大　连　港	9 084	10 047	10 851	12 602	14 516	17 085
营　口　港	2 217	2 520	3 006	4 005	5 978	7 537
进　　口	5 027	5 844	6 266	7 536	9 709	13 106
#外　　贸	1 998	2 180	2 381	3 186	4 464	5 447
内　　贸	3 030	3 665	3 885	4 350	5 245	7 659
出　　口	8 638	8 997	10 299	11 829	15 248	17 102
#外　　贸	3 045	2 555	3 310	4 111	3 233	4 195
内　　贸	5 593	6 442	6 989	7 718	12 015	12 907
旅客进出港量(万人)	**743**	**790**	**838**	**736**	**641**	**659**
进　　港	363	384	409	361	324	329
出　　港	380	406	429	375	317	330

16—17 民用航空运输量

指　标	单位	2000年	2001年	2002年	2003年	2004年	2005年
(一)客运量	**万人**	**380.5**	**410.9**	**458.1**	**489.1**	**501.5**	**531.9**
国际航线	万人	36.9	43.3	51.0	53.5	61.1	71.9
地区航线	万人	5.4	4.5	5.2	2.1	2.0	2.9
国内航线	万人	338.2	363.1	407.2	435.6	438.3	457.1
(二)旅客周转量	**万人公里**	**496 902**	**552 788**	**630 244**	**670 376.2**	**693 048.9**	**732 629**
国际航线	万人公里	44 365	54 948	70 043	72 977.7	88 309.8	96 213.4
地区航线	万人公里	14 622	11 955	14 092	6 111	5 602	7 991
国内航线	万人公里	437 915	497 840	560 201	597 398.5	599 137.4	635 654.9
(三)货(邮)运量	**吨**	**88 862**	**68 026**	**81 050**	**89 755.6**	**86 178.1**	**94 355**
国际航线	吨	14 792	9 041	13 246	8 407.4	17 174.1	17 888.3
地区航线	吨	1 330	546	465	583	246	365.1
国内航线	吨	72 739	58 438	67 804	18 476.8	68 757.7	76 406.1
(四)货邮周转量	**万吨公里**	**10 901.4**	**11 176.4**	**13 905.8**	**15 606.6**	**14 256**	**15 769.2**
国际航线	万吨公里	967.9	882.2	1 404.1	1 895.9	1 961.9	2 117.6
地区航线	万吨公里	189.8	141.5	122.9	37.0	67.4	98.7
国内航线	万吨公里	9 743.6	10 152.7	12 501.7	13 710.8	12 235.8	13 651.6
(五)总周转量	**万吨公里**	**50 761.8**	**61 034**	**70 242.1**	**75 566.3**	**76 375.2**	**81 122**
国际航线	万吨公里	4 888.9	5 727.8	7 661.5	8 407.4	9 880.8	10 693.6
地区航线	万吨公里	1 439.2	1 211.3	1 382.4	583	569.2	811.7
国内航线	万吨公里	44 433.7	54 094.9	62 581.0	67 158.9	65 925.1	80 028.4

注:此表数为北方航空公司提供。

16—18 邮电业务基本情况

指　　标	单位	2000年	2001年	2002年	2003年	2004年	2005年
邮电业务总量	亿元	242.6	213.0	249.3	291.0	365.2	450.7
电信业务总量	亿元		197.0	232.1	272.0	354.5	427.1
邮政业务总量	亿元		16.0	17.2	19.0	20.5	23.6
函　　件	亿件	1.7	1.5	1.3	1.6	1.4	1.3
包　　件	万件	298.7	315.4	342.5	366	304.9	309.2
特快专递	万件	389.7	466.6	509.1	619.8	744.3	804.4
报刊期发数	万份	415.3	440.3	378.9	352	351.9	338.9
长途电话通话量	万次	76 443	76 819	80 822	162 257	208 537	249 252
本地电话年末用户	万户	519.7	621.5	712.4	1 278.6	1 492.7	1 661.2
城市电话用户	万户				907.3	1 074.4	1 203.4
农村电话用户	万户				371.2	411.8	449.9
住宅电话年末用户	万户	421.6	488.9	561.4	972.8	979.1	1 407.8
城市电话用户	万户				618.8	586.4	979.6
农村电话用户	万户				354.0	392.7	428.3
年末无线寻呼用户	万户	281.0	202.9	146.2	121.7	43.9	3.9
年末移动电话用户	万户	429.3	703.8	846.6	962.9	1 180.9	1 394.9
年末国际互联网用户	万户			335.9	382.6	448.9	331.8
邮电局、所	处	3 241	2 803	3 144	1 643	1 668	1 685
邮路总长度	万公里	22.0	22.9	22.8	33.0	27.8	29
汽车邮路	公里	23 540	31 675	32 446	32 629	34 829	34 187
铁路邮路	公里	4 222	4 282	4 282	4 282	4 158	4 158

注:2001年及以后邮电业务总量按2000年不变价计算。

16—19 各地区邮电业务量

(2005年)

地区	邮电业务总量（万元）	邮政业务总量	电信业务总量	函件（万件）	报刊期发数（万份）	特快专递（万件）	移动电话用户（万户）	国际互联网用户（万户）	本地电话年末用户（万户）	城市电话用户	农村电话用户
全省	**4 507 393.4**	**235 650.4**	**4 271 743.3**	**12 465.9**	**339**	**804.4**	**1 394.9**	**331.8**	**1 661.2**	**1 203.4**	**449.9**
沈阳	1 195 540.1	50 810.5	1 144 729.6	4 241.0	85.3	234.8	340.9	88.9	362.9	298.9	64.0
大连	986 719.7	47 392.1	939 327.0	3 107.6	70.3	215.7	299.9	94.6	324.4	260.0	64.4
鞍山	336 397.8	18 343.7	318 054.1	627.5	23.5	62.3	108.1	23.3	153.9	118.2	35.7
抚顺	179 236.1	10 419.3	168 816.8	405.8	17.2	27.0	72.6	12.9	87.2	72.4	14.8
本溪	154 580.3	9 595.2	144 985.1	412.1	10.9	22.2	46.3	8.7	65.4	50.6	14.8
丹东	234 900.2	12 130.6	222 769.6	749.6	15.3	32.3	61.8	16.3	89.8	61.6	28.2
锦州	207 240.3	11 211.2	196 029.1	410.5	15.7	30.4	68.4	14.7	108.6	66.9	41.7
营口	202 778.1	10 936.9	191 841.2	536.7	9.4	29.9	70.4	12.0	82.4	53.4	29.0
阜新	119 654.6	5 857.8	113 796.8	289.1	16.0	16.7	49.0	5.1	60.8	41.3	19.5
辽阳	155 661.8	12 618.9	143 042.9	276.4	16.3	20.5	48.9	13.5	68.5	47.0	21.5
盘锦	26 572.1	13 170.7	134 101.4	253.4	14.6	18.0	46.4	7.0	41.1	26.2	14.9
铁岭	163 103.0	11 352.4	151 750.6	414.0	14.1	24.8	59.9	8.2	67.0	36.4	30.6
朝阳	164 970.3	8 552.9	156 417.4	356.9	12.2	22.3	64.1	6.5	79.8	41.3	38.5
葫芦岛	189 407.7	10 877.5	178 530.2	385.2	17.8	47.4	58.1	17.3	69.3	37.1	32.2

注：邮电业务总量按各个时期的不变价格计算。

16—20 邮 电

指 标	邮电业务总量（万元）	邮政业务总量	电信业务总量	函件（万件）	报刊期发数（万份）	特快专递（万件）	集邮业务（万枚）
1978	9 580.1			14 725	720		
1979	9 939.1			15 157	799		
1980	10 576.4			14 908	953		
1981	11 208.9			14 631	1 235		
1982	11 775.6			14 743	1 214		
1983	12 872.0			15 359	1 380		
1984	14 710.6			17 421	1 773		
1985	17 302.7			21 002	1 791		
1986	18 961.6			22 048	1 610	3	
1987	21 732.6			24 175	1 752	5	
1988	26 878.3			24 464	1 325	9	786
1989	34 519.4			23 146	705	20	1 337
1990	83 985.9			21 964	1 176	20.0	3 586
1991	108 122.3			19 454	1 123	28.0	5 651
1992	154 880.9			21 281	903	46.0	7 817
1993	242 108.4			23 791	1 163	92.0	9 812
1994	322 405.5			25 001	816	166.0	10 940
1995	500 819.1			24 288	698	215.0	13 977
1996	625 297.2			22 317	630	259.0	17 290
1997	883 518.2			21 642	701	254.2	22 681
1998	1 322 580.0			23 450	745	261.9	24 367
1999	1 578 634.5			18 140	594	315.8	24 179
2000	2 426 098.7	87 083.6	2 339 015.1	17 309	415	389.7	19 834
2001	2 130 798.6	160 002.4	1 970 796.2	14 867	440	466.6	12 014
2002	2 492 991.7	172 482.8	2 320 508.9	13 094	379	509.1	7 822
2003	2 909 994.0	190 452.5	2 719 541.5	15 985	352	619.8	4 413
2004	3 651 650.0	204 598.1	3 447 051.9	13 857.6	352	744.3	3 714
2005	4 507 393.4	235 650.4	4 271 743.3	12 465.9	339	804.4	4 371

注：邮电业务总量按各个时期的不变价格计算。

业　　　务　　　量

无线寻呼用户（万户）	移动电话用户（万户）	国际互联网用户（万户）	本地电话年末用户（万户）			住宅电话年末用户（万户）		
				城市电话用户	农村电话用户		城市电话用户	农村电话用户
			15.4	10.3	5.1			
			16.1	11.0	5.1			
			17.2	12.0	5.2			
			18.5	13.2	5.3			
			20.4	14.8	5.6			
			22.4	16.5	5.9			
			24.6	18.5	6.1			
0.1			27.7	21.2	6.5			
0.2			32.8	25.8	7.0			
0.8			38.0	30.5	7.5	4.9		
2.0			43.1	35.2	7.9	8.5		
4.5	0.2		50.3	41.6	8.7	12.7		
13.8	0.5		66.6	56.5	10.1	23.2		
44.7	1.8		98.8	85.3	13.5	47.1		
91.1	7.9		155.6	135.9	19.7	90.9		
159.1	19.8		229.1	194.8	34.3	141.5		
228.0	36.2	0.1	319.0	261.7	57.3	201.9		
268.0	67.2	0.5	394.3	309.7	84.6	245.7		
342.8	128.8	2.3	476.8	366.4	110.4	295.8		
302.7	207.7	12.2	579.2	439.3	139.9	358.7		
281.0	429.3	61.8	699.5	519.7	179.8	421.6		
202.9	703.8	163.4	860.7	621.5	239.2	488.9		
146.2	846.6	335.9	1 016.5	712.4	304.1	561.4		
121.7	962.9	382.6	1 278.6	907.3	371.2	972.8	618.8	354
43.9	1 180.9	448.9	1 492.7	1 074.4	411.8	979.1	586.4	392.7
3.9	1 394.9	331.8	1 661.2	1 203.4	449.9	1 407.8	979.6	428.3

16—21 邮电通信水平

指标	单位	2003年	2004年	2005年
平均每一邮电局所服务面积	平方公里	89.6	88.4	87.5
平均每一邮电局所服务人口	万人	2.5	2.5	2.5
设有邮政局所的乡(镇)比重	%	97.5	92	91.3
已通邮的行政村比重	%	100	100	100
平均每人每年发函件数	件	3.81	3.33	2.96
平均每百人每年订报刊数	份	8.4	8.4	8.0
固定电话普及率	部/百人	31.2	35.8	39.4
移动电话普及率	部/百人	23.5	28.3	33.1
城市固定电话普及率	部/百人	22.1	25.8	28.5
进入长话自动网的县(市)比重	%	100	100	100
已通固定电话的乡(镇)比重	%	100	100	100
已通固定电话的行政村比重	%	100	100	100

主要统计指标解释

铁路营业里程 又称营业长度,指办理客货运输业务的铁路正线总长度。凡是全线或部分建成双线及以上的线路,以第一线的实际长度计算;复线、站线、段管线、岔线和特殊用途线以及不计算运费的联络线都不计算营业里程。铁路营业里程是反映铁路运输业基础设施发展水平的重要指标,也是计算客货周转量、运输密度和机车车辆运用效率等指标的基础资料。

铁路正线延展里程 是正线第一线、第二线、第三线和其他正线建筑里程之和,不包括站线、段管线、岔线及特殊用途线的延展里程。它是作为计算铁路线上钢轨、枕木及路基砂石需要量的主要依据。

铁路电气化里程 指在全部铁路营业里程中已安装了供电线路及设备,可以供电力机车牵引列车运行的区段的总里程。电气化里程占铁路营业里程的比重。

铁路自动闭塞里程 为保证列车安全运行,在一个区间,同一时间内,一般只允许一列列车运行,这种保证列车在这个区间安全间隔运行的技术方法称为"闭塞",自动闭塞里程是指装有列车自动完成闭塞作用设备的铁路里程。自动闭塞里程占铁路营业里程的比重也是反映铁路现代化的重要标志之一。

公路里程 指在一定时期内实际达到《公路工程技术标准 JTJ01 - 88》规定的等级公路,并经公路主管部门正式验收交付使用的公路里程数。其计算单位为:Km。它包括大中城市的郊区公路以及通过小城镇街道部分的公路里程,也包括桥梁、渡口的长度,但不包括大中城市的街道、厂矿、林区生产用道和农业生产用道的里程。两条或多条公路共同经由同一路段,只计算一次,不得重复计算里程长度。公路里程是反映公路建设发展规模的重要指标,也是计算运输网密度等指标的基础资料。

内河航道里程 也称"内河通航里程",是反映内河水运网规模、水平和发展情况的主要指标;是指在一定时期内,能通航运输船舶及排筏的天然河流、湖泊水库、运河及通航渠道的长度。包括全年季节性通航累计三个月以上的航道,但不包括仅供零散流放竹、木排的河道。

民用航空航线里程 指民航运输定期班机飞行的航线长度的总和。航线长度按机场之间的距离计算,通常有两种计算方法:将每条航线长度相加称为重复计算航线里程;如将两线或两条以上航线经过同一区段里程,只计算一次航线长度称为不重复计算航线里程。一般常用的是后者,它能确切反映民航运输网的规模,表明民航事业为国民经济服务和方便人民生活程度的主要指标。

输油(气)管道长度 也称"输油(气)里程",是反映管道运输发展规模和水平的主要指标;是指油品(或天然气)的实际输送距离,一般按输油(气)管道的单线长度计算。若包括复线和备用线长度则称为输油(气)管道延展长度,是指管道辅设的实际长度。我们通常使用的是不包括复线的"输油(气)管道里程"。

货(客)运量 指在一定时期内,各运输部门实际运送的货物(旅客)数量。是反映运输业为国民经济和人民生活服务的数量指标,也是制定和检查运输生产计划,研究运输发展规模和速度的重要指标。货运按吨计算,客运按人计算。货物不论运输距离长短,货物类别,均按实际重要统计;旅客不论行程远近或票价多少,均按一人一次作为客运量统计。半价票、小孩票也按一人统计。

货(客)运密度 指在一定时期内某种运输方式运输线路的某一区段平均每公司线路通过的货物(旅客)运输周转量。计算单位是吨(人)公里/公里。计算公式为:

$$\text{货(客)运密度} = \frac{\text{货物(旅客)周转量}}{\text{营业线路长度}}$$

货(客)运密度是反映交通运输线路上货物(旅客)运输量运输繁忙程度的主要指标。是平衡运输线路运输能力和通过能力,规划线路建设及改造、配备技术设备,研究运输网布局的重要依据。

货物(旅客)周转量 指在一定时期内,由各种运输工具运送的货物(旅客)数量与其相应运输距离的乘积之总和,是反映运输生产总成果的重要指标,也是编制和检查运输生产计划,计算运输效率、劳动生产率以及核算运输单位成本的主要基础资料。通常以吨公里和人公里为计算单位。计算货物周转量通常按发出站与到达站之间的最短距离,也就是计费距离计算。

铁路货车平均静载重 指铁路货车在始发站静止状态下平均每车装载的货物重量,用以分析货车完成装车时车辆载重力的利用情况。计算单位为"吨",计算公式为:

$$\text{货车平均静载重(吨)} = \frac{\text{货物发送吨数}}{\text{装车数}}$$

静载重的多少取决于运送货物的性质、种类、车辆的类型和装载技术的高低。根据货车的平均标记载重与静载重进行对比,可以反映货车载重能力的利用程度。计算公式为:

$$\text{货车载重力利用率(\%)} = \frac{\text{货车平均静载重}}{\text{货车平均标记载重}} \times 100\%$$

铁路货运机车日产量 指平均每台货运机车在一昼夜内所完成的总重吨公里数。它既包括载运货物的重量,也包括车辆本身的自重，它从时间和牵引能力两方面反映了机车运用效率。计算单位为"吨公里"，计算公式为：

$$货运机车平均日产量(吨公里)=\frac{货运总重吨公里数}{货运机车台日数}$$

沿海主要港口货物吞吐量 指由水运进出沿海主要港区范围，并经过装卸的货物数量，包括邮件及办理托运手续的行李、包裹以及补给运输船舶的燃、物料和淡水。其计量单位为吨。货物吞吐量的货种分类及其主要流向流量，反映了港口在国内外物资交流和对外贸易运输中的地位和作用。吞吐量可以分为进口、出口，又可以分为国内贸易和对外贸易。

邮电业务总量 指以货币表现的邮电部门用于传递信息和提供其他邮电服务的总数量。它综合反映了一定时期邮电工作的总成果，是研究邮电业务量构成和发展趋势的重要指标。根据邮电管理体制不同，分为中央国营业务总量和地方国营业务总量。它用各种邮电分类业务量，如函件件数、电报份数、长话张数、市内电话和农村电话的年均户数、订销报刊累计份数等，分别乘以相应的平均单价(不变价)，加总后再加上出租电路和设备的收入、代用户维护电话交换机和线路等设备的收入、其他业务收入求得。

市内电话 指接入县城(包括个别城镇)及县以上城市的市内电话网上，并按市内电话进行经营管理的电话。按计费办法分为包月制和计次制两种。

(1)住宅电话 指话机装在居民住宅里的电话。它包括私人付费、公费和免费三个部分。

(2)私人付费电话 指住宅居民自费安装并自己缴纳通话费的电话。

第十七篇

国内贸易

17

GUONE MAOYI

17—1　限额以上批发零售贸易业基本情况

登记注册类型、行业	2004年			2005年		
	法人企业（个）	产业活动单位（个）	从业人数（人）	法人企业（个）	产业活动单位（个）	从业人数（人）
总　　计	**2 488**	**6 396**	**208 240**	**2 143**	**5 730**	**205 842**
一、批发业	1 547	2 500	74 677	1 280	3 121	76 426
其中：国有及国有控股	416	762	41 207	366	1 493	47 533
1.按登记注册类型分组						
内资	1 489	2 442	73 412	1 235	3 065	74 916
国有	319	673	33 658	274	617	31 419
集体	62	207	2 651	49	174	2 954
股份合作	33	55	769	17	37	310
联营企业	4	4	225	4	4	230
国有联营	2	2	37	1	1	27
集体联营	2	2	188	2	2	188
国有与集体联营	0	0	0	1	1	15
其他联营	0	0	0	0	0	0
有限责任公司	347	367	14 344	291	324	14 329
国有独资公司	25	28	1 469	22	24	2 207
其他有限责任公司	322	339	12 875	269	300	12 122
股份有限公司	40	134	7 257	44	904	12 072
私营企业	684	1 002	14 508	556	1 005	13 602
私营独资	31	33	401	21	111	688
私营合伙	5	6	56	7	18	210
私营有限责任公司	619	934	13 482	503	849	12 221
私营股份有限公司	29	29	569	25	27	483
其他	0	0	0	0	0	0
港澳台商投资企业	15	15	449	13	15	471
与港澳台商合资经营	8	8	184	8	10	235
与港澳台商合作经营	1	1	60	1	1	60
港澳台商独资	6	6	205	4	4	176
港澳台商独资股份有限公司	0	0	0	0	0	0
外商投资企业	43	43	816	32	41	1 039
中外合资经营	9	9	244	7	10	472
中外合作经营	0	0	0	0	0	0
外资企业	34	34	572	25	31	567
外商投资股份有限公司	0	0	0	0	0	0
2.按国民经济行业分组						
农畜产品批发业	189	273	12 292	156	171	10 462
食品、饮料及烟草制品批发业	127	521	13 908	106	602	14 054

17—1 续表 1

登记注册类型、行业	2004年 法人企业（个）	2004年 产业活动单位（个）	2004年 从业人数（人）	2005年 法人企业（个）	2005年 产业活动单位（个）	2005年 从业人数（人）
米、面制品及食用油批发业	51	64	2 994	47	146	2 896
烟草制品批发业	24	100	7 195	18	105	7 159
纺织、服装及日用品批发业	50	52	2 677	42	51	2 379
服装批发业	22	23	1 212	20	20	849
文化、体育用品及器材批发业	20	23	1 178	20	20	994
医药及医疗器材批发业	73	85	4 354	70	83	3 946
矿产品、建材及化工产品批发业	636	748	24 664	507	1 491	29 137
煤炭及制品批发业	51	51	1 346	38	39	952
石油及制品批发业	133	219	14 698	105	1 051	20 053
金属及金属矿批发业	301	305	5 378	235	240	4 756
建材批发业	15	16	325	13	14	292
化肥批发业	17	31	363	19	46	832
机械设备、五金交电及电子产品批发	380	411	13 148	324	347	13 127
汽车、摩托车及零配件批发业	133	136	3 026	98	104	2 505
家用电器批发业	25	26	1 632	17	20	987
计算机、软件及辅助设备批发业	48	48	1 092	48	53	1 257
贸易经纪与代理	16	20	456	14	19	477
其他批发业	56	367	2 000	41	337	1 850
二、零售业	941	3 896	133 563	863	2 609	129 416
其中：国有及国有控股	167	520	22 951	154	899	42 263
1.按登记注册类型分组						
内资	919	3 864	123 480	840	2 572	121 140
国有	124	485	14 160	110	257	12 042
集体	38	81	2 509	33	43	3 024
股份合作	26	148	2 833	17	119	1 014
联营企业	3	6	164	0	1	30
国有联营	1	1	79	0	0	0
集体联营	1	3	29	0	0	0
国有与集体联营	0	0	0	0	0	0
其他联营	1	2	56	0	1	30
有限责任公司	226	1 250	40 410	229	1 218	44 362
国有独资公司	3	13	386	1	1	304
其他有限责任公司	223	1 237	40 024	228	1 217	44 058
股份有限公司	37	1 058	30 887	35	317	26 092
私营企业	465	829	32 470	416	616	34 526
私营独资	54	91	2 447	37	46	2 040

17—1 续表 2

登记注册类型、行业	2004年			2005年		
	法人企业（个）	产业活动单位（个）	从业人数（人）	法人企业（个）	产业活动单位（个）	从业人数（人）
私营合伙	9	13	440	9	9	478
私营有限责任公司	377	678	27 303	345	508	29 742
私营股份有限公司	25	47	2 280	25	53	2 266
其他	0	7	47	0	1	50
港澳台商投资企业	9	11	4 160	7	10	2 522
与港澳台商合资经营	5	7	3 516	5	8	2 489
与港澳台商合作经营	1	1	71	0	0	0
港澳台商独资	3	3	573	2	2	33
港澳台商独资股份有限公司	0	0	0	0	0	0
外商投资企业	13	21	5 923	16	27	5 754
中外合资经营	11	19	5 709	10	19	5 062
中外合作经营	1	1	192	1	3	291
外资企业	0	0	0	4	4	371
外商投资股份有限公司	1	1	22	1	1	30
2.按国民经济行业分组						
综合零售业	177	591	71 896	173	717	80 630
百货零售业	95	138	50 324	97	205	57 400
超级市场零售业	70	159	19 722	68	120	20 611
食品、饮料及烟草制品专门零售业	28	358	4 135	22	52	1 548
纺织、服装及日用品专门零售业	51	115	5 280	45	107	5 375
服装零售业	31	49	3 877	27	43	3 902
文化、体育用品及器材专门零售业	71	143	7 284	69	132	6 880
体育用品零售业	4	4	232	1	4	192
图书零售业	48	114	4 093	50	109	4 482
医药及医疗器材专门零售业	65	886	19 244	53	726	14 952
药品零售业	59	878	16 952	52	725	14 935
汽车、摩托车、燃料及零配件专门	364	1 537	17 816	330	624	11 955
汽车零售业	228	234	6 314	220	226	6 250
机动车燃料零售业	97	1 248	10 676	80	356	5 052
家用电器及电子产品专门零售业	152	221	5 485	139	209	6 043
家用电器零售业	42	68	3 367	35	71	4 017
计算机、软件及辅助设备零售业	88	96	1 375	83	87	1 337
通讯设备零售业	14	47	621	14	42	577
五金、家具及室内装修材料专门零	22	29	2 055	23	24	1 537
无店铺及其他零售业	11	16	368	9	18	496
邮购及电子销售业	2	2	36	2	2	38

17—2 星级住宿业和限额以上餐饮业基本情况

登记注册类型、行业	2004年			2005年		
	法人企业（个）	产业活动单位（个）	从业人数（人）	法人企业（个）	产业活动单位（个）	从业人数（人）
总　　计	**778**	**1 045**	**98 501**	**705**	**959**	**96 998**
一、住宿业	370	398	47 942	354	400	51 193
其中：国有及国有控股	155	159	15 468	140	160	18 731
1.按登记注册类型分组						
内资	306	328	32 970	288	326	33 852
国有	142	148	13 915	119	139	14 877
集体	25	27	2 429	24	26	1 999
股份合作	8	8	1 159	4	4	719
联营企业	2	2	252	1	1	50
国有联营	2	2	252	1	1	50
集体联营	0	0	0	0	0	0
国有与集体联营	0	0	0	0	0	0
其他联营	0	0	0	0	0	0
有限责任公司	42	47	5 400	56	67	6 765
国有独资公司	4	4	415	2	2	188
其他有限责任公司	38	43	4 985	54	65	6 577
股份有限公司	12	14	1 766	12	14	1 746
私营企业	75	82	8 049	72	75	7 696
私营独资	31	32	2 380	23	23	1 851
私营合伙				2	2	175
私营有限责任公司	39	44	5 232	44	47	5 504
私营股份有限公司	5	6	437	3	3	166
其他				0	0	0
港澳台商投资企业	32	35	8 448	32	35	8 847
与港澳台商合资经营	29	30	7 743	27	30	7 703
与港澳台商合作经营	1	1	359	3	3	900
港澳台商独资	2	4	346	2	2	244
港澳台商独资股份有限公司	0	0	0	0	0	0
外商投资企业	32	35	6 524	34	39	8 494
中外合资经营	27	30	5 106	28	31	6 137
中外合作经营	2	2	778	2	2	778
外资企业	3	3	640	3	5	1 506
外商投资股份有限公司	0	0	0	1	1	73
2.按国民经济行业分组						
旅游饭店	362	372	46 375	339	382	49 302
一般旅馆	8	24	1 473	11	14	1 393
其他住宿服务	0	2	94	4	4	498

17—2 续表 1

登记注册类型、行业	2004年			2005年		
	法人企业（个）	产业活动单位（个）	从业人数（人）	法人企业（个）	产业活动单位（个）	从业人数（人）
二、餐饮业	408	647	50 559	351	559	45 805
其中:国有及国有控股	25	43	3 722	19	22	1 631
1.按登记注册类型分组						
内资	319	387	29 462	268	302	24 663
国有	18	36	2 999	13	15	896
集体	14	18	995	12	13	894
股份合作	18	21	921	11	12	527
联营企业	1	1	18	1	1	18
国有联营	0	0	0	0	0	0
集体联营	1	1	18	1	1	18
国有与集体联营	0	0	0	0	0	0
其他联营	0	0	0	0	0	0
有限责任公司	62	75	6 029	57	73	6 365
国有独资公司	1	1	58	0	1	179
其他有限责任公司	61	74	5 971	57	72	6 186
股份有限公司	6	10	666	4	6	416
私营企业	198	224	17 684	168	180	15 195
私营独资	65	71	4 908	50	50	3 844
私营合伙	8	9	805	7	7	475
私营有限责任公司	105	120	10 075	97	108	10 006
私营股份有限公司	20	24	1 896	14	15	870
其他	2	2	150	2	2	352
港澳台商投资企业	28	30	3 078	25	27	2 201
与港澳台商合资经营	19	21	2 169	16	16	1 378
与港澳台商合作经营	3	3	250	2	2	173
港澳台商独资	6	6	659	7	9	650
港澳台商独资股份有限公司	0	0	0	0	0	0
外商投资企业	61	230	18 019	58	230	18 941
中外合资经营	35	45	4 257	33	39	4 252
中外合作经营	7	28	2 236	7	31	3 069
外资企业	17	153	11 239	16	158	11 490
外商投资股份有限公司	2	4	287	2	2	130
2.按国民经济行业分组						
正餐服务业	387	462	36 782	326	366	30 401
快餐服务业	16	176	13 124	20	188	14 565
饮料及冷饮服务业	1	4	70	1	1	57
其他餐饮服务业	4	5	583	4	4	782

17—3 社会消费品零售总额(一)

(按城乡分)

单位:亿元

年份、地区	社会消费品零售总额	按地区分			按城乡分	
		市	县	县以下	城镇	乡村
1978	71.2	42.6	19.1	9.5	52.8	18.4
1979	83.1	50.6	18.9	13.6	59.9	23.2
1980	101.8	64.4	20.2	17.2	72.6	29.2
1981	115.5	68.1	20.9	26.5	80.1	35.4
1982	121.5	71.2	21.6	28.7	84.6	36.9
1983	134.3	78.6	24.2	31.5	92.3	42.0
1984	158.1	96.0	27.6	34.5	109.0	49.1
1985	195.5	119.8	34.4	41.3	137.5	58.0
1986	244.3	154.0	41.3	49.0	175.0	69.3
1987	285.9	185.8	46.3	53.8	205.7	80.2
1988	368.0	243.4	60.5	64.1	269.6	98.4
1989	411.7	282.4	60.0	69.3	307.7	104.0
1990	421.1	297.6	56.8	66.7	322.3	98.8
1991	467.3	332.5	66.5	68.3	363.6	103.7
1992	540.6	415.6	52.1	72.9	415.6	125.0
1993	682.1	534.8	54.5	92.8	589.3	92.8
1994	870.5	699.8	57.0	113.7	756.8	113.7
1995	1 122.0	911.5	72.9	137.6	984.4	137.6
1996	1 289.4	1 051.0	79.3	159.1	1 130.3	159.1
1997	1 450.6	1 184.2	86.0	180.4	1 270.2	180.4
1998	1 568.7	1 286.0	87.0	195.7	1 373.0	195.7
1999	1 696.1	1 401.5	92.3	202.3	1 493.8	202.3
2000	1 847.6	1 529.9	102.3	215.4	1 632.2	215.4
2001	2 034.9	1 683.6	114.2	237.1	1 797.8	237.1
2002	2 258.4	1 889.4	115.6	253.4	2 005.0	253.4
2003	2 330.8	1 963.7	111.9	255.2	2 075.6	255.2
2004	2 642.8	2 215.5	127.5	299.8	2 343.0	299.8
2005	2 999.0	2 515.5	144.4	339.1	2 659.9	339.1
沈阳	915.1	868.8	23.1	23.2	891.9	23.2
大连	732.0	683.3	1.7	47.0	685.0	47.0
鞍山	221.5	157.4	18.4	45.7	175.8	45.7
抚顺	177.8	152.4	13.2	12.2	165.6	12.2
本溪	87.6	66.7	12.9	8.0	79.6	8.0
丹东	121.0	74.2	9.6	37.2	83.8	37.2
锦州	137.9	103.5	13.1	21.4	116.5	21.4
营口	107.0	78.4	0.0	28.7	78.4	28.7
阜新	65.6	54.2	4.3	7.1	58.5	7.1
辽阳	90.5	55.2	7.2	28.1	62.4	28.1
盘锦	80.1	58.1	3.8	18.3	61.9	18.3
铁岭	96.9	57.6	14.7	24.6	72.3	24.6
朝阳	64.1	32.6	10.0	21.5	42.6	21.5
葫芦岛	102.0	73.1	12.7	16.2	85.8	16.2

注:1993年以后是将市和县视为城镇,县以下为乡村。

17—4 社会消费品零售总额(二)

(按经济类型分)　　单位:亿元

年份、地区	国有经济	集体经济	私有	个体	其他
1978	53.0	31.5			0.8
1979	61.5	34.9		0.1	1.8
1980	69.9	45.3		1.3	3.6
1981	71.5	57.5		2.5	5.5
1982	74.5	60.2		4.3	6.4
1983	79.4	64.9		9.1	7.5
1984	90.2	73.3		16.1	9.4
1985	103.6	63.3		28.5	14.2
1986	118.9	91.9		38.2	34.4
1987	135.5	103.3		52.0	44.0
1988	175.3	127.8		70.7	57.2
1989	192.6	131.4		89.5	74.2
1990	198.4	87.1		95.8	78.4
1991	225.8	129.4		108.8	92.9
1992	259.1	135.8		131.7	124.5
1993	232.0	132.4	3.0	185.4	129.3
1994	229.1	143.1	35.4	296.2	166.7
1995	262.5	163.3	67.2	407.1	221.9
1996	255.8	170.5	95.5	523.1	243.5
1997	246.6	175.2	114.6	631.0	283.2
1998	226.9	157.1	150.6	739.5	294.6
1999	222.7	145.2	181.1	828.6	318.5
2000	238.4	126.9	207.2	958.0	317.1
2001	233.4	130.9	238.0	1 096.2	336.4
2002	224.6	135.7	273.3	1 212.6	412.2
2003	209.2	135.3	326.4	1 358.1	301.8
2004	197.8	127.7	407.6	1 509.2	400.6
2005	174.6	108.4	491.8	1 683.1	541.1
沈阳	92.7	50.7	126.2	465.5	180.0
大连	19.6	12.4	163.1	344.9	192.0
鞍山	7.9	6.6	49.0	141.2	16.7
抚顺	8.1	5.6	31.6	108.2	24.4
本溪	6.1	1.4	9.0	59.9	11.2
丹东	3.7	5.4	18.1	77.8	16.0
锦州	16.1	6.2	14.2	83.6	17.8
营口	2.9	4.9	15.6	63.9	19.7
阜新	5.7	3.0	7.4	32.2	17.3
辽阳	1.6	1.6	14.7	68.6	4.0
盘锦	4.7	3.5	14.8	47.7	9.5
铁岭	0.9	2.5	7.7	76.4	9.4
朝阳	2.4	2.8	11.6	40.2	7.0
葫芦岛	2.2	1.9	8.9	73.0	16.0

注:1992年以前为社会商品零售总额。

17—5 社会消费品零售总额(三)

(按行业分)

单位:亿元

年份	批发零售贸易业	住宿和餐饮业	制造业	其他行业
1978	75.2	3.4	4.6	2.1
1979	83.8	4.1	5.8	4.6
1980	98.2	5.4	9.2	7.3
1981	109.3	6.4	11.6	9.7
1982	115.0	7.2	12.2	11.0
1983	127.3	7.8	13.0	12.8
1984	149.6	8.9	15.4	15.1
1985	159.1	10.9	18.5	7.0
1986	206.3	14.2	20.6	25.2
1987	242.6	15.3	24.2	30.9
1988	313.2	20.4	29.7	39.3
1989	349.9	21.2	29.4	50.5
1990	318.9	20.6	29.7	51.9
1991	393.3	21.9	34.9	61.0
1992	446.8	25.6	36.4	80.8
1993	503.0	37.6	39.7	101.8
1994	607.5	60.1	45.5	157.4
1995	782.6	92.3	49.0	198.1
1996	906.2	117.4	52.5	213.3
1997	1 028.6	134.5	57.7	229.8
1998	1 123.9	159.5	52.7	232.6
1999	1 222.3	188.2	51.4	234.2
2000	1 355.1	219.7	52.4	220.4
2001	1 500.3	259.3	57.5	217.8
2002	1 667.1	305.2	61.1	225.0
2003	1 935.6	338.9	0	56.3
2004	2 185.2	396.5	0	61.1
2005	2 480.3	452.7	0	66.0

17—6 各 地 区 社 会

(2005

项　　　目	沈阳市	大连市	鞍山市	抚顺市	本溪市
社会消费品零售总额	**9 150 855**	**7 320 056**	**2 214 620**	**1 777 799**	**875 647**
一、按销售单位所在地分					
市	8 688 016	6 833 461	1 574 365	1 523 895	666 764
县	230 698	16 675	183 537	131 857	128 773
县以下	232 141	469 920	456 718	122 047	80 110
二、按登记注册类型分组					
国有企业	925 460	196 249	79 048	80 946	60 667
集体企业	434 103	112 217	53 746	50 374	13 715
股份合作企业	71 522	11 570	12 340	5 237	0
联营企业	3 212	0	0	0	0
国有联营企业	161	0	0	0	0
集体联营企业	1 212	0	0	0	0
有限责任公司	662 832	395 929	85 616	77 721	75 666
国有独资公司	1 343	0	0	59	0
股份有限公司	631 803	923 836	60 681	162 326	11 395
私营企业	1 261 759	1 631 143	490 254	315 528	89 929
港澳台投资企业	190 120	140 807	10 169	128	1 523
外商投资企业	286 236	459 292	10 970	3 089	942
其他企业	28 942	0	0	439	22 654
个体户	4 654 868	3 449 013	1 411 797	1 082 012	599 156
三、按行业分组					
批发和零售业	7 687 866	6 027 972	1 697 523	1 380 651	731 191
限额以上企业	2 735 632	1 977 792	327 647	319 552	147 188
限额以下企业及个体户	4 952 234	4 050 180	1 369 876	1 061 099	584 003
住宿和餐饮业	1 212 570	1 198 963	463 574	264 299	96 287
星级(限额以上)企业	175 144	188 779	31 695	19 878	9 323
星级以外(限额以下)企业和个体户	1 037 427	1 010 184	431 879	244 421	86 964
其他	250 420	93 121	53 523	132 849	48 168

消　费　品　零　售　总　额

年）　　　　　　　　　　　　　　　　　　　　　　　　　　　单位:万元

丹东市	锦州市	营口市	阜新市	辽阳市	盘锦市	铁岭市	朝阳市	葫芦岛市
1 210 166	**1 379 107**	**1 070 116**	**655 901**	**904 668**	**801 178**	**969 005**	**640 795**	**1 020 027**
741 580	1 034 957	783 554	542 369	552 119	580 624	575 594	326 300	731 171
96 109	130 519	0	42 649	71 904	37 997	146 997	99 609	127 056
372 477	213 631	286 562	70 883	280 645	182 557	246 414	214 886	161 799
37 097	159 917	29 152	56 551	16 005	20 592	9 345	24 068	21 651
35 596	48 634	48 611	30 279	14 591	17 813	12 913	28 304	14 390
18 274	13 750	286	0	1 145	17 295	11 687	0	4 550
0	950	0	0	0	0	0	0	3 930
0	950	0	0	0	0	0	0	0
0	0	0	0	0	0	0	0	106
76 555	124 932	59 820	99 895	21 452	93 927	32 199	53 924	90 730
0	0	0	0	0	26 444	0	0	0
71 930	52 213	120 854	69 626	11 384	25 055	61 708	10 836	62 571
180 542	141 907	156 068	73 834	147 365	147 717	77 395	115 983	88 627
2 902	448	6 484	2 383	1 688	1 420	0	0	457
5 780	387	9 798	913	5 392	772	0	0	2 323
3 175	0	0	0	0	0	0	5 508	353
778 315	835 969	639 044	322 418	685 646	476 589	763 758	402 172	730 446
1 006 234	1 121 658	879 597	580 118	733 220	652 189	865 214	515 707	923 938
134 850	238 183	245 900	146 034	59 483	186 099	126 563	80 596	170 654
871 385	883 475	633 698	434 084	673 738	466 090	738 651	435 111	753 284
203 932	198 261	190 519	75 055	170 072	136 342	103 626	117 239	96 089
16 896	7 473	14 123	4 719	8 131	23 687	2 423	4 802	16 474
187 036	190 788	176 396	70 336	161 941	112 655	101 203	112 437	79 615
0	59 188	0	728	1 376	12 647	165	7 849	0

17—7 限额以上批发零售贸易业商品销售总额

(2005 年)　　　　单位:万元

登记注册类型、行业	销售总额	#批发	#零售
总计	**50 703 895**	**42 869 777**	**7 834 118**
一、批发业	43 467 982	42 011 718	1 456 264
其中:国有及国有控股	29 948 952	29 117 065	831 887
1.按登记注册类型分组			
内资企业	42 572 096	41 161 502	1 410 594
国有企业	9 073 303	8 972 660	100 643
集体企业	349 697	334 204	15 493
股份合作企业	109 211	104 172	5 039
联营企业	58 334	58 207	127
国有联营企业	44 744	44 744	0
集体联营企业	10 967	10 840	127
国有与集体联营企业	2 623	2 623	0
其他联营企业	0	0	0
有限责任公司	6 099 948	5 889 789	210 158
国有独资企业	1 006 621	1 003 068	3 553
其他有限责任公司	5 093 327	4 886 721	206 605
股份有限公司	21 647 671	20 824 440	823 231
私营企业	5 233 932	4 978 030	255 903
私营独资企业	106 497	95 587	10 909
私营合伙企业	84 850	78 782	6 068
私营有限责任公司	4 819 047	4 580 923	238 124
私营股份有限公司	223 539	222 738	802
其他企业	0	0	0
港、澳、台商投资企业	455 055	420 156	34 899
合资经营企业	285 217	250 974	34 244
合作经营企业	3 289	3 289	0
独资经营企业	166 549	165 894	655
投资股份有限公司	0	0	0
外商投资企业	440 831	430 060	10 771
中外合资经营企业	114 352	103 581	10 771
中外合作经营企业	0	0	0
外资企业	326 479	326 479	0
外商投资股份有限公司	0	0	0
2.按国民经济行业分组			
农畜产品批发业	1 287 071	1 266 094	20 978
食品、饮料及烟草制品批发业	2 418 785	2 389 245	29 540
米、面制品及食用油批发业	475 415	471 758	3 657
烟草制品批发业	1 604 768	1 588 424	16 345
纺织、服装及日用品批发业	698 867	691 270	7 596
服装批发业	257 411	256 078	1 333
文化、体育用品及器材批发业	199 846	192 283	7 563
医药及医疗器材批发业	870 838	768 391	102 447
矿产品、建材及化工产品批发	33 793 824	32 933 332	860 493
煤炭及制品批发业	372 954	372 887	68
石油及制品批发业	21 812 227	20 979 693	832 534
金属及金属矿批发业	8 651 481	8 639 962	11 519
建材批发业	80 110	80 100	10
化肥批发业	219 323	219 129	193
机械设备、五金交电及电子产	3 867 781	3 440 210	427 571
汽车、摩托车及零配件批发	1 414 049	1 137 009	277 040
家用电器批发业	303 427	303 234	193
计算机、软件及辅助设备批	658 253	628 789	29 464
贸易经纪与代理	156 015	156 015	0
其他批发业	174 955	174 879	76

17—7 续表　　(2005年)　　单位:万元

登记注册类型、行业	销售总额	#批发	#零售
二、零售业	7 235 913	858 059	6 377 854
其中:国有及国有控股	2 159 960	355 459	1 804 500
1.按登记注册类型分组			
内资企业	6 590 094	824 557	5 765 537
国有企业	490 341	95 737	394 604
集体企业	64 263	5 528	58 735
股份合作企业	51 729	2 222	49 506
联营企业	6 443	2 620	3 823
国有联营企业	0	0	0
集体联营企业	0	0	0
国有与集体联营企业	0	0	0
其他联营企业	6 443	2 620	3 823
有限责任公司	2 116 086	254 570	1 861 516
国有独资企业	12 108	0	12 108
其他有限责任公司	2 103 978	254 570	1 849 408
股份有限公司	1 534 919	274 896	1 260 023
私营企业	2 319 349	188 985	2 130 365
私营独资企业	65 470	2 054	63 416
私营合伙企业	9 206	0	9 206
私营有限责任公司	2 141 522	174 775	1 966 747
私营股份有限公司	103 151	12 156	90 995
其他企业	6 965	0	6 965
港、澳、台商投资企业	168 862	2 929	165 933
合资经营企业	152 662	0	152 662
合作经营企业	0	0	0
独资经营企业	16 200	2 929	13 271
投资股份有限公司	0	0	0
外商投资企业	476 957	30 572	446 385
中外合资经营企业	360 263	15 272	344 991
中外合作经营企业	67 868	0	67 868
外资企业	48 159	14 965	33 194
外商投资股份有限公司	668	335	333
2.按国民经济行业分组			
综合零售业	3 163 426	108 475	3 054 950
百货零售业	2 323 363	91 561	2 231 803
超级市场零售业	763 763	16 052	747 711
食品、饮料及烟草制品专门零	78 716	885	77 831
纺织、服装及日用品专门零售	208 854	5 046	203 808
服装零售业	173 949	2 251	171 698
文化、体育用品及器材专门零	145 805	24 627	121 178
体育用品零售业	7 245	3 155	4 090
图书零售业	100 695	14 226	86 469
医药及医疗器材专门零售业	383 954	141 033	242 921
药品零售业	383 155	141 033	242 122
汽车、摩托车、燃料及零配件	2 428 635	494 790	1 933 845
汽车零售业	1 703 741	196 015	1 507 726
机动车燃料零售业	654 798	288 248	366 550
家用电器及电子产品专门零售	660 883	75 524	585 359
家用电器零售业	338 720	10 557	328 164
计算机、软件及辅助设备零	262 298	60 500	201 798
通讯设备零售业	52 509	2 506	50 004
五金、家具及室内装修材料专	129 978	2 659	127 320
无店铺及其他零售业	35 663	5 020	30 643
邮购及电子销售业	1 294	152	1 142

17—8 各地区限额以上批发

（2005

登记注册类型、行业	沈阳市	大连市	鞍山市	抚顺市	本溪市
总　　计	**25 058 091**	**11 376 762**	**5 093 724**	**3 373 448**	**687 209**
一、批发业	22 358 628	9 194 714	4 773 099	3 014 956	562 090
其中：国有及国有控股	16 914 257	4 736 535	4 106 463	1 058 638	464 005
1.按登记注册类型分组					
内资	22 028 643	8 643 247	4 773 099	3 014 956	562 090
国有	2 370 223	875 810	3 777 726	220 802	72 063
集体	53 741	113 482	125 483	21 681	6 745
股份合作	9 196	61 232	18 650	5 987	5 034
联营企业	44 744	6 325	2 623	0	0
国有联营	44 744	0	0	0	0
集体联营	0	6 325	0	0	0
国有与集体联营	0	0	2 623	0	0
其他联营	0	0	0	0	0
有限责任公司	3 434 244	1 578 429	223 309	133 463	317 725
国有独资公司	356 446	195 024	153 567	0	290 486
其他有限责任公司	3 077 798	1 383 405	69 742	133 463	27 239
股份有限公司	14 143 238	3 565 756	175 391	2 633 023	101 456
私营企业	1 973 257	2 442 213	449 917	0	59 067
私营独资	48 619	33 233	10 262	0	0
私营合伙	0	12 046	34 133	0	0
私营有限责任公司	1 874 097	2 356 173	299 474	0	59 067
私营股份有限公司	50 542	40 762	106 049	0	0
其他	0	0	0	0	0
港澳台商投资企业	199 502	241 119	0	0	0
与港澳台商合资经营	92 511	178 272	0	0	0
与港澳台商合作经营	3 289	0	0	0	0
港澳台商独资	103 702	62 846	0	0	0
港澳台商独资股份有限公司	0	0	0	0	0
外商投资企业	130 483	310 348	0	0	0
中外合资经营	44 299	70 054	0	0	0
中外合作经营	0	0	0	0	0
外资企业	86 185	240 294	0	0	0
外商投资股份有限公司	0	0	0	0	0
2.按国民经济行业分组					
农畜产品批发业	215 299	477 055	119 333	0	0

零售贸易业商品销售总额

年)

单位:万元

丹东市	锦州市	营口市	阜新市	辽阳市	盘锦市	铁岭市	朝阳市	葫芦岛市
415 163	**927 046**	**459 476**	**273 772**	**963 281**	**872 500**	**432 050**	**378 313**	**393 061**
203 789	634 922	256 094	202 313	896 142	674 190	263 439	314 747	118 859
98 186	413 322	103 418	184 767	852 203	553 978	179 601	187 596	95 984
203 789	624 463	256 094	202 313	892 167	674 190	263 439	314 747	118 859
98 186	400 181	85 373	98 053	243 189	480 446	179 601	75 667	95 984
0	12 080	0	3 576	2 857	6 380	1 880	1 792	0
1 876	0	0	0	0	7 236	0	0	0
0	0	0	0	0	4 642	0	0	0
0	0	0	0	0	0	0	0	0
0	0	0	0	0	4 642	0	0	0
0	0	0	0	0	0	0	0	0
0	0	0	0	0	0	0	0	0
16 076	164 821	28 117	0	18 683	67 046	60 073	52 177	5 785
0	0	0	0	11 098	0	0	0	0
16 076	164 821	28 117	0	7 585	67 046	60 073	52 177	5 785
26 668	13 141	106 476	86 714	597 916	73 532	0	111 930	12 432
60 984	34 240	36 129	13 970	29 521	34 908	21 885	73 182	4 658
0	0	0	7 530	0	0	0	6 853	0
15 456	2 240	0	0	20 975	0	0	0	0
35 506	15 835	36 129	6 440	8 546	34 908	21 885	66 329	4 658
10 022	16 165	0	0	0	0	0	0	0
0	0	0	0	0	0	0	0	0
0	10 459	0	0	3 975	0	0	0	0
0	10 459	0	0	3 975	0	0	0	0
0	0	0	0	0	0	0	0	0
0	0	0	0	0	0	0	0	0
0	0	0	0	0	0	0	0	0
0	0	0	0	0	0	0	0	0
0	0	0	0	0	0	0	0	0
0	0	0	0	0	0	0	0	0
0	0	0	0	0	0	0	0	0
0	0	0	0	0	0	0	0	0
0	223 342	8 457	43 549	0	62 996	100 485	29 795	6 760

17—8 续表 1 （2005

登记注册类型、行业	沈阳市	大连市	鞍山市	抚顺市	本溪市
食品、饮料及烟草制品批发业	642 768	738 078	114 319	82 367	71 759
米、面制品及食用油批发业	53 322	253 996	0	3 580	13 873
烟草制品批发业	472 449	302 005	110 818	76 023	57 886
纺织、服装及日用品批发业	70 411	619 897	0	0	0
服装批发业	19 971	233 416	0	0	0
文化、体育用品及器材批发业	192 597	7 248	0	0	0
医药及医疗器材批发业	641 363	94 228	22 921	0	20 906
矿产品、建材及化工产品批发业	18 363 187	5 688 234	4 479 316	2 911 608	456 978
煤炭及制品批发业	127 449	107 399	27 667	65 072	0
石油及制品批发业	14 442 434	3 922 506	191 752	2 047 400	101 456
金属及金属矿批发业	3 161 538	898 042	4 114 611	82 527	348 777
建材批发业	0	58 935	16 077	0	5 097
化肥批发业	167 458	36 892	5 000	0	0
机械设备、五金交电及电子产品批发	2 210 301	1 402 656	33 625	20 981	1 652
汽车、摩托车及零配件批发业	672 228	637 489	17 754	10 641	0
家用电器批发业	136 405	127 410	0	0	0
计算机、软件及辅助设备批发业	617 686	40 567	0	0	0
贸易经纪与代理	0	114 005	0	0	0
其他批发业	22 701	53 311	3 584	0	10 794
二、零售业	2 699 463	2 182 048	320 626	358 491	125 119
其中：国有及国有控股	589 169	687 379	22 960	170 907	45 750
1.按登记注册类型分组					
内资	2 447 695	1 792 652	318 273	358 491	125 119
国有	126 759	111 531	9 870	52 356	5 420
集体	16 447	13 670	6 076	3 597	0
股份合作	18 409	2 944	14 255	3 249	0
联营企业	0	0	0	0	0
有限责任公司	766 757	617 771	94 429	183 701	62 246
国有独资公司	12 108	0	0	0	0
其他有限责任公司	754 649	617 771	94 429	183 701	62 246
股份有限公司	432 705	496 184	13 089	100 231	2 300
私营企业	1 079 653	550 551	180 553	15 358	55 153
私营独资	12 140	13 773	2 898	0	558
私营合伙	0	5 123	1 839	0	0
私营有限责任公司	1 057 652	480 729	154 082	15 358	53 611

年)

单位:万元

丹东市	锦州市	营口市	阜新市	辽阳市	盘锦市	铁岭市	朝阳市	葫芦岛市
105 351	98 546	85 475	54 504	145 744	60 450	87 986	57 659	73 778
25 750	3 472	11 639	0	87 318	16 187	6 278	0	0
67 101	81 365	67 836	54 504	58 426	44 263	81 708	56 606	73 778
8 558	0	0	0	0	0	0	0	0
4 024	0	0	0	0	0	0	0	0
0	0	0	0	0	0	0	0	0
0	63 927	0	0	0	0	4 218	23 275	0
20 874	180 678	153 822	94 204	743 013	460 610	59 028	148 247	34 025
0	12 985	13 311	7 490	0	0	7 264	0	4 316
17 972	145 739	140 511	86 714	96 892	433 859	41 845	143 148	0
2 903	2 240	0	0	3 476	8 366	2 288	2 790	23 925
0	0	0	0	0	0	0	0	0
0	0	0	0	0	0	1 880	2 308	5 785
11 253	63 752	0	10 056	2 423	78 501	0	32 581	0
0	0	0	10 056	2 423	41 432	0	22 027	0
0	39 613	0	0	0	0	0	0	0
0	0	0	0	0	0	0	0	0
26 668	0	8 340	0	4 963	2 039	0	0	0
31 084	4 677	0	0	0	9 595	11 722	23 190	4 296
211 373	292 124	203 382	71 459	67 139	198 310	168 611	63 567	274 202
117 611	121 706	86 164	11 347	12 351	34 955	107 638	5 587	146 436
209 071	292 124	203 382	71 459	67 139	198 310	168 611	63 567	274 202
7 551	114 247	6 130	2 602	12 351	23 436	3 024	5 587	9 477
927	0	0	13 937	0	2 208	2 676	0	4 725
0	0	0	0	0	956	10 599	1 317	0
0	0	0	0	0	0	0	0	6 443
57 787	122 314	26 615	42 104	18 399	44 212	13 506	39 042	27 202
0	0	0	0	0	0	0	0	0
57 787	122 314	26 615	42 104	18 399	44 212	13 506	39 042	27 202
114 794	9 595	88 530	0	11 963	14 369	104 615	4 471	142 075
28 012	45 968	82 107	12 816	24 426	113 129	34 192	13 151	84 280
75	19 536	9 620	559	576	3 221	907	1 607	0
0	425	622	0	647	0	0	550	0
27 202	23 212	70 748	12 257	23 204	103 176	33 177	7 590	79 525

登记注册类型、行业	沈阳市	大连市	鞍山市	抚顺市	本溪市
私营股份有限公司	9 861	50 926	21 735	0	985
其他	6 965	0	0	0	0
港澳台商投资企业	67 202	97 789	1 568	0	0
与港澳台商合资经营	67 202	81 589	1 568	0	0
与港澳台商合作经营	0	0	0	0	0
港澳台商独资	0	16 200	0	0	0
港澳台商独资股份有限公司	0	0	0	0	0
外商投资企业	184 566	291 606	785	0	0
中外合资经营	153 219	206 259	785	0	0
中外合作经营	30 679	37 189	0	0	0
外资企业	0	48 159	0	0	0
外商投资股份有限公司	668	0	0	0	0
2.按国民经济行业分组					
综合零售业	1 137 263	1 046 311	103 204	231 126	90 221
百货零售业	820 604	706 914	78 212	208 531	73 919
超级市场零售业	313 445	272 383	24 992	22 595	12 903
食品、饮料及烟草制品专门零售业	45 077	13 972	2 098	0	2 469
纺织、服装及日用品专门零售业	112 762	39 388	18 075	33 928	985
服装零售业	90 381	35 112	16 544	29 476	0
文化、体育用品及器材专门零售业	68 373	33 680	6 503	1 855	2 078
体育用品零售业	0	7 245	0	0	0
图书零售业	42 098	21 365	4 755	1 855	2 078
医药及医疗器材专门零售业	210 522	100 815	9 221	13 706	7 513
药品零售业	209 723	100 815	9 221	13 706	7 513
汽车、摩托车、燃料及零配件专门	709 684	745 670	150 834	12 824	7 978
汽车零售业	648 588	711 007	108 738	12 824	7 978
机动车燃料零售业	40 933	32 898	15 617	0	0
家用电器及电子产品专门零售业	363 012	153 757	28 556	10 014	13 876
家用电器零售业	136 834	103 151	26 519	10 014	12 744
计算机、软件及辅助设备零售业	184 436	44 213	2 037	0	1 132
通讯设备零售业	39 296	3 600	0	0	0
五金、家具及室内装修材料专门零	51 476	18 864	0	54 459	0
无店铺及其他零售业	1 294	29 591	2 134	579	0
邮购及电子销售业	1 294	0	0	0	0

年）

单位:万元

丹东市	锦州市	营口市	阜新市	辽阳市	盘锦市	铁岭市	朝阳市	葫芦岛市
735	2 795	1 116	0	0	6 732	108	3 404	4 755
0	0	0	0	0	0	0	0	0
2 303	0	0	0	0	0	0	0	0
2 303	0	0	0	0	0	0	0	0
0	0	0	0	0	0	0	0	0
0	0	0	0	0	0	0	0	0
0	0	0	0	0	0	0	0	0
0	0	0	0	0	0	0	0	0
0	0	0	0	0	0	0	0	0
0	0	0	0	0	0	0	0	0
0	0	0	0	0	0	0	0	0
0	0	0	0	0	0	0	0	0
29 655	112 555	79 812	38 108	25 785	166 354	3 378	32 409	67 246
2 303	93 933	54 912	35 518	5 204	144 172	0	31 895	67 246
24 679	18 621	24 900	2 591	20 581	22 181	3 378	514	0
0	4 985	0	6 806	0	2 007	0	0	1 302
0	2 052	0	0	0	0	0	0	1 665
0	771	0	0	0	0	0	0	1 665
1 775	8 745	2 772	2 602	2 735	2 163	3 825	5 587	3 111
0	0	0	0	0	0	0	0	0
1 775	4 777	2 772	2 602	2 735	2 163	3 024	5 587	3 111
7 644	0	5 108	0	3 577	9 620	4 805	778	10 644
7 644	0	5 108	0	3 577	9 620	4 805	778	10 644
162 858	144 399	108 106	11 104	22 480	5 915	156 496	16 616	173 670
45 507	42 582	27 986	6 653	20 294	0	47 138	11 648	12 798
116 407	101 073	80 120	0	612	2 772	109 358	2 157	152 852
9 441	14 857	7 583	12 839	11 915	12 251	108	8 177	14 499
1 978	820	5 991	9 973	11 915	5 983	108	8 177	4 513
7 462	9 140	1 591	1 757	0	6 269	0	0	4 261
0	2 779	0	1 108	0	0	0	0	5 726
0	4 532	0	0	647	0	0	0	0
0	0	0	0	0	0	0	0	2 064
0	0	0	0	0	0	0	0	0

17—9 限额以上批发、零售贸易业商品销售类值

(2005 年)　　单位:万元

类　　别	销售合计	批　　发	零　　售
总　　计	**43 893 823.4**	**36 997 650.9**	**6 896 172.5**
1.食品、饮料、烟酒类	3 743 946.0	2 817 225.3	926 720.7
(1)粮油类	970 624.2	883 338.3	87 285.9
(2)肉禽蛋类	165 035.7	11 209.9	153 825.8
(3)其他食品类	759 334.9	323 090.0	436 244.9
(4)饮料类	101 440.0	21 765.8	79 674.2
(5)烟酒类	1 747 511.2	1 577 821.3	169 689.9
2.服装、鞋帽、针纺织品类	1 618 404.2	406 881.4	1 211 522.8
(1)服装类	1 139 503.1	303 996.8	835 506.3
(2)鞋帽类	252 429.5	26 148.4	226 281.1
(3)针、纺织品类	226 471.6	76 736.2	149 735.4
3.化妆品类	167 428.9	21 513.9	145 915.0
4.金银珠宝类	166 074.7	18 842.5	147 232.2
5.日用品类	315 617.5	52 090.6	263 526.9
其中:洗涤用品类	81 806.8	7 780.5	74 026.3
儿童玩具类	11 482.9	0.0	11 482.9
6.五金、电料类	94 548.8	55 078.9	39 469.9
7.体育、娱乐用品类	55 426.1	12 312.3	43 113.8
8.书报杂志类	171 125.2	79 839.8	91 285.4
9.电子出版物及音像制品类	18 355.1	4 496.0	13 859.1

注:此表为快报数。

17—9 续表　　　　　　（2005 年）　　　　　　单位:万元

类　　别	销售合计	批　　发	零　　售
10.家用电器和音像器材类	919 850.8	250 376.7	669 474.1
11.中西药品类	1 151 123.2	836 601.7	314 521.5
其中:西药	829 276.5	603 002.2	226 274.3
中草药及中成药	296 446.4	221 187.4	75 259.0
12.文化办公用品类	659 243.8	504 548.7	154 695.1
13.家俱类	47 439.5	9 534.8	37 904.7
14.通讯器材类	331 521.0	127 531.7	203 989.3
15.煤炭及制品类	296 773.6	293 431.2	3 342.4
16.木材及制品类	24 294.3	23 639.8	654.5
17.石油及制品类	22 420 253.7	21 334 336.5	1 085 917.2
18.化工材料及制品类	1 331 587.1	1 331 587.1	0.0
其中:化肥类	118 110.3	118 110.3	0.0
19.金属材料类	5 535 503.4	5 535 503.4	0.0
20.建筑及装潢材料类	228 248.1	145 494.0	82 754.1
21.机电产品及设备类	831 196.2	803 091.5	28 104.7
其中:农机类	84 782.1	84 782.1	0.0
22.汽车类	2 073 719.3	703 010.5	1 370 708.8
23.种子饲料类	108 824.8	108 824.8	0.0
24.棉麻类	32 337.8	32 337.8	0.0
25.其他类	1 550 980.3	1 489 520.0	61 460.3

17—10 限额以上批发零售

（2005

登记注册类型、行业	流动资产小计	固定资产原价	累计折旧	资产合计	负债合计	实收资本
总计	**10 469 186**	**2 903 858**	**727 811**	**14 313 453**	**11 687 144**	**2 342 244**
一、批发业	8 265 809	1 451 601	420 475	10 469 333	9 055 745	1 501 844
其中:国有及国有控股	4 482 511	1 051 605	321 988	5 874 047	5 322 758	811 576
1.按登记注册类型分组						
内资	8 100 212	1 440 998	415 218	10 293 116	8 927 644	1 471 729
国有	2 895 494	680 809	193 288	3 583 027	3 638 050	368 905
集体	216 844	55 564	14 212	272 571	241 607	32 194
股份合作	48 895	6 350	1 769	65 881	54 319	13 719
联营企业	11 119	3 327	481	14 103	11 955	3 148
国有联营	5 566	141	69	5 638	5 237	300
集体联营	5 069	3 146	402	7 952	6 434	2 748
国有与集体联营	484	40	10	513	284	100
其他联营	0	0	0	0	0	0
有限责任公司	2 055 301	217 456	45 921	2 478 143	2 037 775	361 477
国有独资公司	475 835	45 610	12 338	544 920	484 727	60 242
其他有限责任公司	1 579 466	171 846	33 583	1 933 223	1 553 048	301 235
股份有限公司	1 171 598	328 165	121 528	1 990 358	1 397 444	354 209
私营企业	1 700 961	149 328	38 019	1 889 034	1 546 495	338 077
私营独资	24 556	5 647	2 717	44 207	35 626	5 951
私营合伙	10 678	2 192	869	14 600	9 097	3 794
私营有限责任公司	1 596 433	139 275	33 925	1 755 572	1 438 855	320 823
私营股份有限公司	69 294	2 213	508	74 654	62 918	7 509
其他	0	0	0	0	0	0
港澳台商投资企业	68 908	4 532	2 074	75 463	60 952	10 216
与港澳台商合资经营	40 626	3 173	1 290	45 870	35 524	6 766
与港澳台商合作经营	1 418	101	76	1 446	962	435
港澳台商独资	26 865	1 259	708	28 148	24 466	3 016
港澳台商独资股份有限公司	0	0	0	0	0	0
外商投资企业	96 689	6 071	3 183	100 753	67 150	19 899
中外合资经营	26 006	2 472	1 472	27 610	22 747	3 594
中外合作经营	0	0	0	0	0	0
外资企业	70 682	3 599	1 711	73 144	44 403	16 305
外商投资股份有限公司	0	0	0	0	0	0
2.按国民经济行业分组						
农畜产品批发业	1 576 839	315 037	67 933	1 877 411	2 229 889	139 089

贸易业主要财务指标

年）

单位:万元

主营业务收入	主营业务成本	主营业务税金及附加	主营业务利润	管理费用	营业利润	利润总额	本年应付工资总额	本年应付福利费总额	本年应缴增值税总额
43 665 318	**39 691 833**	**46 506**	**2 127 677**	**670 141**	**276 939**	**393 071**	**354 951**	**65 016**	**310 919**
37 386 512	34 190 202	28 611	1 582 756	326 813	239 705	346 966	154 988	28 699	213 610
26 689 929	24 918 052	19 600	1 152 306	187 145	216 504	293 354	98 133	21 122	114 810
36 679 097	33 542 516	27 942	1 523 941	313 717	219 429	327 668	149 765	28 370	207 931
8 398 369	7 803 639	10 188	436 752	130 895	154 223	185 328	64 026	14 070	78 376
336 286	296 115	2 498	24 733	7 668	−1 799	−271	3 233	300	−14 445
122 878	113 810	14	2 816	1 304	−114	−213	475	−18	990
51 233	49 028	36	1 734	584	−669	−378	170	20	358
38 243	37 519	8	280	118	−295	−295	29	3	75
10 367	9 105	27	1 235	426	−531	−234	119	17	273
2 623	2 404	1	218	40	156	151	22	0	10
0	0	0	0	0	0	0	0	0	0
5 647 140	4 752 774	3 089	149 665	69 149	−34 143	22 506	18 055	4 373	32 413
919 963	911 767	718	−11 114	10 316	−46 079	1 027	2 688	461	1 660
4 727 177	3 841 007	2 372	160 779	58 833	11 936	21 478	15 367	3 912	30 753
17 239 260	16 107 457	8 682	707 962	42 262	100 388	103 674	29 532	6 439	43 226
4 883 932	4 419 693	3 435	200 280	61 855	1 545	17 021	34 275	3 186	67 013
100 682	72 502	60	3 763	1 663	−104	713	453	60	587
78 943	76 375	32	2 536	506	253	248	236	38	183
4 506 933	4 079 245	3 218	188 789	57 297	1 059	15 658	33 116	3 039	64 881
197 374	191 571	125	5 192	2 390	337	402	470	49	1 362
0	0	0	0	0	0	0	0	0	0
414 439	385 638	3	28 798	3 455	11 470	11 118	2 165	63	2 169
260 127	243 016	1	17 111	1 985	9 314	9 426	1 103	63	1 259
3 289	2 945	0	344	138	3	3	110	0	32
151 023	139 677	2	11 343	1 331	2 153	1 690	952	0	878
0	0	0	0	0	0	0	0	0	0
292 976	262 048	666	30 017	9 641	8 806	8 180	3 058	266	3 511
82 586	78 644	262	3 674	1 316	439	−516	660	126	473
0	0	0	0	0	0	0	0	0	0
210 389	183 403	404	26 343	8 326	8 367	8 697	2 398	140	3 037
0	0	0	0	0	0	0	0	0	0
1 285 572	1 203 695	81	67 292	36 450	−65 536	−34 085	11 557	2 009	−347

17—10 续表 1

登记注册类型、行业	流动资产小计	固定资产原价	累计折旧	资产合计	负债合计	实收资本
食品、饮料及烟草制品批发业	881 802	258 627	74 684	1 180 331	813 436	140 078
米、面制品及食用油批发业	361 124	88 129	27 680	469 772	560 320	41 294
烟草制品批发业	416 722	131 388	41 106	568 574	152 749	27 950
纺织、服装及日用品批发业	239 897	53 466	14 492	420 678	222 156	82 745
服装批发业	85 996	8 798	3 473	115 300	58 528	22 155
文化、体育用品及器材批发业	91 272	38 736	9 200	136 490	95 232	32 489
医药及医疗器材批发业	262 524	34 705	7 278	300 618	277 795	38 572
矿产品、建材及化工产品批发业	3 658 128	610 143	204 962	4 623 749	3 859 166	746 357
煤炭及制品批发业	155 748	10 013	4 157	202 322	155 167	23 365
石油及制品批发业	947 478	382 974	145 275	1 486 990	1 176 371	348 967
金属及金属矿批发业	1 742 054	113 870	28 142	1 903 540	1 635 797	242 990
建材批发业	133 228	4 430	2 050	181 008	185 920	9 408
化肥批发业	158 986	23 489	2 188	194 774	165 183	25 456
机械设备、五金交电及电子产品批发	1 408 698	125 224	37 146	1 761 152	1 388 708	289 044
汽车、摩托车及零配件批发业	396 023	33 688	8 722	453 953	356 541	69 630
家用电器批发业	47 099	3 408	585	50 430	46 302	5 350
计算机、软件及辅助设备批发业	276 916	14 698	3 656	489 324	378 634	64 255
贸易经纪与代理	88 911	10 213	3 314	117 510	126 558	25 243
其他批发业	57 737	5 451	1 466	51 395	42 805	8 229
二、零售业	2 203 377	1 452 257	307 336	3 844 121	2 631 399	840 400
其中:国有及国有控股	605 184	661 467	140 402	1 347 025	790 908	211 567
1.按登记注册类型分组						
内资	2 061 262	1 274 462	260 250	3 540 472	2 447 634	702 896
国有	137 906	159 554	33 749	263 466	203 640	46 614
集体	17 304	10 945	3 170	28 277	26 342	5 313
股份合作	11 341	12 275	2 980	24 869	19 093	4 816
联营企业	0	0	0	0	0	0
有限责任公司	577 264	387 427	69 103	993 153	790 275	220 256
国有独资公司	6 981	7 900	501	14 688	10 168	1 169
其他有限责任公司	570 284	379 527	68 602	978 465	780 106	219 087
股份有限公司	533 000	474 007	102 351	1 151 896	587 022	152 489
私营企业	784 446	230 253	48 898	1 078 813	821 263	273 408
私营独资	40 392	14 037	4 411	55 806	40 592	51 854
私营合伙	6 435	2 289	401	7 877	4 847	3 058
私营有限责任公司	719 669	192 414	39 919	976 922	742 877	211 495

单位:万元

主营业务收入	主营业务成本	主营业务税金及附加	主营业务利润	管理费用	营业利润	利润总额	本年应付工资总额	本年应付福利费总额	本年应缴增值税总额
2 149 021	1 785 077	5 716	302 667	76 799	151 802	167 355	31 255	8 037	40 725
469 414	441 566	33	24 914	9 015	-14 298	-6 493	2 652	384	-984
1 437 385	1 132 886	5 274	251 476	57 417	166 608	174 632	24 215	6 585	39 740
685 709	633 269	359	47 111	18 735	2 970	11 223	6 405	804	643
263 652	239 184	93	19 588	6 281	287	3 425	2 617	338	312
163 309	135 847	1 082	11 135	5 803	460	1 939	2 583	368	2 610
772 275	718 513	386	22 247	12 774	-1 805	-1 370	3 460	494	7 052
28 487 258	26 165 707	18 220	967 217	113 399	135 818	183 957	68 006	13 581	122 819
348 935	311 879	410	26 390	6 980	3 682	5 346	1 151	221	3 108
17 495 029	16 708 352	10 941	739 599	38 997	121 120	122 570	41 922	8 887	72 624
7 896 296	7 008 274	3 737	102 157	40 550	-290	40 206	9 353	2 236	37 676
72 942	65 596	79	7 169	3 019	-75	4 623	865	37	1 112
214 663	209 293	11	4 884	1 764	-63	479	529	59	6
3 502 360	3 231 734	2 654	142 025	56 216	13 579	13 975	30 033	3 285	36 128
1 370 108	1 311 506	741	50 117	15 651	17 071	16 885	3 305	514	21 695
180 055	168 846	221	10 956	1 557	1 915	-614	376	684	1 176
587 874	471 806	152	8 813	6 560	-11 664	-10 469	2 980	337	997
175 643	155 327	108	19 261	4 246	3 519	3 977	917	37	3 137
165 364	161 034	4	3 800	2 393	-1 101	-6	772	85	845
6 278 806	5 501 631	17 895	544 921	343 328	37 234	46 105	199 964	36 317	97 308
1 969 333	1 717 034	6 577	223 790	141 040	54 338	56 713	50 358	11 343	32 529
5 789 508	5 124 265	15 530	486 129	307 656	40 319	48 950	189 824	35 095	86 960
420 248	368 353	1 293	41 187	32 598	1 224	2 206	14 285	2 597	6 076
50 841	43 284	396	3 403	3 096	-3 889	-577	3 683	591	510
47 870	43 163	295	4 309	2 021	-861	-1 440	860	109	359
0	0	0	0	0	0	0	0	0	0
1 792 814	1 605 083	3 749	128 910	88 119	-9 297	-5 670	26 423	8 600	24 323
10 506	8 985	18	1 041	1 412	-420	0	522	322	45
1 782 309	1 596 098	3 731	127 869	86 707	-8 877	-5 670	25 901	8 278	24 278
1 416 839	1 240 019	5 224	165 271	99 484	46 844	48 985	33 439	7 888	24 196
2 060 896	1 824 363	4 574	143 050	82 337	6 299	5 446	111 135	15 311	31 497
60 736	54 999	166	4 457	3 857	-297	-371	1 307	194	625
8 808	7 555	110	1 142	753	-177	-164	295	47	190
1 905 387	1 682 547	4 170	131 906	75 347	7 865	14 898	108 226	14 898	30 235

17—10 续表 2

登记注册类型、行业	流动资产小计	固定资产原价	累计折旧	资产合计	负债合计	实收资本
私营股份有限公司	17 950	21 514	4 167	38 207	32 948	7 001
其他	0	0	0	0	0	0
港澳台商投资企业	74 099	66 850	14 523	137 831	81 413	43 252
与港澳台商合资经营	72 061	66 658	14 443	135 681	80 500	42 328
与港澳台商合作经营	0	0	0	0	0	0
港澳台商独资	2 038	192	80	2 151	913	924
港澳台商独资股份有限公司	0	0	0	0	0	0
外商投资企业	68 017	110 945	32 563	165 817	102 351	94 253
中外合资经营	58 016	106 859	30 971	149 416	89 745	84 583
中外合作经营	1 238	2 522	1 451	2 628	1 093	6 700
外资企业	7 774	1 510	111	12 760	11 454	2 919
外商投资股份有限公司	988	55	31	1 012	60	50
2.按国民经济行业分组						
综合零售业	923 266	1 017 703	216 597	2 091 183	1 418 757	373 778
百货零售业	752 160	828 585	169 772	1 742 712	1 122 578	291 041
超级市场零售业	163 117	181 931	45 646	332 838	282 393	78 276
食品、饮料及烟草制品专门零售业	28 194	14 047	3 568	44 524	34 910	4 130
纺织、服装及日用品专门零售业	61 262	94 301	14 610	176 015	112 710	70 894
服装零售业	38 509	81 021	11 764	140 256	86 134	59 724
文化、体育用品及器材专门零售业	77 293	49 990	15 185	120 156	90 044	23 853
体育用品零售业	4 931	1 094	424	5 846	4 766	379
图书零售业	60 552	42 028	12 872	94 048	71 104	17 334
医药及医疗器材专门零售业	218 816	46 130	10 988	268 399	172 309	32 998
药品零售业	218 395	46 075	10 967	267 928	172 143	32 698
汽车、摩托车、燃料及零配件专门	638 860	187 402	37 855	836 875	570 219	269 647
汽车零售业	532 432	102 365	19 612	674 932	470 218	173 826
机动车燃料零售业	83 588	81 052	17 439	134 136	78 125	90 062
家用电器及电子产品专门零售业	177 610	15 606	3 336	199 446	151 168	39 079
家用电器零售业	109 876	7 525	1 528	123 374	100 678	14 781
计算机、软件及辅助设备零售业	48 832	4 717	1 502	54 129	35 404	18 636
通讯设备零售业	17 418	3 212	258	20 348	14 259	5 169
五金、家具及室内装修材料专门零	71 533	18 316	2 462	95 082	76 738	18 422
无店铺及其他零售业	6 544	8 761	2 736	12 441	4 544	7 599
邮购及电子销售业	1 424	239	140	1 553	890	850

单位:万元

主营业务收入	主营业务成本	主营业务税金及附加	主营业务利润	管理费用	营业利润	利润总额	本年应付工资总额	本年应付福利费总额	本年应缴增值税总额
85 965	79 262	128	5 544	2 380	-1 092	-8 916	1 308	173	447
0	0	0	0	0	0	0	0	0	0
143 421	79 790	380	25 333	15 943	6 571	6 519	2 368	25	5 645
129 574	66 432	378	25 539	15 724	6 828	6 772	2 244	25	5 417
0	0	0	0	0	0	0	0	0	0
13 847	13 358	2	-206	219	-257	-253	124	0	228
0	0	0	0	0	0	0	0	0	0
345 878	297 576	1 985	33 460	19 729	-9 656	-9 364	7 772	1 197	4 703
291 775	245 701	1 954	31 264	16 745	-6 156	-5 756	6 742	1 135	4 043
5 449	6 202	0	-753	1 148	-840	-935	442	20	88
47 985	45 506	31	2 449	1 822	-1 739	-1 752	448	42	107
668	168	0	500	13	-921	-921	141	0	465
2 741 125	2 326 290	10 091	308 019	235 742	12 483	25 836	71 947	9 941	50 097
2 055 525	1 725 575	9 256	252 355	198 820	32 723	40 950	53 631	7 972	43 265
649 843	572 479	703	49 858	35 540	-20 124	-15 064	17 329	1 863	6 339
50 712	42 604	2 099	4 498	4 852	-1 775	-806	1 327	313	1 204
133 939	99 992	970	22 323	21 834	-5 034	-6 419	4 440	1 711	2 061
101 934	73 727	797	18 629	17 996	-3 910	-5 575	2 731	1 498	1 223
122 603	96 466	900	19 811	16 054	-5 370	-2 357	9 501	1 336	2 518
6 641	5 638	9	995	881	-116	-54	137	16	77
85 971	67 014	428	16 485	12 979	-1 742	-2 081	6 473	931	2 359
312 732	279 308	526	30 696	10 830	4 522	3 836	5 485	4 878	8 186
311 933	279 209	519	30 003	10 725	3 530	3 787	5 469	4 857	8 180
2 183 844	2 035 620	2 123	120 256	36 630	33 517	26 732	98 550	16 756	18 709
1 564 116	1 475 218	1 355	65 317	28 592	14 273	8 390	93 319	13 092	13 656
557 772	500 807	721	52 732	6 427	19 705	18 908	4 728	3 565	4 709
586 544	495 881	682	29 369	10 608	3 875	4 040	6 141	936	13 386
291 794	270 398	362	20 564	5 758	3 534	3 253	4 108	657	10 943
236 920	173 273	192	6 555	3 421	1 265	730	1 454	189	2 163
50 336	45 575	116	1 431	1 059	-1 013	-33	450	74	137
113 333	93 925	448	7 835	4 465	-4 235	-3 901	1 775	336	667
33 975	31 544	56	2 114	2 312	-750	-856	799	109	480
1 218	880	7	165	183	-319	-327	28	4	21

17—11 星级住宿业和限额以上餐饮业经营情况

(2005 年) 单位:万元

登记注册类型、行业	法人单位(个)	产业活动单位(个)	年末从业人数(人)	营业额	客房收入	餐费收入	商品销售收入	其他收入
总 计	**705**	**959**	**96 998**	**957 389**	**262 633**	**605 860**	**21 309**	**67 588**
一、住宿业	354	400	51 193	476 269	238 223	173 281	9 923	54 842
其中:国有及国有控股	140	160	18 731	139 474	70 309	53 642	2 551	12 972
1.按登记注册类型分组								
内资	288	326	33 852	253 068	125 745	99 237	4 377	23 709
国有	119	139	14 877	107 579	53 497	42 515	2 060	9 507
集体	24	26	1 999	15 770	7 427	6 765	227	1 352
股份合作	4	4	719	6 738	3 559	2 779	154	247
联营企业	1	1	50	260	260	0	0	0
国有联营	1	1	50	260	260	0	0	0
集体联营	0	0	0	0	0	0	0	0
国有与集体联营	**0**	**0**	**0**	**0**	**0**	**0**	**0**	**0**
其他联营	0	0	0	0	0	0	0	0
有限责任公司	56	67	6 765	65 421	33 654	23 860	1 164	6 743
国有独资公司	2	2	188	720	495	214	10	1
其他有限责任公司	54	65	6 577	64 701	33 160	23 646	1 153	6 742
股份有限公司	12	14	1 746	8 899	4 737	3 199	43	920
私营企业	72	75	7 696	48 401	22 611	20 119	730	4 941
私营独资	23	23	1 851	8 959	4 162	4 061	246	490
私营合伙	2	2	175	1 042	318	472	38	214
私营有限责任公司	44	47	5 504	36 907	17 454	14 771	446	4 236
私营股份有限公司	3	3	166	1 493	677	816	0	0
其他	0	0	0	0	0	0	0	0
港澳台商投资企业	32	35	8 847	114 733	54 800	37 881	3 083	18 969
与港澳台商合资经营	27	30	7 703	107 257	50 833	35 096	3 003	18 325
与港澳台商合作经营	3	3	900	7 082	3 860	2 657	79	485
港澳台商独资	2	2	244	394	107	128	0	159
港澳台商独资股份有限公司	0	0	0	0	0	0	0	0
外商投资企业	34	39	8 494	108 468	57 678	36 163	2 463	12 164
中外合资经营	28	31	6 137	80 593	41 624	26 963	1 537	10 468
中外合作经营	2	2	778	7 706	4 092	3 117	0	495
外资企业	3	5	1 506	19 909	11 852	5 989	926	1 142
外商投资股份有限公司	1	1	73	261	109	92	0	60
2.按国民经济行业分组								
旅游饭店	339	382	49 302	463 259	231 093	167 824	9 837	54 505
一般旅馆	11	14	1 393	8 599	5 278	2 990	80	251
其他住宿服务	4	4	498	4 411	1 853	2 466	6	86

17—11 续表　　(2005 年)　　单位:万元

登记注册类型、行业	法人单位(个)	产业活动单位(个)	年末从业人数(人)	营业额	客房收入	餐费收入	商品销售收入	其他收入
二、餐饮业	351	559	45 805	481 120	24 410	432 579	11 386	12 745
其中:国有及国有控股	19	22	1 631	13 436	3 532	7 374	541	1 990
1.按登记注册类型分组								
内资	268	302	24 663	244 735	17 877	212 364	8 016	6 478
国有	13	15	896	6 924	1 773	4 776	105	269
集体	12	13	894	6 896	1 696	4 864	191	145
股份合作	11	12	527	5 718	1 187	4 530	0	1
联营企业	1	1	18	220	0	220	0	0
国有联营	0	0	0	0	0	0	0	0
集体联营	1	1	18	220	0	220	0	0
国有与集体联营	0	0	0	0	0	0	0	0
其他联营	0	0	0	0	0	0	0	0
有限责任公司	57	73	6 365	55 062	6 628	44 384	1 944	2 106
国有独资公司	0	1	179	1 263	762	422	1	77
其他有限责任公司	57	72	6 186	53 799	5 866	43 962	1 943	2 029
股份有限公司	4	6	416	5 077	104	4 974	0	0
私营企业	168	180	15 195	162 288	6 404	146 481	5 777	3 627
私营独资	50	50	3 844	47 657	1 240	44 741	904	772
私营合伙	7	7	475	3 602	155	3 417	0	30
私营有限责任公司	97	108	10 006	100 733	3 647	90 005	4 413	2 668
私营股份有限公司	14	15	870	10 296	1 362	8 319	459	157
其他	2	2	352	2 550	86	2 135	0	329
港澳台商投资企业	25	27	2 201	29 039	1 874	21 346	1 277	4 542
与港澳台商合资经营	16	16	1 378	21 650	1 113	14 978	1 263	4 296
与港澳台商合作经营	2	2	173	2 205	0	2 205	0	0
港澳台商独资	7	9	650	5 183	761	4 163	14	245
港澳台商独资股份有限公司	0	0	0	0	0	0	0	0
外商投资企业	58	230	18 941	207 347	4 659	198 869	2 093	1 726
中外合资经营	33	39	4 252	42 351	4 223	35 734	1 572	821
中外合作经营	7	31	3 069	20 838	14	20 781	41	1
外资企业	16	158	11 490	143 309	422	141 725	422	740
外商投资股份有限公司	2	2	130	850	0	630	57	163
2.按国民经济行业分组								
正餐服务业	326	366	30 401	302 824	23 440	261 263	10 041	8 081
快餐服务业	20	188	14 565	170 100	105	169 792	186	16
饮料及冷饮服务业	1	1	57	386	0	386	0	1
其他餐饮服务业	4	4	782	7 811	865	1 139	1 159	4 648

17—12 星级住宿业和限额

（2005

登记注册类型、行业	流动资产小计	固定资产原价	累计折旧	资产合计	负债合计	实收资本
总计	**510 450**	**2 502 138**	**653 570**	**2 402 671**	**1 747 370**	**946 137**
一、住宿业	**364 442**	**2 065 096**	**540 470**	**1 887 022**	**1 407 251**	**761 710**
其中:国有及国有控股	109 887	709 270	127 834	576 777	387 185	229 935
1.按登记注册类型分组						
内资	196 312	876 448	202 227	982 177	686 572	383 145
国有	96 057	359 858	82 494	409 022	257 011	174 377
集体	11 149	65 670	17 981	61 311	40 247	15 882
股份合作	1 240	38 520	7 081	43 205	41 805	10 775
联营企业	535	45	19	584	1 158	25
国有联营	535	45	19	584	1 158	25
集体联营	0	0	0	0	0	0
国有与集体联营	0	0	0	0	0	0
其他联营	0	0	0	0	0	0
有限责任公司	38 088	161 306	43 411	206 052	143 390	94 753
国有独资公司	250	6 850	1 607	5 492	2 264	4 574
其他有限责任公司	37 838	154 457	41 804	200 560	141 126	90 179
股份有限公司	13 000	43 420	10 990	44 176	35 170	10 451
私营企业	36 244	207 629	40 252	217 828	167 791	76 883
私营独资	7 031	47 197	9 188	47 155	27 174	21 485
私营合伙	524	2 508	133	2 748	2 291	550
私营有限责任公司	27 443	156 218	30 570	164 796	136 644	53 388
私营股份有限公司	1 246	1 706	363	3 129	1 682	1 460
其他	0	0	0	0	0	0
港澳台商投资企业	89 817	611 270	151 669	380 350	316 350	141 421
与港澳台商合资经营	83 458	382 802	144 932	339 625	305 768	124 530
与港澳台商合作经营	5 946	226 610	6 509	37 782	13 090	14 015
港澳台商独资	412	1 858	228	2 943	－2 512	2 876
港澳台商独资股份有限公司	0	0	0	0	0	0
外商投资企业	78 313	577 378	186 573	524 495	404 333	237 145
中外合资经营	**70 670**	**431 460**	**140 296**	**407 384**	**298 097**	**201 276**
中外合作经营	855	70 551	16 998	62 911	60 471	28 210
外资企业	6 615	75 274	29 222	53 991	45 331	7 577
外商投资股份有限公司	174	93	58	209	435	82
2.按国民经济行业分组						
旅游饭店	353 545	1 822 144	532 092	1 829 611	1 380 996	734 912
一般旅馆	8 748	234 988	6 202	49 234	25 041	19 780
其他住宿服务	2 150	7 964	2 176	8 178	1 214	7 019

以上餐饮业主要财务指标

年)　　　　单位:万元

主营业务收入	主营业务成本	主营业务税金及附加	主营业务利润	管理费用	营业利润	利润总额	本年应付工资总额	本年应付福利费总额
921 659	**357 749**	**50 301**	**458 443**	**228 309**	**－68 529**	**－62 181**	**94 646**	**13 245**
452 485	**123 511**	**24 530**	**259 983**	**174 357**	**－62 924**	**－62 686**	**58 676**	**9 418**
132 970	46 111	7 287	71 561	44 834	－19 561	－18 413	22 546	3 149
243 545	79 578	13 985	128 447	75 566	－39 547	－33 580	35 442	5 147
101 400	35 758	5 556	53 938	33 209	－15 217	－13 768	18 277	2 275
14 728	5 190	947	8 486	4 453	－2 637	－2 155	2 073	289
6 492	1 621	344	4 527	3 091	－1 083	－1 082	390	301
260	12	14	234	72	－158	－158	66	57
260	12	14	234	72	－158	－158	66	57
0	0	0	0	0	0	0	0	0
0	0	0	0	0	0	0	0	0
0	0	0	0	0	0	0	0	0
64 653	18 187	3 274	30 817	20 140	－11 398	－7 206	7 174	720
720	262	39	419	39	－378	－333	179	20
63 933	17 925	3 234	30 398	20 101	－11 020	－6 872	6 995	700
8 887	2 200	543	5 944	1 840	－986	－980	1 331	542
47 126	16 609	3 307	24 503	12 762	－8 069	－8 232	6 132	962
8 499	4 031	559	2 551	1 917	－2 044	－1 979	1 234	64
931	179	70	405	216	19	19	87	0
36 203	11 751	2 573	20 808	10 158	－6 057	－6 250	4 682	895
1 493	649	105	739	471	13	－22	129	3
0	0	0	0	0	0	0	0	0
114 433	24 639	5 378	84 216	50 052	1 867	－5 860	12 314	1 935
106 978	23 182	5 005	78 791	45 703	2 780	－4 293	10 958	1 769
7 061	1 350	350	5 160	3 402	－15	－79	937	73
394	106	22	266	947	－899	－1 488	419	92
0	0	0	0	0	0	0	0	0
94 507	19 294	5 167	47 320	48 739	－25 245	－23 247	10 919	2 336
66 947	**14 973.5**	**3 702**	**26 889**	**28 500**	**－17 597**	**－14 601**	**7 817**	**1 270**
7 406	1 556	371	5 479	5 248	－4 555	－4 567	866	61
19 894	2 671	1 081	14 799	14 851	－2 910	－3 896	2 165	1 005
261	94	13	154	140	－183	－183	71	0
440 735	120 494	23 873	254 035	170 115	－62 606	－60 914	56 653	9 125
7 306	1 442	432	3 305	3 640	－435	－1 877	1 435	167
4 444	1 575	226	2 643	602	116	104	588	126

	流动资产小计	固定资产原价	累计折旧	资产合计	负债合计	实收资本
二、餐饮业	146 008	437 043	113 100	515 649	340 117	184 427
其中:国有及国有控股	4 016	42 622	12 117	38 499	13 606	18 249
1.按登记注册类型分组						
内资	92 729	252 082	51 967	322 165	206 608	109 638
国有	1 864	9 637	3 226	11 065	10 644	5 503
集体	2 672	5 283	1 736	6 949	6 036	1 074
股份合作	2 105	2 166	829	3 428	1 681	1 381
联营企业	10	14	14	10	－117	50
国有联营	0	0	0	0	0	0
集体联营	10	14	14	10	－117	50
国有与集体联营	0	0	0	0	0	0
其他联营	0	0	0	0	0	0
有限责任公司	25 786	96 329	21 271	111 729	54 009	54 923
国有独资公司	0	0	0	0	0	0
其他有限责任公司	25 786	96 329	21 271	111 729	54 009	54 923
股份有限公司	2 289	2 957	591	4 854	4 361	1 350
私营企业	57 651	134 603	24 083	182 797	129 786	45 292
私营独资	9 426	33 119	3 742	40 659	22 439	6 996
私营合伙	1 571	1 746	429	2 473	1 661	694
私营有限责任公司	38 918	87 060	16 766	121 240	87 399	35 192
私营股份有限公司	7 736	12 678	3 146	18 425	18 288	2 410
其他	353	1 092	217	1 334	207	65
港澳台商投资企业	11 318	55 566	24 475	46 286	46 106	12 072
与港澳台商合资经营	8 767	20 247	4 221	27 676	21 582	6 358
与港澳台商合作经营	595	98	73	621	80	500
港澳台商独资	1 956	35 221	20 181	17 990	24 444	5 215
港澳台商独资股份有限公司	0	0	0	0	0	0
外商投资企业	41 962	129 395	36 659	147 198	87 404	62 716
中外合资经营	22 384	28 960	9 213	47 983	26 987	23 037
中外合作经营	6 111	16 170	－2 481	20 200	11 926	11 689
外资企业	13 413	77 422	28 058	69 545	43 671	18 908
外商投资股份有限公司	54	6 844	1 868	9 470	4 820	9 083
2.按国民经济行业分组						
正餐服务业	120 914	318 752	82 092	406 307	271 963	144 441
快餐服务业	17 515	94 143	25 356	86 494	52 250	32 832
饮料及冷饮服务业	93	116	42	188	102	83
其他餐饮服务业	7 486	24 033	5 611	22 660	15 801	7 072

年）

单位：万元

主营业务收入	主营业务成本	主营业务税金及附加	主营业务利润	管理费用	营业利润	利润总额	本年应付工资总额	本年应付福利费总额
469 174	234 238	25 771	198 460	53 952	－5 604	505	35 970	3 828
12 037	5 386	507	5 451	3 262	－2 297	－2 202	1 327	235
241 039	134 937	14 395	82 373	29 052	－9 029	－5 822	18 598	1 995
6 797	3 645	341	2 147	888	－1 335	－1 232	561	175
6 644	3 664	168	2 276	953	－108	174	713	78
5 836	2 742	267	2 781	822	247	271	531	100
220	80	12	109	69	21	21	12	0
0	0	0	0	0	0	0	0	0
220	80	12	109	69	21	21	11	0
0	0	0	0	0	0	0	0	0
0	0	0	0	0	0	0	0	0
53 685	29 481	3 091	20 082	10 071	－4 192	－4 143	4 488	394
0	0	0	0	0	0	0	0	0
53 685	29 481	3 091	20 082	10 071	－4 192	－4 143	4 488	394
4 752	2 970	329	1 453	423	173	156	170	186
160 555	91 235	10 047	52 275	15 700	－4 427	－1 662	11 816	1 062
46 156	26 907	3 039	14 278	4 470	25	163	2 670	165
3 447	1 963	239	1 230	503	217	225	212	5
100 686	57 063	6 181	33 438	9 658	－3 237	－910	8 162	606
10 266	5 302	588	3 329	1 070	－1 433	－1 140	773	286
2 550	1 120	139	1 250	126	593	593	307	0
29 009	14 483	1 361	12 963	6 013	－1 425	－1 990	2 275	175
21 599	10 128	987	10 281	3 104	757	194	1 557	136
2 205	1 416	110	679	243	67	67	66	9
5 205	2 938	264	2 003	2 666	－2 249	－2 250	652	30
0	0	0	0	0	0	0	0	0
199 126	84 818	10 016	103 124	18 887	4 849	8 317	15 097	1 658
42 394	23 783	2 170	15 701	3 483	－726	－518	3 549	179
20 049	9 787	1 008	9 254	2 151	－1 847	－1 778	1 499	131
135 840	50 617	6 827	78 160	13 141	7 737	10 728	10 009	1 348
843	632	11	9	113	－315	－116	40	0
298 712	169 632	17 242	101 440	37 053	－12 371	－9 162	22 813	2 239
162 266	62 503	8 165	91 291	14 630	7 401	10 349	12 071	1 513
386	71	19	295	98	36	36	107	0
7 811	2 032	345	5 434	2 170	－669	－718	978	75

17—13　各地区限额以上批发零售贸易业企业资产、负债及所有者权益

(2005 年)

单位:万元

地　　区	资产合计	#流动资产	负债合计	所有者权益合计
全　　省	**14 313 453**	**10 469 186**	**11 687 144**	**2 629 693**
沈　　阳	5 198 536	3 898 969	4 365 904	832 632
大　　连	4 933 396	3 529 519	3 486 681	1 446 715
鞍　　山	1 423 964	1 122 432	1 207 588	216 376
抚　　顺	276 058	128 304	187 994	88 064
本　　溪	235 340	181 112	197 160	38 180
丹　　东	110 812	86 890	91 939	18 873
锦　　州	517 645	384 558	508 899	8 746
营　　口	200 075	130 809	125 101	74 974
阜　　新	156 814	101 130	153 136	3 679
辽　　阳	247 764	198 374	234 319	13 445
盘　　锦	338 022	249 537	304 530	36 875
铁　　岭	322 593	242 330	541 904	-219 311
朝　　阳	188 546	119 897	180 518	8 028
葫 芦 岛	163 890	95 325	101 472	62 418

17—14　各地区限额以上批发零售贸易业企业主要财务指标

(2005 年)

单位:万元

地　　区	主营业务收入	主营业务成本	主营业务税金及附加	主营业务利润	管理费用中的税金
全　　省	**43 665 318**	**39 691 833**	**46 506**	**2 127 677**	**28 097**
沈　　阳	21 755 862	19 766 987	18 646	791 731	7 932
大　　连	10 625 424	9 796 001	12 138	736 830	8 265
鞍　　山	4 650 270	4 499 854	5 830	144 586	3 855
抚　　顺	1 304 937	780 172	2 035	77 819	3 758
本　　溪	639 938	590 141	941	34 655	483
丹　　东	383 069	349 470	505	30 284	115
锦　　州	800 537	723 475	1 248	66 960	989
营　　口	434 243	363 982	937	48 642	520
阜　　新	248 633	218 180	455	27 334	190
辽　　阳	891 502	854 357	573	33 978	557
盘　　锦	838 179	787 446	1 404	49 328	384
铁　　岭	428 099	373 645	504	28 004	424
朝　　阳	334 025	299 572	624	27 851	320
葫 芦 岛	330 601	288 551	664	29 675	307

17—15　各地区限额以上批发零售贸易业企业增加值

(2005 年)　　　　单位:万元

地　　区	增加值合计	本年提取的固定资产折旧	本年应付工资总额	本年应付福利费总额	劳动失业保险费	主营业务税金及附加	利润总额	管理费用中税金额
全　　省	**1 077 949**	**127 237**	**354 951**	**65 016**	**63 066**	**46 506**	**393 071**	**28 097**
沈　　阳	404 703	38 332	161 647	26 767	27 640	18 646	123 740	7 932
大　　连	339 644	45 864	109 889	18 274	17 444	12 138	127 770	8 265
鞍　　山	87 080	11 796	14 394	1 823	4 519	5 830	44 864	3 855
抚　　顺	56 446	4 591	10 696	1 821	2 620	2 035	30 926	3 756
本　　溪	18 593	－2 442	5 191	1 594	1 067	941	11 759	483
丹　　东	19 562	1 890	3 497	1 826	1 061	505	10 668	115
锦　　州	27 528	5 540	10 153	1 591	2 191	1 248	5 816	989
营　　口	23 835	3 231	6 028	1 016	1 280	937	10 823	520
阜　　新	18 063	3 359	4 315	1 833	1 060	455	6 851	190
辽　　阳	21 644	3 419	5 118	733	615	573	10 629	557
盘　　锦	14 603	2 987	8 814	1 308	1 249	1 404	－1 544	384
铁　　岭	8 614	3 449	6 910	1 309	566	504	－4 549	424
朝　　阳	20 620	3 537	3 744	2 580	1 114	624	8 700	320
葫 芦 岛	17 009	1 683	4 557	2 541	639	664	6 619	307

17—16　各地区星级住宿业和限额以上餐饮业增加值

(2005 年)　　　　单位:万元

地　　区	增加值合计	本年提取的固定资产折旧	本年应付工资总额	本年应付福利费总额	劳动失业保险费	主营业务税金及附加	利润总额	管理费用中税金额
全　　省	**300 701**	**122 604**	**94 646**	**13 245**	**72 643**	**50 301**	**－62 181**	**9 443**
沈　　阳	72 672	23 065	32 105	4 899	2 478	19 151	－12 157	3 132
大　　连	184 128	78 891	35 987	5 100	68 970	18 124	－27 011	4 066
鞍　　山	9 036	4 055	4 116	479	256	2 703	－3 192	619
抚　　顺	5 105	2 267	2 573	245	138	1 131	－1 623	374
本　　溪	3 807	396	2 022	144	37	733	318	157
丹　　东	4 516	1 418	2 072	243	90	1 736	－1 180	126
锦　　州	5 567	4 673	2 900	454	187	837	－3 525	40
营　　口	5 361	4 543	3 122	174	147	1 512	－4 457	319
阜　　新	－1 307	274	1 146	108	94	382	－3 570	258
辽　　阳	1 870	361	2 081	329	83	776	－1 814	54
盘　　锦	3 520	984	2 389	428	87	1 376	－1 842	97
铁　　岭	1 083	222	789	100	42	262	－370	37
朝　　阳	1 027	245	927	104	19	490	－858	101
葫 芦 岛	4 320	1 210	2 417	438	14	1 090	－912	63

主要统计指标解释

社会消费品零售额 指各种经济类型的批发零售贸易业、餐饮业、和其他行业对城乡居民和社会集团的消费品零售额的总和。这个指标反映通过各种商品流通渠道向居民和社会集团供应的生活消费品来满足他们生活需要,是研究人民生活、社会消费品购买力、货币流通等问题的重要指标。社会消费品零售额包括:(1)售给城乡居民作为生活用的商品及修建房屋用的建筑材料;(2)售给机关、团体、学校、部队、企业、事业单位的职工食堂和旅店(招待所)附设专门供本店旅客食用,不对外营业的食堂的各种食品、燃料;企业、单位和国营农场直接售给本单位职工和职工食堂的自己生产的产品;(3)售给部队干部、战士生活用的粮食、副食品、衣着品、日用品、燃料;(4)售给来华的外国人、华侨、港澳台同胞的消费品(包括友谊商店、在海关前后设立的免税商店、外轮供应公司等);(5)居民自费购买的中、西药品、中药材及医疗用品;(6)报社、出版社直接售给居民和社会集团的报纸、图书、杂志,集邮公司(包括邮局集邮专柜)出售的新旧纪念邮票、特种邮票、首日封、集邮册、集邮工具等;(7)旧货寄售商店自购、自销部分的商品零售额;(8)煤气公司、液化石油气站售给居民和社会集团的煤气灶具和罐装液化石油气;

批发零售贸易业商品购、销、存总额 指以各种经济类型的批发、零售贸易业为总体的商品购、销、存。

商品购进总额 指从本企业(单位)以外的单位和个人购进(包括从国外直接进口)作为转卖或加工后转卖的商品。这个指标反映批发零售贸易业从国内、国外市场上购进商品的总量。商品购进总额包括:(1)从工农业生产者购进的商品;(2)从出版社、报社的出版发行部门购进的图书、杂志和报纸;(3)从各种经济类型的批发零售贸易企业(单位)购进的商品;(4)从其他单位购进的商品,如从机关、团体、企业、单位购进的剩余物资,从餐饮业、服务业购进的商品,从海关、市场管理部门购进的缉私和没收的商品,从居民收购的废旧商品等;(5)从国(境)外直接进口的商品。

商品销售总额 指对本企业(单位)以外的单位和个人出售(包括对国(境)外直接出口)的商品。这个指标反映批发零售贸易业在国内市场上销售商品以及出口商品的总量。商品销售总额包括:(1)售给城乡居民和社会集团消费用的商品;(2)售给工业、农业、建筑业、运输邮电业、批发零售贸易业、餐饮业、服务业、公用事业等作为生产、经营使用的商品;(3)售给批发零售贸易业作为转卖或加工后转卖的商品;(4)对国(境)外直接出口的商品。

批发零售贸易业年末库存 指年末各种经济类型的批发零售贸易企业(单位)已取得所有权的商品。它反映各地区、各批发零售贸易企业(单位)的商品库存情况和对市场商品供应的保证程度。期末库存包括:(1)存放在批发零售贸易业经营单位(如门市部、批发站、经营处)仓库、货场、货柜和货架中的商品;(2)挑选、整理、包装中的商品;(3)已记入购进而尚未运到本单位的商品,即发货单或银行承兑凭证已到而货未到部分;(4)寄放他处的商品,如因购货方拒绝承付而暂时存放在购货方的商品和已办完加工成品收回手续而未提回的商品;(5)委托其他单位代销(未作销售或调出)尚未售出的商品;(6)代其他单位购进尚未交付的商品。

城乡集市贸易成交额 指在农村集市和城市集市上买卖双方(包括农民、非农业居民、机关、团体、工商企业、个体商贩)成交的全部商品金额,是反映集市贸易规模的综合性指标。

第十八篇

对外经济贸易

18

DUIWAI
JINGJI
MAOYI

18—1 对外经济贸易基本情况

单位:户、个、亿美元

指　　标	2000年	2001年	2002年	2003年	2004年	2005年
进出口总额	**190.2**	**199.1**	**217.4**	**265.6**	**344.4**	**410.1**
出口总额	108.5	111.1	123.7	146.3	189.2	234.4
进口总额	81.7	88.0	93.7	119.3	155.2	175.7
进出口差额	+26.8	+23.1	+30.0	+27.0	+34.0	+58.7
外商直接投资合同项目	**1 883**	**1 876**	**2 125**	**2 327**	**2 491**	**2 686**
外商直接投资合同金额	**51.78**	**54.66**	**71.85**	**97.02**	**86.62**	**110.16**
实际外商直接投资额	**25.52**	**31.13**	**39.16**	**55.83**	**54.07**	**35.90**
外商投资企业基本情况						
年底登记户数	13 146	13 158	13 642	13 814	14 858	16 542
投资总额	655.43	637.97	664.08	735.01	679.15	815.07
注册资本	396.26	404.65	430.02	386.88	402.07	495.33
#外　方	254.48	245.50	279.56	282.22	279.65	361.71
对外经济合作						
合同金额	6.22	5.06	5.45	4.97	6.00	7.12
#对外承包工程	3.28	0.93	2.33	2.06	3.10	
对外劳务合作	2.93	2.75	3.02	2.90	2.84	
完成营业额	4.13	4.65	5.03	4.84	5.57	6.52
#对外承包工程	2.03	1.60	1.85	1.72	2.59	
对外劳务合作	2.09	2.03	3.17	3.10	2.97	

注:本表为海关统计数。

18—2 外贸进出口总额

单位:亿美元、%

年份	进出口总额	出口额	#地方产品出口	进口额	差额(+、-)	指数(以上年为100)		出口额指数(以1953年为100)
						出口额	进口额	
1978	15.9	15.2		0.7	+14.5	130.1	190.6	1 614.9
1979	26.7	26.0		0.7	+25.3	171.5	116.4	2 769.1
1980	40.5	39.8		0.7	+39.1	152.9	104.2	4 234.0
1981	44.3	43.4	8.9	0.9	+42.5	109.1	117.6	4 619.1
1982	43.7	43.0	8.1	0.7	+42.3	99.0	80.5	4 572.3
1983	40.0	39.2	9.1	0.8	+38.3	91.2	111.4	4 168.1
1984	51.1	49.9	10.7	1.2	+48.7	127.4	159.0	5 309.6
1985	53.9	50.4	10.5	3.5	+46.9	101.0	280.6	5 363.8
1986	34.3	30.8	12.1	3.5	+27.0	61.1	100.3	3 276.6
1987	42.2	37.9	15.1	4.3	+33.6	123.0	132.1	4 029.8
1988	44.5	38.7	18.9	5.8	+32.9	102.3	124.9	4 121.3
1989	53.4	44.5	21.3	8.9	+35.6	114.8	154.2	4 729.8
1990	63.2	56.1	25.1	7.1	+49.0	126.0	78.3	5 957.4
1991	67.3	57.7	32.1	9.6	+48.1	103.0	138.3	6 138.3
1992	76.6	61.8	39.1	14.8	+37.0	106.9	153.2	6 569.3
1993	84.6	62.1	42.5	22.5	+39.6	100.7	151.7	6 901.1
1994	97.0	68.7	52.9	28.3	+40.4	110.5	125.5	7 627.8
1995	109.9	82.6	65.6	27.3	+55.2	120.3	96.7	9 175.6
1996	112.5	83.4	68.2	29.1	+54.3	100.9	106.4	9 264.4
1997	129.6	88.9	75.0	40.7	+48.2	106.6	139.9	9 877.8
1998	127.4	80.5	73.0	46.9	+37.1	87.8	75.4	8 942.3
1999	137.3	82.0	77.4	55.3	+26.7	101.9	117.9	9 111.1
2000	190.2	108.5	105.3	81.7	+26.8	132.3	147.7	12 055.5
2001	199.1	111.1	104.8	88.0	+23.1	102.4	107.7	12 344.4
2002	217.4	123.7	118.2	93.7	+30.0	111.3	106.5	13 744.4
2003	265.6	146.3	131.7	119.3	+27.0	118.3	127.3	16 255.5
2004	344.4	189.2	177.2	155.2	+34.0	129.3	130.1	21 022.2
2005	410.1	234.4	232.4	175.7	+58.7	123.9	113.2	26 044.4

注:1998年以后为海关统计数。

18—3 按贸易性质分的进出口总额

单位:万美元

分类	2004年	2005年	2005年比上年增长%	比重(%) 2004年	2005年
进出口总额	**3 443 709**	**4 101 253**	**19.2**		
出口总额	**1 891 771**	**2 343 870**	**23.9**	**100**	**100**
一般贸易	848 556	1 081 394	27.5	44.9	46.1
国家间、国际组织无偿援助和赠送的物资	666	1 064	59.8		
来料加工装配贸易	165 346	226 402	36.9	8.7	9.7
进料加工贸易	785 724	951 210	21.1	41.5	40.6
寄售、代销贸易	19	2	-89.5		
边境小额贸易	5 864	15 479	164.1	0.3	0.6
对外承包工程货物	345	1 087	215.1		
租赁贸易		401			
出料加工贸易	114	212	86.0		
易货贸易	126	145	15.1		
保税仓库进出境货物	35 581	18 848	-46.9	1.9	0.8
保税区仓储转口货物	49 243	46 940	-4.7	2.6	2.0
其他	187	686	266.8		
进口总额	**1 551 937**	**1 757 383**	**13.2**	**100**	**100**
一般贸易	655 025	740 797	13.3	42.2	42.2
国家间、国际组织无偿援助和赠送的物资	18	7	-61.1		
华侨、港澳同胞、外籍华人捐赠物资	10	23	130.0		
来料加工装配贸易	123 610	169 074	36.8	8.0	9.6
进料加工贸易	533 511	617 581	15.8	34.4	35.1
寄售、代销贸易					
边境小额贸易	4 150	6 721	62.0	0.3	0.4
来料加工装配进口的设备	4 577	4 138	-9.6	0.3	0.2
租赁贸易	12 397	28 244	144.6	0.8	1.6
外商投资企业作为投资进口的设备、物品	62 214	54 585	-12.3	4.0	3.1
出料加工贸易	46	207	350.0		
易货贸易	294	203	-31.0		
保税仓库进出境货物	64 495	52 052	-19.3	4.2	3.0
保税区仓储转口货物	85 191	74 335	-12.7	5.5	4.2
其他	4 856	9 416	47.1	0.3	0.5

18—4 各地区进出口总额

单位:万美元

地　　区	2001年	2002年	2003年	2004年	2005年
进口总额					
总　　计	**879 874**	**937 309**	**1 193 011**	**1 551 937**	**1 757 383**
沈　　阳	154 076	145 535	225 599	281 510	221 733
大　　连	571 588	625 195	777 021	987 422	1 181 098
鞍　　山	20 217	38 627	36 566	65 107	83 971
抚　　顺	10 132	9 255	10 477	16 024	18 221
本　　溪	15 038	10 091	15 270	44 188	67 404
丹　　东	43 365	53 093	60 304	69 288	43 347
锦　　州	5 215	4 133	5 493	13 691	30 922
营　　口	24 568	21 801	29 188	39 718	45 121
阜　　新	475	194	360	354	536
辽　　阳	9 832	6 161	8 350	4 434	6 094
盘　　锦	3 148	4 461	3 384	4 194	4 719
铁　　岭	2 090	2 138	2 277	1 266	1 254
朝　　阳	1 475	1 030	1 921	2 908	7 955
葫 芦 岛	18 653	15 595	16 802	21 834	45 008
出口总额					
总　　计	**1 110 912**	**1 236 592**	**1 463 131**	**1 891 771**	**2 343 870**
沈　　阳	123 002	138 045	198 445	233 647	232 347
大　　连	763 187	848 935	952 952	1 085 448	1 378 025
鞍　　山	30 613	35 293	40 982	100 212	131 866
抚　　顺	13 265	16 661	25 021	40 936	40 055
本　　溪	4 346	10 131	9 370	52 602	74 953
丹　　东	78 565	90 042	105 667	131 322	151 113
锦　　州	10 241	12 448	14 835	46 248	53 937
营　　口	45 327	49 573	60 680	78 182	100 997
阜　　新	1 311	1 664	2 432	3 671	3 492
辽　　阳	5 598	6 502	8 281	13 215	23 934
盘　　锦	4 712	5 084	9 536	17 624	13 532
铁　　岭	3 808	4 530	5 800	8 125	8 347
朝　　阳	3 178	2 418	4 654	13 210	22 092
葫 芦 岛	23 761	15 266	24 476	67 329	109 180

18—5 海关同主要国家(地区)进出口总额

单位:万美元

国家、地区	进出口总额		进口总额		出口总额	
	2004年	2005年	2004年	2005年	2004年	2005年
香港	100 995	99 788	11 535	13 716	89 460	86 072
澳门	110	339	2	14	108	325
朝鲜	78 612	82 306	37 487	22 860	41 125	59 446
日本	961 333	1 049 993	415 070	418 863	546 263	631 130
菲律宾	24 332	26 612	11 214	9 141	13 118	17 471
韩国	427 924	494 036	196 491	205 700	231 433	288 336
泰国	41 739	50 930	16 343	16 963	25 396	33 967
马来西亚	49 011	45 803	30 100	19 951	18 911	25 852
新加坡	61 363	78 150	14 037	8 248	47 326	69 902
印度尼西亚	35 149	57 238	11 410	7 716	23 739	49 522
匈牙利	2 826	3 154	228	536	2 598	2 618
德国	193 581	210 633	152 066	151 050	41 515	59 583
法国	23 863	25 488	12 560	13 114	11 303	12 374
意大利	44 978	45 254	17 727	15 055	27 251	30 199
比利时	27 722	32 037	10 470	8 199	17 252	23 838
英国	50 408	54 400	8 632	9 667	41 776	44 733
丹麦	12 038	24 849	5 606	8 545	6 432	16 304
瑞典	12 544	15 411	8 911	8 778	3 633	6 633
瑞士	4 374	6 825	3 030	5 868	1 344	957
奥地利	6 992	13 434	4 850	11 534	2 142	1 900
西班牙	15 908	23 763	2 806	4 673	13 102	19 090
加拿大	43 591	53 105	23 615	28 399	19 976	24 706
美国	398 705	464 316	99 063	129 174	299 642	335 142
澳大利亚	61 644	88 508	42 348	56 105	19 296	32 403
新西兰	8 432	9 664	5 240	6 366	3 192	3 298
土耳其	4 562	9 988	841	1 540	3 721	8 448
荷兰	88 426	120 497	5 434	6 043	82 992	114 454
巴基斯坦	4 465	6 175	828	854	3 637	5 321
埃及	2 104	4 191	163	177	1 941	4 014
利比亚	228	389	48	14	180	375
俄罗斯	53 225	80 494	31 834	46 632	21 391	33 862
波兰	3 764	5 913	914	488	2 850	5 425
捷克	1 579	2 216	654	1 017	925	1 199
罗马尼亚	2 845	2 967	180	747	2 665	2 220
保加利亚	509	617		18	509	599
孟加拉	3 421	3 682	30	296	3 391	3 386
巴西	36 678	48 565	30 635	38 283	6 043	10 282

18—6 海关主要商品出口数量

品名	单位	2000年	2001年	2002年	2003年	2004年	2005年
大豆	万吨	1.4	1.7	5.2	5.2	8.7	12.4
食用植物油	吨	2 070	736	1 336	531	854	54 876
花生仁	吨	25 426	38 495	23 123	21 108	23 666	22 631
冻鸡	吨	36 465	36 867	35 777	19 371	8 124	14 923
水产品	吨	222 071	279 824	358 964	292 465	321 532	312 342
苹果	吨	22 388	17 046	23 157	29 128	41 096	26 571
棉布	万米	3 024					624
绸缎	万米	24.5	19.2	29.8	14.7	35.8	
蜂蜜	吨	4 303	3 599	6 148	5 370	2 715	3 053
纸张	吨	6 389	4 834	6 742	10 520	7 661	4 937
烤烟	吨	607	1 547	5 931	4 750	3 688	1 935
钢材	万吨	65.7	31.5	64.7	76.1	222.8	300
煤炭	万吨			16.6	8.0	9.3	2.7
成品油	万吨	204.2	372.8	425.3	279.1	264.9	314.9
原油	万吨	368	348	313.8	326.7	61.7	52.3
生铁	万吨			3.0	2.8	0.6	0.2
砩石	吨	26 038	38 004	21 823	14 020	26 352	19 769
滑石块	吨	284 059	319 428	248 632	257 277	220 627	185 522
石蜡	吨	200 458	233 116	263 763	219 215	271 537	344 942
染料	吨	11 995	13 375	15 186	13 547	13 319	14 725
轮胎	套	2 513 218	2 626 445	2 311 811	2 725 221	3 667 266	4 809 260
机床	台	6 884	5 856	4 346	3 503	5 742	9 914
轴承	万套	5 711	3 894	2 331	2 626	3 574	4 708
汽车	辆	2 438	2 795	606	814	2 186	5 212

18—7 海关主要商品进口数量

品　　名	单位	2000年	2001年	2002年	2003年	2004年	2005年
货船	艘	49	373	27	47	31	34
汽车	辆	7 295	12 627	20 134	25 421	31 457	22 531
卡车	辆	212	181	517	934	277	86
旅行车	辆	484	1 875	2 345	1 392	1 186	797
小轿车	辆	3 278	7 339	8 626	15 463	24 710	15 794
机床	台	2 125	2 387	3 875	3 643	3 154	3 419
钢材	吨	630 032	586 775	707 053	775 106	641 676	590 661
型材	吨		8 733	4 266	5 456	14 029	541 164
铜	吨	36 846	20 059	10 783	12 391	13 853	17 560
铝	吨	28 103	12 251	12 145	13 552	17 580	22 992
橡胶	吨	54 661			38 734	51 196	76 194
纯碱	吨	3 303			4 542	5 001	1
染料及中间体	吨	528			801	732	746
农药	吨	848	2 609	749	2 528	64	499
彩色电视机	台	216	432	298		2 948	328
显像管	只	2 279 913	2 418 493	2 753 565		2 445 852	1 490 723
收录机	台	103	218	276		2 376	631

18—8 利 用 外 资 概 况

单位:个、万美元

年份	总计		对外借款		外商直接投资		外商其他投资	
	项目	金额	项目	金额	项目	金额	项目	金额
签订利用外资协议(合同)								
1980	24	487					24	487
1985	136	24 213	22	3 916	71	16 353	43	3 944
1990	550	85 298	70	34 403	365	46 703	115	4 192
1991	720	92 238	40	33 733	575	54 006	105	4 499
1992	2 264	269 694	39	68 353	2 148	197 922	77	3 419
1993	4 147	431 588	27	49 074	4 054	379 615	66	2 899
1994	2 810	499 888	63	50 495	2 677	448 846	70	547
1995	2 484	466 820	54	60 702	2 406	397 449	24	8 669
1996	1 901	502 673	27	24 728	1 853	445 601	21	32 344
1997	1 734	550 991	17	57 080	1 698	438 835	19	55 076
1998	1 740	506 974	26	46 747	1 708	438 957	6	21 270
1999	1 785	505 987	44	51 200	1 736	444 517	5	10 270
2000	1 908	555 807	17	26 983	1 883	517 775	8	11 049
2001	1 893	592 312	14	31 611	1 876	546 649	3	14 052
2002	2 132	742 914	5	11 194	2 125	718 520	2	13 200
2003	2 328	982 243	1	12 000	2 327	970 243		
2004	2 491	866 200			2 491	866 200		
2005	2 686	1 101 596			2 686	1 101 596		
实际利用外资额								
1980		457						457
1985		4 192		1 617		1 569		1 006
1990		78 725		51 749		24 831		2 145
1991		97 157		61 429		31 360		4 368
1992		85 931		39 512		43 916		2 503
1993		169 055		43 402		122 731		2 922
1994		198 135		55 230		142 388		517
1995		190 691		49 377		140 405		909
1996		237 915		44 637		167 142		26 136
1997		305 876		29 775		221 446		54 655
1998		314 104		71 742		220 471		21 891
1999		303 820		85 470		206 366		11 984
2000		301 620		35 472		255 219		10 929
2001		358 627		33 282		311 293		14 052
2002		425 538		20 777		391 561		13 200
2003		571 074		12 812		558 262		
2004		540 679				540 679		
2005		359 042				359 042		

18—9 各地区实际外商直接投资额

单位:万美元

地区	2000年	2001年	2002年	2003年	2004年	2005年
总计	**255 219**	**311 293**	**391 561**	**558 262**	**540 679**	**359 042**
沈阳	71 229	85 217	140 880	224 237	242 277	212 312
大连	130 597	145 400	160 309	221 126	220 328	100 153
鞍山	8 787	14 013	16 422	22 651	19 261	6 936
抚顺	2 216	4 453	5 815	6 776	3 260	4 207
本溪	864	1 313	2 084	3 205	4 617	3 856
丹东	3 696	5 560	7 553	10 106	8 646	6 432
锦州	5 939	10 500	11 911	13 131	4 928	6 647
营口	13 952	17 943	21 530	24 816	16 319	7 840
阜新	314	1 100	1 702	2 230	2 107	1 328
辽阳	2 695	4 018	5 233	4 005	4 211	3 299
盘锦	9 100	11 860	5 592	8 100	2 462	1 464
铁岭	3 600	5 441	6 587	10 196	7 650	1 564
朝阳	1 110	2 235	2 483	3 088	2 434	584
葫芦岛	1 120	2 240	3 460	4 595	2 179	2 420

18—10 按国别分的实际外商直接投资额

单位:万美元

国别、地区	2000年	2001年	2002年	2003年	2004年	2005年
香港	66 398	101 211	127 241	182 321	147 096	139 993
澳门	767	192	770	2 453	1 545	1 436
台湾	7 427	14 681	15 350	16 382	19 650	5 793
印度尼西亚	10		245	22	1 007	395
日本	44 910	65 881	80 675	85 252	85 972	41 003
马来西亚	2 252	1 414	399	1 610	1 608	4 675
菲律宾	52	3	50	1 008	2 096	373
新加坡	7 452	6 575	12 936	11 888	12 827	3 124
韩国	26 405	26 919	29 707	91 236	104 621	51 435
泰国	306	514	333	932	1 280	2 780
比利时	382	304	54	2 666	3 321	495
丹麦	60	3 173	93	122	503	215
英国	2 910	1 840	4 725	9 052	3 755	4 861
德国	6 447	2 359	11 788	10 079	4 805	3 693
法国	87	1 641	2 783	2 755	878	31
意大利	240	1 643	361	810	808	2 426
荷兰	4 051	13 498	904	14 355	3 136	2 921
新西兰	326	91	527	515	1 778	1 005
西班牙	23	190	58	96	6	84
芬兰	798	2 519	95	800	366	
瑞士	3 531	1 384	450	1 478		503
加拿大	3 234	3 883	6 482	5 808	10 947	4 499
美国	47 045	41 460	49 760	45 947	64 096	28 262
澳大利亚	1 980	2 022	3 128	11 062	12 006	3 949

18—11 外 商 直 接 投 资

（按国别、地区分）　　　　单位：个、万美元

国　　别	2001年		2002年		2003年		2004年		2005年	
	项　目	合　同 外资额	项　目	合　同 外资额	项　目	合　同 外资额	项　目	合　同 外资额	项　目	合　同 外资额
日　　本	317	70 483	366	76 057	446	109 381	466	96 432	538	121 048
香　　港	269	152 981	193	208 746	356	307 644	404	264 534	459	350 758
韩　　国	597	49 935	672	95 089	762	188 776	859	155 827	839	237 107
澳　　门	6	508	4	3 796	15	8 690	7	8 611	13	4 943
新 加 坡	56	10 371	38	24 491	41	12 333	57	34 564	48	12 894
泰　　国	4	1 451	6	4 313	6	6 903	10	3 118	7	7 812
马来西亚	2	258	14	23 158	13	6 883	16	2 573	19	4 931
美　　国	233	121 822	295	116 846	249	113 933	231	84 888	268	133 755
英　　国	15	3 749	26	17 345	18	12 685	26	13 767	25	5 240
法　　国	8	6 557	11	1 568	5	360	10	521	2	200
德　　国	18	10 974	22	15 177	19	6 903	31	5 545	40	24 726
澳大利亚	42	17 708	40	9 978	43	45 501	33	13 286	45	21 552
意 大 利	8	640	10	1 261	12	4 334	16	5 056	25	12 871
加 拿 大	53	21 576	66	19 600	76	24 477	83	24 471	87	27 074
西 班 牙	4	87	4	91	3	-146	4	54	4	254
瑞　　士	4	43	1	622		370	1	36	2	58
菲 律 宾	2	1 158	2	2 150	9	5 369	2	1 439	5	2 256
荷　　兰	6	19 269	7	2 040	9	9 102	8	2 253	15	5 414
丹　　麦	9	4 501	2	69	3	174	1	435	1	289
比 利 时			2	28	1	1 495	1	3 798	5	380
新 西 兰	4	117	8	1 012	7	2 042	14	1 907	12	-5
芬　　兰					1	2 760	1	51		
台　　湾	127	28 435	142	30 535	112	32 854	114	42 923	92	22 758

18—12 按行业分对外签订外商直接投资合同情况

行业	2004年	2005年
一、合同项目(个)		
总计	**2 491**	**2 686**
农、林、牧、渔业	81	69
采矿业	26	25
制造业	1 666	1 717
电力、燃气及水的生产和供应业	13	15
建筑业	43	42
交通运输、仓储及邮政业	20	12
信息转输、计算机服务和软件业	87	129
批发和零售业	107	151
住宿和餐饮业	108	125
金融业	5	4
房地产业	159	178
租赁和商务服务业	98	139
科学研究、技术服务和地质勘查业	26	31
水利、环境和公共设施管理业	13	3
居民服务和其他服务业	21	28
教育	3	2
卫生、社会保障和社会福利业	4	1
文化、体育和娱乐业	11	15
公共管理和社会组织		
国际组织		
二、合同外资额(万美元)		
总计	**866 166**	**1 101 596**
农、林、牧、渔业	23 700	21 048
采矿业	9 474	6 938
制造业	528 298	716 719
电力、燃气及水的生产和供应业	14 817	10 534
建筑业	26 094	6 333
交通运输、仓储及邮政业	13 791	11 875
信息转输、计算机服务和软件业	17 489	41 606
批发和零售业	5 624	32 004
住宿和餐饮业	16 826	15 442
金融业	7 923	3 767
房地产业	168 500	180 554
租赁和商务服务业	11 456	29 677
科学研究、技术服务和地质勘查业	4 013	11 235
水利、环境和公共设施管理业	2 668	2 006
居民服务和其他服务业	3 522	4 658
教育	418	12
卫生、社会保障和社会福利业	3 827	2 084
文化、体育和娱乐业	7 726	5 104
公共管理和社会组织		
国际组织		

18—13　按行业分实际外商直接投资额

单位:万美元

行　　业	2004年	2005年
总　　计	**540 679**	**359 042**
农、林、牧、渔业	17 512	2 353
采　矿　业	3 117	1 660
制　造　业	308 044	176 122
电力、燃气及水的生产和供应业	10 090	3 915
建　筑　业	13 404	5 575
交通运输、仓储及邮政业	10 890	9 059
信息转输、计算机服务和软件业	11 753	8 315
批发和零售业	11 114	4 647
住宿和餐饮业	9 526	3 789
金　融　业		559
房地产业	119 045	98 312
租赁和商务服务业	12 393	5 928
科学研究、技术服务和地质勘查业	851	1 639
水利、环境和公共设施管理业	763	1 132
居民服务和其他服务业	352	3 965
教　　育	995	98
卫生、社会保障和社会福利业	423	17
文化、体育和娱乐业	8 863	1 835
公共管理和社会组织		
国际组织		

18—14 年末登记外商投资企业行业分布情况

行业	企业数(户)		投资总额(百万美元)		注册资本(百万美元)		#外方	
	2004年	2005年	2004年	2005年	2004年	2005年	2004年	2005年
总计	**14 858**	**16 542**	**67 915**	**81 507**	**40 207**	**49 533**	**27 965**	**36 171**
农、林、牧、渔业	459	486	1 287	1 551	884	1 098	616	800
采矿业	52	62	148	210	101	159	64	111
制造业	9 712	10 701	37 234	44 383	22 793	27 725	15 507	19 669
电力、燃气及水的生产和供应业	53	66	1 854	2 056	784	876	535	633
建筑业	488	541	1 816	2 209	1 461	1 785	1 004	1 291
交通运输、仓储及邮政业	135	143	2 115	1 758	941	918	559	586
信息转输、计算机服务和软件业	404	496	2 377	2 849	1 374	1 773	1 135	1 512
批发和零售业	898	996	1 133	1 282	703	819	508	598
住宿和餐饮业	759	850	3 161	3 230	1 826	1 866	1 071	1 144
金融业	14	16	375	389	324	338	284	285
房地产业	866	964	12 421	14 608	6 710	8 323	5 016	6 371
租赁和商务服务业	443	539	1 216	1 663	900	1 177	677	941
科学研究、技术服务和地质勘查业	167	230	641	1 112	289	661	204	565
水利、环境和公共设施管理业	51	59	475	536	233	281	144	191
居民服务和其他服务业	169	197	179	225	145	171	91	107
教育	10	11	32	32	15	16	5	6
卫生、社会保障和社会福利业	12	12	209	238	63	92	31	59
文化、体育和娱乐业	162	170	1 233	3 170	654	1 449	508	1 297
公共管理和社会组织								
国际组织								

18—15 外商投资企业分国别、地区注册登记情况

(2005年)

国别(地区)	企业个数(个)		投资总额(万美元)		注册资本(万美元)		#外方(万美元)	
	年末实有	本年新增	绝对数	比重	绝对数	比重	绝对数	比重
合计	**16 542**	**1 992**	**1 125 306**	**100.0**	**856 662**	**100.0**	**768 827**	**100.0**
香港	3 161	318	385 910	34.3	288 737	33.7	264 464	34.4
澳门	60	6	7 889	0.7	5 945	0.7	2 166	0.3
台湾	1 015	63	19 593	1.7	14 253	1.7	10 911	1.4
印度尼西亚	19	4	5 331	0.5	2 224	0.3	1 814	0.2
日本	3 178	397	85 830	7.6	62 383	7.3	55 770	7.3
马来西亚	99	15	4 548	0.4	2 608	0.3	1 792	0.2
菲律宾	23	3	1 336	0.1	806	0.1	685	0.1
新加坡	339	35	25 132	2.2	14 420	1.7	11 463	1.5
韩国	4 422	625	208 971	18.6	183 283	21.4	174 550	22.7
泰国	78	6	6 158	0.5	4 746	0.6	4 654	0.6
比利时	19	3	1 212	0.1	617	0.1	538	0.1
丹麦	12	1	400	0.04	400	0.05	100	0.01
英国	168	24	20 663	1.8	18 127	2.1	17 360	2.3
德国	201	39	71 104	6.3	40 672	4.7	33 178	4.3
法国	50	1	200	0.02	200	0.02	200	0.03
奥地利	21	2	755	0.1	666	0.1	171	0.02
意大利	84	23	17 111	1.5	16 047	1.9	15 499	2.0
卢森堡	4							
荷兰	59	13	8 806	0.8	3 829	0.4	3 417	0.4
葡萄牙	5							
西班牙	27	4	468	0.04	338	0.04	321	0.04
芬兰	9	1	100	0.01	100	0.01	100	0.01
瑞士	18	2	54	0.005	54	0.01	54	0.01
加拿大	422	66	28 373	2.5	23 844	2.8	21 823	2.8
美国	1 926	189	122 065	10.8	101 285	11.8	90 625	11.8
澳大利亚	265	26	16 173	1.4	11 587	1.4	7 791	1.0
新西兰	52	9	1 641	0.1	1 641	0.2	1 348	0.2

18—16　对外承包工程和劳务合作

年　　　份	合同份数（份）	合同金额（万美元）	完成营业额（万美元）	营业利润（万美元）	外汇净收入（万美元）	派出人员（人）	年末在外人数（人）
总　　计							
1985	77	8 045	3 547	231	347	1 236	2 415
1990	223	23 984	8 445	478	830	10 354	8 459
1991	253	13 942	9 037	392	741	12 074	9 945
1992	354	27 501	14 170	985	948	18 197	13 167
1993	396	39 143	20 609			18 983	16 821
1994	609	55 763	31 484				24 569
1995	795	62 925	32 117			20 946	26 868
1996	832	48 704	29 599			21 159	23 573
1997	1 002	63 469	37 784			23 866	29 095
1998	1 173	56 681	44 406			25 925	31 717
1999	1 362	44 661	35 574			31 052	36 724
2000	1 381	62 229	41 334			38 781	45 936
2001	1 284	50 554	46 512			42 240	47 744
2002	1 017	54 504	50 326			51 585	57 292
2003	981	49 749	48 368			58 376	64 126
2004	917	60 022	55 715			64 263	66 575
2005	900	71 200	65 200			69 364	71 100
承包工程							
1985	32	6 523	2 392	59	38	207	297
1990	46	14 052	6 767	332	280	1 999	2 280
1991	54	6 433	4 505	132	302	3 842	2 555
1992	79	18 867	9 231	428	380	6 441	3 009
1993	136	26 818	10 877			4 883	3 556
1994	180	44 900	19 600				
1995	191	39 414	17 626			4 509	4 966
1996	209	28 875	15 850			5 616	3 027

18—16 续表

年　　份	合同份数（份）	合同金额（万美元）	完成营业额（万美元）	营业利润（万美元）	外汇净收入（万美元）	派出人员（人）	年末在外人数（人）
1997	216	39 754	20 980			3 399	4 263
1998	247	35 901	28 258			4 467	4 305
1999	215	21 137	17 503			2 722	2 860
2000		32 811	20 309				
2001	72	9 327	15 962			2 751	2 265
2002	156	23 330	18 474			1 749	2 741
2003	228	20 644	17 151			1 801	2 000
2004	200	31 043	25 920			5 539	5 800
劳务合作							
1985	45	1 522	1 155	172	309	1 029	2 118
1990	177	9 932	1 678	146	550	8 355	6 179
1991	199	7 509	4 532	260	439	8 232	7 390
1992	275	8 634	4 939	557	568	11 756	10 158
1993	260	12 325	9 732			14 100	13 265
1994	429	10 863	11 884				24 569
1995	596	22 804	14 451			16 408	21 848
1996	618	19 634	13 616			15 504	20 545
1997	763	22 776	16 313			20 459	24 823
1998	922	20 397	15 660			21 428	27 401
1999	1 129	23 478	18 006			28 316	33 851
2000		29 310	20 926				
2001	926	27 486	20 326			26 766	33 599
2002	850	30 175	31 700			49 748	54 551
2003	750	29 001	31 005			56 508	62 059
2004	712	28 410	29 662			58 661	60 770

主要统计指标解释

利用外资 指我国各级政府、部门、企业和其他经济组织通过吸收外商直接投资以及用其他方式筹措的境外现汇、设备、技术等。

外商直接投资 是指外国企业和经济组织或个人(包括华侨、港澳台胞以及我国在境外注册的企业)按我国有关政策、法规,用现汇、实物、技术等在我国境内开办外商独资企业、与我国境内的企业或经济组织共同举办中外合资经营企业、合作经营企业或合作开发资源的投资(包括外商投资收益的再投资)以及经政府有关部门批准的项目投资总额内,企业从境外借入的资金。

对外承包工程 包括各对外承包公司以招标议标承包方式承揽的下列业务(1)承包国外工程建设项目;(2)承包我国对外经援项目;(3)承包我国驻外机构的工程建设项目;(4)承包我国境内利用外资进行建设的工程项目;(5)与外国承包公司合营或联合承包工程项目时我国公司分包部分;(6)以服务成果向业主收费的技术服务项目(包括承担地形地貌测绘;地质资源勘探与普查;建设区域规划;提供设计文件、图纸、生产工艺技术资料和工程技术经济咨询;工程项目的可行性考察、研究和评估;进行技术指导和培训人员等);(7)对外承包兼营的房屋开发业务。对外承包工程的营业额是以货币表现的本期内完成的对外承包工程的工作量,包括以前年度签订的合同和本年度新签订的合同在报告期完成的工作量。

对外劳务合作 指以收取工资的形式向业主或承包商提供技术和劳动服务的活动。我国对外承包公司在境外开办的合营企业,中国公司同时又提供劳务的,其劳务部分也纳入劳务合作统计。劳务合作营业额按报告期内向雇主提交的结算数(包括工资、加班费和奖金等)统计。

第十九篇

旅游

19

LUYOU

19—1 旅游事业发展情况

指　　标	单位	2000年	2001年	2002年	2003年	2004年	2005年
入境旅游人数	**人次**	**612 222**	**739 985**	**929 428**	**778 943**	**1 080 809**	**1 301 955**
外国人	人次	500 509	619 137	794 172	668 090	937 671	1 111 091
港澳台同胞	人次	111 713	120 848	135 256	110 853	143 138	190 864
平均逗留天数	天	3.4	3.3	3.2	3.2	3.1	3.2
国内居民出境人数	**人次**	**105 230**	**82 814**	**98 793**	**67 674**	**133 965**	**212 996**
国内旅游人数	**万人次**	**4 263**	**4 984**	**6 305**	**6 303**	**8 019**	**9 860**
旅游收入							
国际旅游收入	万美元	38 265	46 303	55 021	45 410	61 281	73 777
国内旅游收入	亿元	223.7	274.2	397.6	407.5	519.4	674.7
星级饭店总数	**个**	**216**	**285**	**347**	**379**	**445**	**499**
旅行社数	**个**	**504**	**580**	**653**	**803**	**902**	**1 003**

19—2 按国别分外国入境旅游人数

单位：人次

国　　别	2000年	2001年	2002年	2003年	2004年	2005年
总计	**500 509**	**619 137**	**794 172**	**668 090**	**937 671**	**1 111 091**
#日本	216 857	256 406	320 136	241 119	383 613	429 841
菲律宾	1 748	2 071	6 720	5 619	6 257	5 932
新加坡	7 676	11 162	13 767	13 195	14 422	17 977
泰国	2 914	2 145	4 050	3 854	4 196	5 002
印度尼西亚	2 427	4 134	4 519	4 169	4 823	4 632
美国	15 808	18 783	23 266	18 781	26 666	31 497
加拿大	3 688	4 806	5 642	4 972	7 374	8 671
英国	3 774	4 881	6 389	7 948	7 943	9 659
法国	2 733	3 373	3 585	3 721	5 062	6 542
德国	5 963	7 252	8 898	10 017	15 899	17 234
意大利	2 675	2 737	2 754	2 256	3 709	4 149
俄罗斯	19 813	19 583	33 738	29 612	43 671	63 459
澳大利亚	3 485	4 008	5 972	4 519	6 154	7 325
新西兰	501	849	1 606	1 050	1 706	1 846

19—3 按地区分的接待入境旅游人数

单位:人次

地区	2000年	2001年	2002年	2003年	2004年	2005年
接待旅游人数	**612 222**	**739 985**	**929 428**	**778 943**	**1 080 809**	**1 301 955**
沈阳	172 766	176 961	237 627	184 255	272 838	326 513
大连	338 286	433 286	491 100	373 000	520 035	600 030
鞍山	29 963	36 831	45 812	46 726	58 665	68 409
抚顺	3 495	4 208	6 903	10 517	14 960	19 669
本溪	7 847	10 951	20 527	25 967	35 512	52 201
丹东	40 258	53 791	75 508	68 489	86 583	103 494
锦州	3 755	4 660	15 950	22 700	29 499	54 952
营口	5 991	7 338	12 160	13 858	16 400	17 011
阜新	643	1 236	1 620	1 641	2 005	2 313
辽阳	1 476	2 274	3 889	6 024	8 811	9 803
盘锦	1 712	2 050	2 730	5 380	8 836	14 464
铁岭	352	693	1 182	2 015	4 899	7 051
朝阳	519	615	725	909	1 111	1 544
葫芦岛	5 159	5 091	13 695	17 462	20 655	24 501

19—4 按地区分的旅游外汇收入

单位:万美元

地区	2000年	2001年	2002年	2003年	2004年	2005年
旅游外汇收入	**38 265**	**46 303**	**55 021**	**45 410**	**61 281**	**73 777**
沈阳	10 014	9 912	13 702	11 102	14 342	17 272
大连	23 427	30 422	33 000	25 120	35 000	40 000
鞍山	2 053	2 582	3 189	3 202	4 216	4 945
抚顺	191	229	332	358	397	504
本溪	202	312	515	657	1 082	1 702
丹东	1 480	1 900	2 629	2 414	2 770	3 680
锦州	170	222	510	697	975	1 841
营口	167	220	326	568	671	718
阜新	26	45	60	63	78	90
辽阳	57	87	158	325	413	468
盘锦	73	88	137	288	479	747
铁岭	18	35	54	91	229	330
朝阳	28	31	38	51	59	77
葫芦岛	359	218	371	474	570	676

19—5 按地区分的国内旅游人数及收入

(2005年)　　单位:万人次、百万元

地　区	国内旅游接待人数	过夜旅游者	一日游游客	国内旅游收入	过夜旅游者	一日游游客
全　省	**9 860**	**7 459**	**2 401**	**67 465**	**63 268**	**4 197**
沈　阳	3 500	2 389	1 111	21 224	20 085	1 139
大　连	1 900	1 503	397	17 806	16 900	906
鞍　山	770	625	145	5 316	4 916	400
抚　顺	410	328	82	2 111	1 946	165
本　溪	511	399	112	2 917	2 500	417
丹　东	773	598	175	4 984	4 530	454
锦　州	426	333	93	2 907	2 747	160
营　口	242	181	61	1 389	1 326	63
阜　新	102	60	42	480	363	117
辽　阳	270	241	29	2 152	2 087	65
盘　锦	260	183	77	1 575	1 459	116
铁　岭	185	161	24	1 004	969	35
朝　阳	240	178	62	1 532	1 417	115
葫芦岛	460	422	38	2 068	2 023	45

主要统计指标解释

旅游者人数 (1)入境国际旅游者人数:指来中国参观、访问、旅行、探亲、访友、休养、考察、参加会议和从事经济、科技、文化、教育、宗教等活动的外国人、港澳同胞和台湾同胞的人数。包括入境旅游者和入境一日游游客。不包括外国在我国的常驻机构,如使领馆、通讯社、企业办事处的工作人员;来我国常住的外国专家、留学生以及在岸逗留不过夜人员。

(2)出境居民人数:指大陆居民因公务活动或私人事务短期出境的人数。公务活动出境居民人数包括在国际交通工具上的中国服务员工,因私出境居民人数不包括在国际交通工具上的中国服务员工。

(3)国内旅游者人数:指我国大陆居民和在我国常住1年以上的外国人、港澳台同胞离开常住地在境内其他地方的旅游设施内至少停留一夜,最长不超过12个月的人数;和国内居民离开惯常住地10公里以上,出游时间超过6小时不足24小时,并未在境内其他地方的旅游住宿设施过夜的国内一日游游客。

国际旅游(外汇)收入 指入境旅游的外国人、港澳同胞和台湾同胞在中国大陆旅游过程中发生的一切旅游支出,对于国家来说就是国际旅游(外汇)收入。

国际旅行社 指经营对外招徕并接待外国人、港澳同胞和台湾同胞来中国、回内地旅游业务的旅行社。

国内旅行社 指负责经营招徕、组团、接待国内游客的旅游业务,以及不对外招徕,负责经营接待国际旅行社或其它涉外部门组织的外国人、港澳同胞和台湾同胞来中国、回内地的旅游业务的旅行社。

星级饭店 指设备、设施、服务符合《旅游饭店星级的划分与评定》(中华人民共和国国家标准),通过相关旅游管理部门评定,并取得星级饭店称号的饭店(含预备星级饭店)。

第二十篇

金融业

20

JINRONGYE

20—1 金融机构存款、贷款余额

单位:亿元

指标	2003年	2004年	2005年	指标	2003年	2004年	2005年
年末存款余额	8 942.6	10 193.5	11 967.0	商业贷款	1 079.4	961.6	888.0
一、企业存款	2 426.6	2 807.0	3 118.6	建筑业贷款	153.5	132.3	163.6
活期存款	1 789.5	2 062.6	2 235.3	农业贷款	229.3	281.3	513.0
定期存款	637.1	744.4	883.3	乡镇企业贷款	310.5	330.4	91.0
二、财政存款	71.2	100.3	116.6	三资企业贷款	117.0	94.4	88.2
三、机关团体存款	246.0	299.1	471.2	私营企业及个体贷款	58.5	135.3	116.7
四、储蓄存款	5 434.7	6 048.5	6 950.2	其他短期贷款	937.7	927.6	952.4
活期存款	1 462.6	1 659.1	1 897.2	二、中期流动资金贷款	234.7	291.4	—
定期存款	3 972.1	4 389.4	5 053.1	三、中长期贷款	2 191.0	2 693.9	3 444.5
五、农业存款	83.3	105.6	132.4	基本建设贷款	1 055.8	1 186.8	1 175.3
六、信托存款	0.1	3.2	37.6	技术改造贷款	94.2	133.8	180.4
七、委托存款	20.8	5.1	34.6	其他中长期贷款	1 041.0	1 373.3	2 088.8
八、其他存款	659.9	824.8	1 105.7	四、信托贷款	9.3	1.3	31.4
年末贷款余额	7 222.3	7 744.5	7 958.1	五、融资租赁	0.0	0.0	0.0
一、短期贷款	4 341.8	4 284.3	3 805.0	六、委托贷款	39.1	19.8	13.7
工业贷款	1 455.9	1 421.4	992.0	七、票据融资及各项垫款	406.4	453.8	663.4

20—2 各地区金融机构存款余额

（2005年） 单位:万元

地区	金融机构存款余额	#企业存款	#储蓄存款余额	定期存款	活期存款
全省	**119 669 518**	**31185971**	**69 502 369**	**18 971 815**	**50 530 553**
沈阳	35 630 020	10435257	17 425 849	5 534 002	11 891 847
大连	32 141 275	10202294	15 325 987	4 256 984	11 069 003
鞍山	8 817 097	1838856	6 241 220	1 550 294	4 690 927
抚顺	4 756 134	874016	3 514 926	882 663	2 632 263
本溪	3 885 034	766045	2 575 007	685 291	1 889 716
丹东	4 398 252	672040	3 303 640	802 625	2 501 015
锦州	5 029 392	918850	3 665 325	831 896	2 833 429
营口	3 946 362	685211	2 945 175	815 380	2 129 795
阜新	2 301 760	546388	1 572 823	418 334	1 154 488
辽阳	3 576 534	575786	2 687 184	687 267	1 999 917
盘锦	4 174 225	949704	2 945 709	606 539	2 339 170
铁岭	3 030 852	527818	2 293 408	552 550	1 740 858
朝阳	2 893 140	410344	2 189 222	587 166	1 602 056
葫芦岛	3 785 577	656965	2 817 409	761 083	2 056 326

20—3 各地区金融机构贷款余额

（2005 年）

单位：万元

地　　区	金融机构贷款余额	#工业贷款	#商业贷款	#农业贷款
全　　省	**79 580 512**	**9 920 314**	**8 880 032**	**5 129 716**
沈　　阳	22 528 787	1 985 803	2 365 452	923 562
大　　连	23 698 720	3 242 559	1 654 259	1 210 950
鞍　　山	4 494 541	883 881	674 344	309 820
抚　　顺	2 060 881	373 570	179 518	149 638
本　　溪	2 286 230	517 210	130 710	110 602
丹　　东	2 069 561	238 221	318 987	311 453
锦　　州	2 781 499	268 126	523 221	342 700
营　　口	2 596 488	423 783	487 476	225 523
阜　　新	1 611 623	159 729	315 575	193 838
辽　　阳	2 114 115	314 707	436 801	231 870
盘　　锦	1 338 994	325 722	314 925	133 562
铁　　岭	2 355 197	113 683	833 820	332 947
朝　　阳	1 988 261	169 208	421 340	308 176
葫 芦 岛	2 506 067	527 640	231 644	300 598

20—4 金融机构现金收入

单位:亿元

项　　目	2000年	2001年	2002年	2003年	2004年	2005年
收入总计	**14 891.5**	**16 843.3**	**18 631.6**	**21 649.9**	**27 201.7**	**29 915.5**
商品销售收入	1 558.0	1 550.4	1 634.0	1 998.4	2 532.4	2 772.3
服务事业收入	597.4	649.1	696.3	754.1	838.0	917.6
税款收入	63.9	90.1	93.3	110.0	128.3	149.4
城乡个体经营收入	451.5	490.5	474.3	490.5	558.0	539.8
储蓄存款收入	9 515.1	11 172.2	13 062.3	15 880.8	20 184.6	22 621.2
其他金融机构收入	283.0	201.6	154.1	157.4	182.8	138.6
居民归还贷款收入	139.9	186.5	230.6	293.7	393.6	474.0
汇兑收入	362.1	392.0	382.0	225.6	226.0	207.7
有价证券收入	142.6	137.0	89.7	83.4	88.7	72.5
其他收入	1 878.1	1 974.1	1 815.0	1 656.1	2 069.3	2 022.5

20—5 金融机构现金支出

单位:亿元

项　　目	2000 年	2001 年	2002 年	2003 年	2004 年	2005 年
支 出 总 计	**14 891.6**	**16 811.6**	**18 631.4**	**21 706.7**	**27 191.5**	**29 943.6**
工资及对个人其他支出	1 009.9	1 005.4	937.0	973.7	1 041.3	1 146.9
农副产品采购支出	331.7	306.2	348.8	455.8	523.4	617.6
行政企业管理费支出	818.8	903.4	982.0	1 293.3	1 600.6	1 591.8
城乡个体经营支出	584.1	641.3	704.3	812.1	907.2	1 059.8
储蓄存款支出	9 406.5	10 975.2	12 793.2	15 470.2	19 830.7	21 979.1
其他金融机构支出	199.7	199.7	170.2	154.0	165.1	138.6
居民提取贷款支出	152.8	197.7	244.4	317.6	427.4	474.0
汇 兑 支 出	187.2	218.6	198.9	136.5	120.8	207.7
有价证券支出	123.2	149.4	99.7	101.7	63.6	72.5
其 他 支 出	1 924.3	2 016.7	1 839.5	1 680.0	2 041.0	2 022.5

20—6 金融机构现金投放回笼差额

单位:亿元

年份	现金收入	现金支出	投放(+) 回笼(-)
1953	20.3	22.0	1.7
1957	34.7	35.1	0.4
1962	40.0	39.6	-0.4
1965	40.8	41.8	1.0
1970	46.0	45.8	-0.2
1975	63.9	66.3	2.4
1978	78.6	82.7	4.0
1980	124.3	131.0	6.7
1981	148.4	154.5	6.1
1982	164.2	166.6	2.4
1983	202.9	212.0	9.1
1984	245.4	256.8	11.4
1985	308.5	324.0	15.5
1986	390.7	406.1	15.4
1987	511.9	530.5	18.6
1988	760.4	825.8	65.4
1989	905.4	937.1	31.7
1990	972.8	1 027.3	54.5
1991	1 174.3	1 241.5	67.2
1992	1 671.6	1 770.8	99.2
1993	2 541.2	2 692.7	151.5
1994	3 333.6	3 477.7	144.1
1995	4 385.6	4 439.9	54.3
1996	5 274.4	5 292.2	17.8
1997	7 116.1	7 116.9	0.8
1998	10 171.1	10 170.2	-0.9
1999	12 223.3	12 256.7	33.4
2000	14 891.5	14 891.6	0.1
2001	16 843.3	16 811.6	-31.7
2002	18 631.6	18 631.4	-0.2
2003	21 649.9	21 706.7	-2.7
2004	27 201.7	27 191.5	-10.2
2005	29 915.5	29 943.6	-28.1

20—7　全省城乡储蓄存款年末余额

单位:万元

年份	总计	定期	活期	人均年末储蓄余额(元)
1980	245 865			71
1981	325 130			92
1982	416 003			116
1983	552 337			152
1984	736 296			201
1985	1 009 775			274
1986	1 408 872			378
1987	1 977 449			523
1988	2 565 080			671
1989	3 452 835			891
1990	4 631 835	115 455	4 516 380	1 182
1991	5 912 030	149 431	5 762 599	1 501
1992	7 287 623	197 779	7 089 844	1 841
1993	8 999 197	279 226	8 719 971	2 259
1994	12 183 191	577 748	11 605 443	3 040
1995	16 598 143	1 289 838	15 308 305	4 115
1996	22 910 247	1 477 237	21 433 010	5 647
1997	27 274 384	22 974 919	4 299 465	6 690
1998	31 899 065	26 870 855	5 028 210	7 799
1999	35 457 579	28 999 085	6 458 494	8 641
2000	37 795 571	29 534 329	8 261 242	9 140
2001	41 310 225	31 388 192	9 922 033	9 961
2002	46 650 485	34 545 038	12 105 446	11 226
2003	54 347 393	39 720 971	14 626 422	12 909
2004	60 485 185	43 894 320	16 590 865	14 495
2005	69 502 369	50 530 553	18 971 815	16 591

主要统计指标解释

信贷资金 国家银行用于发放贷款的资金叫信贷资金。中国人民银行信贷资金的来源有各项存款、对国际金融机构负债、流通中货币、银行自有资金及当年结益等。信贷资金的运用有各项贷款、黄金占款、外汇占款、财政借款及在国际金融机构中的资产等。

存款 企业、机关、团体或居民根据可以收回的原则,把货币资金存入银行或其他信用机构保管并取得一定利息的一种信用活动形式。根据存款对象的不同可划分为企业存款、财政存款、机关团体存款、基本建设存款、城镇储蓄存款、农村存款等科目。它是银行信贷资金的主要来源。

贷款 银行或其他信用机构根据必须归还的原则,按一定利率,为企业、个人等提供资金的一种信用活动形式。我国银行贷款,分流动资金贷款、固定资产贷款、城乡个体工商户贷款以及农户贷款等科目。

第二十一篇

教育、科技

21

JIAOYU
KEJI

21—1 教育事业基本情况

指　　标	2000年	2001年	2002年	2003年	2004年	2005年
学校数(所)	**16 562**	**15 854**	**15 250**	**14 339**	**13 253**	**12 222**
普通高等学校	58	61	66	69	70	75
中等学校	3 148	3 054	3 023	2 931	2 902	2 836
#专业学校	133	119	137	106	103	101
普通中学	2 401	2 376	2 362	2 341	2 317	2 274
小　　学	13 356	12 739	12 161	11 339	10 281	9 311
专任教师(人)	**381 972**	**381 377**	**378 243**	**382 936**	**382 869**	**382 111**
普通高等学校	27 508	30 364	33 819	38 086	40 697	43 960
中等学校	168 580	169 569	168 875	173 903	174 969	174 562
#专业学校	9 285	8 441	8 742	7 249	7 176	7 361
普通中学	139 731	142 503	142 232	144 016	144 608	144 647
小　　学	185 884	181 444	175 549	170 947	167 203	163 589
招生数(人)	**1 545 644**	**1 537 474**	**1 573 193**	**1 601 613**	**1 552 626**	**1 554 585**
普通高等学校	110 211	127 577	151 116	163 802	184 473	210 495
中等学校	926 526	925 236	958 986	1 005 161	952 010	964 149
#专业学校	30 399	37 222	56 814	67 692	70 104	76 976
普通中学	830 026	817 663	812 406	820 180	766 071	761 646
小　　学	508 907	484 661	463 091	432 650	416 143	379 941
在校学生(人)	**6 271 649**	**6 268 241**	**6 273 311**	**6 254 817**	**6 228 554**	**6 161 325**
普通高等学校	297 710	372 336	450 536	514 191	583 465	659 351
中等学校	2 529 767	2 665 388	2 761 377	2 848 701	2 850 759	2 835 819
#专业学校	148 905	143 044	151 810	159 466	189 284	201 740
普通中学	2 167 017	2 323 395	2 398 928	2 410 745	2 360 549	2 314 498
小　　学	3 444 172	3 230 517	3 061 398	2 891 925	2 794 330	2 666 155
毕业生数(人)	**1 450 106**	**1 450 778**	**1 476 024**	**1 556 188**	**1 502 877**	**1 547 257**
普通高等学校	49 834	60 271	72 791	98 908	115 889	144 984
中等学校	677 947	710 655	780 697	862 002	875 231	903 204
#专业学校	35 843	42 499	42 856	45 823	37 663	53 096
普通中学	551 157	581 476	666 377	740 994	752 884	757 448
小　　学	722 325	679 852	622 536	595 278	511 757	499 069
每一教师负担学校数(人)						
普通高等学校	10.8	12.3	13.3	13.5	14.3	15.0
中等学校	15.0	15.7	16.4	16.4	16.3	16.2
小　　学	18.5	17.8	17.4	16.9	16.7	16.3

21—2 各级各类学校情况

年　份	普通高等学校	中等专业学校	#中等师范学校	普通中学	农业中学职业中学	小　学	幼儿园	盲、聋哑学校
一、学校数(所)								
1980	41	111	21	2 696	402	15 945	3 688	34
1981	44	113	21	2 569	425	16 147	3 267	33
1982	44	121	24	2 559	321	16 056	4 443	37
1983	50	127	24	2 539	460	16 033	2 178	35
1984	57	132	24	2 526	540	15 860	6 923	33
1985	62	149	28	2 511	775	15 904	7 424	36
1986	64	160	31	2 507	750	15 762	7 177	35
1987	64	163	31	2 517	734	15 729	6 672	38
1988	63	169	32	2 509	681	15 732	11 416	46
1989	63	167	31	2 499	653	15 679	8 633	48
1990	63	166	31	2 489	618	15 630	9 714	51
1991	62	167	31	2 478	613	15 540	9 300	53
1992	61	165	30	2 457	598	15 230	9 372	52
1993	61	166	30	2 433	608	14 805	12 536	53
1994	61	165	30	2 448	606	14 655	10 923	52
1995	61	171	30	2 459	594	14 594	11 220	50
1996	61	173	29	2 447	561	14 464	9 945	51
1997	62	174	30	2 434	537	14 386	10 176	53
1998	61	170	26	2 444	523	14 084	9 899	52
1999	64	151	12	2 429	450	13 748	9 935	52
2000	58	133	9	2 401	383	13 356	9 990	50
2001	61	119	5	2 376	333	12 739	6 913	73
2002	66	137	5	2 362	340	12 161	6 639	75
2003	69	130	5	2 341	298	11 339	7 033	75
2004	70	127	4	2 317	309	10 281	6 891	75
2005	75	125	4	2 274	285	9 311	7 069	74
二、教职工数(人)								
1980	35 996	15 290	2 457	190 400	2 761	204 586	28 528	896
1981	38 181	16 679	2 621	185 583	5 368	210 559	35 118	948
1982	44 104	18 447	2 615	177 969	5 100	221 262	36 825	1 002
1983	45 397	18 752	2 823	169 196	8 065	222 132	48 106	1 037
1984	47 931	19 389		164 619	10 509	226 149		1 113
1985	51 718	20 282	3 622	168 036	16 390	230 139	59 594	1 102
1986	52 404	22 437	4 052	170 815	18 218	233 434	64 637	1 169
1987	54 572	23 448	4 577	176 662	20 075	235 433	69 138	1 208
1988	56 047	24 981	4 656	181 151	20 998	241 978	88 908	1 364
1989	58 438	24 885	4 926	182 481	20 918	246 153	81 554	1 431
1990	57 825	25 143	5 049	184 851	20 920	249 322	77 645	1 551
1991	58 277	24 832	4 869	187 373	21 253	248 415	78 709	1 686
1992	59 008	25 295	4 904	189 663	20 774	248 454	82 566	1 775

21-2续表1

年　份	普通高等学校	中等专业学校	#中等师范学校	普通中学	农业中学职业中学	小　学	幼儿园	盲、聋哑学校
1993	59 138	25 492	4 973	186 545	21 518	239 700	83 082	1 876
1994	58 687	25 429	5 029	184 758	21 266	237 673	71 633	2 056
1995	58 455	25 757	5 044	189 553	22 979	237 981	69 346	1 847
1996	57 727	25 935	4 785	189 329	21 597	235 189	64 877	1 907
1997	57 359	25 368	4 424	188 057	22 068	233 770	62 089	1 882
1998	58 078	24 387	3 681	175 632	20 291	224 535	56 463	2 012
1999	59 590	22 602	1 984	175 820	19 443	222 460	54 582	1 891
2000	61 707	18 651	1 457	175 455	17 858	216 677	52 422	1 911
2001	65 237	16 211	719	178 162	16 974	211 684	39 271	2 375
2002	69 667	16 560	622	177 547	17 014	205 229	39 592	2 457
2003	75 632	15 615	627	179 521	20 123	199 829	42 852	2 474
2004	79 093	15 062	423	180 225	20 480	194 973	45 983	2 563
2005	82 816	15 052	422	180 016	20 164	190 548	48 558	2 565
三、教师数(人)								
1980	12 832	5 972	1 151	142 725	2 010	171 507	15 421	564
1981	13 140	6 452	1 257	130 973	3 813	173 226	15 088	593
1982	16 176	7 421	1 354	122 877	3 302	183 664	17 459	620
1983	16 549	7 619	1 433	116 484	5 010	184 083	22 269	656
1984	17 518	7 845	1 600	111 632	6 804	187 319	27 885	650
1985	19 046	8 658	1 834	114 708	10 218	191 669	32 490	717
1986	21 196	9 586	2 060	117 852	11 417	195 086	33 925	742
1987	21 963	10 114	2 264	123 376	12 645	197 593	34 294	790
1988	22 640	11 466	2 495	129 309	13 195	206 399	37 070	884
1989	23 933	11 587	2 545	130 884	13 091	209 873	44 427	964
1990	23 292	11 633	2 665	132 769	13 067	212 196	42 776	1 061
1991	23 384	11 703	2 642	135 487	13 464	211 353	43 835	1 152
1992	23 503	11 856	2 686	137 044	13 045	210 141	49 473	1 257
1993	23 575	12 003	2 661	135 397	13 336	201 664	48 909	1 254
1994	23 530	12 129	2 735	135 499	13 429	202 349	43 828	1 378
1995	23 400	12 378	2 730	137 185	13 765	198 815	44 598	1 326
1996	23 079	12 502	2 592	139 660	13 561	198 408	43 103	1 369
1997	23 109	12 435	2 367	140 643	13 915	197 347	42 274	1 334
1998	23 394	12 282	2 059	138 546	13 983	192 539	38 981	1 398
1999	25 179	11 286	1 103	139 497	13 691	191 011	37 881	1 357
2000	27 508	9 285	795	139 731	12 517	185 884	36 383	1 399
2001	30 364	8 441	391	142 503	11 875	181 444	22 801	1 743
2002	33 819	8 742	337	142 232	11 798	175 549	23 521	1 829
2003	38 086	8 521	349	144 016	13 453	170 947	24 946	1 854
2004	40 697	8 472	257	144 608	13 718	167 203	26 937	1 927
2005	43 960	8 728	259	144 647	13 574	163 589	28 594	1 903
四、在校学生数(人)								

21－2续表2

年份	普通高等学校	中等专业学校	＃中等师范学校	普通中学	农业中学职业中学	小学	幼儿园	盲、聋哑学校
1980	62 514	47 060	11 601	2 632 189	65 142	4 423 867	429 056	3 564
1981	74 885	40 408	10 969	2 221 820	66 662	4 333 400	445 352	3 434
1982	60 979	46 494	12 952	1 982 561	56 521	4 363 900	527 236	3 346
1983	67 218	51 202	14 222	1 817 581	77 011	4 286 634	652 632	3 416
1984	79 001	60 923	18 311	1 761 390	95 273	4 308 307	838 423	3 286
1985	95 161	70 371	20 350	1 868 360	147 212	4 223 416	929 591	3 365
1986	107 434	81 860	26 526	2 014 999	149 910	4 189 324	928 257	3 446
1987	112 652	89 384	30 526	2 048 761	137 783	4 107 393	937 057	3 617
1988	120 510	97 540	31 018	1 962 214	146 140	4 082 650	1 270 266	3 958
1989	122 543	102 879	28 894	1 830 394	147 422	4 126 831	976 651	4 065
1990	123 314	103 902	28 442	1 810 876	149 780	4 073 374	936 852	4 468
1991	124 777	104 269	28 888	1 887 654	151 572	3 915 360	1 037 576	4 769
1992	134 671	110 011	29 447	1 969 532	155 112	3 736 363	1 134 184	5 089
1993	155 554	124 707	32 019	1 911 632	155 231	3 686 796	1 257 278	5 100
1994	171 284	133 067	33 162	1 922 132	167 876	3 750 611	1 090 474	5 186
1995	179 412	140 870	32 182	2 008 338	182 984	3 751 941	1 021 123	5 050
1996	182 684	143 911	27 537	2 029 776	185 244	3 790 718	936 111	4 815
1997	188 159	149 730	24 426	1 950 241	195 742	3 886 760	879 987	4 870
1998	199 223	155 459	23 723	1 884 915	207 315	3 829 655	853 886	4 882
1999	235 819	156 847	18 872	1 961 673	194 860	3 666 131	838 133	4 837
2000	297 710	148 905	16 845	2 167 017	170 517	3 444 172	835 542	4 933
2001	372 336	143 044	7 949	2 323 395	154 398	3 230 517	726 634	8 590
2002	450 536	151 810	2 857	2 398 928	164 241	3 061 398	667 930	8 926
2003	514 191	173 347	4 006	2 410 745	186 817	2 891 925	675 118	8 429
2004	583 465	208 597	4 233	2 360 549	197 555	2 794 330	673 088	8 539
2005	659 351	220 233	4 438	2 314 498	201 774	2 666 155	685 587	8 296
五、招生数（人）								
1980	15 949	18 092	5 572	1 025 557	60 799	875 860		717
1981	15 290	18 762	5 350	828 500	27 020	820 200		695
1982	17 387	17 677	4 761	650 100	31 750	733 700		584
1983	22 780	22 752	6 814	581 195	48 429	679 322		520
1984	27 402	25 221	7 093	597 400	62 211	646 509		
1985	34 076	29 545	7 929	715 460	80 307	717 494		772
1986	32 827	33 191	11 544	715 455	69 237	748 948		690
1987	34 756	34 311	10 929	683 593	57 539	669 707		757
1988	38 398	36 156	10 388	657 379	59 625	674 101		1 012
1989	35 149	31 655	8 539	610 627	59 407	710 199		635
1990	35 102	30 047	8 911	629 468	55 550	596 030		975
1991	36 094	33 803	9 101	696 406	58 782	523 096	498 215	836
1992	45 129	39 517	10 232	721 178	60 251	559 753	596 844	768

21-2 续表 3

年份	普通高等学校	中等专业学校	#中等师范学校	普通中学	农业中学职业中学	小学	幼儿园	盲、聋哑学校
1993	55 071	44 226	10 398	653 170	60 781	652 210	689 042	705
1994	52 183	43 849	9 637	690 513	68 753	750 424	0	750
1995	53 310	43 821	7 957	756 666	67 881	703 538	607 336	715
1996	55 048	41 930	6 385	660 620	61 469	643 884	564 749	766
1997	56 373	47 282	7 732	600 728	74 485	611 404	527 969	721
1998	60 302	45 681	7 290	668 295	75 897	512 002	502 367	693
1999	87 851	42 839	3 523	755 550	56 341	503 795	481 840	609
2000	110 211	30 399	3 743	830 026	50 470	508 907	483 092	576
2001	127 577	37 222	2 303	817 663	52 691	484 661	440 299	913
2002	151 116	56 814	1 376	812 406	63 208	463 091	394 029	1 082
2003	163 802	73 948	1 708	820 180	72 508	432 650	376 388	803
2004	184 473	78 223	1 582	766 071	66 032	416 143	358 325	738
2005	210 495	83 121	1 446	761 646	73 151	379 941	344 990	698
六、毕业生数(人)								
1980	11 068	11 347	5 039	1 289 581	578	799 087		512
1981	2 776	24 905	5 946	714 489	13 576	797 104		522
1982	31 121	11 488	2 763	613 639	21 153	598 542		384
1983	16 565	17 907	5 618	574 763	27 632	547 519		371
1984	15 612	15 528	3 098	548 891	22 999	512 965		
1985	17 495	20 226	6 318	502 101	27 994	689 598		517
1986	20 583	22 752	6 138	494 658	43 709	704 016		459
1987	29 394	26 932	7 019	522 777	54 614	680 861		405
1988	31 552	28 004	9 724	587 835	42 195	637 753		471
1989	32 708	26 326	10 882	572 508	47 204	593 257		429
1990	33 768	29 716	9 400	550 359	45 627	591 654		377
1991	33 530	33 223	8 484	538 346	49 550	660 343	415 665	419
1992	35 208	33 377	9 564	540 132	50 882	685 996	516 460	439
1993	33 615	30 449	7 821	542 163	50 122	630 759	650 232	330
1994	35 923	30 362	8 588	575 786	49 965	636 786		478
1995	44 072	33 966	9 304	601 421	51 246	672 482		522
1996	51 068	37 503	11 093	573 876	57 709	576 164		543
1997	49 591	40 340	10 497	626 046	63 502	500 252		513
1998	47 557	37 850	7 721	686 541	66 788	555 892		527
1999	49 964	40 100	7 158	618 065	60 060	644 042		551
2000	49 834	35 843	5 921	551 157	70 175	722 325		467
2001	60 271	42 499	4 825	581 476	66 852	679 852	379 010	883
2002	72 791	42 856	559	666 377	53 324	622 536	366 891	871
2003	98 908	47 479	1 964	740 994	48 605	595 278	350 428	790
2004	115 889	39 344	715	752 884	50 831	511 757	324 423	878
2005	144 984	58 457	1 045	757 448	61 219	499 069	299 493	971

21—3 研究生数

单位:人

年份	招生数	在校学生数			毕业生数		
		小计	攻读硕士学位	攻读博士学位	小计	攻读硕士学位	攻读博士学位
1978	302	302					
1980	143	709					
1981	382	691	672	19	397	397	
1982	439	941	920	21	160	160	
1983	614	1 426	1 396	30	132	132	
1984	819	2 124	2 082	42	122	121	
1985	2 091	3 687	3 170	155	584	578	6
1986	1 989	5 009	4 146	208	670	639	13
1987	1 771	5 570	4 857	317	1 193	838	17
1988	1 575	5 160	4 668	379	1 929	1 604	24
1989	1 322	4 637	4 180	417	1 763	1 599	86
1990	1 404	4 343	3 858	462	1 677	1 558	84
1991	1 320	4 144	3 581	563	1 500	1 401	75
1992	1 415	4 290	3 671	619	1 245	1 159	85
1993	2 016	4 955	4 185	770	1 307	1 222	85
1994	2 602	6 274	5 298	976	1 273	1 138	135
1995	2 367	7 236	5 972	1 264	1 425	1 272	153
1996	2 647	7 787	6 313	1 474	1 962	1 753	209
1997	2 978	8 304	6 621	1 683	2 316	2 106	210
1998	3 197	9 164	7 292	1 872	2 126	1 852	274
1999	4 005	10 574	8 203	2 371	2 426	2 101	325
2000	5 804	13 655	10 726	2 929	2 910	2 532	378
2001	7 898	18 446	14 637	3 809	2 971	2 589	382
2002	9 569	23 949	19 131	4 818	3 674	3 135	539
2003	13 242	31 796	25 694	6 102	5 027	4 395	632
2004	16 254	40 678	33 392	7 286	6 726	5 914	812
2005	18 901	49 772	41 340	8 432	9 342	8 315	1 027

21—4 分学科研究生情况

单位:人

项　　目	招生数	博士	硕士	在校学生数	博士	硕士	毕业生数	博士	硕士
总　计	**19 594**	**2 439**	**17 155**	**51 937**	**9 512**	**42 425**	**9 734**	**1 228**	**8 506**
哲学	180	9	171	418	68	350	87	26	61
经济学	1 041	166	875	2 874	653	2 221	443	66	377
法学	871	22	849	2 075	82	1 993	387	1	386
教育学	673	8	665	1 485	23	1 462	208	5	203
文学	1 142	10	1 132	2 611	20	2 591	380		380
历史学	122		122	260		260	40		40
理学	1 476	230	1 246	3 986	822	3 164	781	149	632
工学	8 296	1 254	7 042	23 274	5 276	17 998	4 649	556	4 093
农学	694	81	613	1 668	261	1 407	268	57	211
医学	2 695	424	2 271	6 649	1 345	5 304	1 242	304	938
军事学									
管理学	2 404	235	2 169	6 637	962	5 675	1 249	64	1 185
普通高校	**18 901**	**2 154**	**16 747**	**49 772**	**8 432**	**41 340**	**9 342**	**1 027**	**8 315**
哲学	180	9	171	418	68	350	87	26	61
经济学	1 041	166	875	2 874	653	2 221	443	66	377
法学	863	22	841	2 058	82	1 976	387	1	386
教育学	673	8	665	1 485	23	1 462	208	5	203
文学	1 142	10	1 132	2 611	20	2 591	380		380
历史学	122		122	260		260	40		40
理学	1 280	131	1 149	3 303	392	2 911	662	58	604
工学	7 823	1 075	6 748	21 846	4 645	17 201	4 384	451	3 933
农学	678	74	604	1 631	242	1 389	260	52	208
医学	2 695	424	2 271	6 649	1 345	5 304	1 242	304	938
军事学									
管理学	2 404	235	2 169	6 637	962	5 675	1 249	64	1 185
科研院所	**693**	**285**	**408**	**2 165**	**1 080**	**1 085**	**392**	**201**	**191**
哲学									
经济学									
法学	8		8	17		17			
教育学									
文学									
历史学									
理学	196	99	97	683	430	253	119	91	28
工学	473	179	294	1 428	631	797	265	105	160
农学	16	7	9	37	19	18	8	5	3
医学									
军事学									
管理学									

21—5 各类高等学校基本情况

（2005年）　　单位：人

项　　目	学校数（所）	招生数	在校学生数	毕业生数	教职工数	#专任教师
总　　计	**75**	**210 495**	**659 351**	**144 984**	**82 816**	**43 960**
综合大学	11	34 869	111 413	27 150	13 590	7 480
理工院校	25	87 384	282 610	58 017	35 575	18 262
农林院校	5	10 472	33 074	7 815	3 968	2 090
医药院校	6	14 292	52 155	9 575	7 428	3 913
师范院校	7	20 240	61 984	14 723	8 474	4 931
语文院校	2	4 165	10 954	1 779	1 072	625
财经院校	9	17 669	53 293	15 425	7 026	3 559
政法院校	2	3 710	10 175	2 016	1 260	608
体育院校	2	1 848	6 445	1 457	979	422
艺术院校	5	8 232	17 501	2 340	2 731	1 580
民族院校	1	2 500	9 277	1 636	713	490
短期职业大学						

21—6 普通高等学校(机构)学生数

（2005年）　　单位：人

项　　目	招生数	在校学生数	毕(结)业生数	授予学位数
研究生数	19 594	51 937	9 734	9 808
博　　士	2 439	9 512	1 228	1 203
硕　　士	17 155	42 425	8 506	8 605
普通本科、专科生	210 495	659 351	144 984	74 467
本　　科	125 748	439 185	79 745	74 467
专　　科	84 747	220 166	65 239	
成人本科、专科生	86 412	191 451	49 424	2 425
本　　科	37 035	86 541	23 385	2 425
专　　科	49 377	104 910	26 039	
网络本科、专科生	10 281	26 388	8 207	4 623
本　　科	6 848	21 528	7 192	4 623
专　　科	3 433	4 860	1 015	
在职人员攻读博士、硕士学位	7 243	15 417		2 930
学历文凭考试		5 444	3 029	
电大注册视听生		4 100	1 227	
自考助学班	23 380	61 305	16 450	
研究生课程进修班		4 306	5 129	
普通预科生		300		
进修及培训		23 572	52 710	
留学生	2 265	3 315	1 376	143

21—7　普通本、专科分学科学生数

（2005 年）　　单位：人

项目	招生数	本科	专科	在校学生数	本科	专科	毕业生数	本科	专科
总计	**210 495**	**125 748**	**84 747**	**659 351**	**439 185**	**220 166**	**144 984**	**79 745**	**65 239**
＃师范	9 648	5 649	3 999	37 777	23 358	14 419	9 345	5 654	3 691
哲学	28	28		143	143		34	34	
经济学	9 417	6 644	2 773	31 503	24 094	7 409	8 452	4 556	3 896
法学	7 096	4 478	2 618	22 907	16 033	6 874	5 693	2 983	2 710
教育学	8 694	3 764	4 930	31 385	13 848	17 537	7 688	2 634	5 054
文学	34 699	22 965	11 734	100 368	71 611	28 757	20 131	11 370	8 761
历史学	298	298		1 074	1 074		185	185	
理学	9 035	9 035		30 717	30 717		5 642	5 642	
工学	87 704	49 436	38 268	273 450	177 860	95 590	60 137	34 586	25 551
农学	5 580	1 617	3 963	15 104	6 238	8 866	3 131	1 360	1 771
医学	12 291	8 379	3 912	47 228	34 334	12 894	8 951	5 172	3 779
军事学									
管理学	35 653	19 104	13 549	105 472	63 233	42 239	24 940	11 223	13 717

21—8 成人本、专科分学科学生数

（2005 年）　　　　单位：人

项　目	招生数	本 科	专 科	在校学生数	本 科	专 科	毕业生数	本 科	专 科
总　计	**86 412**	**37 035**	**49377**	**191 451**	**86 541**	**104 910**	**49 424**	**23 385**	**26 039**
成人高等学校办	**12 630**	**711**	**11919**	**28 701**	**1 937**	**26 764**	**6 847**	**660**	**6 187**
＃师　范	558	379	179	1 701	1 244	457	834	623	211
哲　学									
经济学	2 105		2105	3 145		3 145	427		427
法　学	248	215	33	891	510	381	452	16	436
教育学	427	255	172	1 152	733	419	413	247	166
文　学	716	114	602	1 714	501	1 213	628	349	279
历史学									
理　学				57		57	63	27	36
工　学	5 898	117	5781	12 884	183	12 701	2 506	21	2 485
农　学	176		173	234		234			
医　学	539		539	1 551		1 551	834		834
军事学									
管理学	2 521	10	2511	7 073	10	7 063	1 524		1 524
普通高等学校办	**73 782**	**36 324**	**37458**	**162 750**	**84 604**	**78 146**	**42 577**	**22 725**	**19 852**
＃师　范	15 316	9 772	5544	33 525	25 376	8 149	9 903	7 869	2 034
哲　学									
经济学	1 746	819	927	6 440	2 747	3 693	1 553	1 000	553
法　学	5 372	4 407	965	12 515	9 718	2 797	3 813	3 329	484
教育学	6 524	3 607	2917	12 926	8 147	4 779	2 506	2 108	398
文　学	11 508	7 066	4442	26 265	19 118	7 147	7 205	5 060	2 145
历史学	142	142		306	306		120	120	
理　学	2 137	1 443	694	4 620	3 330	1 290	1 841	1 427	414
工　学	17 828	6 631	11197	38 084	14 346	23 738	10 007	4 572	5 435
农　学	1 099	625	474	2 821	1 190	1 631	980	306	674
医　学	9 244	5 063	4181	23 338	11 754	11 584	7 964	1 901	6 063
军事学									
管理学	18 182	6 521	11661	35 435	13 948	21 487	6 588	2 902	3 686

21—9 网格本、专科分学科学生数

(2005年)　　　　单位:人

项　　目	招生数	本　科	专　科	在校学生数	本　科	专　科	毕业生数	本　科	专　科
总　　计	**10 281**	**6 848**	**3 433**	**26 388**	**21 528**	**4 860**	**8 207**	**7 192**	**1 015**
＃师　范									
哲　　学									
经 济 学				461	461				
法　　学	103	44	59	345	286	59			
教 育 学									
文　　学	354	196	158	951	664	287	67	18	49
历 史 学									
理　　学									
工　　学	3 542	2 107	1 435	9 172	7 358	1 814	2 585	2 314	271
农　　学									
医　　学	2 416	1 643	773	4 277	2 943	1 334	2 383	1 798	585
军 事 学									
管 理 学	3 866	2 858	1 008	11 182	9 816	1 366	3 172	3 062	110

21—10 各类中等职业学校(机构)基本情况

(2005年)　　单位:人

项　　目	学校数(所)	毕业生数	招生数	在校学生数	教职工数	#专任教师
合　计	**562**	**145 756**	**202 503**	**521 321**	**46 455**	**29 915**
1.调整后中职	24	5 361	6 145	18 493	2 205	1 367
2.普通中等专业学校	101	53 096	76 976	201 740	12 847	7 361
#中等师范学校	4	1 045	1 446	4 438	422	259
3.成人中专	1	1 875	4 409	9 749	571	379
4.职业高中	285	61 219	73 151	201 774	20 164	13 574
5.技工学校	151	24 205	41 822	89 565	9 999	6 777

21—11 中等职业学校(机构)学生分科类情况

(2005年)　　单位:人

项　　目	招生数	#初中毕业生	#应届毕业生	在校学生数	毕业生数	#获得职业资格证书
总　计	**160 681**	**151 312**	**144 873**	**431 756**	**121 551**	**51 848**
农林类	7 846	7 568	6 394	20 018	6 122	3 890
资源与环境类	1 392	1 179	1 074	2 581	391	249
能源类	842	528	501	2 194	712	167
土木水利工程类	3 488	2 314	2 252	7 987	3 654	949
加工制造类	39 435	38 446	36 379	85 326	13 268	6 041
交通运输类	12 171	9 729	9 185	28 936	11 481	4 762
信息技术类	24 256	23 911	23 436	70 213	25 595	13 228
医药卫生类	14 915	14 669	14 019	45 906	6 554	1 011
商贸与旅游类	20 380	20 092	19 574	63 370	20 590	11 906
财经类	5 129	5 043	4 904	17 130	7 155	2 783
文化艺术与体育类	14 471	13 532	13 213	43 750	12 702	4 571
社会公共事物类	4 962	2 954	2 857	11 878	4 693	1 384
师范类	8 657	8 646	8 426	26 225	6 954	729
其他	2 737	2 701	2 659	6 242	1 680	178

21—12 普通高中学校和学生情况

(2005年) 单位:人

项目	学校数(所)	高级中学	完全中学	招生数	在校学生数	毕业生数
总计	**476**	**119**	**357**	**266 111**	**744 229**	**201 852**
教育部门和集体办	354	83	271	237 919	666 017	181 743
社会力量办	115	34	81	25 954	71 046	17 927
其他部门办	7	2	5	2 238	7 366	2 182
城市	299	90	209	136 055	390 802	107 788
教育部门和集体办	198	60	138	113 508	326 139	91 042
社会力量办	95	29	66	20 601	58 131	14 754
其他部门办	6	1	5	1 946	6 532	1 992
县镇	137	19	118	110 280	298 765	79 284
教育部门和集体办	122	15	107	105 588	287 541	76 734
社会力量办	15	4	11	4 487	10 771	2 418
其他部门办				205	453	132
农村	40	10	30	19 776	54 662	14 780
教育部门和集体办	34	8	26	18 823	52 337	13 967
社会力量办	5	1	4	866	2 144	755
其他部门办	1	1		87	181	58

21—13 普通初中学校和学生情况

(2005年) 单位:人

项目	学校数(所)	初级中学	九年一贯制	招生数	在校学生数	毕业生数
总计	**1 798**	**1 573**	**225**	**495 535**	**1 570 269**	**555 596**
教育部门和集体办	1 733	1 525	208	475 752	1 512 530	537 345
社会力量办	42	30	12	17 736	51 339	15 525
其他部门办	23	18	5	2 047	6 400	2 726
城市	491	430	61	169 218	540 294	194 672
教育部门和集体办	448	399	49	153 802	495 470	180 439
社会力量办	28	20	8	13 871	40 280	12 427
其他部门办	15	11	4	1 545	4 544	1 806
县镇	191	169	22	76 542	235 881	78 342
教育部门和集体办	179	160	19	73 608	227 645	76 142
社会力量办	9	6	3	2 903	8 083	2 045
其他部门办	3	3		31	153	155
农村	1 116	974	142	249 775	794 094	282 582
教育部门和集体办	1 106	966	140	248 342	789 415	280 764
社会力量办	5	4	1	962	2 976	1 053
其他部门办	5	4	1	471	1 703	765

21—14 普通小学学校和学生情况

(2005 年) 单位:人

项目	学校数（所）	招生数	在校学生数	毕业生数
总计	**9 311**	**379 941**	**2 666 155**	**499 069**
教育部门和集体办	9 237	374 955	2 629 257	491 904
社会力量办	41	3 311	23 735	4 595
其他部门办	33	1 675	13 163	2 570
城市	1 044	122 568	835 538	160 222
教育部门和集体办	1 002	118 802	809 696	154 963
社会力量办	28	2 684	18 166	3 907
其他部门办	14	1 082	7 676	1 352
县镇	416	47 239	332 567	58 932
教育部门和集体办	405	46 684	327 448	58 332
社会力量办	7	460	4 550	488
其他部门办	4	95	569	112
农村	7 851	210 134	1 498 050	279 915
教育部门和集体办	7 830	209 469	1 492 113	278 609
社会力量办	6	167	1 019	200
其他部门办	15	498	4 918	1 106

21—15 各级普通学校毕业生升学率和学龄儿童入学率

单位:%

年份	学龄儿童入学率	小学升初中	初中升高级中学
1990	99.4	92.0	34.7
1991	99.0	92.5	37.1
1992	99.0	92.6	38.7
1993	99.0	90.3	39.1
1994	99.1	93.4	40.9
1995	99.4	93.0	41.7
1996	99.3	96.0	41.9
1997	99.4	96.1	44.7
1998	99.4	95.7	48.2
1999	99.3	95.2	50.0
2000	99.3	93.9	57.4
2001	99.7	95.6	57.4
2002	99.4	98.1	66.3
2003	99.7	98.7	68.1
2004	99.7	99.2	74.7
2005	99.7	99.3	82.7

注:初中升高级中学包含升入技工学校。

21—16 教育发展水平

年份	各类学校在校生占全省人口(%)	平均每万人口中有(人)			大中小学生各占学生总数(%)		
		大学生	中学生	小学生	大学生	中学生	小学生
1978	24.2	15.1	1 039.2	1 371.5	0.6	42.7	56.3
1980	20.7	18.0	778.5	1 276.8	0.9	37.3	61.2
1981	19.1	21.3	651.8	1 234.3	1.1	34.0	64.3
1982	18.1	17.1	572.2	1 224.6	0.9	31.3	67.0
1983	17.4	18.6	524.7	1 187.2	1.1	30.1	68.0
1984	17.3	21.7	511.4	1 183.0	1.3	29.5	68.3
1985	17.4	25.9	549.1	1 150.6	1.5	31.5	65.9
1986	17.6	29.0	584.1	1 130.4	1.6	33.1	64.0
1987	17.2	30.0	582.8	1 094.8	1.7	33.7	63.2
1988	16.8	31.7	554.6	1 074.0	1.9	32.9	63.7
1989	16.3	31.8	513.6	1 071.7	1.9	31.2	65.2
1990	15.6	31.6	464.7	1 045.3	2.0	29.6	66.7
1991	15.7	31.8	519.2	996.8	2.0	33.0	63.3
1992	15.1	34.1	498.8	946.3	2.3	33.1	62.8
1993	14.8	39.2	481.5	928.6	2.6	32.5	62.7
1994	14.9	42.9	481.1	938.8	2.9	32.2	62.7
1995	15.1	44.6	499.5	933.2	3.0	33.0	61.7
1996	15.2	45.2	501.7	937.0	3.0	33.0	61.7
1997	15.2	46.3	479.5	955.7	3.0	31.6	62.9
1998	14.9	48.8	461.6	937.8	3.3	31.0	63.1
1999	14.7	57.6	478.8	894.9	3.9	32.6	60.9
2000	14.7	72.3	526.1	836.1	4.9	35.8	56.8
2001	14.7	89.9	561.0	780.1	6.1	38.3	53.2
2002	14.6	108.5	577.9	737.5	7.4	39.6	50.5
2003	14.4	123.6	579.7	695.4	8.6	40.3	48.4
2004	14.2	140.0	566.5	670.6	9.8	39.8	47.2
2005	14.0	157.7	553.6	637.7	11.3	39.6	45.6

21—17 各地区普通高等学校基本情况

(2005 年)

单位:人

地区	学校数(所)	招生数	在校学生数	毕业生数	教职工数	#专任教师
总计	**75**	**210 495**	**659 351**	**144 984**	**82 816**	**43 960**
沈阳	29	85 912	281 720	62 001	35 589	18 273
大连	21	59 859	182 152	36 399	23 510	12 151
鞍山	2	8 791	26 868	5 205	3 418	1 780
抚顺	3	8 327	25 861	6 359	2 745	1 498
本溪	1	3 883	11 536	3 238	1 101	533
丹东	2	6 281	19 772	1 680	2 302	1 256
锦州	6	18 397	58 614	12 344	5 816	3 553
营口	2	2 381	5 833	2 176	1 166	634
阜新	2	7 190	24 554	6 394	2 926	1 762
辽阳	2	3 827	9 641	1 617	1 202	843
盘锦	1	813	1 708	431	415	254
铁岭	2	1 223	2 412	618	937	531
朝阳	1	1 153	3 488	1 034	745	428
葫芦岛	1	2 458	5 192	988	884	464

21—18 各地区中等职业学校基本情况

(2005 年)

单位:人

地　　区	学校数(所)	招生数	在校学生数	毕业生数	教职工数	#专任教师
总　　计	**411**	**160 681**	**431 756**	**121 551**	**36 456**	**23 138**
沈　　阳	130	42 537	120 416	41 265	12 125	7 352
大　　连	73	25 192	68 786	19 154	4 652	3 024
鞍　　山	26	12 646	26 862	4 728	1 864	1 198
抚　　顺	24	7 663	21 171	6 341	2 093	1 312
本　　溪	12	6 969	19 447	6 609	1 900	1 211
丹　　东	23	8 341	24 277	5 278	2 029	1 452
锦　　州	20	9 015	24 821	6 779	1 846	1 130
营　　口	19	8 115	23 087	6 348	1 580	1 094
阜　　新	18	5 889	18 066	4 051	1 785	1 106
辽　　阳	10	7 153	17 098	4 974	989	707
盘　　锦	6	3 626	8 829	2 060	709	441
铁　　岭	23	8 670	22 122	5 274	1 990	1 252
朝　　阳	14	10 246	24 811	5 725	1 955	1 180
葫 芦 岛	13	4 619	11 963	2 965	939	679

21—19 各地区普通高中基本情况

(2005 年)

单位:人

地　　区	学校数(所)	招生数	在校学生数	毕业生数	教职工数	#专任教师
总　　计	**476**	**266 111**	**744 229**	**201 852**	**50 001**	**38 208**
沈　　阳	109	44 927	130 598	37 526	10 439	8 149
大　　连	81	42 690	122 883	31 760	7 813	6 248
鞍　　山	38	19 009	52 711	15 606	3 192	2 434
抚　　顺	25	13 579	39 267	11 523	2 804	2 073
本　　溪	23	9 686	29 740	8 740	2 231	1 641
丹　　东	23	16 493	46 526	11 566	2 645	2 056
锦　　州	32	17 966	48 922	13 969	3 242	2 309
营　　口	17	16 601	44 989	11 826	2 711	2 067
阜　　新	18	11 303	31 592	7 773	1 702	1 198
辽　　阳	14	11 037	28 114	8 834	1 860	1 484
盘　　锦	17	8 511	23 997	6 755	1 960	1 296
铁　　岭	23	13 867	39 153	10 911	2 578	1 904
朝　　阳	35	24 640	64 299	15 127	4 468	3 597
葫 芦 岛	21	15 802	41 438	9 936	2 356	1 752

21—20 各地区普通初中基本情况

(2005年)　　单位:人

地　　区	学校数(所)	招生数	在校学生数	毕业生数	教职工数	#专任教师
总　　计	**1 798**	**495 535**	**1 570 269**	**555 596**	**130 015**	**106 439**
沈　　阳	245	77 046	241 639	88 671	20 483	16 845
大　　连	201	67 473	208 653	78 639	16 308	13 790
鞍　　山	134	41 065	139 977	42 102	11 719	9 466
抚　　顺	118	20 040	71 913	27 397	7 189	5 617
本　　溪	64	18 087	54 355	21 020	5 773	4 391
丹　　东	106	27 055	86 336	32 460	7 062	5 716
锦　　州	134	38 017	111 614	36 937	9 044	7 404
营　　口	87	25 946	93 113	40 153	7 067	5 886
阜　　新	102	24 609	74 780	24 183	6 853	5 336
辽　　阳	75	18 408	58 800	21 135	5 082	4 166
盘　　锦	63	17 389	54 153	16 321	4 679	3 644
铁　　岭	135	36 107	109 375	34 450	8 867	7 337
朝　　阳	189	47 528	150 598	53 640	11 571	9 823
葫 芦 岛	145	36 765	114 963	38 488	8 318	7 018

21—21 各地区普通小学基本情况

(2005年)　　单位:人

地　　区	学校数(所)	招生数	在校学生数	毕业生数	教职工数	#专任教师
总　　计	**9 311**	**379 941**	**2 666 155**	**499 069**	**190 548**	**163 589**
沈　　阳	977	57 422	397 401	77 078	30 331	25 519
大　　连	947	50 217	363 022	67 214	21 232	17 927
鞍　　山	845	31 978	217 483	41 149	16 637	13 901
抚　　顺	417	15 051	116 633	20 105	10 200	8 725
本　　溪	203	12 795	89 852	18 288	7 245	6 355
丹　　东	599	22 018	153 876	27 057	10 433	9 190
锦　　州	645	27 708	194 736	38 612	13 464	11 441
营　　口	423	22 755	146 024	27 070	10 299	8 794
阜　　新	649	17 370	127 554	24 657	10 217	8 853
辽　　阳	405	16 273	116 135	18 598	7 438	6 223
盘　　锦	284	13 756	89 082	17 397	7 075	6 117
铁　　岭	880	28 160	199 851	36 941	13 950	12 250
朝　　阳	1 136	34 599	254 739	47 533	18 912	16 719
葫 芦 岛	901	29 839	199 767	37 370	13 115	11 575

21—22 各地区特殊教育基本情况

(2005年)

单位:人

地区	学校数(所)	招生数	在校学生数	毕业生数	教职工数	#专任教师
总计	**74**	**698**	**8 296**	**971**	**2 565**	**1 903**
沈阳	14	139	1 470	270	551	367
大连	10	120	1 434	208	369	273
鞍山	7	32	750	36	262	182
抚顺	3	27	330	28	114	80
本溪	2	27	247	31	67	58
丹东	6	49	591	30	189	152
锦州	7	53	558	39	187	141
营口	4	51	800	144	235	211
阜新	6	33	293	32	140	95
辽阳	3	35	175	53	98	69
盘锦	2	33	151	5	41	27
铁岭	4	31	510	35	123	102
朝阳	3	54	675	40	124	89
葫芦岛	3	14	312	20	65	57

21—23 各地区每十万人口各级学校平均在校生数

(2005年)

单位:人

地区	幼儿园	小学	初中阶段	高中阶段	高等学校
总计	**1 639.8**	**6 376.8**	**3 755.7**	**2 812.7**	**1 577.0**
沈阳	1 572.6	5 708.1	3 470.8	3 605.5	4 046.5
大连	1 898.9	6 442.3	3 702.8	3 401.4	3 232.5
鞍山	1 851.1	6 262.1	4 030.4	2 291.2	773.6
抚顺	1 160.4	5 192.9	3 201.8	2 690.9	1 151.4
本溪	2 107.2	4 000.5	3 473.2	3 142.9	737.1
丹东	1 715.7	6 366.4	3 572.0	2 929.4	818.0
锦州	2 359.8	6 320.5	3 622.7	2 393.5	1 902.4
营口	1 270.4	6 343.4	4 044.9	2 957.3	253.4
阜新	1 318.5	6 619.3	3 880.6	2 577.0	1 274.2
辽阳	1 424.1	6 374.0	3 227.2	2 481.4	529.1
盘锦	2 231.3	7 103.8	4 318.4	2 617.7	136.2
铁岭	1 474.6	6 628.6	3 627.7	2 032.3	80.0
朝阳	1 309.2	7 541.1	4 458.2	2 638.0	73.7
葫芦岛	1 256.3	7 309.4	4 206.5	1 953.9	190.0

21—24 科技活动基本情况

指　　标	单　位	2000年	2001年	2002年	2003年	2004年	2005年
科技活动人员	**万人**	**16.5**	**16.6**	**15.8**	**15.9**	**16.6**	**18.6**
＃科学家和工程师	万人	11.4	11.5	11.0	11.7	11.5	12.3
研究与试验发展折合全时人员	**万人年**	**4.9**	**5.3**	**5.1**	**5.6**	**6.0**	**6.7**
＃科学家和工程师	万人年	3.9	4.3	4.2	4.5	4.7	5.6
科技经费筹集额	**亿元**	**104.8**	**109.8**	**135.9**	**151.3**	**192.3**	**217.0**
＃政府资金	亿元	27.2	25.2	32.7	34.0	40.6	42.7
企业资金	亿元	60.6	69.3	83.1	101.0	132.1	153.3
金融机构贷款	亿元	6.2	6.1	11.2	6.9	11.0	7.4
科技经费内部支出	**亿元**	**89.4**	**98.7**	**120.2**	**145.2**	**177.9**	**204.2**
＃劳务费	亿元	22.8	23.1	26.9	33.1	37.2	36.2
固定资产购建费	亿元	21.7	21.6	26.5	38.0	43.5	43.0
研究与试验发展经费支出	**亿元**	**41.7**	**53.9**	**63.7**	**83.0**	**106.9**	**125.3**
＃基础研究	亿元	1.5	1.6	2.1	1.8	2.6	3.0
应用研究	亿元	7.2	8.5	7.1	10.5	16.3	23.2
试验发展	亿元	33.0	40.8	51.6	64.2	81.6	93.1
研究与试验发展经费支出占生产总值比重	%	**0.89**	**1.07**	**1.17**	**1.38**	**1.56**	**1.57**
技术市场成交额	**亿元**	**34.8**	**40.9**	**50.8**	**62.0**	**75.3**	**86.5**
专利申请受理数	**件**	**7 151**	**7 514**	**9 851**	**13 545**	**14 695**	**15 672**
发　　明	件	1 299	1 408	1 619	2 584	2 907	3 267
实用新型	件	4 970	5 169	6 388	7 859	7 494	8 192
外观设计	件	882	937	1 844	3 102	4 294	4 213
专利申请援权数	**件**	**4 842**	**4 448**	**4 551**	**5 656**	**5 749**	**6 195**
发　　明	件	458	346	385	644	911	942
实用新型	件	3 703	3 470	3 260	3 905	3 752	4 235
外观设计	件	681	632	906	1 107	1 086	1 018

21—25 科学研究和开发机构基本情况

指　标	单 位	2000年	2001年	2002年	2003年	2004年	2005年
科技活动人员	**万人**	**2.3**	**2.0**	**2.0**	**1.9**	**1.8**	**2.0**
＃科学家和工程师	万人	1.6	1.4	1.4	1.4	1.4	1.6
研究与试验发展折合全时人员	**万人年**	**1.0**	**1.0**	**0.48**	**0.46**	**0.60**	**0.55**
＃科学家和工程师	万人年	0.69	0.67	0.38	0.37	0.47	0.49
＃基础研究	万人年	0.1	0.06	0.02	0.03	0.04	0.05
应用研究	万人年	0.2	0.21	0.09	0.12	0.16	0.16
试验发展	万人年	0.7	0.70	0.37	0.32	0.30	0.34
科技经费筹集额	**亿元**	**23.4**	**22.3**	**24.2**	**26.4**	**25.3**	**26.0**
＃政府资金	亿元	16.2	14.9	12.2	13.8	14.2	14.9
企业资金	亿元	2.2	2.5	6.7	8.6	6.4	6.4
金融机构贷款	亿元	0.4	0.2	0.8	0.3.	0.5	0
科技经费内部支出	**亿元**	**21.3**	**22.0**	**22.6**	**26.7**	**23.5**	**25.9**
＃劳务费	亿元	5.7	6.0	7.8	8.2	8.2	6.5
固定资产购建费	亿元	4.6	3.9	3.4	5.7	4.7	5.3
研究与试验发展经费支出	亿元	10.9	13.0	8.0	9.2	9.3	11.2
＃基础研究	**亿元**	**0.9**	**0.5**	**0.5**	**0.7**	**0.8**	**1.0**
应用研究	亿元	2.6	1.7	1.3	2.8	2.7	3.2
试验发展	亿元	7.5	8.4	5.3	4.0	4.2	5.0

21—26 大中型工业企业科技活动基本情况

指　标	单 位	2000年	2001年	2002年	2003年	2004年	2005年
有科技活动的企业	个	282	312	293	292	322	301
占全部企业的比重	%	73.6	35.9	33.3	36.5	33.4	29.7
科技机构数	个	338	266	254	250	306	295
科技活动人员	万人	7.6	8.2	8.3	8.4	8.4	10.0
＃科学家和工程师	万人	4.8	5.1	5.1	5.6	5.3	5.6
研究与试验发展折合全时人员	万人年	2.1	2.8	2.4	2.8	2.9	3.5
＃科学家和工程师	万人年	1.6	2.3	1.9	2.2	2.0	2.8
科技机构科技活动人员	万人	2.7	2.5	2.4	2.6	2.7	3.2
＃科学家和工程师	万人	1.9	1.7	1.7	1.9	1.7	1.9
科技经费筹集额	亿元	45.1	51.0	73.7	87.1	111.8	133.3
＃政府资金	亿元	2.9	3.1	4.1	3.8	6.0	5.1
企业资金	亿元	36.8	43.5	59.8	77.1	99.4	119.4
金融机构贷款	亿元	2.5	2.8	7.8	5.3	6.1	4.0
科技经费内部支出	亿元	38.6	46.9	68.6	85.5	104.8	129.7
＃开发新产品经费支出	亿元	14.2	16.5	26.0	38.7	50.0	92.7
科技经费支出占主营业务收入比重	%	1.65	1.37	1.86	1.80	1.65	1.62
研究与试验发展经费支出	亿元	19.9	26.7	37.9	53.2	70.0	84.3
技术引进经费支出	亿元	21.3	8.3	17.3	16.7	21.1	9.3
消化吸收经费支出	亿元	0.7	0.2	0.3	0.3	10.2	0.8
购买国内技术支出	亿元	0.7	0.2	0.2	0.4	14.1	1.2

21—27 高等学校科技活动情况

指标	单位	2000年	2001年	2002年	2003年	2004年	2005年
科技活动人员	万人	1.9	1.9	2.0	2.5	2.6	2.6
#科学家和工程师	万人	1.8	1.9	1.9	2.5	2.1	2.2
研究与试验发展机构	个	414	156	345	499	275	277
研究与试验发展折合全时人员	万人年	0.9	0.9	1.0	1.2	1.2	1.3
#科学家和工程师	万人年	0.8	0.8	0.9	1.2	1.2	1.3
#基础研究	万人年	0.26	0.22	0.27	0.31	0.40	0.40
应用研究	万人年	0.50	0.44	0.56	0.62	0.69	0.60
试验发展	万人年	0.1	0.20	0.1	0.28	0.18	0.30
科技经费筹集额	亿元	9.7	9.3	12.3	15.5	22.1	21.4
#政府资金	亿元	4.8	3.6	6.0	7.0	9.4	8.0
企业资金	亿元	3.7	4.9	5.4	5.4	10.3	11.6
金融机构贷款	亿元	0	0	0	0	0.1	0
科技经费内部支出	亿元	7.8	8.0	10.3	14.3	19.8	19.1
#劳务费	亿元	3.1	1.9	2.4	3.6	3.3	3.9
固定资产购建费	亿元	0.6	0.7	1.3	1.3	4.6	2.7
研究与试验发展经费支出	亿元	2.4	5.7	6.2	7.8	10.2	12.3
#基础研究	亿元	0.5	1.0	1.3	0.7	1.7	1.4
应用研究	亿元	1.2	2.9	3.1	3.7	6.4	7.1
试验发展	亿元	0.69	1.7	1.6	2.9	1.7	3.7

21—28 高技术行业大中型工业企业科技活动投入情况

(2005年)

行业	科技活动人员(人)	研究与试验发展折合全时人员(人年)	#科学家和工程师	科技活动经费支出(万元)	#R&D经费	#新产品经费	技术改造经费支出(万元)
合计	**16 012**	**7 116**	**6 668**	**167 351**	**94 139**	**108 570**	**59 780**
医药制造业	**2 895**	**864**	**755**	**25 422**	**7 934**	**15 165**	**16 172**
#化学药品制造业	2 203	650	561	18 708	5 573	12 149	12 452
中成药品制造业	352	102	94	4 401	1 071	1 085	1 320
生物、生化制品制造业	256	61	53	2 174	1 211	1 792	2 400
航空航天器制造业	**5 504**	**2 505**	**2 428**	**66 183**	**30 569**	**26 522**	**37 265**
电子及通信设备制造业	**5 635**	**3 186**	**2 995**	**66 109**	**51 770**	**59 675**	**5 527**
通信设备制造业	269	190	189	2 172	1 559	1 872	50
雷达及配套设备制造业	349	82	61	4 384	2 319	3 172	0
广播电视设备制造业	62	61	61	586	585	543	178
电子器件制造业	3 545	2 575	2 428	44 704	41 750	44 369	3 271
电子元件制造业	900	117	108	3 907	918	1 748	1 268
家用视听设备制造业	388	123	113	8 013	3 768	6 308	759
其他电子设备制造业	122	38	36	2 343	867	1 660	0
电子计算机及办公设备制造业	**207**	**52**	**52**	**1 745**	**288**	**1 080**	**557**
电子计算机整机制造业	63	39	39	565	223	218	0
电子计算机外部设备制造业	63	13	13	422	65	104	0
医疗器械及仪器仪表制造业	**1 738**	**483**	**420**	**7 659**	**3 506**	**5 911**	**258**
#医疗仪器设备及器械制造业	439	32	11	876	171	870	0
器械仪表制造业	1 299	451	409	6 783	3 334	5 040	258

21—29 高技术行业大中型工业企业科技活动产出情况

（2005 年）

单位：万元

行　　业	工业总产值	#新产品	产品销售收入	#新产品	#出口	专利申请（项）	拥有发明专利数（项）
合　　计	**6 425 936**	**1 446 498**	**6 099 807**	**1 400 637**	**209 844**	**565**	**147**
医药制造业	**1 292 281**	**156 283**	**1 151 751**	**149 909**	**59 789**	**50**	**39**
#化学药品原药制造业	924 747	127 117	833 953	124 730	59 789	19	26
化学药品制剂制造业	139 124	19 393	118 719	16 131	0	24	10
生物、生化制品制造业	177 342	7 932	151 294	7 176	0	7	3
航空航天器制造业	**1 034 753**	**885 047**	**977 678**	**813 492**	**0**	**40**	**60**
电子及通信设备制造业	**2 635 433**	**388 090**	**2 502 033**	**414 712**	**149 988**	**357**	**7**
通信设备制造业	111 542	78 996	71 402	6 821	0	1	2
雷达及配套设备制造业	194 121	110 283	186 278	148 903	73 360	0	0
广播电视设备制造业	22 085	830	18 235	1 516	75	0	2
电子器件制造业	1 209 108	226 109	1 171 874	216 748	63 564	84	0
电子元件制造业	341 797	16 780	325 484	14 551	11 208	4	2
家用视听设备制造业	723 290	21 925	709 066	21 911	1 779	265	1
其他电子设备制造业	33 487	4 261	9 691	4 261	0	3	0
电子计算机及办公设备制造业	**895 907**	**612**	**894 134**	**7 115**	**0**	**17**	**0**
电子计算机整机制造业	2 782	32	3 135	27	0	0	0
电子计算机外部设备制造业	871 887	580	871 917	500	0	17	0
医疗器械及仪器仪表制造业	**552 598**	**15 834**	**558 925**	**14 777**	**67**	**99**	**41**
#医疗仪器设备及器械制造业	233 526	1 050	248 739	1 030	0	15	9
器械仪表制造业	319 071	14 784	310 186	13 747	67	84	32

主要统计指标解释

普通高等学校　指按照国家规定的设置标准和审批程序批准举办的,通过全国普通高等学校统一招生考试,招收高中毕业生为主要培养对象,实施高等教育的全日制大学、独立设置的学院和高等专科学校、高等职业学校和其他机构。

大学、独立设置的学院主要实施本科层次以上教育,高等专科学校、高等职业学校实施专科层次教育,其他机构是承担国家普通招生计划任务不计校数的机构。包括普通高等学校分校和批准筹建的普通高等学校等。

成人高等学校　指按照国家规定的设置标准和审批程序批准举办的,通过全国成人高等学校统一招生考试,招收具有高中毕业或同等学历的在职从业人员为主要培养对象,利用函授、业余、脱产等多种形式对其实施高等学历教育的学校。包括职工高等学校、农民高等学校、管理干部学院、教育学院、独立函授学院、广播电视大学、其他机构等。其他机构是承担国家成人招生计划任务不计校数的机构。

小学学龄儿童净入学率　指调查范围内已入小学学习的学龄儿童占校内外学龄儿童总数(包括弱智儿童,不包括盲聋哑儿童)的比重。计算公式为:小学学龄儿童净入学率＝已入学的小学学龄儿童数/校内外小学学龄儿童总数×100％

国家财政性教育经费　包括国家财政预算内教育经费,各级政府征收用于教育的税费,企业办学校教育经费,校办产业、勤工俭学和社会服务收入用于教育的经费。

财政预算内教育经费　指中央、地方各级财政或上级主管部门在年度内安排,并计划拨到教育部门和其他部门主办的各级各类学校、教育事业单位,列入国家预算支出科目的教育经费,包括教育事业拨款、科研经费拨款、基建拨款和其他经费拨款。

科技活动　指在自然科学、农业科学、医药科学、工程与技术科学、人文与社会科学领域(简称科学技术领域)中,与科技知识的产生、发展、传播和应用密切相关的有组织的活动。可分为研究与试验发展(R&D)、研究与试验发展成果应用及相关的科技服务三类活动。该定义是联合国教科文组织考虑成员国特别是发展中国家开展科技统计工作的需要,而对科技活动所作的统计界定。

科技活动人员　指直接从事科技活动、以及专门从事科技活动管理和为科技活动提供直接服务,累计的实际工作时间占全年制度工作时间10％及以上的人员。(1)直接从事科技活动的人员包括:在独立核算的科学研究与技术开发机构、高等学校、各类企业及其他事业单位内设的研究室、实验室、技术开发中心及中试车间(基地)等机构中从事科技活动的研究人员、工程技术人员、技术工人及其它人员;虽不在上述机构工作,但编入科技活动项目(课题)组的人员;科技信息与文献机构中的专业技术人员;从事论文设计的研究生等。(2)专门从事科技活动管理和为科技活动提供直接服务的人员,包括:独立核算的科学研究与技术开发机构、科技信息与文献机构、高等学校、各类企业及其他事业单位主管科技工作的负责人,专门从事科技活动的计划、行政、人事、财务、物资供应、设备维护、图书资料管理等工作的各类人员,但不包括保卫、医疗保健人员、司机、食堂人员、茶炉工、水暖工、清洁工等为科技活动提供间接服务的人员。该指标用来反映投入科技活动人力的规模。

科学家与工程师　指科技活动人员中具有高、中级技术职称(职务)的人员和不具有高、中级技术职称(职务)的大学本科及以上学历人员。该指标用来反映投入科技活动人力的素质。

研究与试验发展(R&D)　指在科学技术领域,为增加知识总量,以及运用这些知识去创造新的应用进行的系统的创造性的活动,包括基础研究、应用研究、试验发展三类活动。国际上通常采用R&D活动的规模和强度指标反映一国的科技实力和核心竞争力。

基础研究　指为了获得关于现象和可观察事实的基本原理的新知识(揭示客观事物的本质、运动规律,获得新发现、新学说)而进行的实验性或理论性研究,它不以任何专门或特定的应用或使用为目的。其成果以科学论文和科学著作为主要形式。用来反映知识的原始创新能力。

应用研究　指为获得新知识而进行的创造性研究,主要针对某一特定的目的或目标。应用研究是为了确定基础研究成果可能的用途,或是为达到预定的目标探索应采取的新方法(原理性)或新途径。其成果形式以科学论文、专著、原理性模型或发明专利为主。用来反映对基础研究成果应用途径的探索。

试验发展　指利用从基础研究、应用研究和实际经验所获得的现有知识,为产生新的产品、材料和装置,建立新的工艺、系统和服务,以及对已产生和建立的上述各项作实质性的改进而进行的系统性工作。其成果形式主要是专利、专有技术、具有新产品基本特征的产品原型或具有新装置基本特征的原始样机等。在社会科学领域,试验发展是指把通过基础研究、应用研究获得的知识转变成可以实施的计划(包括为进行检验和评估实施示范项目)的过程。人文科学领域没有对应的试验发展活动。主要反映将科研成果转化为技术和产品的能力,是科技推动经济社会发展的物化成果。

研究与试验发展人员 指参与研究与试验发展项目研究、管理和辅助工作的人员,包括项目(课题)组人员,企业科技行政管理人员和直接为项目(课题)活动提供服务的辅助人员。反映投入从事拥有自主知识产权的研究开发活动的人力规模。

研究与试验发展人员全时当量 指全时人员数加非全时人员按工作量折算为全时人员数的总和。例如:有两个全时人员和三个非全时人员(工作时间分别为20%、30%和70%),则全时当量为2+0.2+0.3+0.7=3.2人年。为国际上比较科技人力投入而制定的可比指标。

专业技术人员 指从事专业技术工作和专业技术管理工作的人员,即企事业单位中已经聘任专业技术职务从事专业技术工作和专业技术管理工作的人员,以及未聘任专业技术职务,现在专业技术岗位上工作的人员。包括工程技术人员,农业技术人员,科学研究人员,卫生技术人员,教学人员,经济人员,会计人员,统计人员,翻译人员,图书资料、档案、文博人员,新闻出版人员,律师、公证人员,广播电视播音人员,工艺美术人员,体育人员,艺术人员及企业政治思想工作人员,共十七个专业技术职务类别。用来反映科技人力资源情况。

科技活动经费筹集 指从各种渠道筹集到的计划用于科技活动的经费,包括政府资金、企业资金、事业单位资金、金融机构贷款、国外资金和其他资金等。反映各社会经济主体对促进科技进步所做的努力。

政府资金 指从各级政府部门获得的计划用于科技活动的经费,包括科学事业费、科技三项费、科研基建费、科学基金、教育等部门事业费中计划用于科技活动的经费以及政府部门预算外资金中计划用于科技活动的经费等。

企业资金 指从自有资金中提取或接受其他企业委托的,科研院所和高校等事业单位接受企业委托获得的,计划用于科研和技术开发的经费。不包括来自政府、金融机构及国外的计划用于科技活动的资金。

金融机构贷款 指从各类金融机构获得的用于科技活动的贷款。

科技活动经费内部支出 指报告年内用于科技活动的实际支出,包括劳务费、科研业务费、科研管理费,非基建投资购建的固定资产、科研基建支出以及其他用于科技活动的支出。不包括生产性活动支出、归还贷款支出及转拨外单位支出。反映科技投入实际完成情况。

劳务费 指以货币或实物形式直接或间接支付给从事科技活动人员的劳动报酬及各种费用。包括各种形式的工资、津贴、奖金、福利、离退休人员费用、人民助学金等。反映改善科技人员待遇情况。

固定资产购建费 指报告年内使用非基建投资购建的固定资产和用于科研基建投资的实际支出额,即固定资产实际支出和科研基建投资实际完成额之和。固定资产是指长期使用而不改变原有实物形态的主要物资设备、图书资料、实验材料和标本以及其他设备和家具、房屋、建筑物。反映用于改善科研条件和科研手段方面的投入情况。

新产品 指采用新技术原理、新设计构思研制、生产的全新产品,或在结构、材质、工艺等某一方面比原有产品有明显改进,从而显著提高了产品性能或扩大了使用功能的产品。既包括政府有关部门认定并在有效期内的新产品,也包括企业自行研制开发,未经政府有关部门认定,从投产之日起一年之内的新产品。用来反映科技产出及对经济增长的直接贡献。

第二十二篇

文化、体育、卫生

22

WENHUA
TIYU
WEISHENG

22—1 文化事业基本情况

项目	2000年	2001年	2002年	2003年	2004年	2005年
一、文化事业机构数(个)	**1 994**	**15 129**	**15 467**	**16 828**	**18 219**	**20 871**
文化部门	1 994	6 355	4 916	2 239	8 114	2 037
其他部门		8 774	10 551	14 589	10 105	18 834
二、文化事业人员数(人)	**20 922**	**65 135**	**62 167**	**67 085**	**65 316**	**76 970**
文化部门	20 922	36 364	28 804	20 367	38 790	18 681
其他部门		28 771	33 363	46 718	26 526	58 289
三、各类文化艺术事业单位数(个)						
文化馆、艺术馆	125	126	125	125	124	124
公共图书馆	128	129	128	128	126	126
博物馆	30	34	34	35	37	37
电影院	322					
艺术表演场所	71	67	69	70	59	59
艺术表演团体	77	75	72	74	70	66
电影放映单位	738					
四、戏剧、电影观众(万人次)						
戏剧	1 169.2	1 371.3	818.0	907.0	645.9	960.5
电影						
五、按总人口平均每人观看(次)						
戏剧	0.28	0.33	0.20	0.22	0.15	0.23
电影						

22—2 广播电视事业

项目	单位	2000年	2001年	2002年	2003年	2004年	2005年
一、职工人数	人	**22 178**	**23 466**	**24 498**	**23 579**	**24 230**	**25 047**
二、广播事业情况							
广播电台	座	16	15	15	15	15	15
发射台及转播台	座	35	35	35	32	32	32
发射机功率	千瓦	1 057	1 058	1 062	1 071	1 066	1 066
平均每天播音时间	小时:分	1 024:36	1 100:02	1 182:55	1 312:26	1 374:12	1 535:50
广播人口综合覆盖率	%	97.92	97.82	97.80	97.84	98.12	98.17
年广播节目制作时间	小时					331822	353886
新闻	小时					47881	50799
综艺	小时					110888	125848
专题	小时					98737	112131
广播剧	小时					49	324
广告	小时					41451	42452
其他	小时					32816	22332
三、电视事业情况							
电视台	座	15	15	15	15	16	16
电视发射及转播台	座	585	566	483	433	428	408
发射机功率	千瓦	463	465	463	461	437	433
平均每周播出时间	小时:分	3 528:01	8 296:36	9 391:34	9 355:22	9 681:42	10 740:17
电视人口综合覆盖率	%	97.83	97.40	97.60	97.71	98.00	98.19
电视节目制作时间	小时					119114	143948
新闻	小时					19994	21350
综艺	小时					24083	35475
专题	小时					24747	29801
影视剧	小时					1595	1334
广告	小时					31347	43136
其他	小时					17348	12852

22—3 图书、杂志和报纸出版情况

年份	图书				杂志			报纸		
	种数（种）	#新出版	总印数（万册）	总印张数（万印张）	种数（种）	总印数（万册）	总印张数（万印张）	种数（种）	总印数（万份）	总印张数（万印张）
1990	2 776	2 087	20 000	79 000	236	14 000	30 000	65	83 000	63 000
1991	3 603	2 799	22 000	94 000	242	15 000	33 000	67	99 000	71 000
1992	3 203	2 336	21 000	90 000	255	16 000	30 000	70	94 000	70 000
1993	3 602		23 000	120 000	289	16 000	38 000	84	87 000	88 000
1994	4 419	2 986	24 000	108 000						
1995	3 585	1 975	18 000	79 000	295	15 000	34 000	88	90 000	88 000
1996	4 419	2 228	23 000	107 000	288	14 000	31 000	97	88 000	117 000
1997	4 979	2 678	22 000	104 000	286	14 000	31 000	89	99 000	124 000
1998	5 251	2 838	24 000	114 000	274	13 000	31 000	85	105 000	175 000
1999	5 256	2 711	23 000	106 000	277	13 000	32 000	85	110 000	206 000
2000	5 008	2 752	17 082	108 047	289	8 634	22 369	87	125 845	319 018
2001	5 117	2 719	18 176	123 953	306	14 043	33 907	97	124 584	1 097 498
2002	6 632	3 026	16 374	106 225	321	12 896	31 246	17	52 989	110 635
2003	6 519	2 826	15 428	92 405	322	10 881	30 241	17	50 631	150 874
2004	5 511	2 899	11 666	83 959	234	6 891	25 647	81	145 408	510 101
2005	6 598		12 394	88 222	325	10 890	30 251	81	145 800	510 235

注:2002 年报纸为省级报纸统计数。

22—4 图书出版分类构成情况

(2005年)

类　　别	种　　数 (种)	印　　数 (万册)	印　　张 (千印张)
总　　计	**5 660**	**10 523.28**	**763 732.61**
使用“中国标准书号”合计	5 660	10 523.28	763 732.61
马列主义、毛泽东思想	9	20.90	2 445.66
哲　　学	31	34.08	3 713.10
社会科学总论	44	24.12	4 003.05
政治、法律	93	71.12	10 479.51
军　　事	13	11.63	1 163.53
经　　济	635	388.08	62 209.79
文化、科学、教育、体育	2 914	8 472.56	510 866.22
语言、文字	483	368.38	44 566.18
文　　学	206	349.89	37 787.56
艺　　术	246	138.04	8 494.49
历史、地理	100	58.94	6 384.95
自然科学总论	10	2.75	296.58
数理科学、化学	91	39.38	5 803.41
天文学、地球科学	4	4.60	307.21
生物科学	4	0.90	110.96
医学、卫生	138	59.67	7 751.38
农业科学	38	30.82	6 650.14
工业技术	432	195.95	29 060.51
交通运输	136	40.44	6 532.11
航空、航天			
环境科学	9	200.77	6 613.00
综合性图书	24	13.30	8 493.29
不使用“中国标准书号”图书			

22—5 录像、录音制品出版情况

年份、地区	录像制品				录音制品			
	数码激光视盘		高密度激光视盘		录音带		激光唱盘	
	种数（种）	数量（万张）	种数（种）	数量（万张）	种数（种）	数量（万盒）	种数（种）	数量万张）
2001	270	207.1	1	0.1	77	314.6	49	60.6
2002	750	1 102.7	283	339.1	226	525.5	5	1.9
2003	876	2 967.6	245	1 342.5	80	229.4	42	27.6
2004	570	2 475.0	475	893.0	234	536.0	146	144.0
2005	317	292.3	194	189.4	108	122.4	66	32.2

22—6 体委系统职工人数

(2005年)

单位:人

人员分类	合计	# 优秀运动队	# 体育运动学校	# 少儿业余体校	# 公共体育场馆	# 体育服务公司
全省	**7820**	**2221**	**1686**	**1314**	**914**	**926**
运动员	1428	1403	—	25	—	—
专职教练员	1429	229	463	702	35	—
专职文化教师	861	56	393	45	—	367
科技人员	118	1	4	4	2	107
宣传出版人员	—	—	—	—	—	—
医务人员	100	42	27	2	8	21
管理人员	1982	246	533	287	516	249
其它人员	1365	244	266	246	353	182

22—7 运动员历年创世界纪录情况

年份	项数(项)	#女子	人数(人)	#女子	次数(次)	#女子
1985	1	1	2	2	2	2
1986	1		1		1	
1987	3	2	7	5	12	9
1988	2	2	4	4	9	9
1989	10	10	4	4	10	10
1990	2	1	4	3	2	1
1991	8	8	6	6	10	10
1992	3	3	8	8	20	20
1993	20	18	14	12	30	27
1994	3	3	4	4	4	4
1995	1	1	1	1	1	1
1996	2	2	1	1	3	3
1997	9	9	5	5	11	11
1998	17	15	14	12	20	18
1999	13	12	9	8	22	21
2000	4	3	2	1	7	6
2001	4	4	6	6	4	4
2002	11	11	7	7	13	13
2003	13	-	7	-	34	-
2004	4	4	3	3	4	4
2005	3	3	3	3	4	4

注:总计的项数和人数中剔除了历年重复数(以下同)。

22—8 运动员分项创世界纪录情况

(2005 年)

项目	项数(项)	#女子	人数(人)	#女子	次数(次)	#女子
总计	**3**	**3**	**3**	**3**	**4**	**4**
举重	3	3	3	3	4	4

22—9 运动员分项获得世界冠军情况

(2005 年)

项目	项数(项)	#女子	人数(人)	#女子	次数(次)	#女子
总计	**6**	**6**	**6**	**6**	**6**	**6**
乒乓球	2	2	2	2	2	2
射击	2	2	2	2	2	2
柔道	1	1	1	1	1	1
羽毛球	1	1	1	1	1	1

22—10 运动员近年获得世界冠军情况

年份	项数(项)	#女子	人数(人)	#女子	次数(次)	#女子
1985	3	1	3	1	4	1
1986	6	4	8	4	8	4
1987	4	3	6	4	8	6
1988	2	1	4	3	10	8
1989	11	10	5	4	11	10
1990	11	7	7	4	12	8
1991	15	13	7	5	16	14
1992	6	5	8	7	13	12
1993	24	24	18	18	24	24
1994	4	4	7	5	12	8
1995	7	3	9	5	8	4
1996	6	6	5	5	8	8
1997	7	7	4	4	7	7
1998	14	8	11	9	15	8
1999	14	12	9	8	15	13
2000	9	7	6	5	9	7
2001	9	9	4	4	9	9
2002	12	10	10	8	12	10
2003	18	–	12	–	19	–
2004	11	10	11	10	12	11
2005	6	6	6	6	6	6

22—11 运动员分项创获亚洲冠军情况

(2005年)

项目	项数(项)	#女子	人数(人)	#女子	次数(次)	#女子
总计	**8**	**5**	**11**	**7**	**8**	**5**
赛艇	1		2		1	
蹼泳	2	2	1	1	2	2
田径	2		2		2	
乒乓球	1	1	1	1	1	1
排球	1	1	4	4	1	1
摔跤	1	1	1	1	1	1

22—12 与外国体育活动交往情况

项目	单位	2000年	2001年	2002年	2003年	2004年	2005年
来我省的体育团体							
次数	次	58	45	0	0	0	17
人数	人	830	585	0	0	0	148
我省派出的体育团体							
次数	次	254	123	194	61	77	86
人数	人	977	615	391	101	270	326

22—13 卫 生 机 构、

（2005

卫生机构名称	机构数（个）	床位数(张)			人	
		编制床位	实有床位	标准床位	合计	小计
总计	**3 457**	**190 749**	**177 896**	**98 834**	**240 256**	**184 408**
市	2 438	162 213	153 009	93 074	203 499	155 689
县	1 019	28 536	24 887	5 760	36 757	28 719
一、医院	919	147 772	139 443	82 608	175 565	135 500
市	801	132 447	125 240	78 575	156 457	120 604
县	118	15 325	14 203	4 033	19 108	14 896
综合医院	597	103 243	98 477	58 805	128 614	100 429
县医院	50	10 530	9 909	2 860	13 788	10 776
其他医院	547	92 713	88 568	55 945	114 826	89 653
中医医院	104	13 920	12 799	6 285	18 776	14 417
中西医结合医院	9	320	260	20	830	618
民族医院	3	300	260	110	359	250
专科医院	206	29 989	27 647	17 388	26 986	19 786
口腔医院	20	341	329	203	1 697	1 358
眼科医院	9	444	469	160	691	456
肿瘤医院	7	1 978	1 946	1 826	1 947	1 530
心血管病医院	1	40	40	40	20	14
胸科医院	2	1 003	1 003	1 003	1 163	811
血液病医院	2	70	70	70	82	60
妇产(科)医院	22	3 853	3 119	2 456	5 370	4 185
儿童医院	3	570	546	526	909	708
精神病医院	36	8 788	8 171	4 036	5 027	3 505
传染病医院	18	4 446	4 173	2 009	3 949	2 784
皮肤病医院	4	460	100	78	201	133
结核病医院	8	2 631	2 175	1 370	1 578	1 050
职业病医院	2	600	600	600	646	518
骨科医院	15	1 348	1 382	550	1 285	981
康复医院	15	1 600	1 696	978	1 015	632
整形外科医院	3	30	64	40	62	42
美容医院	5	96	108	102	115	86
其他专科医院	34	1 691	1 656	1 341	1 229	933
二、疗养院	37	11 199	10 881	7 533	4 899	2 242
三、社区卫生服务中心	107	932	727	216	3 022	2 600
四、卫生院	1 077	26 010	22 329	5 901	25 131	19 975

床　　数、　人　　员　　数

年）

员					数(人)			
卫　生　技　术　人　员						其他技术人员	管理人员	工勤人员
执业医师	执业助理医师	注册护士	药剂人员	检验人员	其　他			
67 858	**11 202**	**65 814**	**13 643**	**9 889**	**16 002**	**10 369**	**17 249**	**28 230**
57 881	7 792	58 336	11 167	8 455	12 058	8 925	14 984	23 901
9 977	3 410	7 478	2 476	1 434	3 944	1 444	2 265	4 329
48 905	5 137	55 438	10 461	6 266	9 293	7 219	11 901	20 945
43 850	3 979	50 214	8 989	5 631	7 941	6 451	10 902	18 500
5 055	1 158	5 224	1 472	635	1 352	768	999	2 445
36 853	3 466	41 870	7 343	4 624	6 273	4 915	8 538	14 732
3 566	736	4 098	1 009	464	903	519	657	1 836
33 287	2 730	37 772	6 334	4 160	5 370	4 396	7 881	12 896
5 495	942	4 653	1 711	660	956	941	1 281	2 137
218	61	160	62	23	94	44	71	97
106	13	42	56	13	20	14	58	37
6 233	655	8 713	1 289	946	1 950	1 305	1 953	3 942
627	86	397	22	16	210	100	72	167
144	10	194	25	12	71	35	108	92
521	22	707	87	68	125	110	123	184
9		5					4	2
249	9	406	53	45	49	70	70	212
23	4	18	4	4	7	9	7	6
1 385	120	1 783	227	216	454	262	300	623
258	4	346	45	46	9	48	66	87
862	122	1 899	173	95	354	195	397	930
751	51	1 249	297	227	209	211	333	621
55	1	50	15	11	1	2	24	42
294	36	502	81	61	76	55	98	375
153	2	207	30	25	101	32	33	63
311	95	308	84	40	143	84	79	141
229	24	265	53	26	35	47	93	243
11	5	21	1	3	1	1	6	13
32	5	35	3	3	8	2	9	18
319	59	321	89	48	97	42	131	123
776	197	957	106	70	136	305	689	1 663
855	169	974	302	127	173	115	196	111
6 298	3 203	4 524	1 764	842	3 344	992	1 461	2 703

卫生机构名称	机构数（个）	床位数(张)			人	
		编制床位	实有床位	标准床位	合计	小计
街道卫生院	56	514	430	203	976	805
乡镇卫生院	1 021	25 496	21 899	5 698	24 155	19 170
市	515	14 241	12 909	4 677	13 321	10 464
县	506	11 255	8 990	1 021	10 834	8 706
中心卫生院	224	9 091	7 863	2 090	9 056	7 229
乡卫生院	797	16 405	14 036	3 608	15 099	11 941
五、门诊部	398	707	671	325	4 711	3 893
市	383	501	475	270	4 490	3 719
县	15	206	196	55	221	174
综合门诊部	253	557	561	304	3 189	2 691
中医门诊部	49	39	24	11	486	381
中西医结合门诊部	10		5		113	95
专科门诊部	86	111	81	10	923	726
六、急救中心(站)	10	90	100	87	774	427
七、采供血机构	23				1 252	847
八、妇幼保健院(所、站)	114	1 773	1 541	675	5 657	4 503
省属	1	100	100	100	183	135
省辖市(地区)属	13	382	264	252	977	733
地辖市属	68	772	662	205	2 991	2 453
县属	31	519	515	118	1 492	1 170
其他	1				14	12
妇幼保健院	30	1 447	1 224	643	2 893	2 254
妇幼保健所	50	218	194	28	1 904	1 560
妇幼保健站	33	108	107	4	843	679
生殖保健中心	1		16		17	10
九、专科疾病防治院(所、站)	110	1 923	1 832	1 301	3 740	2 741
专科疾病防治院	9	920	804	652	777	531
结核病防治院	1	150	80	80	107	68
职业病防治院	6	720	674	572	575	383
其他	2	50	50		95	80
专科疾病防治所(站、中心)	101	1 003	1 028	649	2 963	2 210
口腔病防治所(站、中心)	17	6	6		555	466
精神病防治所(站、中心)	2	110	110	110	30	26
结核病防治所(站、中心)	55	671	693	429	1 713	1 206

年)

员				数(人)				
卫生技术人员						其他技术人员	管理人员	工勤人员
执业医师	执业助理医师	注册护士	药剂人员	检验人员	其他			
305	102	226	80	21	71	82	54	35
5 993	3 101	4 298	1 684	821	3 273	910	1 407	2 668
3 266	1 715	2 552	879	447	1 605	515	775	1 567
2 727	1 386	1 746	805	374	1 668	395	632	1 101
2 285	1 078	1 763	620	297	1 186	355	512	960
3 708	2 023	2 535	1 064	524	2 087	555	895	1 708
1 806	202	1 101	385	181	218	141	358	319
1 735	187	1 055	369	174	199	138	343	290
71	15	46	16	7	19	3	15	29
1 233	138	786	262	137	135	89	238	171
192	25	59	59	10	36	15	50	40
47		23	13	5	7	6	1	11
334	39	233	51	29	40	31	69	97
166	2	179	8	9	63	54	51	242
132	37	352	24	181	121	124	127	154
2 087	423	991	231	350	421	205	537	412
58	1	55	9	10	2	12	14	22
370	24	207	36	61	35	37	145	62
1 137	248	544	113	188	223	111	240	187
515	148	183	73	90	161	44	138	140
7	2	2		1		1		1
892	183	663	145	167	204	90	296	253
814	163	231	59	127	166	83	145	116
378	75	94	27	55	50	32	94	38
3	2	3		1	1		2	5
1 038	327	636	149	167	424	188	431	380
184	42	153	35	42	75	61	72	113
20	3	25	7	7	6	14	10	15
143	20	121	26	33	40	47	59	86
21	19	7	2	2	29		3	12
854	285	483	114	125	349	127	359	267
208	65	92	9	1	91	30	44	15
11	1	11	2	1		1	1	2
412	132	306	88	92	176	72	230	205

22-13续表2 (2005

卫生机构名称	机构数（个）	床位数（张）			人	
		编制床位	实有床位	标准床位	合计	小计
职业病防治所（站、中心）	1	100	100		70	46
地方病防治所（站、中心）	20	6	9		365	300
药物戒毒所（中心）	1	100	100	100	46	10
其　　他	5	10	10	10	184	156
十、疾病预防控制中心（防疫站）	128	60	60		9 916	7 609
疾病预防控制中心/防疫站/防病中心	122	60	60		9 694	7 421
省　　属	1				382	276
省辖市（地区）属	14				2 445	1 869
地辖市属	68				3 991	3 037
县　　属	31	60	60		2 374	1 842
其　　他	8				502	397
其中：疾病预防控制中心	53				5 195	3 949
卫生防疫站	69	60	60		4 499	3 472
预防保健中心	6				222	188
十一、卫生监督所	43				2 125	1 618
省　　属	1				119	94
省辖市（地区）属	13				966	748
地辖市属	20				753	605
县　　属	6				184	91
其　　他	3				103	80
十二、卫生监督检验（监测、检测）所（站）	30				313	254
食品卫生监督检验（监测、检测）所（站）	2				190	141
其　　他	28				123	113
十三、医学科学研究机构	10	40	40	40	195	102
医学科学（研究）院（所）	3				45	31
中医（药）研究院（所）	3				35	26
民族医（药）学研究所	1				33	
医学专科研究所	3	40	40	40	82	45
十四、医学在职培训机构	2				22	8
十五、健康教育所（站、中心）	9				161	80
十六、其他卫生机构	440	243	272	148	2 773	2 009
临床检验中心（所、站）	3				17	10
乡防保组	372	2	44	2	1 738	1 392
其　　他	65	241	228	146	1 018	607

年)

员			数(人)					
卫生技术人员						其他技术人员	管理人员	工勤人员
执业医师	执业助理医师	注册护士	药剂人员	检验人员	其他			
15	3	19	2	3	4	3	10	11
130	53	14	11	27	65	13	29	23
5		3	1	1		3	30	3
73	31	38	1		13	5	15	8
3 770	961	358	79	1 532	909	544	895	868
3 676	936	331	75	1 519	884	532	876	865
111	4	3		158		32	24	50
901	114	158	35	525	136	185	185	206
1 551	415	86	10	525	450	212	437	305
895	364	45	18	249	271	81	175	276
218	39	39	12	62	27	22	55	28
1 898	378	237	52	1 042	342	323	417	506
1 778	558	94	23	477	542	209	459	359
94	25	27	4	13	25	12	19	3
1 031	139	22	16	66	344	147	226	134
69	2				23	2	13	10
497	62	7	3	20	159	65	86	67
385	66	13	12	39	90	26	78	44
11	6			6	68	41	44	8
69	3	2	1	1	4	13	5	5
116	53	6	8	22	49	2	14	43
55	29	1		17	39	2	6	41
61	24	5	8	5	10		8	2
40	5	15	4	6	32	39	47	7
15	1				15	11	2	1
11		9	4	1	1	2	4	3
							33	
14	4	6		5	16	26	8	3
3	1	1			3	5	4	5
52	4	2	3		19	52	13	16
783	342	258	103	70	453	237	299	228
3				6	1	2	4	1
552	268	102	54	32	384	100	149	97
228	74	156	49	32	68	135	146	130

22—14 各地区卫生机构、床位数

(2005年)

地　　区	卫　生机构数(个)	#医　院	#卫生院	#门　诊部、所	#疾病预防控制中心(防疫站)	#妇　幼保健院(所站)	医疗机构床位数(张)	#医院、卫生院
总　计	**14 925**	**919**	**1 077**	**398**	**128**	**114**	**177 896**	**161 772**
沈　阳	1 888	196	121	146	18	15	34 033	32 518
大　连	2 311	131	105	117	15	12	27 488	25 197
鞍　山	1 916	67	78	32	9	9	17 339	14 377
抚　顺	511	62	54	18	9	8	10 298	10 226
本　溪	278	38	46	8	8	7	8 830	8 266
丹　东	454	39	83	10	7	5	11 159	10 014
锦　州	895	57	80	3	9	8	10 901	10 595
营　口	1 415	65	58	17	7	7	8 464	7 377
阜　新	461	45	56	1	9	9	6 753	6 152
辽　阳	681	43	39	8	8	8	7 912	7 359
盘　锦	661	35	29	2	6	3	5 740	5 138
铁　岭	1 047	30	81	13	8	7	7 348	7 200
朝　阳	1 250	59	141	7	8	8	9 150	8 917
葫 芦 岛	1 157	52	106	16	7	8	12 481	8 436

22—15 各地区卫生机构人员数

(2005年)

单位：人

地　　区	卫生机构人员合计	#卫生技术人员	#执业(助理)医师	#注 册 护 士
总　计	**265 194**	**209 346**	**91 519**	**72 912**
沈　阳	57 132	45 680	19 255	16 887
大　连	40 108	32 496	13 997	12 318
鞍　山	25 220	19 311	8 116	6 818
抚　顺	14 265	11 208	5 078	3 952
本　溪	13 654	10 325	3 877	4 028
丹　东	13 421	10 263	4 251	3 718
锦　州	16 332	12 784	5 501	3 887
营　口	14 370	11 345	5 619	3 702
阜　新	11 167	8 586	3 431	2 999
辽　阳	9 699	7 832	3 846	2 683
盘　锦	8 934	7 037	3 373	2 386
铁　岭	13 831	11 116	5 182	3 299
朝　阳	12 979	10 912	5 104	2 873
葫 芦 岛	14 082	10 451	4 889	3 362

22—16 城市前十位疾病死亡原因及构成

（2005 年）

顺　　序	疾病死亡原因	占死亡总人数的％
	十种死因合计	**94.76**
1	恶性肿瘤	24.96
2	脑血管病	22.30
3	心脏病	21.47
4	呼吸系统疾病	8.26
5	损伤和中毒外部原因	4.84
6	内分泌、营养和代谢的其他疾病	4.51
7	消化系统疾病	2.57
8	其他疾病	2.28
9	泌尿生殖系统疾病	1.82
10	诊断不明	1.75
	女性十种死因合计	**94.65**
1	损伤和中毒外部原因	26.52
2	其他疾病	22.80
3	诊断不明	19.85
4	先天畸形，变性和染色体异常	7.87
5	妊娠，分娩和产褥期并发症	6.12
6	起源于围生期的某些情况	3.31
7	泌尿生殖系统疾病	3.07
8	肌肉骨骼和结缔组织疾病	1.85
9	消化系统疾病	1.76
10	呼吸系统疾病	1.50
	男性十种死因合计	**94.91**
1	传染病（不包括呼吸道结核）	23.66
2	呼吸道结核	22.85
3	寄生虫病	21.63
4	恶性肿瘤	8.79
5	血液，造血器官及免疫的其他疾病	6.12
6	内分泌，营养和代谢的其他疾病	3.11
7	精神障碍	2.98
8	神经系统疾病	2.25
9	心脏病	1.90
10	脑血管病	1.62

主要统计指标解释

文化事业机构 指从事专业文化工作和为专业文化工作服务的独立建制的单位。不包括这些单位另外举办独立核算的其他机构和各部门的业余文化组织。该指标主要反映文化事业机构发展规模水平。

艺术表演团体 指从事戏曲、音乐、舞蹈、杂技等专业艺术表演,有独立帐户的单位,不包括半工半艺、半农半艺和民间职业剧团。该指标主要反映全国专业艺术表演团体发展规模水平。

艺术表演观众人数(人次) 指售票、包场演出或民族地区免费演出的艺术表演观众人次数,不包括彩排审查和内部观摩演出的观看人次数。该指标主要反映全国观看专业艺术表演团体演出的效益规模。

卫生机构 包括医疗机构、疾病预防控制中心(防疫站)、采供血机构、卫生监督及监测(检验)机构、医学科研和在职培训机构、健康教育所等。

医疗机构 包括医院、社区卫生服务中心(站)、疗养院、卫生院、门诊部、诊所(卫生所、医务室)、妇幼保健院(所、站)、专科疾病防治院(所、站)、急救中心(站)和临床检验中心。医疗机构分为非赢利性医疗机构和赢利性医疗机构。

医院 包括综合医院、中医医院、中西医结合医院、民族医院、各类专科医院和护理院。

卫生技术人员 指卫生机构中医生、护理人员、药剂人员、检验人员等卫生技术人员。

医生 指在医疗、预防保健机构工作且取得《执业医师证书》的执业医师和执业助理医师。

卫生服务总费用 反映全国当年用于医疗卫生保健服务所消耗的资金总额,用筹资来源法测算。政府预算卫生支出指各级政府用于卫生事业的财政预算拨款。社会卫生支出指政府预算外的卫生资金投入,主要表现为社会医疗保险。其中包括如企事业单位和乡村集体经济单位举办的医疗卫生机构的设施建设费,企业职工医疗卫生费,行政事业单位负担的职工公费医疗超支部分等。居民个人卫生支出指城乡居民用自己可支配的经济收入支付的各项医疗卫生费用和医疗保险费用。

第二十三篇

其他社会活动

23

QITASHEHUI HUODONG

23—1　历届省人民代表大会的代表人数

单位:人

届别	年份	代表总数	#女代表	#少数民族代表	占代表总数比重(%) #女代表	占代表总数比重(%) #少数民族代表
一届	1954	588		100		17.0
二届	1959	566	107	39	18.9	6.89
三届	1964	795				
四届	1975					
五届	1978	1 200	292	160	24.33	13.33
六届	1983	900	219	146	24.33	16.22
七届	1988	725	142	118	19.59	16.28
八届	1993	745	159	115	21.34	15.44
九届	1998	622	123	97	19.77	15.59
十届	2003	619	108	102	17.45	16.48

23—2　历届省政治协商会议的委员人数

单位:人

届别	年份	代表总数	#中国共产党委员	#少数民族委员	占委员总数比重(%) #中国共产党委员	占委员总数比重(%) #少数民族委员
一届	1954	122	28	16	22.95	13.11
二届	1959	376	123	32	32.71	8.51
三届	1963	403	125	31	31.02	7.69
四届	1977	586	245	57	41.81	9.73
五届	1983	595	220	65	36.97	10.92
六届	1988	696	245	83	35.20	11.93
七届	1993	695	242	81	34.82	11.65
八届	1998	723	283	97	39.14	13.42
九届	2003	750	284	98	37.87	13.07

23—3 工 会 组 织 情 况

年 份	工会基层组织数（个）	全省已建工会组织的基层单位的职工与会员人数（人）				工会专职工作人员数（人）
		职工人数	#女职工	会员人数	#女会员	
1980	19 004	6 149 000	2 340 000	5 182 000		26 000
1981	20 341	7 097 000	2 864 000	6 020 000	2 446 000	30 000
1982	20 953	7 372 000	2 986 000	6 455 000	2 651 000	33 000
1983	21 141	7 546 000	2 032 000	6 770 000	2 738 000	34 000
1984	22 350	7 881 000	3 199 000	7 092 000	2 876 000	38 000
1985	22 763	8 267 000	3 388 000	7 421 000	3 078 000	43 709
1986	23 190	8 341 973	3 462 049	7 605 645	3 202 109	47 842
1987	24 742	8 536 873	3 532 603	7 880 001	3 257 621	47 301
1988	25 753	8 712 119	3 611 855	8 034 410	3 370 064	41 910
1989	27 217	8 840 457	3 665 482	8 181 168	3 394 077	44 150
1990	27 836	8 968 227	3 750 636	8 340 951	3 497 883	46 875
1991	28 642	8 979 281	3 768 625	8 387 414	3 541 636	48 521
1992	29 222	9 164 759	3 828 618	8 567 567	3 584 922	45 584
1993	30 083	9 177 011	3 781 547	8 537 051	3 540 817	41 276
1994	27 629	9 133 500	3 843 987	8 420 047	3 501 514	31 215
1995	28 448	9 290 683	3 987 323	9 234 588	3 796 173	36 167
1996	27 517	9 095 895	3 796 520	8 577 752	3 564 856	39 693
1997	24 310	8 395 588	3 276 594	7 180 188	2 956 720	33 321
1998	23 317	7 198 855	2 994 485	6 694 517	2 784 204	23 766
1999	21 647	6 199 418	2 529 928	5 659 855	2 315 330	21 406
2000	41 167	8 018 747	3 360 629	7 515 909	3 100 980	27 396
2001	64 659			8 155 000		
2002	41 715	8 877 337	2 566 828	8 606 854	2 454 640	18 372
2003	35 717	7 933 711	2 540 304	7 698 113	2 388 475	18 683
2004	39 963	8 402 783	2 947 246	8 223 150	2 820 343	20 346
2005	43 614	8 830 676	335 165	8 621 046	3 121 658	19 626

注:1998 年以后工会专职工作人员数为工会专职干部人数。

23—4 妇 联 组 织 情 况

项 目	单 位	2000 年	2001 年	2002 年	2003 年	2004 年	2005 年
妇联组织总计	个	**1 766**	**1 770**	**1 862**	**1 757**	**1 594**	**1 594**
一、地方妇联	个	**1 745**	**1 757**	**1 862**	**1 757**	**1 594**	**1 594**
省级和市级	个	15	15	14	14	14	14
县(市)、区、乡(镇)级	个	1 256	1 256	1 229	1 122	1 114	1 114
街道妇联	个	474	486	619	621	466	466
二、农林场妇联	个	**21**	**13**				
建立基层妇代会组织数	个	22 024	21 276	19 876	17 474	15 156	15 156
#一类妇代会	人	16 224	15 721				
二类妇代会	人	5 540	5 360				
各类妇女工作委员会	个	3 111	5 656	432	2 292	7 244	7 274
各类妇女联谊组织数	个	299	638	38	208	45	45
民主党派中的妇女组织	个	73	69	44	47	42	42

23—5 律师、公证、调解工作基本情况

项　　目	单 位	2000年	2002年	2003年	2004年	2005年
一、律 师 工 作						
律师事务所	个	397	417	441	458	484
律　　师	人	4 280	4 330	4 549	4 839	5 134
专职律师	人	3 281	4 044	4 291	4 558	4 890
兼特邀职律师	人	999	286	258	281	244
聘请担任常年法律顾问的单位	处	7 497	6 374	7 073	6 604	7 978
民事诉讼代理	件	25 283	24 842	25 256	32 392	31 768
经济诉讼代理	件	12 713	10 156	10 098	13 166	12 902
行政诉讼代理	件	1 305	1 560	1 814	1 802	2 022
刑事辩护	件	12 203	12 420	12 910	12 871	13 332
非诉讼法律事务	件	15 592	19 035	27 595	27 600	37 468
解答法律咨询	万人次	24.08	18.78	19.77	19.35	20.56
代写法律事务文书	万件	4.30	4.65	6.14	4.83	5.44
涉外及港澳台	件	400	389	1 203	653	1 119
二、公 证 工 作						
公证处	个	112	109	110	110	107
公证人员	人	922	976	965	1 022	1 021
#公证员	人	659	624	590	587	576
公证员助理	人	80	95	79	99	138
办理公证文书	万件	67	69.5	66.7	71.8	41.9
三、人民调解工作						
专职司法助理员	人	1 614	1 437	1 581	1 501	1 682
人民调解委员会	个	32 724	25 146	25 309	22 516	21 513
调解人员	万人	19.8	27.2	28.34	15.63	16.59
调解民间纠纷	万件	17.1	14.8	14.42	14.22	14.13

23—6 国内公证文书分类

(2005年)

分　　类	办证件数（件）	比　重（%）	分　　类	办证件数（件）	比　重（%）
一、经济公证			其　他	14 262	11.6
合　计	122 844	100.0	二、民事公证		
购　销	135	0.1	合　计	296 011	100.0
联　营	8	...	收　养	62	...
拍　卖	57	...	解除收养	9	...
贷　款	80 770	65.8	继承权	30 339	10.2
担　保	5 712	4.6	遗　嘱	5 237	1.8
招标、投标	701	0.6	产　权	5 001	1.7
科技协作			亲属关系	395	0.1
供用电	129	0.1	死　亡	484	0.2
劳务合同	4 076	3.3	房屋买卖	113 579	38.4
建筑工程承包	42	...	房屋租赁	1 797	0.6
工商服务业承包	264	0.2	留学协议	224	...
农林牧副渔业承包	2 857	2.3	遗赠扶养协议	518	0.2
乡镇企业承包	36	...	其他民事协议	18 655	6.3
财产租赁	313	0.3	委托书	26 753	9.0
企业租赁	24	...	赠与书	11 018	3.7
资产经营责任制	1	...	声明书	17 222	5.8
其他经济合同	10 427	8.5	现场监督	13 070	4.4
法人(代表人)资格	394	0.3	签名印鉴属实	2 159	0.7
法人委托书	1 802	1.5	文本相符	1 032	0.3
公司章程	43	...	宅基地使用权	233	0.1
执行许可证明	678	0.6	证据保全	1 849	0.6
提　存	113	0.1	其　他	46 375	15.7

23—7 涉外公证文书分类

(2005年)

分类	办证件数(件)	比重(%)	分类	办证件数(件)	比重(%)
合计	**215 368**	**100.0**	委托书	1 219	0.6
收养	48	...	营业证书	1 521	0.7
遗嘱	30	...	公司章程	191	0.1
出生	24 747	11.5	其他法律文书	636	0.3
死亡	1 445	0.7	职称	2 002	0.9
生存、居住	1 757	0.8	法人资格	180	0.1
学历	14 807	6.9	商标注册	81	...
经历	4 032	1.9	贷款	40	...
国籍	7 297	3.4	担保	79	...
婚姻状况	18 279	8.5	其他经济合同	197	0.1
亲属关系	37 407	15.9	副本等与原本相符	28 141	13.1
继承权	1 316	0.6	签名印鉴属实	24 593	11.4
受、未受刑事处分	6 859	3.2	其他	34 280	15.9
声明书	4 184	1.9			

23—8 调解民间纠纷分类

项目	调节纠纷(件)			各类纠纷所占比重(%)		
	2000年	2004年	2005年	2000年	2004年	2005年
合计	**170 464**	**142 155**	**145 594**	**100.00**	**100.00**	**100.00**
婚姻	41 946	41 651	37 242	24.61	29.30	25.58
继承	9 088			5.33		
赡、抚、扶养	13 617			7.99		
家庭	12 112			7.11		
房屋宅基地	16 340	10 491	11 310	9.59	7.38	7.77
债务	11 647			6.83		
生产经营	15 323			8.98		
邻里	24 338	28 250	30 140	14.28	19.87	20.70
损害赔偿	7 808	7 602	8 424	4.58	5.35	5.79
其他	18 245	54 162	58 478	10.70	38.10	40.16

23—9 交通事故发生情况

(2005 年)

类　　别	发生起数 (起)	死亡人数 (人)	受伤人数 (人)	损失折款 (万元)
总　　计	**10 334**	**2 919**	**9 153**	**5 905.6**
机动车	10 164	2 863	9 030	5 848.6
#摩托车	1 357	543	1 225	221.8
拖拉机	49	15	46	119.3
非机动车	96	26	81	23.1
#自行车	52	10	41	15.8
行人乘车	74	30	42	33.9
其　他				

23—10 火灾事故发生情况

(2005 年)

指　　标	单位	合　计	按事故发生程度分		
			特　大	重　大	一　般
发生起数	起	25 478	2	5	25 471
死　　亡	人	161		10	151
受　　伤	人	128			128
损失折款	万元	4 766	270	155	4 341
平均每起事故损失	元	1 870.6	1 350 000.0	310 000.0	1 704.3

23—11 各地区交通事故发生情况

(2005年)

地区	发生起数(起)	死亡人数(人)	受伤人数(人)	损失折款(万元)
全省	**10 334**	**2 919**	**9 153**	**5 905.6**
沈阳	2 796	684	2 917	1 831.7
大连	2 250	317	1 405	1 294.5
鞍山	745	175	650	308.4
抚顺	411	206	367	173.5
本溪	232	105	167	159.0
丹东	456	164	328	184.8
锦州	701	142	724	543.6
营口	393	179	336	230.0
阜新	413	125	448	123.2
辽阳	373	131	339	170.2
盘锦	455	161	448	146.2
铁岭	306	58	335	144.3
朝阳	384	170	288	151.8
葫芦岛	314	291	280	375.1

23—12 各地区火灾事故发生情况

(2005年)

地区	发生起数(起)	死亡人数(人)	受伤人数(人)	直接经济损失(万元)
全省	**25 478**	**161**	**128**	**4 766**
沈阳	5 178	33	7	729
大连	2 271	19	8	489
鞍山	2 787	12	8	284
抚顺	1 709	11	28	331
本溪	952	9	9	183
丹东	805	5	3	140
锦州	2 127	16	4	373
营口	1 415	16	32	420
阜新	917	6	2	184
辽阳	1 873	7	9	236
盘锦	624	4	3	137
铁岭	2 497	14	2	402
朝阳	961	7	9	348
葫芦岛	1 362	2	4	510

23—13 结婚登记和离婚情况

年份	准予登记结婚（对）	初婚（人）	再婚（人）	准予登记离婚（对）	离婚率（‰）
1983	331 960	640 749	23 171	8 649	0.24
1984	387 829	748 957	26 701	8 810	0.24
1985	419 729	811 197	28 261	8 963	0.24
1986	440 722	845 008	36 436	14 416	0.39
1987	472 011	900 299	43 723	19 006	0.51
1988	415 219	785 176	45 262	22 379	0.59
1989	395 049	739 189	43 448	22 530	0.59
1990	383 976	710 383	57 569	24 459	0.63
1991	340 245	628 962	51 528	23 541	0.60
1992	411 425	772 983	49 867	24 565	0.62
1993	330 506	612 579	48 433	26 825	0.68
1994	294 877	539 149	50 605	29 890	0.75
1995	304 103	553 927	54 279	29 554	0.74
1996	308 500	560 821	56 179	30 279	0.75
1997	275 310	496 601	54 019	32 828	0.81
1998	264 684	473 115	56 253	34 772	0.85
1999	257 598	462 363	52 833	34 657	0.85
2000	272 644	482 897	62 391	35 300	0.86
2001	253 586	448 154	59 018	40 376	0.97
2002	235 007	402 638	67 376	40 731	0.98
2003	250 933	427 360	74 506	49 299	1.18
2004	290 391	496 718	84 064	74 093	1.78
2005	257 021	426 672	92 552	79 680	1.90

23—14 各地区结婚登记和离婚情况

（2005年）

地区	准予登记结婚（对）	初婚（人）	再婚（人）	准予登记离婚（对）
全省	**257 021**	**426 672**	**92 552**	**79 680**
沈阳	49 878	78 031	22 567	18 908
大连	37 941	64 397	12 769	10 418
鞍山	21 375	35 909	6 841	6 766
抚顺	12 223	17 094	7 352	7 158
本溪	8 938	14 121	3 755	4 219
丹东	13 115	21 189	5 041	4 115
锦州	17 603	30 434	4 772	4 230
营口	14 170	25 292	3 048	3 771
阜新	12 709	18 578	6 840	3 226
辽阳	10 966	18 815	3 117	3 553
盘锦	8 279	13 525	3 033	2 838
铁岭	17 177	29 162	5 192	4 870
朝阳	17 953	33 100	2 806	2 594
葫芦岛	14 694	25 566	3 822	3 014

23—15 社会福利事业、企业单位数和人员数

指标	机构数(个)			工作人员数(人)		
	2000年	2004年	2005年	2000年	2004年	2005年
总计	**4 072**	**4 080**	**4 043**	**110 903**	**113 989**	**115 883**
一、社会福利事业单位	1 194	1 257	1 266	9 954	12 045	12 331
民政部门办	56	97	78	2 857	4 039	3 476
社会集体办	1 138	1 160	1 188	7 097	8 006	8 855
二、社会福利企业单位	2 769	2 708	2 660	99 427	100 433	102 036
民政部门办	1 908	2 106	2 093	72 554	78 389	80 027
社会集体办	861	602	567	26 873	22 044	22 009
三、烈士纪念建筑物管理单位	22	22	23	397	350	340
四、收容遣送单位	44	43	43	735	733	725
五、殡葬管理单位	43	50	51	390	428	451

23—16 收养性社会福利事业单位基本情况

(2005年)

指标	单位数(个)	工作人员数(人)	床位数(张)	年末收养人数(人)	集体供给金额(万元)
收养性福利事业单位	**1 266**	**12 331**	**80 958**	**56 583**	**3 146.8**
优抚休、疗养院	4	792	1 302	1 020	
光荣院	23	530	2 224	1 326	
社会福利院	46	1 888	8 367	6 694	74.0
儿童福利院	3	157	842	764	
精神病人福利院	2	109	275	241	
城镇老年性福利机构	275	2 527	18 508	11 365	141.7
农村老年性福利机构	903	6 186	48 525	34 518	2 931.1
其他收养机构	10	142	915	655	

23—17 各地区城镇社区服务设施和城市居民最低生活保障制度情况

(2005 年)　　单位:个

地　区	城镇社区服务设施数	从业人员	便民利民服务网点	城乡居民最低生活保障情况			
				城镇低保人数(人)	保障资金(万元)	农村低保人数(人)	保障资金(万元)
全　省	**8 898**	**473 364**	**91 287**	**1 505 498**	**161 604.7**	**433 417**	**16 782.6**
沈　阳	2 124	31 771	16 041	170 733	13 253.8	69 347	2 030.6
大　连	848	170 311	8 710	97 599	11 270.3	41 203	2 911.8
鞍　山	1 634	34 404	11 958	220 796	10 933.8	39 829	1 909.2
抚　顺	1 203	69 290	10 255	166 161	42 563.7	21 015	853.5
本　溪	156	11 807	4 979	119 625	10 524.0	21 995	844.0
丹　东	238	23 535	1 390	57 282	6 499.8	14 551	177.5
锦　州	283	7 508	1 939	70 416	7 626.1	45 025	1 933.9
营　口	226	17 327	11 003	68 074	8 456.9	24 407	530.0
阜　新	89	13 473	1 662	180 263	14 136.6	20 870	336.4
辽　阳	1 294	42 125	8 012	48 151	4 518.5	20 804	844.0
盘　锦	113	37 505	10 267	22 140	2 471.7	16 388	823.4
铁　岭	123	2 223	152	65 535	6 834.7	59 248	1 795.4
朝　阳	174	8 959	2 790	151 897	14 241.0	77	2.2
葫芦岛	393	3 127	2 129	66 826	8 273.8	38 658	1 790.7

23—18 各地区优抚事业基本情况

(2005 年)　　单位:人

地　区	优抚对象总人数	革命伤残人员	烈军属人数	在乡退伍红军战士	在乡复员军人	在乡退伍军人
全　省	**128 408**	**35 290**	**8 743**	**9**	**56 207**	**12 111**
沈　阳	12 190	5 231	754		4 149	2 038
大　连	20 521	6 044	1 415		7 978	2 633
鞍　山	9 678	3 597	972		4 222	872
抚　顺	5 852	2 053	385		2 739	211
本　溪	7 406	1 840	368	9	2 713	747
丹　东	9 489	2 797	760		5 309	623
锦　州	14 211	2 640	748		5 887	703
营　口	9 185	2 370	699		3 087	1 338
阜　新	5 919	1 225	366		1 986	219
辽　阳	3 628	1 058	289		1 724	363
盘　锦	4 385	903	333		2 511	380
铁　岭	10 405	1 667	495		4 828	544
朝　阳	8 078	1 994	629		4 556	899
葫芦岛	7 461	1 871	530		4 518	541

23—19 社会福利企业基本情况

年份	民政部门办 单位(个)	职工(人)	#残疾职工	社会办 单位(个)	职工(人)	#残疾职工
1985	148	33 016	10 373	628	24 656	10 181
1986	140	31 301	9 784	1 890	74 710	21 738
1987	187	36 741	11 903	2 409	77 225	30 056
1988	218	40 198	13 638	3 296	86 756	31 168
1989	246	42 287	14 596	3 390	93 962	38 010
1990	289	39 853	13 553	3 535	105 385	42 729
1991	368	43 379	15 688	3 539	103 478	45 088
1992	361	42 179	15 220	3 867	111 643	48 951
1993	430	40 424	14 899	4 223	115 500	49 712
1994	470	40 752	15 552	4 084	119 815	51 702
1995	436	35 778	14 049	4 378	132 557	58 644
1996	416	33 252	12 814	4 140	116 753	54 131
1997	804	44 072	15 972	3 460	102 985	46 956
1998	437	29 493	11 327	3 574	98 703	45 725
1999	298	21 366	7 815	3 263	99 320	45 176
2000	1 908	72 554	31 978	861	26 873	11 837
2001	2 122	77 860	35 426	611	17 778	8 002
2002	2 093	79 778	35 594	697	18 390	8 837
2003	2 073	76 530	33 664	625	23 057	10 915
2004	2 106	78 389	36 122	602	22 044	10 402
2005	2 093	80 027	37 354	567	22 009	10 437

23—20 各地区基本养老保险情况

年份、地区	年末参加基本养老保险人数(万人)	在职职工	#企业(含其他)	离退休人数	基金收支情况(亿元) 基金收入	基金支出
2000	1 029.9	748.9	679.7	281.0	127.6	169.5
2001	1 022.8	733.9	666.7	288.9	134.4	178.6
2002	1 039.2	737.0	669.6	302.2	160.3	202.9
2003	1 070.4	754.9	688.6	315.5	177.0	216.4
2004	1 101.0	767.2	695.1	333.8	213.2	243.9
2005	1 193.6	832.8	760.5	360.8	250.5	287.7
沈阳	230.2	154.9	142.9	75.3	52.7	54.3
大连	179.8	128.5	115.2	51.3	47.6	52.3
鞍山	74.4	52.8	42.8	21.6	12.2	19.1
抚顺	79.6	57.4	56.1	22.2	9.6	16.6
本溪	64.2	47.2	41.8	17.0	9.9	11.7
丹东	51.0	35.1	31.7	15.8	8.1	11.8
锦州	54.5	38.5	31.6	16.0	7.6	12.1
营口	47.8	33.4	31.0	14.3	7.0	9.7
阜新	32.7	23.8	21.9	8.9	3.3	5.3
辽阳	38.3	27.7	26.1	10.7	6.7	7.9
盘锦	43.2	30.4	27.0	12.8	4.2	5.4
铁岭	34.6	25.1	21.8	9.4	5.3	6.5
朝阳	33.4	24.7	22.6	8.7	4.7	6.2
葫芦岛	34.9	25.7	22.8	9.3	4.9	6.6

23—21 各地区失业保险情况

单位:万人

年份、地区	参保人数	企业	国有企业	集体企业	其他企业	事业单位	领取失业保险金人数
2000	694.0	638.4	415.6	164.2	24.8	54.5	18.2
2001	648.0	590.0	364.6	158.4	34.2	66.5	20.3
2002	591.1	517.2	315.7	128.4	37.7	73.9	82.0
2003	622.2	486.3	248.4	124.6	77.4	102.5	67.0
2004	616.2	467.3	214.0	120.7	94.2	108.8	81.7
2005	607.7	454.6	204.4	119.2	93.9	108.9	46.5
沈阳	117.2	91.5	31.6	23.9	27.3	17.9	13.5
大连	90.2	65.1	22.6	7.3	16.4	15.5	6.1
鞍山	64.4	54.1	34.1	16.1	3.2	7.3	5.2
抚顺	54.1	44.2	13.5	17.6	12.0	6.1	2.9
本溪	38.9	31.3	16.4	10.1	4.7	4.1	2.3
丹东	25.7	17.0	6.3	4.8	5.0	6.4	2.2
锦州	38.7	30.7	20.3	6.9	3.1	6.9	2.9
营口	22.2	13.4	5.7	3.1	4.6	5.0	1.1
阜新	22.5	16.6	4.3	7.3	4.9	4.7	3.6
辽阳	20.9	13.9	6.6	4.4	2.3	4.0	1.2
盘锦	23.4	19.0	14.2	1.2	3.5	3.1	0.9
铁岭	28.3	19.8	11.5	7.9	0.1	7.0	0.4
朝阳	23.6	14.6	5.6	3.3	5.7	7.5	2.7
葫芦岛	25.5	19.4	7.7	5.4	5.6	5.3	1.0

23—22 各地区基本医疗保险情况

年份、地区	年末参加基本医疗保险人数(万人)			基金收支情况(亿元)	
	合计	在岗职工	退休人员	基金收入	基金支出
2000	108.1	71.5	36.6	6.9	3.8
2001	304.3	216.9	87.4	10.7	8.3
2002	619.0	430.3	188.7	27.1	14.5
2003	697.6	480.4	217.2	37.5	31.8
2004	783.7	536.4	247.3	53.3	49.5
2005	864.2	584.2	280.0	68.2	69.3
沈阳	192.6	121.1	71.5	17.9	19.7
大连	188.7	134.0	54.7	18.1	21.0
鞍山	84.0	50.7	33.3	5.0	3.6
抚顺	54.4	34.7	19.7	2.5	2.3
本溪	40.9	28.1	12.8	3.6	3.6
丹东	38.5	27.8	10.7	2.1	2.2
锦州	42.7	28.5	14.2	2.7	2.0
营口	33.1	22.4	10.6	2.0	2.2
阜新	30.5	20.3	10.2	1.7	1.6
辽阳	35.8	25.2	10.6	2.4	2.0
盘锦	28.9	22.8	6.1	3.1	4.6
铁岭	29.5	22.4	7.1	2.5	1.7
朝阳	28.7	18.8	10.0	1.4	1.1
葫芦岛	28.2	21.9	6.2	1.6	1.3

注:支出为医院(药店)实际发生额。

主要统计指标解释

社会福利事业单位　指集中收养社会孤老、残、幼的机构，包括由民政部门管理的社会福利院、儿童福利院、精神病人福利院和城镇集体举办的福利院及农村集体举办的敬老院以及优抚医院和具有收养能力的社区服务中心等。该指标主要反映我国在社会福利性单位投入的水平。

社会福利事业单位收养人数　包括民政部门管理和城镇、农村集体举办的社会福利事业单位中收养的老人、少年儿童、缺乏生活自理能力的残疾人员和精神病人。该指标主要反映收养性社会福利单位的收养能力。

社会福利企业单位　指以安置城镇有一定劳动能力的盲、聋、哑和肢体残疾人员就业为目的，享受国家减免税待遇的国有或集体企业。包括福利工厂、福利商业和服务业、假肢厂和安置农场等单位。该指标主要反映我国对残疾人照顾的特殊政策。

农村五保户　指农村中既无劳动能力，又无经济来源的老、弱、孤、残的农民，其生活由集体供养，实行保吃、保穿、保住、保医、保葬(孤儿保教)，简称"五保"，享受五保待遇的家庭叫五保户。该指标主要反映农村弱势群体的人员数量。

离婚率　指当年离婚人数占年平均人口的比重，计算公式为：

离婚率＝当年离婚对数×2/年平均人口数×1000‰

聋儿入普幼普小率　指本年度内进入普通幼儿园、普通小学的聋儿数与在训聋儿数(不含当年新收训聋儿数)之比。该指标主要反映经过康复训练的聋儿进入普通幼儿园和普通小学的情况。

综合防治康复精神病人数　指在开展精神病防治康复工作地区，采取不同形式，接受综合性防治康复措施、开放式管理的精神病人数。该指标主要反映精神病患者接受治疗康复情况。

监护率　指通过监护小组、家庭病床、工疗站、社会就业以及精神卫生机构，接受社会化、综合性、开放式治疗与康复的精神病人占经调查摸底、登记在册的精神病人数的百分比。该指标主要反映对精神病患者落实治疗康复措施的情况。

精神病人社会参与率　指生活能自理，并参加生产劳动和社会生活的精神病人数占监护精神病人数的百分比。该指标主要反映精神病人康复状况和参与社会的情况。

未入学适龄残疾儿童少年　指根据义务教育法规定应接受义务教育，但因各种原因未能入学的适龄视力残疾、听力与言语残疾、智力残疾、肢体残疾、精神残疾、多重残疾儿童少年。适龄残疾儿童少年的年龄段参照各省级人民政府依照义务教育法规定的入学年龄。该指标主要反映因各种原因未能入学的适龄残疾儿童的年度变化，为制定残疾儿童义务教育发展规划及其应采取的方针、政策和措施提供依据，同时为各地开展资助残疾儿童就学工作提供依据。

律师　指依法取得律师执业证书，担任法律顾问，民事(刑事、行政)案件代理人、刑事案件辩护人、办理非诉讼业务，解答法律询问，代写法律事务文书等，为社会提供法律服务的人员。

公证人员　指在公证处工作的人员总称，包括公证处主任、副主任、公证员、公证员助理(助理公证员)和其他从事辅助性工作的人员。

公证文书　指公证处根据当事人申请，依照事实和法律，按照法定程序制作的，具有法律效力的司法证明文书。根据公证书用途和使用地，公证书分为国内公证书、国内经济公证书、涉外民事公证书、涉外经济公证书四类。

调解员　指在人民调解委员会担负调解民间纠纷工作的人员，包括调解委员会的委员和调解小组的调解员。该指标主要反映从事人民调解工作的人员数量。

调解民间纠纷　指调解委员会按照法律规定，根据自愿原则，用说服教育的方法调解民间发生的有关民事权利和义务争执的件数，包括调解成功数和调解未成功数。该指标主要反映人民调解委员会的工作量。

立案　指人民检察院对受理的报案、控告、举报或自首及自行发现的犯罪线索、犯罪嫌疑人进行初步调查后，认为存在职务犯罪事实和应追究刑事责任，并决定作为刑事案件进行侦查的诉讼活动，是追究犯罪的开始。该指标主要反映人民检察院依法将职务犯罪线索作为刑事案件进行侦查的诉讼活动。

大案　指贪污、贿赂案数额在5万元以上，挪用公款案数额在10万元以上，集体私分、巨额财产来源不明、隐瞒境外存款案数额在50万元以上以及按照《人民检察院直接受理的渎职、侵权重、特大案件标准(试行)》认定的案件。该指标主要反映人民检察院立案查办的职务犯罪案件中经济损失大、社会危害严重的案件。

要案　指县、处级以上干部的犯罪案件。该指标主要反映国家工作人员中县、处级以上干部因职务犯罪被人民检察院依法立案侦查的情况。

决定逮捕　指人民检察院对直接受理、自行侦查的案件，认为需要逮捕犯罪嫌疑人时，依据法律做出的逮捕决定。该指标主要反映人民检察院对直接受理的案件行使决定逮捕权的情况。

批准逮捕　指人民检察院对公安机关、国家安全机关、监狱管理机关提出逮捕的犯罪嫌疑人进行审查，根据事实，依法做出逮捕决定。该指标主要反映人民检察院对提请逮捕机关提请逮捕犯罪嫌疑人进行审查后依法做出批准逮捕决定的情况。

决定起诉　指人民检察院对公安机关、国家安全机关、监狱管理机关和检察机关内设机构反贪污贿赂部门等移送起诉的案件进行审查，根据事实，做出提起公诉的案件。该指标主要反映人民检察院对各种刑事案件向人民法院提起公诉的情况。

申诉 指经检察机关信访部门审查处理后，移送到检察机关申诉部门的申诉案件，包括不服检察机关处理决定和不服法院刑事判决和裁定的申诉的案件。

受理劳动争议案件数 指劳动争议仲裁委员会根据国家有关规定，对劳动争议当事人的申请予以审查，符合受理条件而正式立案、准备处理的劳动争议案件数。

基本养老保险

1.（参保）职工人数：指报告期末按照国家法律、法规和有关政策规定参加基本养老保险并在社保经办机构已建立缴费记录档案的职工人数，包括中断缴费但未终止养老保险关系的职工人数，不包括只登记未建立缴费记录档案的人数。

2.（参保）离退休人员人数：指报告期末参加基本养老保险的离休、退休和退职人员的人数。

3.基本养老保险基金收入：指根据国家有关规定，由纳入基本养老保险范围的缴费单位和个人按国家规定的缴费基数和缴费比例缴纳的养老保险基金，以及通过其他方式取得的形成基金来源的收入。包括单位和职工个人缴纳的基本养老保险费、基本养老保险基金利息收入、上级补助收入、下级上解收入、转移收入、财政补贴和其他收入。

4.基本养老保险基金支出：指按照国家政策规定的开支范围和开支标准从养老保险基金中支付给参加基本养老保险的离休、通休、退职人员个人的养老金、丧葬抚恤补助，以及由于保险关系转移、上下级之间调剂资金等原因而发生的支出。包括离休金、退休金、退职金、各种补贴、医疗费、死亡丧葬补助费、抚恤救济费、社会保险经办机构管理费、补助下级支出、上解上级支出、转移支出、其他支出等。

5.基本养老保险基金累计结余：指截止报告期末基本养老保险基金收支相抵后的累计余额。

离休、退休、退职人员 指正式办理了离休、退休、退职手续，并享受相应的离休、退休、退职待遇的人员。

基本医疗保险

1.参保人数：指报告期末按国家有关规定参加基本医疗保险的人数。包括参加保险的职工人数和退休人员人数。

2.基金收入：指根据国家有关规定，由纳入基本医疗保险范围的缴费单位和个人，按国家规定的缴费基数和缴费比例缴纳的基金，以及通过其他方式取得的形成基金来源的款项，包括：单位缴纳的社会统筹基金收入、个人缴纳的个人账户基金收入、财政补贴收入、利息收入、其他收入。

3.基金支出：指按照国家政策规定的开支范围和开支标准从社会统筹基金中支付给参加基本医疗保险的职工和退休人员的医疗保险待遇支出，和从个人帐户基金中支付给参加基本医疗保险的职工和退休人员的医疗费用支出，以及其他支出。包括：住院医疗费用支出、门急诊医疗费用支出、个人账户基金支出、其他支出。

4.基金累计结余：指截止报告期末基本医疗保险的社会统筹和个人帐户基金累计结余金额。包括银行存款、财政专户、债券投资和其他。

失业保险

1.参保人数：指报告期末按照国家法律、法规和有关政策规定参加了失业保险的城镇企业事业单位的职工及地方政府规定参加失业保险的其他人员的人数。

2.失业保险基金收入：指按照规定从企业、事业及其他单位筹集的失业保险费及其他并入失业保险基金收入的总额。包括单位和个人缴纳的失业保险费、失业保险基金利息收入、上级补助收入、下级上解收入、转移收入、财政补贴和其他收入。

3.失业保险基金支出：指报告期内为保障失业人员和下岗职工基本生活、促进其再就业等支出的基金总额。包括失业救济金、医疗费、死亡丧葬补助费、抚恤救济费、转业训练费支出、失业保险经办机构管理费、补助下级支出、上解上级支出、转移支出和其他支出。

4.基金累计结余：指截止报告期末失业保险基金收支相抵后的累计余额。

工伤保险

1.参加保险人数：指报告期末依据国家有关规定参加工伤保险的职工人数。

2.享受保险待遇人数：指劳动者因工负伤致残、死亡或因患职业病致残，根据有关规定享受工伤保险待遇职工或供养直系亲属人数。包括伤残人数、职业病人数、因工死亡人数、供养直系亲属人数。

3.基金收入：指根据国家有关规定，由参加工伤保险的单位按国家规定的缴费基数和缴费比例缴纳的工伤保险基金，以及通过其他形式取得的形成基金来源的款项。包括：单位缴纳的社会统筹基金收入、财政补贴收入、利息收入、其他收入。

4.基金支出：指按照国家政策规定的开支范围和开支标准从工伤保险基金中支付给参加工伤保险的人员及供养直系亲属工伤保险待遇支出及其他支出。包括工伤医疗费、伤残补助金、工亡补助金、护理费、丧葬补助费、工伤预防费用、职业康复费用和其他支出。

5.基金累计结余：指截止报告期末工伤保险基金累计结余金额。包括银行存款、财政专户、债券投资和其他。

生育保险

1.参保人数：指报告期末依据有关规定参加生育保险的职工人数。

2.基金收入：指根据国家有关规定，由参加生育保险的单位按照国家规定的缴费基数和缴费比例缴纳的生育保险基金，以及通过其他方式取得的形成基金来源的款项，包括：单位缴纳的基金收入、利息收入和其他收入。

3.基金支出:指按照国家政策规定的开支范围和开支标准,从生育保险基金中支付给参加生育保险的职工,因妊娠、分娩和计划生育手术而享受的待遇及其他支出。包括:生育津贴、医疗费用支出及其他支出。

4.基金累计结余:指截止报告期末生育保险基金累计结余金额。包括银行存款、财政专户、债券投资和其他。

离休、退休、退职人员保险福利费用 指离休、退休、退职人员实际得到的生活费用总额,包括从社会保险经办机构和单位得到的费用。

1.离休金:指按规定支付给离休人员的生活费用。

2.退休金:指按规定支付给退休人员的生活费用。

3.退职生活费:指按规定支付给退职人员的生活费用。

4.医疗卫生费:指单位直接支付给离休、退休、退职人员的医疗费、住院费以及住院伙食补助等费用。

5.其他:指离休金、退休金、退职生活费和医疗卫生费以外的其他保险福利费用,如丧葬抚恤救济费、生活补贴、物价补贴、冬季取暖补贴等。

附录

各省、市、县区经济指标比较

附录

GESHENG
SHIXIANQU
JINGJI
ZHIBIAO
BIJIAO

附录1　2005年各省(市、区)主要经济指标

地　　区	地区生产总值				第一产业增加值			
	绝对值(亿元)	位次	比上年增长(%)	位次	绝对值(亿元)	位次	比上年增长(%)	位次
全　　国	**182 320.6**				**22 718.4**			
北　　京	6 886.3	10	11.8	19	98.0	27	-0.8	29
天　　津	3 697.6	20	14.7	3	112.4	26	4.3	22
河　　北	10 096.1	6	13.4	7	1 503.1	3	6.2	10
山　　西	4 179.5	16	12.6	11	262.4	25	-5.4	30
内 蒙 古	3 895.6	19	23.8	1	589.6	18	9.1	2
辽　　宁	8 009.0	8	12.3	14	882.4	12	7.9	4
吉　　林	3 620.3	22	12.1	16	625.6	17	9.9	1
黑 龙 江	5 511.5	14	11.6	21	684.6	15	8.7	3
上　　海	9 154.2	7	11.1	27	80.3	28	-8.9	31
江　　苏	18 305.7	3	14.5	4	1 461.5	5	2.9	26
浙　　江	13 437.9	4	12.8	9	892.8	11	1.5	28
安　　徽	5 375.1	15	11.6	21	966.5	9	1.7	27
福　　建	6 568.9	11	11.6	21	841.2	13	4.2	23
江　　西	4 056.8	18	12.8	9	727.4	14	6.5	8
山　　东	18 516.9	2	15.2	2	1 963.5	1	4.8	20
河　　南	10 587.4	5	14.2	5	1 892.0	2	7.5	6
湖　　北	6 520.1	12	12.1	16	1 082.1	8	4.0	24
湖　　南	6 511.3	13	11.6	21	1 274.2	7	5.7	14
广　　东	22 366.5	1	13.8	6	1 428.3	6	4.9	19
广　　西	4 075.8	17	13.2	8	912.5	10	7.1	7
海　　南	894.6	28	10.2	30	300.8	24	6.0	12
重　　庆	3 070.5	24	11.5	26	463.4	20	4.5	21
四　　川	7 385.1	9	12.6	11	1 481.1	4	5.4	16
贵　　州	1 979.1	26	11.6	21	368.9	22	5.2	17
云　　南	3 472.9	23	9.0	31	669.8	16	6.1	11
西　　藏	251.2	31	12.1	16	48.0	31	5.5	15
陕　　西	3 675.7	21	12.6	11	435.8	21	7.7	5
甘　　肃	1 934.0	27	11.8	19	308.1	23	5.9	13
青　　海	543.3	30	12.2	15	65.3	30	5.0	18
宁　　夏	606.1	29	10.9	28	72.1	29	3.2	25
新　　疆	2 604.2	25	10.9	28	510.0	19	6.5	8

注:1.地区生产总值绝对值按现价计算,速度按不变价计算。

2.工业增加值统计范围是全部国有及限额以上非国有工业企业。

3.本部分数据为各地(含我省)快报数,与年报略有出入。

附录1续表1

地区	第二产业增加值				第三产业增加值			
	绝对值（亿元）	位次	比上年增长（%）	位次	绝对值（亿元）	位次	比上年增长（%）	位次
全国	**86 207.6**				**73 394.6**			
北京	2 026.5	17	10.1	30	4 761.8	5	13.0	9
天津	2 051.2	16	17.6	6	1 534.1	18	11.7	15
河北	5 232.5	6	15.4	16	3 360.5	7	13.2	8
山西	2 353.2	14	16.2	12	1 563.9	17	11.2	19
内蒙古	1 773.2	20	34.9	1	1 532.8	19	18.1	1
辽宁	3 953.3	8	17.1	8	3 173.3	9	8.2	31
吉林	1 608.9	21	13.6	21	1 385.7	22	11.4	16
黑龙江	2 971.7	11	12.6	27	1 855.2	15	10.8	21
上海	4 452.9	7	11.5	29	4 620.9	6	11.1	20
江苏	10 355.0	3	16.0	13	6 489.1	2	14.9	3
浙江	7 166.2	4	12.7	25	5 378.9	4	15.2	2
安徽	2 221.2	15	17.1	8	2 187.5	14	10.8	21
福建	3 200.3	9	13.0	23	2 527.5	13	12.5	12
江西	1 917.5	18	17.1	8	1 411.9	20	10.8	21
山东	10 628.6	2	17.9	5	5 924.7	3	14.4	4
河南	5 514.1	5	17.6	6	3 181.3	8	12.8	10
湖北	2 810.0	12	15.2	18	2 628.0	12	11.8	14
湖南	2 596.7	13	12.2	28	2 640.5	11	13.5	7
广东	11 339.9	1	15.0	19	9 598.3	1	13.7	6
广西	1 510.7	22	18.4	3	1 652.6	16	11.4	16
海南	220.1	30	16.9	11	373.8	28	10.2	25
重庆	1 259.1	24	12.9	24	1 348.0	24	12.3	13
四川	3 067.2	10	18.0	4	2 836.7	10	10.6	24
贵州	826.6	27	12.7	25	783.5	27	14.0	5
云南	1 432.8	23	8.1	31	1 370.3	23	11.4	16
西藏	63.5	31	23.6	2	139.7	31	9.7	28
陕西	1 849.3	19	15.8	15	1 390.6	21	10.1	27
甘肃	838.6	26	13.2	22	787.4	26	12.8	10
青海	264.6	29	15.9	14	213.4	30	10.2	25
宁夏	281.2	28	15.3	17	252.8	29	8.9	30
新疆	1 164.8	25	14.4	20	929.4	25	9.4	29

附录1续表2

地　区	人均生产总值 绝对值（元）	人均生产总值 位次	就业人员 绝对值（万人）	就业人员 位次	在岗职工平均工资 绝对值（元）	在岗职工平均工资 位次	国有在岗职工平均工资 绝对值（元）	国有在岗职工平均工资 位次
全　国	**13 985**		**75 825**		**18 405**		**19 313**	
北　京	45 444	2	920	25	34 191	1	39 067	1
天　津	35 783	3	427	27	25 271	5	26 685	6
河　北	14 782	11	3 467	8	14 707	24	15 291	24
山　西	12 495	15	1 476	20	15 645	18	16 027	19
内蒙古	16 331	10	1 041	23	15 985	15	16 598	17
辽　宁	18 983	8	1 979	15	17 331	9	18 360	12
吉　林	13 348	13	1 099	22	14 409	28	14 566	28
黑龙江	14 434	12	1 626	19	14 458	25	14 424	30
上　海	51 474	1	960	24	31 940	2	36 077	3
江　苏	24 560	5	3 878	5	20 957	7	24 659	7
浙　江	27 703	4	3 203	9	25 896	4	39 048	2
安　徽	8 675	28	3 485	7	15 334	21	15 450	22
福　建	18 646	9	1 868	17	17 146	11	20 897	9
江　西	9 440	24	2 107	14	13 688	31	14 276	31
山　东	20 096	7	5 111	2	16 614	13	19 823	10
河　南	11 346	17	5 662	1	14 282	30	14 877	26
湖　北	11 431	16	2 676	11	14 419	26	15 585	21
湖　南	10 426	20	3 658	6	15 659	17	16 649	16
广　东	24 435	6	4 702	3	23 959	6	28 835	5
广　西	8 788	27	2 703	10	15 461	20	16 113	18
海　南	10 871	19	378	28	14 417	27	14 427	29
重　庆	10 982	18	1 721	18	16 630	12	18 614	11
四　川	9 060	26	4 604	4	15 826	16	17 898	13
贵　州	5 052	31	2 216	13	14 344	29	14 681	27
云　南	7 835	29	2 461	12	16 140	14	16 900	15
西　藏	9 114	25	140	31	28 950	3	29 644	4
陕　西	9 899	23	1 883	16	14 796	23	15 223	25
甘　肃	7 477	30	1 348	21	14 939	22	15 840	20
青　海	10 045	22	268	30	19 084	8	21 158	8
宁　夏	10 239	21	300	29	17 211	10	17 634	14
新　疆	13 108	14	764	26	15 558	19	15 364	23

附录1续表3

地区	固定资产投资额		房地产开发投资额		商品房销售额	
	绝对值（亿元）	位次	绝对值（亿元）	位次	绝对值（亿元）	位次
全国	**88 604.3**		**15 759.3**		**18 080.3**	
北京	2 827.2	10	1 525.0	2	2 120.2	3
天津	1 498.6	24	327.5	16	568.1	10
河北	4 193.6	7	390.5	14	245.6	19
山西	1 831.4	19	174.6	23	140.1	24
内蒙古	2 651.9	12	162.1	24	177.7	22
辽宁	4 203.7	6	873.5	7	714.4	7
吉林	1 755.3	21	195.7	22	129.3	25
黑龙江	1 794.2	20	267.6	20	260.7	18
上海	3 459.7	9	1 246.9	5	2 161.3	2
江苏	8 158.4	2	1 526.9	1	1 629.3	5
浙江	6 524.2	4	1 454.5	4	2 314.7	1
安徽	2 540.3	14	459.4	11	423.4	12
福建	2 328.5	15	540.4	9	595.5	9
江西	2 207.9	16	300.7	17	237.7	20
山东	9 206.8	1	974.3	6	882.2	6
河南	4 378.7	5	388.5	15	323.5	15
湖北	2 722.4	11	448.0	12	386.6	13
湖南	2 600.0	13	447.5	13	298.2	16
广东	6 840.7	3	1 498.3	3	2 084.1	4
广西	1 734.5	23	287.0	19	325.5	14
海南	376.5	29	70.8	29	73.2	29
重庆	1 938.8	17	517.7	10	430.4	11
四川	3 546.5	8	699.3	8	626.8	8
贵州	1 014.6	26	153.3	25	140.3	23
云南	1 735.5	22	233.8	21	296.3	17
西藏	187.2	31	6.0	31	1.0	31
陕西	1 902.5	18	297.9	18	183.7	21
甘肃	873.7	27	85.8	27	92.1	27
青海	331.4	30	29.1	30	21.7	30
宁夏	444.0	28	74.7	28	84.5	28
新疆	1 338.4	25	101.7	26	112.3	26

附录 1 续表 4

地　　区	地方财政一般预算收入		地方财政一般预算支出	
	绝对值（亿元）	位　次	绝对值（亿元）	位　次
全　　国	**31 628.0**		**33 708.1**	
北　　京	919.2	6	1 058.3	9
天　　津	331.9	16	442.1	26
河　　北	515.7	9	979.2	10
山　　西	368.3	14	668.8	17
内 蒙 古	277.5	20	681.9	16
辽　　宁	675.3	7	1 204.4	6
吉　　林	207.2	24	631.1	19
黑 龙 江	318.2	17	787.8	12
上　　海	1 417.4	2	1 646.3	3
江　　苏	1 322.7	3	1 673.4	2
浙　　江	1 066.6	5	1 265.5	5
安　　徽	334.0	15	713.1	15
福　　建	432.6	11	593.4	21
江　　西	252.9	23	564.0	22
山　　东	1 073.1	4	1 466.2	4
河　　南	537.7	8	1 116.0	7
湖　　北	375.5	13	778.7	13
湖　　南	395.3	12	873.4	11
广　　东	1 807.2	1	2 289.1	1
广　　西	283.0	19	611.5	20
海　　南	68.7	28	151.2	31
重　　庆	256.8	22	487.4	25
四　　川	479.7	10	1 082.2	8
贵　　州	182.5	25	520.7	23
云　　南	312.6	18	766.3	14
西　　藏	12.0	31	185.5	28
陕　　西	275.3	21	639.0	18
甘　　肃	123.5	27	429.3	27
青　　海	33.8	30	169.8	29
宁　　夏	47.7	29	160.3	30
新　　疆	180.3	26	519.0	24

附录1续表5

地　区	价格指数(%)		城镇居民人均可支配收入		农民人均纯收入	
	居民消费价格指数	位次	绝对值(元)	位次	绝对值(元)	位次
全国	**101.8**		**10 493.0**		**3 254.9**	
北京	101.5	20	17 653.0	2	7 346.3	2
天津	101.5	15	12 638.6	5	5 579.9	4
河北	101.8	10	9 107.1	16	3 481.6	10
山西	102.3	5	8 913.9	17	2 890.7	18
内蒙古	102.4	3	9 136.8	14	2 988.9	17
辽宁	101.4	22	9 107.6	15	3 690.2	9
吉林	101.5	16	8 690.6	19	3 264.0	11
黑龙江	101.2	25	8 272.5	24	3 221.3	12
上海	101.0	28	18 645.0	1	8 247.8	1
江苏	102.1	8	12 318.6	7	5 276.3	5
浙江	101.3	24	16 293.8	3	6 660.0	3
安徽	101.4	23	8 470.7	22	2 641.0	22
福建	102.2	7	12 321.3	6	4 450.4	7
江西	101.7	12	8 619.7	21	3 128.9	13
山东	101.7	13	10 744.8	8	3 930.5	8
河南	102.1	9	8 668.0	20	2 870.6	19
湖北	102.9	1	8 785.9	18	3 099.2	15
湖南	102.3	4	9 524.0	10	3 117.7	14
广东	102.3	6	14 770.0	4	4 690.5	6
广西	102.4	2	9 286.7	12	2 494.7	24
海南	101.5	19	8 123.9	27	3 004.0	16
重庆	100.8	29	10 243.5	9	2 809.3	20
四川	101.7	14	8 386.0	23	2 802.8	21
贵州	101.0	27	8 151.1	26	1 877.0	31
云南	101.4	21	9 265.9	13	2 041.8	29
西藏	101.5	18	9 431.2	11	2 077.9	27
陕西	101.2	26	8 272.0	25	2 052.6	28
甘肃	101.7	11	8 086.8	29	1 979.9	30
青海	100.8	30	8 057.9	30	2 151.5	26
宁夏	101.5	17	8 093.6	28	2 508.9	23
新疆	100.7	31	7 990.2	31	2 482.2	25

附录1续表6

地区	建筑业总产值 绝对值(亿元)	建筑业总产值 位次	社会消费品零售总额 绝对值(亿元)	社会消费品零售总额 位次	社会消费品零售总额 比上年增长(%)	社会消费品零售总额 位次
全国	**34 745.8**		**67 176.6**		**12.9**	
北京	1 894.3	5	2 902.8	11	10.5	31
天津	725.3	17	1 190.1	23	13.9	14
河北	1 268.4	9	2 952.9	10	14.6	8
山西	792.3	15	1 401.2	17	14.9	7
内蒙古	366.4	24	1 344.1	19	15.8	2
辽宁	1 472.0	8	2 999.0	6	13.5	20
吉林	485.2	22	1 460.8	16	13.5	20
黑龙江	572.3	19	1 760.1	15	13.0	27
上海	1 893.0	6	2 973.0	8	11.9	30
江苏	4 365.1	2	5 699.9	3	16.5	1
浙江	4 620.3	1	4 631.7	4	14.2	12
安徽	961.6	13	1 765.0	14	13.3	24
福建	804.0	14	2 345.8	13	13.8	15
江西	543.4	20	1 236.2	21	15.0	5
山东	2 490.8	3	6 126.4	2	15.8	2
河南	1 055.9	12	3 358.4	5	14.3	10
湖北	1 247.8	10	2 964.6	9	13.2	25
湖南	1 177.2	11	2 459.1	12	14.4	9
广东	2 067.4	4	7 882.6	1	15.0	5
广西	410.1	23	1 397.0	18	14.3	10
海南	59.5	30	268.6	28	13.4	22
重庆	784.6	16	1 215.8	22	13.8	15
四川	1 478.4	7	2 981.4	7	14.0	13
贵州	260.4	27	606.9	27	13.4	22
云南	502.1	21	1 034.4	24	13.0	27
西藏	35.5	31	73.1	31	15.7	4
陕西	594.1	18	1 322.4	20	13.7	17
甘肃	276.3	26	632.8	26	12.9	29
青海	87.9	29	160.5	30	13.7	17
宁夏	111.1	28	174.3	29	13.6	19
新疆	343.3	25	637.8	25	13.2	25

附录1续表7

地区	进出口总额 绝对值（亿美元）	位次	比上年增长（%）	位次	出口总额 绝对值（亿美元）	位次
全国	**14 219.0**		**23.2**		**7 619.5**	
北京	1 255.1	4	32.7	6	308.7	7
天津	532.8	8	26.8	9	273.8	8
河北	160.7	10	18.8	17	109.2	10
山西	55.5	19	3.0	26	35.3	18
内蒙古	48.8	21	31.0	7	17.7	25
辽宁	410.1	9	19.2	16	234.4	9
吉林	65.3	17	-3.9	28	24.7	23
黑龙江	95.7	11	40.9	3	60.7	11
上海	1 863.4	3	16.5	19	907.2	3
江苏	2 279.2	2	33.4	5	1 229.7	2
浙江	1 073.9	5	26.0	12	768.0	4
安徽	91.2	12	26.5	11	51.9	12
福建	544.1	7	14.5	22	348.4	6
江西	40.6	25	15.2	20	24.4	24
山东	767.4	6	26.5	10	461.2	5
河南	77.2	16	16.7	18	50.9	13
湖北	90.5	13	33.8	4	44.3	16
湖南	60.0	18	10.2	24	37.5	17
广东	4 279.6	1	19.8	15	2 381.6	1
广西	51.8	20	21.1	14	28.8	20
海南	25.4	27	-25.3	30	10.2	27
重庆	42.9	24	11.3	23	25.2	22
四川	79.0	15	15.1	21	47.0	15
贵州	14.0	28	-7.3	29	8.6	28
云南	47.4	22	26.8	8	26.4	21
西藏	2.1	31	2.8	27	1.7	31
陕西	45.8	23	25.7	13	30.8	19
甘肃	26.3	26	49.2	1	10.9	26
青海	4.1	30	-28.2	31	3.2	30
宁夏	9.7	29	6.4	25	6.9	29
新疆	79.4	14	40.9	2	50.4	14

附录1续表8

地区	进口总额		农林牧渔业总产值			
	绝对值（亿美元）	位次	绝对值（亿元）	位次	比上年增长（%）	位次
全国	**6 599.5**		**39 450.9**		**5.7**	
北京	946.4	4	268.8	26	0.3	29
天津	259.0	7	258.4	27	4.5	22
河北	51.5	10	2 600.8	3	6.5	13
山西	20.2	22	483.8	24	-2.8	30
内蒙古	31.0	16	980.2	18	11.2	2
辽宁	175.7	9	1 671.6	9	7.5	6
吉林	40.6	12	1 050.5	17	11.7	1
黑龙江	35.0	14	1 294.4	14	10.2	3
上海	956.2	3	233.4	28	-10.5	31
江苏	1 049.6	2	2 577.0	4	3.7	24
浙江	305.9	6	1 428.3	12	2.4	25
安徽	39.3	13	1 666.2	10	1.4	28
福建	195.7	8	1 396.1	13	2.2	26
江西	16.3	24	1 143.0	15	6.8	10
山东	306.1	5	3 741.8	1	5.2	19
河南	26.4	18	3 309.7	2	7.5	5
湖北	46.3	11	1 775.6	8	4.2	23
湖南	22.5	20	2 056.2	7	5.8	17
广东	1 898.1	1	2 447.6	6	4.8	21
广西	23.0	19	1 448.4	11	7.4	7
海南	15.2	26	475.9	25	6.7	11
重庆	17.7	23	662.2	21	5.2	20
四川	32.0	15	2 457.5	5	6.5	14
贵州	5.4	28	571.8	22	5.9	16
云南	21.0	21	1 068.6	16	6.9	9
西藏	0.4	31	67.7	31	1.9	27
陕西	15.0	27	730.7	20	8.1	4
甘肃	15.4	25	521.5	23	6.6	12
青海	0.9	30	94.0	30	5.3	18
宁夏	2.8	29	138.0	29	6.2	15
新疆	29.0	17	831.1	19	7.4	8

附录1续表9

地区	规模以上工业增加值				主营业务收入		利润总额	
	绝对值（亿元）	位次	比上年增长（%）	位次	绝对值（亿元）	位次	绝对值（亿元）	位次
全国	**66 425.2**		**16.4**		**244 593.4**		**14 362.0**	
北京	1 705.4	15	13.1	28	7 151.7	10	391.1	10
天津	1 783.0	13	20.4	12	6 865.2	11	520.2	9
河北	3 219.0	7	22.9	6	10 707.0	6	692.1	7
山西	1 712.0	14	19.3	14	4 626.1	15	264.9	17
内蒙古	1 135.5	20	30.9	1	2 973.8	20	225.9	18
辽宁	3 007.4	8	20.1	13	10 570.6	7	349.2	14
吉林	1 200.8	19	11.0	30	3 576.6	18	138.3	22
黑龙江	2 166.3	10	15.3	26	4 649.4	14	1 065.1	5
上海	3 994.7	5	12.5	29	16 346.1	5	939.6	6
江苏	8 054.0	3	22.5	10	32 129.5	2	1 386.5	3
浙江	4 904.7	4	18.1	20	21 702.5	4	1 072.8	4
安徽	1 373.9	17	22.7	8	4 599.5	16	203.0	20
福建	2 235.2	9	17.4	22	7 676.9	9	377.0	13
江西	828.5	24	23.6	3	2 883.1	21	115.5	24
山东	8 411.9	1	28.4	2	29 910.8	3	2 138.2	1
河南	3 228.0	6	23.3	4	10 049.4	8	668.0	8
湖北	1 847.9	12	19.3	14	5 977.9	12	335.8	15
湖南	1 535.9	16	20.6	11	4 496.6	17	188.2	21
广东	8 290.0	2	17.0	24	34 033.3	1	1 457.6	2
广西	833.1	23	22.8	7	2 448.7	24	132.7	23
海南	138.0	30	18.6	17	426.4	30	37.5	29
重庆	716.4	25	17.1	23	2 516.4	23	112.1	25
四川	2 034.4	11	23.0	5	5 928.1	13	321.9	16
贵州	561.6	27	17.0	24	1 501.1	27	75.3	26
云南	1 018.1	21	8.4	31	2 532.6	22	223.2	19
西藏	17.4	31	14.9	27	22.1	31	3.7	31
陕西	1 267.2	18	18.7	16	3 175.6	19	385.9	12
甘肃	601.8	26	18.6	17	1 924.3	26	63.0	28
青海	179.5	29	22.7	8	450.0	29	69.3	27
宁夏	202.3	28	18.5	19	639.2	28	20.1	30
新疆	933.3	22	17.8	21	2 102.9	25	388.6	11

附录1续表10

地区	亏损企业亏损总额		资产合计		负债合计		总资产贡献率	
	绝对值（亿元）	位次	绝对值（亿元）	位次	绝对值（亿元）	位次	绝对值（%）	位次
全国	**1 923.0**		**240 772.8**		**140 252.4**		**12.7**	
北京	94.0	6	12 489.4	6	4 658.1	12	7.1	31
天津	70.0	8	6 094.7	14	3 591.7	13	14.3	8
河北	77.5	7	9 502.0	8	5 887.8	7	14.5	7
山西	42.0	18	6 846.4	12	4 683.0	11	11.5	17
内蒙古	16.8	27	4 164.4	20	2 479.1	20	12.7	10
辽宁	213.6	2	11 785.2	7	7 053.5	6	8.1	29
吉林	63.1	10	4 508.9	19	2 707.4	19	9.1	26
黑龙江	60.5	11	5 077.7	16	2 956.4	17	30.9	1
上海	179.2	3	15 893.4	5	8 032.9	5	11.2	19
江苏	153.8	4	25 465.7	2	15 743.8	1	11.3	18
浙江	98.4	5	19 576.2	4	11 627.9	4	12.5	11
安徽	32.3	20	5 259.1	15	3 251.5	15	10.8	21
福建	50.2	15	6 743.2	13	3 579.7	14	11.7	14
江西	20.3	24	2 917.7	24	1 849.4	24	11.6	16
山东	69.5	9	21 736.5	3	12 709.7	3	18.5	4
河南	49.0	17	9 060.7	9	5 635.6	8	16.0	5
湖北	53.6	14	8 723.2	10	4 906.3	10	9.9	25
湖南	23.6	23	4 569.6	18	2 827.3	18	14.1	9
广东	238.7	1	26 609.3	1	15 637.2	2	10.7	22
广西	19.5	25	3 016.2	23	1 862.6	22	11.7	15
海南	6.1	30	703.2	30	421.8	30	12.2	12
重庆	18.3	26	3 101.6	22	1 856.7	23	10.0	24
四川	35.4	19	7 851.4	11	4 911.9	9	10.1	23
贵州	26.6	22	2 491.9	27	1 617.6	25	10.9	20
云南	27.6	21	3 823.4	21	2 035.9	21	18.9	3
西藏	0.2	31	95.8	31	23.9	31	8.3	28
陕西	58.5	12	5 004.1	17	3 166.4	16	14.5	6
甘肃	53.7	13	2 686.0	26	1 576.8	26	8.4	27
青海	8.1	29	1 103.3	28	754.9	28	12.1	13
宁夏	13.4	28	1 095.2	29	699.5	29	7.4	30
新疆	49.7	16	2 777.2	25	1 505.8	27	22.3	2

附录 1 续表 11

地区	资产负债率		流动资产周转次数		成本费用利润率		产品销售率		全员劳动生产率	
	绝对值（%）	位次	绝对值（次/年）	位次	绝对值（%）	位次	绝对值（%）	位次	绝对值（元/人）	位次
全国	**58.3**		**2.3**		**6.3**		**98.1**		**108 575**	
北京	37.3	30	1.9	21	5.7	18	98.5	11	154 428	6
天津	58.9	20	2.3	11	8.3	9	100.6	1	155 500	5
河北	62.0	9	2.7	2	7.0	12	98.1	18	118 035	12
山西	68.4	2	1.7	24	6.2	13	97.0	29	85 331	24
内蒙古	59.5	18	2.3	10	8.5	8	97.4	27	136 801	7
辽宁	59.9	17	2.0	17	3.5	30	98.2	17	111 152	15
吉林	60.1	14	2.0	18	4.1	28	98.5	10	112 916	14
黑龙江	58.2	24	2.2	12	30.5	1	97.5	24	161 975	4
上海	50.5	29	2.1	16	6.1	14	98.6	9	167 655	3
江苏	61.8	12	2.6	4	4.5	26	98.2	16	119 879	11
浙江	59.4	19	2.2	14	5.2	21	97.8	21	83 989	27
安徽	61.8	11	2.2	13	4.7	22	98.3	14	96 207	20
福建	53.1	28	2.3	9	5.2	20	97.3	28	83 859	28
江西	63.4	5	2.4	7	4.3	27	98.5	12	83 733	29
山东	58.5	23	3.2	1	7.8	10	98.2	15	128 142	10
河南	62.2	8	2.7	3	7.2	11	98.4	13	95 616	21
湖北	56.2	25	1.9	20	6.1	15	97.6	23	107 040	16
湖南	61.9	10	2.6	4	4.6	24	99.6	2	96 860	19
广东	58.8	21	2.4	8	4.5	25	97.4	26	85 193	26
广西	61.8	13	2.2	15	5.8	17	97.9	19	85 303	25
海南	60.0	15	1.6	26	10.0	7	98.7	7	132 785	9
重庆	59.9	16	1.9	22	4.7	22	98.8	5	76 913	31
四川	62.6	7	1.8	23	5.8	16	97.6	22	97 673	18
贵州	64.9	3	1.6	27	5.5	19	96.3	30	89 252	23
云南	53.3	27	1.6	28	10.6	6	99.4	3	185 004	2
西藏	24.9	31	1.0	31	20.6	3	92.3	31	114 937	13
陕西	63.3	6	1.7	25	14.2	5	97.5	25	102 609	17
甘肃	58.7	22	2.0	19	3.5	29	97.8	20	94 481	22
青海	68.4	1	1.4	30	18.8	4	98.8	5	135 210	8
宁夏	63.9	4	1.6	29	3.2	31	98.7	7	81 741	30
新疆	54.2	26	2.6	6	24.0	2	99.1	4	193 972	1

附录2 2005年 省 辖 市

指标名称	单位	沈阳	大连	鞍山	抚顺	本溪
土地面积	平方公里	13 000	12 600	9 300	10 900	8 500
年底总人口	万人	698.6	565.3	347.6	224.5	156.4
男	万人	350.4	285.2	176.6	113.1	78.9
女	万人	348.2	280.1	171.0	111.4	77.5
出生人口	人	49 381	34 339	28 138	13 210	9 250
死亡人口	人	43 150	27 224	23 159	15 850	8 749
年底总户数	万户	232.0	195.8	112.2	79.1	54.5
地区生产总值	亿元	2 084.13	2 152.23	1 018.01	390.24	343.29
第一产业	亿元	126.33	183.33	56.00	28.78	22.10
第二产业	亿元	906.29	996.06	560.08	211.92	203.14
#工业	亿元	786.28	853.48	523.97	191.32	187.60
第三产业	亿元	1 051.52	972.84	401.93	149.54	118.05
人均地区生产总值	元	29 935	38 196	29 338	17 372	21 922
地区生产总值指数	上年=100	116.0	114.2	116.2	113.8	115.1
第一产业	上年=100	109.4	111.7	104.0	103.9	108.4
第二产业	上年=100	122.3	115.5	118.8	117.0	121.4
#工业	上年=100	122.2	114.6	118.9	115.0	123.9
第三产业	上年=100	111.7	113.4	115.1	111.9	108.4
人均地区生产总值指数	上年=100	116.8	115.8	119.5	118.2	115.4
就业人员	万人	316.6	336.5	163.1	128.8	73.6
第一产业	万人	78.9	74.3	49.0	33.3	15.1
第二产业	万人	90.7	103.7	59.2	47.6	33.8
第三产业	万人	147.0	158.5	55.0	47.9	24.7
城镇登记失业人员数	万人	13.5	7.0	6.1	5.4	3.8
城镇就业人员	万人	193.3	202.6	78.0	80.3	46.6
#国有单位	万人	60.0	34.0	35.4	21.0	23.7
集体单位	万人	16.2	4.3	17.7	16.0	8.9
港澳台投资经济	万人	2.5	4.1	0.7	0.5	0.3
外商投资经济	万人	6.2	26.3	0.4	1.0	0.2
私营经济	万人	38.6	76.9	3.9	11.7	5.1
个体经济	万人	40.1	32.4	15.9	17.4	4.3
职工人数	万人	89.3	80.7	38.6	28.4	24.1
国有经济	万人	49.2	30.1	28.3	14.2	18.7
集体经济	万人	7.4	3.3	6.3	3.1	2.2
其他经济	万人	32.7	47.3	4.0	11.1	3.2
职工工资总额	亿元	177.62	172.36	72.57	48.24	40.21
职工平均工资	元	19 914	21 878	18 708	16 791	16 562
全社会固定资产投资	亿元	1 363.22	1 110.49	314.53	151.11	142.20
#国有经济	亿元	328.50	276.28	163.34	52.86	110.32
集体经济	亿元	103.94	251.13	78.49	17.61	9.06
个体经济	亿元	252.98	180.60	41.07	23.62	10.46
#城镇	亿元	1 296.99	921.82	244.86	133.27	132.89
农村	亿元	66.23	188.67	69.67	17.84	9.31
房地产开发投资额	亿元	413.57	265.34	27.65	16.73	19.15

基　本　情　况(地区数)

丹东	锦州	营口	阜新	辽阳	盘锦	铁岭	朝阳	葫芦岛
15 000	10 300	5 400	10 400	4 800	4 100	13 000	19 700	10 500
242.4	308.3	230.5	192.7	182.0	125.9	302.6	338.7	273.7
122.6	156.0	117.7	96.9	92.8	63.9	154.4	174.4	140.5
119.8	152.3	112.8	95.8	89.2	62.0	148.2	164.3	133.2
17 383	26 525	17 705	16 926	14 374	11 355	27 635	36 943	24 929
15 302	17 011	12 532	12 974	11 377	5 720	18 474	17 831	14 208
78.6	101.5	78.8	62.8	64.3	43.5	100.6	106.1	90.4
326.32	381.94	379.59	142.59	330.06	441.32	264.23	212.14	299.52
52.84	88.04	41.01	35.52	25.47	46.86	69.70	55.75	44.57
134.18	140.07	195.02	48.86	202.54	318.79	107.10	82.17	142.44
111.80	121.90	178.27	39.69	178.98	299.88	95.61	73.53	129.52
139.30	153.82	143.56	58.22	102.05	75.67	87.43	74.21	112.51
13 502	12 397	16 487	7 398	18 135	34 641	8 764	6 280	10 960
116.4	116.0	120.4	113.5	117.0	106.4	118.1	116.6	113.8
107.7	103.4	109.7	117.6	105.3	107.8	110.0	125.1	100.4
123.4	126.7	128.8	107.0	120.8	104.8	125.2	113.2	118.8
123.5	123.5	131.0	105.9	117.1	104.5	125.5	115.6	119.6
113.7	114.5	113.7	116.7	113.3	110.8	117.1	114.4	113.0
119.2	120.7	125.2	116.4	122.2	118.7	121.5	120.1	113.9
117.0	146.7	104.2	107.7	85.7	93.1	125.3	174.6	127.5
48.5	69.3	36.9	42.7	28.9	43.3	56.7	86.3	58.9
28.9	30.5	29.5	27.5	28.7	22.0	26.1	35.6	31.1
39.7	47.0	37.9	37.5	28.1	27.8	42.5	52.6	37.5
3.0	4.2	2.7	2.7	2.2	1.4	3.0	2.8	2.5
40.8	51.4	35.6	45.2	37.4	56.3	43.6	38.9	36.9
12.8	22.3	12.0	14.1	11.5	40.4	15.1	14.1	15.8
3.8	6.6	2.5	9.9	4.6	0.9	7.3	3.1	5.3
0.1	0.6	0.5	0.1	0.2	0.1	0.5	0.1	0.2
1.3	0.5	2.2	0.3	0.7	0.2	0.2	0.1	0.2
6.3	3.9	7.2	7.1	7.0	4.1	4.9	8.2	4.6
11.3	12.5	7.7	11.4	7.3	6.4	8.7	6.9	4.9
17.5	24.6	16.5	16.8	17.7	40.7	22.2	20.5	22.2
11.2	16.9	9.9	12.5	9.8	35.8	12.9	12.8	13.2
1.2	2.7	1.2	1.9	2.1	0.7	2.6	1.4	3.8
5.1	5.0	5.4	2.4	5.8	4.2	6.7	6.2	5.2
25.46	34.67	24.11	21.47	29.12	54.62	33.42	27.28	29.45
14 348	13 867	14 302	12 561	16 011	13 412	14 831	13 307	13 225
123.12	93.31	221.20	73.18	106.77	172.18	106.98	85.96	102.42
24.33	22.67	57.85	23.88	23.74	41.53	17.72	19.45	31.31
20.70	13.02	23.54	12.18	12.35	10.31	14.54	14.02	23.72
43.88	16.88	46.65	14.37	32.73	22.71	34.16	32.22	21.37
98.86	76.00	189.56	60.01	91.58	158.21	86.60	65.71	79.51
24.26	17.31	31.64	13.17	15.19	13.97	20.38	20.25	22.91
24.11	9.43	32.89	9.82	9.79	10.39	14.13	7.98	13.27

附录2续表1

指标名称	单位	沈阳	大连	鞍山	抚顺	本溪
商品房屋销售额	亿元	317.45	222.95	23.27	14.25	18.81
#住　宅	亿元	281.84	197.77	17.93	12.31	13.57
商品房屋销售面积	万平方米	996.1	594.9	95.5	79.1	88.6
#住　宅	万平方米	931.2	552.5	84.9	71.3	73.5
商品房屋平均销售价格	元/平方米	3 187	3 747	2 436	1 802	2 124
#住　宅	元/平方米	3 027	3 580	2 113	1 727	1 846
地方财政收入	亿元	138.14	151.42	55.25	22.28	21.81
#各项税收	亿元	114.80	88.74	37.42	13.34	13.85
#增殖税	亿元	23.10	12.61	2.08	3.34	5.23
营业税	亿元	50.14	36.49	7.81	4.33	3.42
企业所得税	亿元	14.18	9.23	11.27	0.82	0.93
个人所得税	亿元	8.43	5.94	1.80	0.96	0.86
地方财政支出	亿元	217.05	207.70	83.14	50.84	41.15
#基建支出	亿元	6.23	41.29	3.90	2.10	2.16
支农支出	亿元	6.78	8.60	2.97	0.89	0.78
教育支出	亿元	27.74	20.64	9.34	5.96	6.26
社会保障补助支出	亿元	37.40	17.29	12.14	12.00	7.07
农村居民人均纯收入	元	5 050	5 903	4 750	3 743	4 022
农村居民人均生活费支出	元	3 095	3 756	3 529	2 812	2 881
#食品支出	元	1 232	1 669	1 251	1 020	1 314
城镇居民人均可支配收入	元	10 098	11 994	9 463	8 005	8 105
城镇居民人均生活消费性支出	元	7 863	9 996	7 632	6 747	6 731
#食品支出	元	2 898	3 983	2 742	2 580	2 931
农村人均住房面积	平方米	25.1	28.8	25.9	22.5	20.9
乡村户数	万户	80.5	92.5	52.8	25.6	15.8
乡村从业人员	万人	123.4	134.1	85.2	48.4	26.9
#农林牧渔业	万人	77.8	70.8	48.0	31.8	14.2
常用耕地面积	千公顷	676.6	271.0	240.0	123.4	68.1
农林牧渔业总产值	亿元	238.04	342.82	106.96	57.80	41.40
农林牧渔业总产值指数	上年=100	110.4	114.4	104.5	103.9	114.9
农业机械总动力	万千瓦	238.1	296.6	105.0	41.1	45.1
化肥使用量(折纯量)	万吨	17.4	14.1	7.7	2.9	1.2
农村售电量	万千瓦小时	216 710	276 299	170 243	53 904	12 688
有效灌溉面积	千公顷	263.5	105.1	89.2	44.3	27.1
总播种面积	千公顷	587.9	323.1	243.1	110.1	63.2
#粮食作物	千公顷	511.4	277.3	202.3	93.2	51.4
粮食产量	万吨	342.7	135.6	120.9	44.0	22.9
棉花产量	吨	155	45			
油料产量	万吨	3.3	1.1	1.0	0.1	0.1
水果产量	万吨	11.1	98.1	17.3	6.0	3.6
肉类产量	万吨	70.4	51.6	40.1	12.8	9.7
#猪牛羊肉产量	万吨	41.8	30.2	22.3	9.6	7.3
奶　类	万吨	21.5	10.2	1.7	3.5	1.7
#牛　奶	万吨	21.2	8.0	1.7	3.3	1.7

丹东	锦州	营口	阜新	辽阳	盘锦	铁岭	朝阳	葫芦岛
21.05	10.31	25.08	15.94	14.21	6.40	12.36	6.88	8.47
16.82	8.32	21.56	12.32	11.54	5.90	8.66	4.92	7.14
100.2	56.8	161.2	95.3	73.4	36.3	79.7	48.8	58.6
89.2	49.0	146.1	83.2	64.2	34.8	66.9	40.6	53.1
2 101	1 815	1 555	1 672	1 937	1 766	1 551	1 411	1 446
1 887	1 699	1 475	1 481	1 797	1 695	1 295	1 213	1 345
16.82	17.26	16.35	7.43	17.43	21.54	12.79	10.94	17.19
10.62	11.92	11.22	4.83	9.17	16.11	7.29	7.20	11.33
2.01	2.49	2.60	1.07	2.49	6.18	1.68	2.14	3.42
3.95	4.80	4.07	2.06	2.84	2.87	2.51	2.05	2.99
0.73	0.74	0.94	0.19	0.53	1.48	0.45	0.65	0.92
0.74	0.74	0.54	0.31	0.74	0.94	0.52	0.53	0.62
38.86	42.74	36.02	34.17	34.67	32.71	35.33	39.25	36.59
2.78	2.42	1.78	2.09	1.71	2.89	2.04	1.40	1.13
1.11	3.07	0.84	0.77	0.60	1.08	1.22	1.30	0.96
6.71	5.26	5.10	3.45	4.00	3.88	6.07	7.05	4.53
7.18	6.66	6.04	12.77	6.97	3.51	3.71	5.60	5.61
4 178	3 730	4 503	3 090	4 133	5 067	3 756	3 002	3 428
3 194	2 720	3 353	3 229	2 826	3 614	2 337	2 552	2 555
1 490	997	1 107	1 453	1 192	1 614	931	1 034	937
6 881	8 862	9 009	6 656	8 408	11 025	6 526	6 599	8 579
5 910	7 203	7 254	5 414	6 527	8 859	5 503	5 329	6 695
2 520	2 810	2 925	2 203	2 862	2 871	2 117	2 041	2 754
24.3	26.9	27.0	24.6	25.9	31.5	23.8	24.3	26.2
42.4	60.5	41.8	34.0	34.0	21.7	61.9	74.8	57.3
76.2	95.3	68.5	62.4	48.4	36.8	81.7	135.6	90.6
48.1	66.7	36.5	41.9	28.0	24.2	55.1	85.4	57.9
206.8	386.5	113.8	329.2	176.0	128.8	452.7	455.9	227.8
89.03	167.84	71.96	70.05	49.78	85.49	154.74	106.76	81.23
108.4	104.5	109.8	116.3	105.5	108.0	107.8	151.7	104.1
124.1	195.5	93.1	145.6	51.3	59.4	162.6	130.1	113.6
6.3	13.1	5.3	8.6	5.2	4.3	18.8	8.0	6.9
75 813	107 451	122 443	32 489	177 308	38 175	50 413	124 136	74 784
70.8	176.5	90.0	71.0	83.8	109.0	158.6	167.2	71.2
201.5	400.2	106.7	371.0	152.1	134.1	487.1	393.5	227.4
163.9	333.9	92.5	303.4	133.5	121.0	399.4	318.1	178.4
76.2	201.2	67.4	187.0	84.2	99.2	289.0	206.4	97.6
	125	9	5	3			2 163	180
0.7	4.7	0.1	9.5	0.7		9.3	2.3	3.9
12.3	26.5	48.4	3.1	9.6	1.5	15.8	19.8	56.2
14.4	52.9	15.2	28.5	13.2	9.0	54.4	29.6	30.4
9.3	42.3	7.4	21.6	8.6	5.4	38.8	21.6	22.7
2.0	5.0	1.2	9.3	4.4	1.4	8.7	5.8	2.4
2.0	4.9	1.2	9.2	4.3	1.4	8.5	5.2	2.3

附录2续表2

指标名称	单位	沈阳	大连	鞍山	抚顺	本溪
水产品产量	吨	150 137	2 200 718	29 009	12 010	8 390
工业企业单位数	个	3 033	2 110	805	617	295
大型企业	个	32	27	8	7	3
中型企业	个	176	230	79	45	35
小型企业	个	2 825	1 853	718	565	257
工业总产值	亿元	2 195.25	2 562.80	947.87	697.67	489.15
#国有及国有控股	亿元	754.47	1 361.65	565.72	521.19	401.35
#内资企业	亿元	1 490.17	1 495.99	902.87	652.32	477.98
港澳台商投资企业	亿元	118.94	77.63	22.99	12.25	4.82
外商投资企业	亿元	586.14	989.18	22.01	33.10	6.36
工业企业增加值	亿元	652.05	643.98	385.11	144.16	162.99
工业企业增加值指数	上年=100	140.5	121.2	116.0	115.7	126.6
工业企业资产总计	亿元	2 581.10	2 579.13	1 171.13	640.14	797.93
工业企业负债合计	亿元	1 607.37	1 569.99	528.25	328.36	498.89
工业企业主营业务收入	亿元	2 045.47	2 554.01	1 085.53	738.02	507.21
工业企业利润总额	亿元	46.24	34.60	121.42	-45.26	15.75
建筑业企业单位数	个	893	938	231	130	131
建筑业企业从业人员	万人	16.8	25.7	9.6	4.1	4.0
建筑业总产值	亿元	326.76	453.82	130.33	57.44	64.05
房屋建筑施工面积	万平方米	2 667.4	3 728.2	670.9	281.0	375.3
房屋建筑竣工面积	万平方米	1 260.0	1 960.0	130.1	185.8	143.4
公路里程	公里	6 386	5 402	3 736	3 612	2 631
#等级公路	公里	6 386	5 402	3 729	3 596	2 600
民用汽车拥有量	辆	382 499	315 530	109 849	88 492	49 591
邮政业务总量	亿元	5.08	4.74	1.83	1.04	0.96
电信业务总量	亿元	114.47	93.93	31.80	16.88	14.50
本地电话用户	万户	362.9	324.5	153.9	87.2	65.3
移动电话用户	万户	340.9	299.9	108.1	72.6	46.4
社会消费品零售总额	亿元	915.09	732.01	221.46	177.78	87.56
批发零售贸易业	亿元	768.79	602.80	169.75	138.07	73.12
餐饮业	亿元	121.26	119.90	46.36	26.43	9.63
其它行业	亿元	25.04	9.31	5.35	13.28	4.82
批发零售贸易业法人企业个数	个	13 129	14 223	2 620	3 254	1 246
#零售贸易业	个	3 879	4 153	1 028	700	492
批发零售贸易业从业人员	人	152 560	167 244	34 633	39 620	23 537
#零售贸易业	人	66 383	68 125	16 494	13 852	11 620
批发零售贸易业销售总额	亿元	3 183.07	1 428.88	793.93	403.39	157.76
#零售贸易业	亿元	723.18	539.04	176.47	130.34	97.78
进出口总额	万美元	454 080	2 559 123	215 837	58 276	142 357
进口额	万美元	221 733	1 181 098	83 971	18 221	67 404
出口额	万美元	232 347	1 378 025	131 866	40 055	74 953
实际外商直接投资额	万美元	212 312	100 153	6 936	4 207	3 856
入境旅游者人数	万人次	32.7	60.0	6.8	2.0	5.2
#外国人	万人次	26.4	52.5	5.8	1.5	4.5

丹　东	锦　州	营　口	阜　新	辽　阳	盘　锦	铁　岭	朝　阳	葫芦岛
401 763	321 152	375 082	4 053	64 780	225 810	13 102	2 064	366 473
713	557	1 007	200	564	267	723	404	214
3	5	3	1	7	4	3	3	7
44	38	58	31	42	17	32	39	33
666	514	946	168	515	246	688	362	174
236.55	493.36	540.19	116.07	517.48	624.43	249.44	218.56	509.82
32.59	247.95	106.94	61.65	195.47	522.98	92.92	117.86	372.54
183.90	429.03	372.77	104.49	423.83	612.05	219.42	208.33	497.27
9.30	35.92	31.23	3.20	75.85	3.49	26.76	5.99	4.89
43.36	28.41	136.19	8.39	17.80	8.89	3.27	4.24	7.66
65.42	102.21	161.33	26.84	130.05	292.28	87.51	56.01	98.50
132.7	128.9	135.6	112.9	127.1	106.9	129.2	116.6	119.5
266.13	330.25	461.08	180.79	553.22	715.13	272.64	199.59	614.28
148.90	197.22	258.72	122.21	298.01	320.86	133.22	113.57	424.49
228.85	472.76	499.55	106.06	503.92	602.16	237.89	217.20	532.79
7.89	-8.03	20.62	-0.40	32.45	113.44	7.24	12.61	-10.18
119	131	108	122	135	102	52	109	98
4.3	5.0	3.3	2.2	5.4	3.5	2.5	2.8	2.6
59.89	52.46	46.09	25.94	107.36	63.84	35.52	26.51	31.65
388.8	277.6	429.2	252.8	276.4	65.7	217.7	266.6	327.5
180.8	202.4	273.2	137.5	149.8	41.6	101.9	135.2	209.3
4 274	3 676	2 253	3 246	1 972	2 095	5 219	5 685	3 334
4 274	3 676	2 253	3 238	1 921	2 095	5 219	5 627	3 309
58 174	96 288	104 279	42 127	56 442	51 147	57 161	69 920	56 282
1.21	1.12	1.09	0.58	1.26	1.32	1.13	0.85	1.09
22.28	19.60	19.18	11.38	14.30	13.41	15.17	15.64	17.85
89.8	108.6	82.4	60.8	68.5	41.1	67.0	79.8	69.3
61.8	68.4	70.4	49.0	48.9	46.4	60.0	64.2	58.1
121.02	137.91	107.01	65.59	90.47	80.12	96.90	64.08	102.00
100.62	112.17	87.96	58.01	73.32	65.22	86.52	51.57	92.39
20.39	19.83	19.05	7.51	17.01	13.63	10.36	11.72	9.61
0.00	5.92	0.00	0.07	0.14	1.26	0.02	0.78	0.00
2 144	2 764	1 906	1 221	916	1 592	1 483	1 183	1 271
854	1 307	891	571	359	805	724	442	581
21 771	37 571	24 191	18 795	10 505	24 595	20 135	15 712	19 758
9 408	18 626	14 137	8 863	4 144	15 775	8 290	5 944	10 935
204.78	212.02	140.50	95.77	201.31	123.95	137.63	128.81	132.72
101.05	129.12	79.74	51.38	73.38	63.53	71.92	49.50	99.37
194 460	84 859	146 118	4 028	30 028	18 251	9 601	30 047	154 188
43 347	30 922	45 121	536	6 094	4 719	1 254	7 955	45 008
151 113	53 937	100 997	3 492	23 934	13 532	8 347	22 092	109 180
6 432	6 647	7 840	1 328	3 299	1 464	1 564	584	2 420
10.3	5.5	1.7	0.2	1.0	1.4	0.7	0.2	2.5
10.3	3.9	1.7	0.2	0.9	0.9	0.7	0.1	1.7

附录2续表3

指标名称	单位	沈阳	大连	鞍山	抚顺	本溪
旅游外汇收入	万美元	17 271.5	40 000.4	4 945.1	503.6	1 702.4
国内旅游人数	万人次	3 500	1 900	770	410	511
国内旅游总收入	万元	2 122 400	1 780 600	531 600	211 100	291 700
星级饭店数	个	111	155	22	23	22
金融机构人民币存款	亿元	3 563.00	3 214.13	881.71	475.61	388.50
#企业存款	亿元	1 043.53	1 020.23	183.89	87.40	76.60
居民储蓄存款余额	亿元	1 742.58	1 532.59	624.12	351.47	257.50
定期	亿元	553.39	425.70	155.03	88.27	68.53
活期	亿元	1 189.18	1 106.90	469.09	263.22	188.97
金融机构人民币贷款	亿元	2 252.88	2 369.87	449.45	206.09	228.62
#工业贷款	亿元	198.58	324.26	88.39	37.36	51.72
商业贷款	亿元	236.54	165.42	67.44	17.95	13.07
农业贷款	亿元	92.36	121.10	30.98	14.96	11.06
幼儿园数	所	646	1 545	784	321	263
在园儿童数	万人	10.9	10.7	6.4	2.7	3.4
小学学校数	所	977	947	845	417	203
小学专任教师数	人	25 519	17 927	13 901	8 725	6 355
小学招生数	万人	5.7	5.0	3.2	1.5	1.3
小学在校学生数	万人	39.6	36.3	21.7	11.7	9.0
小学毕业生数	万人	7.7	6.7	4.1	2.0	1.8
普通中学学校数	所	354	282	172	143	87
普通中学专任教师数	人	24 994	20 038	11 900	7 690	6 032
普通中学招生数	万人	12.2	11.0	6.0	3.4	2.8
普通中学在校学生数	万人	37.1	33.2	19.3	11.1	8.4
普通中学毕业生数	万人	12.6	11.0	5.8	3.9	3.0
普通高等学校数	所	29	21	2	3	1
普通高等学校专任教师数	人	18 273	12 151	1 780	1 498	533
普通高等学校招生数	万人	8.6	6.0	0.9	0.8	0.4
普通高等学校在校学生数	万人	28.2	18.2	2.7	2.6	1.2
普通高等学校毕业生数	万人	6.2	3.6	0.5	0.6	0.3
公共图书馆	个	20	12	9	7	7
广播覆盖率	%	100.0	97.6	97.1	98.7	99.4
电视覆盖率	%	100.0	98.6	96.1	98.4	98.1
卫生机构数	个	1 888	2 311	1 916	511	278
#医院、卫生院	个	317	236	145	116	84
疾病预防控制中心	个	18	15	9	9	8
妇幼保健站	个	15	12	9	8	7
卫生机构床位数	张	34 033	27 488	17 339	10 298	8 830
#医院、卫生院	张	32 518	25 197	14 377	10 226	8 266
卫生机构人员数	人	57 132	40 108	25 220	14 265	13 654
#卫生技术人员	人	45 680	32 496	19 311	11 208	10 325
#执业(助理)医师	人	19 255	13 997	8 116	5 078	3 877
注册护师、护士	人	16 887	12 318	6 818	3 952	4 028

丹东	锦州	营口	阜新	辽阳	盘锦	铁岭	朝阳	葫芦岛
3 679.6	1 840.7	718.4	89.6	467.9	747.1	330.1	77.0	675.7
773	426	242	102	270	260	185	240	460
498 400	290 700	138 900	48 000	215 200	157 500	100 400	153 200	206 800
32	25	18	17	8	16	9	15	23
439.83	502.94	394.64	230.18	357.65	417.42	303.09	289.31	378.56
67.20	91.89	68.52	54.64	57.58	94.97	52.78	41.03	65.70
330.36	366.53	294.52	157.28	268.72	294.57	229.34	218.92	281.74
80.26	83.19	81.54	41.83	68.73	60.65	55.25	58.72	76.11
250.10	283.34	212.98	115.45	199.99	233.92	174.08	160.21	205.63
206.96	278.15	259.65	161.16	211.41	133.90	235.52	198.83	250.61
23.82	26.81	42.38	15.97	31.47	32.57	11.37	16.92	52.76
31.89	52.30	48.74	31.50	43.48	31.49	83.38	42.13	23.16
31.15	34.27	22.55	19.38	23.19	13.36	33.29	30.82	30.06
391	709	245	234	358	382	640	290	261
4.2	7.3	2.9	2.5	2.6	2.8	4.4	4.4	3.4
599	645	423	649	405	284	880	1 136	901
9 190	11 441	8 794	8 853	6 223	6 117	12 250	16 719	11 575
2.2	2.8	2.3	1.7	1.6	1.4	2.8	3.5	3.0
15.4	19.5	14.6	12.8	11.6	8.9	20.0	25.5	20.0
2.7	3.9	2.7	2.5	1.9	1.7	3.7	4.8	3.7
129	166	104	120	89	80	158	224	166
7 772	9 713	7 953	6 534	5 650	4 940	9 241	13 420	8 770
4.4	5.6	4.3	3.6	2.9	2.6	4.9	7.2	5.3
13.3	16.1	13.8	10.6	8.7	7.8	14.9	21.5	15.6
4.4	5.1	5.2	3.2	3.0	2.3	4.5	6.9	4.8
2	6	2	2	2	1	2	1	1
1 256	3 553	634	1 762	843	254	531	428	464
0.6	1.8	0.2	0.7	0.4	0.1	0.1	0.1	0.3
2.0	5.9	0.6	2.5	1.0	0.2	0.2	0.4	0.5
0.6	1.2	0.2	0.6	0.2	0.0	0.1	0.1	0.1
8	8	8	8	9	5	9	9	7
98.4	99.2	99.2	95.1	100.0	100.0	96.4	96.5	96.7
98.4	98.9	99.2	98.3	99.8	100.0	96.5	96.5	95.6
454	895	1 415	461	681	661	1 047	1 250	1 157
122	137	123	101	82	64	111	200	158
7	9	7	9	8	6	8	8	7
5	8	7	9	8	3	7	8	8
11 159	10 901	8 464	6 753	7 912	5 740	7 348	9 150	12 481
10 014	10 595	7 377	6 152	7 359	5 138	7 200	8 917	8 436
13 421	16 332	14 370	11 167	9 699	8 934	13 831	12 979	14 082
10 263	12 784	11 345	8 586	7 832	7 037	11 116	10 912	10 451
4 251	5 501	5 619	3 431	3 846	3 373	5 182	5 104	4 889
3 718	3 887	3 702	2 999	2 683	2 386	3 299	2 873	3 362

附录3 2005年各市市辖区基本情况

区名称	行政区域土地面积(平方公里)	年末总人口(万人)	当年出生人口(人)	当年死亡人口(人)	年末总户数(户)	年末单位从业人员数(人)	# 第二产业	# 第三产业
沈阳市								
和平	21	64.1	2965	4584	213799	28600	5752	22848
沈河	18	61.3	3227	4556	207049	22005	3735	17208
大东	49	64.6	3509	4967	231315	32291	14244	18047
皇姑	37	75.2	3896	5101	247580	27416	8242	19174
铁西	39	80.3	3946	6617	276746	58696	39490	19206
大连市								
中山	44	35.3	1556	2387	131892	30695	6578	23971
西岗	27	31.5	1418	2180	117782			
沙河口	54	63.5	3184	3652	223278	21536	6771	14757
鞍山市								
铁东	29	48.8	2190	3269	156574	11893	2594	9299
铁西	29	29.3	1443	2584	106797	10053	4346	5707
立山	48	42.5	1850	3203	146142	7702	1619	6083
抚顺市								
新抚	30	29.2	1163	1262	102802	6498	523	5975
东洲	227	30.7	1215	1587	120953	14011	3319	10692
望花	112	32.4	1430	2479	118045	8968	3214	5772
丹东市								
元宝	81	18.3	844	1208	69919	5318	3143	2175
振兴	80	38.4	1795	1973	137638	14812	9580	5232
锦州市								
古塔	25	24.4	1620	1186	87142	4252	3404	848
凌河	30	37.5	2150	1840	138677	6560	2359	4201
营口市								
站前	70	26.4	1243	1748	99368	8743	5472	3271
西市	22	17.0	712	942	76800	5308	3498	1810
辽阳市								
白塔	24	21.1	1084	1104	79386	57074	18358	38516
文圣	46	17.8	982	1254	71117	25391	8578	3455
宏伟	70	11.4	686	399	41705	57471	34269	16782

附录3续表1

区名称	城镇登记失业人员数（人）	地区生产总值（万元）	第一产业增加值	第二产业增加值	#工业	第三产业增加值	地方财政预算内收入（万元）	各项税收
沈阳市								
和平	21663	1213220		226095	75000	987125	117201	94401
沈河	4548	1137000		105000	91000	1032000	101500	80067
大东		904090		446000	440000	458090	82016	61672
皇姑	20099	289000		78000	68000	211000	52963	42350
铁西	30501	1208000		810000	801615	398000	82884	67595
大连市								
中山		445773	21991	72693	43570	351089	62700	60200
西岗		521810		151730	79623	370080	46886	45627
沙河口		414323		106318	77650	308005	54052	50464
鞍山								
铁东	9965	187000		24000	12845	163000	30824	67097
铁西	12748	186015		75006	71012	111009	13762	34862
立山	12435	200000	4674	126814	126537	68512	16154	40585
抚顺市								
新抚	12000	162864	625	19781	17317	142458	11446	9254
东洲		97000	8300	42004	38604	46696	8121	6371
望花		104901	5998	36348	30998	62555	10954	8969
丹东市								
元宝	5000	75670	4288	26870	19950	44512	6202	16215
振兴	9089	155973	10965	57159	53274	87849	14460	38673
锦州市								
古塔	10250	122448	293	32695	31489	89460	16006	15051
凌河	50687	128341	1130	42619	35791	84565	17944	16397
营口市								
站前	9512	165438		80298	74711	85140	7633	16179
西市	4955	71500		42900	34900	28600	5982	12400
辽阳市								
白塔		143498	1294	77142	70911	65062	8429	8158
文圣	2659	240000	1200	97200	32772	141600	6768	5645
宏伟	2480	330032	4525	225686	208862	99821	11177	8457

附录3续表2

区名称	财政支出（万元）	#科学事业费支出	教育事业费支出	规模以上工业企业数（个）	规模以上工业总产值（现价、万元）	内资企业	港、澳、台商投资企业	外商投资企业
沈阳市								
和平	112355	67	30016	79	394595	341961	35030	17603
沈河	127010	42	27192	50	242043	235538	2356	4149
大东	100090	79	22319	200	3468846	1245006	90516	2133324
皇姑	66118	68	18188	101	1215657	1156785	22094	36778
铁西	112183	75	27810	237	2832848	2435832	205612	191405
大连市								
中山	60100	126	9797	51	100191	21523	10581	68087
西岗	58764	34	7399	48	192768			
沙河口	69437	0	10299	66	93787	51264	8456	34067
鞍山								
铁东	40643	10	9878	6	41450	21228	20222	
铁西	20022	1	6756	54	187057	155677	10727	20653
立山	31798	20	9188	49	245220	192866	33240	19114
抚顺市								
新抚	15071	12	3696	14	21670	21160		510
东洲	13898	11	3967	46	94425	89057	1340	4028
望花	17250	14	4145	26	65708	65708		
丹东市								
元宝	10200	27	2705	33	72382	57025	6062	9295
振兴	20861	514	4985	67	179267	147432	11052	20783
锦州市								
古塔	15264	21	2328	25	95684	37731	4383	53570
凌河	18978	0	2844	23	85033	78387	3810	2834
营口市								
站前	11081	2	1645	67	303620	238888	19908	44824
西市	12065		1391	60	154096	111090	12580	30426
辽阳市								
白塔	11240	27	2090	26	364072		3320	5100
文圣	8926		1483	21	156434	155484	950	
宏伟	24966	3	5206	51	967757	227467	725415	14875

附录3续表3

区　名　称	规模以上工业从业人员年平均数（人）	规模以上工业流动资产年平均余额（万元）	规模以上固定资产净值年平均余额（万元）	规模以上工业主营业务收入（万元）	＃主营业务税金及附加	规模以上工业本年应交增值税（万元）	规模以上工业利润总额（万元）	建筑业企业个数（个）
沈阳市								
和平	18917	512216	319412	402971	41579	21 710	－6 833	170
沈河	12133	199337	193041	255884	1403	5 631	－5 808	140
大东	60596	2639006	1158209	3345504	90044	102 302	－12 869	76
皇姑	35543	827839	431700	1173577	992	8 232	25 033	71
铁西	82020	2385014	1091989	2499950	18159	68 798	30 956	79
大连市								
中山	2752	35198	15041	101632	80	2 160	7 000	103
西岗	4234	222681	72052	263338	284	4 591	13 070	150
沙河口	5259	58046	26747	89994	257	2 536	5 648	115
鞍山								
铁东	2433	16096	7328	53374	25	539	－338	6
铁西	11328	106513	64834	177624	559	5 617	5 139	6
立山	6670	144199	86430	243715	2012	9 520	5 162	4
抚顺市								
新抚	1872	8806	8125	20530	160	611	－58	4
东洲	6297	49184	26698	86074	1115	3 160	－613	1
望花	3316	43536	24729	64731	367	3 252	2 546	2
丹东市								
元宝	4312	42207	22366	63548	377	3 379	2 806	10
振兴	8213	75301	51204	167311	917	7 130	5 294	11
锦州市								
古塔	1632	23364	30675	57651	374	2 004	4 395	1
凌河	2084	26992	6000	80737	485	4 042	－164	68
营口市								
站前	4463	45366	29897	241794	627	2 250	7 474	1
西市	2703	251067	280138	1311027	2594	20 768	20 689	2
辽阳市								
白塔	3230	153769	86149	340196	2820	10 528	5 686	41
文圣	10814	116992	121939	107315	963	3 353	－7 424	31
宏伟	27300	969051	732731	979456	3682	12 748	78 984	21

附录 3 续表 4

区名称	建筑业从业人数（人）	建筑业总产值（万元）	社会消费品零售总额（万元）	限额以上批发零售贸易业商品销售总额（万元）	出口总额（万美元）	当年合同外资金额（万美元）	当年实际使用外资金额（万美元）	城镇固定资产投资（万元）
沈阳市								
和平	43 463	755 980	1365181	2727342	6935	32883	18391	1177869
沈河	26 716	184 000	1473587		15200	52714	23662	1201186
大东	4 066	58 667	483953		19154		15102	1200676
皇姑	9 161	630 612	488939	215450		51364	15015	1081798
铁西	3 921	52 902	1244167		11747	26021	18773	942422
大连市								
中山	15 512	135 580	616281	61561	43752	27000	11989	1009287
西岗	23 008	287 640	589224	85949	11500	15500	10900	681808
沙河口	25 569	280 980	833491	39883	18566	15215	10096	786486
鞍山								
铁东	1 600	22 868	195392	57173	1373	6416	375	145170
铁西	1 175	13 805	130231	77549	1703	7393	445	92934
立山	113	1 256	64541		1846	5338	313	96296
抚顺市								
新抚	379	1 120	581579	10126	1246	393	164	60800
东洲	950	1 218	17409		1354	154	141	80871
望花	1 834	721	5543		2320	128	92	63194
丹东市								
元宝	1 393	32 531	207901		5166	4600	359	69450
振兴	3 541	19 634	187478	51001	3466		2264	171220
锦州市								
古塔	234	10 255	283068	27915	1838	627	627	32976
凌河	1 299	18 186	543872	51429	2259	4134	607	78490
营口市								
站前	365	2 760	39960	6361	4030	4281	1104	52623
西市	199	4 990	1609		1785	4236	866	40517
辽阳市								
白塔	6 109	83 022	204100	91517	955	2020	807	66701
文圣	13 145	44 181	110341	65158	1580	2008	523	42254
宏伟	5 117	55 022	39004	633702	3368	11756	778	104653

附录3续表5

区名称	城镇新增固定资产（万元）	城镇固定资产投资项目个数（个）	房地产开发投资额（万元）	普通中学数（所）	小学数（所）	普通中学专任教师数（人）	小学专任教师数（人）	普通中学在校学生数（人）
沈阳市								
和平	443435	644	592132	21	37	2102	1659	29336
沈河	507765	478	605867	27	29	1735	2036	32264
大东	851706	801	407712	23	35	1564	1645	22791
皇姑	585332	619	382720	24	32	2176	1994	34984
铁西	172955	156	552815	28	51	3086	2213	36363
大连市								
中山	1009287	105	752944	11	23	1295	1179	139116
西岗	197105	34	466868	10	25	841	763	11321
沙河口	706895	126	484485	20	32	1318	1390	15293
鞍山								
铁东	145170	89	87113	9	21	1255	1094	19836
铁西			29000	8	15	697	689	9587
立山	79000	35	5456	12	27	1020	858	14918
抚顺市								
新抚	41800	50	8175	10	12	659	677	10095
东洲	74745	28	24216	15	31	869	919	8280
望花			7770	15	29	704	894	9057
丹东市								
元宝	18408	29	49162	1	12	86	413	1112
振兴	154088	119	75781	4	28	193	903	2145
锦州市								
古塔	32976	47	8052		14		773	
凌河	78490	43	55067		18		1046	
营口市								
站前	52861	59	90561		12		742	
西市	38647	35			13		626	
辽阳市								
白塔			40833	15	679	729		12970
文圣	42254	42	15286		12		666	
宏伟	42517	44	9106	7	10	663	331	7830

附录3续表6

区名称	小学在校学生数（人）	医院、卫生院数（所）	医院、卫生院床位数（床）	医院、卫生院技术人员数（人）	#执业医师助理执业医师	城镇在岗职工年平均人数（人）	城镇在岗职工工资总额（万元）	社会福利收养性单位数（个）
沈阳市								
和平	27772	31	6375	7309	2815	26743	45823	1
沈河	30469	64	3138	4848	1789	21119	38142	
大东	23677	17	700	1003	507	30639	49539	
皇姑	35542	13	320	1046	365	26102	36203	2
铁西	34447	21	1175	1414	589	56864	112435	1
大连市								
中山	17182	14	3383	2806	1016	26169	40159	
西岗	14458	18	4070	3239	1272			11
沙河口	23063	24	4171	4389	1711	17973	30200	
鞍山								
铁东	20870	9	363	692	256	11681	16841	3
铁西	10536	21	1783	2828	764	9701	12124	
立山	15536	2	80	142	127	7816	11655	14
抚顺市								
新抚	15373	3	120	660	324	6122	7270	2
东洲	14030	5	200	100	61	7661	8858	14
望花	14796	17	1597	1252	412	7861	8612	8
丹东市								
元宝	7241	6	20	100	45	5472	5073	16
振兴	19111	12	313	536	216	14380	14033	2
锦州市								
古塔	19811	2	352	401	109	4087	4481	
凌河	17813	3	184	281	117	6499	6989	
营口市								
站前	11198	5	85	84	45	8429	8075	11
西市	7573	6	40	267	174	5191	9958	17
辽阳市								
白塔	100	5	875	1112	670	51138	73101	
文圣	9399	16	2754	2496	107	25391	38860	
宏伟	6213	5	711	548	218	24396	54115	1

附录 3 续表 7

区名称	社会福利收养性单位床位数（床）	参加基本养老保险的职工数（人）	参加基本医疗保险的职工数（人）	参加失业保险人数（人）	城镇居民最低生活保障人数（人）	交通事故件数（件）	刑事案件立案数（件）	犯罪人数（人）	民事案件发案数（件）
沈阳市									
和平	100	179 390		148 448	19 344	362	7 476	1 109	5 352
沈河		105 347		127 146	21 476	1 325	6 859	994	4 930
大东				171 000			6 298		3 786
皇姑	180				23 698	139	5 788	820	4 382
铁西	120	221 000	141 000	180 000	20 320	7 116	724	931	7 219
大连市									
中山									
西岗	743								
沙河口									
鞍山									
铁东	100	25 322	7 454	10 287	50 736	83	2 194		3 326
铁西		18 430	6 128	9 538	52 154	88	1 220		1 201
立山	1 200	14 891	6 836	9 024	79 150	70	1 307	610	1 252
抚顺市									
新抚	111	15 435	4 318	4 464	24 310	402	248	354	1 450
东洲	732	13 390	2 470	17 480	51 433		254	372	1 678
望花	405	15 660	4 642		35 840	143	2 357	345	1 264
丹东市									
元宝	998	23 000	7 000	20 000	10 707		865	316	880
振兴	120				19 228	85	1 734	392	2 022
锦州市									
古塔		6 688	3 384	3 317	17 241		400	165	1 037
凌河		7 714	6 005	6 700	25 896		576	364	1 281
营口市									
站前	616	16 440	5 439	7 642	16 877		810	277	769
西市	800	18 917	7 658	7 736	17 085		352	171	555
辽阳市									
白塔		18 300	19 000	6 771		184	158	272	587
文圣		9 516	9 073	2 659	10 123	373	355	232	350
宏伟	20	4 530	6 304	3 630	2 790	508	295	157	371

附录4 2005年各市农业县区基本情况

县(市)区名称	行政区域土地面积(平方公里)	年末总人口(万人)	当年出生人口(人)	当年死亡人口(人)	乡村人口(万人)	年末总户数(户)	年末单位从业人员数(人)
苏家屯区	776	42.0	1 496	3 039	23.0	145 668	26 475
东陵区	697	30.1	2 416	2 294	21.4	101 852	111 970
新城子区	834	29.0	1 929	2 053	19.0	93 282	51 298
于洪区	696	35.7	3 383	2 434	24.7	122 000	19 748
辽中县	1 645	53.0	4 790	2 653	45.0	182 591	27 956
康平县	2 175	35.0	3 651	758	28.0	108 082	15 325
法库县	2 290	44.6	3 162	2 322	38.9	135 297	14 367
新民市	3 353	69.6	6 158	3 233	57.4	225 422	22 636
甘井子区	492	61.6	3 085	3 586	14.5	217 526	25 662
旅顺口区	507	20.7	1 056	1 582	12.5	80 277	29 225
金州区	1 075	47.2	2 469	2 956	29.4	176 669	45 997
长海县	119	8.0	550	360	8.0	25 512	6 777
瓦房店市	3 827	102.6	7 007	3 238	73.3	356 379	47 739
普兰店市	2 915	82.5	5 390	3 601	64.6	273 405	53 174
庄河市	4 086	91.7	6 549	5 408	76.3	282 401	42 180
千山区	425	24.5	1 610	1 491	15.3	83 069	6 153
台安县	1 388	37.7	3 857	2 315	30.6	120 051	17 594
岫岩县	4 502	50.7	5 694	3 217	42.3	140 747	24 414
海城市	2 732	113.0	11 431	7 012	90.0	365 050	40 166
顺城区	278	40.0	1 906	2 242	5.7	142 193	11 807
抚顺县	2 336	19.1	1 466	1 101	18.5	62 169	10 002
新宾县	4 288	31.0	2 391	2 305	24.8	95 871	13 736
清原县	3 921	34.0	2 856	2 223	26.2	117 636	15 648
平山区	179	34.8	1 711	2 101	1.8	120 556	61 348
溪湖区	302	22.2	1 102	1 393	4.1	86 565	56 777
明山区	400	30.9	1 609	1 471	3.6	105 242	65 794
南芬区	619	8.4	563	577	3.1	31 743	27 987
本溪县	3 343	29.8	1 937	1 505	19.5	100 722	14 296
桓仁县	3 551	30.3	2 328	1 702	23.1	99 907	15 455
振安区	669	18.5	965	1 030	11.1	62 483	35 061
宽甸县	6 115	43.8	3 741	3 007	33.5	131 267	13 962
东港市	2 445	64.6	4 920	5 007	52.7	195 472	24 655
凤城市	5 513	58.9	5 118	3 077	42.1	179 496	23 285
太和区	292	20.8	1 678	730	10.7	73 881	6 665
黑山县	2 487	63.3	5 371	3 589	50.6	209 871	16 712
义县	2 476	43.8	4 802	2 570	37.2	130 278	13 658
凌海市	2 743	56.4	5 002	3 543	48.1	186 122	20 996
北宁市	1 694	53.2	5 014	3 263	44.3	157 473	14 835
鲅鱼圈区	268	31.4	2 408	916	14.0	114 321	31 016

附录4续表1

县(市)区名称	行政区域土地面积(平方公里)	年末总人口(万人)	当年出生人口(人)	当年死亡人口(人)	乡村人口(万人)	年末总户数(户)	年末单位从业人员数(人)
老边区	305	12.6	400	535	9.4	48 716	7 090
盖州市	2 930	72.6	5 534	3 533	62.2	229 627	15 892
大石桥市	1 598	71.7	6 934	4 689	54.7	222 956	21 999
海州区	98	27.8	1 499	1 661	2.2	98 772	10 160
新邱区	142	9.4	510	631	3.1	37 079	8 415
太平区	88	17.7	337	1 170	2.3	67 891	6 000
清河门区	98	7.6	520	284	2.7	26 810	3 345
细河区	110	15.9	840	403	3.6	54 094	2 879
阜新县	6 246	73.1	8 064	4 501	68.2	216 042	24 563
彰武县	3 641	41.4	4 140	3 256	35.3	125 286	16 637
弓长岭区	292	9.0	644	966	3.0	33 022	16 609
太子河区	175	12.0	801	1 029	7.0	39 901	21 458
辽阳县	2 853	60.0	3 054	3 160	52.0	201 260	24 379
灯塔市	1 331	51.0	4 285	3 697	44.0	175 482	15 835
双台子区	56	19.4	1 312	827	4.0	66 330	6 483
兴隆台区	187	38.3	2 883	997	2.0	134 327	136 499
大洼县	1 683	39.7	3 695	2 434	33.0	141 102	139 745
盘山县	2 065	29.0	2 058	1 366	27.0	93 201	61 480
银州区	77	31.6	2 063	1 239	2.7	118 901	8 008
清河区	465	9.8	918	295	6.5	33 031	6 633
铁岭县	2 249	38.6	4 183	3 763	36.1	124 550	14 724
西丰县	2 685	34.7	3 397	1 860	28.4	112 908	14 065
昌图县	4 317	102.7	10 081	5 746	84.1	330 946	29 262
调兵山市	262	23.9	1 576	809	6.4	85 448	19 032
开原市	2 828	58.7	5 142	4 202	45.4	191 218	23 430
双塔区	64	31.5	2 597	1 125	3.1	107 005	5 553
龙城区	476	14.8	1 739	353	11.0	47 141	3 512
朝阳县	4 215	63.0	10 151	4 743	60.0	177 911	26 139
建平县	4 965	57.9	5 506	2 800	49.3	186 673	20 194
喀左县	2 238	42.3	3 668	2 916	37.8	129 306	21 592
北票市	4 583	62.0	5 666	4 217	42.8	210 216	20 750
凌源市	3 278	65.0	7 611	2 762	50.8	194 162	31 522
连山区	1 651	63.0	5 471	3 011	34.0	226 504	13 931
龙港区	138	17.0	1 327	428	2.4	64 192	17 583
南票区	512	14.0	1 440	721	8.0	51 774	9 310
绥中县	2 765	63.0	6 459	3 211	55.0	201 490	15 385
建昌县	3 195	61.0	4 963	3 259	54.0	174 567	15 974
兴城市	2 147	56.0	5 297	3 694	43.0	185 590	17 115

附录4续表2

县（市）区名称	年末单位从业人员数（人）		乡村从业人员数（人）		城镇登记失业人员数（人）	生产总值（万元）		
	# 第二产业	# 第三产业		# 农林牧渔业			第一产业增加值	农业
苏家屯区	15 299	10 934	118 262	61 225	7 050	1 417 053	106 653	42 767
东陵区	26 662	26 801	111 970	58 507	7 267	1 522 775	42 775	26 585
新城子区	20 158	13 012	83 205	53 296	3 043	1 027 020	121 020	60 991
于洪区	6 585	10 853	107 462	56 798	5 128	1 901 658	81 658	41 443
辽中县	14 258	13 698	226 197	153 489	3 965	1 031 265	271 265	76 583
康平县	4 795	9 355	107 346	69 527	2 918	290 364	124 440	49 707
法库县	3 500	9 967	196 295	146 640	11 023	470 000	158 820	73 297
新民市	2 329	18 762	222 551	159 158	10 842	1 271 000	247 643	116 021
甘井子区	10 759	13 531	59 562	11 144	3 500	2 206 797	95 910	9 135
旅顺口区	17 275	10 848	66 201	25 949	3 805	824 750	124 983	17 227
金州区	29 458	15 148	139 412	59 759	8 298	2 254 000	186 761	64 891
长海县	515	2 797	37 157	24 965	1 340	219 279	158 025	644
瓦房店市	10 594	33 367	360 802	182 442	11 136	2 339 745	404 745	157 096
普兰店市	35 109	18 065	303 173	191 073	1 594	1 682 829	308 151	111 453
庄河市	23 952	17 227	327 156	188 779	10 710	1 648 258	382 800	102 913
千山区	1 100	4 976	77 344	33 583	1 188	1 000 000	43 511	19 388
台安县	2 782	12 364	159 216	111 805	9 205	760 000	145 000	81 122
岫岩县	8 018	15 770	189 434	111 871	2 750	740 435	92 435	44 994
海城市	4 837	33 754	397 722	202 870	7 251	2 660 249	250 249	102 016
顺城区	4 127	7 112	35 277	15 098	4 887	265 200	28 200	10 027
抚顺县	1 919	6 632	113 026	79 003	560	263 189	68 068	21 453
新宾县	2 586	10 104	133 127	96 732	5 355	224 600	70 058	33 340
清原县	1 538	11 687	141 106	97 599	4 182	224 300	69 000	30 027
平山区	36 105	23 298	9 555	4 363	13 212	593 185	6 226	1 939
溪湖区	37 382	17 982	21 153	10 958	26 190	820 160	19 280	8 405
明山区	44 899	20 801	20 954	9 598	2 175	771 462	22 794	11 982
南芬区	18 157	9 427	16 713	8 999	2 200	425 131	15 012	3 876
本溪县	3 121	10 549	90 209	43 529	2 731	428 088	77 631	21 096
桓仁县	4 904	8 741	110 842	64 918	1 700	400 026	85 109	37 534
振安区	18 128	16 933	56 685	29 685	2 580	136 415	26 215	20 581
宽甸县	776	12 587	174 313	122 039	8 498	593 276	90 720	31 611
东港市	5 200	16 800	277 673	176 714	8 310	1 428 000	272 727	93 352
凤城市	6 893	16 271	225 831	143 001	26 734	816 878	118 396	57 907
太和区	1 485	5 058	49 877	27 245	2 774	160 029	40 885	25 744
黑山县	2 808	13 335	250 432	182 276	8 417	609 864	227 106	120 328
义县	1 473	11 414	166 164	121 619	2 249	326 420	98 552	30 839
凌海市	1 554	13 845	232 491	148 847	4 498	705 550	224 548	91 168
北宁市	447	12 052	198 003	153 746	5 626	579 643	223 402	157 468
鲅鱼圈区	21 530	9 417	69 613	32 624	3 611	1 040 268	49 412	17 355

附录4续表3

县(市)区名称	年末单位从业人员数(人) # 第二产业	# 第三产业	乡村从业人员数(人)	# 农林牧渔业	城镇登记失业人员数(人)	生产总值(万元)	第一产业增加值	农业
老边区	841	4 950	46 526	13 421	949	613 628	48 628	9 025
盖州市	423	15 269	301 833	188 299	4 320	559 661	156 441	66 707
大石桥市	2 138	19 566	267 199	120 728	2 476	1 650 000	158 180	78 935
海州区	4 061	5 082	9 893	3 398	5 500	94 000	3 514	724
新邱区	6 001	2 411	16 184	6 083	4 067	36 200	6 220	3 364
太平区	2 788	3 212	12 199	5 289	4 700	43 550	2 818	884
清河门区	800	2 495	13 320	6 746	275	53 553	11 747	3 501
细河区	584	2 295	10 558	5 937	11 803	41 850	4 275	2 752
阜新县	1 558	20 654	350 488	237 003	3 782	284 745	156 976	93 915
彰武县	971	14 616	194 997	151 040	10 919	188 281	126 681	69 338
弓长岭区	12 080	4 524	14 505	8 107	1 540	165 023	7 623	2 300
太子河区	7 545	8 433	37 974	16 230	4 500	250 640	15 635	5 625
辽阳县	2 745	20 198	196 421	108 729	11 373	814 750	119 659	46 930
灯塔市	3 285	11 403	215 330	137 798	3 160	781 178	105 362	46 928
双台子区	2 967	3 462	21 122	4 604	12 601	219 142	6 142	2 103
兴隆台区	40 202	86 229	14 800	10 068	17 803	476 689	16 680	11 501
大洼县	4 688	13 482	171 921	109 194	7 835	624 586	251 923	129 925
盘山县	4 915	9 395	152 726	112 397	1 376	514 086	184 086	85 054
银州区	3 735	4 215	11 991	4 555	7 756	101 014	6 922	4 105
清河区	2 647	3 925	27 361	17 081	0	88 372	13 934	5 373
铁岭县	3 197	11 125	142 838	101 214	4 577	330 464	131 135	64 237
西丰县	1 737	11 064	106 624	76 640	4 427	185 805	74 320	32 820
昌图县	1 222	23 823	301 477	201 291	22 000	554 189	260 590	143 645
调兵山市	10 956	8 076	27 782	16 268	1 934	164 531	21 896	11 944
开原市	4 922	17 928	189 713	128 881	6 350	530 729	176 500	85 355
双塔区	1 339	4 182	18 149	5 645	11 347	112 864	4 702	3 145
龙城区	358	3 140	56 718	28 384	3 500	80 471	29 329	14 125
朝阳县	4 629	14 882	327 649	230 736	2 885	254 081	112 596	69 375
建平县	2 214	14 433	257 071	161 346	18 210	302 519	101 970	70 471
喀左县	6 876	13 061	201 702	129 216	13 960	210 793	77 239	61 919
北票市	3 653	16 676	215 598	129 082	5 915	346 499	114 769	67 411
凌源市	7 640	20 832	266 472	167 085	20 355	477 709	115 363	86 596
连山区	1 800	11 298	144 540	81 580	900	553 090	84 953	25 725
龙港区	13 266	4 317	15 215	6 261	2 150	203 194	11 517	2 559
南票区	6 900	2 300	29 706	16 657	2 050	84 016	16 564	8 956
绥中县	1 220	13 963	250 720	185 323	17 312	621 406	185 298	74 017
建昌县	1 592	13 565	266 534	152 034	8 324	245 042	75 065	30 068
兴城市	1 831	14 665	199 580	136 558	6 589	271 757	72 318	5 575

附录4续表4

县(市)区名称	生产总值(万元)						地方财政一般预算收入(万元)	各项税收(万元)
	第一产业增加值			第二产业增加值	#工业	第三产业增加值		
	林业	牧业	渔业					
苏家屯区	945	58 963	1 931	841 500	786 500	468 900	30 149	25 439
东陵区	2 350	12 536	288	612 000	592 000	868 000	44 998	35 274
新城子区	483	48 833	4 465	703 800	681 300	202 200	24 373	21 569
于洪区	1 682	30 945	3 334	969 000	924 000	851 000	53 671	38 920
辽中县	6 149	138 567	38 966	420 000	390 000	340 000	13 450	7 000
康平县	3 736	60 713	2 897	84 887	71 741	81 037	6 450	5 600
法库县	10 128	65 496	1 425	191 180	52 906	120 000	10 000	11 112
新民市	3 635	102 256	10 897	531 215	474 365	492 142	14 535	11 536
甘井子区	65	3 183	81 887	1 158 087	677 730	952 800	90 117	282 844
旅顺口区	941	11 445	80 237	423 083	364 018	276 684	33 451	59 214
金州区	1 744	51 479	52 423	1 458 338	1 164 180	608 901	71 502	63 645
长海县	108	440	143 117	14 235	10 200	47 019	9 083	6 059
瓦房店市	3 081	75 036	112 024	1 385 000	1 300 000	550 000	80 789	120 000
普兰店市	6 727	104 463	45 808	1 110 359	968 919	264 319	61 061	48 874
庄河市	7 766	83 677	144 809	939 619	764 443	325 839	55 099	32 927
千山区	116	22 354	753	678 943	678 000	277 546	27 779	27 196
台安县	1 742	54 155	6 981	390 000	343 000	225 000	11 504	10 741
岫岩县	5 412	40 449	580	398 000	368 000	250 000	18 768	31 481
海城市	400	139 123	6 310	1 400 000	1 230 000	1 010 000	101 119	124 160
顺城区	261	17 339	491	105 580	88 380	131 420	18 778	17 468
抚顺县	5 327	34 313	6 295	100 501	91 191	94 620	11 879	27 314
新宾县	6 434	19 522	10 301	64 942	56 242	89 600	10 382	9 874
清原县	10 820	14 540	13 163	65 800	62 508	89 500	10 876	8 373
平山区	433	3 517	49	332 987	261 705	253 972	12 105	17 230
溪湖区	1 600	8 392	294	544 212	454 083	256 668	11 778	12 782
明山区	4 439	5 855	163	501 629	368 333	247 039	11 711	9 996
南芬区	3 313	6 549	909	274 874	230 294	135 245	5 347	3 164
本溪县	30 622	17 307	7 732	210 391	185 070	140 066	15 033	10 330
桓仁县	20 471	15 275	10 583	166 907	130 367	148 010	13 588	10 233
振安区	1 585	2 729	920	66 470	59 650	43 730	6 243	14 884.3
宽甸县	18 664	16 027	22 063	298 593	251 399	203 963	15 683	30 808
东港市	5 387	18 195	149 872	645 000	550 000	510 273	33 670	66 879
凤城市	16 764	26 911	13 614	466 841	409 148	231 641	31 498	48 112
太和区	34	14 362	187	81 323	74 512	37 821	12 287	23 098
黑山县	1 461	100 489	3 176	209 587	188 289	173 171	7 588	6 174
义县	305	66 618	70	134 666	120 786	93 202	4 960	3 213
凌海市	1 156	71 698	58 326	283 128	267 664	197 874	26 292	21 222
北宁市	2 746	53 515	9 011	154 125	141 441	202 116	9 240	5 621
鲅鱼圈区	1 563	4 844	25 580	600 265	490 885	390 591	27 041	51 770

附录 4 续表 5

县(市)区名称	生产总值(万元)						地方财政一般预算收入(万元)	各项税收(万元)
	第一产业增加值			第二产业		第三产业		
	林业	牧业	渔业	增加值	#工业	增加值		
老边区	580	12 450	25 528	490 000	425 000	75 000	15 872	39 032
盖州市	5 632	24 716	58 418	247 220	216 220	156 000	12 648	21 355
大石桥市	804	52 609	25 788	953 000	874 050	538 820	46 659	37 300
海州区	71	2 706	13	28 000	19 000	62 486	6 513	5 552
新邱区	112	2 689	0	21 800	20 300	8 180	2 377	1 534
太平区	36	1 883	0	19 277	16 635	21 455	3 130	2 257
清河门区	42	8 159	0	20 846	18 446	20 960	2 184	1 664
细河区	65	1 438	5	10 490	4 358.4	27 085	3 509	3 246
阜新县	9 186	52 533	228	68 894	56 236	58 875	10 447	21 604
彰武县	7 610	47 549	1 292	35 100	22 600	26 500	5 324	3 839
弓长岭区	91	5 090	134	68 900	62 700	88 500	11 118	9 754
太子河区	30	9 529	150	152 811	152 467	82 194	7 668	5 946
辽阳县	1 132	55 391	15 606	391 920	373 919	303 171	20 487	13 414
灯塔市	243	37 135	19 721	418 270	397 742	257 546	22 827	5 641
双台子区	40	1 571	2 318	69 700	53 500	143 300	8 749	16 899
兴隆台区	120	2 432	2 213	174 894	138 869	285 115	22 050	56 438
大洼县	506	17 808	98 087	223 647	197 565	149 016	17 098	31 014
盘山县	1 100	19 400	75 250	213 000	185 000	117 000	11 555	25 837
银州区	37	2 516	83	40 455	32 066	53 637	12 955	9 665
清河区	367	7 866	288	37 104	29 634	37 334	4 293	2 870
铁岭县	3 186	61 443	1 885	123 829	107 856	75 500	12 666	8 997
西丰县	9 221	31 768	361	45 021	35 368	66 464	5 408	3 594
昌图县	2 490	111 230	1 325	91 552	78 980	202 047	7 889	4 383
调兵山市	109	9 659	171	50 134	38 879	92 501	12 066	8 684
开原市	6 230	81 391	3 259	180 827	155 373	173 402	18 217	9 779
双塔区	230	1 255	7	29 203	24 853	78 959	4 303	3 640
龙城区	1 765	11 917	22	22 445	17 740	28 697	2 396	2 134
朝阳县	6 524	35 087	154	68 287	61 885	73 198	10 396	8 326
建平县	10 921	18 593	138	110 680	98 303	89 869	18 232	42 720
喀左县	4 639	10 045	136	80 354	76 672	53 200	7 018	6 238
北票市	3 623	42 024	211	130 884	118 862	100 846	13 528	34 539
凌源市	3 019	25 050	188	246 993	233 172	115 353	14 463	10 977
连山区	758	54 727	1 310	258 739	204 988	209 398	32 456	26 754
龙港区	184	627	7 866	113 314	87 721	78 363	21 253	18 285
南票区	406	6 878	0	41 365	40 360	26 087	6 006	4 938
绥中县	887	49 812	56 726	162 827	135 582	273 281	17 280	19 904
建昌县	4 132	37 561	197	65 909	58 664	104 068	10 288	6 781
兴城市	408	13 986	49 839	72 686	62 853	126 753	14 030	11 490

附录4续表6

县(市)区名称	地方财政一般预算支出(万元)	#农业支出	#科学支出	#教育支出	年末金融机构各项存款余额(万元)	#居民储蓄存款余额	年末金融机构各项贷款余额(万元)	#农业贷款
苏家屯区	44 062	2 975	126	14 246	534 121	472 162	376 515	80 260
东陵区	71 283	7 121	301	12 597	954 444	78 092	425 292	1 014
新城子区	38 762	2 800	20	11 529	477 270	322 903	234 948	46 128
于洪区	79 976	6 987	35	18 562	1 139 960	677 228	58 508	39 224
辽中县	34 981	1 616	30	11 424	420 000	360 000	280 000	65 625
康平县	25 789	906	20	8 009	166 756	125 634	252 213	33 746
法库县	35 966	2 120	0	9 320	209 122	170 363	350 468	82 427
新民市	37 667	2 518	27	13 085	483 941	405 152	347 803	44 250
甘井子区	119 251	10 247	124	14 782	2 189 095	1 417 211	1 282 533	37 443
旅顺口区	55 544	1 765	45	6 746	859 046	576 201	408 912	79 024
金州区	110 086	6 025	75	21 629	1 626 024	1 070 129	732 338	134 866
长海县	23 980	1 969	91	4 625	206 895	145 206	100 516	76 899
瓦房店市	119 089	6 805	148	25 068	1 595 250	1 094 017	605 763	183 518
普兰店市	99 315	5 848	82	21 349	1 139 869	877 813	453 824	163 887
庄河市	89 518	2 945	125	17 830	950 149	813 855	518 186	195 400
千山区	51 074	2 023	10	10 033	412 201	296 317	127 829	16 288
台安县	34 908	812	14	7 419	264 863	225 900	237 435	12 441
岫岩县	49 154	1 637	18	8 722	370 225	322 069	247 732	55 295
海城市	122 342	20 624	17	25 681	1 459 738	1 321 078	1 067 900	195 773
顺城区	30 305	1 155	27	6 619	847 772	626 560	367 380	9 807
抚顺县	29 663	1 105	4	4 308	94 977	81 917	40 858	6 170
新宾县	34 628	1 018	15	8 095	242 764	198 050	140 862	44 033
清原县	39 176	1 750	18	8 375	253 914	207 451	111 501	26 723
平山区	16 169	750	22	4 602	930 319	616 300	682 598	15 381
溪湖区	17 174	881	8	3 200	1 037 817	583 373	653 116	10 308
明山区	17 039	838	2	4 794	821 345	532 154	632 572	11 750
南芬区	8 732	596	86	2 154	494 889	334 722	230 934	5 319
本溪县	45 895	1 288	73	10 681	369 439	289 212	156 905	50 440
桓仁县	41 725	1 769	7	9 519	321 391	270 439	112 075	20 764
振安区	15 879	1 823	55	3 596	306 135	285 287	178 034	3 131
宽甸县	44 337	2 264	90	12 963	372 081	328 114	195 954	66 517
东港市	67 196	2 879	133	16 974	806 098	656 275	399 877	95 380
凤城市	49 806	2 081	28	14 721	573 918	490 783	251 750	47 019
太和区	13 593	1 762	72	3 235	148 841	144 514	71 927	23 050
黑山县	51 726	13 577	25	8 319	403 500	350 395	305 417	78 128
义县	28 566	904	27	6 057	204 894	169 119	157 772	35 802
凌海市	55 244	3 505	100	9 216	430 195	360 388	315 558	52 836
北宁市	37 609	5 034	162	7 135	441 613	386 140	186 648	69 998
鲅鱼圈区	33 160	529	0	6 254	681 195	411 697	837 784	0

附录4续表7

县(市)区名称	地方财政一般预算支出(万元)	#农业支出	#科学支出	#教育支出	年末金融机构各项存款余额(万元)	#居民储蓄存款余额	年末金融机构各项贷款余额(万元)	#农业贷款
老边区	24 109	1 520	50	4 347	97 224	73 272	54 737	12 601
盖州市	55 598	1 951	0	12 068	533 228	464 138	275 890	75 917
大石桥市	101 801	1 960	23	20 592	892 206	758 013	564 564	73 764
海州区	13 615	151	5	3 673	278 320	205 395	296 786	2 590
新邱区	5 930	67	0	1 197	53 914	44 519	5 357	2 100
太平区	8 497	85	0	2 508	176 203	134 052	180 123	6 800
清河门区	5 850	197	6	1 077	49 332	44 635	24 203	7 632
细河区	7 411	154	10	1 694	156 010	122 213	164 231	6 618
阜新县	43 574	2 060	19	11 140	290 539	238 797	285 715	94 336
彰武县	26 456	1 512	11	4 775	181 458	145 593	208 580	61 487
弓长岭区	15 899	254	15	2 330	189 383	153 000	68 716	27 622
太子河区	13 332	767	18	1 850	92 006	89 987	72 320	1 355
辽阳县	44 860	1 983	57	9 046	396 783	335 917	371 062	76 087
灯塔市	41 300	1 029	0	6 178	433 255	388 027	325 227	68 279
双台子区	13 600	218	44	1 621	928 365	506 747	160 499	2 563
兴隆台区	32 199	908	57	2 437	267 001	199 441	872 723	27 193
大洼县	37 716	2 593	0	5 522	335 409	286 692	172 157	63 213
盘山县	30 693	1 701	24	4 928	304 945	213 981	133 691	40 859
银州区	16 185	395	6	4 282	262 366	168 873	132 448	12 068
清河区	13 677	720	25	1 520	131 161	108 214	109 635	4 213
铁岭县	29 753	2 006	0	4 876	181 960	133 694	101 857	40 687
西丰县	26 176	1 114	14	5 120	181 582	156 109	258 295	76 513
昌图县	47 244	1 546	30	17 141	387 057	329 292	605 954	99 170
调兵山市	25 418	821	36	6 882	634 202	346 752	172 006	30 957
开原市	43 715	2 157	57	7 513	358 453	324 091	361 904	46 767
双塔区	10 851	217	0	2 413	170 000	149 000	100 000	2 000
龙城区	9 866	561	44	2 435	202 731	176 439	163 279	13 121
朝阳县	40 655	1 981	23	10 138	85 531	79 261	71 730	45 750
建平县	47 535	2 409	70	12 408	393 931	319 702	288 819	46 000
喀左县	32 588	1 627	32	11 541	181 811	149 784	139 072	41 594
北票市	43 077	1 358	51	9 909	401 148	308 922	206 968	5 847
凌源市	40 338	3 657	65	9 376	443 158	399 877	380 012	64 481
连山区	56 001	2 849	32	10 588	411 056	339 277	131 645	18 969
龙港区	23 978	531	7	2 719	276 272	198 148	328 776	1 865
南票区	12 037	252	29	1 738	141 000	116 000	46 000	12 568
绥中县	41 678	2 572	31	7 430	418 448	352 646	453 020	65 482
建昌县	44 099	1 418	21	11 610	203 474	175 011	155 718	45 328
兴城市	35 250	1 099	34	7 521	503 176	400 795	230 976	47 220

附录4续表8

县（市）区名称	农业机械总动力（万千瓦特）	有效灌溉面积（公顷）	农作物总播种面积（公顷）	#粮食作物播种面积	#油料播种面积	#蔬菜播种面积	粮食总产量（吨）	油料产量（吨）
苏家屯区	26.0	21 990	38 910	29 288	266	6 875	228 267	873
东陵区	17.4	22 656	26 917	23 433	480	2 702	167 843	1 638
新城子区	24.0	17 820	44 867	30 451	384	12 233	238 533	1 235
于洪区	25.9	14 125	33 383	27 869	71	4 476	213 704	202
辽中县	22.0	50 030	88 953	81 790	584	5 735	510 866	1 807
康平县	23.0	21 990	93 218	83 647	6 406	2 626	529 491	11 516
法库县	32.0	3 137	101 696	94 281	2 452	2 892	685 198	7 545
新民市	61.6	79 629	151 524	135 060	3 063	6 227	810 685	7 751
甘井子区	14.6	1 400	3 063	1 214	6	1 823	5 609	19
旅顺口区	24.2	4 860	7 653	4 830	13	2 567	28 276	50
金州区	35.4	12 490	31 507	23 336	546	6 738	135 119	1 434
长海县	0.8	480	716	622		93	2 910	
瓦房店市	95.8	20 390	92 255	81 664	1 146	7 758	400 613	2 400
普兰店市	56.9	30 000	84 212	72 415	1 977	8 887	343 775	5 028
庄河市	52.5	31 850	98 096	88 454	863	7 872	414 558	2 180
千山区	14.1	8 280	10 882	7 086	11	3 761	41 482	19
台安县	22.1	32 000	74 666	63 322	1 854	8 055	412 175	5 048
岫岩县	22.3	7 310	59 344	46 577	1 646	9 984	242 272	4 153
海城市	46.3	49 280	96 391	84 584	263	10 511	508 148	628
顺城区	2.9	2 230	4 527	3 083	84	1 222	17 613	164
抚顺县	9.6	4 841	26 435	22 541	365	2 820	117 625	898
新宾县	13.0	11 172	38 050	33 140	30	988	134 327	55
清原县	10.7	14 847	31 922	28 062	46	672	135 000	150
平山区	2.9	661	1 414	741	1	637	3 437	3
溪湖区	7.6	1 167	3 746	2 269	139	1 167	13 140	323
明山区	4.7	1 207	2 880	1 939	51	843	8 180	67
南芬区	2.6	271	2 640	1 922	0	636	8 575	0
本溪县	15.5	1 437	25 302	21 477	137	1 272	87 945	335
桓仁县	11.7	5 922	27 209	23 080	101	1 255	107 537	249
振安区	6.4	2 127	11 611	7 480	36	3 476	22 402	59
宽甸县	38.6	3 342	35 077	28 599	190	2 581	110 115	311
东港市	37.5	53 952	90 768	76 402	1 120	7 313	430 847	4 280
凤城市	38.7	13 560	60 223	48 579	968	5 351	182 703	2 580
太和区	8.4	5 120	10 685	6 608	94	3 828	32 062	188
黑山县	41.9	28 007	136 357	123 270	4 881	7 732	766 584	11 861
义县	16.6	22 842	67 989	52 952	5 848	8 396	311 336	11 631
凌海市	60.9	40 600	93 673	78 193	4 673	8 912	475 767	11 012
北宁市	59.8	46 600	78 510	62 743	4 518	11 167	368 393	9 065
鲅鱼圈区	10.2	21	3 788	2 991	28	604	13 826	76

县(市)区名称	农业机械总动力(万千瓦特)	有效灌溉面积(公顷)	农作物总播种面积(公顷)	#粮食作物播种面积	#油料播种面积	#蔬菜播种面积	粮食总产量(吨)	油料产量(吨)
老边区	16.3	6 917	6 876	5 836	0	1 013	48 242	0
盖州市	32.6	3 514	37 073	28 589	238	6 114	157 956	497
大石桥市	32.9	45 541	54 310	50 469	15	3 541	417 895	50
海州区	3.7	293	1 548	1 264	5	179	6 193	4
新邱区	3.8	396	3 270	2 874	65	325	15 010	123
太平区	2.9	127	1 051	869	25	153	6 038	88
清河门区	2.7	390	3 551	2 831	177	357	20 034	471
细河区	1.6	1 087	2 797	2 035	41	676	9 540	92
阜新县	92.0	36 453	216 226	175 605	28 361	8 867	1 125 560	59 670
彰武县	42.0	31 298	140 519	117 451	17 153	3 844	684 794	34 761
弓长岭区	2.0	107	2 174	1 855	42	177	12 153	93
太子河区	3.0	3 140	6 659	5 055	3	1 490	33 945	4
辽阳县	20.0	19 709	76 819	66 845	917	7 676	374 698	6 653
灯塔市	25.0	25 691	64 046	58 300	123	4 534	413 185	378
双台子区	4.0	662	848	662	0	186	5 039	0
兴隆台区	4.0	5 130	6 033	5 923	0	110	52 346	0
大洼县	24.0	59 379	67 924	59 379	0	8 523	531 125	0
盘山县	26.0	41 329	53 247	49 012	0	4 105	371 149	0
银州区	2.5	900	2 971	1 731	30	865	11 518	86
清河区	3.0	645	7 682	7 483	7	44	52 503	18
铁岭县	26.4	23 321	77 036	69 310	207	6 939	465 108	601
西丰县	30.6	4 900	51 341	45 126	353	3 573	320 973	834
昌图县	60.1	58 370	253 821	195 619	34 915	19 872	1 501 135	90 317
调兵山市	3.6	677	11 592	10 063	4	1 358	70 146	9
开原市	31.3	19 070	80 201	67 683	289	7 635	452 545	943
双塔区	1.0	731	974	493	19	456	3 174	66
龙城区	3.5	6 500	14 034	9 084	159	4 092	52 425	258
朝阳县	29.0	11 016	83 886	72 952	2 573	6 235	465 897	5 435
建平县	38.2	15 174	119 044	97 876	5 923	3 054	625 266	9 728
喀左县	17.7	23 400	46 193	36 746	1 635	6 067	279 001	2 909
北票市	24.0	12 527	83 796	64 184	2 724	15 159	391 760	4 285
凌源市	17.9	18 312	44 826	36 133	94	7 283	242 020	172
连山区	16.0	6 139	38 346	32 008	2 434	3 680	180 457	5 700
龙港区	1.0	360	1 865	1 485	0	380	8 001	0
南票区	6.0	831	7 630	6 169	148	1 276	32 565	160
绥中县	47.0	18 290	73 148	51 484	4 279	17 117	271 033	9 574
建昌县	29.0	6 231	47 406	44 801	123	2 337	275 065	190
兴城市	9.0	9 510	55 020	42 407	10 499	1 993	208 958	23 862

附录4续表10

县（市）区名称	水果产量（吨）	肉类总产量（吨）	奶类总产量（吨）	蔬菜产量（吨）	水产品产量（吨）	规模以上工业企业数（个）	规模以上工业总产值（现价、万元）	内资企业
苏家屯区	22 104	130 990	22 365	345 336	6 720	260	1 068 018	945 785
东陵区	6 526	14 220	27 850	158 465	697	403	1 704 021	1 046 411
新城子区	5 646	65 549	69 273	610 695	7 857	278	1 463 612	1 289 072
于洪区	8 750	33 662	25 957	197 236	5 820	529	1 500 972	1 211 841
辽中县	15 753	171 830	10 567	363 652	79 888	146	553 391	541 653
康平县	4 912	94 141	6 864	80 533	519	91	186 489	186 489
法库县	15 023	60 812	11 615	106 104	1 610	82	257 643	252 078
新民市	6 643	115 874	14 770	456 335	42 042	124	474 514	399 405
甘井子区	20 665	7 533	4 948	90 562	243 382	303	955 693	561 925
旅顺口区	31 517	14 402	15 471	143 373	300 081	157	385 298	234 579
金州区	71 340	85 551	41 107	485 999	201 260	358	1 342 804	753 766
长海县	344	977	20	3 543	310 164	9	18 695	12 339
瓦房店市	386 477	102 449	12 261	580 643	275 000	238	1 515 238	1 161 540
普兰店市	270 495	161 257	15 957	604 730	145 445	149	1 048 525	690 476
庄河市	178 000	135 850	2 588	460 548	352 093	131	703 589	252 732
千山区	18 734	42 027	5 131	181 033	1 502	133	686 413	665 330
台安县	12 482	122 639	1 713	533 935	13 890	86	587 855	586 639
岫岩县	25 685	75 995	174	320 664	1 012	82	380 431	352 861
海城市	108 917	145 073	5 416	703 848	12 541	233	2 580 275	2 337 112
顺城区	7 085	22 573	12 013	65 834	505	50	100 942	52 805
抚顺县	41 166	45 584	6 000	127 393	1 682	85	241 650	216 352
新宾县	2 271	23 746	380	31 469	2 841	80	83 452	82 943
清原县	7 105	21 376	82	21 056	3 370	79	91 809	87 285
平山区	585	6 449	730	25 254	92	40	1 119 563	1 113 772
溪湖区	5 841	16 364	5 769	49 650	418	87	1 333 438	1 313 953
明山区	2 550	6 765	7 906	28 283	355	57	1 351 426	1 330 613
南芬区	5 379	8 490	706	29 380	895	18	650 699	642 253
本溪县	10 287	26 710	410	54 571	3 007	51	252 425	250 420
桓仁县	11 484	31 958	1 584	48 441	3 623	42	183 978	128 753
振安区	5 837	15 252	4 167	149 902	1 620	81	155 999	98 318
宽甸县	23 511	27 795	1 916	113 845	36 500	89	215 865.8	190 891.9
东港市	80 134	52 646	7 081	383 018	320 460	188	514 818	379 331
凤城市	12 125	43 094	803	188 514	13 848	163	274 826	240 006
太和区	5 658	16 536	15 317	533 290	350	54	255 476	246 383
黑山县	41 866	167 922	4 861	520 037	11 000	110	251 989	251 989
义县	23 840	97 730	3 035	436 104	184	58	164 534	134 407
凌海市	36 391	116 720	14 145	645 478	170 768	106	682 072	662 172
北宁市	150 322	123 912	1 980	671 400	11 305	43	158 499	152 091
鲅鱼圈区	92 327	8 230	1 548	21 765	92 000	174	1 049 426	244 858

附录4续表11

县(市)区名称	水果产量(吨)	肉类总产量(吨)	奶类总产量(吨)	蔬菜产量(吨)	水产品产量(吨)	规模以上工业企业数(个)	规模以上工业总产值(现价、万元)	内资企业
老边区	674	24 243	2 946	72 098	32 774	116	509 129	478 566
盖州市	366 696	46 540	1 545	300 289	150 000	138	322 866	266 949
大石桥市	23 588	72 780	3 251	259 290	52 347	262	1 563 127	1 154 421
海州区	434	4 889	1 528	10 152	36	18	33 577.5	30 891.5
新邱区	965	6 085	3 180	20 520	0	9	72 057.5	72 057.5
太平区	1 222	4 815	2 003	9 712	0	18	79 601.1	72 545.1
清河门区	4 200	16 517	3 473	33 178	0	7	15 155	15 155
细河区	711	4 252	2 300	40 549	40	13	38 212.1	38 212.1
阜新县	18 207	150 412	31 063	306 994	921	59	148 593	107 537
彰武县	4 598	96 303	35 789	120 187	3 100	21	46 948.1	46 623
弓长岭区	1 299	2 869	288	11 527	300	31	99 252	80 840
太子河区	6 532	11 126	13 932	73 021	434	107	363 540	279 779
辽阳县	60 758	61 717	10 109	315 211	26 881	127	1 069 873	1 050 258
灯塔市	25 645	53 390	16 376	211 978	35 905	149	411 710	397 909
双台子区	50	3 487	0	12 000	4 850	21	114 717	114 717
兴隆台区	28	2 989	134	10 778	4 456	96	323 709	264 656
大洼县	7 757	45 367	1 182	572 334	166 224	39	233 565	209 514
盘山县	7 479	36 732	32	344 202	70 018	54	246 165	215 939
银州区	382	6 466	1 881	52 733	212	36	121 588	115 343
清河区	8 556	8 642	10 812	2 400	712	41	120 283	104 995
铁岭县	13 286	88 324	35 435	417 571	4 420	154	291 602	283 371
西丰县	22 450	42 809	256	162 704	736	59	91 177	87 161
昌图县	24 090	220 213	5 111	850 335	3 980	140	202 984	201 926
调兵山市	4 250	24 227	5 672	109 425	295	48	94 684	90 821
开原市	83 705	146 290	8 211	460 584	3 275	188	344 851	297 835
双塔区	1 373	2 060	603	30 329	0	20	121 744	120 407
龙城区	6 517	20 183	6 355	194 039	40	22	41 445	41 445
朝阳县	111 148	48 630	24 044	291 121	389	47	125 398	113 007
建平县	8 073	50 651	8 627	137 126	220	80	184 591	168 634
喀左县	25 288	31 131	612	432 785	301	29	135 951.5	88 931.9
北票市	17 142	76 775	5 826	269 832	350	86	204 189	190 275
凌源市	28 000	66 646	10 963	483 162	380	39	88 781	82 592
连山区	69 006	58 414	16 937	207 342	3 500	61	552 130	528 197
龙港区	2 700	2 455	1 941	32 280	21 001	22	147 118	140 947
南票区	26 865	14 461	632	88 584	0	5	136 514	78 501
绥中县	338 754	131 875	1 062	1 340 205	180 016	25	68 853	62 580
建昌县	110 550	61 711	709	96 696	506	22	268 273	268 273
兴城市	13 945	35 410	2 530	96 120	161 435	24	147 298	132 447

县(市)区名称	规模以上工业总产值(现价、万元)		从业人员	流动资产	固定资产	产品		本年应交
	港、澳、台商投资企业	外商投资企业	年平均数(人)	年平均余额(万元)	净值年平均余额(万元)	销售收入(万元)	#产品销售税金及附加	增值税(万元)
苏家屯区	20 644	101 589	25 997	506 091	288 005	1 039 197	3 690	10 612
东陵区	67 884	589 726	38 223	650 891	264 282	1 573 969	8 953	17 603
新城子区	83 634	90 906	44 125	515 127	553 203	1 371 321	5 082	40 431
于洪区	48 175	240 956	45 005	1 084 903	542 482	1 348 339	9 004	20 790
辽中县	5 034	6 704	7 494	93 232	103 452	498 560	1 839	6 059
康平县			8 018	111 469	68 667	155 714	2 885	5 406
法库县		5 565	10 307	54 728	148 231	249 918	2 378	2 906
新民市	38 401	36 708	12 581	77 245	111 377	386 401	701	3 716
甘井子区	33 427	360 341	40 733	504 400	260 732	945 419	2 019	27 203
旅顺口区	16 172	134 547	20 109	186 598	116 381	380 994	1 270	11 965
金州区	165 703	423 335	63 058	796 812	428 732	1 302 053	2 294	24 245
长海县	2 372	3 984	604	4 921	4 502	17 279	32	467
瓦房店市	154 464	199 234	68 582	471 282	469 350	1 493 686	4 134	28 799
普兰店市	66 335	291 714	47 272	395 722	371 372	914 443	1 526	25 433
庄河市	29 720	421 137	33 788	301 588	239 095	675 323	1 254	9 313
千山区	11 823	9 260	14 475	265 575	155 160	678 748	4 086	25 856
台安县		1 216	7 797	75 399	117 370	558 458	3 298	8 351
岫岩县	3 670	23 900	18 967	142 263	121 372	338 227	7 479	16 250
海城市	92 110	151 053	63 740	780 027	655 434	2 428 480	8 402	40 898
顺城区	2 201	45 936	6 069	43 182	25 461	100 065	316	1 773
抚顺县	22 642	2 656	8 804	78 693	47 038	234 392	3 477	10 283
新宾县	509		7 584	34 834	49 091	79 330	852	3 492
清原县	618	3 906	6 223	42 108	49 576	90 521	1 015	3 290
平山区	771	5 020	40 144	635 898	1 093 274	1 054 242	6 522	73 476
溪湖区	11 534	7 951	35 196	749 003	782 915	1 427 420	7 901	62 574
明山区	7 128	13 685	44 063	711 302	818 192	1 194 181	16 188	65 948
南芬区	3 923	4 523	18 883	417 230	832 305	988 929	9 354	57 640
本溪县	2 005	0	13 109	86 435	84 039	239 750	2 637	10 820
桓仁县	22 842	32 383	9 527	71 487	183 594	167 582	1 318	13 420
振安区	6 386	51 295	8 423	95 479	50 505	154 155	433	5 079
宽甸县	5 216	19 757.9	12 235	105 540	93 582	220 621	1 794	12 038
东港市	35 154	100 333	28 568	206 625	125 466	493 125	3 629	16 533
凤城市	6 292	28 528	22 665	148 595	109 261	262 528	4 698	9 422
太和区	2 243	6 850	4 298	76 584	31 124	250 524	1 690	13 792
黑山县	0	0	13 375	86 046	56 856	244 108	772	4 671
义县	17 935	12 192	5 398	40 216	49 067	156 363	693	3 385
凌海市	10 000	9 900	11 006	147 361	75 191	647 940	13 804	31 448
北宁市	2 031	4 377	6 332	42 326	37 346	125 938	699	2 870
鲅鱼圈区	141 595	662 973	33 398	327 171	196 278	895 433	2 198	10 635

附录 4 续表 13

县(市)区名称	规模以上工业总产值(现价、万元) 港、澳、台商投资企业	外商投资企业	从业人员年平均数(人)	流动资产年平均余额(万元)	固定资产净值年平均余额(万元)	产品销售收入(万元)	#产品销售税金及附加	本年应交增值税(万元)
老边区	6 357	24 206	11 177	163 910	196 979	404 094	756	8 605
盖州市	5 658	50 259	17 860	120 687	105 109	300 490	2 980	7 211
大石桥市	408 706	0	42 673	523 803	315 269	1 403 321	10 306	30 770
海州区	0	2 686	2 968	21 156	10 511	29 306	407	1 802
新邱区	0	0	2 921	28 125	20 249	70 755	1 325	2 601
太平区	7 056	0	4 230	24 558	36 445	51 871	282	931
清河门区	0	0	1 127	3 217	6 109	10 393	207	225
细河区	0	0	1 411	19 040	7 071	34 629	145	1 011
阜新县	18 804	22 252	10 001	76 373	81 559	138 491	1 935	4 336
彰武县	0	325.1	3 094	16 979	29 662	38 118	145	959
弓长岭区	13 612	4 800	9 228	41 873	27 532	97 090	2 171	6 514
太子河区	6 385	77 376	10 694	188 070	151 704	345 003	633	7 731
辽阳县	3 777	15 838	20 867	281 204	247 392	1 029 767	5 775	16 049
灯塔市	6 001	7 800	14 140	83 863	146 226	348 635	3 970	13 543
双台子区	0	0	1 293	37 322	20 543	100 464	298	1 130
兴隆台区	24 976	34 077	12 009	208 856	106 808	305 877	2 870	5 898
大洼县	14 685	9 366	5 172	53 411	89 789	228 213	2 728	3 134
盘山县	327	29 899	5 121	97 597	42 201	265 794	2 295	6 021
银州区	4 628	1 617	3 966	32 604	24 269	82 170	119	533
清河区	4 698	10 590	5 893	42 194	51 227	116 878	1 883	841
铁岭县	545	7 686	14 865	102 775	203 462	278 450	1 411	3 672
西丰县	3 456	560	5 502	27 732	42 293	86 544	1 843	1 081
昌图县	1 058	0	10 186	48 572	101 287	204 446	903	1 970
调兵山市	2 694	1 169	18 205	28 664	30 236	89 502	426	251
开原市	45 890	1 126	15 443	100 510	114 000	336 176	2 239	1 420
双塔区	0	1 337	2 634	42 135	10 555	106 101	329	2 952
龙城区	0	0	2 142	15 354	12 068	38 076	80	764
朝阳县	5 773	6 618	9 377	57 733	30 852	109 246	1 271	6 005
建平县	930	15 027	8 682	75 874	60 144	193 156	4 873	10 293
喀左县	47 019.6	0	7 780	76 239	38 492	143 624	900	5 555
北票市	3 386	10 528	18 459	60 080	46 105	199 264	1 103	11 922
凌源市	0	6 189	7 267	35 423	35 879	118 014	679	3 270
连山区	18 982	4 951	10 666	240 380	105 509	535 853	916	15 447
龙港区	0	6 171	13 161	112 876	92 609	126 447	505	1 489
南票区	0	58 013	662	19 611	4 346	142 785	427	5 548
绥中县	0	6 273	2 470	30 533	17 956	59 792	503	2 204
建昌县	0	0	9 414	72 438	54 103	258 729	2 605	24 822
兴城市	11 537	3 314	4 972	52 683	41 794	142 717	1 239	7 881

附录 4 续表 14

县（市）区名称	利润总额（万元）	全年用电量（万千瓦时）	社会消费品零售总额（万元）	限额以上批发零售贸易业商品销售总额（万元）	出口总额（万美元）	当年合同外资金额（万美元）	当年实际使用外资金额（万美元）	城镇固定资产投资完成额（万元）
苏家屯区	7 447	60 645	458 030	6 503	11 017	14 885	8 164	796 758
东陵区	30 426	96 434	375 771	137 000	10 856	8 070	7 344	786 370
新城子区	31 425	40 098	320 378	4 446	6 691	5 021	4 426	538 519
于洪区	47 806	96 889	371 148	1 836	15 259	18 811	10 014	676 134
辽中县	14 105	45 272	261 813	26 100	1 126	1 800	163	138 109
康平县	5 879	14 788	123 134	5 860	667	134	134	119 228
法库县	18 668	25 447	145 538	7 148	344	150	867	130 943
新民市	3 512	63 304	281 011	8 623	1 013	3 620	3 572	250 525
甘井子区	12 156	18 460	681 217	193 582	80 900	21 800	18 300	1 281 217
旅顺口区	19 632	50 457	161 132	102 085	24 562	14 313	8 310	241 125
金州区	33 353	156 014	412 800	45 999	107 884	28 484	19 482	358 873
长海县	15	7 634	35 330	46 506	3 137	350	350	19 813
瓦房店市	91 038	146 268	461 294	20 221	23 736	18 495	14 500	402 010
普兰店市	63 156	87 375	358 180	18 209	36 300	20 400	14 700	268 502
庄河市	49 046	54 320	301 381	18 736	28 100	14 800	13 800	266 810
千山区	57 206		50 500	23 638	2 000	5 404	520	51 286
台安县	36 035	44 348	160 151	55 845	573	5 676	2 349	87 575
岫岩县	18 050	41 574	195 409	3 909	2 021	5 631	2 216	92 364
海城市	86 327	267 822	558 923	165 228	50 500	24 009	20 970	566 314
顺城区	3 853	42 876	149 000	7 975	4 013	2 951	900	142 000
抚顺县	18 425	28 029	49 066	72 115	3 780	624	259	105 397
新宾县	686	15 328	95 097	7 881	680	1 970	294	5 314
清原县	8 133	17 758	91 895	9 507	610	1 760	96	27 378
平山区	13 216	463 472	366 251	198 190	12 846	1 588	924	987 809
溪湖区	71 102	200 566	72 031	165 664	21 233	2 189	1 021	22 245
明山区	5 976	161 019	187 984	211 536	14 257	1 634	1 299	33 771
南芬区	17 295	80 779	24 691	76 708	24 156	576	232	14 570
本溪县	15 005	32 341	119 185	5 015	245	68	30	76 444
桓仁县	34 882	15 535	105 505	18 755	2 216	1 065	350	98 332
振安区	7 163	10 953	47 715	2 189	3 580	5 077	1 592	66 374
宽甸县	16 091	74 490	172 824	6 067	2 085	3 500	1 665	151 690
东港市	25 396	45 414	312 688	0	16 221	7 092	3 010	84 709
凤城市	11 664	42 645	208 299	551	5 012	4 895	656	136 093
太和区	8 595	9 067	48 036	20 088	1 700	3 800	723	19 299
黑山县	16 219	26 100	166 947	58 831	800	2 192	474	62 732
义县	4 166	14 804	81 423	16 776	1 616	2 112	42	66 166
凌海市	36 718	66 484	124 519	15 486	27 766	2 748	458	103 802
北宁市	2 981	17 528	146 553	37 464	810	2 195	472	68 892
鲅鱼圈区	38 679	42 900	300 931	45 075	46 000	35 455	7 266	533 306

附录 4 续表 15

县(市)区名称	利润总额 (万元)	全年用电量 (万千瓦时)	社会消费品零售总额 (万元)	限额以上批发零售贸易业商品销售总额 (万元)	出口总额 (万美元)	当年合同外资金额 (万美元)	当年实际使用外资金额 (万美元)	城镇固定资产投资完成额 (万元)
老边区	16 773	28 797	45 017	1 600	7 639	6 900	1 540	119 419
盖州市	7 924	51 719	180 728	13 704	7 273	9 502	1 982	61 046
大石桥市	62 657	357 784	305 120	109 273	44 415	15 823	12 355	375 767
海州区	524	6 106	173 792	13 252	145	122	122	17 077
新邱区	1 562	5 581	12 095	0	80	110	50	16 706
太平区	－1 415	5 500	2 490	0	150	200	68	33 194
清河门区	181	5 348	110 903	0	0	0	0	5 436
细河区	1 048	3 555	29 702	4 305	479	0	66	14 286
阜新县	4 813	24 619	80 028	18 159	1 028	700	380	16 771
彰武县	1 476	13 099.3	33 627	4 195	205	34	34	52 857
弓长岭区	5 437	21 595	52 000	0	665	2 074	252	41 000
太子河区	10 313	27 603	54 715	3 603	8 032	3 076	1 228	59 490
辽阳县	38 218	120 918	163 000	985	4 279	3 582	673	141 768
灯塔市	9 932	57 366	275 054	623	1 000	3 584	500	94 274
双台子区	775	18 759	220 702	22 391	728	750	1	70 366
兴隆台区	17 459	294 145	359 051	183 356	3 132	812	859	111 516
大洼县	3 235	45 377	163 092	0	2 816	1 000	119	145 712
盘山县	15 744	17 825	50 705	80 712	1 242	257	145	86 549
银州区	2 628	32 946	94 039	0	1 820	4 259	178	65 956
清河区	2 201	10 746	56 686	28 924	473	3 417	83	74 171
铁岭县	11 939	27 088	79 121	10 048	802	5 501	224	133 590
西丰县	3 046	11 404	105 480	6 890	545	830	70	58 981
昌图县	10 471	28 400	181 409	44 385	714	4 879	28	91 895
调兵山市	392	8 017	118 749	7 264	974	3 204	159	145 609
开原市	10 570	41 599	167 634	50 331	1 688	5 310	159	158 486
双塔区	3 825	15 000	38 355	1 374	7 947	2 816	236	11 199
龙城区	1 975	39 271	19 310	8 079	0	0	0	36 279
朝阳县	8 609	30 077	60 618	4 228	522	570	570	59 054
建平县	5 543	60 000	95 920	7 664	500	600	500	74 944
喀左县	46 251	20 553	52 006	20 679	6 886	1 240	448	88 003
北票市	6 053	34 567	96 670	25 365	297	559	380	112 565
凌源市	1 632	34 839	118 906	10 102	113	324	176	66 289
连山区	48 172	888 163	353 993	66 770	62 581	6 600	155	99 222
龙港区	－2 268	15 757	130 567	7 128	4 669	1 089	1 427	81 875
南票区	5 594	4 784	31 068	0	20 993	0	0	14 865
绥中县	－1 067	11 453	157 979	6 760	1 200	700	15	0
建昌县	7 622	32 000	54 763	5 554	0	0	0	83 760
兴城市	－2 292	31 501	169 482	4 387	5 963	150	0	53 766

附录 4 续表 16

县(市)区名称	城镇新增固定资产(万元)	城镇固定资产投资项目个数(个)	房地产开发投资完成额(万元)	普通中学数(所)	小学数(所)	普通中学专任教师数(人)	小学专任教师数(人)	普通中学在校学生数(人)
苏家屯区	594 703	635	86 680	26	31	1 158	1 631	11 672
东陵区	503 469	324	416 687	17	61	1 211	1 333	14 002
新城子区	402 966	259	107 712	17	47	1 181	1 393	16 592
于洪区	372 959	94	477 682	20	69	985	1 648	13 667
辽中县	44 560	50	8 500	24	134	1 935	2 845	24 100
康平县	30 723	323	1 148	18	143	1 025	1 863	21 888
法库县	317 081	253	8 500	23	159	1 316	2 357	18 312
新民市	250 525	120	35 748	36	135	2 073	3 079	31 163
甘井子区	863 624	233	338 023	25	64	1 780	1 871	24 898
旅顺口区	70 665	236	57 334	15	38	945	764	14 486
金州区	124 093	72	178 727	17	45	3 331	1 868	18 560
长海县	7 106	22	6 962	7	14	298	286	4 906
瓦房店市	187 405	93	49 565	36	214	3 227	3 244	38 133
普兰店市	188 379	116	7 682	38	214	2 679	2 944	45 151
庄河市	30 129	50	18 812	34	252	2 744	3 023	46 305
千山区	49 000	9	46 284	15	43	1 130	1 129	9 692
台安县	87 573	46	1 400	17	133	1 135	1 741	15 391
岫岩县	25 472	43	19 698	27	232	1 274	2 518	21 857
海城市	389 585	486	35 765	53	376	5 756	5 563	79 213
顺城区	142 000	189	22 576	10	25	891	1 443	8 455
抚顺县	48 351	132	9 131	18	73	591	896	7 819
新宾县	5 314	9	8 285	22	113	1 325	1 613	16 963
清原县	21 897	69	12 158	26	116	1 127	1 776	16 828
平山区	783 363	28	91 003	20	21	1 343	1 432	24 345
溪湖区	20 152	21	300	13	31	803	820	7 847
明山区	13 142	48	77 054	17	29	1 342	974	18 218
南芬区	14 200	29	960	4	16	328	360	4 068
本溪县	76 444	121	10 367	19	84	1 152	1 479	17 888
桓仁县	80 824	85	11 012	14	49	1 064	1 290	11 729
振安区	33 342	108	10 796	8	43	401	700	4 974
宽甸县	94 502	125	4 617	27	172	1 255	2 270	21 759
东港市	54 888	110	21 495	33	155	2 052	1 811	40 978
凤城市	43 989	117	20 109	31	229	1 890	2 878	20 926
太和区	18 340	44	4 037	12	50	666	961	6 006
黑山县	60 720	100	8 061	30	158	1 850	2 849	19 125
义县	66 166	144	0	20	21	1 662	2 464	13 875
凌海市	104 717	103	8 995	29	107	1 555	2 120	27 631
北宁市	45 159	26	2 700	28	161	1 698	1 981	21 079
鲅鱼圈区	136 596	114	151 811	16	36	1 600	1 358	23 427

附录4续表17

县（市）区名称	城镇新增固定资产（万元）	城镇固定资产投资项目个数（个）	房地产开发投资完成额（万元）	普通中学数（所）	小学数（所）	普通中学专任教师数（人）	小学专任教师数（人）	普通中学在校学生数（人）
老边区	27 261	18	6 468	6	19	433	764	6 145
盖州市	56 596	64	3 730	33	179	2 167	2 680	38 152
大石桥市	349 481	293	14 214	30	158	2 171	2 371	47 689
海州区	22 223	0	0	9	21	876	1 179	7 714
新邱区	16 706	38	0	4	14	269	462	2 716
太平区	24 412	25	13 412	7	19	597	880	5 137
清河门区	6 987	10	0	5	18	258	375	2 619
细河区	14 286	23	13 723	5	11	360	600	5 373
阜新县	15 200	29	4 400	47	391	2 531	4 110	43 730
彰武县	48 500	83	8 297	30	166	1 861	1 687	19 206
弓长岭区	1 000	51	3 923	5	5	340	291	4 213
太子河区	48 000	41	7 800	4	21	165	420	1 587
辽阳县	60 000	164	14 157	29	194	1 617	1 972	24 295
灯塔市	51 162	47	6 572	21	146	1 320	2 320	14 800
双台子区	70 366	42	59 250	0	13	0	522	0
兴隆台区	78 521	92	27 702	21	31	1 239	2 175	26 010
大洼县	145 712	232	13 000	24	115	1 578	2 706	17 973
盘山县	54 869	232	0	20	122	1 018	1 791	14 883
银州区	38 852	11	40 060	10	28	1 190	1 300	20 794
清河区	61 499	46	2 775	7	36	506	434	4 712
铁岭县	95 826	40	5 037	21	150	1 097	1 799	16 043
西丰县	33 254	38	12 835	21	89	948	1 244	16 337
昌图县	91 179	43	0	43	398	2 238	5 011	36 944
调兵山市	156 920	65	2 100	13	12	863	854	28 200
开原市	113 472	80	54 239	28	157	1 826	2 378	29 627
双塔区	7 336	20	14 063	0	21	0	1 216	0
龙城区	24 454	49	464	8	64	432	770	4 459
朝阳县	59 054	66	5 353	43	273	1 992	2 634	26 000
建平县	6 325	92	4 594	38	213	2 225	3 274	36 489
喀左县	94 446	148	8 040	30	178	2 008	2 439	34 589
北票市	12 565	152	7 877	42	201	2 215	2 615	37 337
凌源市	58 589	87	12 808	33	245	2 472	3 481	37 933
连山区	68 947	56	23 659	29	139	2 224	2 590	24 468
龙港区	32 479	68	69 802	5	8	877	754	5 676
南票区	2 865	3	0	5	31	260	518	2 826
绥中县	0	0	12 842	31	218	1 870	2 670	22 979
建昌县	54 693	29	4 727	41	300	2 126	3 105	34 495
兴城市	25 183	12	21 653	35	192	1 630	2 406	20 697

附录4续表18

县(市)区名称	小学在校学生数(人)	专业技术人员数(人)	#农业技术人员	医院、卫生院床位数(张)	医院、卫生院技术人员数(人)	城镇在岗职工年平均人数(人)	城镇在岗职工工资总额(万元)	农村居民人均纯收入(元)
苏家屯区	26 211	6 394	749	1 592	1 825	28 061	12 195	5 769
东陵区	21 585	6 812	3 910	444	533	9 483	17 119	6 808
新城子区	17 865	5 877	73	395	696	50 844	63 437	5 480
于洪区	26 290	355	316	912	936	15 184	22 776	6 911
辽中县	45 461	492	381	1 045	1 549	21 652	18 145	4 552
康平县	25 487	6 066	522	750	965	15 299	13 444	3 451
法库县	36 802	6 069	1 406	835	1 222	14 092	11 775	4 002
新民市	41 112	10 327	496	1 575	2 102	22 669	23 954	4 493
甘井子区	54 303	8 300	220	3 747	3 845	25 388	39 905	9 180
旅顺口区	15 934	9 192	232	1 096	935	28 491	41 306	7 617
金州区	36 143	12 207	329	1 980	1 830	45 790	67 894	7 354
长海县	6 587	2 729	977	190	274	6 294	12 018	12 479
瓦房店市	57 905	19 233	872	3 098	2 955	45 856	73 653	5 216
普兰店市	50 318	11 582	769	2 040	1 633	52 073	65 567	5 131
庄河市	57 216	11 365	497	1 945	1 904	35 247	43 010	5 138
千山区	13 297	3 337	212	245	389	9 213	13 361	6 141
台安县	27 756	237	188	1 103	1 048	17 735	15 326	4 179
岫岩县	39 451	8 526	301	1 180	1 185	24 595	25 734	3 751
海城市	89 005	19 963	2 073	3 960	3 626	39 699	62 836	5 060
顺城区	16 571	4 596	119	341	476	11 018	15 736	5 424
抚顺县	10 714	3 117	42	561	488	11 206	13 715	4 430
新宾县	17 607	6 467	447	750	891	13 786	18 803	3 346
清原县	19 271	6 154	460	845	1 049	15 616	20 145	3 210
平山区	23 859	3 505	18	3 115	3 142	66 762	122 219	4 600
溪湖区	11 454	6 120	120	1 576	989	60 468	89 137	4 670
明山区	14 728	5 844	129	2 608	2 807	65 484	128 381	4 423
南芬区	4 776	2 512	31	451	489	22 186	28 406	4 487
本溪县	19 987	7 954	160	1 825	1 182	12 681	16 614	3 953
桓仁县	15 048	6 197	185	934	846	15 154	17 909	3 666
振安区	10 194	2 025	80	430	344	6 578	7 650	4 435
宽甸县	30 202	7 115	350	1 637	1 016	14 529	21 390	3 906
东港市	46 061	9 206	253	2 000	1 590	25 434	36 213	4 346
凤城市	38 210	10 300	460	1 580	2 289	23 187	29 059	4 073
太和区	13 250	3 166	168	367	715	7 869	8 510	4 554
黑山县	37 391	8 197	264	768	1 163	16 815	15 777	3 969
义县	24 582	6 483	195	872	1 091	13 252	11 179	2 096
凌海市	37 349	8 076	622	1 411	1 484	20 995	19 366	4 342
北宁市	34 363	7 525	730	997	1 243	14 770	13 116	4 226
鲅鱼圈区	26 098	101	31	1 520	1 825	32 161	38 152	5 400

附录4续表19

县(市)区名称	小学在校学生数(人)	专业技术人员数(人)	#农业技术人员	医院、卫生院床位数(张)	医院、卫生院技术人员数(人)	城镇在岗职工年平均人数(人)	城镇在岗职工工资总额(万元)	农村居民人均纯收入(元)
老边区	8 710	2 177	136	260	290	6 738	9 596	5 428
盖州市	47 698	8 018	80	1 977	1 312	15 747	15 602	3 870
大石桥市	43 332	10 588	645	2 213	2 582	21 994	30 071	4 807
海州区	14 128	2 515	38	3 004	3 341	5 159	5 675	4 451
新邱区	4 510	1 325	13	233	230	8 509	6 194	3 951
太平区	8 725	3 908	13	586	494	4 255	4 810	3 800
清河门区	5 203	394	44	100	180	2 469	2 563	4 010
细河区	8 803	1 222	81	770	500	2 853	3 060	5 039
阜新县	56 425	11 960	743	1 017	1 439	24 321	23 356	3 036
彰武县	28 117	6 903	453	1 280	1 120	16 564	14 739	2 911
弓长岭区	5 263	1 156	20	895	370	3 570	6 426	4 419
太子河区	5 524	4 216	117	100	181	18 977	30 984	4 925
辽阳县	38 027	588	289	1 080	1 096	24 324	29 055	3 999
灯塔市	33 922	7 745	773	768	793	16 554	21 232	4 100
双台子区	10 658	999	34	100	83	6 445	7 084	5 081
兴隆台区	34 152	6 724	17	135	103	44 873	63 411	5 300
大洼县	27 533	9 457	912	691	1 154	19 658	17 719	5 050
盘山县	20 249	5 432	422	582	488	59 708	38 341	5 063
银州区	20 700	2 095	13	300	436	8 064	8 231	4 433
清河区	5 843	23	8	280	392	6 776	6 584	4 063
铁岭县	23 666	1 256	852	558	1 015	14 666	16 316	3 980
西丰县	19 942	5 505	472	501	785	13 954	14 328	2 934
昌图县	75 191	15 508	824	1 253	1 714	29 384	25 288	3 710
调兵山市	15 323	3 739	12	812	1 060	18 835	18 387	4 151
开原市	37 666	9 187	697	1 698	2 015	26 063	23 456	4 040
双塔区	25 128	4 500	106	170	90	5 386	6 751	3 808
龙城区	9 392	278	190	360	180	3 476	4 181	3 250
朝阳县	41 615	9 920	1 614	660	960	25 482	25 219	3 006
建平县	46 884	10 310	891	1 451	1 867	19 873	22 009	3 019
喀左县	34 125	8 896	936	871	974	21 274	21 324	2 927
北票市	41 514	10 840	443	1 612	1 700	19 533	22 568	3 009
凌源市	49 987	10 714	2 832	2 598	1 677	22 436	23 623	2 957
连山区	38 042	6 689	315	835	854	13 720	15 673	3 931
龙港区	11 807	2 893	8	125	93	17 164	18 948	5 083
南票区	6 893	1 187	0	172	112	2 396	3 104	3 100
绥中县	46 849	5 968	176	1 610	1 400	14 633	14 741	3 684
建昌县	48 504	7 326	298	1 005	1 259	15 943	16 023	2 742
兴城市	42 243	3 450	265	1 370	1 638	16 021	15 242	3 146

附录4续表20

县(市)区名称	农村恩格尔系数(%)	各种社会福利收养性单位数(个)	各种社会福利收养性单位床位数(床)	参加基本养老保险的职工数(人)	参加基本医疗保险的职工数(人)
苏家屯区	38.0	14	784	20 376	17 842
东陵区	31.7	24	796	17 715	48 112
新城子区	36.0	11	720	22 558	25 481
于洪区	33.6	18	1 650	26 229	47 460
辽中县	44.0	21	1 450	27 043	17 043
康平县	42.8	16	890	20 028	10 531
法库县	45.0	19	805	20 989	12 787
新民市	37.0	27	1 120	21 896	19 314
甘井子区	34.3	11	1 007	33 406	26 899
旅顺口区	39.0	11	685	56 580	81 659
金州区	42.0	13	1 393	58 836	110 185
长海县	32.6	4	216	8 399	7 767
瓦房店市	48.2	30	2 310	92 000	120 000
普兰店市	41.5	22	1 530	61 606	65 547
庄河市	53.4	23	1 800	82 298	74 475
千山区	33.6	7	300	11 183	8 078
台安县	43.0	14	841	25 356	18 040
岫岩县	41.6	23	1 400	42 411	24 504
海城市	27.1	41	3 165	101 799	77 088
顺城区	26.8	10	530	121 000	8 300
抚顺县	23.4	12	599	14 190	10 638
新宾县	39.7	16	726	24 158	18 347
清原县	41.2	14	881	22 000	17 724
平山区	36.2	1	50	125 608	72 380
溪湖区	42.0	2	1 066	112 460	75 127
明山区	46.5	1	142	130 910	115 200
南芬区	38.0	1	126	45 920	25 136
本溪县	41.1	9	540	26 810	6 500
桓仁县	42.3	22	1 129	30 292	19 806
振安区	41.0	6	240	4 433	2 631
宽甸县	53.5	27	1 373	27 953	12 610
东港市	44.8	18	1 310	36 415	33 100
凤城市	44.0	31	1 980	44 195	24 947
太和区	30.8	6	190	5 739	4 657
黑山县	40.0	22	1 500	37 832	16 076
义县	40.0	14	1 286	17 417	9 782
凌海市	40.0	22	1 586	42 890	18 813
北宁市	40.0	21	610	30 800	17 765
鲅鱼圈区	23.0	4	300	24 300	34 870

附录4续表21

县(市)区名称	农村恩格尔系数(%)	各种社会福利收养性单位数(个)	各种社会福利收养性单位床位数(床)	参加基本养老保险的职工数(人)	参加基本医疗保险的职工数(人)
老边区	45.0	2	210	21 500	16 702
盖州市	30.5	27	1 000	44 000	22 000
大石桥市	40.6	16	1 019	55 010	67 100
海州区	35.0	1	20	12 346	4 217
新邱区	45.2	0	0	5 116	2 215
太平区	40.0	1	25	5 600	3 260
清河门区	39.8	1	10	2 864	3 257
细河区	39.8	1	25	4 672	2 222
阜新县	45.9	38	750	36 121	29 134
彰武县	42.6	23	574	16 100	9 142
弓长岭区	50.0	1	118	6 750	8 086
太子河区	32.0	1	100	7 011	4 349
辽阳县	43.0	16	786	30 702	26 203
灯塔市	46.0	16	1 025	28 043	24 771
双台子区	44.1	1	60	8 552	4 428
兴隆台区	29.0	1	100	33 559	10 621
大洼县	46.2	14	718	16 325	11 894
盘山县	44.0	15	1 020	93 830	18 784
银州区	36.1	1	120	7 052	13 886
清河区	36.5	2	240	5 078	11 430
铁岭县	45.7	4	98	13 860	13 780
西丰县	45.5	20	850	13 351	17 600
昌图县	44.9	33	1 880	37 743	40 077
调兵山市	33.9	3	140	26 164	9 416
开原市	41.8	8	1 300	25 200	39 495
双塔区	37.1	0	0	6 522	4 067
龙城区	51.7	5	190	2 760	1 713
朝阳县	42.1	29	973	22 218	25 000
建平县	38.3	29	980	26 168	30 260
喀左县	42.0	26	830	18 287	19 095
北票市	40.3	28	1 120	52 002	27 022
凌源市	36.4	24	428	23 969	66 345
连山区	40.6	18	794	23 953	14 001
龙港区	36.4	2	39	16 107	11 000
南票区	40.0	5	130	1 696	3 128
绥中县	39.0	29	610	21 863	17 500
建昌县	36.0	31	660	19 200	17 900
兴城市	40.0	24	550	16 977	25 046

附录 5　2005 年东北三省国民经济主要指标

指　标	单　位	三省合计	辽　宁	吉　林	黑龙江	辽宁省相当于三省 %
国民经济核算						
地区生产总值	亿元	17 140.8	8 009.0	3 620.3	5 511.5	46.7
第一产业	亿元	2 192.6	882.4	625.6	684.6	40.2
第二产业	亿元	8 533.9	3 953.3	1 608.9	2 971.7	46.3
第三产业	亿元	6 414.2	3 173.3	1 385.7	1 855.2	49.5
人均地区生产总值	元	15 588	18 983	13 348	14 434	
地区生产总值指数(上年=100)	%	112.0	112.3	112.1	111.6	
第一产业	%	108.8	107.9	109.9	108.7	
第二产业	%	114.4	117.1	113.6	112.6	
第三产业	%	110.1	108.2	111.4	110.8	
人口						
年底总人口	万人	10 757	4 221	2 716	3 820	39.2
城镇人口	万人	5 932.6	2 477.7	1 426.5	2 028.4	41.8
乡村人口	万人	4 824.4	1 743.3	1 289.5	1 791.6	36.1
自然增长率	‰	2.2	1.3	2.6	2.7	
劳动就业						
年末就业人员	万人	5 108.1	2 120.3	1 238.9	1 748.9	41.5
第一产业	万人	2 092.3	722.1	565.8	804.4	34.5
第二产业	万人	1 194.4	596.0	231.7	366.7	49.9
第三产业	万人	1 821.4	802.2	441.4	577.8	44.0
职工人数	万人	1 189.9	476.6	257.9	455.4	40.1
职工平均工资	元	15 399	17 331	14 409	14 458	
城镇登记失业人数	万人	119.3	60.4	27.6	31.3	50.6
城镇登记失业率	%	4.8	5.7	4.2	4.4	
投　资						
全社会固定资产投资总额	亿元	7 783.6	4 234.1	1 755.3	1 794.2	54.4
#房地产开发	亿元	1 337.6	874.3	195.7	267.6	65.4
#国有经济	亿元	2 669.5	1 245.5	669.4	754.6	46.7
集体经济	亿元	643.5	526.3	96.1	21.1	81.8
个体经济	亿元	1 140.3	819.8	118.0	202.5	71.9
财　政						
财政收入	亿元	2 072.2	915.3	418.6	738.3	44.2
地方财政收入	亿元	1 275	675.3	207.1	392.6	53.0
地方财政支出	亿元	2 696.9	1 204.4	631.1	861.4	44.7
物价(上年=100)						
商品零售价格指数	%	100.5	100.1	101.1	100.4	
居民消费价格指数	%	101.4	101.4	101.5	101.2	
人民生活						
城镇居民人均可支配收入	元	8 690	9 108	8 691	8 273	
农村居民家庭人均纯收入	元	3 392	3 690	3 264	3 221	
城市人均住宅建筑面积	平方米		22		22	
农村人均住房面积	平方米	21.9	25.1	20.1	20.4	
城市居民的恩格尔系数	%	35.7	38.8	34.7	33.5	
农村居民的恩格尔系数	%	40.5	41.6	43.5	36.3	

附录5续表

指　　　标	单　位	三省合计	辽　宁	吉　林	黑龙江	辽宁省相当于三省%
农　业						
常用耕地面积	千公顷	19 475	3 655	4 304	11 516	18.8
播种面积	千公顷	20 076	3 801	4 953	11 322	18.9
粮食产量	万吨	9 641	1 746	4 295	3 600	18.1
工业规模以上工业企业主要指标						
工业增加值	亿元	6 463.8	3 108.4	1 200.8	2 154.6	48.1
#国有及国有控股	亿元	4 351.9	1 659.7	885.1	1 807.1	38.1
利润总额	亿元	1 561.4	356	138.3	1 067.1	22.8
#国有及国有控股	亿元	1 265.6	159.7	82.4	1 023.5	12.6
税金总额	亿元	1 076	457	203	416	42.5
#国有及国有控股	亿元	828.5	306.7	166.2	355.6	37.0
工业产品销售率	%	98.1	98.5	98.5	97.3	
#国有及国有控股	%	99.0	99.9	99.3	97.7	
原煤产量	亿吨	1.6	0.6	0.3	0.7	37.5
原油产量	万吨	6 278.5	1 261	522.5	4 495	20.1
发电量	亿千瓦小时	1 912.3	904.2	412.1	596	47.3
钢产量	万吨	3 751.4	3 059.1	460.0	232.3	81.5
水泥产量	万吨	5 392.5	2 680.7	1 598.5	1 113.3	49.7
汽车产量	万辆	93.8	15.0	52.2	26.6	16.0
交通						
公路里程	万公里	16.46	5.35	5.03	6.08	32.5
#高速公路	公里	3 274	1 773	543	958	54.2
邮电						
邮电业务总量	亿元	1 059.1	450.7	261.6	346.8	42.6
本地固定电话用户数	万户	3 511.9	1 661.2	768.6	1 082.1	47.3
移动电话用户数	万户	3 442.9	1 394.9	915.7	1 132.3	40.5
互联网用户数	万户	721.4	331.8	223.7	165.9	46.0
国内贸易						
社会消费品零售总额	亿元	6 219.8	2 999.0	1 460.8	1 760.0	48.2
进出口						
进出口总额	亿美元	571.1	410.1	65.3	95.7	71.8
出口总额	亿美元	319.8	234.4	24.7	60.7	73.3
进口总额	亿美元	251.3	175.7	40.6	35.0	69.9
利用外资						
实际利用外商直接投资	亿美元	57.0	35.9	6.6	14.5	63.0
旅　游						
入境旅游人数	万人	249.7	130.2	37.3	82.2	52.1
国际旅游收入	亿美元	12.0	7.4	1.2	3.4	61.6
国内旅游人数	亿人次	1.73	0.99	0.29	0.45	57.2
国内旅游总花费	亿元	1 146.0	674.7	219.3	252.0	58.9
金　融						
金融机构各项存款余额	亿元	22 476.6	11 967	4 374.5	6 135.1	53.2
#居民储蓄存款余额	亿元	13 917.3	6 950.2	2 888.5	4 078.6	49.9
金融机构各项贷款余额	亿元	15 017.9	7 958.1	3 401.3	3 658.5	53.0

中国统计出版社最新资料书简目

中国统计年鉴—2006
中国统计摘要—2006
2006 中国发展报告
中国城市统计年鉴—2005
中国劳动统计年鉴—2006
中国人口统计年鉴—2006
中国工业经济统计年鉴—2006
中国市场统计年鉴—2006
2005 年中国经济景气年鉴
中国建筑业统计年鉴—2005
中国城市调查年鉴—2006
中国商品交易市场统计年鉴—2006
中国连锁餐饮企业统计年鉴—2005、2006
中国连锁零售业统计年鉴—2005、2006
中国能源统计年鉴—2004、2005
全国农产品成本收益资料汇编—2005
国际统计年鉴—2006
中国对外经济贸易统计年鉴—2005
中国基本单位统计年鉴—2005
中国民政统计年鉴—2006
中国高技术产业统计年鉴—2006
中国房地产行业名录
中国农村统计年鉴—2006
中国农村住户调查年鉴—2006(中文)
中国农村住户调查年鉴—2006(英文)
中国乡镇统计资料—2006
中国县(市)社会经济调查年鉴—2006
中国西部农村统计资料—2006
中国建制镇统计资料—2006
中国农产品价格调查年鉴—2006
中国国民经济核算年鉴—2006
中国经济普查年鉴—2004
中国棉花年鉴—2004、2005
中国百强县(市)发展年鉴—2006
中国教育经费统计年鉴—2005

北京统计年鉴—2006
天津统计年鉴—2006
河北经济年鉴—2006
山西统计年鉴—2006
内蒙古统计年鉴—2006
辽宁统计年鉴—2006
吉林统计年鉴—2006
黑龙江统计年鉴—2006
上海统计年鉴—2006
江苏统计年鉴—2006
浙江统计年鉴—2006

安徽统计年鉴—2006
福建统计年鉴—2006
江西统计年鉴—2006
山东统计年鉴—2006
河南统计年鉴—2006
湖北统计年鉴—2006
湖南统计年鉴—2006
广东统计年鉴—2006
广西统计年鉴—2006
海南统计年鉴—2006
重庆统计年鉴—2006
四川统计年鉴—2006
贵州统计年鉴—2006
云南统计年鉴—2006
西藏统计年鉴—2006
陕西统计年鉴—2006
甘肃年鉴—2006
青海统计年鉴—2006
宁夏统计年鉴—2006
新疆统计年鉴—2006
新疆生产建设兵团统计年鉴—2006
石家庄统计年鉴—2006
唐山统计年鉴—2006
邯郸统计年鉴—2006
张家口统计年鉴—2006
朔州统计年鉴—2006
呼和浩特经济统计年鉴—2006
鄂尔多斯市统计年鉴—2006
包头统计年鉴—2006
沈阳年鉴—2006
大连统计年鉴—2006
鞍山统计年鉴—2006
长春统计年鉴—2006
吉林市社会经济统计年鉴—2006
四平统计年鉴—2006
延吉统计年鉴—2006
哈尔滨统计年鉴—2006
齐齐哈尔经济统计年鉴—2006
黑龙江垦区统计年鉴—2006
上海浦东新区统计年鉴—2006
南京统计年鉴—2006
苏州统计年鉴—2006
无锡统计年鉴—2006
常州统计年鉴—2006
徐州统计年鉴—2006
南通统计年鉴—2006
盐城统计年鉴—2006
镇江统计年鉴—2006
江阴统计年鉴—2006

杭州统计年鉴—2006
宁波统计年鉴—2006
绍兴统计年鉴—2006
台州统计年鉴—2006
舟山统计年鉴—2006
温州统计年鉴—2006
金华统计年鉴—2006
嘉兴统计年鉴—2006
湖州统计年鉴—2006
安庆经济统计年鉴—2006
福州统计年鉴—2006
福州年鉴—2006
厦门经济特区年鉴—2006
福州经济技术开发区年鉴—2006
南昌经济社会统计年鉴—2006
上饶经济社会统计年鉴—2006
九江经济统计年鉴—2006
济南统计年鉴—2006
青岛统计年鉴—2006
潍坊统计年鉴—2006
淄博统计年鉴—2006
郑州统计年鉴—2006
洛阳统计年鉴—2006
三门峡统计年鉴—2006
南阳经济统计年鉴—2006
武汉统计年鉴—2006
宜昌统计年鉴—2006
十堰统计年鉴—2006
荆州统计年鉴—2006
长沙统计年鉴—2006
广州统计年鉴—2006
东莞统计年鉴—2006
惠州统计年鉴—2006
深圳统计年鉴—2006
南宁统计年鉴—2006
桂林经济社会统计年鉴—2006
柳州经济统计年鉴—2006
来宾统计年鉴—2006
河池地区经济社会统计年鉴—2006
海口统计年鉴—2006
成都统计年鉴—2006
贵阳统计年鉴—2006
昆明统计年鉴—2006
西安统计年鉴—2006
兰州年鉴—2006
西宁统计年鉴—2006
银川统计年鉴—2006
乌鲁木齐统计年鉴—2006
吐鲁番统计年鉴—2006